珠江-西江经济带城市发展研究
（2010~2015）

工业企业卷

曾 鹏　钟学思　李洪涛等 著

中国财经出版传媒集团
经济科学出版社
Economic Science Press

图书在版编目（CIP）数据

珠江-西江经济带城市发展研究：2010-2015.工业企业卷/曾鹏等著.—北京：经济科学出版社，2017.12
ISBN 978-7-5141-8842-4

Ⅰ.①珠… Ⅱ.①曾… Ⅲ.①城市经济-经济发展-研究报告-广东-2010-2015 ②城市经济-经济发展-研究报告-广西-2010-2015　Ⅳ.①F299.276

中国版本图书馆CIP数据核字（2017）第307187号

责任编辑：李晓杰　郭　瑜
责任校对：杨　海
责任印制：李　鹏

珠江-西江经济带城市发展研究（2010~2015）
工业企业卷
曾　鹏　钟学思　李洪涛等 著
经济科学出版社出版、发行　新华书店经销
社址：北京市海淀区阜成路甲28号　邮编：100142
教材分社电话：010-88191217　发行部电话：010-88191522
网址：www.esp.com.cn
电子邮件：esp@esp.com.cn
天猫网店：经济科学出版社旗舰店
网址：http://jjkxcbs.tmall.com
北京季蜂印刷有限公司印装
880×1230　16开　19.25印张　800000字
2017年12月第1版　2017年12月第1次印刷
ISBN 978-7-5141-8842-4　定价：106.00元
(图书出现印装问题，本社负责调换。电话：010-88191510)
(版权所有　侵权必究　举报电话：010-88191586
电子邮箱：dbts@esp.com.cn)

作者简介

曾鹏，男，1981年7月生，汉族，广西桂林人，中共党员。广西师范大学经济学、法学双学士、管理学硕士，哈尔滨工业大学管理学博士，中国社会科学院研究生院经济学博士研究生（第二博士），中央财经大学经济学博士后，经济学教授，硕士研究生导师。历任桂林理工大学人文社会科学学院副院长（主持行政工作）、广西壮族自治区科学技术厅办公室副主任（挂职），现任桂林理工大学社会科学办公室主任、科技处副处长。入选中华人民共和国国家民族事务委员会"民族问题研究优秀中青年专家"、中华人民共和国国家旅游局"旅游业青年专家培养计划"、中华人民共和国民政部"行政区划调整论证专家"、广西壮族自治区人民政府"十百千人才工程"第二层次人选、广西壮族自治区教育厅"广西高等学校高水平创新团队及卓越学者计划"、广西壮族自治区教育厅"广西高等学校优秀中青年骨干教师培养工程"、广西壮族自治区知识产权局"广西知识产权（专利）领军人才"、广西壮族自治区文化厅"广西文化产业发展专家"。

曾鹏教授主要从事城市群与区域经济可持续发展、计量经济分析等方面的教学与科研工作。主持完成国家社会科学基金项目2项、中国博士后科学基金项目1项、国家民委民族问题研究项目1项、国家旅游局旅游业青年专家培养计划项目1项、广西哲学社会科学规划课题1项、广西教育科学规划课题2项、广西壮族自治区教育厅科研项目3项、广西高等教育教学改革工程项目1项、广西学位与研究生教育改革和发展专项课题1项、广西旅游产业人才小高地人才提升专项研究课题1项、广西壮族自治区社会科学界联合会研究课题2项、广西研究生科研创新项目1项；作为主研人员完成或在研国家社会科学基金项目7项。出版《面向后发地区的区域技术战略对企业迁移作用机理研究》《中国-东盟自由贸易区带动下的西部民族地区城镇化布局研究——基于广西和云南的比较》等著作4部；在《科研管理》《社会科学》《国际贸易问题》《农业经济问题》《数理统计与管理》《经济地理》《中国人口·资源与环境》《人文地理》《现代法学》等中文核心期刊、CSSCI来源期刊、EI来源期刊上发表论文87篇，在省级期刊上发表论文24篇，在《中国人口报》《广西日报》的理论版上发表论文29篇，在《海派经济学》等辑刊、国际年会和论文集上发表论文19篇。论文中有9篇被EI检索，有4篇被ISTP/ISSHP检索，有66篇被CSSCI检索，有2篇被《人大复印资料》《社会科学文摘》全文转载。学术成果获中华人民共和国国家民族事务委员会颁发的国家民委社会科学优秀成果奖二等奖1项、三等奖1项；广西壮族自治区人民政府颁发的广西壮族自治区社会科学优秀成果奖二等奖3项、三等奖6项；中国共产主义青年团中央委员会颁发的全国基层团建创新理论成果奖二等奖1项；中华人民共和国民政部颁发的民政部民政政策理论研究一等奖1项、二等奖1项、三等奖3项、优秀奖1项；教育部社会科学司颁发的高校哲学社会科学研究优秀咨询报告1项；中国共产主义青年团中央委员会办公厅颁发的全国社区共青团工作调研活动优秀调研奖一等奖1项；桂林市人民政府颁发的桂林社会科学优秀成果奖一等奖1项、二等奖1项、三等奖4项；广西壮族自治区教育厅颁发的广西教育科学研究优秀成果奖三等奖1项；广西壮族自治区教育厅颁发的广西高等教育自治区级教学成果奖二等奖1项；全国工商管理硕士教育指导委员会颁发的"全国百篇优秀管理案例"1项。

钟学思，男，1981年4月生，瑶族，广西柳州人，中共党员。广西师范大学经济学学士、教育学硕士，广西师范大学经济管理学院应用经济学教研室主任，副教授、硕士研究生导师，中南财经政法大学经济学博士研究生。主要从事城市化与区域经济可持续发展、少数民族文化产业发展等方面的教学与科研工作。主持国家社会科学基金项目1项、广西哲学社会科学规划课题1项、广西壮族自治区教育厅科研项目2项、广西高等教育教学改革工程项目1项；作为主研人员完成或在研国家社会科学基金项目4项。出版著作《珠江-西江经济带区域体育旅游发展研究：桂林案例》《桂林米粉》；在《体育学刊》《科技管理研究》《社会科学家》《旅游科学》《广西师范大学学报（哲学社会科学版）》《江苏农业科学》等中文核心期刊、CSSCI来源期刊上发表论文9篇，在省级期刊上发表论文22篇，其中有1篇被EI检索。学术成果获广西壮族自治区人民政府颁发的广西壮族自治区社会科学优秀成果奖三等奖1项；中华人民共和国国民政部颁发的民政部民政政策理论研究一等奖1项；中国共产主义青年团中央委员会办公厅颁发的全国社区共青团工作调研活动优秀调研奖一等奖1项；广西壮族自治区科学技术协会、广西壮族自治区社会科学界联合会、共青团广西壮族自治区委员会联合颁发的广西青年学术年会优秀论文一等奖1项、二等奖1项；桂林市人民政府颁发的桂林社会科学优秀成果奖三等奖1项；广西壮族自治区教育厅颁发的广西高等教育自治区级教学成果奖一等奖1项、二等奖1项。

李洪涛，男，1993年3月生，汉族，广西桂林人，共青团员。桂林电子科技大学工学学士，桂林理工大学社会服务与管理专业硕士研究生，主要从事城市群与区域经济可持续发展方面的科研工作。参与国家社会科学基金项目2项，广西哲学社会科学规划课题1项。在《科技进步与对策》《海派经济学》等中文核心期刊、CSSCI来源期刊、集刊上发表论文3篇。学术成果获中华人民共和国国家民族事务委员会颁发的国家民委社会科学优秀成果奖三等奖1项，中华人民共和国民政部颁发的民政部民政政策理论研究三等奖2项。

参加本书撰写人员

曾 鹏	钟学思	李洪涛	杨莎莎	陈 薇
许杰智	陆凤娟	秦慧玲	徐静静	石志禹
韩晓涵	魏 旭	周林英	王俊俊	章昌平
陈 洁	梁仁海	陈 茫	邓国彬	邓小芹
黄 令	陈嘉浩	曹冬勤	邓闻静	杨 柳

前　言

《珠江-西江经济带城市发展研究（2010~2015）》（10卷本）是2016年度广西人文社会科学发展研究中心委托项目"珠江-西江经济带城市发展研究（2010~2015）"（课题编号：WT2016001）的核心成果，总字数约1000万字。课题于2016年6月立项，2017年6月结项，历时一年由桂林理工大学、广西师范大学共同完成，并于2017年12月在经济科学出版社出版。在课题的研究期间，课题组多次深入珠江-西江经济带各城市展开实际调研，收集到了极为丰富的一线材料和数据，为10卷本著作的撰写提供了坚实的写作基础。

纵观该10卷本著作，具有以下几个特点：

一是研究区域的独特性。《珠江-西江经济带城市发展研究（2010~2015）》（10卷本）研究的珠江-西江经济带是广西重点发展的核心区域，对促进广东、广西经济一体化，探索我国跨省区流域经济合作发展新模式具有十分重要意义。《珠江-西江经济带发展规划》于2014年7月经国务院批复上升为国家战略，同年8月，国家发展和改革委员会正式印发《珠江-西江经济带发展规划》全文。规划范围包括广东省的广州、佛山、肇庆、云浮4市和广西壮族自治区的南宁、柳州、梧州、贵港、百色、来宾、崇左7市。珠江-西江经济带是珠江三角洲地区转型发展战略腹地、西南地区重要出海通道，在全国区域协调发展与面向东盟开放合作中具有重要战略地位，旨在带动区域内城市协同发展；经济带自然禀赋优良、航运条件优越、产业基础较好、合作前景广阔、发展潜力巨大，是我国新兴的跨省区的经济合作平台，是国家开发轴带的重要组成部分，沿江区域更是产业集聚的重要载体，其产业布局将对未来沿江土地利用及城市经济发展产生重要影响。它的出现将给两广地区，特别是广西经济发展带来新的机遇。在当今新形势下，对珠江-西江经济带各城市发展进行评估，探悉加快推进珠江-西江经济带发展建设，有利于构建我国西南中南地区开放发展新的战略支点，培育我国新的区域经济带打造综合交通大通道，这也是适应我国经济新常态、推进供给侧结构性改革、带动区域内城市协同发展的必然要求。

二是研究内容的必要性。《珠江-西江经济带城市发展研究（2010~2015）》（10卷本）的研究是通过城市综合发展评估的形式，将经济带内各城市关乎国民经济发展的各项指标有机结合，突破单一层面研究的局限，从综合发展、人口就业、区域经济、农业生产、工业企业、基础设施、社会福利、居民生活、科教文卫、生态环境十个方面多视角、多维度深入探讨各城市发展现状，更加突出对城市发展现状的深入探索，全方位体现城市发展水平及差异。珠江-西江经济带建设发展的成效直接体现在经济带各城市综合发展过程。国内外现有的对各地区多视角的发展评估及所构建的评价指标体系，为开展珠江-西江经济带城市综合发展评估提供了前期基础。可以说，开展珠江-西江经济带城市综合发展评估是对珠江-西江经济带规划和城市发展评估理论的进一步深化与提升，符合国家加快实施《珠江-西江经济带发展规划》，对打造综合交通大通道，建设珠江-西江生态廊道，着力构建现代产业体系，着力构筑开放合作新高地，切实支持经济带加快发展、区域协调发展和流域生态文明建设提供示范具有重要的理论意义和现实意义。党的十九大报告强调，"我国经济已由高速增长阶段转向高质量发展阶段，正处在转变发展方式、优化经济结构、转换增长动力的攻关期，建设现代化经济体系是跨越关口的迫切要求和我国发展的战略目标。"建设现代化经济体系是我国目前重要的战略任务，要求从发展方式、经济结构和增长动力的高度对城市综合发展进行评估，探寻城市经济结构和增长动力的发展特点和趋势。因此，开展珠江-西江经济带城市综合发展评估正是顺应了我国建设现代化经济体系的趋势和要求，以综合发展水平的独特视角诠释城市所包含的关乎国民生产生活的方方面面。将发展方式、经济结构和增长动力从发展层面深化至具体绩效评价，为创新区域协调发展体制机制、优化区域空间开发格局，以及全面提高珠江-西江经济带城镇化质量提供理论依据和政策依据；为推进国家实施"一带一路"倡议、京津冀协同发展、长江经济带等战略布局提供可资借鉴的区域发展素材。

三是研究主题的先进性。《珠江－西江经济带城市发展研究（2010～2015）》（10卷本）对珠江－西江经济带各城市生产、生活等方方面面发展问题进行了深入的探讨研究，其涉及的评价内容均为当前我国经济发展过程中的关注点，且其选取的评价层面及提出的实现路径与党的十九大提出的相关政策不谋而合，具有高度前瞻性。如人口就业卷中对人口就业的发展评估顺应了党的十九大发出的实现更高质量和更充分就业的"动员令"；区域经济卷中关于区域经济发展现状评估顺应了党的十六届三中全会"五个统筹"中关于统筹区域发展的重要精神；农业生产卷关于农业生产发展现状评估体现了我国近年来重视发展农业现代化、推动新型城镇化建设重要战略思想；工业企业卷中关于工业企业发展现状评估与党的十九大提出的"建立以企业为主体、市场为导向、产学研深度融合的技术创新体系，加强对中小企业创新的支持，促进科技成果转化"发展思路高度吻合；基础设施卷中关于基础设施发展现状评估符合党的十九大提出的加强基础设施网络建设和建设"交通强国"的要求；社会福利卷中关于乡村社会福利的发展现状评估与党的十九大提出的"实施乡村振兴战略"高度一致；居民生活卷中关于居民生活的发展现状评估进一步分析了党的十九大的"人民日益增长的美好生活需要和不平衡不充分的发展之间的矛盾"的社会主要矛盾的变化。科教文卫卷中关于科教文卫的发展现状评估与"文化自信"思想一脉相承；生态环境卷中关于生态环境的发展现状评估集中体现了我国牢固树立绿色发展理念，加大生态保护力度，共享绿色发展成果，着力推进"五个协调"全面发展战略。

四是研究成果的独特性。《珠江－西江经济带城市发展研究（2010～2015）》（10卷本）通过构建珠江－西江经济带城市发展水平评价指标体系进行灰色关联度分析，运用SPSS、Arcgis等计量与地理信息软件将评估结果在地图上进行直观展示，最后将评估结果进行对比分析，做到定量和定性、理论和实践的有机统一，在进行珠江－西江经济带城市综合水平发展评估的研究中具有一定的创新性。该10卷本著作是第一部将公开渠道发布的数据进行全方位收集和整理的书籍；也是第一部全方位、多视角对珠江－西江经济带城市各方面发展水平进行综合评估的著作；著作中关于城市发展评估指标体系构建的完整与全面也是目前国内外少有的。

《珠江－西江经济带城市发展研究（2010～2015）》（10卷本）全面评价与揭示珠江－西江经济带城市发展现状，具有重大的理论指导意义。著作更是凝聚了课题组的心血和努力，从数据的全面性与完整性中明显反映出团队所花费的时间与精力，体现出当代学者所崇尚的刻苦钻研、积极进取的精神风貌。我们相信通过此系列成果能引起读者们对珠江－西江经济带城市发展现状有更深入的认识，也盼望能产生一些新的思考与启发。在国家推进西部大开发战略与"一带一路"倡议背景下，广西当前所面临的机遇和挑战是空前的。如果能引起更多学者重视新时代背景下珠江－西江经济带发展问题，探悉发展机制，剖析发展现状，发挥广西后起优势，促进珠江－西江经济带建设，则是我们热切盼望的。

曾　鹏

2017年12月

目 录

第一章　珠江-西江经济带城市工业企业发展水平综合评估 ······························· 1
 一、珠江-西江经济带城市工业企业发展水平评估指标体系及测算方法构建 ················ 1
 二、珠江-西江经济带城市工业企业发展水平综合评估与比较 ···························· 6
 三、珠江-西江经济带城市工业发展实力评估与比较 ·································· 24
 四、珠江-西江经济带城市企业发展实力评估与比较 ·································· 54

第二章　南宁市城市工业企业发展水平综合评估 ·· 99
 一、南宁市城市工业企业发展实力综合评估与比较 ···································· 99
 二、南宁市城市企业发展实力综合评估与比较 ······································ 105
 三、南宁市城市工业企业发展水平综合评估与比较 ·································· 113

第三章　柳州市城市工业企业发展水平综合评估 ······································· 116
 一、柳州市城市工业企业发展实力综合评估与比较 ·································· 116
 二、柳州市城市企业发展实力综合评估与比较 ······································ 122
 三、柳州市城市工业企业发展水平综合评估与比较 ·································· 130

第四章　梧州市城市工业企业发展水平综合评估 ······································· 133
 一、梧州市城市工业企业发展实力综合评估与比较 ·································· 133
 二、梧州市城市企业发展实力综合评估与比较 ······································ 139
 三、梧州市城市工业企业发展水平综合评估与比较 ·································· 147

第五章　贵港市城市工业企业发展水平综合评估 ······································· 150
 一、贵港市城市工业企业发展实力综合评估与比较 ·································· 150
 二、贵港市城市企业发展实力综合评估与比较 ······································ 156
 三、贵港市城市工业企业发展水平综合评估与比较 ·································· 164

第六章　百色市城市工业企业发展水平综合评估 ······································· 167
 一、百色市城市工业企业发展实力综合评估与比较 ·································· 167
 二、百色市城市企业发展实力综合评估与比较 ······································ 172
 三、百色市城市工业企业发展水平综合评估与比较 ·································· 181

第七章　来宾市城市工业企业发展水平综合评估 ······································· 184
 一、来宾市城市工业企业发展实力综合评估与比较 ·································· 184
 二、来宾市城市企业发展实力综合评估与比较 ······································ 190
 三、来宾市城市工业企业发展水平综合评估与比较 ·································· 198

第八章　崇左市城市工业企业发展水平综合评估 ······································· 201
 一、崇左市城市工业企业发展实力综合评估与比较 ·································· 201
 二、崇左市城市企业发展实力综合评估与比较 ······································ 206
 三、崇左市城市工业企业发展水平综合评估与比较 ·································· 215

第九章　广州市城市工业企业发展水平综合评估 ······································· 218
 一、广州市城市工业企业发展实力综合评估与比较 ·································· 218
 二、广州市城市企业发展实力综合评估与比较 ······································ 224
 三、广州市城市工业企业发展水平综合评估与比较 ·································· 232

第十章　佛山市城市工业企业发展水平综合评估 235
一、佛山市城市工业企业发展实力综合评估与比较 235
二、佛山市城市企业发展实力综合评估与比较 241
三、佛山市城市工业企业发展水平综合评估与比较 249

第十一章　肇庆市城市工业企业发展水平综合评估 252
一、肇庆市城市工业企业发展实力综合评估与比较 252
二、肇庆市城市企业发展实力综合评估与比较 258
三、肇庆市城市工业企业发展水平综合评估与比较 267

第十二章　云浮市城市工业企业发展水平综合评估 269
一、云浮市城市工业企业发展实力综合评估与比较 269
二、云浮市城市企业发展实力综合评估与比较 275
三、云浮市城市工业企业发展水平综合评估与比较 283

第十三章　珠江-西江经济带城市工业企业发展水平的现实研判和发展路径 286
一、提升工业企业发展能力和效率，确保衡量指标协调发展 286
二、发展与稳定并重，深化工业企业发展层次 287
三、破除地域壁垒，缩小区域工业发展区域 287
四、整合各方资源，拓展工业企业发展多元化渠道 288

第十四章　提升珠江-西江经济带城市工业企业发展水平的对策建议 291
一、工业结构 291
二、企业发展 292

参考文献 294

后记 298

第一章 珠江-西江经济带城市工业企业发展水平综合评估

一、珠江-西江经济带城市工业企业发展水平评估指标体系及测算方法构建

(一) 珠江-西江经济带城市工业企业发展水平评估指标体系建立

1. 珠江-西江经济带城市工业企业的内涵及构成要素

工业是国民经济的主导产业，是带动生产总值增长的主要力量。为促进经济发展，各地区均在调整产业结构，其主要手段为培育支柱产业园主导产业，通过重点培养地区支柱产业以带动相关产业的发展，提升当地经济总水平。近年依靠传统密集型产业发展经济造成我国许多地方产业发展存在优势不突出、升级转型缓慢、产业层次低和竞争力弱等问题，并且导致治理环境成本过高，因此工业发展面临着许多困难。

2016年是"十三五"规划的开局之年，在"十三五"这一新的发展阶段，对我国工业发展水平进行必要的研究，才能因地制宜、因时制宜地实现产业升级与转型，推出适合不同地区经济状况的增长点，这不仅有助于保持地区经济的高速增长，也有助于实现地区经济健康持续的发展。

随着我国经济快速发展，各地区城镇化、市场化进程不断加速，城市内部的组成要素发生巨大变化。首先，工业企业反映出地区及城市生产力及发展潜力的基本情况。经济及产业的调整变化是通过对地区及城市生产要素进行分配，对生产力及生产关系协调进行优化而实现的。生产力作为各类生产要素中最为活跃的部分，产业的发展变化会第一时间反映于城市的工业企业。其次，工业企业实力也制约着城市的综合发展，生产力作为城市发展中最具能动性的要素，对协调各类要素资源的分配、经济产业结构升级起到重要作用。因此，研究用工业发展、企业发展两大指标部分对珠江-西江经济带城市工业企业发展水平进行评估。

第一，工业发展。工业结构指各工业部门内部的构成以及各工业部门之间比例和联系，这种联系通常指技术经济联系。一般来说，工业结构主要包括部门结构、轻重工业结构和采掘-原材料-制造工业结构三类。研究区域工业结构的质量、变化和发展对提升区域工业竞争力和发展潜力具有十分重要的意义。因此，本研究将通过工业发展质量、工业增长水平等内容对城市工业企业进行评析。工业发展质量反映出城市工业生产发展的好坏程度，根据其体城市规模和人口规模有针对性的突出重点，着眼长远建设；城市工业的发展既满足当前市场需求，也能够适应未来市场的需求。工业增长水平是对城市工业企业发展程度的评估分析，由于存在着地区间发展不平衡问题，工业发展的增长水平的差距也各不一样。通过对城市工业企业数、工业企业生产率、工业产值增重等多个指标的评估分析，可以说明其城市的工业增长水平的程度。

第二，企业发展。企业发展是城市工业企业发展水平的有力支撑，其实质是企业能适应未来的未知环境，使企业得以进一步运行，实现企业目标。城市的企业发展规模是城市吸纳从业人力资本、优化城市人口、提升城市从业者素质的重要保证。为此，本研究将通过企业利润增长、企业发展水平、企业发展结构等方面对企业发展进行评估。其中，企业利润增长提供企业经营发展的支撑力度，通过合理分配企业内部筹资、投资、经营、利润分配等财务活动，减少企业税务手工操作出错率，降低企业人工成本，提高税额核算工作效率；这样有效降低税收负担，也使企业税后利润得到增长，实现企业自身的持续健康发展。企业发展水平是企业发展投入和对城市经济贡献值的体现，企业发展水平越高的城市，说明其对企业投资和发展的资金、政策优惠投入较多，而且企业的生产发展促进城市经济的进一步发展。

2. 珠江-西江经济带城市工业企业指标体系及其评估方法

客观而全面地评价珠江-西江经济带城市工业企业发展水平，科学合理地掌握珠江-西江经济带及内部各城市工业企业发展水平的各个方面及内在机理，需要对珠江-西江经济带工业企业发展水平展开综合评估。因此，需要一整套能够客观、准确、科学反映工业企业经济发展水平各个方面及其内在结构特征的指标体系，并能运用科学、合理的数学评价计量模型对指标体系进行评价、分析。基于中国及珠江-西江经济带城市工业企业发展现状及其内涵分析，努力探索构建出一整套内容丰富、符合发展实际需要的珠江-西江经济带城市工业企业发展水平评价指标体系及数学评价模型。

珠江-西江经济带城市工业企业发展水平评价指标体系由系统层、模块层、要素层三层指标构成，这三层指标分别对应1个一级指标、2个二级指标、22个三级指标。其中一、二、三级指标均属于合成性的间接指标，第三层要素层指标是通过对客观直接可测量指标的计算得到的。将在下一节文中对具体的测算方法进行阐述分析。

由于研究所构建的三层两个维度共计22个指标之间存在相互依存又彼此独立的关系，指标之间既存在联系又具有区别，指标体系整体是一个完整的评估体系；通过工

发展、企业发展两个维度，全面、准确、科学地对珠江-西江经济带城市工业企业发展水平展开评估工作。

在确定评估权重和指标处理的过程中，对三级指标进行无量纲化处理，对个别非正向、负向的指标取与最优值之差构成为负向指标的方式进行处理。

对于正向性指标，可以通过式（1-1）计算：

$$X_{ik} = \frac{Y_{ik} - \min_i Y_{ik}}{\max_i Y_{ik} - \min_i Y_{ik}} \times 100 \quad (1-1)$$

对于负向性指标，可以通过公式（1-2）计算：

$$X_{ik} = \frac{\max_i Y_{ik} - Y_{ik}}{\max_i Y_{ik} - \min_i Y_{ik}} \times 100 \quad (1-2)$$

所构建的珠江-西江经济带城市工业企业发展水平评估指标体系形成一个Y11×22的矩阵。由于所选取的指标数量较多并且各指标之间也存在着一定的相互联系，因而容易导致形成评价的重叠性，难以直接对其进行综合分析判别。因此，选用灰色理论对22项三层指标进行灰色综合评价和灰色聚类分析。

通过灰色理论对评估指标体系与相关参考因子之间的关系紧密程度，来判断各项指标距离理想最优指标之间的距离。研究以珠江-西江经济带城市工业生产发展水平评估指标理想最优指标作为参考数列X_0及各城市指标数列$X_0(k)$，以珠江-西江经济带城市工业企业发展水平评估指标体系各项指标作为比较数列X_i及各城市指标数列$X_i(k)$的标准，继而求出各指标与理想最优指标之间的灰色关联度。灰色关联度越大说明该项指标与最优理想状态越为接近，该项指标的发展水平也就越高，而灰色关联度越弱则说明该项指标的综合发展水平越低。因此，通过对珠江-西江经济带城市工业企业发展水平指标体系的灰色关联度测算，可以得到各城市工业企业发展水平的强弱顺序。

在对各项三层指标进行无量纲化处理后将各项指标数据转化为0~100区间的标准值，因此选择理想最优指标数列的值为100。研究通过公式（1-3）对灰色关联系数$\zeta_i(k)$进行求解。

$$\zeta_i(k) = \frac{\min_i \min_k |X_0(k) - X_i(k)| + \delta \max_i \max_k |X_0(k) - X_i(k)|}{|X_0(k) - X_i(k)| + \delta \max_i \max_k |X_0(k) - X_i(k)|}$$
$$(1-3)$$

其中，δ为分辨系数，δ∈[0，1]，通常取0.5。

通过公式（1-4）计算各项指标的灰色关联系数。

$$\overline{r_i} = \frac{1}{n}\sum_{i=1}^{n}\zeta_i(k), k=1,2,\cdots,m \quad (1-4)$$

通过公式（1-5）计算各项指标在综合评价中的权重r_i。

$$r_i = \frac{\overline{r_i}}{\sum_{i=1}^{m}\overline{r_i}}, k=1,2,\cdots,m \quad (1-5)$$

$$D_i = \sum_{k=1}^{m} r_i x_i(k), i=1,2,\cdots,n \quad (1-6)$$

其中，D_i数值越大说明珠江-西江经济带城市该项指标与理想最优状态更为接近。因此，通过对D_i数值的分析可以反映出城市在工业企业发展水平层面的综合水平排序情况。表1-1为珠江-西江经济带城市工业企业发展水平评估指标体系及客观权重的具体信息。

表1-1　　　珠江-西江经济带城市工业企业发展水平评估指标体系及权重

一级指标	工业企业						
二级指标（2个）	三级指标（22个）	权重					
		2010年	2011年	2012年	2013年	2014年	2015年
工业发展	工业结构	0.078	0.079	0.079	0.078	0.077	0.076
	企业扩张弹性系数	0.051	0.046	0.050	0.052	0.047	0.053
	工业发展强度	0.040	0.039	0.039	0.039	0.038	0.038
	工业密度	0.037	0.034	0.035	0.034	0.034	0.034
	税收贡献率	0.039	0.039	0.041	0.041	0.041	0.038
	工业弧弹性	0.074	0.073	0.075	0.071	0.074	0.075
	Moore工业结构	0.059	0.061	0.059	0.058	0.054	0.050
	工业不协调度	0.060	0.056	0.055	0.055	0.053	0.054
	工业偏离系数	0.037	0.037	0.036	0.036	0.037	0.039
企业发展	企业利润相对增长率	0.045	0.049	0.045	0.045	0.045	0.044
	企业利润绝对增量加权指数	0.035	0.041	0.036	0.036	0.036	0.035
	企业利润比重增量	0.058	0.063	0.063	0.066	0.064	0.066
	企业利润枢纽度	0.042	0.043	0.045	0.046	0.046	0.051
	企业利润平均增长指数	0.061	0.056	0.054	0.055	0.056	0.054
	企业产值流强度	0.032	0.033	0.033	0.034	0.035	0.036
	企业产值倾向度	0.034	0.039	0.041	0.037	0.040	0.038
	内资企业产值职能规模	0.033	0.034	0.035	0.036	0.037	0.038
	港澳台投资企业产值职能规模	0.037	0.037	0.037	0.039	0.041	0.038

续表

一级指标	工业企业						
二级指标 (2个)	三级指标 (22个)	权重					
		2010年	2011年	2012年	2013年	2014年	2015年
企业发展	外商投资企业产值职能规模	0.032	0.033	0.032	0.033	0.034	0.036
	内资企业产值职能地位	0.036	0.035	0.035	0.035	0.035	0.035
	港澳台投资企业产值职能地位	0.041	0.036	0.036	0.037	0.037	0.036
	外商投资企业产值职能地位	0.038	0.036	0.036	0.037	0.037	0.036

表1-2到表1-7为珠江-西江经济带城市工业企业发展水平指标权重分类，根据灰色关联度分析得到各项指标在综合评价体系中的权重，并根据权重的分布范围划分出最重要、较重要、重要指标三级分类标准。

表1-2　2010年影响城市综合发展水平的指标分类

类别	权重	指标
最重要	0.04~0.07	第一产业比重、第一产业不协调度、第一产业贡献率、第一产业弧弹性、第一产业结构偏离系数、第一产业扩张弹性系数、农业土地扩张强度、农业指标绝对增量加权指数、人均食物生态足迹、农业枢纽度、农业生产倾向度
较重要	0.03~0.04	第一产业投资强度、农业强度、耕地密度、农业指标动态变化、食物生态足迹、农业生产比重增量、农业生产平均增长指数、农业生产职能规模、农业生产职能地位
重要	0.02~0.03	第一产业区位商、第一产业劳动产出率、农业蔓延指数、农业指标相对增长率、农业生产流强度

表1-3　2011年影响城市综合发展水平的指标分类

类别	权重	指标
最重要	0.04~0.07	第一产业比重、第一产业不协调度、第一产业贡献率、第一产业弧弹性、第一产业结构偏离系数、第一产业扩张弹性系数、农业土地扩张强度、农业指标绝对增量加权指数、人均食物生态足迹、农业生产比重增量
较重要	0.03~0.04	农业强度、耕地密度、农业指标动态变化、农业生产平均增长指数、食物生态足迹、农业生产平均增长指数、农业枢纽度、农业生产倾向度、农业生产职能规模、农业生产职能地位
重要	0.02~0.03	第一产业投资强度、第一产业区位商、第一产业劳动产出率、农业蔓延指数、农业指标相对增长率、农业生产流强度

表1-4　2012年影响城市综合发展水平的指标分类

类别	权重	指标
最重要	0.04~0.07	第一产业比重、第一产业不协调度、第一产业贡献率、第一产业弧弹性、第一产业结构偏离系数、第一产业扩张弹性系数、农业土地扩张强度、农业指标绝对增量加权指数、人均食物生态足迹、农业生产比重增量、农业生产平均增长指数
较重要	0.03~0.04	农业强度、耕地密度、农业指标动态变化、食物生态足迹、农业枢纽度、农业生产倾向度、农业生产职能规模、农业生产职能地位
重要	0.02~0.03	第一产业投资强度、第一产业区位商、第一产业劳动产出率、农业蔓延指数、农业指标相对增长率、农业生产流强度

表1-5　2013年影响城市综合发展水平的指标分类

类别	权重	指标
最重要	0.04~0.07	第一产业比重、第一产业不协调度、第一产业贡献率、第一产业弧弹性、第一产业结构偏离系数、第一产业扩张弹性系数、农业土地扩张强度、农业指标绝对增量加权指数、人均食物生态足迹、农业生产比重增量
较重要	0.03~0.04	第一产业区位商、第一产业劳动产出率、农业强度、耕地密度、农业指标动态变化、农业蔓延指数、农业指标相对增长率、食物生态足迹、农业生产平均增长指数、农业枢纽度、农业生产流强度、农业生产倾向度、农业生产职能规模、农业生产职能地位
重要	0.02~0.03	第一产业投资强度

表1-6　2014年影响城市综合发展水平的指标分类

类别	权重	指标
最重要	0.04~0.07	第一产业不协调度、第一产业贡献率、第一产业弧弹性、第一产业结构偏离系数、第一产业扩张弹性系数、农业土地扩张强度、农业指标绝对增量加权指数、人均食物生态足迹、农业生产比重增量、农业生产倾向度
较重要	0.03~0.04	第一产业比重、第一产业区位商、第一产业劳动产出率、农业强度、耕地密度、农业指标动态变化、农业指标相对增长率、食物生态足迹、农业生产平均增长指数、农业枢纽度、农业生产流强度、农业生产职能规模、农业生产职能地位
重要	0.02~0.03	第一产业投资强度、农业蔓延指数

表1-7　2015年影响城市综合发展水平的指标分类

类别	权重	指标
最重要	0.04~0.07	第一产业不协调度、第一产业贡献率、第一产业弧弹性、第一产业结构偏离系数、第一产业扩张弹性系数、农业土地扩张强度、农业指标绝对增量加权指数、农业指标动态变化、人均食物生态足迹、农业生产比重增量、农业生产倾向度
较重要	0.03~0.04	第一产业比重、第一产业区位商、第一产业劳动产出率、农业强度、耕地密度、食物生态足迹、农业生产平均增长指数、农业枢纽度、农业生产流强度、农业生产职能规模、农业生产职能地位
重要	0.02~0.03	第一产业投资强度、农业蔓延指数、农业指标相对增长率

3. 珠江-西江经济带城市工业企业指标体系评价方法

第一，珠江-西江经济带城市工业企业指标变化类型及界定。

通过分析珠江-西江经济带城市三级指标的变化趋势，将指标体系中各项指标变化发展态势划分为6类形态。

一是持续上升型。这一类型的指标是2010~2015年城市保持持续上升状态的指标。持续上升型的指标不仅意味着城市在各项指标数据上的不断增长，更意味着城市在该项指标以及城市工业企业发展水平整体上的竞争力优势不断扩大。城市的持续上升型指标数量越多，意味着城市的工业企业发展水平越强。

二是波动上升型。这一类型的指标是2010~2015年城市存在较多波动变化，总体趋势上为上升趋势，但在个别年份出现下降的情况，指标并非连续性上升状态。波动上升型指标意味着在评价的时间段内，虽然指标数据存在较大的波动变化，但是其评价末期数据值将高于评价初期数据值。波动上升型指标数量的增加，说明城市的工业企业发展水平并不稳定，但整体变化趋势良好。

三是持续保持型。这一类型的指标是2010~2015年城市在该项指标数值上保持平稳，变化波动较少。持续保持型指标意味着城市在该项指标上保持平稳，其竞争力并未出现明显变化。这说明城市对已有优势具备保持实力，也说明城市在该项指标上的持续增长实力出现问题。持续保持型指标较多，说明城市在工业企业发展水平上未能实现进一步发展。

四是波动保持型。这一类型的指标是2010~2015年城市在该项指标数值上虽然呈现波动变化状态，但总体数值情况保持一致。波动保持型指标意味着城市在该项指标上虽然呈现波动状态，但在评价末期和评价初期的数值基本保持一致。波动保持型指标较多，说明城市在工业企业发展水平上并不稳定，未能现实持续性的增长趋势。

五是波动下降型。这一类的指标是2010~2015年城市在该项指标上总体呈现下降趋势，但在此期间存在上下波动的情况，指标并非连续性下降状态。波动下降型指标意味着在评估的时间段内，虽然指标数据存在较大的波动变化，但是其评价末期数据值低于评价初期数据值。波动下降型指标数量的增多，说明城市的工业企业发展水平呈下降趋势，并且这一趋势伴随着不稳定的特征。

六是持续下降型。这一类的指标为2010~2015年城市在该指标上保持持续的下降状态。处于持续下降型的指标，意味着城市在该项指标上不断处在劣势状态，并且这一状况并未得到改善。城市的持续下降型指标数量越多，说明城市的工业企业发展水平越弱。

第二，指标的排名区段和优劣势的判定。

首先，排名区段的划分标准为：排名前3名的城市定为上游区，4~8名为中游区，9~11名为下游区。

其次，优劣势的评价标准为：评价指标的优劣度分为强势、优势、中势、劣势4个层次，凡是在评价时段内处于前2名的指标，均属于强势指标；在评价时段内处于3~5名的，均属优势指标；在评价时段内处于6~8名的，均属中势指标；在评价时段内始终处于9~11名的指标，均属劣势指标。对各级指标的评价均采用这一标准。

再次，指标动态变化趋势的判定：根据前面界定的城市工业企业指标动态变化类型，本报告在各指标评价结果前分别用"持续↑""波动↑""持续→""波动→""持续↓""波动↓"符号表示指标的持续上升、波动上升、持续保持、波动保持、持续下降、波动下降6种变化状态，简明扼要地描述指标的具体变化情况。

（二）珠江-西江经济带城市工业企业发展水平评估指标体系的测算与评价

通过对客观性直接可测量指标的简单测算，将获取指标体系第三层要素层指标。在评价过程中，所使用的数据均为国家现行统计体系中公开发布的指标数据，主要来自《中国城市统计年鉴（2011-2016）》《中国区域经济年鉴（2011-2014）》《广西统计年鉴（2011-2016）》《广东统计年鉴（2011-2016）》以及各城市的各年度国民经济发展统计公报数据。评价范围主要包括南宁市、柳州市、梧州市、贵港市、百色市、来宾市、崇左市、广州市、佛山市、肇庆市、云浮市11个城市。

1. 珠江-西江经济带城市工业发展实力三级指标测算方法

第一，工业结构的测算公式。

$$IS = DC/FC \quad (1-7)$$

其中，IS为工业结构，DC为内资企业数，FC为外资企业数。经过城市的工业结构测算，可以对城市工业发展的稳定性、可持续性进行分析。当工业结构数值偏离1时，说明地区出现显著的工业结构不协调，对城市经济社会稳定发展将造成长远的影响，不利于城市的活力提升和发展的可持续性[1]。

---

[1] 中国社会科学院工业经济研究所课题组、李平：《"十二五"时期工业结构调整和优化升级研究》，载《中国工业经济》2010年第1期。

第二，企业扩张弹性系数的测算公式。

$$E = \frac{(U_{t2} - U_{t1})/U_{t1}}{(P_{t2} - P_{t1})/P_{t1}} \quad (1-8)$$

其中，E为企业扩张弹性系数，U_{t2}、U_{t1}分别为城市在一段评估时间内末期和初期的城市用地面积，P_{t2}、P_{t1}分别为在同一段评估时间内末期和初期城市的城镇企业数量。城市的企业扩张弹性系数越大，说明城市的企业数量扩张幅度越小，城市城镇化与城市面积之间呈现协调发展的关系，城镇企业数量的增加并未导致城市的过度拥挤及承载力压力问题的出现[1]。

第三，工业发展强度的测算公式。

$$E = \frac{X_{i,t}}{\frac{1}{n}\sum_{j}^{n} X_{i,t}} \quad (1-9)$$

其中，E为城市的工业发展强度，$X_{i,t}$为城市的规模以上工业总产值。通过城市的工业发展强度测算，可以对城市的工业产值发展情况与地区整体平均水平之间的关系展开研究。城市工业发展强度超过1，说明城市的工业产值发展水平高于地区的平均水平。城市的工业发展强度越小，说明城市的工业产值发展能力不具备优势，城市活力较弱。

第四，工业密度的测算公式。

$$Den = Com/AREA \quad (1-10)$$

其中，Den为城市的工业密度，Com为城市的工业企业数量，AREA为城市的建成区面积。城市的工业密度反映城市工业的密集程度；城市工业密度越大，说明城市的工业承载力越大。

第五，税收贡献率的测算公式。

$$Con = Rev/Earn \quad (1-11)$$

其中，Con为城市的税收贡献率，Rev为城市的税收，Earn为城市的销售收入。经过城市的税收贡献率测算，可以对城市税收在评估时间段内为城市总体增加销售收入的占比进行评估。税收贡献率数值越大，说明城市的经济发展越好，税收程度越高，市场发展活力更高[2]。

第六，工业弧弹性的测算公式。

$$AE = (\Delta Q/Q)/(\Delta P/P) \quad (1-12)$$

其中，AE为工业弧弹性，ΔQ为在一段评估时间内城市工业产值增量，Q为城市在评估末期时的工业产值，ΔP为在一段评估时间内城市生产总值的变化量，P为城市在评估末期时的生产总值。城市工业弧弹性越大，说明城市的工业产值增长速率将快于其经济的变化增长速率，城市呈现出工业的扩张发展趋势[3]。

第七，Moore工业结构的测算公式。

$$e = \arccos \frac{\sum_{i=1}^{n} W_{i,t1} W_{i,t2}}{\sqrt{\sum_{i=1}^{n} W_{i,t1}^2} \cdot \sqrt{\sum_{i=1}^{n} W_{i,t2}^2}} \quad (1-13)$$

其中，e为Moore工业结构，$W_{i,t1}$、$W_{i,t2}$为t1、t2时期i城市某类企业的产值与总产值的比重。Moore工业结构反映出不同企业发展结构的变化程度；Moore工业结构指数越大，说明城市企业结构的变化程度越大。

第八，工业不协调度的测算公式。

$$\varphi_1 = \frac{GDP_i/GDP}{Y_i/Y} - 1 \quad (1-14)$$

其中，φ_1为城市的工业不协调度，GDP_i/GDP表示城市某类企业的产值与企业总产值的比重，Y_i/Y表示城市某类企业数与总企业数的比重。企业不协调度越小，说明城市企业在城市中的发展结构良好，企业对城市经济发展起促进作用[4]。

第九，工业偏离系数的测算公式。

$$D_i = \left| \frac{V_i}{E_i} - 1 \right| \quad (1-15)$$

其中，D_i为城市某类企业的工业偏离系数，$\frac{V_i}{E_i}$为某类企业生产率（产值/企业数），V_i为某产业的产值比重，E_i为某类企业数与总企业数的比重。城市的工业偏离系数越小，说明城市的就业结构协调程度越高，城市的劳动生产率越高；城市的工业偏离系数越大，说明城市的工业结构和产业结构将出现不协调、不稳定的状态[5]。

2. 珠江-西江经济带城市企业发展实力三级指标测算方法

第一，企业利润相对增长率的测算公式。

$$NICH = \frac{Y_{2i} - Y_{1i}}{Y_2 - Y_1} \quad (1-16)$$

其中，NICH为企业利润相对增长率，Y_{2i}、Y_{1i}表示i城市末期和初期的企业利润，Y_2和Y_1表示整体在末期和初期的企业利润。经过企业利润相对增长率测算，可以对城市在一定时期内城市企业获取利润变化增长趋势与全国企业利润的变化增长趋势之间的关系展开分析。企业利润相对增长率数值越大，说明城市企业获取利润的增长速率越快，呈现出地区企业集聚能力的提升[6]。

第二，企业利润绝对增量加权指数的测算公式。

$$I = \frac{\Delta X_i}{\Delta X} \times \frac{1}{S_i} \quad (1-17)$$

其中，I为企业利润绝对增量加权指数，ΔX_i为i城市的企

---

[1] 邹璇、曾庆均、安虎森：《产业扩张对土地需求的定量分析——以重庆市工业扩张的用地需求为例》，载《工业技术经济》2006年第5期。
[2] 罗春华、吕普生：《税收征管在税收超GDP增长中的贡献——测算方法、分析及展望》，载《中国社会科学院研究生院学报》2010年第1期。
[3] 周春山、罗彦、陈素素：《近20年来广州市人口增长与分布的时空间演化分析》，载《地理科学》2004年第6期。
[4] 李艳丽、刘瑞：《社会事业和社会产业协调发展的评价方法及协调度测算》，载《社会科学研究》2009年第1期。
[5] 曹骏、雷社平：《江西省第一产业结构对经济作用力的实证分析》，载《北京航空航天大学学报》（社会科学版）2011年第5期。
[6] 杨艳昭、封志明、赵延德、游珍：《中国城市土地扩张与人口增长协调性研究》，载《地理研究》2013年第9期。

业利润在一段时间内的增量，ΔX 为全国的企业利润在该段时间内的增量，S_i 为 i 城市面积占全国面积的比重。经过企业利润绝对增量加权指数测算，可以对城市企业获取利润的变化增长趋势与其土地面积之间的关系展开分析。企业利润绝对增量加权指数越大，说明城市的企业要素集中度越高，城市企业获取利润的变化增长趋向于高速发展①。

第三，企业利润比重增量的测算公式。

$$P = \frac{X_{it2}}{X_{t2}} - \frac{X_{it1}}{X_{t1}} \quad (1-18)$$

其中，P 为地区的企业利润的变化量，X_{it2}、X_{it1} 分别为 i 城市 t2、t1 年份地区的企业利润的总量，X_{t2}、X_{t1} 分别为 t2、t1 年份全国的企业利润。城市的企业利润比重增长越高，城市整体企业利润水平更具备优势②。

第四，企业利润枢纽度的测算公式。

$$A_i = \frac{V_i}{(P_i \cdot G_i)} \quad (1-19)$$

其中，A_i 为 i 城市的企业利润枢纽度，V_i 为 i 城市的工业企业主营业务收入，P_i 为 i 城市的常住人口，G_i 为 i 城市的生产总值。经过城市的企业利润枢纽度测算，可以对城市企业利润程度与其他经济社会发展指标之间的关系展开分析。城市的企业利润枢纽度系数越大，说明城市的企业利润能力越强，其在经济社会发展中的地位越高③。

第五，企业利润平均增长指数的测算公式。

$$S = (X_{t2} - X_{t1})/X_{t1}(t_2 - t_1) \times 100 \quad (1-20)$$

其中，S 为城市的企业利润平均增长指数，X_{t2}、X_{t1} 为城市在一段评估时间内的末期和初期的企业利润。城市的企业利润平均增长指数数值越大，说明城市在评估时间段内的企业获取利润越高，整体城市企业利润水平得以提升④。

第六，企业产值流强度的测算公式。

$$\begin{cases} F_i = N_i \times E_i \\ N_i = P_i/L_i \\ E_i = \sum_{j=1}^{m} E_{ij} \\ E_{ij} = L_{ij} - L_i(L_j/L) \\ Q_{ij} = \frac{L_{ij}/L_i}{L_j/L} \end{cases} \quad (1-21)$$

其中，F_i 为 i 城市的企业产值流强度，N_i 为 i 城市的企业产值功能效益，E_i 为 i 城市的总体外向功能，P_i 为 i 城市的 GDP，E_{ij} 为 i 城市的 j 类企业产值外向功能，L_i 为 i 城市的企业产值，Q_{ij} 为 i 城市 j 类企业产值区位商（$Q_{ij}<1$，说明 i 城市的 j 类企业产值不具备外向功能，即 $E_{ij}=0$；$Q_{ij}>1$，说明 i 城市的 j 类企业产值具备外向功能），L_{ij} 为 i 城市的 j 类企业产值，L_j 为全国 j 类企业产值，L 为全国企业产值。城市企业产值流强度系数越大，说明城市之间发生的经济集聚和扩散水平越强⑤。

第七，企业产值倾向度的测算公式。

$$K_i = \frac{F_i}{P_i} \quad (1-22)$$

其中，K_i 为 i 城市的企业产值倾向度，F_i 为 i 城市的企业产值流强度，P_i 为 i 城市的 GDP。城市企业产值倾向度系数越大，说明城市的企业产值总功能量的外向强度越强⑥。

第八，企业产值职能规模的测算公式。

$$\begin{cases} T_{ij} = |Q_{ij} - 1| * L_{ij} \\ Q_{ij} = \frac{L_{ij}/L_i}{L_j/L} \end{cases} \quad (1-23)$$

其中，T_{ij} 为 i 城市的 j 类企业产值职能规模，Q_{ij} 为 i 城市的 j 类企业产值区位商，L_{ij} 为 i 城市的 j 类企业产值，L_i 为 i 城市的企业总产值，L_j 为全国 j 类企业产值，L 为全国企业总产值。城市的企业利润相对职能规模系数越大，说明城市的企业获取利润水平越高，城市所具备的企业获取利润能力更强⑦。

第九，企业产值职能地位的测算公式。

$$F_{ij} = T_{ij} / \sum_{i=1}^{n} T_{ij} \quad (1-24)$$

其中，F_{ij} 为 i 城市的 j 类企业产值职能地位，T_{ij} 为 i 城市的 j 类企业产值职能规模。城市企业产值职能地位越高，说明城市的企业产值获取能力在地区内的水平更具备优势；城市对企业的吸引集聚能力扩大，城市发展具备的就业及劳动力发展方面的潜力⑧。

二、珠江－西江经济带城市工业企业发展水平综合评估与比较

（一）珠江－西江经济带城市工业企业发展水平综合评估结果

根据珠江－西江经济带城市工业企业发展水平指标体系和数学评价模型，对 2010~2015 年珠江－西江经济带 11 个城市的工业企业发展水平进行了评价。表 1-8、表 1-9、表 1-10、表 1-11、表 1-12、表 1-13、表 1-14 和表 1-15、表 1-16、表 1-17 是本次评估期间珠江－西江经济带 11 个城市的工业企业发展水平排名和排名变化情况及其两个二级指标的评价结果。

---

① 杨莎莎、晁操：《十大城市群人口－经济空间集聚均衡特征的比较》，载《统计与决策》2017 年第 7 期。
② 史修松、黄群慧、刘军：《企业所有制结构演变对企业利润及增长影响——基于中国工业数据的研究》，载《上海经济研究》2015 年第 9 期。
③ 张勇民、梁世夫、郭超然：《民族地区农业现代化与新型城镇化协调发展研究》，载《农业经济问题》2014 年第 10 期。
④ 汤二子、刘凤朝、张娜：《生产技术进步、企业利润分配与国民经济发展》，载《中国工业经济》2013 年第 6 期。
⑤ 彭韶兵、郑伟宏、邱静：《地方 GDP 压力、地方国有企业产值操控与经济后果》，载《中国经济问题》2014 年第 4 期。
⑥ 范德成、刘刊：《投资倾向对产业产出的影响作用研究》，载《科技与经济》2010 年第 1 期。
⑦ 张杰、黄泰岩、芦哲：《中国企业利润来源与差异的决定机制研究》，载《中国工业经济》2011 年第 1 期。
⑧ 朱翠萍、万广华、Kala Seetharam Sridhar：《城市如何吸引企业投资：来自中国和印度的证据》，载《云南财经大学学报》2012 年第 2 期。

1. 珠江-西江经济带城市工业企业发展水平排名

根据表1-8中内容对2010年珠江-西江经济带城市工业企业发展水平排名变化进行分析，可以看到珠江-西江经济带11个城市中，工业企业发展水平处于上游区的依次是广州市、佛山市、肇庆市；珠江-西江经济带11个城市工业企业发展水平处在中游区的依次是云浮市、崇左市、梧州市、柳州市、来宾市；珠江-西江经济带11个城市工业企业发展水平处在下游区的依次是南宁市、贵港市、百色市。这说明在珠江-西江经济带中广东地区工业企业发展水平高于广西地区，更具发展优势。

表1-8　2010年珠江-西江经济带城市工业企业发展水平排名

地区	排名	区段	地区	排名	区段	地区	排名	区段
广州	1	上游区	云浮	4	中游区	南宁	9	下游区
佛山	2		崇左	5		贵港	10	
肇庆	3		梧州	6		百色	11	
			柳州	7				
			来宾	8				

根据表1-9中内容对2011年珠江-西江经济带城市工业企业发展水平排名变化进行分析，可以看到珠江-西江经济带11个城市工业企业发展水平处于上游区的依次是广州市、佛山市、肇庆市；珠江-西江经济带11个城市工业企业发展水平处在中游区的依次是崇左市、梧州市、云浮市、来宾市、贵港市；珠江-西江经济带11个城市工业企业发展水平处在下游区的依次是柳州市、南宁市、百色市。相比2010年，广州市、佛山市、肇庆市依然保持在上游城市行列；贵港市排名上升至第8名，进入中游区行列，工业企业发展水平具备较高发展潜力；柳州市从中游城市行列下降至下游行列，下降2名。

表1-9　2011年珠江-西江经济带城市工业企业发展水平排名

地区	排名	区段	地区	排名	区段	地区	排名	区段
广州	1	上游区	崇左	4	中游区	柳州	9	下游区
佛山	2		梧州	5		南宁	10	
肇庆	3		云浮	6		百色	11	
			来宾	7				
			贵港	8				

根据表1-10中内容对2012年珠江-西江经济带城市工业企业发展水平排名变化进行分析，可以看到珠江-西江经济带11个城市工业企业发展水平处于上游区的依次是佛山市、广州市、梧州市；珠江-西江经济带11个城市工业企业发展水平处在中游区的依次是肇庆市、崇左市、云浮市、柳州市、来宾市；珠江-西江经济带11个城市工业企业发展水平处在下游区的依次是贵港市、南宁市、百色市。相比2011年，梧州市从中游城市行列上升至上游城市行列，柳州市从下游城市行列上升至中游城市行列；肇庆市从上游城市行列下降至中游城市行列；贵港市下降至第9名进入下游城市行列。

表1-10　2012年珠江-西江经济带城市工业企业发展水平排名

地区	排名	区段	地区	排名	区段	地区	排名	区段
佛山	1	上游区	肇庆	4	中游区	贵港	9	下游区
广州	2		崇左	5		南宁	10	
梧州	3		云浮	6		百色	11	
			柳州	7				
			来宾	8				

根据表1-11中内容对2013年珠江-西江经济带城市工业企业发展水平排名变化进行分析，可以看到珠江-西江经济带11个城市工业企业发展水平处于上游区的依次是广州市、佛山市、肇庆市；珠江-西江经济带11个城市工业企业发展水平处在中游区的依次是梧州市、云浮市、崇左市、贵港市、柳州市；珠江-西江经济带11个城市工业企业发展水平处在下游区的依次是南宁市、来宾市、百色市。相比2012年，肇庆市从第4名上升至第3名，进入上游城市行列；贵港市从第9名上升至第7名，进入中游城市行列；梧州市从第3名下降至第4名，下降为中游区城市；来宾市从第8名下降至第10名，下降为下游区城市。

表1-11　2013年珠江-西江经济带城市工业企业发展水平排名

地区	排名	区段	地区	排名	区段	地区	排名	区段
广州	1	上游区	梧州	4	中游区	南宁	9	下游区
佛山	2		云浮	5		来宾	10	
肇庆	3		崇左	6		百色	11	
			贵港	7				
			柳州	8				

根据表1-12中内容对2014年珠江-西江经济带各城市工业企业发展水平排名变化进行分析，可以看到珠江-西江经济带11个城市工业企业发展水平处于上游区的依次是广州市、佛山市、肇庆市；珠江-西江经济带11个城市工业企业发展水平处在中游区的依次是云浮市、贵港市、崇左市、梧州市、柳州市；珠江-西江经济带11个城市工业企业发展水平处在下游区的依次是南宁市、来宾市、百色市。相比2013年，没有任何城市出现跨区变动，这说明2014年珠江-西江经济带11个城市工业企业发展水平与2013年相类似，整体变化幅度较小。

表1-12　2014年珠江-西江经济带城市工业企业发展水平排名

地区	排名	区段	地区	排名	区段	地区	排名	区段
广州	1	上游区	云浮	4	中游区	南宁	9	下游区
佛山	2		贵港	5		来宾	10	
肇庆	3		崇左	6		百色	11	
			梧州	7				
			柳州	8				

根据表1-13中内容对2015年珠江-西江经济带城市工业企业发展水平排名变化进行分析,可以看到珠江-西江经济带11个城市工业企业发展水平处于上游区的依次是广州市、佛山市、肇庆市;珠江-西江经济带11个城市工业企业发展水平处在中游区的依次是梧州市、云浮市、贵港市、崇左市、南宁市;珠江-西江经济带11个城市工业企业发展水平处在下游区的依次是柳州市、来宾市、百色市。相比2014年,柳州市从中游区城市行列下降为下游区城市;南宁市从下游区城市行列上升至中游区城市。

表1-13　2015年珠江-西江经济带城市工业企业发展水平排名

地区	排名	区段	地区	排名	区段	地区	排名	区段
广州	1	上游区	梧州	4	中游区	柳州	9	下游区
佛山	2		云浮	5		来宾	10	
肇庆	3		贵港	6		百色	11	
			崇左	7				
			南宁	8				

根据表1-14中内容对2010~2015年珠江-西江经济带城市工业企业发展水平排名变化趋势进行分析,可以看到珠江-西江经济带11个城市工业企业发展水平处于上升区的依次是梧州市、贵港市、南宁市;珠江-西江经济带11个城市工业企业发展水平处在保持区的是百色市、广州市、佛山市、肇庆市;珠江-西江经济带11个城市工业企业发展水平处在下降区的依次是来宾市、崇左市、柳州市、云浮市。这说明珠江-西江经济带中广西板块城市的变化幅度高于广东板块的变化幅度,广西板块城市工业企业发展水平发展平稳性较弱。

表1-14　2010~2015年珠江-西江经济带城市工业企业发展水平排名变化

地区	排名变化	区段	地区	排名变化	区段	地区	排名变化	区段
南宁	1	上升区	肇庆	0	保持区	云浮	-1	下降区
梧州	2		百色	0		柳州	-2	
贵港	4		广州	0		崇左	-2	
			佛山	0		来宾	-2	

2. 珠江-西江经济带城市工业企业发展水平得分情况

通过表1-15对2010~2015年的工业企业发展水平及变化进行分析。由2010年的珠江-西江经济带城市工业企业发展水平评价来看,有9个城市的工业企业发展水平得分已经在40分以上。2010年珠江-西江经济带城市工业企业发展水平得分处在34~66分,小于40分的城市有贵港市、百色市。珠江-西江经济带城市工业企业发展水平得分最高得分为广州市,为65.376分,最低得分为百色市,为34.669分。珠江-西江经济带城市工业企业发展水平的得分平均值为45.746分,珠江-西江经济带城市工业企业发展水平的得分标准差为8.885,说明城市之间工业企业发展水平的变化差异较大。珠江-西江经济带中广东地区城市的工业企业发展水平的得分较高,其中广州市、佛山市、肇庆市、云浮市4个城市的工业企业发展水平得分均超过40分;说明这些城市的工业企业发展基础较高,城市工业结构合理,工业企业水平较高,工业产出水平也相对较高。珠江-西江经济带中广西地区的工业企业发展水平较低,其中南宁市、柳州市、梧州市、来宾市、崇左市5个城市的工业企业发展水平超过40分;说明广西地区城市的工业企业综合发展能力较低,城市工业结构不合理,工业企业水平较低,工业产出水平也相对较低,不利于城市其他产业的发展。

表1-15　2010~2015年珠江-西江经济带城市工业企业评价比较

地区	2010年	2011年	2012年	2013年	2014年	2015年	综合变化
南宁	40.644	38.925	38.798	40.625	39.362	39.237	-1.407
	9	10	10	9	9	8	1
柳州	41.117	40.034	41.820	40.647	40.357	37.430	-3.687
	7	9	7	8	8	9	-2
梧州	41.302	44.234	47.447	47.123	41.720	45.557	4.255
	6	5	3	4	7	4	2
贵港	39.598	40.926	41.494	41.679	42.156	42.441	2.843
	10	8	9	7	5	6	4

续表

地区	2010年	2011年	2012年	2013年	2014年	2015年	综合变化
百色	34.669	35.877	34.162	32.184	33.540	31.515	-3.154
	11	11	11	11	11	11	0
来宾	40.735	41.435	41.579	33.060	36.287	35.189	-5.546
	8	7	8	10	10	10	-2
崇左	44.617	44.293	43.909	42.348	41.745	41.202	-3.415
	5	4	5	6	6	7	-2
广州	65.376	68.368	59.947	68.257	65.111	62.985	-2.391
	1	1	2	1	1	1	0
佛山	56.832	62.847	60.214	60.205	60.542	57.211	0.378
	2	2	1	2	2	2	0
肇庆	50.545	45.352	47.219	47.689	47.353	49.581	-0.964
	3	3	4	3	3	3	0
云浮	47.773	42.933	43.158	43.906	43.969	43.626	-4.147
	4	6	6	5	4	5	-1
最高分	65.376	68.368	60.214	68.257	65.111	62.985	-2.391
最低分	34.669	35.877	34.162	32.184	33.540	31.515	-3.154
平均分	45.746	45.929	45.431	45.248	44.740	44.180	-1.567
标准差	8.885	10.172	8.114	10.711	9.705	9.370	0.485

由2011年的珠江-西江经济带城市工业企业发展水平评价来看，有9个城市的工业企业发展水平得分已经在40分以上。2011年珠江-西江经济带城市工业企业发展水平得分处在35～69分，小于40分的城市有南宁市、百色市。珠江-西江经济带城市工业企业发展水平得分最高得分为广州市，为68.368分，最低得分为百色市，为35.877分。珠江-西江经济带城市工业企业发展水平的得分平均值为45.929分，珠江-西江经济带城市工业企业发展水平的得分标准差为10.172，说明城市之间工业企业发展水平的变化差异较大。珠江-西江经济带中广东地区城市的工业企业发展水平的得分较高，其中广州市、佛山市、肇庆市、云浮市4个城市的工业企业发展水平得分均超过40分；说明这些城市的工业企业发展基础较高，城市工业结构合理，工业企业水平较高，工业产出水平也相对较高。珠江-西江经济带中广西地区的工业企业发展水平较低，其中柳州市、梧州市、贵港市、来宾市、崇左市5个城市的工业企业发展水平超过40分；说明广西地区城市的工业企业综合发展能力较低，城市工业结构不合理，工业企业水平较低，工业产出水平也相对较低，不利于城市其他产业的发展。

由2012年的珠江-西江经济带城市工业企业发展水平评价来看，有9个城市的工业企业发展水平得分已经在40分以上。2012年珠江-西江经济带城市工业企业发展水平得分处在34～61分，小于40分的城市有南宁市、百色市。珠江-西江经济带城市工业企业发展水平得分最高得分为佛山市，为60.214分，最低得分为百色市，为34.162分。珠江-西江经济带城市工业企业发展水平的得分平均值为45.431分，珠江-西江经济带城市工业企业发展水平的得分标准差为8.114，说明城市之间工业企业发展水平的变化差异较大。珠江-西江经济带中广东地区城市的工业企业发展水平的得分较高，其中广州市、佛山市、肇庆市、云浮市4个城市的工业企业发展水平得分均超过40分；说明这些城市的工业企业发展基础较高，城市工业结构合理，工业企业水平较高，工业产出水平也相对较高。珠江-西江经济带中广西地区的工业企业发展水平较低，其中柳州市、梧州市、贵港市、来宾市、崇左市5个城市的工业企业发展水平超过40分；说明广西地区城市的工业企业综合发展能力较低，城市工业结构不合理，工业企业水平较低，工业产出水平也相对较低，不利于城市其他产业的发展。

由2013年的珠江-西江经济带城市工业企业发展水平评价来看，有9个城市的工业企业发展水平得分已经在40分以上。2013年珠江-西江经济带城市工业企业发展水平得分处在32～69分，小于40分的城市有来宾市、百色市。珠江-西江经济带城市工业企业发展水平得分最高得分为广州市，为68.257分，最低得分为百色市，为32.184分。珠江-西江经济带城市工业企业发展水平的得分平均值为45.248分，珠江-西江经济带城市工业企业发展水平的得分标准差为10.711，说明城市之间工业企业发展水平的变化差异较大。珠江-西江经济带中广东地区城市的工业企业发展水平的得分较高，其中广州市、佛山市、肇庆市、云浮市4个城市的工业企业发展水平得分均超过40分；说明这些城市的工业企业发展基础较高，城市工业结构合理，工业企业水平较高，工业产出水平也相对较高。珠江-西江经济带中广西地区的工业企业发展水平较低，其中南宁市、柳州市、梧州市、贵港市、崇左市5个城市的工业企业发展水平超过40分；说明广西地区城市的工业企业综合发展能力较低，城市工业结构不合理，工业企业水平较低，工业产出水平也相对较低，不利于城市其他产业的发展。

由2014年的珠江－西江经济带城市工业企业发展水平评价来看，有9个城市的工业企业发展水平得分已经在40分以上。2014年珠江－西江经济带城市工业企业发展水平得分处在35~66分，小于40分的城市有来宾市、百色市。珠江－西江经济带城市工业企业发展水平得分最高得分为广州市，为65.111分，最低得分为百色市，为33.540分。珠江－西江经济带城市工业企业发展水平的得分平均值为44.740分，珠江－西江经济带城市工业企业发展水平的得分标准差为9.705，说明城市之间工业企业发展水平的变化差异较大。珠江－西江经济带中广东地区城市的工业企业发展水平的得分较高，其中广州市、佛山市、肇庆市、云浮市4个城市的工业企业发展水平得分均超过40分；说明这些城市的工业企业发展基础较高，城市工业结构合理，工业企业水平较高，工业产出水平也相对较高。珠江－西江经济带中广西地区的工业企业发展水平较低，其中南宁市、柳州市、梧州市、贵港市、崇左市5个城市的工业企业发展水平超过40分；说明广西地区城市的工业企业综合发展能力较低，城市工业结构不合理，工业企业水平较低，工业产出水平也相对较低，不利于城市其他产业的发展。

由2015年的珠江－西江经济带城市工业企业发展水平评价来看，有7个城市的工业企业发展水平得分已经在40分以上。2015年珠江－西江经济带城市工业企业发展水平得分处在31~63分，小于40分的城市有南宁市、柳州市、来宾市、百色市。珠江－西江经济带城市工业企业发展水平得分最高得分为广州市，为62.985分，最低得分为百色市，为31.515分。珠江－西江经济带城市工业企业发展水平的得分平均值为44.180分，珠江－西江经济带城市工业企业发展水平的得分标准差为9.370，说明城市之间工业企业发展水平的变化差异较大。珠江－西江经济带中广东地区城市的工业企业发展水平的得分较高，其中广州市、佛山市、肇庆市、云浮市4个城市的工业企业发展水平得分均超过40分；说明这些城市的工业企业发展基础较高，城市工业结构合理，工业企业水平较高，工业产出水平也相对较高。珠江－西江经济带中广西地区的工业企业发展水平较低，其中梧州市、贵港市、崇左市3个城市的工业企业发展水平超过40分；说明广西地区城市的工业企业综合发展能力较低，城市工业结构不合理，工业企业水平较低，工业产出水平也相对较低，不利于城市其他产业的发展。

对比珠江－西江经济带城市工业企业发展水平变化，通过对各年间的珠江－西江经济带城市工业企业发展水平的平均分、标准差进行分析，可以发现其平均分呈波动下降的趋势，说明珠江－西江经济带城市工业企业综合能力整体活力并未提升，城市工业水平有待提升。珠江－西江经济带城市工业企业发展水平的标准差也呈波动下降的趋势，说明城市间的工业企业发展水平差距有所缩小。对各城市的工业企业发展水平变化展开分析，发现广州市的工业企业发展水平处在绝对领先位置，在2010~2015年的各个时间段内除2012年外均处于排名第一的位置，其发展水平呈下降的趋势。南宁市的工业企业发展水平得分有所上升，但其发展水平排名出现下降。广西地区其他城市的工业企业发展水平得分除梧州市、贵港市外均出现下降趋势，其排名除梧州市、贵港市外均保持不变或有所下降，说明广西地区的整体工业企业发展水平处于滞后状态。广东地区的其他城市的工业企业发展水平得分趋于下降，但其工业企业发展水平排名变化较小，说明这些城市的工业企业发展水平处于稳定阶段。贵港市在工业企业发展水平得分小幅上升的情况下其排名出现大幅提升，说明在珠江－西江经济带整体工业企业发展水平呈衰退趋势的情况下，贵港市在工业企业发面存在有效推动力，提高其工业企业发展现有水平，使其在地区内的排名出现较大提升。

3. 珠江－西江经济带城市工业企业要素得分情况

通过表1－16对2010~2015年的工业发展的变化进行分析。由2010年的珠江－西江经济带城市工业发展评价来看，有9个城市的工业发展得分已经在25分以上。2010年珠江－西江经济带城市工业发展得分处在20~37分，小于25分的城市有柳州市、百色市。珠江－西江经济带城市工业发展最高得分为佛山市，为36.742分，最低得分为百色市，为20.760分。珠江－西江经济带城市工业发展的得分平均值为28.519分，珠江－西江经济带工业发展的得分标准差为4.395，说明城市之间工业发展的变化差异较小。珠江－西江经济带中广东地区的工业发展水平较高，其中广州市、佛山市、肇庆市、云浮市4个城市的工业发展超过25分；说明这些城市的工业发展基础较高，工业整体发展态势稳定向好，工业现代化进程稳步推进。珠江－西江经济带中广西地区城市的工业发展的得分较低，其中南宁市、梧州市、贵港市、来宾市、崇左市5个城市的工业发展得分均超过25分；说明这些城市的工业发展基础较低，工业不具备较高的综合生产率，不具备完善的工业发展条件，工业集聚效应较差。

表1－16 2010~2015年珠江－西江经济带城市工业发展评价比较

地区	2010年	2011年	2012年	2013年	2014年	2015年	综合变化
南宁	27.879	26.726	25.865	27.890	25.640	25.462	-2.417
	6	6	9	5	5	6	0
柳州	24.681	23.941	25.906	24.527	24.109	21.002	-3.680
	10	10	8	9	8	10	0

续表

地区	2010年	2011年	2012年	2013年	2014年	2015年	综合变化
梧州	26.001	26.404	26.784	28.962	24.804	27.281	1.281
	8	8	7	3	7	3	5
贵港	26.980	24.713	25.516	25.092	23.826	25.056	-1.924
	7	9	10	8	10	7	0
百色	20.760	21.539	20.975	18.900	18.054	16.197	-4.563
	11	11	11	11	11	11	0
来宾	25.868	26.452	27.403	19.160	23.882	24.443	-1.425
	9	7	6	10	9	9	0
崇左	29.826	28.693	28.577	25.590	25.551	24.656	-5.170
	5	4	4	7	6	8	-3
广州	31.629	30.765	30.533	30.258	29.098	27.086	-4.543
	3	2	2	2	2	4	-1
佛山	36.742	34.355	34.997	34.517	33.235	32.182	-4.560
	1	1	1	1	1	1	0
肇庆	32.943	29.373	29.134	28.834	28.480	30.004	-2.939
	2	3	3	4	3	2	0
云浮	30.396	27.128	27.863	27.098	26.358	25.844	-4.553
	4	5	5	6	4	5	-1
最高分	36.742	34.355	34.997	34.517	33.235	32.182	-4.560
最低分	20.760	21.539	20.975	18.900	18.054	16.197	-4.563
平均分	28.519	27.281	27.596	26.439	25.731	25.383	-3.136
标准差	4.395	3.479	3.486	4.588	3.809	4.235	-0.160

由2011年的珠江-西江经济带城市工业发展评价来看，有8个城市的工业发展得分已经在25分以上。2011年珠江-西江经济带城市工业发展得分处在21~35分，小于25分的城市有柳州市、贵港市、百色市。珠江-西江经济带城市工业发展最高得分为佛山市，为34.355分，最低得分为百色市，为21.539分。珠江-西江经济带城市工业发展的得分平均值为27.281分，珠江-西江经济带城市工业发展的得分标准差为3.479，说明城市之间工业发展的变化差异较小。珠江-西江经济带中广东地区的工业发展水平较高，其中广州市、佛山市、肇庆市、云浮市4个城市的工业发展超过25分；说明这些城市的工业发展基础较高，工业整体发展态势稳定向好，工业现代化进程稳步推进。珠江-西江经济带中广西地区城市的工业发展的得分较低，其中南宁市、梧州市、来宾市、崇左市4个城市的工业发展得分均超过25分；说明这些城市的工业发展基础较低，工业不具备较高的综合生产率，不具备完善的工业发展条件，工业集聚效应较差。

由2012年的珠江-西江经济带城市工业发展评价来看，有10个城市的工业发展得分已经在25分以上。2012年珠江-西江经济带城市工业发展得分处在20~35分，小于25分的城市有百色市。珠江-西江经济带城市工业发展得分最高得分为佛山市，为34.997分，最低得分为百色市，为20.975分。珠江-西江经济带城市工业发展的得分平均值为27.596分，珠江-西江经济带城市工业发展的得分标准差为3.486，说明城市之间工业发展的变化差异较小。珠江-西江经济带中广东地区的工业发展水平较高，其中广州市、佛山市、肇庆市、云浮市4个城市的工业发展超过25分；说明这些城市的工业发展基础较高，工业整体发展态势稳定向好，工业现代化进程稳步推进。珠江-西江经济带中广西地区城市的工业发展的得分较低，其中南宁市、梧州市、柳州市、贵港市、来宾市、崇左市6个城市的工业发展得分均超过25分；说明这些城市的工业发展基础较低，工业不具备较高的综合生产率，不具备完善的工业发展条件，工业集聚效应较差。

由2013年的珠江-西江经济带城市工业发展评价来看，有8个城市的工业发展得分已经在25分以上。2013年珠江-西江经济带城市工业发展得分处在18~35分，小于25分的城市有柳州市、来宾市、百色市。珠江-西江经济带城市工业发展得分最高分为佛山市，为34.517分，最低得分为百色市，为18.900分。珠江-西江经济带城市工业发展的得分平均值为26.439分，珠江-西江经济带城市工业发展的得分标准差为4.588，说明城市之间工业发展的变化差异较小。珠江-西江经济带中广东地区的工业发展水平较高，其中广州市、佛山市、肇庆市、云浮市4个城市的工业发展超过25分；说明这些城市的工业发展基础较高，工业整体发展态势稳定向好，工业现代化进程稳步推进。珠江-西江经济带中广西地区城市的工业发展的得分较低，其中南宁市、梧州市、贵港市、崇左市4个城市的工业发展得分均超过25分；说明这些城市的工业发展基础较低，工业不具备较高的综合生产率，不具备完善的工业发展条件，工业集聚效应较差。

由2014年的珠江-西江经济带城市工业发展评价来看，有6个城市的工业发展得分已经在25分以上。2014年珠江-西江经济带城市工业发展得分处在18~34分，小于25分的城市有柳州市、梧州市、贵港市、来宾市、百色市。珠江-西江经济带城市工业发展得分最高得分为佛山市，为33.235分，最低得分为百色市，为18.054分。珠江-西江经济带城市工业发展的得分平均值为25.731分，珠江-西江经济带城市工业发展的得分标准差为3.809，说明城市之间工业发展的变化差异较小。珠江-西江经济带中广东地区的工业发展水平较高，其中广州市、佛山市、肇庆市、云浮市4个城市的工业发展超过25分；说明这些城市的工业发展基础较高，工业整体发展态势稳定向好，工业现代化进程稳步推进。珠江-西江经济带中广西地区城市的工业发展的得分较低，其中南宁市、崇左市的工业发展得分均超过25分；说明这些城市的工业发展基础较低，工业不具备较高的综合生产率，不具备完善的工业发展条件，工业集聚效应较差。

由2015年的珠江-西江经济带城市工业发展评价来看，有7个城市的工业发展得分已经在25分以上。2015年珠江-西江经济带城市工业发展得分处在13~33分，小于25分的城市有柳州市、来宾市、百色市、崇左市。珠江-西江经济带城市工业发展得分最高得分为佛山市，为32.182分，最低得分为百色市，为16.197分。珠江-西江经济带城市工业发展的得分平均值为25.383分，珠江-西江经济带城市工业发展的得分标准差为4.235，说明城市之间工业发展的变化差异较小。珠江-西江经济带中广东地区的工业发展水平较高，其中广州市、佛山市、肇庆市、云浮市4个城市的工业发展超过25分；说明这些城市的工业发展基础较高，工业整体发展态势稳定向好，工业现代化进程稳步推进。珠江-西江经济带中广西地区城市的工业发展的得分较低，其中南宁市、贵港市、梧州市3个城市的工业发展得分均超过25分；说明这些城市的工业发展基础较低，工业不具备较高的综合生产率，不具备完善的工业发展条件，工业集聚效应较差。

对比珠江-西江经济带城市工业发展变化，通过对各年间珠江-西江经济带城市工业发展的平均分、标准差进行分析，可以发现其平均分处于波动下降的趋势，说明珠江-西江经济带城市工业发展综合能力整体活力并未提升，工业并未成为一个有较高经济效益和市场竞争力的产业。珠江-西江经济带城市工业发展的标准差也处于波动下降的趋势，说明城市间的工业发展差距有所缩小。进一步对各城市的工业发展变化展开分析，发现佛山市的工业发展处在绝对领先位置，2010~2015年的各个时间段内均保持在排名第一的位置，其发展水平得分呈下降趋势。崇左市的工业发展得分有所下降，其发展水平排名也出现下降趋势。广东地区的其他城市的工业发展得分均出现下降，但其发展水平排名变化较小，说明广东地区的整体工业发展处于稳定阶段，工业发展稳定，变化幅度较小。广西地区的其他城市农业生产得分趋于下降，其工业发展排名变化也较小，说明这些城市的工业发展也处于稳定阶段。梧州市在工业发展得分小幅上升的情况下，其排名也出现大幅上升，说明在珠江-西江经济带整体工业发展呈现上升趋势的情况下，梧州市提升其工业发展的现有水平，使其在地区内原有的排名结构出现变化。

通过表1-17对2010~2015年的企业发展的变化进行分析。由2010年的珠江-西江经济带城市企业发展评价来看，有6个城市的企业发展得分已经在15分以上。2010年珠江-西江经济带城市企业发展得分总体处在12~34分之间，小于15分的城市有南宁市、贵港市、百色市、来宾市、崇左市。珠江-西江经济带城市企业发展得分最高得分为广州市，为33.747分，最低得分为贵港市，为12.618分。珠江-西江经济带城市企业发展的得分平均值为17.228分，珠江-西江经济带城市企业发展的得分标准差为5.910，说明城市之间企业发展的变化差异较小。珠江-西江经济带中广东地区的企业发展水平较高，其中广州市、佛山市、肇庆市、云浮市4个城市的企业发展超过15分；说明这些城市的企业发展基础较高，城市企业发展稳步推进。珠江-西江经济带中广西地区城市的企业发展的得分较低，其中柳州市、梧州市的企业发展得分均超过15分；说明这些城市的企业发展基础较低，地区企业发展缓慢。

表1-17　　　　　　2010~2015年珠江-西江经济带城市企业发展评价比较

地区	2010年	2011年	2012年	2013年	2014年	2015年	综合变化
南宁	12.765	12.199	12.933	12.736	13.722	13.774	1.010
	10	11	11	11	10	10	0
柳州	16.436	16.092	15.913	16.121	16.248	16.429	-0.007
	5	5	6	8	7	8	-3
梧州	15.302	17.829	20.663	18.161	16.916	18.276	2.974
	6	3	3	4	6	4	2
贵港	12.618	16.214	15.977	16.587	18.329	17.385	4.767
	11	4	5	7	4	6	5

续表

地区	2010年	2011年	2012年	2013年	2014年	2015年	综合变化
百色	13.909	14.337	13.187	13.285	15.486	15.318	1.409
	9	10	10	10	9	9	0
来宾	14.867	14.983	14.176	13.899	12.405	10.745	-4.121
	7	9	9	9	11	11	-4
崇左	14.791	15.599	15.332	16.757	16.194	16.547	1.755
	8	8	7	6	8	7	1
广州	33.747	37.603	29.415	37.999	36.013	35.899	2.151
	1	1	1	1	1	1	0
佛山	20.091	28.492	25.217	25.688	27.308	25.029	4.938
	2	2	2	2	2	2	0
肇庆	17.603	15.980	18.085	18.855	18.874	19.577	1.975
	3	6	4	3	3	3	0
云浮	17.377	15.805	15.294	16.808	17.611	17.782	0.405
	4	7	8	5	5	5	-1
最高分	33.747	37.603	29.415	37.999	36.013	35.899	2.151
最低分	12.618	12.199	12.933	12.736	12.405	10.745	-1.872
平均分	17.228	18.649	17.836	18.809	19.010	18.797	1.569
标准差	5.910	7.533	5.249	7.266	6.814	6.694	0.784

由2011年的珠江-西江经济带城市企业发展评价来看，有8个城市的企业发展得分已经在15分以上。2011年珠江-西江经济带城市企业发展得分处在12~38分，小于15分的城市有南宁市、百色市、来宾市。珠江-西江经济带城市企业发展得分最高分为广州市，为37.603分，最低得分为南宁市，为12.199分。珠江-西江经济带城市企业发展的得分平均值为18.649分，珠江-西江经济带城市企业发展的得分标准差为7.533，说明城市之间企业发展的变化差异较小。珠江-西江经济带中广东地区的企业发展水平较高，其中广州市、佛山市、肇庆市、云浮市4个城市的企业发展超过15分；说明这些城市的企业发展基础较高，城市企业发展稳步推进。珠江-西江经济带中广西地区城市的企业发展得分较低，其中柳州市、梧州市、贵港市、崇左市4个城市的企业发展得分均超过15分；说明这些城市的企业发展基础较低，地区企业发展缓慢。

由2012年的珠江-西江经济带城市企业发展评价来看，有8个城市的企业发展得分已经在15分以上。2012年珠江-西江经济带城市企业发展得分总体处在12~30分之间，小于15分的城市有南宁市、百色市、来宾市。珠江-西江经济带城市企业发展得分最高得分为广州市，为29.415分，最低得分为南宁市，为12.933分。珠江-西江经济带城市企业发展的得分平均值为17.836分，珠江-西江经济带城市企业发展的得分标准差为5.249，说明城市之间企业发展的变化差异较小。珠江-西江经济带中广东地区的企业发展水平较高，其中广州市、佛山市、肇庆市、云浮市4个城市的企业发展超过15分；说明这些城市的企业发展基础较高，城市企业发展稳步推进。珠江-西江经济带中广西地区城市的企业发展的得分较低，其中柳州市、梧州市、贵港市、崇左市4个城市的企业发展得分均超过15分；说明这些城市的企业发展基础较低，地区企业发展缓慢。

由2013年的珠江-西江经济带城市企业发展评价来看，有8个城市的企业发展得分已经在15分以上。2013年珠江-西江经济带城市企业发展得分总体处在12~38分之间，小于15分的城市有南宁市、百色市、来宾市。珠江-西江经济带城市企业发展得分最高得分为广州市，为37.999分，最低得分为南宁市，为12.736分。珠江-西江经济带城市企业发展的得分平均值为18.809分，珠江-西江经济带城市企业发展的得分标准差为7.266，说明城市之间企业发展的变化差异较小。珠江-西江经济带中广东地区的企业发展水平较高，其中广州市、佛山市、肇庆市、云浮市4个城市的企业发展超过15分；说明这些城市的企业发展基础较高，城市企业发展稳步推进。珠江-西江经济带中广西地区城市的企业发展的得分较低，其中柳州市、梧州市、贵港市、崇左市4个城市的企业发展得分均超过15分；说明这些城市的企业发展基础较低，地区企业发展缓慢。

由2014年的珠江-西江经济带城市企业发展评价来看，有9个城市的企业发展得分已经在15分以上。2014年珠江-西江经济带城市企业发展得分处在12~37分，小于15分的城市有南宁市、来宾市。珠江-西江经济带城市企业发展得分最高得分为广州市，为36.013分，最低得分为来宾市，为12.405分。珠江-西江经济带城市企业发展的得分平均值为19.010分，珠江-西江经济带城市企业发展的得分标准差为6.814，说明城市之间企业发展的变化差异较小。珠江-西江经济带中广东地区的企业发展水平较高，其中广州市、佛山市、肇庆市、云浮市4个城市的企业发展超过15分；说明这些城市的企业发展基础较高，城市企业发展稳步推进。珠江-西江经济带中广西地区城市的企业发展的得分较低，其中柳州市、梧州市、贵港市、百色市、崇左市5个城市的企业发展得分均超过15分；说明这些城市的企业发展基础较低，地区企业发展缓慢。

由2015年的珠江-西江经济带城市企业发展评价来看，有9个城市的企业发展得分已经在15分以上。2015年珠江-西江经济带城市企业发展得分总体处在10~36分之间，小于15分的城市有南宁市、来宾市。珠江-西江经济带城市企业发展得分最高得分为广州市，为35.899分，最低得分为来宾市，为10.745分。珠江-西江经济带城市企业发展的得分平均值为18.797分，珠江-西江经济带城市企业发展的得分标准差为6.694，说明城市之间企业发展的变化差异较小。珠江-西江经济带中广东地区的企业发展水平较高，其中广州市、佛山市、肇庆市、云浮市4个城市的企业发展超过15分；说明这些城市的企业发展基础较高，城市企业发展稳步推进。珠江-西江经济带中广西地区城市的企业发展的得分较低，其中柳州市、梧州市、贵港市、百色市、崇左市5个城市的企业发展得分均超过15分；说明这些城市的企业发展基础较低，地区企业发展缓慢。

对比珠江-西江经济带城市企业发展变化，通过对各年间的珠江-西江经济带城市企业发展的平均分、标准差进行分析，可以发现其平均分呈波动上升的趋势，说明珠江-西江经济带城市企业发展综合能力整体活力有所提升，企业发展速度加快。珠江-西江经济带城市企业发展的标准差也呈波动上升的趋势，说明城市间的企业发展差距有所扩大。对各城市的企业发展变化展开分析，发现广州市的企业发展处在绝对领先位置，2010~2015年的各个时间段内均保持在排名第一的位置，其发展水平得分呈上升趋势。柳州市、来宾市的企业发展得分有所下降，其发展水平排名也出现下降。广东地区的其他城市的企业发展得分均出现上升趋势，但其发展水平排名变化较小，说明广东地区的整体企业发展处于稳定阶段，企业发展稳定，变化幅度较小。广西地区的其他城市企业发展得分趋于上升，其企业发展排名也趋于上升，说明这些城市的企业发展处于发展阶段，企业发展动力活力充沛。来宾市在企业发展得分下降的情况下，其排名也出现大幅下降，说明在珠江-西江经济带整体企业发展呈现上升趋势的情况下，梧州市未能保持其企业发展的现有水平，使其在地区内原有的排名结构出现变化。

（二）珠江-西江经济带城市工业企业发展水平综合评估结果的比较与评析

1. 珠江-西江经济带城市工业企业发展水平排序变化比较与评析

由图1-1可以看到，2010年与2011年相比，珠江-西江经济带工业企业发展水平处于上升趋势的城市有4个，分别是崇左市、梧州市、来宾市、贵港市，上升幅度最大的是贵港市，排名上升2名，崇左市、梧州市、来宾市排名均上升1名。珠江-西江经济带工业企业发展水平排名保持不变的城市有4个，分别是广州市、佛山市、肇庆市、百色市。珠江-西江经济带工业企业发展水平处于下降趋势的城市有3个，分别是云浮市、柳州市、南宁市，下降幅度最大的是云浮市、柳州市，排名下降2名，南宁市下降1名。

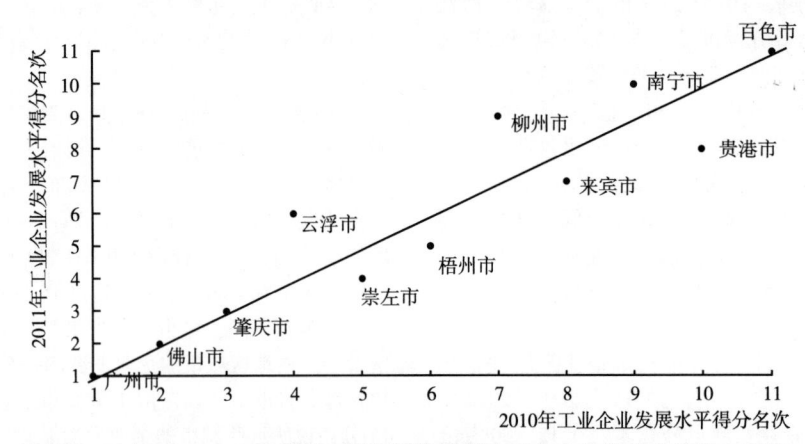

图1-1 2010~2011年珠江-西江经济带城市工业企业发展水平排序变化

由图1-2可以看到，2011年与2012年相比，珠江-西江经济带城市工业企业发展水平处于上升趋势的城市有3个，分别是佛山市、梧州市、柳州市，上升幅度最大的是梧州市、柳州市，排名上升2名，佛山市排名上升1名。珠江-西江经济带城市工业企业发展水平排名保持不变的城市有3个，分别是云浮市、南宁市、百色市。珠江-西江经济带城市工业企业发展水平处于下降趋势的城市有5个，分别是广州市、肇庆市、崇左市、来宾市、贵港市下降1名。

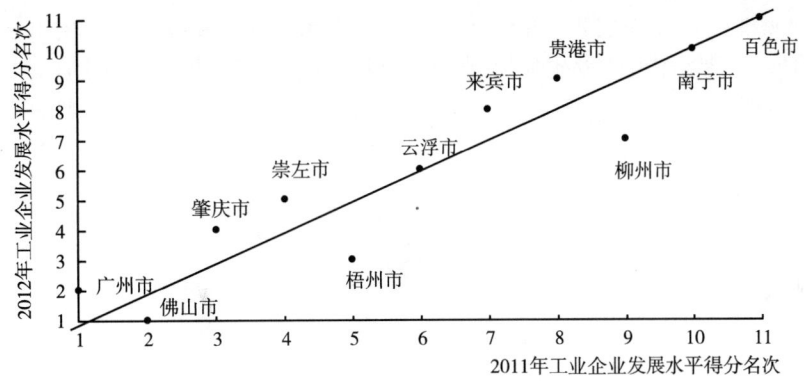

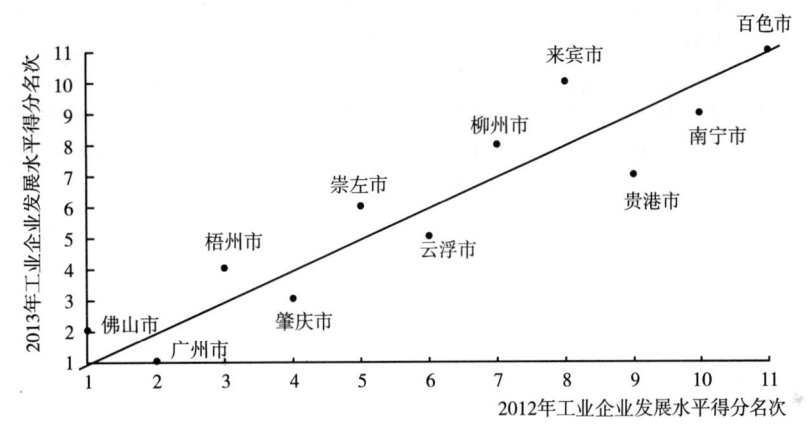

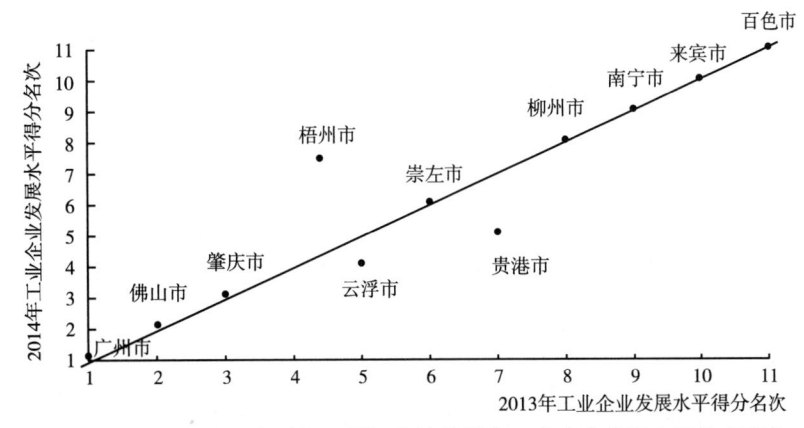

图 1-2 2011~2012 年珠江-西江经济带城市工业企业发展水平排序变化

由图 1-3 可以看到，2012 年与 2013 年相比，珠江-西江经济带城市工业企业发展水平处于上升趋势的城市有 5 个，分别是广州市、肇庆市、云浮市、贵港市、南宁市，上升幅度最大的是贵港市，排名上升 2 名，广州市、肇庆市、云浮市、南宁市的排名上升 1 名。珠江-西江经济带城市工业企业发展水平排名保持不变的城市有 1 个，为百色市。珠江-西江经济带城市工业企业发展水平处于下降趋势的城市有 5 个，分别是佛山市、梧州市、崇左市、柳州市、来宾市，下降幅度最大的是来宾市，排名下降 2 名，其次，佛山市、梧州市、崇左市、柳州市排名下降 1 名。

图 1-3 2012~2013 年珠江-西江经济带城市工业企业发展水平排序变化

由图 1-4 可以看到，2013 年与 2014 年相比，珠江-西江经济带城市工业企业发展水平处于上升趋势的城市有 2 个，分别是云浮市、贵港市，上升幅度最大的是贵港市，排名上升 2 名，云浮市的排名上升 1 名。珠江-西江经济带城市工业企业发展水平排名保持不变的城市有 7 个，分别是广州市、佛山市、肇庆市、崇左市、柳州市、南宁市、来宾市、百色市。珠江-西江经济带城市工业企业发展水平处于下降趋势的城市有 1 个，为梧州市，下降 3 名。

图 1-4 2013~2014 年珠江-西江经济带城市工业企业发展水平排序变化

由图 1-5 可以看到，2014 年与 2015 年相比，珠江-西江经济带城市工业企业发展水平处于上升趋势的城市有 2 个，分别是梧州市、南宁市，上升幅度最大的是梧州市，排名上升 3 名，南宁市的排名上升 1 名。珠江-西江经济带城市工业企业发展水平排名保持不变的城市有5个,分别是广州市、佛山市、肇庆市、来宾市、百色市。珠江-西江经济带城市工业企业业发展水平处于下降趋势的城市有4个,分别是云浮市、贵港市、崇左市、柳州市,均下降1名。

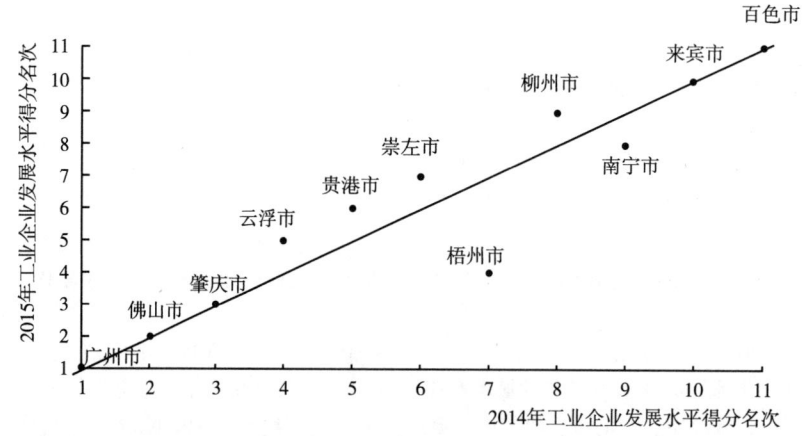

图1-5 2014~2015年珠江-西江经济带城市工业企业发展水平排序变化

由图1-6可以看到,2010年与2015年相比,珠江-西江经济带城市工业企业发展水平处于上升趋势的城市有3个,分别是梧州市、南宁市、贵港市,上升幅度最大的是贵港市,排名上升4名,梧州市的排名上升2名,南宁市的排名上升1名。珠江-西江经济带城市工业企业发展水平排名保持不变的只有4个城市,分别是广州市、佛山市、肇庆市、百色市。珠江-西江经济带城市工业企业发展水平处于下降趋势的城市有4个,分别是云浮市、崇左市、柳州市、来宾市,下降幅度最大的是来宾市、柳州市、崇左市,排名下降2名,云浮市排名下降1名。

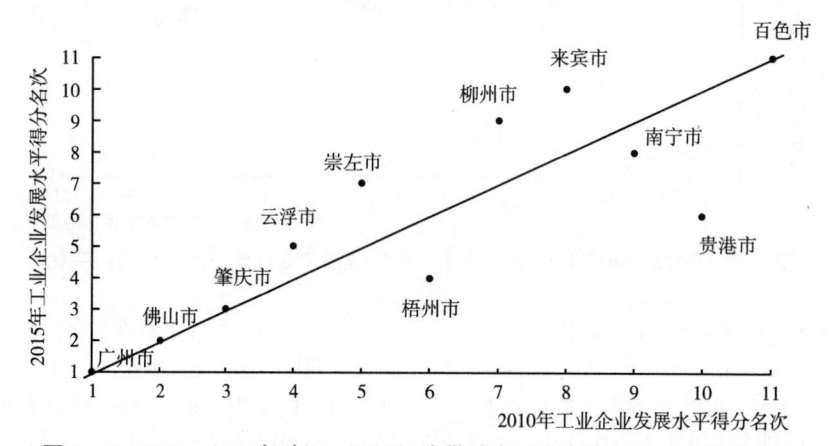

图1-6 2010~2015年珠江-西江经济带城市工业企业发展水平排序变化

由表1-18对2010~2011年珠江-西江经济带城市工业企业发展水平平均得分情况进行分析,可以看到,2010~2011年,工业企业发展水平上、中、下游区的平均得分均呈现变化趋势,分别变化1.271分、-0.345分、-0.025分,说明珠江-西江经济带整体工业企业发展水平出现下降,城市活力及发展平稳性、可持续性较差。

二级指标中,2010~2011年间,珠江-西江经济带城市工业发展上、中、下游区均呈现变化趋势,各分区分别变化-2.274分、-1.136分、-0.372分,说明珠江-西江经济带整体工业发展出现衰退趋势。

2010~2011年间,珠江-西江经济带城市企业发展上、中、下游区的平均得分均呈现出变化的趋势,分别变化4.161分、0.183分、0.743分,说明珠江-西江经济带整体的企业发展保持较好的发展势态,地区企业发展呈现稳定上升趋势。

表1-18 2010~2011年珠江-西江经济带城市工业企业平均得分情况

项目	2010年			2011年			得分变化		
	上游区	中游区	下游区	上游区	中游区	下游区	上游区	中游区	下游区
工业企业	57.585	43.109	38.304	58.856	42.764	38.278	1.271	-0.345	-0.025
工业发展	33.771	28.216	23.770	31.498	27.081	23.398	-2.274	-1.136	-0.372
企业发展	23.814	15.755	13.097	27.974	15.938	13.840	4.161	0.183	0.743

由表 1-19 对 2011~2012 年珠江-西江经济带城市工业企业发展水平平均得分情况进行分析，可以看到，2011~2012 年，工业企业发展水平上、中、下游区的平均得分均呈现变化趋势，分别变化 -2.986 分、0.773 分、-0.127 分，说明珠江-西江经济带整体工业企业发展水平出现下降，城市活力及发展的平稳性、可持续性较差。

二级指标中，2011~2012 年间，珠江-西江经济带城市工业发展上、中、下游区均呈现变化趋势，各分区分别变化 0.057 分、0.226 分、0.721 分，说明珠江-西江经济带整体工业发展出现上升趋势。

2011~2012 年间，珠江-西江经济带城市企业发展上、中、下游区的平均得分均呈现出变化的趋势，分别变化 -2.876 分、0.182 分、-0.408 分，说明珠江-西江经济带整体的企业发展保持较差的发展势态，地区企业发展呈现稳定下降趋势。

表 1-19　　　　　　2011~2012 年珠江-西江经济带城市工业企业平均得分情况

项　　目	2011 年			2012 年			得分变化		
	上游区	中游区	下游区	上游区	中游区	下游区	上游区	中游区	下游区
工业企业	58.856	42.764	38.278	55.870	43.537	38.151	-2.986	0.773	-0.127
工业发展	31.498	27.081	23.398	31.554	27.307	24.119	0.057	0.226	0.721
企业发展	27.974	15.938	13.840	25.098	16.121	13.432	-2.876	0.182	-0.408

由表 1-20 对 2012~2013 年珠江-西江经济带城市工业企业发展水平平均得分情况进行分析，可以看到，2012~2013 年，工业企业发展水平上、中、下游区的平均得分均呈现变化的趋势，分别变化 2.847 分、-0.396 分、-2.861 分，说明珠江-西江经济带整体工业企业发展水平出现下降，城市活力及发展的平稳性、可持续性较差。

二级指标中，2012~2013 年间，在珠江-西江经济带城市工业发展上、中、下游区呈现变化趋势，各分区分别变化 -0.309 分、-0.406 分、-3.256 分，说明珠江-西江经济带整体工业发展出现衰退趋势。

2012~2013 年间，珠江-西江经济带城市企业发展上、中、下游区的平均得分均呈现出变化趋势，分别变化 2.416 分、0.766 分、-0.125 分，说明珠江-西江经济带整体的企业发展保持较好的发展势态，地区企业发展呈现稳定上升趋势。

表 1-20　　　　　　2012~2013 年珠江-西江经济带城市工业企业平均得分情况

项　　目	2012 年			2013 年			得分变化		
	上游区	中游区	下游区	上游区	中游区	下游区	上游区	中游区	下游区
工业企业	55.870	43.537	38.151	58.717	43.141	35.290	2.847	-0.396	-2.861
工业发展	31.554	27.307	24.119	31.246	26.901	20.862	-0.309	-0.406	-3.256
企业发展	25.098	16.121	13.432	27.514	16.887	13.307	2.416	0.766	-0.125

由表 1-21 对 2013~2014 年珠江-西江经济带城市工业企业发展水平平均得分情况进行分析，可以看到，2013~2014 年，工业企业发展水平上、中、下游区的平均得分均呈现变化趋势，分别变化 -1.048 分、-1.151 分、1.107 分，说明珠江-西江经济带整体工业企业发展水平出现下降，城市活力及发展的平稳性、可持续性较差。

二级指标中，2013~2014 年间，在珠江-西江经济带城市工业发展上、中、下游区呈现变化趋势，各分区分别变化 -0.975 分、-1.608 分、1.058 分，说明珠江-西江经济带整体工业变化发展出现衰退趋势。

2013~2014 年间，在珠江-西江经济带城市企业发展上、中、下游区的平均得分均呈现出变化的趋势，分别变化 -0.116 分、0.173 分、0.565 分，说明珠江-西江经济带整体的企业发展保持较好的发展势态，地区企业发展呈现稳定上升趋势。

表 1-21　　　　　　2013~2014 年珠江-西江经济带城市工业企业平均得分情况

项　　目	2013 年			2014 年			得分变化		
	上游区	中游区	下游区	上游区	中游区	下游区	上游区	中游区	下游区
工业企业	58.717	43.141	35.290	57.669	41.989	36.396	-1.048	-1.151	1.107
工业发展	31.246	26.901	20.862	30.271	25.292	21.921	-0.975	-1.608	1.058
企业发展	27.514	16.887	13.307	27.398	17.060	13.871	-0.116	0.173	0.565

由表 1-22 对 2014~2015 年珠江-西江经济带城市工业企业发展水平平均得分情况进行分析，可以看到，由 2014~2015 年，工业企业发展水平上、中、下游区的平均得分均呈现变化的趋势，分别变化 -1.076 分、0.423 分、-1.685 分，说明珠江-西江经济带整体工业企业发展水平出现下降，城市活力及发展的平稳性、可持续性较差。

二级指标中，2014~2015 年间，珠江-西江经济带工业发展上、中、下游区呈现变化趋势,各分区分别变化-0.448分、0.328分、-1.373分,说明珠江-西江经济带整体工业发展出现衰退趋势。

2014~2015年间,珠江-西江经济带城市企业发展上、中、下游区的平均得分均呈现出变化趋势,分别变化-0.563分、0.224分、-0.592分,说明珠江-西江经济带整体的企业发展保持较差的发展势态,地区企业发展呈现稳定下降趋势。

表1-22　　　　2014~2015年珠江-西江经济带城市工业企业平均得分情况

项　目	2014年			2015年			得分变化		
	上游区	中游区	下游区	上游区	中游区	下游区	上游区	中游区	下游区
工业企业	57.669	41.989	36.396	56.592	42.413	34.711	-1.076	0.423	-1.685
工业发展	30.271	25.292	21.921	29.822	25.621	20.547	-0.448	0.328	-1.373
企业发展	27.398	17.060	13.871	26.835	17.284	13.279	-0.563	0.224	-0.592

由表1-23对2010~2015年珠江-西江经济带城市工业企业发展水平平均得分情况进行分析,可以看到,2010~2015年,工业企业发展水平上、中、下游区的平均得分均呈现变化趋势,分别变化-0.992分、-0.696分、-3.592分,说明珠江-西江经济带整体工业企业发展水平出现下降,城市活力及发展的平稳性、可持续性较差。

二级指标中,2010~2015年间,在珠江-西江经济带城市工业发展上、中、下游区呈现变化趋势,各分区分别变化-3.949分、-2.596分、-3.222分,说明珠江-西江经济带整体工业发展出现衰退趋势。

2010~2015年间,在珠江-西江经济带城市企业发展上、中、下游区的平均得分均呈现出变化的趋势,分别变化3.022分、1.529分、0.182分,说明珠江-西江经济带整体的企业发展保持较好的发展势态,地区企业发展呈现稳定上升趋势。

表1-23　　　　2010~2015年珠江-西江经济带城市工业企业平均得分情况

项　目	2010年			2015年			得分变化		
	上游区	中游区	下游区	上游区	中游区	下游区	上游区	中游区	下游区
工业企业	57.585	43.109	38.304	56.592	42.413	34.711	-0.992	-0.696	-3.592
工业发展	33.771	28.216	23.770	29.822	25.621	20.547	-3.949	-2.596	-3.222
企业发展	23.814	15.755	13.097	26.835	17.284	13.279	3.022	1.529	0.182

2. 珠江-西江经济带城市工业企业发展水平分布情况

根据灰色综合评价法对无量纲化后的三级指标进行权重得分计算,得到珠江-西江经济带城市的工业企业发展水平得分及排名,反映出各城市工业企业发展水平情况。为更为准确地反映出珠江-西江经济带城市工业企业发展水平差异及整体情况,需要对各城市工业企业发展水平分布情况进行分析,对各城市间实际差距和均衡性展开研究。因此,研究由图1-7、图1-8、图1-9、图1-10、图1-11、图1-12对2010~2015年珠江-西江经济带城市工业企业发展水平评价分值分布进行统计。

由图1-7可以看到,2010年珠江-西江经济带城市工业企业发展水平得分比较均衡,工业企业发展水平得分在40~45分有5个城市,其他的分区间均只有一个城市。这说明珠江-西江经济带城市工业企业发展水平分布较均衡,大量城市的工业企业发展水平得分较低,地区内工业企业综合得分分布的过度及衔接性较好。

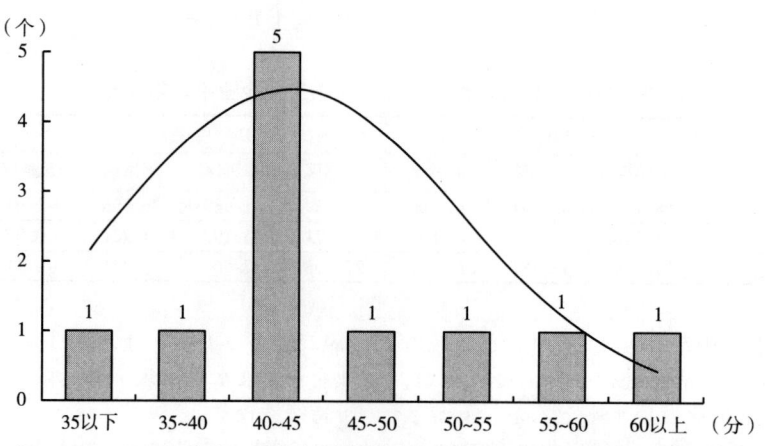

图1-7　2010年珠江-西江经济带城市工业企业发展水平评价分值分布

由图 1-8 可以看到，2011 年珠江-西江经济带城市工业企业发展水平得分分布与 2010 年情况相比不均衡，没有城市在 35 分以下、50~55 分、55~60 分，各有 2 个城市的工业企业发展水平得分分布在 35~40 分和 60 以上，有 1 个城市的工业企业发展水平得分在 45~50 分，6 个城市的工业企业发展水平得分在 45~45 分。这说明珠江-西江经济带城市工业企业发展水平得分上升幅度小，地区的工业企业发展水平分布趋向于不稳定。

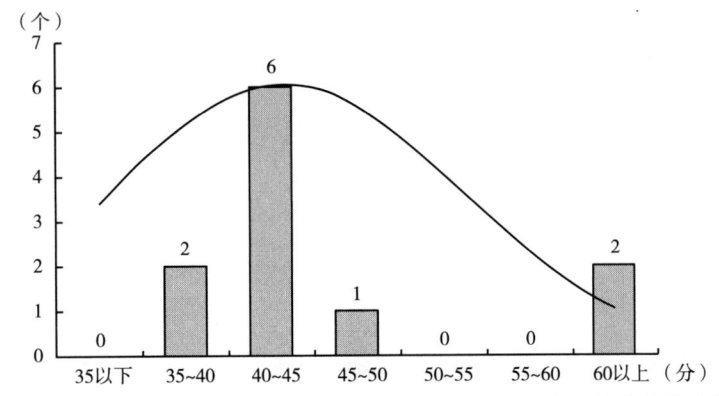

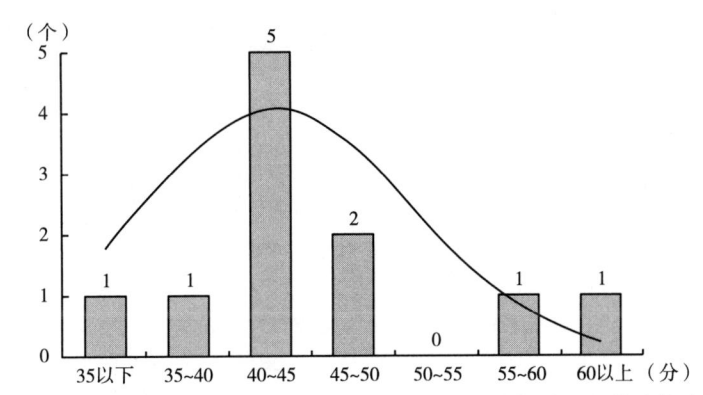

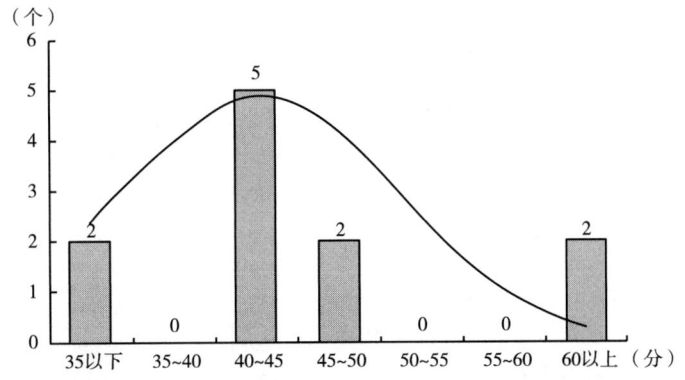

图 1-8 2011 年珠江-西江经济带城市工业企业发展水平评价分值分布

由图 1-9 可以看到，2012 年珠江-西江经济带城市工业企业发展水平得分分布出现较大变化，各有 1 个城市工业企业发展水平得分分布在 35 分以下、35~40 分、55~60 分、60 分以上，有 2 个城市的工业企业发展水平得分分布在 45~50 分，5 个城市在 40~45 分，一方面反映出珠江-西江经济带城市工业企业发展水平呈现出小幅度衰退；另一方面也说明珠江-西江经济带城市的工业企业发展水平分布相对上一年较为均衡。

图 1-9 2012 年珠江-西江经济带城市工业企业发展水平评价分值分布

由图 1-10 可以看到，2013 年珠江-西江经济带城市工业企业发展水平得分继续出现衰退，各有 2 个城市的工业企业发展水平得分分布在 35 分以下、45~50 分、60 分以上，5 个城市的工业企业发展水平得分分布在 40~45 分，有 2 个城市的工业企业发展水平得分在 45~50 分的区间内。一方面反映出珠江-西江经济带城市工业企业发展水平分布两极化的情况有待缓解；另一方面反映出珠江-西江经济带城市工业企业发展水平整体得分呈现小幅度下降势态。

图 1-10 2013 年珠江-西江经济带城市工业企业发展水平评价分值分布

由图 1-11 可以看到，2014 年珠江－西江经济带城市工业企业发展水平得分的较为不均衡，各有 1 个城市的工业企业发展水平得分在 35 以下、45~50 分区间内，各有 2 个城市的工业企业发展水平得分在 35~40、60 分以上区间内，有 5 个城市的工业企业发展水平得分在 40~45 分，一方面反映出城市间工业企业发展水平得分差距较大；另一方面也说明各城市工业企业发展相对不稳定。

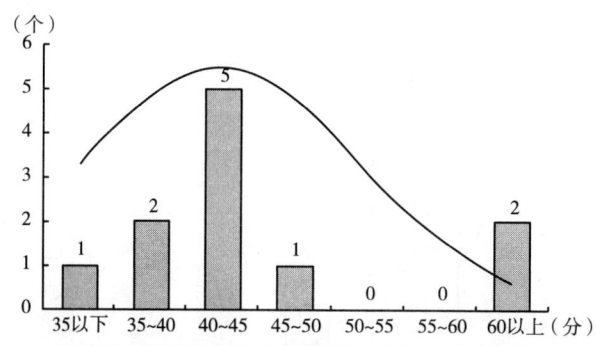

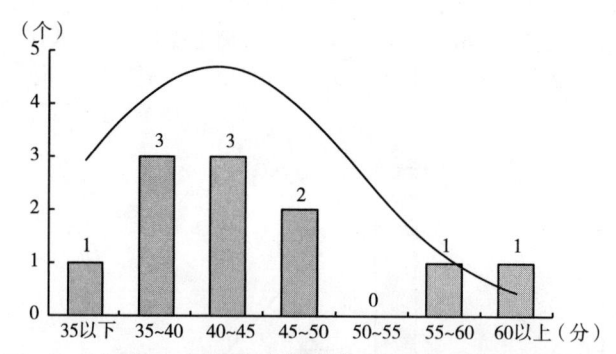

图 1-11 2014 年珠江－西江经济带城市工业企业发展水平评价分值分布

由图 1-12 可以看到，2015 年珠江－西江经济带城市工业企业发展水平得分分布与 2014 年的情况相比进一步均衡化，说明珠江－西江经济带城市工业企业发展水平的得分分布持续保持着大部分城市均衡化发展。

图 1-12 2015 年珠江－西江经济带城市工业企业发展水平评价分值分布

进一步对 2010~2015 年珠江－西江经济带内广西、广东地区的工业企业发展水平平均得分及其变化情况进行分析。由表 1-24 对珠江－西江经济带各地区板块工业企业发展水平平均得分及变化分析，从得分情况上看，2010 年广西地区工业企业发展水平平均得分为 40.383 分，广东地区工业企业发展水平得分为 55.132 分，地区间比差为 0.732∶1，地区间标准差为 10.429，说明珠江－西江经济带内广西地区和广东地区工业企业发展水平得分分布存在一定差距。2011 年广西地区的工业企业发展水平平均得分为 40.818 分，广东地区的工业企业发展水平平均得分为 54.875 分，地区间比差为 0.744∶1，地区间标准差为 9.940，说明珠江－西江经济带广西和广东地区的工业企业发展水平得分分布差距呈缩小趋势。2012 年广西地区的工业企业发展水平平均得分为 41.315 分，广东地区工业企业发展水平平均得分为 52.635 分，地区间比差为 0.785∶1，地区间的标准差为 8.004，一方面说明珠江－西江经济带内广东地区工业企业发展水平得分出现下降；另一方面也说明地区间得分差距小幅度减小。2013 年广西地区工业企业发展水平平均得分为 39.667 分，广东地区工业企业发展水平平均得分为 55.014 分，地区间比差为 0.721∶1，地区间标准差为 10.852，说明珠江－西江经济带内地区间工业企业发展水平发展差距逐步扩大，同时珠江－西江经济带中广西地区工业企业发展水平平均得分呈现下降趋势，广东呈现上升趋势。2014 年广西地区工业企业发展水平平均得分为 39.309 分，广东地区工业企业发展水平平均得分为 54.244 分，地区间的比差为 0.725∶1，地区间的标准差为 10.560，一方面反映出珠江－西江经济带城市工业企业发展水平呈现下降势态；另一方面也反映出珠江－西江经济带内地区间工业企业发展水平差距缩小。2015 年广西地区工业企业发展水平平均得分为 38.939 分，广东地区工业企

表 1-24 珠江－西江经济带各地区板块工业企业发展水平平均得分及其变化

年份	广西	广东	标准差
2010	40.383	55.132	10.429
2011	40.818	54.875	9.940
2012	41.315	52.635	8.004
2013	39.667	55.014	10.852
2014	39.309	54.244	10.560
2015	38.939	53.351	10.191
分值变化	-1.444	-1.78	0.238

业发展水平平均得分为53.351分,地区间比差为0.730:1,地区间标准差为10.191,说明珠江-西江经济带内各地区间工业企业发展水平得分差距持续呈现缩小趋势。

从珠江-西江经济带城市工业企业发展水平的分值变化情况上看,2010~2015年珠江-西江经济带城市工业企业发展水平得分呈现下降趋势,并且珠江-西江经济带内各地区得分差距也呈现扩大趋势。

通过对珠江-西江经济带城市工业企业发展水平各地区板块的对比分析,发现珠江-西江经济带中广东板块工业企业发展水平高于广西板块,珠江-西江经济带各板块的工业企业发展水平得分差距不断扩大。为进一步对珠江-西江经济带中各地区板块的城市工业企业发展水平排名情况进行分析,通过表1-25和表1-26对珠江-西江经济带中广西板块、广东板块内城市名次及在珠江-西江经济带整体的名次排序分析,由各地区板块及珠江-西江经济带整体两个维度对城市排名进行分析,同时还对各板块的变化趋势进行分析。

由表1-25对珠江-西江经济带中广西板块城市的排名比较进行分析,可以看到南宁市工业企业发展水平呈现上升趋势,工业企业发展水平较好。柳州市在珠江-西江经济带中的广西板块排名呈现波动下降的趋势。梧州市在珠江-西江经济带中的广西板块排名呈现上升趋势,整体工业企业发展水平呈现上升趋势。贵港市在珠江-西江经济带中的广西板块排名呈现上升趋势,但其整体工业企业发展水平上升至优势地位。百色市在珠江-西江经济带中的广西板块排名呈现保持趋势。来宾市在珠江-西江经济带中的广西板块排名呈现下降趋势,其工业企业发展水平呈现衰退状态。崇左市在珠江-西江经济带中的广西板块排名呈现落后势态。

表1-25 广西板块各城市工业企业发展水平排名比较

地区	2010年	2011年	2012年	2013年	2014年	2015年	排名变化
南宁	5	6	6	5	5	4	1
柳州	3	5	3	4	4	5	-2
梧州	2	2	1	1	3	1	1
贵港	6	4	5	3	1	2	4
百色	7	7	7	7	7	7	0
来宾	4	3	4	6	6	6	-2
崇左	1	1	2	2	2	3	-2

由表1-26对广西板块内城市在珠江-西江经济带城市工业企业发展水平排名情况进行比较,可以看到南宁市在珠江-西江经济带内的排名处于上升的趋势。柳州市在珠江-西江经济带内的排名处在下降的趋势,说明城市的工业企业发展水平不断下降。梧州市在珠江-西江经济带内的排名呈现上升趋势,城市的工业企业发展水平排名小幅度上升,处在珠江-西江经济带下游区位置。贵港市在珠江-西江经济带内的排名处在上升趋势,其工业企业发展水平小幅度上升,由下游区转向中游区。百色市在珠江-西江经济带内的排名呈波动保持的势态,城市的工业企业发展水平发展不稳定。来宾市在珠江-西江经济带内的排名呈持续下降的势态,城市的工业企业综合发展能力较弱。崇左市在珠江-西江经济带内的排名持续处于较低水平,城市的工业企业综合发展能力较弱。

表1-26 广西板块各城市在珠江-西江经济带城市工业企业发展水平排名比较

地区	2010年	2011年	2012年	2013年	2014年	2015年	排名变化
南宁	9	10	10	9	9	8	1
柳州	7	9	7	8	8	9	-2
梧州	6	5	3	4	7	4	2
贵港	10	8	9	7	5	6	4
百色	11	11	11	11	11	11	0
来宾	8	7	8	10	10	10	-2
崇左	5	4	5	6	6	7	-2

由表1-27对珠江-西江经济带中广东板块城市的排名比较进行分析,可以看到广东地区所有城市在广东板块的排名均未变化。

表1-27 广东板块各城市工业企业发展水平排名比较

地区	2010年	2011年	2012年	2013年	2014年	2015年	排名变化
广州	1	1	2	1	1	1	0
佛山	2	2	1	2	2	2	0
肇庆	3	3	3	3	3	3	0
云浮	4	4	4	4	4	4	0

由表1-28对广东板块内城市在珠江-西江经济带城市工业企业发展水平排名情况进行比较,可以看到广州市在珠江-西江经济带内的排名趋于稳定,排名一直保持在第一名,广州市的工业企业发展水平稳定。肇庆市在珠江-西江经济带内的排名处在持续保持趋势,说明城市的工业企业发展水平稳定。佛山市在珠江-西江经济带内的排名呈现保持趋势,城市工业企业发展水平排名稳定。云浮市在珠江-西江经济带内的排名呈波动下降态势。

表1-28 广东板块各城市在珠江-西江经济带工业企业发展水平排名比较

地区	2010年	2011年	2012年	2013年	2014年	2015年	排名变化
广州	1	1	1	1	1	1	0
佛山	2	2	1	2	2	2	0
肇庆	3	3	4	3	3	3	0
云浮	4	6	6	5	4	5	-1

3. 珠江-西江经济带城市工业发展、企业发展分区段得分情况

由图1-13可以看到珠江-西江经济带城市工业企业发展水平上游区各项二级指标的平均得分变化趋势。在2010~2015年间珠江-西江经济带城市工业发展上游区得分呈现波动下降趋势。在2010~2015年间珠江-西江经济带城市企业发展上游区得分呈现波动上升趋势。

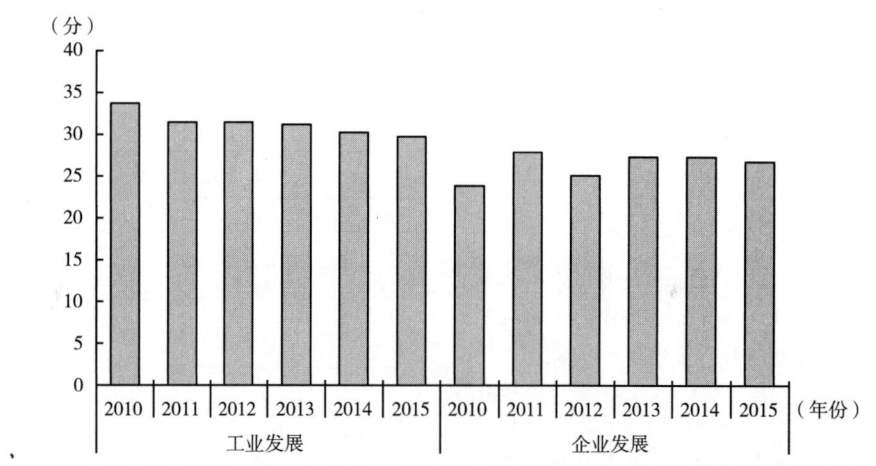

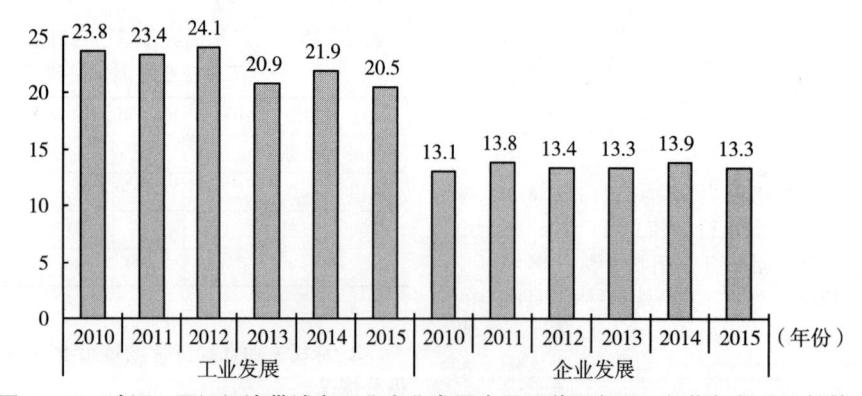

图 1-13 珠江-西江经济带城市工业企业发展水平上游区各项二级指标得分比较情况

由图 1-14 可以看到珠江-西江经济带城市工业企业发展水平中游区各项二级指标平均得分变化趋势。2010~2015 年间珠江-西江经济带中游区工业发展得分呈现波动下降趋势，整体地变化幅度较为平缓。2010~2015 年间珠江-西江经济带中游区企业发展得分呈现出波动上升趋势，且后续变化趋势较为平稳。

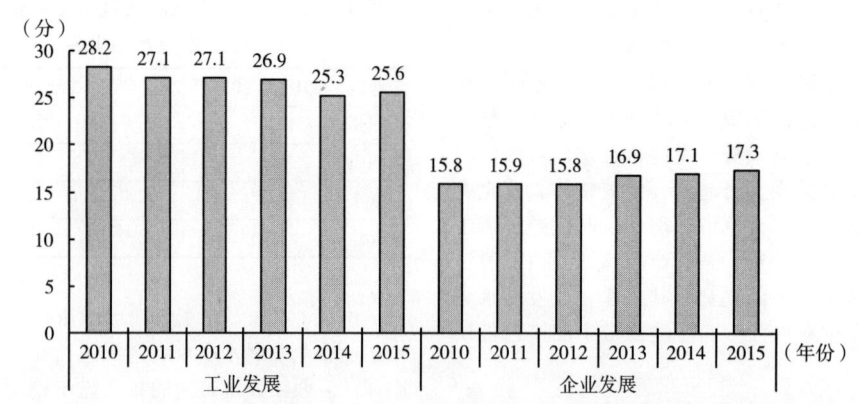

图 1-14 珠江-西江经济带工业企业发展水平中游区各项二级指标得分比较情况

由图 1-15 可以看到珠江-西江经济带城市工业企业发展水平下游区各项二级指标平均得分变化趋势。2010~2015 年间珠江-西江经济带下游区工业发展得分整体上呈现波动下降趋势。2010~2015 年间珠江-西江经济带下游区的企业发展得分小幅度上升。

图 1-15 珠江-西江经济带城市工业企业发展水平下游区各项二级指标得分比较情况

从图 1-16 对 2010~2011 年间珠江-西江经济带城市工业企业发展水平的跨区段变化进行评析，可以看到 2010~2011 年有两个城市工业企业发展水平在珠江-西江经济带的名次发生大幅度变动。其中柳州市由中游区下降到下游区，贵港市由下游区上升到中游区。

第一章 珠江-西江经济带城市工业企业发展水平综合评估

	2010年	2011年	
上游区	广州、佛山、肇庆	广州、佛山、肇庆	上游区
中游区	梧州、崇左、柳州、云浮、来宾	梧州、贵港、崇左、云浮、来宾	中游区
下游区	南宁、贵港、百色	南宁、柳州、百色	下游区

图 1-16　2010~2011 年珠江-西江经济带城市工业企业发展水平大幅度变动情况

从图 1-17 对 2011~2012 年间珠江-西江经济带城市工业企业发展水平的跨区段变化进行评析，可以看到 2011~2012 年有 4 个城市工业企业发展水平发生大幅度变动，肇庆市由上游区下降至中游区，梧州市由中游区上升至上游区，贵港市由中游区下降到贵港市，柳州市由下游区上升至中游区。

	2011年	2012年	
上游区	广州、佛山、肇庆	佛山、广州、梧州	上游区
中游区	梧州、贵港、崇左、云浮、来宾	柳州、肇庆、崇左、来宾、云浮	中游区
下游区	南宁、柳州、百色	贵港、南宁、百色	下游区

图 1-17　2011~2012 年珠江-西江经济带城市工业企业发展水平大幅度变动情况

从图 1-18 对 2012~2013 年间珠江-西江经济带城市工业企业发展水平的跨区段变化进行评析，可以看到 2012~2013 年有 4 个城市工业企业发展水平在珠江-西江经济带的名次发生大幅度变动。其中梧州市由上游区下降到中游区，肇庆市由中游区上升到上游区，来宾市由中游区下降到下游区，贵港市由下游区上升到中游区。

	2012年	2013年	
上游区	佛山、广州、梧州	广州、佛山、肇庆	上游区
中游区	柳州、肇庆、崇左、来宾、云浮	梧州、柳州、云浮、崇左、贵港	中游区
下游区	来宾、南宁、百色	南宁、来宾、百色	下游区

图 1-18　2012~2013 年珠江-西江经济带城市工业企业发展水平大幅度变动情况

从图 1-19 对 2013~2014 年间珠江-西江经济带城市工业企业发展水平的跨区段变化进行分析，可以看到 2013~2014 年所有城市均未出现大幅度变化。

	2013年	2014年	
上游区	广州、佛山、肇庆	广州、佛山、肇庆	上游区
中游区	云浮、柳州、贵港、崇左、梧州	云浮、贵港、柳州、梧州、崇左	中游区
下游区	南宁、来宾、百色	南宁、来宾、百色	下游区

图 1-19　2013~2014 年珠江-西江经济带城市工业企业发展水平大幅度变动情况

从图 1-20 对 2014~2015 年间珠江-西江经济带城市工业企业发展水平的跨区段变化进行评析，可以看到 2014~2015 年有 2 个城市的工业企业发展水平在珠江-西江经济带的名次发生大幅度变动。其中柳州市由中游区下降到下游区，南宁市由下游区上升到中游区。

```
            2014年                    2015年
上  ┌─────────────────┬─────────────────┐ 上
游  │  广州、佛山、肇庆 │  广州、佛山、肇庆 │ 游
区  ├─────────────────┼─────────────────┤ 区
中  │ 云浮、贵港、梧州 │ 云浮、贵港、崇左、│ 中
游  │ 柳州、崇左       │ 南宁、梧州       │ 游
区  ├─────────────────┼─────────────────┤ 区
下  │ 南宁、来宾、百色 │ 柳州、来宾、百色 │ 下
游  │                 │                 │ 游
区  └─────────────────┴─────────────────┘ 区
```

图 1-20 2014~2015 年珠江-西江经济带城市工业企业发展水平大幅度变动情况

从图 1-21 对 2010~2015 年间珠江-西江经济带城市工业企业发展水平的跨区段变化进行评析，可以看到 2010~2015 年有 4 个城市的工业企业发展水平在珠江-西江经济带的名次发生大幅度变动。其中来宾市、柳州市由中游区下降到下游区；贵港市、南宁市由下游区上升到中游区。这说明珠江-西江经济带城市的工业企业发展水平 2010~2015 年间发生较大幅度变动，但广州市持续保持最优地位，百色市持续保持较低的工业企业发展水平。

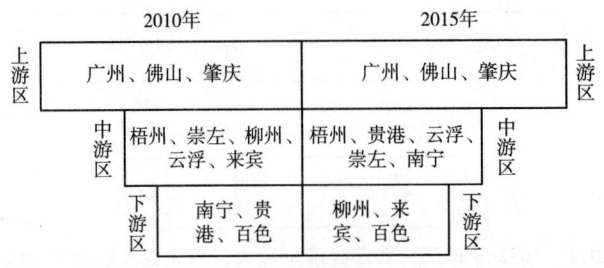

```
            2010年                    2015年
上  ┌─────────────────┬─────────────────┐ 上
游  │  广州、佛山、肇庆 │  广州、佛山、肇庆 │ 游
区  ├─────────────────┼─────────────────┤ 区
中  │ 梧州、崇左、柳州、│ 梧州、贵港、云浮、│ 中
游  │ 云浮、来宾       │ 崇左、南宁       │ 游
区  ├─────────────────┼─────────────────┤ 区
下  │ 南宁、贵港、百色 │ 柳州、来宾、百色 │ 下
游  │                 │                 │ 游
区  └─────────────────┴─────────────────┘ 区
```

图 1-21 2010~2015 年珠江-西江经济带城市工业企业发展水平大幅度变动情况

三、珠江-西江经济带城市工业发展实力评估与比较

（一）珠江-西江经济带城市工业发展实力评估结果

根据珠江-西江经济带城市工业发展发展水平指标体系和数学评价模型，对 2010~2015 年珠江-西江经济带内 11 个城市的工业发展进行评价。表 1-29、表 1-30、表 1-31、表 1-32、表 1-33、表 1-34、表 1-35 和表 1-36、表 1-37、表 1-38、表 1-39、表 1-40、表 1-41、表 1-42 是本次评估期间珠江-西江经济带 11 个城市的工业发展实力排名和排名变化情况及其 11 个三级指标的评价结构。

1. 珠江-西江经济带城市工业发展实力排名

根据表 1-29 中内容对 2010 年珠江-西江经济带城市工业发展实力排名变化进行评析，可以看到珠江-西江经济带 11 个城市中，工业发展处于上游区的依次是佛山市、肇庆市、广州市；珠江-西江经济带 11 个城市工业发展处在中游区的依次是云浮市、崇左市、南宁市、贵港市、梧州市；珠江-西江经济带 11 个城市工业发展处在下游区的依次是来宾市、柳州市、百色市。这说明在珠江-西江经济带中广东地区工业发展水平高于广西地区，更具发展优势。

表 1-29 2010 年珠江-西江经济带城市工业发展实力排名

地区	排名	区段	地区	排名	区段	地区	排名	区段
佛山	1	上游区	云浮	4	中游区	来宾	9	下游区
肇庆	2		崇左	5		柳州	10	
广州	3		南宁	6		百色	11	
			贵港	7				
			梧州	8				

根据表 1-30 中内容对 2011 年珠江-西江经济带城市工业发展实力排名变化进行评析，可以看到珠江-西江经济带 11 个城市中，工业发展处于上游区的依次是佛山市、广州市、肇庆市；珠江-西江经济带 11 个城市工业发展处在中游区的依次是崇左市、云浮市、南宁市、来宾市、梧州市；珠江-西江经济带 11 个城市工业发展处在下游区的依次是贵港市、柳州市、百色市。相比于 2010 年，广西贵港市由中游区下降至下游区，来宾市由下游区上升至中游区。

表 1-30 2011 年珠江-西江经济带城市工业发展实力排名

地区	排名	区段	地区	排名	区段	地区	排名	区段
佛山	1	上游区	崇左	4	中游区	贵港	9	下游区
广州	2		云浮	5		柳州	10	
肇庆	3		南宁	6		百色	11	
			来宾	7				
			梧州	8				

根据表1-31中内容对2012年珠江-西江经济带城市工业发展实力排名变化进行评析,可以看到珠江-西江经济带11个城市中,工业发展处于上游区的依次是佛山市、广州市、梧州市;珠江-西江经济带11个城市工业发展处在中游区的依次是肇庆市、崇左市、云浮市、柳州市、来宾市;珠江-西江经济带11个城市工业发展处在下游区的依次是贵港市、南宁市、百色市。相比于2011年,广西地区城市柳州市由下游区上升至中游区,南宁市从中游区下降至下游区。广东地区城市肇庆市由上游区下降至中游区。

表1-31　2012年珠江-西江经济带城市工业发展实力排名

地区	排名	区段	地区	排名	区段	地区	排名	区段
佛山	1		崇左	4		南宁	9	
广州	2		云浮	5		贵港	10	
肇庆	3	上游区	来宾	6	中游区	百色	11	下游区
			梧州	7				
			柳州	8				

根据表1-32中内容对2013年珠江-西江经济带城市工业发展实力排名变化进行评析,可以看到珠江-西江经济带11个城市中,工业发展处于上游区的依次是广州市、佛山市、肇庆市;珠江-西江经济带11个城市工业发展处在中游区的依次是梧州市、云浮市、崇左市、贵港市、柳州市;珠江-西江经济带11个城市工业发展处在下游区的依次是南宁市、来宾市、百色市。相比于2012年,珠江-西江经济带中广西地区城市工业发展总体呈现基本稳定,广东地区工业发展总体呈现上升趋势。

表1-32　2013年珠江-西江经济带城市工业发展实力排名

地区	排名	区段	地区	排名	区段	地区	排名	区段
佛山	1		肇庆	4		柳州	9	
广州	2		南宁	5		来宾	10	
梧州	3	上游区	云浮	6	中游区	百色	11	下游区
			崇左	7				
			贵港	8				

根据表1-33中内容对2014年珠江-西江经济带城市工业发展实力排名变化进行评析,可以看到珠江-西江经济带11个城市中,工业发展处于上游区的依次是广州市、佛山市、肇庆市;珠江-西江经济带11个城市工业发展处在中游区的依次是云浮市、贵港市、崇左市、梧州市、柳州市;珠江-西江经济带11个城市工业发展处在下游区的依次是南宁市、来宾市、百色市。相比于2013年,所有城市的排名均相对稳定。

表1-33　2014年珠江-西江经济带城市工业发展实力排名

地区	排名	区段	地区	排名	区段	地区	排名	区段
佛山	1		云浮	4		来宾	9	
广州	2		南宁	5		贵港	10	
肇庆	3	上游区	崇左	6	中游区	百色	11	下游区
			梧州	7				
			柳州	8				

根据表1-34中内容对2015年珠江-西江经济带城市工业发展实力排名变化进行评析,可以看到珠江-西江经济带11个城市中,工业发展处于上游区的依次是广州市、佛山市、肇庆市;珠江-西江经济带11个城市工业发展处在中游区的依次是梧州市、云浮市、贵港市、崇左市、南宁市;珠江-西江经济带11个城市工业发展处在下游区的依次是柳州市、来宾市、百色市。相比于2014年,广西地区南宁市工业发展各城市之间有相互变化。广东地区城市工业发展保持稳定。

表1-34　2015年珠江-西江经济带城市工业发展实力排名

地区	排名	区段	地区	排名	区段	地区	排名	区段
佛山	1		广州	4		来宾	9	
肇庆	2		云浮	5		柳州	10	
梧州	3	上游区	南宁	6	中游区	百色	11	下游区
			贵港	7				
			崇左	8				

根据表1-35中内容对2010~2015年珠江-西江经济带城市工业发展实力排名变化趋势进行评析,可以看到在珠江-西江经济带11个城市工业发展处于上升区的依次是南宁市、梧州市、贵港市;百色市、肇庆市、佛山市、广州市处在保持区;珠江-西江经济带11个城市工业发展处在下降区的依次是崇左市、柳州市、来宾市、云浮市。这说明珠江-西江经济带中广西板块城市的变化幅度高于广东板块的变化幅度,广西板块城市工业发展发展的平稳性较弱。

表1-35　2010~2015年珠江-西江经济带城市工业发展实力排名变化

地区	排名变化	区段	地区	排名变化	区段	地区	排名变化	区段
南宁	1		肇庆	0		云浮	-1	
梧州	2		百色	0		柳州	-2	
贵港	4	上升区	广州	0	保持区	崇左	-2	下降区
			佛山	0		来宾	-2	

2. 珠江－西江经济带城市工业结构得分情况

通过表1－36对2010～2015年珠江－西江经济带城市的工业结构的变化进行分析。由2010年珠江－西江经济带工业结构评价来看，有9个城市工业结构得分已经在7分以上。2010年珠江－西江经济带工业结构得分处在1～7.8分，小于7分的城市有柳州市、百色市。珠江－西江经济带工业结构最高得分为广州市，为7.742分，最低得分为百色市，为1.067分。珠江－西江经济带工业结构得分平均值为6.802分，珠江－西江经济带工业结构得分标准差为1.916，说明城市之间工业结构变化差异较大。珠江－西江经济带中广东地区城市工业结构得分较高，所有城市的工业结构得分均超过7分；说明这些城市的工业结构发展基础较好。珠江－西江经济带中广西地区的工业结构水平较低，其中柳州市、百色市的工业结构得分在7分之下；说明广西地区城市工业结构综合发展能力较低。

由2011年的珠江－西江经济带工业结构评价来看，有9个城市工业结构得分已经在7分以上。2011年珠江－西江经济带工业结构得分处在3～7.9分，小于7分的城市有柳州市、百色市。珠江－西江经济带工业结构最高得分为广州市，为7.852分，最低得分为百色市，为3.164分。珠江－西江经济带工业结构的得分平均值为7.086分，珠江－西江经济带工业结构得分标准差为1.332，说明城市之间工业结构变化差异较大。珠江－西江经济带中广东地区城市的工业结构的得分较高，所有城市的工业结构得分均超过7分；说明这些城市的工业结构发展基础较好。珠江－西江经济带中广西地区工业结构水平较低，其中柳州市、百色市的工业结构得分在7分之下；说明广西地区城市工业结构综合发展能力较低。

由2012年的珠江－西江经济带工业结构评价来看，有9个城市的工业结构得分已经在7分以上。2012年珠江－西江经济带工业结构得分处在2～8分，小于7分的城市有柳州市、百色市。珠江－西江经济带工业结构最高得分为广州市，为7.918分，最低得分为百色市，为2.344分。珠江－西江经济带工业结构的得分平均值为7.046分，珠江－西江经济带工业结构得分标准差为1.584，说明城市之间工业结构变化差异较大。珠江－西江经济带中广东地区城市工业结构的得分较高，所有城市的工业结构得分均超过7分；说明这些城市的工业结构发展基础较好。珠江－西江经济带中广西地区工业结构水平较低，其中柳州市、百色市的工业结构得分在7分之下；说明广西地区城市工业结构综合发展能力较低。

由2013年的珠江－西江经济带工业结构评价来看，有9个城市的工业结构得分已经在7分以上。2013年珠江－西江经济带工业结构得分处在1～7.7分，小于7分的城市有柳州市、百色市。珠江－西江经济带工业结构最高得分为广州市，为7.682分，最低得分为百色市，为1.326分。珠江－西江经济带工业结构得分平均值为6.816分，珠江－西江经济带工业结构的得分标准差为1.750，说明城市之间工业结构变化差异较大。珠江－西江经济带中广东地区城市工业结构的得分较高，所有城市的工业结构得分均超过7分；说明这些城市的工业结构发展基础较好。珠江－西江经济带中广西地区工业结构水平较低，其中柳州市、百色市的工业结构在7分之下；说明广西地区城市工业结构综合发展能力较低。

由2014年的珠江－西江经济带工业结构评价来看，有8个城市的工业结构得分已经在7分以上。2014年珠江－西江经济带工业结构得分处在1.3～7.4分，小于7分的城市有柳州市、百色市、云浮市。珠江－西江经济带工业结构最高得分为广州市，为7.682分，最低得分为百色市，为1.326分。珠江－西江经济带工业结构得分平均值为6.701分，珠江－西江经济带工业结构得分标准差为1.809，说明城市之间工业结构变化差异较大。珠江－西江经济带中广东地区工业结构得分较高，3个城市的工业结构得分均超过7分；说明这些城市的工业结构发展基础较好。珠江－西江经济带中广西地区工业结构水平较低，其中柳州、百色市的工业结构得分在7分之下；说明广西地区城市工业结构综合发展能力较低。

由2015年的珠江－西江经济带工业结构评价来看，有5个城市的工业结构得分已经在7分以上。2015年珠江－西江经济带工业结构得分处在0～7.6分，小于7分的城市有柳州市、梧州市、贵港市、百色市、来宾市、云浮市。珠江－西江经济带工业结构最高得分为广州市，为7.569分，最低得分为百色市，为0分。珠江－西江经济带工业结构得分平均值为6.438分，珠江－西江经济带工业结构得分标准差为2.166，说明城市之间工业结构变化差异较大。珠江－西江经济带中广东地区城市的工业结构得分较高，广州市、佛山市、肇庆市的工业结构得分均超过7分；说明这些城市的工业结构发展基础较好。珠江－西江经济带中广西地区工业结构水平较低，其中柳州市、梧州市、贵港市、百色市的工业结构得分在7分之下；说明广西地区城市的工业结构综合发展能力较低。

对比珠江－西江经济带城市工业结构变化，通过对各年间的珠江－西江经济带工业结构平均分、标准差进行评析，可以发现其平均分呈波动下降趋势，说明珠江－西江经济带发展逐渐协调。珠江－西江经济带工业结构标准差也呈波动下降趋势，说明城市间工业结构差距逐渐缩小。对各城市工业结构变化展开评析，发现珠江－西江经济带中广东和广西地区各个城市相对排名变化并不大。各个城市之间的排名相对稳定，说明各个城市之间相对稳定，同时所有城市得分均有下降，说明珠江－西江经济带中，各个城市的工业结构发展有所衰退。

表 1-36　　　　　　　　2010~2015 年珠江-西江经济带城市工业结构评价比较

地区	2010 年	2011 年	2012 年	2013 年	2014 年	2015 年	综合变化
南宁市	7.245	7.500	7.582	7.402	7.374	7.172	-0.072
	8	5	5	5	5	5	3
柳州市	6.929	6.830	7.077	6.946	6.839	6.602	-0.326
	10	10	10	10	9	9	1
梧州市	7.448	7.460	7.289	7.159	7.122	6.982	-0.466
	4	7	8	6	6	6	-2
贵港市	7.294	7.197	7.113	7.145	7.036	6.926	-0.368
	7	9	9	7	7	7	0
百色市	1.067	3.164	2.344	1.603	1.326	0.000	-1.067
	11	11	11	11	11	11	0
来宾市	7.112	7.320	7.409	7.136	6.924	6.888	-0.224
	9	8	7	8	8	8	1
崇左市	7.438	7.689	7.720	7.562	7.481	7.377	-0.062
	5	4	4	4	4	4	1
广州市	7.742	7.852	7.918	7.747	7.682	7.569	-0.173
	1	1	1	1	1	1	0
佛山市	7.578	7.708	7.765	7.599	7.539	7.426	-0.151
	3	3	3	3	3	3	0
肇庆市	7.618	7.731	7.795	7.626	7.564	7.452	-0.167
	2	2	2	2	2	2	0
云浮市	7.346	7.490	7.499	7.055	6.827	6.427	-0.919
	6	6	6	9	10	10	-4
最高分	7.742	7.852	7.918	7.747	7.682	7.569	-0.173
最低分	1.067	3.164	2.344	1.603	1.326	0.000	-1.067
平均分	6.802	7.086	7.046	6.816	6.701	6.438	-0.363
标准差	1.916	1.332	1.584	1.750	1.809	2.166	0.250

3. 珠江-西江经济带城市企业弹性扩张系数得分情况

通过表 1-37 对 2010~2015 年珠江-西江经济带城市的企业弹性扩张系数的变化进行分析。由 2010 年的珠江-西江经济带企业弹性扩张系数评价来看，有 4 个城市的企业弹性扩张系数得分已经在 3 分以上。2010 年珠江-西江经济带企业弹性扩张系数得分处在 2.8~4.2 分，小于 3 分的城市有柳州市、梧州市、贵港市、百色市、广州市、佛山市、云浮市。珠江-西江经济带企业弹性扩张系数最高得分为肇庆市，为 4.190 分，最低得分为佛山市，为 2.831 分。珠江-西江经济带企业弹性扩张系数得分平均值为 3.127 分，珠江-西江经济带企业弹性扩张系数得分标准差为 0.390，说明城市之间企业弹性扩张系数变化差异较小。珠江-西江经济带中广东地区城市企业弹性扩张系数的得分较低，其中肇庆市的企业弹性扩张系数得分超过 3 分；说明城市的企业弹性扩张系数发展衰退。珠江-西江经济带中广西地区企业弹性扩张系数得分较高，其中南宁市、来宾市、崇左市的企业弹性扩张系数得分超过 3 分；说明广西地区城市企业弹性扩张系数发展相对较好。

由 2011 年的珠江-西江经济带企业弹性扩张系数评价来看，有 8 个城市的企业弹性扩张系数得分已经在 2.4 分以上。2011 年珠江-西江经济带企业弹性扩张系数得分处在 1~2.7 分，小于 2.4 分的城市有南宁市、肇庆市、云浮市。珠江-西江经济带企业弹性扩张系数最高得分为来宾市、崇左市，为 2.669 分，最低得分为肇庆市，为 1.285 分。珠江-西江经济带企业弹性扩张系数得分平均值为 2.447 分，珠江-西江经济带企业弹性扩张系数得分标准差为 0.405，说明城市之间企业弹性扩张系数变化差异较小。珠江-西江经济带中广东地区城市的企业弹性扩张系数得分较低，其中肇庆市、云浮市的企业弹性扩张系数得分均超过 2.4 分；说明这些城市的企业弹性扩张系数发展较差。珠江-西江经济带中广西地区城市的企业弹性扩张系数得分高，其中柳州市、梧州市、贵港市、百色市、来宾市、崇左市的企业弹性扩张系数得分超过 2.4 分；说明广西地区城市企业弹性扩张系数发展较好。

由 2012 年的珠江-西江经济带企业弹性扩张系数评价来看，有 7 个城市的企业弹性扩张系数得分已经在 2.8 分以上。2012 年珠江-西江经济带企业弹性扩张系数得分处在 1.4~4 分，小于 2.8 分的城市有南宁市、梧州市、广州市、肇庆市。珠江-西江经济带企业弹性扩张系数最高得分为柳州市，为3.976分，最低得分为南宁市，为1.474分。珠江-西江经济带企业弹性扩张系数得分平均值为2.858分，珠江-西江经济带企业弹性扩张系数得分标准差为0.666，说明城市之间企业弹性扩张系数变化差异较小。珠江-西江经济带中广东地区城市企业弹性扩张系数的得分较低，其中广州市、肇庆市的企业弹性扩张系数得分均超过2.8分；说明这些城市的企业弹性扩张系数发展相对较差。珠江-西江经济带中广西地区企业弹性扩张系数得分较高，其中柳州市、贵港市、百色市、来宾市、崇左市的企业弹性扩张系数得分超过2.8分；说明广西地区城市企业弹性扩张系数发展较好。

由2013年的珠江-西江经济带企业弹性扩张系数评价来看，有5个城市的企业弹性扩张系数得分已经在3.2分以上。2013年珠江-西江经济带企业弹性扩张系数得分处在2.9～4.3分，小于3.2分的城市有梧州市、贵港市、广州市、佛山市、肇庆市、云浮市。珠江-西江经济带企业弹性扩张系数最高得分为南宁市，为4.299分，最低得分为梧州市，为2.990分。珠江-西江经济带企业弹性扩张系数得分平均值为3.249分，珠江-西江经济带企业弹性扩张系数得分标准差为0.372，说明城市之间企业弹性扩张系数变化差异较小。珠江-西江经济带中广东地区城市的企业弹性扩张系数得分较低，没有城市的企业弹性扩张系数得分超过3.2分；说明这些城市的企业弹性扩张系数发展基础较低，企业弹性发展较差。珠江-西江经济带中广西地区企业弹性扩张系数水平较高，其中南宁市、柳州市、百色市、来宾市、崇左市的企业弹性扩张系数得分超过3.2分；说明广西地区城市企业弹性综合发展能力较强，企业弹性发展较高。

由2014年的珠江-西江经济带企业弹性扩张系数评价来看，有9个城市的企业弹性扩张系数得分已经在2.6分以上。2014年珠江-西江经济带企业弹性扩张系数得分处在0～3分，小于2.6分的城市有梧州市、崇左市。珠江-西江经济带企业弹性扩张系数最高得分为云浮市，为2.948分，最低得分为梧州市，为0分。珠江-西江经济带企业弹性扩张系数得分平均值为2.403分，珠江-西江经济带企业弹性扩张系数得分标准差为0.850，说明城市之间企业弹性扩张系数的变化差异较大。珠江-西江经济带中广东地区城市企业弹性扩张系数的得分较高，所有城市的企业弹性扩张系数得分均超过2.6分；说明这些城市的企业弹性扩张系数发展相对协调。珠江-西江经济带中广西地区的企业弹性扩张系数得分较低，其中南宁市、柳州市、梧州市、贵港市、百色市、来宾市城市的企业弹性扩张系数得分超过2.6分；说明广西地区城市的企业弹性扩张系数发展较上一年状况变差。

由2015年的珠江-西江经济带企业弹性扩张系数评价来看，有7个城市的企业弹性扩张系数得分已经在3分以上。2015年珠江-西江经济带企业弹性扩张系数得分处在1～5.4分，小于3分的城市有柳州市、南宁市、梧州市、广州市、佛山市。珠江-西江经济带企业弹性扩张系数最高得分为肇庆市，为5.319分，最低得分为广州市，为1.119分。珠江-西江经济带企业弹性扩张系数得分平均值为3.181分，珠江-西江经济带企业弹性扩张系数得分标准差为1.078，说明城市之间企业弹性扩张系数变化差异较大。珠江-西江经济带中广东地区城市企业弹性扩张系数得分较低，其中肇庆市、云浮市的企业弹性扩张系数得分均超过3分；说明这些城市的企业弹性扩张系数发展相对较差。珠江-西江经济带中广西地区的企业弹性扩张系数得分较高，其中贵港市、百色市、来宾市、崇左市的企业弹性扩张系数得分超过3分；说明广西地区城市的企业弹性扩张系数发展较协调。

对比珠江-西江经济带城市企业弹性扩张系数变化，通过对各年间的珠江-西江经济带企业弹性扩张系数平均分、标准差进行分析，可以发现其平均分呈波动下降趋势，说明珠江-西江经济带城市城镇化与城市面积呈不协调发展关系。珠江-西江经济带企业弹性扩张系数的标准差呈波动上升趋势，说明城市间的企业弹性扩张系数差距逐渐扩大。对各城市企业弹性扩张系数变化展开分析，发现珠江-西江经济带中所有城市的排名相对变化幅度均较大，说明发展较不稳定。

表1-37　　　　　　　2010～2015年珠江-西江经济带城市企业弹性扩张系数评价比较

地区	2010年	2011年	2012年	2013年	2014年	2015年	综合变化
南宁市	3.218	2.373	1.474	4.299	2.632	2.994	-0.224
	4	9	11	1	8	7	-3
柳州市	2.999	2.413	3.976	3.208	2.915	2.418	-0.581
	5	8	1	5	2	10	-5
梧州市	2.930	2.623	2.248	2.990	0.000	2.719	-0.211
	7	6	10	11	11	9	-2
贵港市	2.971	2.604	3.303	3.051	2.696	4.500	1.529
	6	7	3	9	4	2	4
百色市	2.930	2.648	2.918	3.318	2.871	3.175	0.246
	7	4	5	3	3	5	2
来宾市	3.291	2.669	3.474	3.225	2.696	3.346	0.054
	2	1	2	4	4	4	-2

续表

地区	2010年	2011年	2012年	2013年	2014年	2015年	综合变化
崇左市	3.281	2.669	2.878	3.411	1.869	3.056	-0.225
	3	1	6	2	10	6	-3
广州市	2.900	2.627	2.561	3.023	2.443	1.119	-1.781
	9	5	8	10	9	11	-2
佛山市	2.831	2.661	2.826	3.076	2.666	2.867	0.036
	11	3	7	7	7	8	3
肇庆市	4.190	1.285	2.553	3.056	2.696	5.319	1.129
	1	11	9	8	4	1	0
云浮市	2.858	2.345	3.227	3.086	2.948	3.483	0.625
	10	10	4	6	1	3	7
最高分	4.190	2.669	3.976	4.299	2.948	5.319	1.129
最低分	2.831	1.285	1.474	2.990	0.000	1.119	-1.713
平均分	3.127	2.447	2.858	3.249	2.403	3.181	0.054
标准差	0.390	0.405	0.666	0.372	0.850	1.078	0.688

4. 珠江-西江经济带城市工业发展强度得分情况

通过表1-38对2010~2015年珠江-西江经济带城市的工业发展强度的变化进行分析。由2010年的珠江-西江经济带城市工业发展强度评价来看，有2个城市的工业发展强度得分已经在1分以上。2010年珠江-西江经济带城市工业发展强度得分处在0~4分，小于1分的城市有南宁市、柳州市、梧州市、贵港市、百色市、来宾市、崇左市、肇庆市、云浮市。珠江-西江经济带城市工业发展强度最高得分为佛山市，为3.978分，最低得分为崇左市，为0分。珠江-西江经济带城市工业发展强度得分平均值为0.828分，珠江-西江经济带城市工业发展强度得分标准差为1.436，说明城市之间工业发展强度变化差异较大。珠江-西江经济带中广东地区城市工业发展强度的得分较高，其中广州市、佛山市的工业发展强度得分均超过1分；说明这些城市的工业发展强度发展相对较好。珠江-西江经济带中广西地区工业发展强度得分较低，没有城市的工业发展强度得分超过1分；说明广西地区城市的工业发展强度发展较差。

由2011年的珠江-西江经济带城市工业发展强度评价来看，有2个城市的工业发展强度得分已经在1分以上。2011年珠江-西江经济带城市工业发展强度得分处在0~3.8分，小于1分的城市有南宁市、柳州市、梧州市、贵港市、百色市、来宾市、崇左市、肇庆市、云浮市。珠江-西江经济带城市工业发展强度最高得分为广州市，为3.733分，最低得分为崇左市，为0.012分。珠江-西江经济带城市工业发展强度得分平均值为0.819分，珠江-西江经济带城市工业发展强度得分标准差为1.380，说明城市之间工业发展强度变化差异较大。珠江-西江经济带中广东地区城市的工业发展强度得分较高，其中广州市、佛山市的工业发展强度得分均超过1分；说明这些城市的工业发展强度发展相对较好。珠江-西江经济带中广西地区工业发展强度得分较低，没有城市的工业发展强度得分超过1分；说明广西地区城市工业发展强度发展较差。

由2012年的珠江-西江经济带城市工业发展强度评价来看，有2个城市的工业发展强度得分已经在1分以上。2012年珠江-西江经济带城市工业发展强度得分处在0~3.4分，小于1分的城市有南宁市、柳州市、梧州市、贵港市、百色市、来宾市、崇左市、肇庆市、云浮市。珠江-西江经济带城市工业发展强度最高得分为广州市，为3.385分，最低得分为崇左市，为0.022分。珠江-西江经济带城市工业发展强度得分平均值为0.813分，珠江-西江经济带城市工业发展强度得分标准差为1.281，说明城市之间工业发展强度变化差异较大。珠江-西江经济带中广东地区城市的工业发展强度得分较高，其中广州市、佛山市的工业发展强度得分均超过1分；说明这些城市的工业发展强度发展相对较好。珠江-西江经济带中广西地区工业发展强度得分较低，没有城市工业发展强度得分超过1分；说明广西地区工业发展强度发展较差。

由2013年的珠江-西江经济带城市工业发展强度评价来看，有2个城市的工业发展强度得分已经在1分以上。2013年珠江-西江经济带城市工业发展强度得分处在0~3.4分，小于1分的城市有南宁市、柳州市、梧州市、贵港市、百色市、来宾市、崇左市、肇庆市、云浮市。珠江-西江经济带城市工业发展强度最高得分为佛山市，为3.291分，最低得分为崇左市，为0分。珠江-西江经济带城市工业发展强度得分平均值为0.803分，珠江-西江经济带城市工业发展强度得分标准差为1.255，说明城市之间工业发展强度的变化差异较大。珠江-西江经济带中广东地区城市工业发展强度的得分较高，其中广州市、佛山市的工业发展强度得分均超过1分；说明这些城市的工业发展强度发展相对较好。珠江-西江经济带中广西地区工业发展强度得分较低，没有城市的工业发展强度得分超过1分；说明广西地区城市工业发展强度发展较差。

由2014年的珠江-西江经济带城市工业发展强度评价来看，有2个城市的工业发展强度得分已经在1分以上。2014年珠江-西江经济带城市工业发展强度得分处在0~

3.4分，小于1分的城市有南宁市、柳州市、梧州市、贵港市、百色市、来宾市、崇左市、肇庆市、云浮市。珠江-西江经济带城市工业发展强度最高得分为佛山市，为3.318分，最低得分为来宾市，为0.011分。珠江-西江经济带城市工业发展强度得分平均值为0.801分，珠江-西江经济带城市工业发展强度得分标准差为1.232，说明城市之间工业发展强度的变化差异较大。珠江-西江经济带中广东地区城市的工业发展强度的得分较高，其中广州市、佛山市的工业发展强度得分均超过1分；说明这些城市的工业发展强度发展相对较好。珠江-西江经济带中广西地区的工业发展强度得分较低，没有城市的工业发展强度得分超过1分；说明广西地区城市的工业发展强度发展较差。

由2015年的珠江-西江经济带城市工业发展强度评价来看，有2个城市的工业发展强度得分已经在1分以上。2015年珠江-西江经济带城市工业发展强度得分处在0~3.3分，小于1分的城市有南宁市、柳州市、梧州市、贵港市、百色市、来宾市、崇左市、肇庆市、云浮市。珠江-西江经济带城市工业发展强度最高得分为佛山市，为3.271分，最低得分为来宾市，为0.005分。珠江-西江经济带城市工业发展强度得分平均值为0.799分，珠江-西江经济带城市工业发展强度得分标准差为1.209，说明城市之间工业发展强度的变化差异较大。珠江-西江经济带中广东地区城市的工业发展强度的得分较高，其中广州市、佛山市的工业发展强度得分均超过1分；说明这些城市的工业发展强度发展相对较好。珠江-西江经济带中广西地区的工业发展强度得分较低，没有城市的工业发展强度得分超过1分；说明广西地区城市的工业发展强度发展较差。

对比珠江-西江经济带城市工业发展强度变化，通过对各年间的珠江-西江经济带城市工业发展强度平均分、标准差进行分析，可以发现其平均分处于波动下降趋势，说明珠江-西江经济带城市工业发展能力优势降低，城市活力变弱。珠江-西江经济带城市工业发展强度标准差也处于波动下降趋势，说明城市间工业发展强度差距逐渐缩小。对各城市的工业发展强度变化展开分析，发现珠江-西江经济带中广东地区各个城市的相对排名变化并不大，发展特别稳定。

表1-38　　　　2010~2015年珠江-西江经济带城市工业发展强度评价比较

地区	2010年	2011年	2012年	2013年	2014年	2015年	综合变化
南宁市	0.274	0.334	0.408	0.421	0.434	0.473	0.199
	5	5	5	5	5	5	0
柳州市	0.583	0.613	0.716	0.689	0.699	0.682	0.099
	3	3	3	3	3	3	0
梧州市	0.114	0.162	0.235	0.258	0.265	0.283	0.168
	6	6	6	6	6	6	0
贵港市	0.046	0.050	0.062	0.062	0.062	0.064	0.018
	8	8	8	9	9	9	-1
百色市	0.075	0.086	0.122	0.109	0.119	0.138	0.063
	7	7	7	7	7	7	0
来宾市	0.017	0.038	0.033	0.016	0.011	0.005	-0.012
	10	10	10	11	11	11	-1
崇左市	0.000	0.012	0.022	0.020	0.023	0.030	0.030
	11	11	11	10	10	10	1
广州市	3.400	3.733	3.385	3.305	3.173	3.124	-0.276
	2	1	1	1	2	2	0
佛山市	3.978	3.420	3.338	3.291	3.318	3.271	-0.707
	1	2	2	2	1	1	0
肇庆市	0.580	0.515	0.573	0.589	0.616	0.610	0.029
	4	4	4	4	4	4	0
云浮市	0.042	0.040	0.050	0.072	0.093	0.106	0.064
	9	9	9	8	8	8	1
最高分	3.978	3.733	3.385	3.305	3.318	3.271	-0.707
最低分	0.000	0.012	0.022	0.016	0.011	0.005	0.005
平均分	0.828	0.819	0.813	0.803	0.801	0.799	-0.029
标准差	1.436	1.380	1.281	1.255	1.232	1.209	-0.227

5. 珠江-西江经济带城市工业密度得分情况

通过表1-39对2010~2015年珠江-西江经济带城市的工业密度及变化进行分析。由2010年的珠江-西江经济带城市工业密度评价来看，有3个城市的工业密度得分已经在0.5分以上。2010年珠江-西江经济带城市工业密度得分处在0.2~3.8分，小于0.5分的城市有南宁市、柳州市、贵港市、百色市、来宾市、崇左市、广州市、云浮市。珠江-西江经济带城市工业密度最高得分为佛山市，为3.742分，最低得分为南宁市，为0.207。珠江-西江经济带城市工业密度得分平均值为0.699分，珠江-西江经济带城市工业密度得分标准差为1.026，说明城市间的工业密度变化差异较大。珠江-西江经济带中广东地区城市工业密度的得分较高，佛山市、肇庆市的工业密度得分均超过0.5分；说明这些城市工业密度发展基础较好。珠江-西江经济带中广西地区的城市工业密度水平较低，梧州市的工业密度得分超过0.5分；说明广西地区城市工业密度综合发展能力较低。

由2011年的珠江-西江经济带城市工业密度评价来看，有3个城市工业密度得分已经在0.5分以上。2011年珠江-西江经济带城市工业密度得分处在0~2.8分，小于0.5分的城市有南宁市、柳州市、贵港市、百色市、来宾市、崇左市、广州市、云浮市。珠江-西江经济带城市工业密度最高得分为佛山市，为2.776分，最低得分为南宁市，为0分。珠江-西江经济带城市工业密度得分平均值为0.473分，珠江-西江经济带城市工业密度得分标准差为0.786，说明城市间的工业密度的变化差异较大。珠江-西江经济带中广东地区城市工业密度的得分较高，佛山市、肇庆市的工业密度得分均超过0.5分；说明这些城市工业密度发展基础较好。珠江-西江经济带中广西地区城市工业密度水平较低，梧州市的工业密度得分超过0.5分；说明广西地区城市工业密度综合发展能力较低。

由2012年的珠江-西江经济带城市工业密度评价来看，有3个城市工业密度得分已经在0.5分以上。2012年珠江-西江经济带城市工业密度得分处在0~2.6分，小于0.5分的城市有南宁市、柳州市、贵港市、百色市、来宾市、崇左市、广州市、云浮市。珠江-西江经济带城市工业密度最高得分为佛山市，为2.569分，最低得分为南宁市，为0.056分。珠江-西江经济带城市工业密度得分平均值为0.450分，珠江-西江经济带城市工业密度得分标准差为0.722，说明城市之间工业密度的变化差异较大。珠江-西江经济带中广东地区城市工业密度得分较高，佛山市、肇庆市的工业密度得分均超过0.5分；说明这些城市工业密度发展基础较好。珠江-西江经济带中广西地区城市工业密度水平较低，梧州市的工业密度得分超过0.5分；说明广西地区城市工业密度综合发展能力较低。

由2013年的珠江-西江经济带城市工业密度评价来看，有3个城市工业密度得分已经在0.5分以上。2013年珠江-西江经济带城市工业密度得分处在0~2.7分，小于0.5分的城市有南宁市、柳州市、贵港市、百色市、来宾市、崇左市、广州市、云浮市。珠江-西江经济带城市工业密度最高得分为佛山市，为2.623分，最低得分为南宁市，为0.022分。珠江-西江经济带城市工业密度得分平均值为0.468分，珠江-西江经济带城市工业密度得分标准差为0.738，说明城市之间工业密度变化差异较大。珠江-西江经济带中广东地区城市工业密度的得分较高，佛山市、肇庆市的工业密度得分均超过0.5分；说明这些城市工业密度发展基础较好。珠江-西江经济带中广西地区城市工业密度水平较低，梧州市的工业密度得分超过0.5分；说明广西地区城市工业密度综合发展能力较低。

由2014年的珠江-西江经济带城市工业密度评价来看，有2个城市工业密度得分已经在0.5分以上。2014年珠江-西江经济带城市工业密度得分处在0~2.5分，小于0.5分的城市有梧州市、南宁市、柳州市、贵港市、百色市、来宾市、崇左市、广州市、云浮市。珠江-西江经济带城市工业密度最高得分为佛山市，为2.447分，最低得分为南宁市，为0.014分。珠江-西江经济带城市工业密度得分平均值为0.424分，珠江-西江经济带城市工业密度得分标准差为0.688，说明城市之间工业密度的变化差异较大。珠江-西江经济带中广东地区城市工业密度的得分较高，佛山市、肇庆市的工业密度得分均超过0.5分；说明这些城市的工业密度发展基础较好。珠江-西江经济带中广西地区城市工业密度水平较低，没有城市工业密度得分超过0.5分；说明广西地区城市工业密度综合发展能力较低。

由2015年的珠江-西江经济带城市工业密度评价来看，有2个城市工业密度得分已经在0.4分以上。2015年珠江-西江经济带城市工业密度得分处在0~2.4分，小于0.4分的城市有梧州市、南宁市、柳州市、贵港市、百色市、来宾市、崇左市、广州市、云浮市。珠江-西江经济带城市工业密度最高得分为佛山市，为2.351分，最低得分为南宁市，为0.006分。珠江-西江经济带城市工业密度得分平均值为0.392分，珠江-西江经济带城市工业密度得分标准差为0.662，说明城市之间工业密度的变化差异较大。珠江-西江经济带中广东地区城市工业密度得分较高，佛山市、肇庆市的工业密度得分均超过0.4分；说明这些城市工业密度发展基础较好。珠江-西江经济带中广西地区城市工业密度水平较低，没有城市工业密度得分超过0.4分；说明广西地区城市工业密度综合发展能力较低。

对比珠江-西江经济带城市工业密度变化，通过对各年间的珠江-西江经济带城市工业密度的平均分、标准差进行评析，可以发现其平均分处于波动下降趋势，说明珠江-西江经济带工业承载力减弱。珠江-西江经济带城市工业密度的标准差呈上升趋势，说明城市间的工业密度差距并未缩小。

表1-39　　2010~2015年珠江-西江经济带城市工业密度评价比较

地区	2010年	2011年	2012年	2013年	2014年	2015年	综合变化
南宁市	0.207	0.000	0.056	0.022	0.014	0.006	-0.201
	11	11	11	11	11	11	0
柳州市	0.298	0.121	0.106	0.106	0.105	0.094	-0.204
	9	9	9	10	10	9	0
梧州市	0.775	0.571	0.516	0.563	0.322	0.286	-0.489
	2	3	3	3	3	3	-1
贵港市	0.339	0.195	0.172	0.205	0.201	0.190	-0.149
	6	6	7	6	6	6	0
百色市	0.390	0.171	0.224	0.217	0.224	0.263	-0.126
	4	8	5	5	5	5	-1
来宾市	0.303	0.214	0.168	0.168	0.181	0.174	-0.130
	8	5	8	8	7	8	0
崇左市	0.367	0.183	0.223	0.192	0.153	0.182	-0.185
	5	7	6	7	8	7	-2
广州市	0.214	0.099	0.088	0.115	0.107	0.046	-0.169
	10	10	10	9	9	10	0
佛山市	3.742	2.776	2.569	2.623	2.447	2.351	-1.391
	1	1	1	1	1	1	0
肇庆市	0.721	0.597	0.583	0.603	0.594	0.453	-0.268
	3	2	2	2	2	2	1
云浮市	0.327	0.276	0.245	0.330	0.312	0.266	-0.061
	7	4	4	4	4	4	3
最高分	3.742	2.776	2.569	2.623	2.447	2.351	-1.391
最低分	0.207	0.000	0.056	0.022	0.014	0.006	-0.201
平均分	0.699	0.473	0.450	0.468	0.424	0.392	-0.307
标准差	1.026	0.786	0.722	0.738	0.688	0.662	-0.365

6. 珠江-西江经济带城市税收贡献率得分情况

通过表1-40对2010~2015年珠江-西江经济带城市的税收贡献率的变化进行分析。由2010年的珠江-西江经济带城市税收贡献率评价来看，有6个城市的税收贡献率得分已经在2分以上。2010年珠江-西江经济带城市税收贡献率得分处在0.1~2.6分，小于1分的城市有南宁市、梧州市、贵港市、广州市、云浮市。珠江-西江经济带城市税收贡献率最高得分为百色市，为2.573分，最低得分为南宁市，为0.195分。珠江-西江经济带城市税收贡献率得分平均值为1.314分，珠江-西江经济带城市税收贡献率得分标准差为0.780，说明城市之间税收贡献率变化差异较大。珠江-西江经济带中广东地区城市税收贡献率的得分较高，佛山市、肇庆市的税收贡献率得分均超过1分；说明这些城市的税收贡献率发展基础较好。珠江-西江经济带中广西地区税收贡献率水平较低，其中南宁市、梧州市、贵港市、广州市、云浮市的税收贡献率得分在1分之上；说明广西地区城市税收贡献率综合发展能力较低。

由2011年的珠江-西江经济带城市税收贡献率评价来看，有6个城市的税收贡献率得分已经在1分以上。2011年珠江-西江经济带城市税收贡献率得分处在0.2~2.8分，小于1分的城市有南宁市、梧州市、贵港市、广州市、云浮市。珠江-西江经济带城市税收贡献率最高得分为崇左市，为2.800分，最低得分为贵港市，为0.232分。珠江-西江经济带城市税收贡献率得分平均值为1.205分，珠江-西江经济带城市税收贡献率得分标准差为0.773，说明城市之间税收贡献率的变化差异较大。珠江-西江经济带中广东地区城市税收贡献率的得分较高，佛山市、肇庆市的税收贡献率得分均超过1分；说明这些城市的税收贡献率发展基础较好。珠江-西江经济带中广西地区的税收贡献率水平较低，其中南宁市、梧州市、贵港市、广州市、云浮市的税收贡献率得分在1分之上；说明广西地区城市税收贡献率综合发展能力较低。

由2012年的珠江-西江经济带城市税收贡献率评价来看，有7个城市的税收贡献率得分已经在1分以上。2012年珠江-西江经济带城市税收贡献率得分处在0.2~2.9分，小于1分的城市有南宁市、贵港市、广州市、云浮市。珠江-西江经济带城市税收贡献率最高得分为梧州市，为2.839分，最低得分为南宁市，为0.280分。珠江-西江经济带城市税收贡献率得分平均值为1.431分，珠江-西江经济带城市税收贡献率的得分标准差为0.943，说明城市之间税收贡献率变化差异较大。珠江-西江经济带中广东地区城市的税收贡献率的得分较高，佛山市、肇庆市的税收贡献率得分均超过1分；说明这些城市的税收贡献率发展基础较好。珠江-西江经济带中广西地区税收贡献率水平较低，其中南宁市、梧州市、贵港市、广州市、云浮市的税收贡献率得分在1分之上；说明广西地区城市税收贡献率综合发展能力较低。

由2013年的珠江-西江经济带城市税收贡献率评价来看，有5个城市的税收贡献率得分已经在1分以上。2013年珠江-西江经济带城市税收贡献率得分处在0~4.1分，小于1分的城市有南宁市、柳州市、贵港市、来宾市、崇左市、广州市。珠江-西江经济带城市税收贡献率最高得分为梧州市，为4.085分，最低得分为崇左市，为0分。珠江-西江经济带城市税收贡献率得分平均值为1.190分，珠江-西江经济带城市税收贡献率得分标准差为1.148，说明城市之间税收贡献率的变化差异较大。珠江-西江经济带中广东地区城市税收贡献率得分较高，佛山市、肇庆市、云浮市的税收贡献率得分均超过1分；说明这些城市的税收贡献率发展基础较好。珠江-西江经济带中广西地区税收贡献率水平较低，其中梧州市、百色市的税收贡献率得分在1分之上；说明广西地区城市税收贡献率综合发展能力较低。

由2014年的珠江-西江经济带城市税收贡献率评价来看，有5个城市的税收贡献率得分已经在1分以上。2014年珠江-西江经济带城市税收贡献率得分处在0~3.3分，小于1分的城市有南宁市、柳州市、贵港市、来宾市、广州市、云浮市。珠江-西江经济带城市税收贡献率最高得分为梧州市，为3.288分，最低得分为南宁市，为0.289分。珠江-西江经济带城市税收贡献率得分平均值为1.365分，珠江-西江经济带城市税收贡献率得分标准差为1.007，说明城市之间税收贡献率的变化差异较大。珠江-西江经济带中广东地区城市税收贡献率的得分较高，佛山市、肇庆市的税收贡献率得分均超过1分；说明这些城市的税收贡献率发展基础较好。珠江-西江经济带中广西地区税收贡献率水平较低，其中梧州市、百色市、崇左市的税收贡献率得分在1分之上；说明广西地区城市税收贡献率综合发展能力较低。

由2015年的珠江-西江经济带城市税收贡献率评价来看，有4个城市的税收贡献率得分已经在1分以上。2015年珠江-西江经济带城市税收贡献率得分处在0~2.3分，小于1分的城市有南宁市、柳州市、贵港市、百色市、来宾市、广州市、云浮市。珠江-西江经济带城市税收贡献率最高得分为梧州市，为2.224分，最低得分为贵港市，为0.119分。珠江-西江经济带城市税收贡献率得分平均值为1.015分，珠江-西江经济带城市税收贡献率得分标准差为0.709，说明城市之间税收贡献率变化差异较大。珠江-西江经济带中广东地区城市税收贡献率的得分较高，佛山市、肇庆市的税收贡献率得分均超过1分；说明这些城市的税收贡献率发展基础较好。珠江-西江经济带中广西地区税收贡献率水平较低，梧州市、崇左市的税收贡献率得分在1分之上；说明广西地区城市税收贡献率综合发展能力有待提升。

对比珠江-西江经济带城市税收贡献率变化，通过对各年间的珠江-西江经济带城市税收贡献率的平均分、标准差进行评析，可以发现其平均分呈波动下降趋势。珠江-西江经济带城市税收贡献率的标准差也呈波动下降趋势，说明城市间的税收贡献率差距缩小。对各城市税收贡献率变化展开评析，在2010~2015年的各个时间段内，珠江-西江经济带各个城市的排名变动较大，从得分上看虽然各个城市排名变化均比较明显，但是得分除了云浮市较小幅度上升之外均呈现下降趋势，说明珠江-西江经济带各个城市税收贡献率综合发展能力有待提升。

表1-40　　　　　　　　　2010~2015年珠江-西江经济带城市税收贡献率评价比较

地区	2010年	2011年	2012年	2013年	2014年	2015年	综合变化
南宁市	0.195	0.293	0.280	0.259	0.289	0.163	-0.032
	11	10	11	10	11	10	1
柳州市	1.263	1.124	1.079	0.856	0.816	0.745	-0.518
	6	6	7	7	8	8	-2
梧州市	0.647	0.956	2.839	4.085	3.288	2.224	1.577
	9	7	1	1	1	1	8
贵港市	0.346	0.232	0.320	0.307	0.327	0.119	-0.227
	10	11	10	9	10	11	-1
百色市	2.573	2.004	2.508	1.336	1.262	0.822	-1.751
	1	2	2	4	5	6	-5
来宾市	1.899	1.405	1.319	0.942	0.915	0.892	-1.007
	3	4	6	6	7	5	-2
崇左市	2.194	2.800	2.424	0.000	2.626	1.412	-0.782
	2	1	3	11	2	4	-2

续表

地区	2010年	2011年	2012年	2013年	2014年	2015年	综合变化
广州市	0.817	0.598	0.467	0.483	0.410	0.368	-0.448
	8	9	9	8	9	9	-1
佛山市	1.781	1.385	1.734	1.814	1.858	1.644	-0.137
	4	5	5	3	4	3	1
肇庆市	1.743	1.732	2.105	1.979	2.254	1.966	0.223
	5	3	4	2	3	2	3
云浮市	0.994	0.727	0.665	1.026	0.974	0.813	-0.181
	7	8	8	5	6	7	0
最高分	2.573	2.800	2.839	4.085	3.288	2.224	-0.349
最低分	0.195	0.232	0.280	0.000	0.289	0.119	-0.076
平均分	1.314	1.205	1.431	1.190	1.365	1.015	-0.298
标准差	0.780	0.773	0.943	1.148	1.007	0.709	-0.071

7. 珠江－西江经济带城市工业弧弹性得分情况

通过表1-41对2010~2015年珠江－西江经济带城市的工业弧弹性的变化进行分析。由2010年的珠江－西江经济带城市工业弧弹性评价来看，有9个城市的工业弧弹性得分已经在6.5分以上。2010年珠江－西江经济带城市工业弧弹性得分处在6.4~6.7分，小于6.5分的城市有柳州市、广州市。珠江－西江经济带城市工业弧弹性最高得分为云浮市，为6.668分，最低得分为广州市，为6.479分。珠江－西江经济带城市工业弧弹性得分平均值为6.572分，珠江－西江经济带城市工业弧弹性得分标准差为0.054，说明城市之间工业弧弹性变化差异较小。珠江－西江经济带中广东地区工业弧弹性水平较高，其中佛山市、肇庆市、云浮市的工业弧弹性得分均超过6.5分；说明这些城市工业弧弹性发展基础较好，工业弧弹性大。珠江－西江经济带中广西地区城市工业弧弹性的得分较低，其中柳州市的工业弧弹性得分没有超过6.5分；说明广西地区城市工业弧弹性综合发展能力较低，工业弧弹性小。

由2011年的珠江－西江经济带城市工业弧弹性评价来看，有6个城市的工业弧弹性得分已经在6.5分以上。2011年珠江－西江经济带城市工业弧弹性得分处在6.3~6.6分，小于6.5分的城市有柳州市、贵港市、崇左市、广州市、佛山市、云浮市。珠江－西江经济带城市工业弧弹性最高得分为肇庆市，为6.551分，最低得分为佛山市，为6.332分。珠江－西江经济带城市工业弧弹性得分平均值为6.482分，珠江－西江经济带城市工业弧弹性得分标准差为0.061，说明城市之间工业弧弹性的变化差异较小。珠江－西江经济带中广东地区的工业弧弹性水平较低，其中佛山市的工业弧弹性得分超过6.5分；说明这些城市的工业弧弹性发展基础较低，工业弧弹性小。珠江－西江经济带中广西地区城市的工业弧弹性的得分较高，其中南宁市、梧州市、百色市、来宾市的工业弧弹性得分超过6.5分；说明广西地区城市工业弧弹性综合发展能力较高，工业弧弹性高。

由2012年的珠江－西江经济带城市工业弧弹性评价来看，有7个城市的工业弧弹性得分已经在6.7分以上。2012年珠江－西江经济带城市工业弧弹性得分处在6.5~7分，小于6.7分的城市有柳州市、广州市、肇庆市、云浮市。珠江－西江经济带城市工业弧弹性最高得分为佛山市，为6.947分，最低得分为云浮市，为6.535分。珠江－西江经济带城市工业弧弹性得分平均值为6.726分，珠江－西江经济带城市工业弧弹性得分标准差为0.115，说明城市之间工业弧弹性的变化差异较小。珠江－西江经济带中广东地区的工业弧弹性水平较低，其中佛山市的工业弧弹性得分超过6.7分；说明这些城市的工业弧弹性发展基础较低，工业弧弹性小。珠江－西江经济带中广西地区城市的工业弧弹性的得分较高，其中百色市、贵港市的工业弧弹性得分均超过6.7分；说明广西地区城市工业弧弹性综合发展能力较高，工业弧弹性大。

由2013年的珠江－西江经济带城市工业弧弹性评价来看，有9个城市的工业弧弹性得分已经在6.3分以上。2013年珠江－西江经济带城市工业弧弹性得分处在0~6.6分，小于6.3分的城市有来宾市、广州市。珠江－西江经济带城市工业弧弹性最高得分为云浮市，为6.517分，最低得分为来宾市，为0分。珠江－西江经济带城市工业弧弹性得分平均值为5.769分，珠江－西江经济带城市工业弧弹性得分标准差为1.915，说明城市之间工业弧弹性变化差异较大。珠江－西江经济带中广东地区的工业弧弹性水平较高，其中3个城市的工业弧弹性得分均超过6.3分；说明这些城市的工业弧弹性发展基础较好，工业弧弹性大。珠江－西江经济带中广西地区城市的工业弧弹性的得分较低，其中5个城市的工业弧弹性得分超过6.3分；说明广西地区城市的工业弧弹性综合发展能力较小，工业弧弹性小。

由2014年的珠江－西江经济带城市工业弧弹性评价来看，有9个城市的工业弧弹性得分已经在6.5分以上。2014年珠江－西江经济带城市工业弧弹性得分处在0~6.6分，小于6.5分的城市有来宾市、广州市。珠江－西江经济带城市工业弧弹性最高得分为云浮市，为6.669分，最低得分为来宾市，为6.467分。珠江－西江经济带城市工业弧弹性得分平均值为 6.547 分,珠江-西江经济带城市工业弧弹性得分标准差为 0.055,说明城市之间工业弧弹性的变化差异较小。珠江-西江经济带中广东地区的工业弧弹性水平较高,其中 3 个城市的工业弧弹性得分均超过 6.3 分;说明这些城市的工业弧弹性发展基础较好,工业弧弹性大。珠江-西江经济带中广西地区城市工业弧弹性的得分较低,其中 5 个城市工业弧弹性得分超过 6.3 分;说明广西地区城市工业弧弹性综合发展能力较小,工业弧弹性小。

由 2015 年的珠江-西江经济带城市工业弧弹性评价来看,有 10 个城市的工业弧弹性得分已经在 6.5 分以上。2015 年珠江-西江经济带城市工业弧弹性得分处在 0~6.6 分,小于 6.5 分的城市有来宾市。珠江-西江经济带城市工业弧弹性最高得分为梧州市,为 7.506 分,最低得分为来宾市,为 6.286 分。珠江-西江经济带城市工业弧弹性得分平均值为 6.703 分,珠江-西江经济带城市工业弧弹性得分标准差为 0.3,说明城市之间工业弧弹性变化差异较小。珠江-西江经济带中广东地区的工业弧弹性水平较高,其中所有城市的工业弧弹性得分均超过 6.5 分;说明这些城市的工业弧弹性发展基础较好,工业弧弹性大。珠江-西江经济带中广西地区城市的工业弧弹性的得分较低,其中 6 个城市的工业弧弹性得分超过 6.5 分;说明广西地区城市的工业弧弹性综合发展能力较小,工业弧弹性小。

对比珠江-西江经济带城市工业弧弹性变化,通过对各年间的珠江-西江经济带城市工业弧弹性平均分、标准差进行分析,可以发现其平均分呈波动上升趋势,说明珠江-西江经济带城市工业弧弹性综合能力整体活力有所提升。珠江-西江经济带城市工业弧弹性的标准差也呈波动上升趋势,说明城市间的工业弧弹性差距有所扩大。对各城市工业弧弹性变化展开评析,发现崇左市的工业弧弹性排名上升幅度较大,而其他城市排名相对稳定。

表 1-41　　　　　2010~2015 年珠江-西江经济带城市工业弧弹性评价比较

地区	2010 年	2011 年	2012 年	2013 年	2014 年	2015 年	综合变化
南宁市	6.587	6.517	6.733	6.341	6.524	6.706	0.119
	6	3	5	4	9	5	1
柳州市	6.485	6.470	6.688	6.303	6.536	6.602	0.117
	10	8	9	9	6	7	3
梧州市	6.586	6.511	6.834	6.303	6.583	7.506	0.920
	7	4	2	8	3	1	6
贵港市	6.589	6.486	6.727	6.364	6.526	6.631	0.042
	5	7	7	3	8	6	-1
百色市	6.610	6.508	6.731	6.331	6.532	6.782	0.171
	2	5	6	5	7	3	-1
来宾市	6.590	6.547	6.787	0.000	6.467	6.286	-0.303
	4	2	3	11	11	11	-7
崇左市	6.556	6.489	6.742	6.320	6.538	6.783	0.227
	8	6	4	6	5	2	6
广州市	6.479	6.454	6.560	6.204	6.492	6.548	0.069
	11	9	10	10	10	10	1
佛山市	6.554	6.332	6.947	6.455	6.600	6.575	0.021
	9	11	1	2	2	9	0
肇庆市	6.591	6.551	6.699	6.319	6.552	6.591	0.000
	3	1	8	7	4	8	-5
云浮市	6.668	6.440	6.535	6.517	6.669	6.726	0.058
	1	10	11	1	1	4	-3
最高分	6.668	6.551	6.947	6.517	6.669	7.506	0.838
最低分	6.479	6.332	6.535	0.000	6.467	6.286	-0.192
平均分	6.572	6.482	6.726	5.769	6.547	6.703	0.131
标准差	0.054	0.061	0.115	1.915	0.055	0.300	0.246

8. 珠江-西江经济带城市 Moore 工业结构得分情况

通过表 1-42 对 2010~2015 年珠江-西江经济带城市的 Moore 工业结构的变化进行分析。由 2010 年的珠江-西江经济带城市 Moore 工业结构评价来看,有 7 个城市的 Moore 工业结构得分已经在 4 分以上。2010 年珠江-西江经济带城市 Moore 工业结构得分处在 2~6 分,小于 4 分的城市有柳州市、梧州市、百色市、来宾市。珠江-西江经济带城市 Moore 工业结构最高得分为肇庆市,为 5.938 分,最低得分为百色市,为 2.144 分。珠江-西江经济带城市 Moore 工业结构得分平均值为 4.108 分,珠江-西江经济带城市 Moore 工业结构得分标准差为 1.342,说明城市之间 Moore 工业结构变化差异较大。珠江-西江经济带中广东地区 Moore 工业结构的得分较高,其中所有城市的 Moore 工业结构实力得分均超过 4 分;说明这些城市的 Moore 工业结构发展基础较好。珠江-西江经济带中广西地区 Moore 工业结构水平较低,其中南宁市、贵港市、崇左市的 Moore 工业结构得分超过 4 分;说明广西地区城市的 Moore 工业结构综合发展能力较低。

由 2011 年的珠江-西江经济带城市 Moore 工业结构评价来看,有 8 个城市的 Moore 工业结构得分已经在 4 分以上。2011 年珠江-西江经济带城市 Moore 工业结构得分处在 1.8~6.1 分,小于 4 分的城市有柳州市、梧州市、百色市。珠江-西江经济带城市 Moore 工业结构最高得分为肇庆市,为 6.060 分,最低得分为柳州市,为 1.814 分。珠江-西江经济带城市 Moore 工业结构得分平均值为 4.297 分,珠江-西江经济带城市 Moore 工业结构得分标准差为 1.346,说明城市之间 Moore 工业结构变化差异较大。珠江-西江经济带中广东地区城市的 Moore 工业结构的得分较高,其中所有城市的 Moore 工业结构实力得分均超过 4 分;说明这些城市的 Moore 工业结构发展基础较好。珠江-西江经济带中广西地区的 Moore 工业结构水平较低,其中来宾市、南宁市、贵港市、崇左市的 Moore 工业结构得分超过 4 分;说明广西地区城市的 Moore 工业结构综合发展能力较低。

由 2012 年的珠江-西江经济带城市 Moore 工业结构评价来看,有 8 个城市的 Moore 工业结构得分已经在 4 分以上。2012 年珠江-西江经济带城市 Moore 工业结构得分处在 1.8~5.4 分,小于 4 分的城市有柳州市、梧州市、百色市。珠江-西江经济带城市 Moore 工业结构最高得分为崇左市,为 5.364 分,最低得分为百色市,为 1.812 分。珠江-西江经济带城市 Moore 工业结构得分平均值为 4.076 分,珠江-西江经济带城市 Moore 工业结构得分标准差为 1.222,说明城市之间 Moore 工业结构变化差异较大。珠江-西江经济带中广东地区城市的 Moore 工业结构的得分较高,其中所有城市的 Moore 工业结构实力得分均超过 4 分;说明这些城市的 Moore 工业结构发展基础较好。珠江-西江经济带中广西地区的 Moore 工业结构水平较低,其中来宾市、南宁市、贵港市、崇左市的 Moore 工业结构得分超过 4 分;说明广西地区城市的 Moore 工业结构综合发展能力较低。

由 2013 年的珠江-西江经济带城市 Moore 工业结构评价来看,有 8 个城市的 Moore 工业结构得分已经在 3.9 分以上。2013 年珠江-西江经济带城市 Moore 工业结构得分处在 1.8~5.3 分,小于 3.9 分的城市有柳州市、梧州市、百色市。珠江-西江经济带城市 Moore 工业结构最高得分为崇左市,为 5.222 分,最低得分为百色市,为 1.867 分。珠江-西江经济带城市 Moore 工业结构得分平均值为 3.959 分,珠江-西江经济带城市 Moore 工业结构得分标准差为 1.193,说明城市之间 Moore 工业结构变化差异较大。珠江-西江经济带中广东地区城市的 Moore 工业结构的得分较高,其中所有城市的 Moore 工业结构实力得分均超过 3.9 分;说明这些城市的 Moore 工业结构发展基础较好。珠江-西江经济带中广西地区的 Moore 工业结构水平较低,其中来宾市、南宁市、贵港市、崇左市的 Moore 工业结构得分超过 3.9 分;说明广西地区城市的 Moore 工业结构综合发展能力较低。

由 2014 年的珠江-西江经济带城市 Moore 工业结构评价来看,有 8 个城市的 Moore 工业结构得分已经在 3 分以上。2014 年珠江-西江经济带城市 Moore 工业结构得分处在 1.7~4.3 分,小于 3 分的城市有柳州市、梧州市、百色市。珠江-西江经济带城市 Moore 工业结构最高得分为崇左市,为 4.261 分,最低得分为柳州市,为 1.744 分。珠江-西江经济带城市 Moore 工业结构得分平均值为 3.451 分,珠江-西江经济带城市 Moore 工业结构得分标准差为 0.945,说明城市之间 Moore 工业结构变化差异较大。珠江-西江经济带中广东地区城市的 Moore 工业结构的得分较高,其中所有城市的 Moore 工业结构实力得分均超过 3 分;说明这些城市的 Moore 工业结构发展基础较好。珠江-西江经济带中广西地区的 Moore 工业结构水平较低,其中来宾市、南宁市、贵港市、崇左市的 Moore 工业结构得分超过 3 分;说明广西地区城市的 Moore 工业结构综合发展能力较低。

由 2015 年的珠江-西江经济带城市 Moore 工业结构评价来看,有 8 个城市的 Moore 工业结构得分已经在 3 分以上。2015 年珠江-西江经济带城市 Moore 工业结构得分处在 0~3.5 分,小于 3 分的城市有柳州市、梧州市、百色市。珠江-西江经济带城市 Moore 工业结构最高得分为南宁市,为 3.445 分,最低得分为柳州市,为 0 分。珠江-西江经济带城市 Moore 工业结构得分平均值为 2.743 分,珠江-西江经济带城市 Moore 工业结构得分标准差为 1.045,说明城市之间 Moore 工业结构变化差异较大。珠江-西江经济带中广东地区 Moore 工业结构的得分较高,其中所有城市的 Moore 工业结构实力得分均超过 3 分;说明这些城市的 Moore 工业结构发展基础较好。珠江-西江经济带中广西地区 Moore 工业结构水平较低,其中来宾市、南宁市、贵港市、崇左市的 Moore 工业结构得分超过 3 分;说明广西地区城市的 Moore 工业结构综合发展能力较低。

对比珠江-西江经济带城市 Moore 工业结构变化,通过对各年间的珠江-西江经济带城市 Moore 工业结构平均分、标准差进行分析,可以发现其平均分呈波动下降趋势,说明珠江-西江经济带城市 Moore 工业结构综合能力整体活力有所下降。珠江-西江经济带城市 Moore 工业结构的标准差也呈波动下降趋势,说明城市间的 Moore 工业结构差距有所缩小。对各城市的 Moore 工业结构变化展开分析,发现没有城市的 Moore 工业结构处在绝对领先位置,各城市得分排名相对稳定,只有肇庆市排名下降幅度较大。

表1-42　　　　2010~2015年珠江-西江经济带城市Moore工业结构评价比较

地区	2010年	2011年	2012年	2013年	2014年	2015年	综合变化
南宁市	5.181	5.226	5.091	4.934	4.202	3.445	-1.736
	2	3	2	2	2	1	1
柳州市	2.164	1.814	1.930	1.933	1.744	0.000	-2.164
	10	11	10	10	11	11	-1
梧州市	2.271	3.654	3.308	2.866	2.565	2.241	-0.031
	9	9	9	9	9	9	0
贵港市	4.335	4.570	4.549	4.553	3.981	3.392	-0.943
	6	6	5	4	4	3	3
百色市	2.144	2.007	1.812	1.867	1.830	1.868	-0.276
	11	10	11	11	10	10	1
来宾市	3.921	4.305	4.509	4.373	3.767	3.154	-0.767
	8	7	6	7	7	6	2
崇左市	4.996	5.340	5.364	5.222	4.261	3.144	-1.852
	4	2	1	1	1	7	-3
广州市	4.233	4.206	4.467	4.412	3.922	3.329	-0.904
	7	8	7	6	6	4	3
佛山市	5.078	5.196	5.062	4.934	4.172	3.327	-1.751
	3	4	3	3	3	5	-2
肇庆市	5.938	6.060	4.048	3.922	3.559	2.873	-3.066
	1	1	8	8	8	8	-7
云浮市	4.924	4.892	4.695	4.529	3.958	3.401	-1.524
	5	5	4	5	5	2	3
最高分	5.938	6.060	5.364	5.222	4.261	3.445	-2.493
最低分	2.144	1.814	1.812	1.867	1.744	0.000	-2.144
平均分	4.108	4.297	4.076	3.959	3.451	2.743	-1.365
标准差	1.342	1.346	1.222	1.193	0.945	1.045	-0.297

9. 珠江-西江经济带城市工业不协调度得分情况

通过表1-43对2010~2015年珠江-西江经济带城市的工业不协调度及变化进行分析。由2010年的珠江-西江经济带城市工业不协调度评价来看，有8个城市的工业不协调度得分已经在4分以上。2010年珠江-西江经济带城市工业不协调度得分处在0.9~6.1分，小于4分的城市有柳州市、来宾市、崇左市。珠江-西江经济带城市工业不协调度最高得分为云浮市，为6.024分，最低得分为柳州市，为0.903分。珠江-西江经济带城市工业不协调度得分平均值为4.199分，珠江-西江经济带城市工业不协调度得分标准差为1.541，说明城市之间工业不协调度的变化差异较大。珠江-西江经济带中广东地区工业不协调度的得分较高，其中所有城市的工业不协调度实力得分均超过4分；说明这些城市的工业不协调度发展水平较高。珠江-西江经济带中广西地区的工业不协调度水平较低，柳州市、来宾市、崇左市的工业不协调度得分均低于4分；说明广西地区城市的工业协调度综合发展能力较好。

由2011年的珠江-西江经济带城市工业不协调度评价来看，有7个城市的工业不协调度得分已经在4分以上。2011年珠江-西江经济带城市工业不协调度得分处在0.9~6.1分，小于4分的城市有贵港市、柳州市、来宾市、崇左市。珠江-西江经济带城市工业不协调度最高得分为云浮市，为4.901分，最低得分为柳州市，为1.364分。珠江-西江经济带城市工业不协调度得分平均值为3.725分，珠江-西江经济带城市工业不协调度得分标准差为1.135，说明城市之间工业不协调度变化差异较大。珠江-西江经济带中广东地区城市工业不协调度的得分较高，其中所有城市的工业不协调度实力得分均超过4分；说明这些城市的工业不协调度发展水平较高。珠江-西江经济带中广西地区工业不协调度水平较低，柳州市、崇左市、贵港市、来宾市的工业不协调度得分均低于4分；说明广西地区城市工业协调度综合发展能力较好。

由2012年的珠江-西江经济带城市工业不协调度评价来看，有7个城市的工业不协调度得分已经在3分以上。2012年珠江-西江经济带城市工业不协调度得分处在1.7~4.7分，小于3分的城市有贵港市、柳州市、来宾市、崇左市。珠江-西江经济带城市工业不协调度最高得分为云浮市，为4.617分，最低得分为柳州市，为1.752分。珠江-西江经济带城市工业不协调度得分平均值为3.456分，珠江-西江经济带城市工业不协调度得分标准差为1.023,说明城市之间工业不协调度变化差异较大。珠江-西江经济带中广东地区工业不协调度的得分较高,其中所有城市的工业不协调度实力得分均超过3分;说明这些城市的工业不协调度发展水平较高。珠江-西江经济带中广西地区工业不协调度水平较低,柳州市、崇左市、贵港市、来宾市的工业不协调度得分均低于3分;说明广西地区城市工业协调度综合发展能力较好。

由2013年的珠江-西江经济带城市工业不协调度评价来看,有7个城市的工业不协调度得分已经在3分以上。2013年珠江-西江经济带城市工业不协调度得分处在1.7~4.7分,小于3分的城市有贵港市、柳州市、来宾市、崇左市。珠江-西江经济带城市工业不协调度最高得分为梧州市,为4.621分,最低得分为崇左市,为1.704分。珠江-西江经济带城市工业不协调度得分平均值为3.460分,珠江-西江经济带城市工业不协调度得分标准差为1.051,说明城市之间工业不协调度变化差异较大。珠江-西江经济带中广东地区工业不协调度的得分较高,其中所有城市的工业不协调度实力得分均超过3分;说明这些城市的工业不协调度发展水平较高。珠江-西江经济带中广西地区工业不协调度水平较低,崇左市、柳州市、来宾市、贵港市的工业不协调度得分均低于3分;说明广西地区城市工业协调度综合发展能力较好。

由2014年的珠江-西江经济带城市工业不协调度评价来看,有7个城市的工业不协调度得分已经在3分以上。2014年珠江-西江经济带城市工业不协调度得分处在1.4~4.6分,小于3分的城市有贵港市、柳州市、来宾市、崇左市。珠江-西江经济带城市工业不协调度最高得分为梧州市,为4.546分,最低得分为崇左市,为1.406分。珠江-西江经济带城市工业不协调度得分平均值为3.198分,珠江-西江经济带城市工业不协调度得分标准差为1.219,说明城市之间工业不协调度变化差异较大。珠江-西江经济带中广东地区工业不协调度的得分较高,其中所有城市的工业不协调度实力得分均超过3分;说明这些城市的工业不协调度发展水平较高。珠江-西江经济带中广西地区工业不协调度水平较低,崇左市、柳州市、来宾市、贵港市的工业不协调度得分均低于3分;说明广西地区城市工业协调度综合发展能力较好。

由2015年的珠江-西江经济带城市工业不协调度评价来看,有7个城市的工业不协调度得分已经在3分以上。2015年珠江-西江经济带城市工业不协调度得分处在0~5.1分,小于3分的城市有贵港市、柳州市、百色市、崇左市。珠江-西江经济带城市工业不协调度最高得分为梧州市,为5.040分,最低得分为柳州市,为0分。珠江-西江经济带城市工业不协调度得分平均值为3.282分,珠江-西江经济带城市工业不协调度的得分标准差为1.428,说明城市之间工业不协调度变化差异较大。珠江-西江经济带中广东地区工业不协调度的得分较高,其中所有城市的工业不协调度实力得分均超过3分;说明这些城市的工业不协调度发展水平较高。珠江-西江经济带中广西地区工业不协调度水平较低,柳州市、崇左市、贵港市、百色市的工业不协调度得分均低于3分;说明广西地区工业协调度综合发展能力较好。

对比珠江-西江经济带城市工业不协调度变化,通过对各年间的珠江-西江经济带城市工业不协调度平均分、标准差进行分析,可以发现其平均分呈波动下降趋势,说明珠江-西江经济带城市工业不协调度综合能力整体水平有所下降。珠江-西江经济带城市工业不协调度的标准差呈波动下降趋势,说明城市间的工业不协调度差距有所缩小。对各城市的工业不协调度变化展开评析,发现各城市排名变化不大,说明发展相对稳定。

表1-43　　　　2010~2015年珠江-西江经济带城市工业不协调度评价比较

地区	2010年	2011年	2012年	2013年	2014年	2015年	综合变化
南宁市	4.356	4.028	3.520	3.381	3.138	3.482	-0.875
	8	7	6	7	7	6	2
柳州市	0.903	1.364	1.752	2.230	1.670	0.000	-0.903
	11	11	11	10	10	11	0
梧州市	5.209	4.249	3.192	4.621	4.546	5.040	-0.169
	3	6	7	1	1	1	2
贵港市	4.606	2.636	2.588	2.930	2.306	2.668	-1.938
	7	9	9	8	8	9	-2
百色市	4.743	4.425	3.688	3.408	3.306	2.815	-1.928
	6	5	5	6	6	8	-2
来宾市	1.816	3.229	2.984	2.275	1.758	3.163	1.347
	10	8	8	9	9	7	3
崇左市	3.564	2.478	2.133	1.704	1.406	1.904	-1.660
	9	10	10	11	11	10	-1

续表

地区	2010年	2011年	2012年	2013年	2014年	2015年	综合变化
广州市	4.831	4.426	4.515	4.283	4.133	4.179	-0.652
	5	4	3	5	5	4	1
佛山市	4.920	4.608	4.483	4.454	4.381	4.416	-0.504
	4	3	4	3	3	3	1
肇庆市	5.220	4.628	4.545	4.491	4.402	4.467	-0.753
	2	2	2	2	2	2	0
云浮市	6.024	4.901	4.617	4.286	4.137	3.971	-2.053
	1	1	1	4	4	5	-4
最高分	6.024	4.901	4.617	4.621	4.546	5.040	-0.983
最低分	0.903	1.364	1.752	1.704	1.406	0.000	-0.903
平均分	4.199	3.725	3.456	3.460	3.198	3.282	-0.917
标准差	1.541	1.135	1.023	1.051	1.219	1.428	-0.113

10. 珠江-西江经济带城市工业偏离系数得分情况

通过表1-44对2010~2015年珠江-西江经济带城市的工业偏离系数的变化进行分析。由2010年的珠江-西江经济带城市工业偏离系数评价来看，有4个城市的工业偏离系数得分已经在1分以上。2010年珠江-西江经济带城市工业偏离系数得分处在0~3.1分，小于1分的城市有南宁市、梧州市、贵港市、百色市、来宾市、佛山市、肇庆市。珠江-西江经济带城市工业偏离系数最高得分为柳州市，为3.058分，最低得分为梧州市，为0.020分。珠江-西江经济带城市工业偏离系数得分平均值为0.870分，珠江-西江经济带城市工业偏离系数得分标准差为0.851，说明城市之间工业偏离系数的变化差异较大。珠江-西江经济带中广东地区工业偏离系数的得分较低，其中广州市、云浮市的工业偏离系数实力得分均超过1分；说明这些城市的工业偏离系数发展水平不高。珠江-西江经济带中广西地区的工业偏离系数水平较高，其中柳州市、崇左市的工业偏离系数得分超过1分；说明广西地区工业偏离系数综合发展水平较高。

由2011年的珠江-西江经济带城市工业偏离系数评价来看，有2个城市的工业偏离系数得分已经在1分以上。2011年珠江-西江经济带城市工业偏离系数得分处在0~3.1分，小于1分的城市有广州市、云浮市、南宁市、梧州市、贵港市、百色市、来宾市、佛山市、肇庆市。珠江-西江经济带城市工业偏离系数最高得分为柳州市，为3.191分，最低得分为云浮市，为0.016分。珠江-西江经济带城市工业偏离系数得分平均值为0.747分，珠江-西江经济带城市工业偏离系数得分标准差为0.864，说明城市之间工业偏离系数的变化差异较大。珠江-西江经济带中广东地区工业偏离系数的得分较低，其中没有城市的工业偏离系数实力得分均超过1分；说明这些城市的工业偏离系数发展水平不高。珠江-西江经济带中广西地区工业偏离系数水平较高，其中柳州市、崇左市的工业偏离系数得分超过1分；说明广西地区城市的工业偏离系数综合发展水平较高。

由2012年的珠江-西江经济带城市工业偏离系数评价来看，有2个城市的工业偏离系数得分已经在1分以上。2012年珠江-西江经济带城市工业偏离系数得分处在0.2~2.6分，小于1分的城市有广州市、云浮市、南宁市、梧州市、贵港市、百色市、来宾市、佛山市、肇庆市。珠江-西江经济带城市工业偏离系数最高得分为柳州市，为2.583分，最低得分为肇庆市，为0.233分。珠江-西江经济带城市工业偏离系数得分平均值为0.739分，珠江-西江经济带城市工业偏离系数得分标准差为0.615，说明城市之间工业偏离系数的变化差异较大。珠江-西江经济带中广东地区城市的工业偏离系数得分较低，其中没有城市的工业偏离系数实力得分均超过1分；说明这些城市的工业偏离系数发展水平不高。珠江-西江经济带中广西地区工业偏离系数水平较高，其中柳州市、崇左市的工业偏离系数得分超过1分；说明广西地区城市工业偏离系数综合发展水平较高。

由2013年的珠江-西江经济带城市工业偏离系数评价来看，有3个城市的工业偏离系数得分已经在1分以上。2013年珠江-西江经济带城市工业偏离系数得分处在0.1~2.3分，小于1分的城市有广州市、云浮市、南宁市、梧州市、贵港市、百色市、佛山市、肇庆市。珠江-西江经济带城市工业偏离系数最高得分为柳州市，为2.256分，最低得分为梧州市，为0.117分。珠江-西江经济带城市工业偏离系数得分平均值为0.725分，珠江-西江经济带城市工业偏离系数得分标准差为0.615，说明城市之间工业偏离系数的变化差异较小。珠江-西江经济带中广东地区工业偏离系数的得分较低，其中没有城市的工业偏离系数实力得分均超过1分；说明这些城市的工业偏离系数发展水平不高。珠江-西江经济带中广西地区工业偏离系数水平较高，其中来宾市、柳州市、崇左市的工业偏离系数得分超过1分；说明广西地区工业偏离系数综合发展水平较高。

由2014年的珠江-西江经济带城市工业偏离系数评价来看，有4个城市的工业偏离系数得分已经在1分以上。2014年珠江-西江经济带城市工业偏离系数得分处在0~

3.1分，小于1分的城市有广州市、云浮市、梧州市、贵港市、百色市、佛山市、肇庆市。珠江-西江经济带城市工业偏离系数最高得分为柳州市，为2.785分，最低得分为梧州市，为0.114分。珠江-西江经济带城市工业偏离系数得分平均值为0.840分，珠江-西江经济带城市工业偏离系数得分标准差为0.744，说明城市之间工业偏离系数的变化差异较大。珠江-西江经济带中广东地区工业偏离系数的得分较低，其中没有城市的工业偏离系数实力得分均超过1分；说明这些城市的工业偏离系数发展水平不高。珠江-西江经济带中广西地区工业偏离系数水平较高，其中南宁市、来宾市、柳州市、崇左市的工业偏离系数得分超过1分；说明广西地区城市工业偏离系数综合发展水平较高。

由2015年的珠江-西江经济带城市工业偏离系数评价来看，有2个城市的工业偏离系数得分已经在1分以上。2015年珠江-西江经济带城市工业偏离系数得分处在0~3.9分，小于1分的城市有广州市、云浮市、崇左市、梧州市、贵港市、百色市、来宾市、佛山市、肇庆市。珠江-西江经济带城市工业偏离系数最高得分为柳州市，为3.857分，最低得分为梧州市，为0分。珠江-西江经济带城市工业偏离系数得分平均值为0.829分，珠江-西江经济带城市工业偏离系数得分标准差为1.045，说明城市之间工业偏离系数的变化差异较大。珠江-西江经济带中广东地区工业偏离系数的得分较低，其中没有城市的工业偏离系数实力得分超过1分；说明这些城市的工业偏离系数发展水平不高。珠江-西江经济带中广西地区工业偏离系数水平较高，其中南宁市、柳州市的工业偏离系数得分超过1分；说明广西地区城市工业偏离系数综合发展水平较高。

对比珠江-西江经济带城市工业偏离系数变化，通过对各年间的珠江-西江经济带城市工业偏离系数平均分、标准差进行分析，可以发现其平均分呈波动下降趋势，说明珠江-西江经济带城市工业偏离系数综合能力整体水平有所下降。珠江-西江经济带城市工业偏离系数的标准差呈波动下降趋势，说明城市间的工业偏离系数差距缩小。对各城市的工业偏离系数变化展开评析，发现2010~2015年的各个时间段柳州市的排位靠前，其他城市排名变化幅度均较小，说明珠江-西江经济带个城市工业偏离系数的发展较稳定。

表1-44　　2010~2015年珠江-西江经济带城市工业偏离系数评价比较

地区	2010年	2011年	2012年	2013年	2014年	2015年	综合变化
南宁市	0.615	0.454	0.720	0.832	1.033	1.021	0.406
	6	7	3	4	4	2	4
柳州市	3.058	3.191	2.583	2.256	2.785	3.857	0.799
	1	1	1	1	1	1	0
梧州市	0.020	0.217	0.323	0.117	0.114	0.000	-0.020
	11	10	9	11	11	11	0
贵港市	0.455	0.742	0.682	0.475	0.692	0.566	0.112
	7	4	5	7	6	6	1
百色市	0.228	0.526	0.628	0.711	0.585	0.334	0.106
	10	6	6	5	7	8	2
来宾市	0.918	0.724	0.719	1.025	1.162	0.536	-0.382
	5	5	4	3	3	7	-2
崇左市	1.429	1.032	1.073	1.160	1.193	0.768	-0.661
	2	2	2	2	2	4	-2
广州市	1.014	0.769	0.571	0.686	0.737	0.805	-0.209
	4	3	7	6	5	3	1
佛山市	0.279	0.268	0.272	0.271	0.255	0.304	0.025
	9	9	10	8	9	9	0
肇庆市	0.340	0.273	0.233	0.249	0.243	0.275	-0.066
	8	8	11	9	10	10	-2
云浮市	1.213	0.016	0.331	0.197	0.440	0.651	-0.563
	3	11	8	10	8	5	-2
最高分	3.058	3.191	2.583	2.256	2.785	3.857	0.799
最低分	0.020	0.016	0.233	0.117	0.114	0.000	-0.020
平均分	0.870	0.747	0.739	0.725	0.840	0.829	-0.041
标准差	0.851	0.864	0.661	0.615	0.744	1.045	0.194

(二) 珠江－西江经济带城市工业发展实力评估结果的比较与评析

1. 珠江－西江经济带城市工业发展实力排序变化比较与评析

由图1-22可以看到，2010年与2011年相比，珠江－西江经济带城市工业发展处于上升趋势的城市有3个，分别是广州市、崇左市、来宾市，上升幅度最大的是来宾市，排名上升2名，广州市、崇左市排名上升1名。珠江－西江经济带城市工业发展实力排名保持不变的城市有5个，分别是佛山市、南宁市、梧州市、柳州市、百色市。珠江－西江经济带城市工业发展处于下降趋势的城市有3个，分别是肇庆市、云浮市、贵港市，下降幅度最大的是贵港市，排名下降2名，肇庆市、云浮市排名均下降1名。

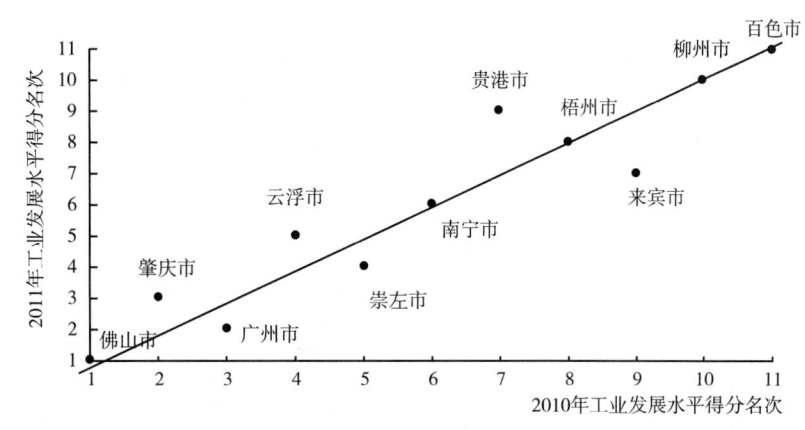

图1-22 2010~2011年珠江－西江经济带城市工业发展排序变化

由图1-23可以看到，2011年与2012年相比，珠江－西江经济带城市工业发展处于上升趋势的城市有3个，分别是来宾市、梧州市、柳州市，上升幅度最大的是柳州市，排名上升2名，来宾市、梧州市排名均上升1名。珠江－西江经济带城市工业发展实力排名保持不变的城市有6个，分别是佛山市、广州市、肇庆市、崇左市、云浮市、百色市。珠江－西江经济带城市工业发展处于下降趋势的城市有2个，分别是南宁市、贵港市，下降幅度最大的是南宁市，排名下降3名，贵港市排名下降1名。

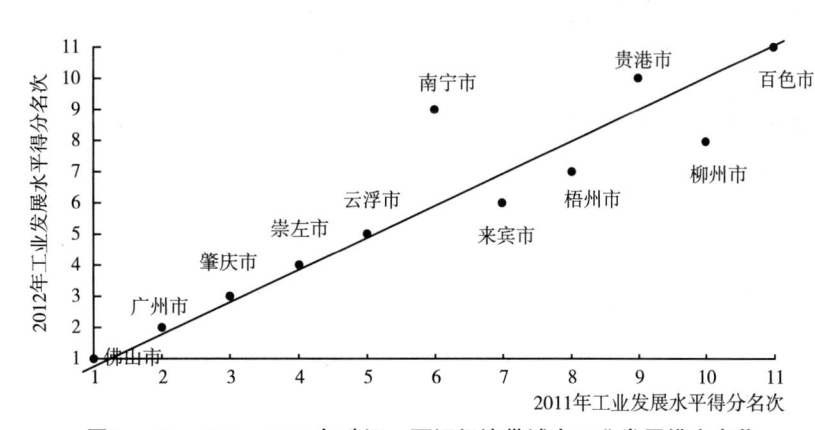

图1-23 2011~2012年珠江－西江经济带城市工业发展排序变化

由图1-24可以看到，2012年与2013年相比，珠江－西江经济带城市工业发展处于上升趋势的城市有3个，分别是梧州市、南宁市、贵港市，上升幅度最大的是梧州市、南宁市，排名上升4名，贵港市上升2名。珠江－西江经济带城市工业发展实力排名保持不变的城市有3个，分别是佛山市、广州市、百色市。珠江－西江经济带城市工业发展处于下降趋势的城市有5个，分别是肇庆市、崇左市、云浮市、柳州市、来宾市，下降幅度最大的是来宾市，排名下降4名，崇左市排名下降3名，肇庆市、云浮市、柳州市排名均下降1名。

由图1-25可以看到，2013年与2014年相比，珠江－西江经济带城市工业发展处于上升趋势的城市有5个，分别是肇庆市、云浮市、崇左市、柳州市、来宾市，上升幅度最大的是云浮市，排名上升2名，其余4个城市排名均上升1名。珠江－西江经济带城市工业发展实力排名保持不变的城市有4个，分别是佛山市、广州市、南宁市、百色市。珠江－西江经济带城市工业发展处于下降趋势的城市有2个，分别是梧州市、贵港市，下降幅度最大的是梧州市，排名下降4名，贵港市排名下降2名。

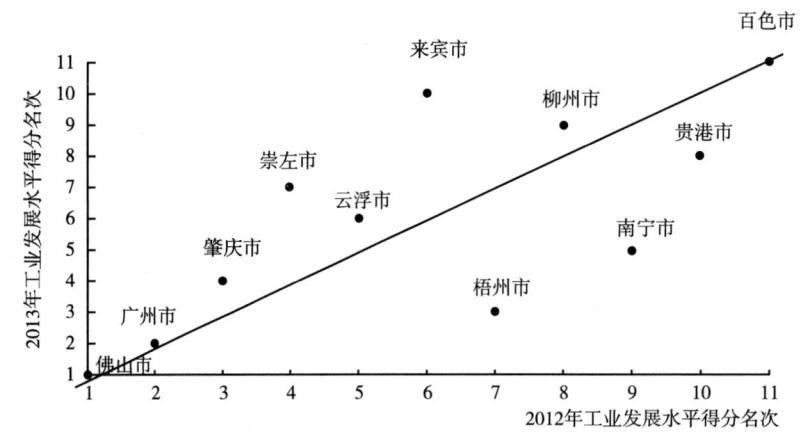

图 1-24　2012~2013 年珠江-西江经济带城市工业发展排序变化

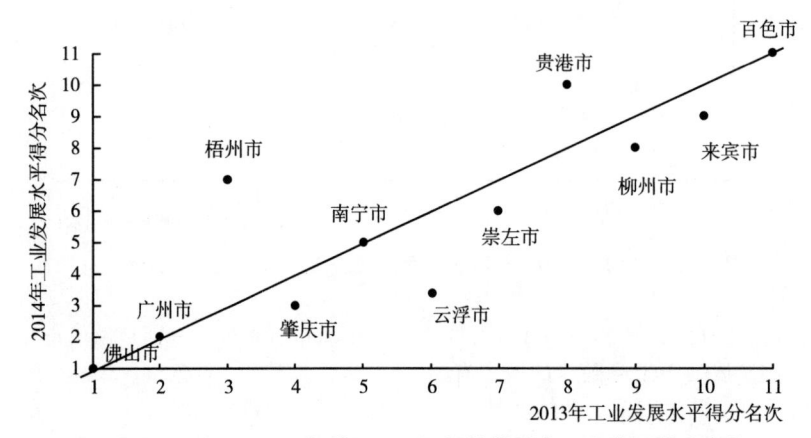

图 1-25　2013~2014 年珠江-西江经济带城市工业发展排序变化

由图 1-26 可以看到，2014 年与 2015 年相比，珠江-西江经济带城市工业发展处于上升趋势的城市有 3 个，分别是肇庆市、梧州市、贵港市，上升幅度最大的是梧州市，排名上升 4 名，贵港市排名上升 3 名，肇庆市排名均上升 1 名。珠江-西江经济带城市工业发展实力排名保持不变的城市有 3 个，分别是佛山市、来宾市、百色市。珠江-西江经济带城市工业发展处于下降趋势的城市有 5 个，分别是广州市、云浮市、南宁市、崇左市、柳州市，下降幅度最大的是广州市、崇左市、柳州市，均下降 2 名，云浮市、南宁市排名下降 1 名。

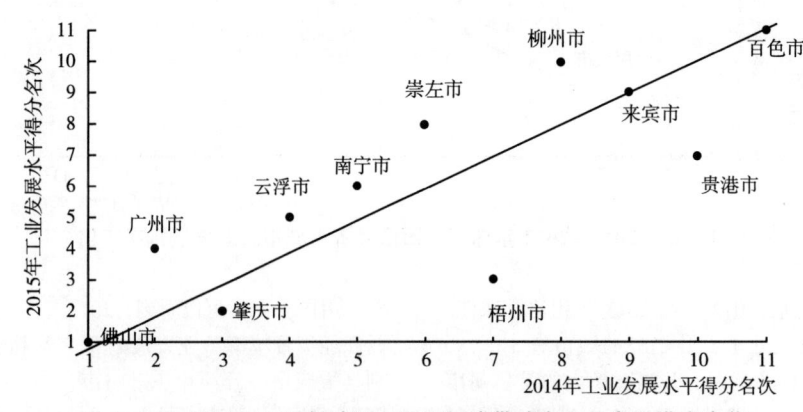

图 1-26　2014~2015 年珠江-西江经济带城市工业发展排序变化

由图 1-27 可以看到，2010 年与 2015 年相比，珠江-西江经济带城市工业发展处于上升趋势的城市有 1 个，即梧州市，上升 5 名。珠江-西江经济带城市工业发展实力排名保持不变的城市有 7 个，分别是佛山市、肇庆市、南宁市、贵港市、来宾市、柳州市、百色市。珠江-西江经济带城市工业发展处于下降趋势的城市有 3 个，分别是广州市、云浮市、崇左市，下降幅度最大的是崇左市，排名下降 3 名。

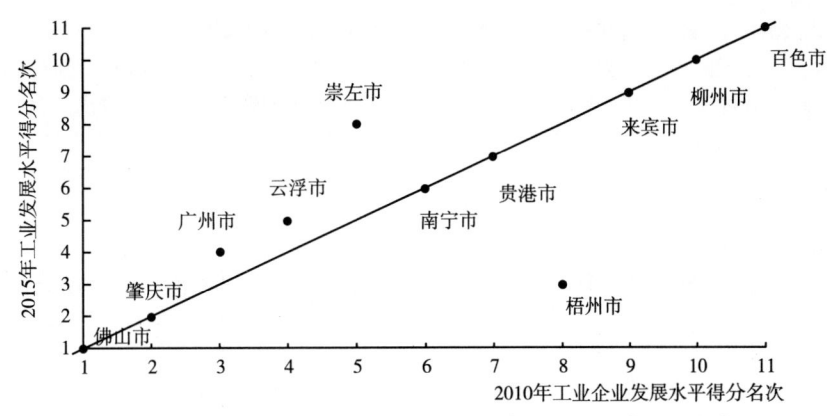

图 1-27　2010~2015 年珠江-西江经济带城市工业发展排序变化

由表 1-45 对 2010~2011 年珠江-西江经济带城市工业发展平均得分情况进行分析，可以看到，由 2010~2011 年，工业发展上游区、中游区、下游区的平均得分均呈现变化趋势，分别变化 -2.274 分、-1.136 分、-0.372 分；说明珠江-西江经济带整体工业发展出现下降趋势，工业发展不稳定。

三级指标中，2010~2011 年，珠江-西江经济带城市工业结构上、中、下游区的平均得分均呈现变化趋势，分别变化 0.118 分、0.137 分、0.694 分；说明珠江-西江经济带整体工业结构发展出现小幅度增长，工业结构趋于完善。

2010~2011 年珠江-西江经济带城市企业扩张弹性系数上、中、下游区的平均得分均呈现变化趋势，分别变化 -0.921 分、-0.426 分、-0.862 分；说明珠江-西江经济带整体企业扩张弹性大幅度下滑。

2010~2011 年珠江-西江经济带城市工业发展强度上、中、下游区的平均得分均呈现出变化趋势，分别变化 -0.065 分、0.012 分、0.010 分；说明珠江-西江经济带整体工业发展强度出现较小幅度的上升现象，工业发展强度小幅度变强。

2010~2011 年珠江-西江经济带城市工业密度上、中、下游区的平均得分均呈现出变化趋势，分别变化 -0.431 分、-0.137 分、-0.166 分；说明珠江-西江经济带整体工业密度出现较大幅度的下降现象。

2010~2011 年珠江-西江经济带城市税收贡献率上、中、下游区的平均得分均呈现出变化趋势，分别变化 -0.043 分、-0.137 分、-0.166 分；说明珠江-西江经济带整体产业多样化指数出现较大幅度下降现象，税收贡献率衰退。

2010~2011 年珠江-西江经济带城市 Moore 工业结构上、中、下游区的平均得分均呈现出变化趋势，分别变化 0.143 分、0.152 分、0.299 分；说明珠江-西江经济带整体区域相对增长指数出现较大幅度上升现象。

2010~2011 年珠江-西江经济带城市工业不协调度上、中、下游区的平均得分均呈现出变化趋势，分别变化 0.159 分、0.164 分、0.348 分；说明珠江-西江经济带整体工业不协调度出现较大幅度的上升现象。

2010~2011 年珠江-西江经济带城市工业偏离系数上、中、下游区的平均得分均呈现出变化趋势，分别变化 -0.236 分、-0.125 分、-0.009 分；说明珠江-西江经济带整体工业偏离系数出现大幅度下降现象。

表 1-45　　2010~2011 年珠江-西江经济带城市工业发展平均得分情况

项目	2010 年			2011 年			得分变化		
	上游区	中游区	下游区	上游区	中游区	下游区	上游区	中游区	下游区
工业发展	33.771	28.216	23.770	31.498	27.081	23.398	-2.274	-1.136	-0.372
工业结构	7.646	7.354	5.036	7.764	7.492	5.730	0.118	0.137	0.694
企业扩张弹性系数	3.588	3.009	2.863	2.666	2.583	2.001	-0.921	-0.426	-0.862
工业发展强度	2.653	0.218	0.020	2.589	0.230	0.030	-0.065	0.012	0.010
工业密度	1.746	0.345	0.240	1.315	0.208	0.074	-0.431	-0.137	-0.166
税收贡献率	2.222	1.320	0.396	2.179	1.120	0.375	-0.043	-0.200	-0.021
工业弧弹性	6.623	6.582	6.506	6.538	6.493	6.409	-0.085	-0.089	-0.097
Moore 工业结构	5.399	4.482	2.193	5.542	4.634	2.492	0.143	0.152	0.299
工业不协调度	5.484	4.691	2.094	4.712	4.072	2.159	-0.772	-0.620	0.065
工业偏离系数	1.900	0.669	0.176	1.664	0.544	0.167	-0.236	-0.125	-0.009

由表 1-46 对 2011~2012 年珠江-西江经济带城市工业发展平均得分情况进行分析，可以看到，由 2011~2012 年，工业发展上游区、中游区、下游区的平均得分均呈现变化趋势，分别变化 0.057 分、0.226 分、0.721 分；说明珠江-西江经济带整体工业发展出现上升趋势，工业发展稳定。

三级指标中，2011~2012年珠江-西江经济带城市工业结构上游区、中游区、下游区的平均得分均呈现变化趋势，分别变化0.062分、0.008分、-0.219分；说明珠江-西江经济带整体工业结构发展出现小幅度增长，工业结构趋于完善。

2011~2012年间，在珠江-西江经济带企业扩张弹性系数上游区、中游区、下游区的平均得分均呈现变化趋势，分别变化0.918分、0.299分、0.091；说明珠江-西江经济带整体企业扩张弹性大幅度上涨。

2011~2012年在珠江-西江经济带城市工业发展强度上、中、下游区的平均得分均呈现出变化趋势，分别变化-0.109分、0.050分、0.005分；说明珠江-西江经济带整体工业发展强度出现较小幅度上升现象，工业发展强度小幅度提高。

2011~2012年珠江-西江经济带城市工业密度上、中、下游区的平均得分均呈现出变化趋势，分别变化-0.092分、-0.001分、0.010分；说明珠江-西江经济带整体工业密度出现较小幅度下降现象。

2011~2012年珠江-西江经济带城市税收贡献率上、中、下游区的平均得分均呈现出变化趋势，分别变化0.411分、0.261分、-0.019分；说明珠江-西江经济带整体产业多样化指数出现较大幅度上升现象，税收贡献率上涨。

2011~2012年珠江-西江经济带城市Moore工业结构上、中、下游区的平均得分均呈现出变化趋势，分别变化-0.370分、-0.180分、-0.141分；说明珠江-西江经济带整体区域相对增长指数出现较大幅度下降现象。

2011~2012年珠江-西江经济带城市工业不协调度上、中、下游区的平均得分均呈现出变化趋势，分别变化-0.153分、-0.498分、-0.001分；说明珠江-西江经济带整体工业不协调度出现较大幅度下降现象。

2011~2012年珠江-西江经济带城市工业偏离系数上、中、下游区的平均得分均呈现出变化趋势，分别变化-0.206分、0.042分、0.109分；说明珠江-西江经济带整体工业偏离系数出现大幅度下降现象。

表1-46　　2011~2012年珠江-西江经济带城市工业发展平均得分情况

项　目	2011年 上游区	2011年 中游区	2011年 下游区	2012年 上游区	2012年 中游区	2012年 下游区	得分变化 上游区	得分变化 中游区	得分变化 下游区
工业发展	31.498	27.081	23.398	31.554	27.307	24.119	0.057	0.226	0.721
工业结构	7.764	7.492	5.730	7.826	7.500	5.511	0.062	0.008	-0.219
企业扩张弹性系数	2.666	2.583	2.001	3.584	2.882	2.092	0.918	0.299	0.091
工业发展强度	2.589	0.230	0.030	2.480	0.280	0.035	-0.109	0.050	0.005
工业密度	1.315	0.208	0.074	1.223	0.206	0.083	-0.092	-0.001	0.010
税收贡献率	2.179	1.120	0.375	2.590	1.380	0.356	0.411	0.261	-0.019
工业弧弹性	6.538	6.493	6.409	6.856	6.726	6.594	0.318	0.234	0.185
Moore工业结构	5.542	4.634	2.492	5.172	4.454	2.350	-0.370	-0.180	-0.141
工业不协调度	4.712	4.072	2.159	4.559	3.573	2.158	-0.153	-0.498	-0.001
工业偏离系数	1.664	0.544	0.167	1.458	0.586	0.276	-0.206	0.042	0.109

由表1-47对2012~2013年珠江-西江经济带城市工业发展平均得分情况进行分析，可以看到，由2012~2013年，工业发展上游区、中游区、下游区的平均得分均呈现变化趋势，分别变化-0.309分、-0.406分、-3.256分；说明珠江-西江经济带整体工业发展出现下降趋势，工业发展不稳定。

三级指标中，2012~2013年珠江-西江经济带城市工业结构上游区、中游区、下游区的平均得分均呈现变化趋势，分别变化-0.169分、-0.219分、-0.310分；说明珠江-西江经济带整体工业结构发展出现大幅度下降，工业结构有待完善。

2012~2013年珠江-西江经济带城市企业扩张弹性系数上游区、中游区、下游区平均得分均呈现变化趋势，分别变化0.091分、0.248分、0.930分；说明珠江-西江经济带整体企业扩张弹性大幅度上涨。

2012~2013年珠江-西江经济带城市工业发展强度上、中、下游区的平均得分均呈现出变化趋势，分别变化-0.051分、0.010分、-0.002分；说明珠江-西江经济带整体工业发展强度出现较小幅度下降现象，工业发展强度小幅度变弱。

2012~2013年珠江-西江经济带城市工业密度上、中、下游区的平均得分均呈现出变化趋势，分别变化0.040分、0.016分、-0.002分；说明珠江-西江经济带整体城市工业密度出现较小幅度上升现象。

2012~2013年珠江-西江经济带城市税收贡献率上、中、下游区的平均得分均呈现出变化趋势，分别变化0.036分、-0.452分、-0.167分；说明珠江-西江经济带整体产业多样化指数出现较小幅度下降现象，税收贡献率下降。

2012~2013年珠江-西江经济带城市Moore工业结构上、中、下游区的平均得分均呈现出变化趋势，分别变化-0.142分、-0.096分、-0.128分；说明珠江-西江经济带整体区域相对增长指数出现较大幅度的下降现象。

2012~2013年珠江-西江经济带城市工业不协调度上、中、下游区的平均得分均呈现出变化趋势，分别变化-0.037分、0.084分、-0.088分；说明珠江-西江经济带整体工业不协调度出现较大幅度的下降现象。

2012~2013年珠江-西江经济带城市工业偏离系数上、中、下游区的平均得分均呈现出变化趋势，分别变化0.022分、0.009分、-0.088分；说明珠江-西江经济带整体工业偏离系数出现小幅度上升现象。

表 1-47　　　　　　2012~2013 年珠江-西江经济带城市工业发展平均得分情况

项　目	2012 年 上游区	2012 年 中游区	2012 年 下游区	2013 年 上游区	2013 年 中游区	2013 年 下游区	得分变化 上游区	得分变化 中游区	得分变化 下游区
工业发展	31.554	27.307	24.119	31.246	26.901	20.862	-0.309	-0.406	-3.256
工业结构	7.826	7.500	5.511	7.657	7.281	5.201	-0.169	-0.219	-0.310
企业扩张弹性系数	3.584	2.882	2.092	3.676	3.130	3.021	0.091	0.248	0.930
工业发展强度	2.480	0.280	0.035	2.428	0.290	0.033	-0.051	0.010	-0.002
工业密度	1.223	0.206	0.083	1.263	0.222	0.081	0.040	0.016	-0.002
税收贡献率	2.590	1.380	0.356	2.626	0.929	0.189	0.036	-0.452	-0.167
工业弧弹性	6.856	6.726	6.594	6.446	6.323	4.169	-0.411	-0.404	-2.425
Moore 工业结构	5.172	4.454	2.350	5.030	4.358	2.222	-0.142	-0.096	-0.128
工业不协调度	4.559	3.573	2.158	4.522	3.658	2.070	-0.037	0.084	-0.088
工业偏离系数	1.458	0.586	0.276	1.480	0.595	0.188	0.022	0.009	-0.088

由表 1-48 对 2013~2014 年珠江-西江经济带城市工业发展平均得分情况进行分析，可以看到，由 2013~2014 年，工业发展上游区、中游区、下游区的平均得分均呈现出变化趋势，分别变化 -0.975 分、-1.608 分、1.058 分；说明珠江-西江经济带整体工业发展出现下降趋势，工业发展不稳定。

三级指标中，2013~2014 年珠江-西江经济带城市工业结构上游区、中游区、下游区的平均得分均呈现变化趋势，分别变化 -0.062 分、-0.093 分、-0.204 分；说明珠江-西江经济带整体工业结构发展出现大幅度下降，工业结构有待完善。

2013~2014 年珠江-西江经济带城市企业扩张弹性系数上游区、中游区、下游区的平均得分均呈现变化趋势，分别变化 -0.765 分、-0.453 分、-1.584 分；说明珠江-西江经济带整体企业扩张弹性大幅度下降。

2013~2014 年珠江-西江经济带城市工业发展强度上、中、下游区的平均得分均呈现出变化趋势，分别变化 -0.032 分、0.016 分、-0.001 分；说明珠江-西江经济带整体工业发展强度出现较小幅度下降现象，工业发展强度小幅度变弱。

2013~2014 年珠江-西江经济带城市工业密度上、中、下游区的平均得分均呈现出变化趋势，分别变化 -0.142 分、-0.008 分、-0.006 分；说明珠江-西江经济带整体工业密度出现较小幅度下降现象。

2013~2014 年珠江-西江经济带城市税收贡献率上、中、下游区的平均得分均呈现出变化趋势，分别变化 0.097 分、0.236 分、0.153 分；说明珠江-西江经济带整体产业多样化指数出现较大幅度上升现象，税收贡献率上升。

2013~2014 年珠江-西江经济带城市 Moore 工业结构上、中、下游区的平均得分均呈现出变化趋势，分别变化 -0.819 分、-0.521 分、-0.175 分；说明珠江-西江经济带整体区域相对增长指数出现较大幅度下降现象。

2013~2014 年珠江-西江经济带城市工业不协调度上、中、下游区的平均得分均呈现出变化趋势，分别变化 -0.079 分、-0.254 分、-0.458 分；说明珠江-西江经济带整体工业不协调度出现较大幅度下降现象。

2013~2014 年在珠江-西江经济带城市工业偏离系数上、中、下游区的平均得分均呈现出变化趋势，分别变化 0.233 分、0.103 分、0.016 分；说明珠江-西江经济带整体工业偏离系数出现大幅度上升现象。

表 1-48　　　　　　2013~2014 年珠江-西江经济带城市工业发展平均得分情况

项　目	2013 年 上游区	2013 年 中游区	2013 年 下游区	2014 年 上游区	2014 年 中游区	2014 年 下游区	得分变化 上游区	得分变化 中游区	得分变化 下游区
工业发展	31.246	26.901	20.862	30.271	25.292	21.921	-0.975	-1.608	1.058
工业结构	7.657	7.281	5.201	7.595	7.187	4.997	-0.062	-0.093	-0.204
企业扩张弹性系数	3.676	3.130	3.021	2.911	2.677	1.437	-0.765	-0.453	-1.584
工业发展强度	2.428	0.290	0.033	2.397	0.305	0.032	-0.032	0.016	-0.001
工业密度	1.263	0.222	0.081	1.121	0.214	0.075	-0.142	-0.008	-0.006
税收贡献率	2.626	0.929	0.189	2.723	1.165	0.342	0.097	0.236	0.153
工业弧弹性	6.446	6.323	4.169	6.617	6.537	6.495	0.172	0.214	2.326
Moore 工业结构	5.030	4.358	2.222	4.212	3.837	2.047	-0.819	-0.521	-0.175
工业不协调度	4.522	3.658	2.070	4.443	3.404	1.612	-0.079	-0.254	-0.458
工业偏离系数	1.480	0.595	0.188	1.714	0.697	0.204	0.233	0.103	0.016

由表1-49对2014~2015年珠江-西江经济带城市工业发展平均得分情况进行分析,可以看到,由2014~2015年,工业发展上游区、中游区、下游区的平均得分均呈现变化趋势,分别变化-0.448分、0.328分、-1.373分;说明珠江-西江经济带整体工业发展出现下降趋势,工业发展不稳定。

三级指标中,2014~2015年珠江-西江经济带城市工业结构上游区、中游区、下游区的平均得分均呈现变化趋势,分别变化-0.113分、-0.118分、-0.654分;说明珠江-西江经济带整体工业结构发展出现大幅度下降,工业结构有待完善。

2014~2015年珠江-西江经济带城市企业扩张弹性系数上游区、中游区、下游区的平均得分均呈现变化趋势,分别变化1.523、0.411分、0.648分;说明珠江-西江经济带整体企业扩张弹性大幅度上升。

2014~2015年珠江-西江经济带城市工业发展强度上、中、下游区的平均得分均呈现出变化趋势,分别变化-0.038分、0.017分、0.001分;说明珠江-西江经济带整体工业发展强度出现较小幅度下降现象,工业发展强度小幅度变弱。

2014~2015年珠江-西江经济带城市工业密度上、中、下游区的平均得分均呈现出变化趋势,分别变化-0.091分、0.001分、-0.027分;说明珠江-西江经济带整体工业密度出现较小幅度下降现象。

2014~2015年珠江-西江经济带城市税收贡献率上、中、下游区的平均得分均呈现出变化趋势,分别变化-0.778分、-0.228分、-0.125分;说明珠江-西江经济带整体产业多样化指数出现较大幅度下降现象,税收贡献率下降。

2014~2015年珠江-西江经济带城市Moore工业结构上、中、下游区的平均得分均呈现出变化趋势,分别变化-0.799分、-0.672分、-0.677分;说明珠江-西江经济带整体区域相对增长指数出现较大幅度下降现象。

2014~2015年珠江-西江经济带城市工业不协调度上、中、下游区的平均得分均呈现出变化趋势,分别变化0.198分、0.118分、-0.088分;说明珠江-西江经济带整体工业不协调度出现较小幅度上升现象。

2014~2015年珠江-西江经济带城市工业偏离系数上、中、下游区的平均得分均呈现出变化趋势,分别变化0.181分、-0.126分、-0.011分;说明珠江-西江经济带整体工业偏离系数出现小幅度下降现象。

表1-49　　　　2014~2015年珠江-西江经济带城市工业发展平均得分情况

项目	2014年			2015年			得分变化		
	上游区	中游区	下游区	上游区	中游区	下游区	上游区	中游区	下游区
工业发展	30.271	25.292	21.921	29.822	25.621	20.547	-0.448	0.328	-1.373
工业结构	7.595	7.187	4.997	7.482	7.069	4.343	-0.113	-0.118	-0.654
企业扩张弹性系数	2.911	2.677	1.437	4.434	3.088	2.085	1.523	0.411	0.648
工业发展强度	2.397	0.305	0.032	2.359	0.322	0.033	-0.038	0.017	0.001
工业密度	1.121	0.214	0.075	1.030	0.215	0.049	-0.091	0.001	-0.027
税收贡献率	2.723	1.165	0.342	1.945	0.937	0.217	-0.778	-0.228	-0.125
工业弧弹性	6.617	6.537	6.495	7.024	6.651	6.470	0.406	0.114	-0.025
Moore工业结构	4.212	3.837	2.047	3.413	3.165	1.370	-0.799	-0.672	-0.677
工业不协调度	4.443	3.404	1.612	4.641	3.522	1.524	0.198	0.118	-0.088
工业偏离系数	1.714	0.697	0.204	1.895	0.571	0.193	0.181	-0.126	-0.011

由表1-50对2010~2015年珠江-西江经济带城市工业发展平均得分情况进行分析,可以看到,由2010~2015年,工业发展上游区、中游区、下游区的平均得分均呈现变化趋势,分别变化-3.949分、-2.596分、-3.222分;说明珠江-西江经济带整体工业发展出现下降趋势,工业发展不稳定。

三级指标中,2010~2015年珠江-西江经济带城市工业结构上游区、中游区、下游区的平均得分均呈现变化趋势,分别变化-0.164分、-0.285分、-0.693分;说明珠江-西江经济带整体工业结构发展出现大幅度下降,工业结构有待完善。

2010~2015年珠江-西江经济带城市企业扩张弹性系数上游区、中游区、下游区的平均得分均呈现变化趋势,分别变化0.846分、0.078分、-0.778分;说明珠江-西江经济带整体企业扩张弹性大幅度上升。

2010~2015年珠江-西江经济带城市工业发展强度上、中、下游区的平均得分均呈现出变化的趋势,分别变化-0.294分、0.104分、0.013分;说明珠江-西江经济带整体工业发展强度出现较小幅度的下降现象,工业发展强度小幅度变弱。

2010~2015年珠江-西江经济带城市工业密度上、中、下游区的平均得分均呈现出变化趋势,分别变化了-0.716分、-0.130分、-0.191分;说明珠江-西江经济带整体工业密度出现较大幅度下降现象。

2010~2015年珠江-西江经济带城市税收贡献率上、中、下游区的平均得分均呈现出变化趋势,分别变化-0.277分、-0.383分、-0.179分;说明珠江-西江经济带整体产业多样化指数出现较大幅度下降现象,税收贡献率下降。

2010~2015年珠江-西江经济带城市Moore工业结构上、中、下游区的平均得分均呈现出变化的趋势,分别变化-0.843分、-1.317分、-0.824分;说明珠江-西江经济带整体区域相对增长指数出现较大幅度下降现象。

2010~2015年珠江-西江经济带城市工业不协调度上、中、下游区的平均得分均呈现出变化趋势，分别变化-0.843分、-1.170分、-0.570分；说明珠江-西江经济带整体工业不协调度出现较小幅度下降现象。

2010~2015年珠江-西江经济带城市工业偏离系数上、中、下游区的平均得分均呈现出变化趋势，分别变化-0.005分、-0.098分、0.017分；说明珠江-西江经济带整体工业偏离系数出现小幅度下降现象。

表1-50　　　　2010~2015年珠江-西江经济带城市工业发展平均得分情况

项目	2010年			2015年			得分变化		
	上游区	中游区	下游区	上游区	中游区	下游区	上游区	中游区	下游区
工业发展	33.771	28.216	23.770	29.822	25.621	20.547	-3.949	-2.596	-3.222
工业结构	7.646	7.354	5.036	7.482	7.069	4.343	-0.164	-0.285	-0.693
企业扩张弹性系数	3.588	3.009	2.863	4.434	3.088	2.085	0.846	0.078	-0.778
工业发展强度	2.653	0.218	0.020	2.359	0.322	0.033	-0.294	0.104	0.013
工业密度	1.746	0.345	0.240	1.030	0.215	0.049	-0.716	-0.130	-0.191
税收贡献率	2.222	1.320	0.396	1.945	0.937	0.217	-0.277	-0.383	-0.179
工业弧弹性	6.623	6.582	6.506	7.024	6.651	6.470	0.400	0.070	-0.037
Moore工业结构	5.399	4.482	2.193	3.413	3.165	1.370	-1.986	-1.317	-0.824
工业不协调度	5.484	4.691	2.094	4.641	3.522	1.524	-0.843	-1.170	-0.570
工业偏离系数	1.900	0.669	0.176	1.895	0.571	0.193	-0.005	-0.098	0.017

2. 珠江-西江经济带城市工业发展分布情况

根据灰色综合评价法对无量纲化后的三级指标进行权重得分计算，得到珠江-西江经济带城市的工业发展得分及排名，反映出各城市工业发展情况。为更为准确地反映出珠江-西江经济带城市工业发展差异及整体情况，需要进一步对各城市工业发展分布情况进行分析，对各城市间实际差距和均衡性展开研究。因此，研究由图1-28、图1-29、图1-30、图1-31、图1-32、图1-33对2010~2015年珠江-西江经济带城市工业发展评价分值分布进行统计。

由图1-28可以看到，2010年珠江-西江经济带城市工业发展得分较不均衡。工业发展得分在30分以上有4个城市，20~22分有1个城市，24~26分有2个城市，26~28分有3个城市，28~30分有1个城市。这说明珠江-西江经济带城市工业发展分布不均衡，城市的工业发展得分相差较大，地区内工业发展综合得分分布的过度及衔接性较差。

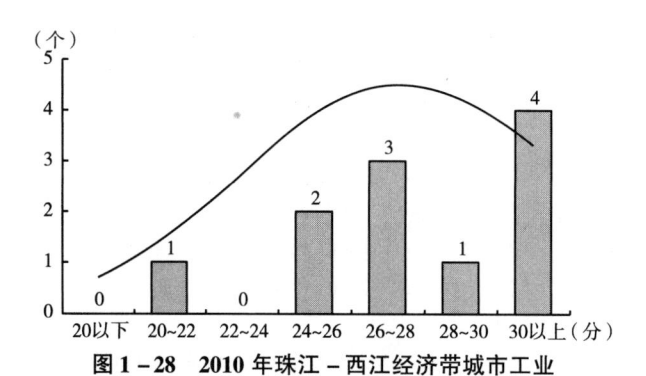

图1-28　2010年珠江-西江经济带城市工业发展评价分值分布

由图1-29可以看到，2011年珠江-西江经济带城市工业发展得分未出现较大波动，分布比上一年均衡。工业发展得分在20~22分、22~24分、24~26分的各有1个城市，4个城市的工业发展得分在26~28分，分别有2个城市的工业发展得分在28~30分和30分以上的区间内。这说明珠江-西江经济带城市工业发展分布趋于均衡，地区内工业发展综合得分分布的过度及衔接性变好。

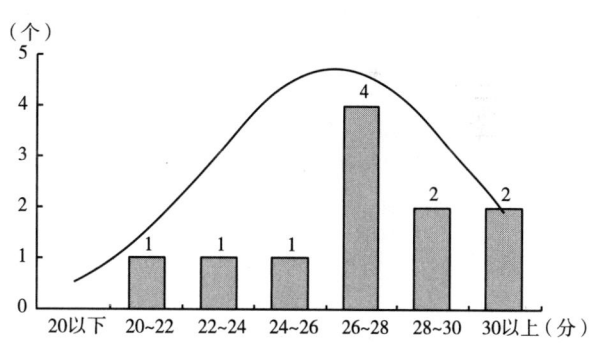

图1-29　2011年珠江-西江经济带城市工业发展评价分值分布

由图1-30可以看到，2012年珠江-西江经济带城市工业发展得分分布与2011年情况相似。工业发展得分在28分以上的有4个城市，3个城市的工业发展得分在26~28分，3个城市的工业发展得分在24~26分，1个城市的工业发展得分在20~22分。这说明珠江-西江经济带城市工业发展分布均衡性稳定，地区内工业发展综合得分分布的过度及衔接性稳定。

由图1-31可以看到，2013年珠江-西江经济带城市工业发展得分分布变化不大。工业发展得分在30分以上、20分以下、26~28分、28~30分分别各有2个城市，3个城市的工业发展得分在24~26分。这说明珠江-西江经济带城市工业发展分布相对均衡，地区内工业发展综合得分分布的过度及衔接性较好。

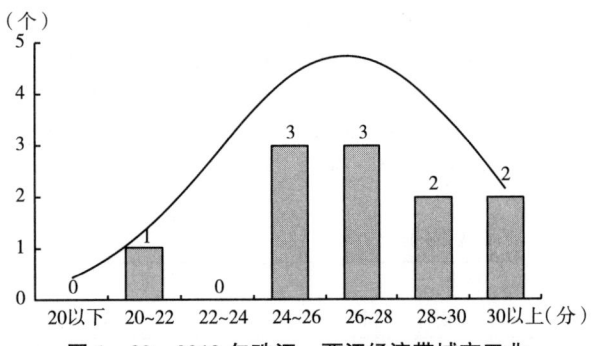

图 1-30 2012 年珠江-西江经济带城市工业发展评价分值分布

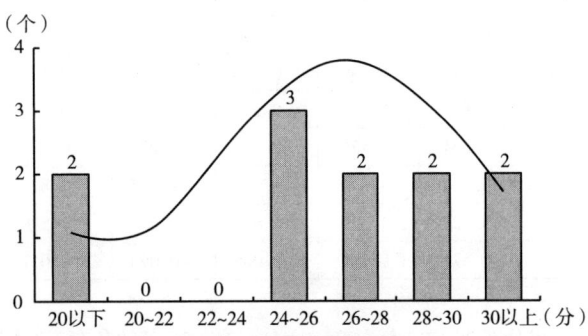

图 1-31 2013 年珠江-西江经济带城市工业发展评价分值分布

由图 1-32 可以看到，2014 年珠江-西江经济带城市工业发展得分分布出现较大变动，显示出相对不均衡的状态。工业发展得分在 30 分以上、20 分以下、26~28 分的分别各有 1 个城市，22~24 分的有 2 个城市、26~28 分的有 1 个城市，24~26 分的有 4 个城市。这说明珠江-西江经济带城市工业发展分布较不均衡，城市的工业发展得分相差大，地区内工业发展综合得分分布的过度及衔接性较差。

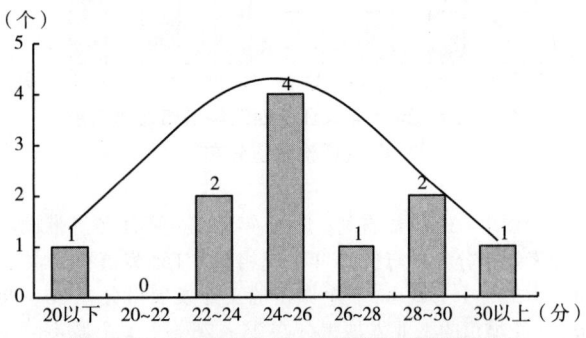

图 1-32 2014 年珠江-西江经济带城市工业发展评价分值分布

由图 1-33 可以看到，2015 年珠江-西江经济带城市工业发展得分分布不均衡。工业发展得分在 30 分以上、26~28 分的有 2 个城市，20 分以下、20~22 分的工业发展别有 1 个城市，24~26 分有 5 个城市。这说明珠江-西江经济带城市工业发展分布相对不均衡，大量城市的工业发展得分较中等，地区内工业发展综合得分分布的过度及衔接性较差。

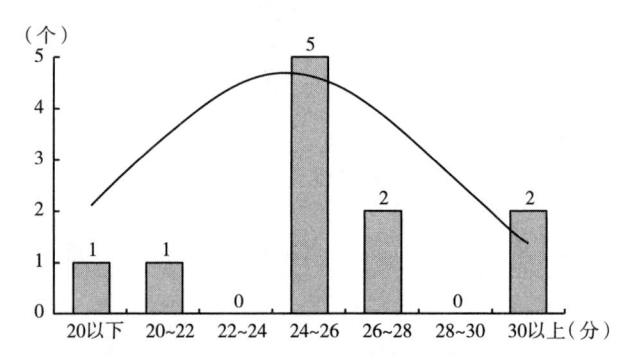

图 1-33 2015 年珠江-西江经济带城市工业发展评价分值分布

对 2010~2015 年珠江-西江经济带内广西、广东地区的工业发展平均得分及其变化情况进行分析。由表 1-51 对珠江-西江经济带各地区板块工业发展平均得分及变化分析，从得分情况上看，2010 年广西地区工业发展平均得分为 25.999 分，广东地区工业发展得分为 32.928 分，地区间比差为 0.790:1，地区间标准差为 4.899；说明珠江-西江经济带内广西地区和广东地区的工业发展得分的分布存在一定差距。2011 年广西地区工业发展平均得分为 25.496 分，广东地区工业发展平均得分为 30.405 分，地区间比差为 0.839:1，地区间标准差为 3.472，说明珠江-西江经济带内广西和广东地区的工业发展得分均出现下降，另外也说明珠江-西江经济带广西和广东地区工业发展得分分布差距处于缩小趋势。2012 年广西地区工业发展平均得分为 25.861 分，广东地区工业发展平均得分为 30.632 分，地区间比差为 0.844:1，地区间的标准差为 3.373；说明地区间的得分差距依旧处在持续缩小趋势，并且广西地区低于广东地区。2013 年广西地区工业发展平均得分为 24.303 分，广东地区工业发展平均得分为 30.177 分，地区间比差为 0.805:1，地区间标准差为 4.153；说明珠江-西江经济带内地区间工业发展差距出现逐步扩大的发展趋势。2014 年广西地区工业发展平均得分为 23.695 分，广东地区工业发展平均得分为 29.293 分，地区间比差为 0.809:1，地区间标准差为 3.958；反映出珠江-西江经济带城市工业发展呈现下降势态，广西地区平均得分下降，广东地区平均分降低，但高于广西地区。2015 年广西地区工业发展平均得分为 23.442 分，广东地区工业发展平均得分为 28.779 分，地区间比差为 0.815:1，地区间标准差为 3.773；说明珠江-西江经济带内各地区间工业发展得分差距呈现持续缩短趋势。

从珠江-西江经济带城市工业发展的分值变化情况上看，2010~2015 年珠江-西江经济带内广西地区和广东地区的工业发展得分均呈现下降趋势，其中广东地区的下降趋势更为明显，并且珠江-西江经济带内各地区的得分差距也呈现扩大趋势。

通过对珠江-西江经济带城市工业发展各地区板块的对比分析，发现珠江-西江经济带中广东板块的工业发展水平高于广西板块，珠江-西江经济带各板块的工业发展得分差距不断扩大。为进一步对珠江-西江经济带中各地区板块的城市工业发展实力排名情况进行分析，通过表 1-52、

表1-51　珠江-西江经济带各地区板块工业发展平均得分及其变化

年份	广西	广东	标准差
2010	25.999	32.928	4.899
2011	25.496	30.405	3.472
2012	25.861	30.632	3.373
2013	24.303	30.177	4.153
2014	23.695	29.293	3.958
2015	23.442	28.779	3.773
分值变化	-2.557	-4.15	1.126

表1-53、表1-54、表1-55对珠江-西江经济带中广西板块、广东板块内城市名次及名次排序分析，由各地区板块及珠江-西江经济带整体两个维度对城市排名进行分析，同时还对各板块变化趋势进行分析。

由表1-52对珠江-西江经济带中广西板块城市的排名比较进行分析，可以看到南宁市工业发展呈现保持趋势，工业发展发展水平较好。柳州市在珠江-西江经济带中广西板块排名也呈现保持趋势，工业发展稳定。梧州市在珠江-西江经济带中广西板块排名也呈现上升趋势，工业发展提升。贵港市在珠江-西江经济带中广西板块排名呈现上升趋势，2015年上升至第3名。百色市在珠江-西江经济带中广西板块排名呈现持续保持的趋势。来宾市在珠江-西江经济带中广西板块排名呈现保持趋势。崇左市在珠江-西江经济带中广西板块排名持续呈现落后态势。

表1-52　广西板块各城市工业发展实力排名比较

地区	2010年	2011年	2012年	2013年	2014年	2015年	排名变化
南宁市	2	2	5	2	1	2	0
柳州市	6	6	4	5	4	6	0
梧州市	4	4	3	1	3	1	3
贵港市	3	5	2	4	5	3	0
百色市	7	7	7	7	7	7	0
来宾市	5	3	6	2	6	5	0
崇左市	1	1	1	3	2	4	-3

由表1-53对广西板块内城市在珠江-西江经济带城市工业发展实力排名情况进行比较，可以看到南宁市在珠江-西江经济带内的排名处于波动保持趋势。柳州市在珠江-西江经济带内的排名处于波动保持趋势。梧州市在珠江-西江经济带内的排名呈现上升趋势，城市的工业发展实力排名有所提升。贵港市在珠江-西江经济带内的排名处在持续保持趋势。百色市在珠江-西江经济带内的排名处于保持态势。来宾市在珠江-西江经济带内的排名处于波动保持态势。崇左市在珠江-西江经济带内的排名持续处于较低水平，城市的工业发展综合发展能力较弱。

由表1-54对珠江-西江经济带中广东板块城市的排名比较进行分析，可以看到广东地区所有城市均呈现持续保持趋势。

表1-53　广西板块各城市在珠江-西江经济带城市工业发展实力排名比较

地区	2010年	2011年	2012年	2013年	2014年	2015年	排名变化
南宁市	6	6	9	5	5	6	0
柳州市	10	10	8	9	8	10	0
梧州市	8	8	7	3	7	3	5
贵港市	7	9	10	8	10	7	0
百色市	11	11	11	11	11	11	0
来宾市	9	7	6	10	9	9	0
崇左市	5	4	4	7	6	8	-3

表1-54　广东板块各城市工业发展实力排名比较

地区	2010年	2011年	2012年	2013年	2014年	2015年	排名变化
广州市	3	2	2	2	2	3	0
佛山市	1	1	1	1	1	1	0
肇庆市	2	3	3	3	3	2	0
云浮市	4	4	4	4	4	4	0

由表1-55对广东板块内城市在珠江-西江经济带城市工业发展实力排名情况进行比较，可以看到广州市、云浮市在珠江-西江经济带内的排名波动下降。其他城市呈现保持趋势，说明广东地区发展稳定。

表1-55　广东板块各城市在珠江-西江经济带城市工业发展实力排名比较

地区	2010年	2011年	2012年	2013年	2014年	2015年	排名变化
广州市	3	2	2	2	2	4	-1
佛山市	1	1	1	1	1	1	0
肇庆市	2	3	3	4	3	2	0
云浮市	4	5	5	6	4	5	-1

3. 珠江-西江经济带城市工业发展三级指标分区段得分情况

由图1-34可以看到珠江-西江经济带城市工业发展上游区各项三级指标的平均得分变化趋势。在2010~2015年间珠江-西江经济带城市工业结构上游区的得分呈现波动下降的变化趋势。在2010~2015年间珠江-西江经济带企业弹性扩张系数上游区的得分呈现波动上升的发展趋势。在2010~2015年间珠江-西江经济带城市工业发展强度上游区的得分呈现波动下降的发展趋势。

由图1-35可以看到珠江-西江经济带城市工业密度上游区各项三级指标的平均得分变化趋势。在2010~2015年间珠江-西江经济带产业密度指数上游区的得分波动下降的发展趋势。在2010~2015年间珠江-西江经济带城市税收贡献率上游区的得分呈现波动下降的发展趋势。在2010~2015年间珠江-西江经济带城市工业弧弹性上游区的得分呈现波动上升发展趋势。

由图1-36可以看到珠江-西江经济带城市工业发展

上游区各项三级指标的平均得分变化趋势。在 2010~2015 年间珠江 – 西江经济带城市 Moore 工业结构上游区的得分波动下降的发展趋势。在 2010~2015 年间珠江 – 西江经济带城市工业不协调指数上游区的得分呈现波动下降的发展趋势。在 2010~2015 年间珠江 – 西江经济带城市工业偏离系数上游区的得分呈现波动下降发展趋势。

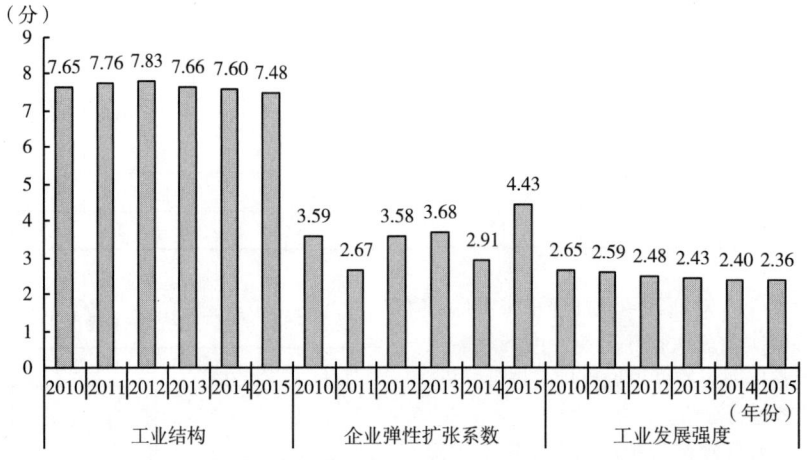

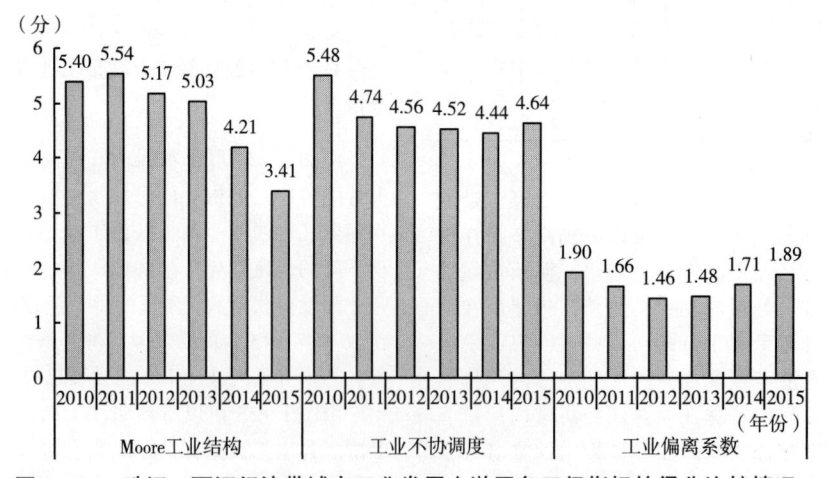

图 1-34 珠江 – 西江经济带城市工业发展上游区各三级指标的得分比较情况 1

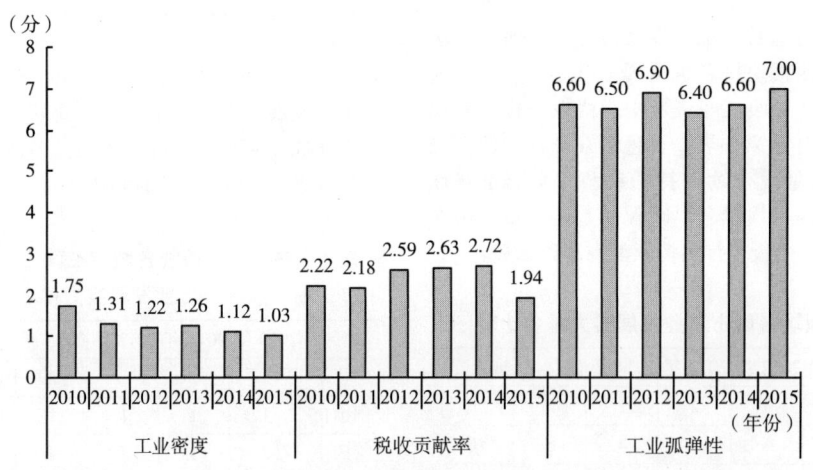

图 1-35 珠江 – 西江经济带城市工业发展上游区各三级指标的得分比较情况 2

图 1-36 珠江 – 西江经济带城市工业发展上游区各三级指标的得分比较情况 3

由图 1-37 可以看到珠江 – 西江经济带城市工业发展中游区各项三级指标的平均得分变化趋势。2010~2015 年间珠江 – 西江经济带城市工业结构中游区的得分呈现波动下降的变化趋势。2010~2015 年间珠江 – 西江经济带企业弹性扩张系数中游区的得分呈现波动上升的发展趋势。2010~2015 年间珠江 – 西江经济带城市工业发展强度中游区的得分呈现波动上升的发展趋势。

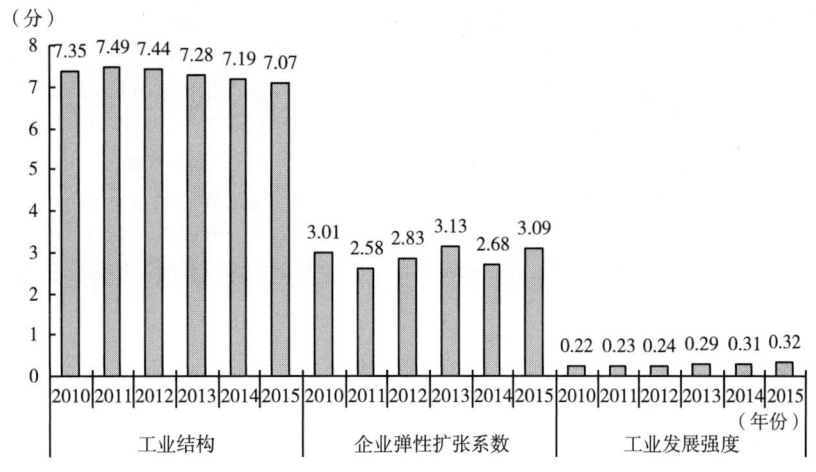

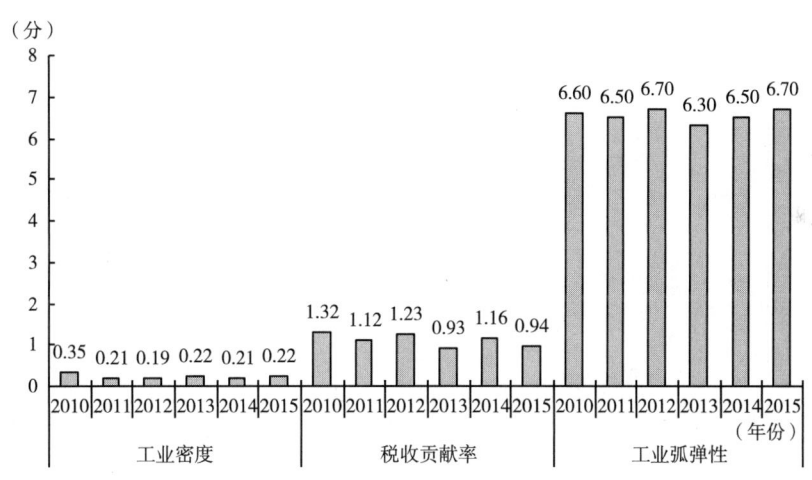

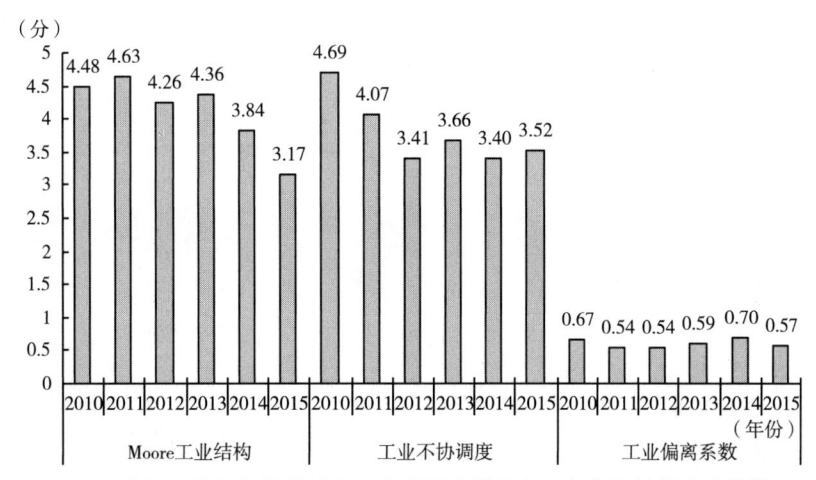

图 1-37　珠江-西江经济带城市工业发展中游区各三级指标的得分比较情况 1

由图 1-38 可以看到珠江-西江经济带城市工业密度中游区各项三级指标的平均得分变化趋势。2010~2015 年间珠江-西江经济带城市工业密度指数中游区的得分波动下降的发展趋势。2010~2015 年间珠江-西江经济带城市税收贡献率中游区的得分呈现波动下降的发展趋势。2010~2015 年间珠江-西江经济带城市工业弧弹性中游区的得分呈现波动上升发展趋势。

由图 1-39 可以看到珠江-西江经济带城市工业发展中游区各项三级指标的平均得分变化趋势。2010~2015 年间珠江-西江经济带城市 Moore 工业结构中游区的得分波动下降的发展趋势。2010~2015 年间珠江-西江经济带城市工业不协调指数中游区的得分呈现波动下降的发展趋势。2010~2015 年间珠江-西江经济带城市工业偏离系数中游区的得分呈现波动下降发展趋势。

图 1-38　珠江-西江经济带城市工业发展中游区各三级指标的得分比较情况 2

图 1-39　珠江-西江经济带城市工业发展中游区各三级指标的得分比较情况 3

由图 1-40 可以看到珠江－西江经济带城市工业发展下游区各项三级指标的平均得分变化趋势。2010～2015年间珠江－西江经济带城市工业结构下游区的得分呈现波动下降的变化趋势。2010～2015年间珠江－西江经济带城市企业弹性扩张系数下游区的得分呈现波动下降的发展趋势。2010～2015年间珠江－西江经济带城市工业发展强度下游区的得分呈现波动上升的发展趋势。

由图 1-41 可以看到珠江－西江经济带城市工业密度下游区各项三级指标的平均得分变化趋势。2010～2015年间珠江－西江经济带城市工业密度指数下游区的得分波动下降的发展趋势。2010～2015年间珠江－西江经济带城市税收贡献率下游区的得分呈现波动下降的发展趋势。2010～2015年间珠江－西江经济带城市工业弧弹性下游区的得分呈现波动波动保持趋势。

由图 1-42 可以看到珠江－西江经济带城市工业发展下游区各项三级指标的平均得分变化趋势。2010～2015年间

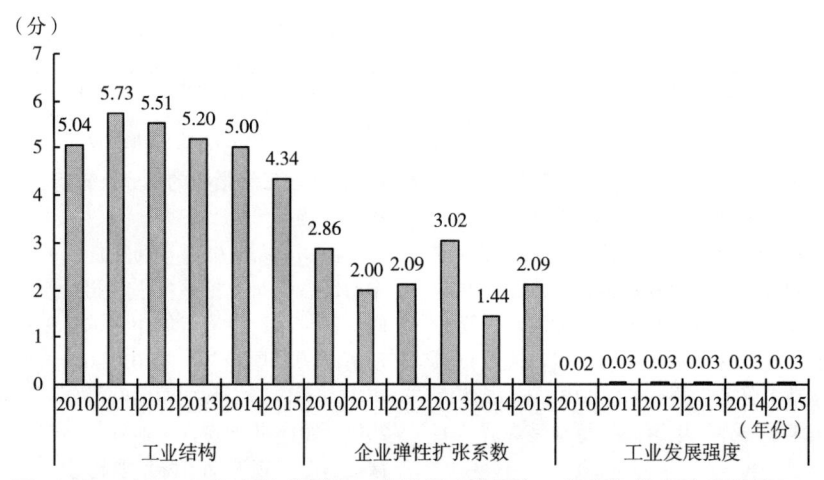

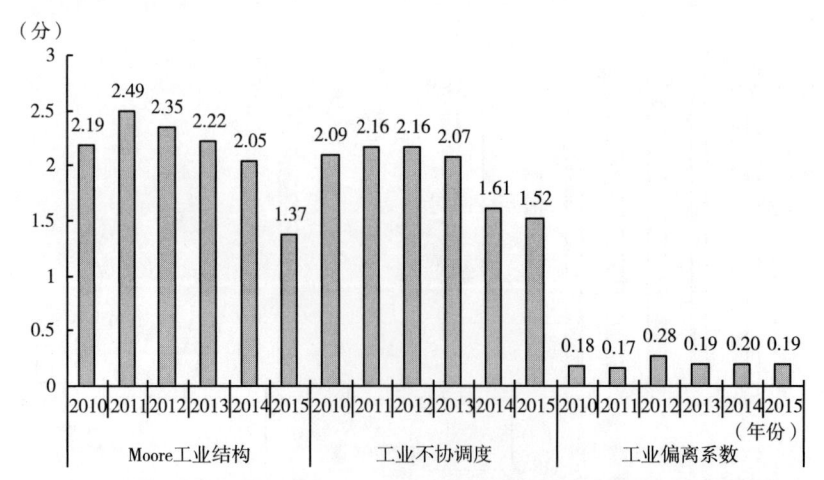

图 1-40　珠江－西江经济带城市工业发展下游区各三级指标的得分比较情况 1

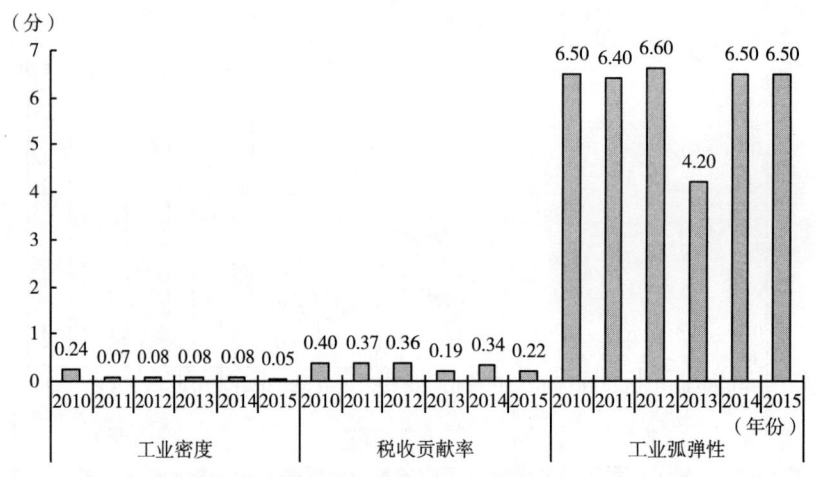

图 1-41　珠江－西江经济带城市工业发展下游区各三级指标的得分比较情况 2

图 1-42　珠江－西江经济带城市工业发展下游区各三级指标的得分比较情况 3

珠江-西江经济带城市 Moore 工业结构下游区的得分波动下降的发展趋势。2010~2015 年间珠江-西江经济带城市工业不协调指数下游区的得分呈现波动下降的发展趋势。2010~2015 年间珠江-西江经济带城市工业偏离系数下游区的得分呈现波动上升发展趋势。

从图 1-43 对 2010~2011 年间珠江-西江经济带城市工业发展的跨区段变化进行分析，可以看到 2010~2011 年有 2 个城市的工业发展在珠江-西江经济带的名次发生大幅度变动。其中贵港市由中游区下降到下游区，来宾市由下游区上升到中游区。

	2010年	2011年	
上游区	广州、佛山、肇庆	广州、佛山、肇庆	上游区
中游区	南宁、崇左、贵港、云浮、梧州	梧州、南宁、崇左、云浮、来宾	中游区
下游区	来宾、柳州、百色	贵港、柳州、百色	下游区

图 1-43　2010~2011 年珠江-西江经济带城市工业发展大幅度变动情况

从图 1-44 对 2011~2012 年间珠江-西江经济带城市工业发展的跨区段变化进行分析，可以看到 2011~2012 年有 2 个城市的工业发展在珠江-西江经济带的名次发生大幅度变动。其中南宁市由中游区下降到下游区，柳州市由下游区上升到中游区。

	2011年	2012年	
上游区	广州、佛山、肇庆	佛山、广州、肇庆	上游区
中游区	梧州、南宁、崇左、云浮、来宾	柳州、梧州、崇左、来宾、云浮	中游区
下游区	贵港、柳州、百色	贵港、南宁、百色	下游区

图 1-44　2011~2012 年珠江-西江经济带城市工业发展大幅度变动情况

从图 1-45 对 2012~2013 年间珠江-西江经济带城市工业发展的跨区段变化进行分析，可以看到 2012~2013 年有 5 个城市的工业发展在珠江-西江经济带的名次发生大幅度变动。其中肇庆市由上游区下降到中游区，来宾市由中游区下降到下游区，梧州市由中游区上升到上游区，南宁市、贵港市由下游区上升到中游区。

	2012年	2013年	
上游区	佛山、广州、肇庆	广州、佛山、梧州	上游区
中游区	柳州、梧州、崇左、来宾、云浮	肇庆、南宁、云浮、崇左、贵港	中游区
下游区	贵港、南宁、百色	柳州、来宾、百色	下游区

图 1-45　2012~2013 年珠江-西江经济带城市工业发展大幅度变动情况

从图 1-46 对 2013~2014 年间珠江-西江经济带城市工业发展的跨区段变化进行分析，可以看到 2013~2014 年有 4 个城市的工业发展在珠江-西江经济带的名次发生大幅度变动。其中梧州市由上游区下降到中游区，肇庆市由中游区上升到上游区，贵港市由中游区下降到下游区，柳州市由下游区上升到中游区。

	2013年	2014年	
上游区	广州、佛山、梧州	广州、佛山、肇庆	上游区
中游区	云浮、肇庆、贵港、崇左、南宁	云浮、南宁、柳州、梧州、崇左	中游区
下游区	柳州、来宾、百色	贵港、来宾、百色	下游区

图 1-46　2013~2014 年珠江-西江经济带城市工业发展大幅度变动情况

从图1-47对2014~2015年间珠江-西江经济带城市工业发展的跨区段变化进行分析，可以看到2014~2015年有4个城市的工业发展在珠江-西江经济带的名次发生大幅度变动。其中广州市由上游区下降到中游区，梧州市由中游区上升到上游区，柳州市由中游区下降到下游区，贵港市由下游区上升到中游区。

从图1-48对2010~2015年间珠江-西江经济带城市工业发展的跨区段变化进行分析，可以看到2010~2015年有2个城市的工业发展在珠江-西江经济带的名次发生大幅度变动。其中广州市由上游区下降到中游区，梧州市由中游区上升到上游区。

	2014年	2015年	
上游区	广州、佛山、肇庆	梧州、佛山、肇庆	上游区
中游区	云浮、南宁、梧州、柳州、崇左	广州、贵港、崇左、南宁、云浮	中游区
下游区	贵港、来宾、百色	柳州、来宾、百色	下游区

图1-47 2014~2015年珠江-西江经济带城市工业发展大幅度变动情况

	2010年	2015年	
上游区	广州、佛山、肇庆	梧州、佛山、肇庆	上游区
中游区	梧州、崇左、南宁、云浮、贵港	广州、贵港、云浮、崇左、南宁	中游区
下游区	来宾、柳州、百色	柳州、来宾、百色	下游区

图1-48 2010~2015年珠江-西江经济带城市工业发展大幅度变动情况

四、珠江-西江经济带城市企业发展实力评估与比较

（一）珠江-西江经济带城市企业发展实力评估结果

根据珠江-西江经济带城市企业发展水平指标体系和数学评价模型，对2010~2015年间珠江-西江经济带内11个城市的企业发展进行评价。表1-56、表1-57、表1-58、表1-59、表1-60、表1-61、表1-62和表1-63至表1-64是本次评估期间珠江-西江经济带11个城市的企业发展排名和排名变化情况及其13个三级指标的评价结果。

1. 珠江-西江经济带城市企业发展排名

根据表1-56中内容对2010年珠江-西江经济带城市企业发展排名变化进行评析，可以看到珠江-西江经济带11个城市中，企业发展处于上游区的依次是广州市、佛山市、肇庆市；企业发展实力处在中游区的依次是云浮市、柳州市、梧州市、来宾市、崇左市；企业发展实力处在下游区的依次是百色市、南宁市、贵港市。这说明在珠江-西江经济带中广东地区企业发展水平高于广西地区，更具发展优势。

表1-56 2010年珠江-西江经济带城市企业发展排名

地区	排名	区段	地区	排名	区段	地区	排名	区段
广州	1	上游区	云浮	4	中游区	百色	9	下游区
佛山	2		柳州	5		南宁	10	
肇庆	3		梧州	6		贵港	11	
			来宾	7				
			崇左	8				

根据表1-57中内容对2011年珠江-西江经济带城市企业发展排名变化进行评析，可以看到珠江-西江经济带11个城市中，企业发展处于上游区的依次是广州市、佛山市、梧州市；企业发展实力处在中游区的依次是贵港市、柳州市、肇庆市、云浮市、崇左市；企业发展实力处在下游区的依次是来宾市、百色市、南宁市。相比于2010年，广西地区梧州市由中游区上升至上游区，贵港市由下游区上升至中游区，来宾市由中游区下降至下游区；广东地区肇庆市由上游区下降至中游区。

表1-57 2011年珠江-西江经济带城市企业发展排名

地区	排名	区段	地区	排名	区段	地区	排名	区段
广州	1	上游区	贵港	4	中游区	来宾	9	下游区
佛山	2		柳州	5		百色	10	
梧州	3		肇庆	6		南宁	11	
			云浮	7				
			崇左	8				

根据表1-58中内容对2012年珠江-西江经济带城市企业发展排名变化进行评析,可以看到珠江-西江经济带11个城市中,企业发展处于上游区的依次是广州市、佛山市、梧州市;企业发展实力处在中游区的依次是肇庆市、贵港市、柳州市、崇左市、云浮市;企业发展实力处在下游区的依次是来宾市、百色市、南宁市。相比于2011年,广西地区城市和广东地区城市排名均未出现跨区变动,排名变化较小。

表1-58 2012年珠江-西江经济带城市企业发展排名

地区	排名	区段	地区	排名	区段	地区	排名	区段
广州	1		肇庆	4		来宾	9	
佛山	2	上游区	贵港	5		百色	10	
梧州	3		柳州	6	中游区	南宁	11	下游区
			崇左	7				
			云浮	8				

根据表1-59中内容对2013年珠江-西江经济带城市企业发展排名变化进行评析,可以看到珠江-西江经济带11个城市中,企业发展处于上游区的依次是广州市、佛山市、肇庆市;珠江-西江经济带11个城市企业发展实力处在中游区的依次是梧州市、云浮市、崇左市、贵港市、柳州市;珠江-西江经济带11个城市企业发展实力处在下游区的依次是来宾市、百色市、南宁市。相比于2012年,珠江-西江经济带中广西地区各城市的企业发展总体呈现下降趋势,广东地区各城市的企业发展总体呈现上升趋势。

表1-59 2013年珠江-西江经济带城市企业发展排名

地区	排名	区段	地区	排名	区段	地区	排名	区段
广州	1		梧州	4		来宾	9	
佛山	2	上游区	云浮	5		百色	10	
肇庆	3		崇左	6	中游区	南宁	11	下游区
			贵港	7				
			柳州	8				

根据表1-60中内容对2014年珠江-西江经济带城市企业发展排名变化进行评析,可以看到珠江-西江经济带11个城市中,企业发展处于上游区的依次是广州市、佛山市、肇庆市;珠江-西江经济带11个城市企业发展实力处在中游区的依次是贵港市、云浮市、梧州市、柳州市、崇左市;珠江-西江经济带11个城市企业发展实力处在下游区的依次是百色市、南宁市、来宾市。相比于2013年,广

表1-60 2014年珠江-西江经济带城市企业发展排名

地区	排名	区段	地区	排名	区段	地区	排名	区段
广州	1		贵港	4		百色	9	
佛山	2	上游区	云浮	5		南宁	10	
肇庆	3		梧州	6	中游区	来宾	11	下游区
			柳州	7				
			崇左	8				

西地区城市和广东地区城市排名均未出现跨区变动,排名变化较小。

根据表1-61中内容对2015年珠江-西江经济带城市企业发展排名变化进行评析,可以看到珠江-西江经济带11个城市中,企业发展处于上游区的依次是广州市、佛山市、肇庆市;珠江-西江经济带11个城市企业发展实力处在中游区的依次是梧州市、云浮市、贵港市、崇左市、柳州市;珠江-西江经济带11个城市企业发展实力处在下游区的依次是百色市、南宁市、来宾市。相比于2014年,广西地区城市和广东地区城市排名均未出现跨区变动,排名变化较小。

表1-61 2015年珠江-西江经济带城市企业发展排名

地区	排名	区段	地区	排名	区段	地区	排名	区段
广州	1		梧州	4		百色	9	
佛山	2	上游区	云浮	5		南宁	10	
肇庆	3		贵港	6	中游区	来宾	11	下游区
			崇左	7				
			柳州	8				

根据表1-62中内容对2010~2015年珠江-西江经济带城市企业发展排名变化趋势进行评析,可以看到在珠江-西江经济带11个城市企业发展处于上升区的依次是崇左市、贵港市、梧州市;珠江-西江经济带11个城市企业发展处在保持区的是百色市、南宁市、肇庆市、广州市、佛山市;珠江-西江经济带11个城市企业发展处在下降区的依次是南浮市、来宾市、柳州市。这说明珠江-西江经济带中广西板块城市的变化幅度高于广东板块的变化幅度,广西板块城市企业发展发展的平稳性较弱。

表1-62 2010~2015年珠江-西江经济带城市企业发展排名变化

地区	排名变化	区段	地区	排名变化	区段	地区	排名变化	区段
崇左	1		肇庆	0		云浮	-1	
梧州	2	上升区	百色	0		柳州	-3	
贵港	5		广州	0	保持区	来宾	-4	下降区
			佛山	0				
			南宁	0				

2. 珠江-西江经济带城市企业利润相对增长率得分情况

通过表1-63对2010~2015年的企业利润相对增长率的变化进行分析。由2010年的珠江-西江经济带城市企业利润相对增长率评价来看,有7个城市的企业利润相对增长率得分已经在2.192分以上。2010年珠江-西江经济带城市企业利润相对增长率得分处在2~3分,小于2.192分的城市有南宁市、贵港市、百色市、来宾市。珠江-西江经济带城市企业利润相对增长率最高得分为广州市,为

2.296分，最低得分为贵港市，为2.188分，得分平均值为2.204分，得分标准差为0.031，说明城市之间企业利润相对增长率的变化差异较小。珠江-西江经济带中广东地区企业利润相对增长率水平较高，其中广州市、佛山市、肇庆市、云浮市4个城市的企业利润相对增长率均超过2.192分；说明这些城市企业利润相对增长率综合发展能力较强，城市企业利润较大。珠江-西江经济带中广西地区城市企业利润相对增长率的得分较低，其中柳州市、梧州市、崇左市3个城市的企业利润相对增长率得分超过2.192分；说明广西地区企业利润相对增长率发展基础较低，城市企业利润较小，企业发展水平较低。

由2011年的珠江-西江经济带城市企业利润相对增长率评价来看，有6个城市的企业利润相对增长率得分已经在2.192分以上。2011年珠江-西江经济带城市企业利润相对增长率得分处在0~5分，小于2.192分的城市有南宁市、梧州市、贵港市、崇左市、肇庆市。珠江-西江经济带城市企业利润相对增长率最高得分为广州市，为4.926分，最低得分为肇庆市，为0分，得分平均值为2.405分，得分标准差为1.454；说明城市之间企业利润相对增长率的变化差异较小。珠江-西江经济带中广东地区企业利润相对增长率水平较高，其中广州市、佛山市、云浮市3个城市的企业利润相对增长率均超过2.192分；说明这些城市企业利润相对增长率综合发展能力较强，城市企业利润较大。珠江-西江经济带中广西地区城市企业利润相对增长率得分较低，其中柳州市、百色市、来宾市3个城市的企业利润相对增长率得分超过2.192分；说明广西地区企业利润相对增长率发展基础较低，城市企业利润较小，企业发展水平较低。

由2012年的珠江-西江经济带城市企业利润相对增长率评价来看，有8个城市的企业利润相对增长率得分已经在2.192分以上。2012年珠江-西江经济带城市企业利润相对增长率得分处在1~3分，小于2.192分的城市有贵港市、百色市、广州市。珠江-西江经济带城市企业利润相对增长率最高得分为佛山市，为2.614分，最低得分为广州市，为1.837分，得分平均值为2.228分，得分标准差为0.181，说明城市之间企业利润相对增长率的变化差异较小。珠江-西江经济带中广东地区企业利润相对增长率水平较高，其中佛山市、云浮市2个城市的企业利润相对增长率均超过2.192分；说明这些城市企业利润相对增长率综合发展能力较强，城市企业利润较大。珠江-西江经济带中广西地区城市企业利润相对增长率的得分较低，其中柳州市、百色市、来宾市3个城市的企业利润相对增长率得分超过2.192分；说明广西地区企业利润相对增长率发展基础较低，城市企业利润较小，企业发展水平较低。

由2013年的珠江-西江经济带城市企业利润相对增长率评价来看，有4个城市的企业利润相对增长率得分已经在2.250分以上。2013年珠江-西江经济带城市企业利润相对增长率得分处在2~3分，小于2.250分的城市有南宁市、柳州市、贵港市、来宾市、崇左市、云浮市。珠江-西江经济带城市企业利润相对增长率最高得分为广州市，为2.536分，最低得分为百色市，为2.210分，得分

平均值为2.276分，得分标准差为0.101，说明城市之间企业利润相对增长率的变化差异较小。珠江-西江经济带中广东地区的企业利润相对增长率水平较高，其中广州市、佛山市、肇庆市3个城市的企业利润相对增长率均超过2.250分；说明这些城市的企业利润相对增长率综合发展能力较强，城市企业利润较大。珠江-西江经济带中广西地区城市的企业利润相对增长率的得分较低，其中柳州市、百色市、来宾市3个城市的企业利润相对增长率得分超过2.250分；说明广西地区的企业利润相对增长率发展基础较低，城市企业利润较小，企业发展水平较低。

由2014年的珠江-西江经济带城市企业利润相对增长率评价来看，有9个城市的企业利润相对增长率得分已经在2.192分以上。2014年珠江-西江经济带城市企业利润相对增长率得分处在2~3分，小于2.192分的城市有来宾市、广州市。珠江-西江经济带城市企业利润相对增长率最高得分为佛山市，为2.575分，最低得分为广州市，为2.105分，相对增长率得分平均值为2.286分，得分标准差为0.121，说明城市之间企业利润相对增长率变化差异较小。珠江-西江经济带中广东地区企业利润相对增长率水平较高，其中肇庆市、佛山市、云浮市3个城市的企业利润相对增长率均超过2.192分；说明这些城市的企业利润相对增长率综合发展能力较强，城市企业利润较大。珠江-西江经济带中广西地区城市企业利润相对增长率的得分较低，其中南宁市、柳州市、梧州市、贵港市、百色市、崇左市六个城市的企业利润相对增长率得分超过2.192分；说明广西地区这些城市企业利润相对增长率综合能力较强，企业利润较大。

由2015年的珠江-西江经济带城市企业利润相对增长率评价来看，有2个城市的企业利润相对增长率得分在2.192分以上。2015年珠江-西江经济带城市企业利润相对增长率得分处在1~3分，小于2.192分的城市有南宁市、梧州市、百色市、来宾市、崇左市、广州市、肇庆市、佛山市、云浮市。珠江-西江经济带城市企业利润相对增长率最高得分为柳州市，为2.421分，最低得分为佛山市，为1.575分，得分平均值为2.029分，得分标准差为0.211，说明城市之间企业利润相对增长率变化差异较小。珠江-西江经济带中广西地区的企业利润相对增长率水平较高，其中柳州市、贵港市2个城市的企业利润相对增长率均超过2.192分；说明这些城市的企业利润相对增长率综合发展能力较强，城市企业利润较大。珠江-西江经济带中广东地区城市的企业利润相对增长率的得分较低，其中四个城市中未有任何一个城市的企业利润相对增长率得分超过2.192分；说明广东地区的企业利润相对增长率发展基础较低，城市企业利润较小，企业发展水平较低。

对比珠江-西江经济带城市企业利润相对增长率变化，通过对各年间的珠江-西江经济带城市企业利润相对增长率平均分、标准差进行分析，可以发现其平均分呈现波动下降趋势，说明珠江-西江经济带城市企业利润相对增长率综合能力整体活力并未提升。珠江-西江经济带城市企业利润相对增长率标准差呈波动上升趋势，说明城市间的企业利润相对增长率差距并未缩小。对各城市的企业利润相对增长率变化展开分析，发现各城市的企业利润相对增

长率处在波动变化状态,在 2010~2015 年的各个时间段内均排名第一的城市不断更替。广西地区城市的企业利润相对增长率得分趋于下降,但排名除梧州市、贵港市外均出现上升,说明这些城市的企业利润相对增长率发展处于滞后阶段,企业利润相对增长率较慢。广东地区城市的企业利润相对增长率得分均出现下降,其排名除云浮市外也出现下降,说明广东地区的整体企业利润相对增长率也在下降。贵港市在企业利润相对增长率得分小幅上升的情况下其排名出现大幅度上升,说明在珠江-西江经济带城市整体企业利润相对增长率呈现衰退的情况下,贵港市具备推动企业利润相对增长率发展的动力,使其在地区内的排名出现较大提升。

表1-63　　　　2010~2015 年珠江-西江经济带城市企业利润相对增长率评价比较

地区	2010年	2011年	2012年	2013年	2014年	2015年	综合变化
南宁市	2.190	0.995	2.289	2.213	2.354	1.978	-0.212
	9	10	3	10	3	8	1
柳州市	2.208	2.533	2.246	2.220	2.270	2.421	0.213
	2	6	5	8	5	1	1
梧州市	2.192	1.790	2.284	2.302	2.354	1.951	-0.241
	7	8	4	3	2	9	-2
贵港市	2.188	1.904	2.116	2.223	2.247	2.195	0.008
	11	7	10	7	7	2	9
百色市	2.191	2.623	2.182	2.210	2.268	2.029	-0.162
	8	5	9	11	6	5	3
来宾市	2.189	2.625	2.211	2.217	2.186	2.106	-0.083
	10	4	7	9	10	4	6
崇左市	2.194	1.533	2.195	2.242	2.238	1.875	-0.318
	6	9	8	5	8	10	-4
广州市	2.296	4.926	1.837	2.536	2.105	2.001	-0.295
	1	1	11	1	11	7	-6
佛山市	2.195	4.714	2.614	2.385	2.575	1.575	-0.620
	5	2	1	2	1	11	-6
肇庆市	2.202	0.000	2.294	2.252	2.221	2.019	-0.183
	3	11	2	4	9	6	-3
云浮市	2.199	2.814	2.236	2.237	2.332	2.172	-0.027
	4	3	6	6	4	3	1
最高分	2.296	4.926	2.614	2.536	2.575	2.421	0.124
最低分	2.188	0.000	1.837	2.210	2.105	1.575	-0.612
平均分	2.204	2.405	2.228	2.276	2.286	2.029	-0.175
标准差	0.031	1.454	0.181	0.101	0.121	0.211	0.180

3. 珠江-西江经济带城市企业利润绝对增量加权指数得分情况

通过表1-64 对 2010~2015 年的企业利润绝对增量加权指数的变化进行分析。由 2010 年的珠江-西江经济带城市企业利润绝对增量加权指数评价来看,有 1 个城市的企业利润绝对增量加权指数得分已经在 0.790 分以上。2010 年珠江-西江经济带城市企业利润绝对增量加权指数得分处在 0~1 分,小于 0.790 分的城市有南宁市、柳州市、梧州市、贵港市、百色市、来宾市、崇左市、佛山市、肇庆市、云浮市。珠江-西江经济带城市企业利润绝对增量加权指数最高得分为广州市,为 0.846 分,最低得分为贵港市,为 0.773 分。珠江-西江经济带城市企业利润绝对增量加权指数得分平均值为 0.783 分,得分标准差为 0.021,说明城市之间企业利润绝对增量加权指数变化差异较小。珠江-西江经济带中广东地区城市的企业利润绝对增量加权指数得分较高,其中广州市的企业利润绝对增量加权指数得分超过 0.790 分;说明这些城市的企业利润绝对增量加权指数发展基础较好,企业发展具有较好基础。珠江-西江经济带中广西地区的企业利润绝对增量加权指数水平较低,其中 7 个城市未出现一个城市的企业利润绝对增量加权指数得分超过 0.790 分;说明广西地区城市的企业利润绝对增量加权指数综合发展能力较低,企业发展缓慢。

由 2011 年的珠江-西江经济带城市企业利润绝对增量加权指数评价来看,有 6 个城市的企业利润绝对增量加权指数得分已经在0.790分以上。2011年珠江-西江经济带城市企业利润绝对增量加权指数得分处在0~5分，小于0.790分的城市有南宁市、梧州市、贵港市、崇左市、肇庆市。珠江-西江经济带城市企业利润绝对增量加权指数最高得分为佛山市，为4.091分，最低得分为肇庆市，为0.077分。珠江-西江经济带城市企业利润绝对增量加权指数得分平均值为1.213分，得分标准差为1.156，说明城市之间企业利润绝对增量加权指数变化差异较小。珠江-西江经济带中广东地区企业利润绝对增量加权指数的得分较高，其中广州市、佛山市、云浮市3个城市的企业利润绝对增量加权指数得分均超过0.790分；说明这些城市的企业利润绝对增量加权指数发展基础较好，企业发展具有较好的基础。珠江-西江经济带中广西地区的企业利润绝对增量加权指数水平较低，其中柳州市、百色市、来宾市3个城市的企业利润绝对增量加权指数得分超过0.790分；说明广西地区企业利润绝对增量加权指数综合发展能力较低，企业发展缓慢。

由2012年的珠江-西江经济带城市企业利润绝对增量加权指数评价来看，有6个城市的企业利润绝对增量加权指数得分已经在0.790分以上。2012年珠江-西江经济带城市企业利润绝对增量加权指数得分处在0~2分，小于0.790分的城市有贵港市、百色市、来宾市、崇左市、广州市。珠江-西江经济带城市企业利润绝对增量加权指数最高得分为佛山市，为1.330分，最低得分为广州市，为0.517分。珠江-西江经济带城市企业利润绝对增量加权指数得分平均值为0.816分，得分标准差为0.191，说明城市之间企业利润绝对增量加权指数的变化差异较小。珠江-西江经济带中广东地区城市的企业利润绝对增量加权指数的得分较高，其中肇庆市、佛山市、云浮市3个城市的企业利润绝对增量加权指数得分均超过0.790分；说明这些城市的企业利润绝对增量加权指数发展基础较好，企业发展具有较好基础。珠江-西江经济带中广西地区的企业利润绝对增量加权指数水平较低，其中南宁市、柳州市、梧州市3个城市的企业利润绝对增量加权指数得分超过0.790分；说明广西地区城市的企业利润绝对增量加权指数综合发展能力较低，企业发展缓慢。

由2013年的珠江-西江经济带城市企业利润绝对增量加权指数评价来看，有6个城市的企业利润绝对增量加权指数得分已经在0.790分以上。2013年珠江-西江经济带城市企业利润绝对增量加权指数得分处在0~1分，小于0.790分的城市有南宁市、柳州市、来宾市、贵港市、百色市。珠江-西江经济带城市企业利润绝对增量加权指数最高得分为佛山市，为0.999分，最低得分为南宁市，为0.783分。珠江-西江经济带城市企业利润绝对增量加权指数得分平均值为0.828分，得分标准差为0.084，说明城市之间企业利润绝对增量加权指数变化差异较小。珠江-西江经济带中广东地区城市企业利润绝对增量加权指数的得分较高，其中广州市、肇庆市、佛山市、云浮市4个城市的企业利润绝对增量加权指数得分均超过0.790分；说明这些城市的企业利润绝对增量加权指数发展基础较好，企业发展具有较好的基础。珠江-西江经济带中广西地区的企业利润绝对增量加权指数水平较低，其中梧州市、崇左市的企业利润绝对增量加权指数得分超过0.790分；说明广西地区企业利润绝对增量加权指数综合发展能力较低，企业发展缓慢。

由2014年的珠江-西江经济带城市企业利润绝对增量加权指数评价来看，有8个城市的企业利润绝对增量加权指数得分已经在0.790分及以上。2014年珠江-西江经济带城市企业利润绝对增量加权指数得分处在0~2分，小于0.790分的城市有来宾市、广州市、肇庆市。珠江-西江经济带城市企业利润绝对增量加权指数最高得分为佛山市，为1.246分，最低得分为广州市，为0.703分。珠江-西江经济带城市企业利润绝对增量加权指数得分平均值为0.836分，得分标准差为0.141，说明城市之间企业利润绝对增量加权指数变化差异较小。珠江-西江经济带中广西地区城市的企业利润绝对增量加权指数的得分较高，其中南宁市、柳州市、梧州市、贵港市、崇左市、百色市6个城市的企业利润绝对增量加权指数得分均超过0.790分；说明这些城市的企业利润绝对增量加权指数发展基础较好，企业发展具有较好的基础。珠江-西江经济带中广东地区企业利润绝对增量加权指数水平较低，其中佛山市、云浮市的企业利润绝对增量加权指数得分超过0.790分；说明广东地区企业利润绝对增量加权指数综合发展能力较低，企业发展缓慢。

由2015年的珠江-西江经济带城市企业利润绝对增量加权指数评价来看，有1个城市的企业利润绝对增量加权指数得分已经在0.790分以上。2015年珠江-西江经济带城市企业利润绝对增量加权指数得分处在0~1分，小于0.790分的城市有南宁市、梧州市、贵港市、百色市、来宾市、崇左市、广州市、佛山市、肇庆市、云浮市。珠江-西江经济带城市企业利润绝对增量加权指数最高得分为柳州市，为0.839分，最低得分为佛山市，为0分。珠江-西江经济带城市企业利润绝对增量加权指数得分平均值为0.671分，得分标准差为0.228，说明城市之间企业利润绝对增量加权指数的变化差异较小。珠江-西江经济带中广西地区城市的企业利润绝对增量加权指数的得分较高，其中柳州市的企业利润绝对增量加权指数得分超过0.790分；说明这些城市的企业利润绝对增量加权指数发展基础较好，企业发展具有较好的基础。珠江-西江经济带中广东地区企业利润绝对增量加权指数水平较低，其中广州市、肇庆市、佛山市、云浮市4个城市的企业利润绝对增量加权指数得分超过0.790分；说明广东地区企业利润绝对增量加权指数综合发展能力较低，企业发展缓慢。

对比珠江-西江经济带城市企业利润绝对增量加权指数变化，通过对各年间的珠江-西江经济带城市企业利润绝对增量加权指数平均分、标准差进行分析，可以发现其平均分呈现波动下降趋势，说明珠江-西江经济带城市企业利润绝对增量加权指数综合能力整体活力有所下降。珠江-西江经济带城市企业利润绝对增量加权指数的标准差处于波动上升趋势，说明城市间的企业利润绝对增量加权指数差距并未减小。对各城市的企业利润绝对增量加权指数变化展开分析，发现佛山市的企业利润绝对增量加权指数处在较领先位置，在2010~2015年的各个时间段内除2010年和2015年外均保持排名第一的位置，其发展水平处于下降趋势。南宁市和百色市的企业利润绝对增量加权指数得分出现下降，但其发展水平排名出现上升。广东地区其他城市的企业利润绝对增量加权指数得分均出现下降，其排名也趋于下降，说明广东地区整体企业利润绝对增量加权指数处于滞后阶段，企业发展较慢。广西地区企业利润绝对增量加权指数得分除贵港市、柳州市外均出现下降，其企业利润绝对增量加权指数排名趋于上升，说明这些城市的企业利润绝对增量加权指数发展处于发展阶段，企业发展进程加快。贵港市在企业利润绝对增量加权指数得分小幅上升的情况下其排名出现大幅上升，说明在珠江－西江经济带城市整体企业利润绝对增量加权指数呈现衰退的情况下，贵港市保持其企业利润绝对增量加权指数的现有水平，使其在地区内的排名结构出现变化。

表1-64　　2010~2015年珠江-西江经济带城市企业利润绝对增量加权指数评价比较

地区	2010年	2011年	2012年	2013年	2014年	2015年	综合变化
南宁市	0.773	0.562	0.806	0.783	0.816	0.726	-0.047
	8	10	4	11	4	6	2
柳州市	0.778	0.934	0.797	0.784	0.799	0.839	0.061
	4	5	6	8	5	1	3
梧州市	0.775	0.638	0.816	0.817	0.838	0.686	-0.089
	7	8	2	3	3	8	-1
贵港市	0.773	0.646	0.738	0.785	0.796	0.787	0.014
	11	7	10	7	6	2	9
百色市	0.773	0.930	0.785	0.783	0.793	0.748	-0.025
	10	6	8	9	7	5	5
来宾市	0.773	0.983	0.786	0.783	0.771	0.749	-0.025
	9	4	7	10	10	4	5
崇左市	0.775	0.633	0.782	0.790	0.790	0.685	-0.089
	6	9	9	6	8	9	-3
广州市	0.846	2.680	0.517	0.996	0.703	0.665	-0.181
	1	2	11	2	11	10	-9
佛山市	0.784	4.091	1.330	0.999	1.246	0.000	-0.784
	2	1	1	1	1	11	-9
肇庆市	0.778	0.077	0.816	0.795	0.785	0.721	-0.057
	5	11	3	4	9	7	-2
云浮市	0.781	1.170	0.799	0.794	0.854	0.780	-0.001
	3	3	5	5	2	3	0
最高分	0.846	4.091	1.330	0.999	1.246	0.839	-0.007
最低分	0.773	0.077	0.517	0.783	0.703	0.000	-0.773
平均分	0.783	1.213	0.816	0.828	0.836	0.671	-0.111
标准差	0.021	1.156	0.191	0.084	0.141	0.228	0.207

4. 珠江-西江经济带城市企业利润比重增量得分情况

通过表1-65对2010~2015年的企业利润比重增量的变化进行分析。由2010年的珠江-西江经济带城市企业利润比重增量评价来看，柳州市、梧州市、百色市、来宾市、崇左市、肇庆市、云浮市7个城市的企业利润比重增量得分已经在4.400分以上。2010年珠江-西江经济带城市企业利润比重增量得分处在0~5分，小于4.400分的城市有南宁市、贵港市、广州市、佛山市。珠江-西江经济带城市企业利润比重增量最高得分为云浮市，为4.695分，最低得分为佛山市，为0分。珠江-西江经济带城市企业利润比重增量得分平均值为3.951分，得分标准差为1.375，说明城市之间企业利润比重增量的变化差异较小。珠江-西江经济带中广西地区的企业利润比重增量水平较高，其中柳州市、梧州市、百色市、来宾市、崇左市5个城市的企业利润比重增量得分均超过4.400分；说明这些城市的企业利润比重增量发展基础较好，企业利润增长快，企业发展较好。珠江-西江经济带中广东地区城市的企业利润比重增量的得分较低，其中肇庆市、云浮市2个城市的企业利润比重增量得分超过4.400分；说明广东地区企业利润比重增量综合发展能力较低，企业利润增长较慢，企业发展力不足。

由2011年的珠江-西江经济带城市企业利润比重增量评价来看，有10个城市的企业利润比重增量得分已经在

4.400 分以上。2011 年珠江－西江经济带城市企业利润比重增量得分处在 4~6 分，小于 4.400 分的城市是广州市。珠江－西江经济带城市企业利润比重增量最高得分为肇庆市，为 5.644 分，最低得分为广州市，为 4.342。珠江－西江经济带城市企业利润比重增量得分平均值为 4.994 分，得分标准差为 0.382，说明城市之间企业利润比重增量的变化差异较小。珠江－西江经济带中广西地区企业利润比重增量水平较高，其中南宁市、柳州市、贵港市、梧州市、百色市、来宾市、崇左市 7 个城市的企业利润比重增量得分均超过 4.400 分；说明这些城市的企业利润比重增量发展基础较好，企业利润增长快，企业发展较好。珠江－西江经济带中广东地区城市的企业利润比重增量的得分较低，其中佛山市、肇庆市、云浮市 3 个城市的企业利润比重增量得分超过 4.400 分；说明广东地区企业利润比重增量综合发展能力较低，企业利润增长较慢，企业发展力不足。

由 2012 年的珠江－西江经济带城市企业利润比重增量评价来看，有 10 个城市的企业利润比重增量得分已经在 4.400 分以上。2012 年珠江－西江经济带城市企业利润比重增量得分处在 3~6 分，小于 4.400 分的城市是广州市。珠江－西江经济带城市企业利润比重增量最高得分为佛山市，为 5.672 分，最低得分为广州市，为 3.321 分。珠江－西江经济带城市企业利润比重增量得分平均值为 4.841 分，得分标准差为 0.574，说明城市之间企业利润比重增量的变化差异较小。珠江－西江经济带中广西地区的企业利润比重增量水平较高，其中南宁市、柳州市、贵港市、梧州市、百色市、来宾市、崇左市 7 个城市的企业利润比重增量得分均超过 4.400 分；说明这些城市的企业利润比重增量发展基础较好，企业利润增长快，企业发展较好。珠江－西江经济带中广东地区城市的企业利润比重增量的得分较低，其中佛山市、肇庆市、云浮市 3 个城市的企业利润比重增量得分超过 4.400 分；说明广东地区企业利润比重增量综合发展能力较低，企业利润增长较慢，企业发展力不足。

由 2013 年的珠江－西江经济带城市企业利润比重增量评价来看，有 5 个城市的企业利润比重增量得分已经在 5.200 分以上。2013 年珠江－西江经济带城市企业利润比重增量得分处在 4~7 分，小于 5.200 分的城市有南宁市、柳州市、贵港市、百色市、佛山市、肇庆市。珠江－西江经济带城市企业利润比重增量最高得分为广州市，为 6.587 分，最低得分为南宁市，为 4.907 分。珠江－西江经济带城市企业利润比重增量得分平均值为 5.302 分，得分标准差为 0.469，说明城市之间企业利润比重增量的变化差异较小。珠江－西江经济带中广东地区的企业利润比重增量水平较高，其中广州市、云浮市 2 个城市的企业利润比重增量得分均超过 5.200 分；说明这些城市的企业利润比重增量发展基础较好，企业利润增长快，企业发展较好。珠江－西江经济带中广西地区城市的企业利润比重增量的得分较低，其中梧州市、来宾市、崇左市 3 个城市的企业利润比重增量得分超过 5.200 分；说明广西地区企业利润比重增量综合发展能力较低，企业利润增长较慢，企业发展力不足。

由 2014 年的珠江－西江经济带城市企业利润比重增量评价来看，有 3 个城市的企业利润比重增量得分已经在 5.200 分以上。2014 年珠江－西江经济带城市企业利润比重增量得分处在 4~6 分，小于 5.200 分的城市有柳州市、贵港市、百色市、来宾市、崇左市、广州市、肇庆市、云浮市。珠江－西江经济带城市企业利润比重增量最高得分为佛山市，为 5.343 分，最低得分为广州市，为 4.540 分。珠江－西江经济带城市企业利润比重增量得分平均值为 5.054 分，得分标准差为 0.210，说明城市之间企业利润比重增量变化差异较小。珠江－西江经济带中广东地区的企业利润比重增量水平较高，其中佛山市的企业利润比重增量得分超过 5.200 分；说明这些城市的企业利润比重增量发展基础较好，企业利润增长快，企业发展较好。珠江－西江经济带中广西地区企业利润比重增量的得分较低，其中梧州市、南宁市 2 个城市的企业利润比重增量得分超过 5.200 分；说明广西地区企业利润比重增量综合发展能力较低，企业利润增长较慢，企业发展力不足。

由 2015 年的珠江－西江经济带城市企业利润比重增量评价来看，有 8 个城市的企业利润比重增量得分已经在 5.200 分以上。2015 年珠江－西江经济带城市企业利润比重增量得分处在 4~7 分，小于 5.200 分的城市有柳州市、贵港市、云浮市。珠江－西江经济带城市企业利润比重增量最高得分为佛山市，为 6.107 分，最低得分为柳州市，为 4.900 分。珠江－西江经济带城市企业利润比重增量得分平均值为 5.400 分，得分标准差为 0.304，说明城市之间企业利润比重增量的变化差异较小。珠江－西江经济带中广东地区的企业利润比重增量水平较高，其中广州市、佛山市、肇庆市 3 个城市的企业利润比重增量得分均超过 5.200 分；说明这些城市的企业利润比重增量发展基础较好，企业利润增长快，企业发展较好。珠江－西江经济带中广西地区企业利润比重增量的得分较低，其中南宁市、梧州市、百色市、来宾市、崇左市 5 个城市的企业利润比重增量得分超过 5.200 分；说明广西地区城市的企业利润比重增量综合发展能力较低，企业利润增长较慢，企业发展力不足。

对比珠江－西江经济带城市企业利润比重增量变化，通过对各年间的珠江－西江经济带城市企业利润比重增量平均分、标准差进行分析，可以发现其平均分呈现波动上升趋势，说明珠江－西江经济带城市企业利润比重增量综合能力整体活力有所提升，企业利润比重增量明显。珠江－西江经济带城市企业利润比重增量的标准差处于波动下降趋势，说明城市间的企业利润比重增量差距逐渐缩小。对各城市的企业利润比重增量变化展开分析，发现各城市的企业利润比重增量处在波动变化状态，在 2010~2015 年各个时间段内均排名第一的城市不断更替。广西地区城市的企业利润比重增量得分趋于上升，但排名除南宁市、梧州市、崇左市外均未出现上升，说明这些城市的企业利润比重增量发展处于滞后阶段，企业利润比重增量较慢。广东地区城市的企业利润比重增量得分均出现上升，其排名除肇庆市、云浮市外也出现上升，说明广东地区的整体企业利润比重增量也在提升。佛山市在企业利润比重增量得分上升的情况下其排名出现大幅度上升，说明在珠江－西江经济带整体企业利润比重增量呈现上升的情况下，佛山市具备推动企业利润比重增量发展动力，使其在地区内排名出现较大提升。

表 1-65　　　　2010~2015 年珠江-西江经济带城市企业利润比重增量评价比较

地区	2010 年	2011 年	2012 年	2013 年	2014 年	2015 年	综合变化
南宁市	4.137	5.373	5.080	4.907	5.205	5.446	1.309
	9	2	4	11	3	5	4
柳州市	4.608	4.954	4.963	5.007	5.064	4.900	0.292
	2	6	6	10	6	11	-9
梧州市	4.531	5.153	5.111	5.675	5.210	5.475	0.945
	5	4	2	2	2	4	1
贵港市	4.195	5.124	4.578	5.106	5.038	5.163	0.968
	8	5	10	8	7	10	-2
百色市	4.484	4.926	4.811	5.050	5.088	5.358	0.873
	7	7	9	9	5	7	0
来宾市	4.488	4.924	4.817	5.204	4.939	5.262	0.774
	6	8	8	5	10	8	-2
崇左市	4.570	5.223	4.835	5.247	5.019	5.553	0.983
	3	3	7	3	8	2	1
广州市	3.196	4.342	3.321	6.587	4.540	5.547	2.351
	10	11	11	1	11	3	7
佛山市	0.000	4.402	5.672	5.137	5.343	6.107	6.107
	11	10	1	7	1	1	10
肇庆市	4.558	5.644	5.089	5.178	4.954	5.399	0.841
	4	1	3	6	9	6	-2
云浮市	4.695	4.874	4.974	5.227	5.193	5.194	0.499
	1	9	5	4	4	9	-8
最高分	4.695	5.644	5.672	6.587	5.343	6.107	1.412
最低分	0.000	4.342	3.321	4.907	4.540	4.900	4.900
平均分	3.951	4.994	4.841	5.302	5.054	5.400	1.449
标准差	1.375	0.382	0.574	0.469	0.210	0.304	-1.072

5. 珠江-西江经济带城市企业利润枢纽度得分情况

通过表 1-66 对 2010~2015 年的企业利润枢纽度的变化进行分析。由 2010 年的珠江-西江经济带城市企业利润枢纽度评价来看，有 5 个城市的企业利润枢纽度得分已经在 2 分以上。2010 年珠江-西江经济带城市企业利润枢纽度得分处在 0~3 分，小于 2 分的城市有南宁市、贵港市、百色市、崇左市、广州市、佛山市。珠江-西江经济带城市企业利润枢纽度最高得分为柳州市，为 2.878 分，最低得分为广州市，为 0.160 分。珠江-西江经济带城市企业利润枢纽度得分平均值为 1.707 分，得分标准差为 0.950，说明城市之间企业利润枢纽度变化差异较小。珠江-西江经济带中广东地区企业利润枢纽度的得分较高，其中肇庆市、云浮市 2 个城市的企业利润枢纽度得分超过 2 分；说明这些城市的企业利润枢纽度发展基础相比其他城市较好，地区企业发展水平较高。珠江-西江经济带中广西地区企业利润枢纽度水平较低，其中柳州市、梧州市、来宾市 3 个城市的企业利润枢纽度得分均超过 2 分；说明广西地区企业利润枢纽度综合发展能力较低，地区企业发展水平较低。

由 2011 年的珠江-西江经济带城市企业利润枢纽度评价来看，有 6 个城市的企业利润枢纽度得分已经在 2 分以上。2011 年珠江-西江经济带城市企业利润枢纽度得分处在 0~3 分，小于 2 分的城市有南宁市、贵港市、百色市、广州市、佛山市。珠江-西江经济带城市企业利润枢纽度最高得分为柳州市，为 2.818 分，最低得分为广州市，为 0.141 分。珠江-西江经济带城市企业利润枢纽度得分平均值为 1.795 分，得分标准差为 1.005，说明城市之间企业利润枢纽度的变化差异较小。珠江-西江经济带中广东地区城市的企业利润枢纽度的得分较高，其中肇庆市、云浮市 2 个城市的企业利润枢纽度得分超过 2 分；说明这些城市的企业利润枢纽度发展基础相比其他城市较好，地区企业发展水平较高。珠江-西江经济带中广西地区企业利润枢纽度水平较低，其中柳州市、梧州市、来宾市、崇左市 4 个城市的企业利润枢纽度得分超过 2 分；说明广西地区企业利润枢纽度综合发展能力较低，地区企业发展水平较低。

由 2012 年的珠江-西江经济带城市企业利润枢纽度评价来看，有 6 个城市的企业利润枢纽度得分已经在 2 分以上。2012 年珠江-西江经济带城市企业利润枢纽度得分处在0~4分，小于2分的城市有南宁市、贵港市、百色市、广州市、佛山市。珠江－西江经济带城市企业利润枢纽度最高得分为梧州市，为3.410分，最低得分为广州市，为0.057分。珠江－西江经济带城市企业利润枢纽度得分平均值为1.988分，得分标准差为1.139，说明城市之间企业利润枢纽度的变化差异较小。珠江－西江经济带中广东地区城市的企业利润枢纽度的得分较高，其中肇庆市、云浮市2个城市的企业利润枢纽度得分超过2分；说明这些城市的企业利润枢纽度发展基础相比其他城市较好，地区企业发展水平较高。珠江－西江经济带中广西地区企业利润枢纽度水平较低，其中柳州市、梧州市、来宾市、崇左市4个城市的企业利润枢纽度得分均超过2分；说明广西地区企业利润枢纽度综合发展能力较低，地区企业发展水平较低。

由2013年的珠江－西江经济带城市企业利润枢纽度评价来看，有6个城市的企业利润枢纽度得分已经在2分以上。2013年珠江－西江经济带城市企业利润枢纽度得分处在0~4分，小于2分的城市有南宁市、贵港市、百色市、广州市、佛山市。珠江－西江经济带城市企业利润枢纽度最高得分为梧州市，为3.721分，最低得分为广州市，为0.049分。珠江－西江经济带城市企业利润枢纽度得分平均值为2.095分，得分标准差为1.213，说明城市之间企业利润枢纽度的变化差异较小。珠江－西江经济带中广东地区企业利润枢纽度的得分较高，其中肇庆市、云浮市2个城市的企业利润枢纽度得分超过2分；说明这些城市的企业利润枢纽度发展基础相比其他城市较好，地区企业发展水平较高。珠江－西江经济带中广西地区的企业利润枢纽度水平较低，其中柳州市、梧州市、来宾市、崇左市4个城市的企业利润枢纽度得分均超过2分；说明广西地区企业利润枢纽度综合发展能力较低，地区企业发展水平较低。

由2014年的珠江－西江经济带城市企业利润枢纽度评价来看，有6个城市的企业利润枢纽度得分已经在2分以上。2014年珠江－西江经济带城市企业利润枢纽度得分处在0~4分，小于2分的城市有南宁市、贵港市、百色市、广州市、佛山市。珠江－西江经济带城市企业利润枢纽度最高得分为梧州市，为3.804分，最低得分为广州市，为0.010分。珠江－西江经济带城市企业利润枢纽度得分平均值为2.114分，得分标准差为1.295，说明城市之间企业利润枢纽度的变化差异较小。珠江－西江经济带中广东地区城市的企业利润枢纽度的得分较高，其中肇庆市、云浮市2个城市的企业利润枢纽度得分超过2分；说明这些城市的企业利润枢纽度发展基础相比其他城市较好，地区企业发展水平较高。珠江－西江经济带中广西地区企业利润枢纽度水平较低，其中柳州市、梧州市、来宾市、崇左市4个城市的企业利润枢纽度得分超过2分；说明广西地区企业利润枢纽度综合发展能力较低，地区企业发展水平较低。

由2015年的珠江－西江经济带城市企业利润枢纽度评价来看，有7个城市的企业利润枢纽度得分已经在2分以上。2015年珠江－西江经济带城市企业利润枢纽度得分处在0~6分，小于2分的城市有南宁市、贵港市、百色市、广州市。珠江－西江经济带城市企业利润枢纽度最高得分为云浮市，为5.110分，最低得分为广州市，为0分。珠江－西江经济带城市企业利润枢纽度得分平均值为2.535分，得分标准差为1.699，说明城市之间企业利润枢纽度的变化差异较小。珠江－西江经济带中广东地区城市的企业利润枢纽度的得分较高，其中佛山市、肇庆市、云浮市3个城市的企业利润枢纽度得分超过2分；说明这些城市的企业利润枢纽度发展基础相比其他城市较好，地区企业发展水平较高。珠江－西江经济带中广西地区企业利润枢纽度水平较低，其中柳州市、梧州市、来宾市、崇左市4个城市的企业利润枢纽度得分超过2分；说明广西地区企业利润枢纽度综合发展能力较低，地区企业发展水平较低。

对比珠江－西江经济带城市企业利润枢纽度变化，通过对各年间的珠江－西江经济带城市企业利润枢纽度平均分、标准差进行分析，可以发现其平均分出现上升趋势，说明珠江－西江经济带城市企业利润枢纽度综合能力整体活力有所提升。珠江－西江经济带城市企业利润枢纽度的标准差也出现上升趋势，说明城市间的企业利润枢纽度差距并未缩小。对各城市的企业利润枢纽度变化展开分析，并未发现企业利润枢纽度处在绝对领先位置的城市。广东地区企业利润枢纽度得分区域上升，但整体排名变化较小，说明广东地区整体企业利润枢纽度处于稳定阶段。广西地区城市的企业利润枢纽度得分趋于上升，但其企业利润枢纽度排名趋于下降，说明广西地区的整体企业利润枢纽度处于滞后阶段，企业利润枢纽度缺乏发展动力。

表1-66　　2010~2015年珠江－西江经济带城市企业利润枢纽度评价比较

地区	2010年	2011年	2012年	2013年	2014年	2015年	综合变化
南宁市	0.178	0.228	0.315	0.389	0.365	0.463	0.285
	10	10	10	10	10	10	0
柳州市	2.878	2.818	2.984	3.008	2.950	3.408	0.529
	1	1	2	4	4	4	-3
梧州市	2.328	2.627	3.410	3.721	3.804	4.963	2.635
	3	4	1	1	1	2	1

续表

地区	2010 年	2011 年	2012 年	2013 年	2014 年	2015 年	综合变化
贵港市	0.881	0.937	1.191	1.149	1.119	1.201	0.320
	9	9	9	9	9	9	0
百色市	1.335	1.461	1.462	1.512	1.400	1.556	0.221
	8	8	8	8	8	8	0
来宾市	2.306	2.734	2.939	2.526	2.382	2.396	0.090
	4	2	4	5	5	6	-2
崇左市	1.949	2.050	2.292	2.374	2.235	2.554	0.605
	6	6	6	6	6	5	1
广州市	0.160	0.141	0.057	0.049	0.010	0.000	-0.160
	11	11	11	11	11	11	0
佛山市	1.822	1.550	1.609	1.861	1.944	2.270	0.447
	7	7	7	7	7	7	0
肇庆市	2.235	2.695	2.973	3.159	3.260	3.963	1.728
	5	3	3	3	3	3	2
云浮市	2.706	2.507	2.634	3.299	3.786	5.110	2.404
	2	5	5	2	2	1	1
最高分	2.878	2.818	3.410	3.721	3.804	5.110	2.231
最低分	0.160	0.141	0.057	0.049	0.010	0.000	-0.160
平均分	1.707	1.795	1.988	2.095	2.114	2.535	0.828
标准差	0.950	1.005	1.139	1.213	1.295	1.699	0.750

6. 珠江－西江经济带城市企业利润平均增长指数得分情况

通过表 1-67 对 2010~2015 年的企业利润平均增长指数的变化进行分析。由 2010 年的珠江－西江经济带城市企业利润平均增长指数评价来看，有 8 个城市的企业利润平均增长指数得分已经在 4.400 分以上。2010 年珠江－西江经济带城市企业利润平均增长指数得分处在 4~7 分，小于 4.400 分的城市有南宁市、贵港市、来宾市、佛山市。珠江－西江经济带城市企业利润平均增长指数最高得分为云浮市，为 6.133 分，最低得分为佛山市，为 4.022 分。珠江－西江经济带城市企业利润平均增长指数得分平均值为 4.625 分，得分标准差为 0.600，说明城市之间企业利润平均增长指数的变化差异较小。珠江－西江经济带中广东地区城市的企业利润平均增长指数的得分较高，其中广州市、肇庆市、云浮市 3 个城市的企业利润平均增长指数得分均超过 4.400 分；说明这些城市企业利润平均增长指数发展基础较好，企业发展扩展态势迅猛。珠江－西江经济带中广西地区企业利润平均增长指数水平较低，其中柳州市、梧州市、百色市、崇左市 4 个城市的企业利润平均增长指数得分均超过 4.400 分；说明广西地区企业利润平均增长指数综合发展能力较低，企业发展水平较弱。

由 2011 年的珠江－西江经济带城市企业利润平均增长指数评价来看，有 8 个城市的企业利润平均增长指数得分已经在 3.500 分以上。2011 年珠江－西江经济带城市企业利润平均增长指数得分处在 3~5 分，小于 3.500 分的城市有百色市、来宾市、云浮市。珠江－西江经济带城市企业利润平均增长指数最高得分为肇庆市，为 4.499 分，最低得分为来宾市，为 3.308 分。珠江－西江经济带城市企业利润平均增长指数得分平均值为 3.799 分，得分标准差为 0.440，说明城市之间企业利润平均增长指数变化差异较小。珠江－西江经济带中广东地区企业利润平均增长指数的得分较高，其中广州市、肇庆市、佛山市 3 个城市的企业利润平均增长指数得分均超过 3.500 分；说明这些城市的企业利润平均增长指数发展基础较好，企业发展扩展态势迅猛。珠江－西江经济带中广西地区企业利润平均增长指数水平较低，其中南宁市、柳州市、梧州市、贵港市、崇左市 5 个城市的企业利润平均增长指数得分均超过 3.500 分；说明广西地区企业利润平均增长指数综合发展能力较低，企业发展水平较弱。

由 2012 年的珠江－西江经济带城市企业利润平均增长指数评价来看，有 6 个城市的企业利润平均增长指数得分已经在 3.500 分以上。2012 年珠江－西江经济带城市企业利润平均增长指数得分处在 2~4 分，小于 3.500 分的城市有贵港市、百色市、来宾市、崇左市、广州市。珠江－西江经济带城市企业利润平均增长指数最高得分为梧州市，为 3.949 分，最低得分为百色市，为 2.993 分。珠江－西江经济带城市企业利润平均增长指数得分平均值为 3.454 分，得分标准差为 0.300，说明城市之间企业利润平均增长指数变化差异较小。珠江－西江经济带中广东地区企业利润平均增长指数的得分较高，其中云浮市、肇庆市、佛山市 3

个城市的企业利润平均增长指数得分均超过3.500分；说明这些城市的企业利润平均增长指数发展基础较好，企业发展扩展态势迅猛。珠江－西江经济带中广西地区的企业利润平均增长指数水平较低，其中南宁市、柳州市、梧州市3个城市的企业利润平均增长指数得分均超过3.500分；说明广西地区企业利润平均增长指数综合发展能力较低，企业发展水平较弱。

由2013年的珠江－西江经济带城市企业利润平均增长指数评价来看，有9个城市的企业利润平均增长指数得分已经在3.500分以上。2013年珠江－西江经济带城市企业利润平均增长指数得分处在2～5分，小于3.500分的城市有百色市、来宾市。珠江－西江经济带城市企业利润平均增长指数最高得分为梧州市，为4.790分，最低得分为百色市，为2.854分。珠江－西江经济带城市企业利润平均增长指数得分平均值为3.727分，得分标准差为0.506，说明城市之间企业利润平均增长指数的变化差异较小。珠江－西江经济带中广东地区企业利润平均增长指数的得分较高，其中广州市、云浮市、肇庆市、佛山市4个城市的企业利润平均增长指数得分均超过3.500分；说明这些城市的企业利润平均增长指数发展基础较好，企业发展扩展态势迅猛。珠江－西江经济带中广西地区企业利润平均增长指数水平较低，其中南宁市、柳州市、梧州市、贵港市、崇左市5个城市企业利润平均增长指数得分均超过3.500分；说明广西地区企业利润平均增长指数综合发展能力较低，企业发展水平较弱。

由2014年的珠江－西江经济带城市企业利润平均增长指数评价来看，有10个城市的企业利润平均增长指数得分已经在3.500分以上。2014年珠江－西江经济带城市企业利润平均增长指数得分处在2～6分，小于3.500分的城市有来宾市。珠江－西江经济带城市企业利润平均增长指数最高得分为百色市，为5.048分，最低得分为来宾市，为2.058分。珠江－西江经济带城市企业利润平均增长指数得分平均值为3.729分，得分标准差为0.694，说明城市之间企业利润平均增长指数的变化差异较小。珠江－西江经济带中广东地区企业利润平均增长指数的得分较高，其中广州市、云浮市、肇庆市、佛山市4个城市的企业利润平均增长指数得分均超过3.500分；说明这些城市的企业利润平均增长指数发展基础较好，企业发展扩展态势迅猛。珠江－西江经济带中广西地区企业利润平均增长指数水平较低，其中南宁市、柳州市、梧州市、贵港市、百色市、崇左市6个城市的企业利润平均增长指数得分超过3.500分；说明广西地区城市企业利润平均增长指数综合发展能力较低，企业发展水平较弱。

由2015年的珠江－西江经济带城市企业利润平均增长指数评价来看，有7个城市的企业利润平均增长指数得分已经在3.500分以上。2015年珠江－西江经济带城市企业利润平均增长指数得分处在0～5分，小于3.500分的城市有柳州市、贵港市、来宾市、云浮市。珠江－西江经济带城市企业利润平均增长指数最高得分为百色市，为4.819分，最低得分为来宾市，为0分。珠江－西江经济带城市企业利润平均增长指数得分平均值为3.386分，得分标准差为1.206，说明城市之间企业利润平均增长指数的变化差异较小。珠江－西江经济带中广东地区城市的企业利润平均增长指数的得分较高，其中广州市、肇庆市、佛山市3个城市的企业利润平均增长指数得分均超过3.500分；说明这些城市的企业利润平均增长指数发展基础较好，企业发展扩展态势迅猛。珠江－西江经济带中广西地区的企业利润平均增长指数水平较低，其中南宁市、梧州市、百色市、崇左市4个城市的企业利润平均增长指数得分均超过3.500分；说明广西地区企业利润平均增长指数综合发展能力较低，企业发展水平较弱。

对比珠江－西江经济带城市企业利润平均增长指数变化，通过对各年间的珠江－西江经济带城市企业利润平均增长指数平均分、标准差进行评析，可以发现其平均分呈现波动下降趋势，说明珠江－西江经济带城市企业利润平均增长指数综合能力整体活力并未提升。珠江－西江经济带城市企业利润平均增长指数的标准差呈现波动上升趋势，说明城市间的企业利润平均增长指数差距并未缩小。对各城市的企业利润平均增长指数变化展开分析，发现并未有任何城市的企业利润平均增长指数处在绝对优势地位，在2010～2015年的各个时间段内排名在排名第一的位置的城市不断更替。广东地区城市的企业利润平均增长指数得分均出现下降，其排名除佛山市外均保持不变或出现下降，说明广东地区的整体企业利润平均增长指数实力处于滞后阶段。广西地区企业利润平均增长指数得分趋于下降，其企业利润平均增长指数排名除柳州市、来宾市外均出现上升，说明这些城市的企业利润平均增长指数处于发展阶段，企业利润平均增长指数具有有效推动力。柳州市、云浮市在城市企业利润平均增长指数得分下降的情况下，其排名出现大幅下降，说明在珠江－西江经济带城市整体企业利润平均增长指数呈现上升的情况下，柳州市、云浮市未能保持其企业利润平均增长指数的现有水平，使其在地区内的排名出现衰退。

表1-67　　　　2010～2015年珠江－西江经济带城市企业利润平均增长指数评价比较

地区	2010年	2011年	2012年	2013年	2014年	2015年	综合变化
南宁市	4.105	4.071	3.665	3.542	3.841	3.682	-0.423
	9	4	2	9	4	4	5
柳州市	4.869	3.586	3.565	3.579	3.718	3.172	-1.697
	3	6	6	8	5	10	-7

续表

地区	2010年	2011年	2012年	2013年	2014年	2015年	综合变化
梧州市	4.708	4.254	3.949	4.790	3.874	3.730	-0.977
	5	3	1	1	3	3	2
贵港市	4.043	3.838	3.043	3.608	3.710	3.400	-0.643
	10	5	10	7	6	9	1
百色市	4.459	3.433	2.993	2.854	5.048	4.819	0.360
	6	9	11	11	1	1	5
来宾市	4.347	3.308	3.197	3.110	2.058	0.000	-4.347
	8	11	9	10	11	11	-3
崇左市	4.973	4.408	3.312	3.973	3.660	4.185	-0.788
	2	2	8	4	8	2	0
广州市	4.436	3.532	3.327	4.024	3.596	3.551	-0.885
	7	8	7	2	10	7	0
佛山市	4.022	3.542	3.650	3.762	3.705	3.602	-0.420
	11	7	4	6	7	6	5
肇庆市	4.779	4.499	3.662	3.772	3.616	3.634	-1.145
	4	1	3	5	9	5	-1
云浮市	6.133	3.317	3.628	3.980	4.194	3.473	-2.660
	1	10	5	3	2	8	-7
最高分	6.133	4.499	3.949	4.790	5.048	4.819	-1.314
最低分	4.022	3.308	2.993	2.854	2.058	0.000	-4.022
平均分	4.625	3.799	3.454	3.727	3.729	3.386	-1.239
标准差	0.600	0.440	0.300	0.506	0.694	1.206	0.606

7. 珠江－西江经济带城市企业产值流强度得分情况

通过表1-68对2010~2015年的企业产值流强度的变化进行分析。由2010年的珠江－西江经济带城市企业产值流强度评价来看，有3个城市的企业产值流强度得分已经在0.1分及以上。2010年珠江－西江经济带城市企业产值流强度得分处在0~2分，小于0.1分的城市有柳州市、梧州市、贵港市、百色市、来宾市、崇左市、肇庆市、云浮市。珠江－西江经济带城市企业产值流强度最高得分为广州市，为1.997分，最低得分为崇左市，为0.001分。珠江－西江经济带城市企业产值流强度得分平均值为0.232分，得分标准差为0.589，说明城市之间企业产值流强度变化差异较小。珠江－西江经济带中广东地区企业产值流强度水平较高，其中广州市、佛山市2个城市的企业产值流强度得分均超过0.1分；说明这些城市的企业产值流强度发展基础较好，企业产值增长速度较快。珠江－西江经济带中广西地区企业产值流强度的得分较低，其中仅有南宁市的企业产值流强度得分超过0.1分；说明广西地区企业产值流强度综合发展能力较低，企业产值增长速度较慢，城市企业发展滞后。

由2011年的珠江－西江经济带城市企业产值流强度评价来看，有4个城市的企业产值流强度得分已经在0.1分以上。2011年珠江－西江经济带城市企业产值流强度得分处在0~3分，小于0.1分的城市有南宁市、柳州市、百色市、来宾市、崇左市、肇庆市、云浮市。珠江－西江经济带城市企业产值流强度最高得分为广州市，为2.403分，最低得分为来宾市，为0.011分。珠江－西江经济带城市企业产值流强度得分平均值为0.307分，得分标准差为0.700，说明城市之间企业产值流强度的变化差异较小。珠江－西江经济带中广东地区企业产值流强度水平较高，其中广州市、佛山市2个城市的企业产值流强度得分均超过0.1分；说明这些城市的企业产值流强度发展基础较好，企业产值增长速度较快。珠江－西江经济带中广西地区企业产值流强度的得分较低，其中梧州市、贵港市的企业产值流强度得分均超过0.1分；说明广西地区企业产值流强度综合发展能力较低，企业产值增长速度较慢，城市企业发展滞后。

由2012年的珠江－西江经济带城市企业产值流强度评价来看，有4个城市的企业产值流强度得分已经在0.1分以上。2012年珠江－西江经济带城市企业产值流强度得分处在0~3分，小于0.1分的城市有南宁市、柳州市、百色市、来宾市、崇左市、肇庆市、云浮市。珠江－西江经济带城市企业产值流强度最高得分为广州市，为2.271分，最低得分为来宾市，为0.005分。珠江－西江经济带城市企业产值流强度得分平均值为0.308分，得分标准差为0.658，说明城市之间企业产值流强度的变化差异较小。珠江－西江经济带中广东地区企业产值流强度水平较高，其中广州市、佛山市2个城市的企业产值流强度得分均超过

0.1分；说明这些城市的企业产值流强度发展基础较好，企业产值增长速度较快。珠江－西江经济带中广西地区企业产值流强度的得分较低，其中梧州市、贵港市的企业产值流强度得分超过0.1分；说明广西地区企业产值流强度综合发展能力较低，企业产值增长速度较慢，城市企业发展滞后。

由2013年的珠江－西江经济带城市企业产值流强度评价来看，有4个城市的企业产值流强度得分已经在0.1分以上。2013年珠江－西江经济带城市企业产值流强度得分处在0~3分，小于0.1分的城市有南宁市、柳州市、梧州市、百色市、来宾市、崇左市、云浮市。珠江－西江经济带城市企业产值流强度最高得分为广州市，为2.979分，最低得分为来宾市，为0分。珠江－西江经济带城市企业产值流强度得分平均值为0.362分，得分标准差为0.872，说明城市之间企业产值流强度的变化差异较小。珠江－西江经济带中广东地区企业产值流强度水平较高，其中广州市、佛山市、肇庆市3个城市的企业产值流强度得分均超过0.1分；说明这些城市的企业产值流强度发展基础较好，企业产值增长速度较快。珠江－西江经济带中广西地区企业产值流强度的得分较低，其中贵港市的企业产值流强度得分超过0.1分；说明广西地区企业产值流强度综合发展能力较低，企业产值增长速度较慢，城市企业发展滞后。

由2014年的珠江－西江经济带城市企业产值流强度评价来看，有6个城市的企业产值流强度得分已经在0.1分以上。2014年珠江－西江经济带城市企业产值流强度得分处在0~4分，小于0.1分的城市有柳州市、梧州市、百色市、来宾市、云浮市。珠江－西江经济带城市企业产值流强度最高得分为广州市，为3.315分，最低得分为来宾市，为0.001。珠江－西江经济带城市企业产值流强度得分平均值为0.411分，得分标准差为0.969，说明城市之间企业产值流强度变化差异较小。珠江－西江经济带中广东地区企业产值流强度水平较高，其中广州市、佛山市、肇庆市3个城市的企业产值流强度得分均超过0.1分；说明这些城市的企业产值流强度发展基础较好，企业产值增长速度较快。珠江－西江经济带中广西地区企业产值流强度的得分较低，其中南宁市、崇左市、贵港市3个城市的企业产值流强度得分超过0.1分；说明广西地区企业产值流强度综合发展能力较低，企业产值增长速度较慢，城市企业发展滞后。

由2015年的珠江－西江经济带城市企业产值流强度评价来看，有6个城市的企业产值流强度得分已经在0.1分以上。2015年珠江－西江经济带城市企业产值流强度得分处在0~4分，小于0.1分的城市有梧州市、百色市、来宾市、崇左市、云浮市。珠江－西江经济带城市企业产值流强度最高得分为广州市，为3.643分，最低得分为来宾市，为0.009分。珠江－西江经济带城市企业产值流强度得分平均值为0.451分，得分标准差为1.064，说明城市之间企业产值流强度的变化差异较小。珠江－西江经济带中广东地区企业产值流强度水平较高，其中广州市、佛山市、肇庆市3个城市的企业产值流强度得分均超过0.1分；说明这些城市的企业产值流强度发展基础较好，企业产值增长速度较快。珠江－西江经济带中广西地区企业产值流强度的得分较低，其中南宁市、柳州市、贵港市3个城市的企业产值流强度得分超过0.1分；说明广西地区企业产值流强度综合发展能力较低，企业产值增长速度较慢，城市企业发展滞后。

对比珠江－西江经济带城市企业产值流强度变化，通过对各年间的珠江－西江经济带城市企业产值流强度平均分、标准差进行评析，可以发现其平均分呈现持续上升趋势，说明珠江－西江经济带城市企业产值流强度综合能力整体活力有所提升。珠江－西江经济带城市企业产值流强度标准差呈现波动上升的趋势，说明城市间企业产值流强度差距并未缩小。对各城市的企业产值流强度变化展开分析，发现广州市企业产值流强度处在绝对领先位置，在2010~2015年各个时间段内均保持排名第一的位置，其发展水平呈上升的趋势。贵港市和崇左市的企业产值流强度得分出现上升，其发展水平排名也出现上升。广东地区其他城市的企业产值流强度得分均出现上升，但其排名变化较小，说明广东地区的整体企业产值流强度处于稳定状态。广西地区其他城市的企业产值流强度得分均出现上升，但其企业产值流强度排名趋于下降，说明这些城市的企业产值流强度发展处于滞后阶段，企业发展进程缓慢。贵港市在企业产值流强度得分小幅上升的情况下其排名出现大幅上升，说明在珠江－西江经济带城市整体企业产值流强度呈现衰退的情况下，贵港市保持其企业产值流强度的现有水平，使其在地区内的排名结构出现变化。

表1-68　　　　　　2010~2015年珠江－西江经济带城市企业产值流强度评价比较

地区	2010年	2011年	2012年	2013年	2014年	2015年	综合变化
南宁市	0.100	0.085	0.066	0.073	0.100	0.151	0.052
	3	6	7	7	6	4	-1
柳州市	0.037	0.050	0.065	0.075	0.085	0.121	0.084
	5	8	8	6	7	6	-1
梧州市	0.021	0.143	0.233	0.043	0.043	0.069	0.048
	7	4	3	9	9	8	-1
贵港市	0.015	0.158	0.186	0.191	0.285	0.274	0.258
	10	3	4	3	3	3	7

续表

地区	2010年	2011年	2012年	2013年	2014年	2015年	综合变化
百色市	0.030	0.048	0.052	0.055	0.062	0.065	0.035
	6	9	9	8	8	9	-3
来宾市	0.018	0.011	0.005	0.000	0.001	0.009	-0.009
	8	11	11	11	11	11	-3
崇左市	0.001	0.061	0.070	0.097	0.110	0.091	0.090
	11	7	6	5	5	7	4
广州市	1.997	2.403	2.271	2.979	3.315	3.643	1.646
	1	1	1	1	1	1	0
佛山市	0.238	0.304	0.316	0.324	0.362	0.372	0.134
	2	2	2	2	2	2	0
肇庆市	0.084	0.087	0.093	0.107	0.122	0.134	0.050
	4	5	5	4	4	5	-1
云浮市	0.016	0.029	0.028	0.039	0.038	0.037	0.021
	9	10	10	10	10	10	-1
最高分	1.997	2.403	2.271	2.979	3.315	3.643	1.646
最低分	0.001	0.011	0.005	0.000	0.001	0.009	0.008
平均分	0.232	0.307	0.308	0.362	0.411	0.451	0.219
标准差	0.589	0.700	0.658	0.872	0.969	1.064	0.475

8. 珠江-西江经济带城市企业产值倾向度得分情况

通过表1-69对2010~2015年的企业产值倾向度的变化进行分析。由2010年的珠江-西江经济带城市企业产值倾向度评价来看，有6个城市的企业产值倾向度得分已经在0.4分以上。2010年珠江-西江经济带城市企业产值倾向度得分处在0~2分，小于0.4分的城市有柳州市、梧州市、贵港市、崇左市、佛山市。珠江-西江经济带城市企业产值倾向度最高得分为广州市，为1.847分，最低得分为崇左市，为0.082分。珠江-西江经济带城市企业产值倾向度得分平均值为0.534分，得分标准差为0.471，说明城市之间企业产值倾向度变化差异较小。珠江-西江经济带中广东地区企业产值倾向度的得分较高，其中广州市、肇庆市、云浮市3个城市的企业产值倾向度得分超过0.4分；说明这些城市的企业产值倾向度发展基础较好，城市企业发展速度较快。珠江-西江经济带中广西地区企业产值倾向度水平较低，其中南宁市、百色市、来宾市3个城市的企业产值倾向度得分超过0.4分；说明广西地区企业产值倾向度综合发展能力较低，城市企业发展速度慢。

由2011年的珠江-西江经济带城市企业产值倾向度评价来看，有7个城市的企业产值倾向度得分已经在0.4分以上。2011年珠江-西江经济带城市企业产值倾向度得分处在0~3分，小于0.4分的城市有柳州市、南宁市、来宾市、佛山市。珠江-西江经济带城市企业产值倾向度最高得分为贵港市，为1.127分，最低得分为柳州市，为0.264分。珠江-西江经济带城市企业产值倾向度得分平均值为0.944分，得分标准差为0.471，说明城市之间企业产值倾向度变化差异较小。珠江-西江经济带中广东地区企业产值倾向度的得分较高，其中广州市、肇庆市、云浮市3个城市的企业产值倾向度得分超过0.4分；说明这些城市的企业产值倾向度发展基础较好，城市企业发展速度较快。珠江-西江经济带中广西地区企业产值倾向度水平较低，其中梧州市、贵港市、百色市、崇左市4个城市的企业产值倾向度得分均超过0.4分；说明广西地区企业产值倾向度综合发展能力较低，城市企业发展速度慢。

由2012年的珠江-西江经济带城市企业产值倾向度评价来看，有8个城市的企业产值倾向度得分已经在0.4分以上。2012年珠江-西江经济带城市企业产值倾向度得分处在0~4分，小于0.4分的城市有柳州市、南宁市、来宾市。珠江-西江经济带城市企业产值倾向度最高得分为梧州市，为3.443分，最低得分为来宾市，为0.133分。珠江-西江经济带城市企业产值倾向度得分平均值为1.236分，得分标准差为1.215，说明城市之间企业产值倾向度变化差异较小。珠江-西江经济带中广东地区企业产值倾向度的得分较高，其中广州市、佛山市、肇庆市、云浮市4个城市的企业产值倾向度得分超过0.4分；说明这些城市的企业产值倾向度发展基础较好，城市企业发展速度较快。珠江-西江经济带中广西地区企业产值倾向度水平较低，其中梧州市、贵港市、百色市、崇左市4个城市的企业产值倾向度得分均超过0.4分；说明广西地区企业产值倾向度综合发展能力较低，城市企业发展速度慢。

由2013年的珠江-西江经济带城市企业产值倾向度评价来看，有7个城市的企业产值倾向度得分已经在0.4分以上。2013年珠江-西江经济带城市企业产值倾向度得分处在0~3分，小于0.4分的城市有柳州市、南宁市、来宾市、佛山市。珠江-西江经济带城市企业产值倾向度最高得分为贵港市，为2.783分，最低得分为来宾市，为0分。珠江-西江经济带城市企业产值倾向度得分平均值为0.887分，得分标准差为0.894，说明城市之间企业产值倾向度的变化差异较小。珠江-西江经济带中广东地区城市企业产值倾向度的得分较高，其中广州市、肇庆市、云浮市3个城市的企业产值倾向度得分超过0.4分；说明这些城市的企业产值倾向度发展基础较好，城市企业发展速度较快。珠江-西江经济带中广西地区企业产值倾向度水平较低，其中梧州市、贵港市、百色市、崇左市4个城市的企业产值倾向度得分均超过0.4分；说明广西地区企业产值倾向度综合发展能力较低，城市企业发展速度慢。

由2014年的珠江-西江经济带城市企业产值倾向度评价来看，有6个城市的企业产值倾向度得分已经在0.4分以上。2014年珠江-西江经济带城市企业产值倾向度得分处在0~5分，小于0.4分的城市有柳州市、南宁市、梧州市、来宾市、佛山市。珠江-西江经济带城市企业产值倾向度最高得分为贵港市，为4.012分，最低得分为来宾市，为0.015分。珠江-西江经济带城市企业产值倾向度得分平均值为1.029分，得分标准差为1.196，说明城市之间企业产值倾向度的变化差异较小。珠江-西江经济带中广东地区企业产值倾向度得分较高，其中广州市、肇庆市、云浮市3个城市的企业产值倾向度得分超过0.4分；说明这些城市的企业产值倾向度发展基础较好，城市企业发展速度较快。珠江-西江经济带中广西地区企业产值倾向度水平较低，其中贵港市、百色市、崇左市3个城市的企业产值倾向度得分均超过0.4分；说明广西地区企业产值倾向度综合发展能力较低，城市企业发展速度慢。

由2015年的珠江-西江经济带城市企业产值倾向度评价来看，有8个城市的企业产值倾向度得分已经在0.4分以上。2015年珠江-西江经济带城市企业产值倾向度得分处在0~4分，小于0.4分的城市有南宁市、来宾市、佛山市。珠江-西江经济带城市企业产值倾向度最高得分为贵港市，为3.302分，最低得分为来宾市，为0.159分。珠江-西江经济带城市企业产值倾向度得分平均值为0.932分，得分标准差为0.948，说明城市之间企业产值倾向度变化差异较小。珠江-西江经济带中广东地区企业产值倾向度得分较高，其中广州市、肇庆市、云浮市3个城市的企业产值倾向度得分超过0.4分；说明这些城市的企业产值倾向度发展基础较好，城市企业发展速度较快。珠江-西江经济带中广西地区企业产值倾向度水平较低，其中柳州市、梧州市、贵港市、百色市、崇左市5个城市的企业产值倾向度得分均超过0.4分；说明广西地区企业产值倾向度综合发展能力较低，城市企业发展速度慢。

对比珠江-西江经济带城市企业产值倾向度变化，通过对各年间的珠江-西江经济带城市企业产值倾向度平均分、标准差进行评析，可以发现其平均分呈现波动上升趋势，说明珠江-西江经济带城市企业产值倾向度综合能力整体活力有所提升。但珠江-西江经济带城市企业产值倾向度的标准差也呈现波动上升趋势，说明城市间的企业产值倾向度差距有所扩大。对各城市企业产值倾向度变化展开分析，发现贵港市的企业产值倾向度处在较领先位置，在2010~2015年的各个时间段内除2010年和2012年均保持排名第一的位置，其发展水平处于上升趋势。广州市和佛山市的企业产值倾向度得分均出现上升，但其发展水平排名出现下降。广东地区其他城市的企业产值倾向度得分均出现下降，其发展水平排名也出现下降，说明广东地区的整体企业产值倾向度处于滞后状态。广西地区其他城市的企业产值倾向度得分除南宁市、来宾市外均出现上升，其企业产值倾向度排名南宁市、百色市、来宾市趋于上升，说明这些城市的企业产值倾向度发展处于发展阶段，企业发展进程加快。贵港市在企业产值倾向度得分小幅上升的情况下其排名出现大幅上升，说明在珠江-西江经济带城市整体企业产值倾向度呈现衰退的情况下，贵港市保持其企业产值倾向度的现有水平，使其在地区内的排名结构出现变化。

表1-69　　　　　2010~2015年珠江-西江经济带城市企业产值倾向度评价比较

地区	2010年	2011年	2012年	2013年	2014年	2015年	综合变化
南宁市	0.486	0.330	0.186	0.155	0.220	0.331	-0.155
	5	9	10	10	10	10	-5
柳州市	0.210	0.264	0.321	0.289	0.309	0.433	0.223
	10	11	9	9	9	8	2
梧州市	0.365	2.267	3.443	0.400	0.378	0.590	0.225
	7	2	1	7	8	6	1
贵港市	0.291	2.960	3.383	2.783	4.012	3.302	3.011
	9	1	2	1	1	1	8
百色市	0.550	0.838	0.798	0.699	0.700	0.624	0.074
	3	5	5	4	4	4	-1
来宾市	0.515	0.284	0.133	0.000	0.015	0.159	-0.356
	4	10	11	11	11	11	-7

续表

地区	2010年	2011年	2012年	2013年	2014年	2015年	综合变化
崇左市	0.082	1.500	1.642	1.814	1.909	1.380	1.298
	11	4	4	3	3	3	8
广州市	1.847	2.148	1.927	1.973	2.114	1.983	0.135
	1	3	3	2	2	2	-1
佛山市	0.317	0.397	0.433	0.359	0.398	0.340	0.023
	8	8	8	8	7	9	-1
肇庆市	0.746	0.683	0.682	0.599	0.637	0.602	-0.144
	2	7	6	6	5	5	-3
云浮市	0.469	0.725	0.651	0.682	0.624	0.506	0.037
	6	6	7	5	6	7	-1
最高分	1.847	2.960	3.443	2.783	4.012	3.302	1.455
最低分	0.082	0.264	0.133	0.000	0.015	0.159	0.076
平均分	0.534	1.127	1.236	0.887	1.029	0.932	0.397
标准差	0.471	0.944	1.215	0.894	1.196	0.948	0.477

9. 珠江-西江经济带城市内资企业产值职能规模得分情况

通过表1-70对2010~2015年的城市内资企业产值职能规模的变化进行分析。由2010年的珠江-西江经济带城市内资企业产值职能规模评价来看，有4个城市内资企业产值职能规模得分已经在0.1分以上。2010年珠江-西江经济带城市内资企业产值职能规模得分处在0~3分，小于0.1分的城市有柳州市、梧州市、贵港市、百色市、来宾市、崇左市、云浮市。珠江-西江经济带城市内资企业产值职能规模最高得分为广州市，为2.274分，最低得分为百色市，为0.028分。珠江-西江经济带城市内资企业产值职能规模得分平均值为0.317分，得分标准差为0.666，说明城市之间内资企业产值职能规模变化差异较小。珠江-西江经济带中广东地区城市内资企业产值职能规模的得分较高，其中广州市、佛山市、肇庆市3个城市的内资企业产值职能规模得分均超过0.1分；说明这些城市的内资企业产值职能规模发展基础较好，地区内资企业发展态势良好。珠江-西江经济带中广西地区城市内资企业产值职能规模水平较低，其中仅有南宁市内资企业产值职能规模得分超过0.1分；说明广西地区城市内资企业产值职能规模综合发展能力较低，地区内资企业未能充分发展。

由2011年的珠江-西江经济带城市内资企业产值职能规模评价来看，有7个城市内资企业产值职能规模得分已经在0.1分以上。2011年珠江-西江经济带城市内资企业产值职能规模得分处在0~3分，小于0.1分的城市有百色市、来宾市、崇左市、云浮市。珠江-西江经济带城市内资企业产值职能规模最高得分为广州市，为2.742分，最低得分为云浮市，为0.015分。珠江-西江经济带城市内资企业产值职能规模得分平均值为0.445分，得分标准差为0.804，说明城市之间内资企业产值职能规模变化差异较小。珠江-西江经济带中广东地区城市内资企业产值职能规模的得分较高，其中广州市、佛山市、肇庆市3个城市的内资企业产值职能规模得分均超过0.1分；说明这些城市内资企业产值职能规模发展基础较好，地区内资企业发展态势良好。珠江-西江经济带中广西地区城市内资企业产值职能规模水平较低，其中有南宁市、柳州市、梧州市、贵港市4个城市内资企业产值职能规模得分超过0.1分；说明广西地区城市内资企业产值职能规模综合发展能力较低，地区内资企业未能充分发展。

由2012年的珠江-西江经济带城市内资企业产值职能规模评价来看，有6个城市内资企业产值职能规模得分已经在0.1分以上。2012年珠江-西江经济带城市内资企业产值职能规模得分处在0~3分，小于0.1分的城市有南宁市、百色市、来宾市、崇左市、云浮市。珠江-西江经济带城市内资企业产值职能规模最高得分为广州市，为2.945分，最低得分为百色市，为0.019分。珠江-西江经济带城市内资企业产值职能规模得分平均值为0.506分，得分标准差为0.875，说明城市之间内资企业产值职能规模变化差异较小。珠江-西江经济带中广东地区城市内资企业产值职能规模的得分较高，其中广州市、佛山市、肇庆市3个城市的内资企业产值职能规模得分均超过0.1分；说明这些城市内资企业产值职能规模发展基础较好，地区内资企业发展态势良好。珠江-西江经济带中广西地区城市内资企业产值职能规模水平较低，其中有柳州市、梧州市、贵港市3个城市内资企业产值职能规模得分超过0.1分；说明广西地区城市内资企业产值职能规模综合发展能力较低，地区内资企业未能充分发展。

由2013年的珠江-西江经济带城市内资企业产值职能规模评价来看，有6个城市内资企业产值职能规模得分已经在0.1分以上。2013年珠江-西江经济带城市内资企业产值职能规模得分处在0~4分，小于0.1分的城市有南宁市、百色市、来宾市、崇左市、云浮市。珠江-西江经济带城市内资企业产值职能规模最高得分为广州市，为3.240分，最低得分为来宾市，为0.004分。珠江-西江经济带城市内资企业产值职能规模得分平均值为 0.512 分，得分标准差为 0.973，说明城市之间内资企业产值职能规模变化差异较小。珠江－西江经济带中广东地区城市内资企业产值职能规模的得分较高，其中广州市、佛山市、肇庆市 3 个城市的内资企业产值职能规模得分均超过 0.1 分；说明这些城市内资企业产值职能规模发展基础较好，地区内资企业发展态势良好。珠江－西江经济带中广西地区城市内资企业产值职能规模水平较低，其中有柳州市、梧州市、贵港市 3 个城市内资企业产值职能规模得分超过 0.1 分；说明广西地区城市内资企业产值职能规模综合发展能力较低，地区内资企业未能充分发展。

由 2014 年的珠江－西江经济带城市内资企业产值职能规模评价来看，有 6 个城市内资企业产值职能规模得分已经在 0.1 分以上。2014 年珠江－西江经济带城市内资企业产值职能规模得分处在 0~4 分，小于 0.1 分的城市有南宁市、百色市、来宾市、崇左市、云浮市。珠江－西江经济带城市内资企业产值职能规模最高得分为广州市，为 3.577 分，最低得分为百色市，为 0.001 分。珠江－西江经济带城市内资企业产值职能规模得分平均值为 0.571 分，得分标准差为 1.081，说明城市之间内资企业产值职能规模变化差异较小。珠江－西江经济带中广东地区城市内资企业产值职能规模的得分较高，其中广州市、佛山市、肇庆市 3 个城市的内资企业产值职能规模得分均超过 0.1 分；说明这些城市内资企业产值职能规模发展基础较好，地区内资企业发展态势良好。珠江－西江经济带中广西地区城市内资企业产值职能规模水平较低，其中有柳州市、梧州市、贵港市 3 个城市内资企业产值职能规模得分超过 0.1 分；说明广西地区城市内资企业产值职能规模综合发展能力较低，地区内资企业未能充分发展。

由 2015 年的珠江－西江经济带城市内资企业产值职能规模评价来看，有 7 个城市内资企业产值职能规模得分已经在 0.1 分以上。2015 年珠江－西江经济带城市内资企业产值职能规模得分处在 0~4 分，小于 0.1 分的城市有百色市、来宾市、崇左市、云浮市。珠江－西江经济带城市内资企业产值职能规模最高得分为广州市，为 3.766 分，最低得分为百色市，为 0 分。珠江－西江经济带城市内资企业产值职能规模得分平均值为 0.635 分，得分标准差为 1.133，说明城市之间内资企业产值职能规模的变化差异较小。珠江－西江经济带中广东地区城市内资企业产值职能规模的得分较高，其中广州市、佛山市、肇庆市 3 个城市的内资企业产值职能规模实力得分均超过 0.1 分；说明这些城市内资企业产值职能规模发展基础较好，地区内资企业发展态势良好。珠江－西江经济带中广西地区城市内资企业产值职能规模水平较低，其中有南宁市、柳州市、梧州市、贵港市 4 个城市内资企业产值职能规模得分超过 0.1 分；说明广西地区城市内资企业产值职能规模综合发展能力较低，地区内资企业未能充分发展。

对比珠江－西江经济带城市内资企业产值职能规模变化，通过对各年间的珠江－西江经济带城市内资企业产值职能规模平均分、标准差进行评析，可以发现其平均分呈现持续上升的趋势，说明珠江－西江经济带城市内资企业产值职能规模综合能力整体活力有所提升。珠江－西江经济带城市内资企业产值职能规模标准差也呈现持续上升的趋势，说明城市间的内资企业产值职能规模差距并未缩小。对各城市的内资企业产值职能规模变化展开分析，发现广州市的内资企业产值职能规模处在绝对领先位置，在 2010~2015 年各个时间段内保持排名第一的位置，其发展水平处于上升趋势。崇左市的内资企业产值职能规模得分出现上升，但其发展水平排名出现下降。广东地区其他城市的内资企业产值职能规模得分除云浮市外均出现上升，但其发展水平排名基本不变，说明广东地区的整体内资企业产值职能规模处于非常稳定的状态。广西地区其他城市的内资企业产值职能规模得分除南宁市、百色市、来宾市外均出现上升，其内资企业产值职能规模排名除南宁市、百色市、来宾市外均趋于上升，说明这些城市的内资企业产值职能规模发展处于发展阶段，企业发展进程加快。贵港市在内资企业产值职能规模得分小幅上升的情况下其排名出现大幅上升，说明在珠江－西江经济带城市整体内资企业产值职能规模呈现衰退的情况下，贵港市保持其内资企业产值职能规模的现有水平，使其在地区内的排名结构出现变化。

表 1-70　　　　2010~2015 年珠江－西江经济带城市内资企业产值职能规模评价比较

地区	2010 年	2011 年	2012 年	2013 年	2014 年	2015 年	综合变化
南宁市	0.189	0.129	0.077	0.044	0.019	0.117	-0.072
	3	7	7	8	9	7	-4
柳州市	0.042	0.182	0.148	0.226	0.132	0.121	0.079
	9	6	6	5	5	6	3
梧州市	0.048	0.301	0.512	0.105	0.117	0.338	0.290
	7	3	3	6	6	5	2
贵港市	0.047	0.255	0.320	0.308	0.506	0.512	0.465
	8	4	4	4	3	3	5
百色市	0.028	0.025	0.019	0.014	0.001	0.000	-0.028
	11	10	11	10	11	11	0

续表

地区	2010年	2011年	2012年	2013年	2014年	2015年	综合变化
来宾市	0.057	0.029	0.020	0.004	0.001	0.022	-0.035
	5	9	10	11	10	9	-4
崇左市	0.051	0.041	0.047	0.050	0.056	0.056	0.006
	6	8	8	7	7	8	-2
广州市	2.274	2.742	2.945	3.240	3.577	3.766	1.492
	1	1	1	1	1	1	0
佛山市	0.537	0.923	1.142	1.248	1.416	1.575	1.038
	2	2	2	2	2	2	0
肇庆市	0.175	0.247	0.308	0.373	0.434	0.461	0.286
	4	5	5	3	4	4	0
云浮市	0.037	0.015	0.028	0.024	0.026	0.018	-0.020
	10	11	9	9	8	10	0
最高分	2.274	2.742	2.945	3.240	3.577	3.766	1.492
最低分	0.028	0.015	0.019	0.004	0.001	0.000	-0.028
平均分	0.317	0.445	0.506	0.512	0.571	0.635	0.318
标准差	0.666	0.804	0.875	0.973	1.081	1.133	0.467

10. 珠江－西江经济带城市港澳台投资企业产值职能规模得分情况

通过表1-71对2010～2015年的城市港澳台投资企业产值职能规模的变化进行分析。由2010年的珠江－西江经济带城市港澳台投资企业产值职能规模评价来看，有7个城市港澳台投资企业产值职能规模得分已经在0.02分以上。2010年珠江－西江经济带城市港澳台投资企业产值职能规模得分处在0～4分，小于0.02分的城市有贵港市、百色市、来宾市、崇左市。珠江－西江经济带城市港澳台投资企业产值职能规模最高得分为广州市，为3.375分，最低得分为贵港市，为0分。珠江－西江经济带城市港澳台投资企业产值职能规模得分平均值为0.642分，得分标准差为1.195，说明城市之间港澳台投资企业产值职能规模变化差异较小。珠江－西江经济带中广东地区城市港澳台投资企业产值职能规模的得分较高，其中广州市、佛山市、肇庆市、云浮市4个城市的港澳台投资企业产值职能规模得分均超过0.02分；说明这些城市港澳台投资企业产值职能规模发展基础较好，地区港澳台企业发展态势良好。珠江－西江经济带中广西地区城市港澳台投资企业产值职能规模水平较低，其中有南宁市、柳州市、梧州市3个城市港澳台投资企业产值职能规模得分均超过0.02分；说明广西地区港澳台投资企业产值职能规模综合发展能力较低，地区港澳台企业未能充分发展。

由2011年的珠江－西江经济带城市港澳台投资企业产值职能规模评价来看，有9个城市港澳台投资企业产值职能规模得分已经在0.02分以上。2011年珠江－西江经济带城市港澳台投资企业产值职能规模得分处在0～4分，小于0.02分的城市是来宾市、崇左市。珠江－西江经济带城市港澳台投资企业产值职能规模最高得分为广州市，为3.305分，最低得分为来宾市，为0.006分。珠江－西江经济带城市港澳台投资企业产值职能规模得分平均值为0.691分，得分标准差为1.216，说明城市之间港澳台投资企业产值职能规模的变化差异较小。珠江－西江经济带中广东地区城市港澳台投资企业产值职能规模的得分较高，其中广州市、佛山市、肇庆市、云浮市4个城市的港澳台投资企业产值职能规模得分均超过0.02分；说明这些城市港澳台投资企业产值职能规模发展基础较好，地区港澳台企业发展态势良好。珠江－西江经济带中广西地区城市港澳台投资企业产值职能规模水平较低，其中有南宁市、柳州市、梧州市、贵港市、百色市5个城市港澳台投资企业产值职能规模得分均超过0.02分；说明广西地区港澳台投资企业产值职能规模综合发展能力较低，地区港澳台企业未能充分发展。

由2012年的珠江－西江经济带城市港澳台投资企业产值职能规模评价来看，有9个城市的城市港澳台投资企业产值职能规模得分已经在0.02分以上。2012年珠江－西江经济带城市港澳台投资企业产值职能规模得分处在0～4分，小于0.02分的城市是来宾市、崇左市。珠江－西江经济带城市港澳台投资企业产值职能规模最高得分为佛山市，为3.040分，最低得分为来宾市，为0.004分。珠江－西江经济带城市港澳台投资企业产值职能规模得分平均值为0.664分，得分标准差为1.123，说明城市之间港澳台投资企业产值职能规模变化差异较小。珠江－西江经济带中广东地区城市港澳台投资企业产值职能规模的得分较高，其中广州市、佛山市、肇庆市、云浮市4个城市的港澳台投资企业产值职能规模得分均超过0.02分；说明这些城市港澳台投资企业产值职能规模发展基础较好，地区港澳台企业发展态势良好。珠江－西江经济带中广西地区的城市港澳台投资企业产值职能规模水平较低，其中有南宁市、柳州市、梧州市、贵港市、百色市5个城市港澳台投资企业产值职能规模得分超过0.02分；说明广西地区城市港澳台投资企业产值职能规模综合发展能力较低，地区港澳台企业未能充分发展。

由 2013 年的珠江－西江经济带城市港澳台投资企业产值职能规模评价来看，有 9 个城市港澳台投资企业产值职能规模得分已经在 0.02 分以上。2013 年珠江－西江经济带城市港澳台投资企业产值职能规模得分处在 0~4 分，小于 0.02 分的城市是来宾市、崇左市。珠江－西江经济带城市港澳台投资企业产值职能规模最高得分为广州市，为 3.538 分，最低得分为来宾市，为 0.005。珠江－西江经济带城市港澳台投资企业产值职能规模得分平均值为 0.800 分，得分标准差为 1.367，说明城市之间港澳台投资企业产值职能规模变化差异较小。珠江－西江经济带中广东地区城市港澳台投资企业产值职能规模的得分较高，其中广州市、佛山市、肇庆市、云浮市 4 个城市的港澳台投资企业产值职能规模得分均超过 0.02 分；说明这些城市港澳台投资企业产值职能规模发展基础较好，地区港澳台企业发展态势良好。珠江－西江经济带中广西地区的城市港澳台投资企业产值职能规模水平较低，其中有南宁市、柳州市、梧州市、贵港市、百色市 5 个城市港澳台投资企业产值职能规模得分超过 0.02 分；说明广西地区城市港澳台投资企业产值职能规模综合发展能力较低，地区港澳台企业未能充分发展。

由 2014 年的珠江－西江经济带城市港澳台投资企业产值职能规模评价来看，有 9 个城市港澳台投资企业产值职能规模得分已经在 0.02 分以上。2014 年珠江－西江经济带城市港澳台投资企业产值职能规模得分处在 0~5 分，小于 0.02 分的城市是来宾市、崇左市。珠江－西江经济带城市港澳台投资企业产值职能规模最高得分为佛山市，为 4.111 分，最低得分为崇左市，为 0.007 分。珠江－西江经济带城市港澳台投资企业产值职能规模得分平均值为 0.919 分，得分标准差为 1.536，说明城市之间港澳台投资企业产值职能规模变化差异较小。珠江－西江经济带中广东地区城市港澳台投资企业产值职能规模得分较好，其中广州市、佛山市、肇庆市、云浮市 4 个城市的港澳台投资企业产值职能规模得分均超过 0.02 分；说明这些城市港澳台投资企业产值职能规模发展基础较高，地区港澳台企业发展态势良好。珠江－西江经济带中广西地区城市港澳台投资企业产值职能规模水平较低，其中有南宁市、柳州市、梧州市、贵港市、百色市 5 个城市港澳台投资企业产值职能规模得分均超过 0.02 分；说明广西地区城市港澳台投资企业产值职能规模综合发展能力较低，地区港澳台企业未能充分发展。

由 2015 年的珠江－西江经济带城市港澳台投资企业产值职能规模评价来看，有 9 个城市港澳台投资企业产值职能规模得分已经在 0.02 分以上。2015 年珠江－西江经济带城市港澳台投资企业产值职能规模得分处在 0~4 分，小于 0.02 分的城市是来宾市、崇左市。珠江－西江经济带城市港澳台投资企业产值职能规模最高得分为佛山市，为 3.325 分，最低得分为来宾市，为 0 分。珠江－西江经济带城市港澳台投资企业产值职能规模得分平均值为 0.734 分，得分标准差为 1.178，说明城市之间港澳台投资企业产值职能规模变化差异较小。珠江－西江经济带中广东地区城市港澳台投资企业产值职能规模的得分较高，其中广州市、佛山市、肇庆市、云浮市 4 个城市的港澳台投资企业产值职能规模得分均超过 0.02 分；说明这些城市港澳台投资企业产值职能规模发展基础较好，地区港澳台企业发展态势良好。珠江－西江经济带中广西地区城市港澳台投资企业产值职能规模水平较低，其中有南宁市、柳州市、梧州市、贵港市、百色市 5 个城市港澳台投资企业产值职能规模得分均超过 0.02 分；说明广西地区城市港澳台投资企业产值职能规模综合发展能力较低，地区港澳台企业未能充分发展。

对比珠江－西江经济带城市港澳台投资企业产值职能规模变化，通过对各年间的珠江－西江经济带城市港澳台投资企业产值职能规模平均分、标准差进行评析，可以发现其平均分呈现波动上升趋势，说明珠江－西江经济带城市港澳台投资企业产值职能规模综合能力整体活力有所提升。珠江－西江经济带城市港澳台投资企业产值职能规模标准差呈现波动下降的趋势，说明城市间的港澳台投资企业产值职能规模差距有所缩小。对各城市的港澳台投资企业产值职能规模变化展开评析，发现广州市、佛山市的港澳台投资企业产值职能规模处在绝对领先位置，在 2010~2015 年的各个时间段内均交替保持排名第一的位置，其发展水平广州市呈下降趋势，佛山市呈上升趋势。柳州市的港澳台投资企业产值职能规模得分出现上升，但其发展水平排名出现下降。广东地区其他城市的港澳台投资企业产值职能规模得分均出现上升，但其发展水平排名基本不变，说明广东地区的整体港澳台投资企业产值职能规模处于非常稳定的状态。广西地区其他城市的港澳台投资企业产值职能规模得分趋于上升，其港澳台投资企业产值职能规模排名也趋于上升，说明这些城市的港澳台投资企业产值职能规模发展处于发展阶段，企业发展进程加快。贵港市在港澳台投资企业产值职能规模得分小幅上升的情况下其排名出现大幅上升，说明在珠江－西江经济带城市整体港澳台投资企业产值职能规模呈现衰退的情况下，贵港市保持其港澳台投资企业产值职能规模的现有水平，使其在地区内的排名结构出现变化。

表 1-71　　2010~2015 年珠江－西江经济带城市港澳台投资企业产值职能规模评价比较

地区	2010 年	2011 年	2012 年	2013 年	2014 年	2015 年	综合变化
南宁市	0.025	0.024	0.034	0.119	0.274	0.275	0.250
	7	8	9	5	5	5	2
柳州市	0.028	0.032	0.035	0.040	0.040	0.057	0.028
	6	7	8	8	8	8	-2

续表

地区	2010年	2011年	2012年	2013年	2014年	2015年	综合变化
梧州市	0.046	0.162	0.236	0.028	0.020	0.042	-0.004
	5	5	4	9	9	9	-4
贵港市	0.000	0.037	0.043	0.056	0.092	0.072	0.071
	11	6	7	7	7	7	4
百色市	0.007	0.020	0.048	0.070	0.106	0.099	0.093
	9	9	6	6	6	6	3
来宾市	0.006	0.006	0.004	0.005	0.011	0.000	-0.006
	10	11	11	11	10	11	-1
崇左市	0.010	0.019	0.019	0.008	0.007	0.004	-0.006
	8	10	10	10	11	10	-2
广州市	3.375	3.305	2.670	3.538	3.731	2.641	-0.734
	1	1	2	1	2	2	-1
佛山市	2.579	2.860	3.040	3.413	4.111	3.325	0.746
	2	2	1	2	1	1	1
肇庆市	0.862	0.924	0.996	1.189	1.358	1.256	0.394
	3	3	3	3	3	3	0
云浮市	0.126	0.216	0.179	0.332	0.356	0.298	0.172
	4	4	5	4	4	4	0
最高分	3.375	3.305	3.040	3.538	4.111	3.325	-0.050
最低分	0.000	0.006	0.004	0.005	0.007	0.000	0.000
平均分	0.642	0.691	0.664	0.800	0.919	0.734	0.091
标准差	1.195	1.216	1.123	1.367	1.536	1.178	-0.017

11. 珠江－西江经济带城市外商投资企业产值职能规模得分情况

通过表1－72对2010～2015年的城市外商投资企业产值职能规模的变化进行分析。由2010年的珠江－西江经济带城市外商投资企业产值职能规模评价来看，有5个城市外商投资企业产值职能规模得分已经在0.01分以上。2010年珠江－西江经济带城市外商投资企业产值职能规模得分处在0～2分，小于0.01分的城市是梧州市、贵港市、百色市、来宾市、崇左市、云浮市。珠江－西江经济带城市外商投资企业产值职能规模最高得分为广州市，为1.749分，最低得分为百色市，为0分。珠江－西江经济带城市外商投资企业产值职能规模得分平均值为0.174分，得分标准差为0.523，说明城市之间外商投资企业产值职能规模变化差异较小。珠江－西江经济带中广东地区城市外商投资企业产值职能规模得分较高，其中广州市、佛山市、肇庆市3个城市的外商投资企业产值职能规模得分均超过0.01分；说明这些城市外商投资企业产值职能规模发展基础较好，地区外商投资企业发展态势良好。珠江－西江经济带中广西地区城市外商投资企业产值职能规模水平较低，其中有南宁市、柳州市外商投资企业产值职能规模得分超过0.01分；说明广西地区城市外商投资企业产值职能规模综合发展能力较低，地区外商投资企业未能充分发展。

由2011年的珠江－西江经济带城市外商投资企业产值职能规模评价来看，有5个城市外商投资企业产值职能规模得分已经在0.01分以上。2011年珠江－西江经济带城市外商投资企业产值职能规模得分处在0～3分，小于0.01分的城市是梧州市、贵港市、百色市、来宾市、肇庆市、云浮市。珠江－西江经济带城市外商投资企业产值职能规模最高得分为广州市，为2.328分，最低得分为百色市，为0分。珠江－西江经济带城市外商投资企业产值职能规模得分平均值为0.222分，得分标准差为0.699，说明城市之间外商投资企业产值职能规模变化差异较小。珠江－西江经济带中广东地区城市外商投资企业产值职能规模的得分较高，其中广州市、佛山市的城市外商投资企业产值职能规模得分均超过0.01分；说明这些城市外商投资企业产值职能规模发展基础较好，地区外商投资企业发展态势良好。珠江－西江经济带中广西地区城市外商投资企业产值职能规模水平较低，其中有南宁市、柳州市、崇左市3个城市外商投资企业产值职能规模得分超过0.01分；说明广西地区城市外商投资企业产值职能规模综合发展能力较低，地区外商投资企业未能充分发展。

由2012年的珠江－西江经济带城市外商投资企业产值职能规模评价来看，有5个城市外商投资企业产值职能规模得分已经在0.01分以上。2012年珠江－西江经济带城市外商投资企业产值职能规模得分处在0~2分，小于0.01分的城市是梧州市、贵港市、百色市、来宾市、肇庆市、云浮市。珠江－西江经济带城市外商投资企业产值职能规模最高得分为广州市，为1.969分，最低得分为百色市，为0分。珠江－西江经济带城市外商投资企业产值职能规模得分平均值为0.189分，得分标准差为0.590，说明城市之间外商投资企业产值职能规模变化差异较小。珠江－西江经济带中广东地区城市外商投资企业产值职能规模得分较高，其中广州市、佛山市的外商投资企业产值职能规模得分均超过0.01分；说明这些城市外商投资企业产值职能规模发展基础较好，地区外商投资企业发展态势良好。珠江－西江经济带中广西地区城市外商投资企业产值职能规模水平较低，其中有南宁市、柳州市、崇左市3个城市外商投资企业产值职能规模得分超过0.01分；说明广西地区城市外商投资企业产值职能规模综合发展能力较低，地区外商投资企业未能充分发展。

由2013年的珠江－西江经济带城市外商投资企业产值职能规模评价来看，有5个城市外商投资企业产值职能规模得分已经在0.01分以上。2013年珠江－西江经济带城市外商投资企业产值职能规模得分处在0~3分，小于0.01分的城市有梧州市、贵港市、百色市、来宾市、肇庆市、云浮市。珠江－西江经济带城市外商投资企业产值职能规模最高得分为广州市，为2.652分，最低得分为百色市，为0分。珠江－西江经济带城市外商投资企业产值职能规模得分平均值为0.254分，得分标准差为0.795，说明城市之间外商投资企业产值职能规模变化差异较小。珠江－西江经济带中广东地区城市外商投资企业产值职能规模得分较高，其中两个城市：广州市、佛山市的外商投资企业产值职能规模得分均超过0.01分；说明这些城市外商投资企业产值职能规模发展基础较好，地区外商投资企业发展态势良好。珠江－西江经济带中广西地区城市外商投资企业产值职能规模水平较低，其中有南宁市、柳州市、崇左市三个城市外商投资企业产值职能规模得分超过0.01分；说明广西地区城市外商投资企业产值职能规模综合发展能力较低，地区外商投资企业未能充分发展。

由2014年的珠江－西江经济带城市外商投资企业产值职能规模评价来看，有5个城市外商投资企业产值职能规模得分已经在0.01分以上。2014年珠江－西江经济带城市外商投资企业产值职能规模得分处在0~4分，小于0.01分的城市是梧州市、贵港市、百色市、来宾市、肇庆市、云浮市。珠江－西江经济带城市外商投资企业产值职能规模最高得分为广州市，为3.050分，最低得分为百色市，为0分。珠江－西江经济带城市外商投资企业产值职能规模得分平均值为0.296分，得分标准差为0.914，说明城市之间城市外商投资企业产值职能规模变化差异较小。珠江－西江经济带中广东地区城市外商投资企业产值职能规模的得分较高，其中广州市、佛山市2个城市的外商投资企业产值职能规模得分均超过0.01分；说明这些城市外商投资企业产值职能规模发展基础较好，地区外商投资企业发展态势良好。珠江－西江经济带中广西地区城市外商投资企业产值职能规模水平较低，其中有南宁市、柳州市、崇左市3个城市外商投资企业产值职能规模得分超过0.01分；说明广西地区城市外商投资企业产值职能规模综合发展能力较低，地区外商投资企业未能充分发展。

由2015年的珠江－西江经济带城市外商投资企业产值职能规模评价来看，有5个城市外商投资企业产值职能规模得分已经在0.01分以上。2015年珠江－西江经济带城市外商投资企业产值职能规模得分处在0~4分，小于0.01分的城市是贵港市、百色市、来宾市、佛山市、肇庆市、云浮市。珠江－西江经济带城市外商投资企业产值职能规模最高得分为广州市，为3.588分，最低得分为百色市，为0分。珠江－西江经济带城市外商投资企业产值职能规模得分平均值为0.351分，得分标准差为1.075，说明城市之间外商投资企业产值职能规模变化差异较小。珠江－西江经济带中广西地区城市外商投资企业产值职能规模的得分较高，其中南宁市、柳州市、梧州市、崇左市4个城市的外商投资企业产值职能规模得分均超过0.01分；说明这些城市外商投资企业产值职能规模发展基础较好，外商投资企业发展态势良好。珠江－西江经济带中广东地区城市外商投资企业产值职能规模水平较低，其中有广州市外商投资企业产值职能规模得分超过0.01分；说明广东地区城市外商投资企业产值职能规模综合发展能力较低，外商投资企业未能充分发展。

对比珠江－西江经济带城市外商投资企业产值职能规模变化，通过对各年间的珠江－西江经济带城市外商投资企业产值职能规模平均分、标准差进行分析，可以发现其平均分呈波动上升趋势，说明珠江－西江经济带城市外商投资企业产值职能规模综合能力整体活力有所提升。珠江－西江经济带城市外商投资企业产值职能规模标准差也呈波动上升趋势，说明城市间的外商投资企业产值职能规模差距并未缩小。对各城市外商投资企业产值职能规模变化展开分析，发现广州市的外商投资企业产值职能规模处在绝对领先位置，在2010~2015年的各个时间段内保持排名第一的位置，其发展水平呈上升趋势。贵港市、来宾市的外商投资企业产值职能规模得分保持不变，但其发展水平排名出现下降。广东地区其他城市外商投资企业产值职能规模得分除云浮市外均出现下降，其发展水平除云浮市外也出现下降，说明广东地区整体外商投资企业产值职能规模处于滞后的状态。广西地区其他城市外商投资企业产值职能规模得分均出现上升，其外商投资企业产值职能规模排名也趋于上升，说明这些城市的外商投资企业产值职能规模发展处于发展阶段，企业发展进程加快。崇左市在外商投资企业产值职能规模得分小幅上升的情况下其排名出现大幅上升，说明在珠江－西江经济带城市整体外商投资企业产值职能规模呈现衰退的情况下，崇左市保持其外商投资企业产值职能规模的现有水平，使其在地区内的排名结构出现变化。

表1-72　　2010~2015年珠江-西江经济带城市外商投资企业产值职能规模评价比较

地区	2010年	2011年	2012年	2013年	2014年	2015年	综合变化
南宁市	0.010	0.011	0.012	0.015	0.018	0.021	0.011
	4	5	5	5	5	4	0
柳州市	0.037	0.011	0.038	0.028	0.067	0.166	0.129
	3	4	2	4	2	2	1
梧州市	0.006	0.005	0.005	0.008	0.009	0.011	0.006
	6	7	6	6	6	5	1
贵港市	0.004	0.002	0.003	0.003	0.003	0.004	0.000
	7	10	8	8	9	9	-2
百色市	0.000	0.000	0.000	0.000	0.000	0.000	0.000
	11	11	11	11	11	11	0
来宾市	0.003	0.002	0.002	0.001	0.002	0.002	0.000
	9	9	9	10	10	10	-1
崇左市	0.001	0.025	0.031	0.055	0.063	0.053	0.052
	10	3	3	2	3	3	7
广州市	1.749	2.328	1.969	2.652	3.050	3.588	1.839
	1	1	1	1	1	1	0
佛山市	0.092	0.049	0.020	0.029	0.038	0.009	-0.083
	2	2	4	3	4	6	-4
肇庆市	0.010	0.007	0.001	0.001	0.005	0.005	-0.004
	5	6	10	9	8	8	-3
云浮市	0.003	0.004	0.004	0.005	0.006	0.006	0.003
	8	8	7	7	7	7	1
最高分	1.749	2.328	1.969	2.652	3.050	3.588	1.839
最低分	0.000	0.000	0.000	0.000	0.000	0.000	
平均分	0.174	0.222	0.189	0.254	0.296	0.351	0.177
标准差	0.523	0.699	0.590	0.795	0.914	1.075	0.551

12. 珠江-西江经济带城市内资企业产值职能地位得分情况

通过表1-73对2010~2015年的城市内资企业产值职能地位的变化进行分析。由2010年的珠江-西江经济带城市内资企业产值职能地位评价来看，有4个城市内资企业产值职能地位得分已经在0.1分以上。2010年珠江-西江经济带城市内资企业产值职能地位得分处在0~4分，小于0.1分的城市有柳州市、梧州市、贵港市、百色市、来宾市、崇左市、云浮市。珠江-西江经济带城市内资企业产值职能地位最高得分为广州市，为3.640分，最低得分为百色市，为0.045分。珠江-西江经济带城市内资企业产值职能地位得分平均值为0.507分，得分标准差为1.066，说明城市之间内资企业产值职能地位变化差异较小。珠江-西江经济带中广东地区城市内资企业产值职能地位的得分较高，其中广州市、佛山市、肇庆市3个城市的内资企业产值职能地位实力得分均超过0.1分；说明这些城市内资企业产值职能地位发展基础较好，地区内资企业发展态势良好。珠江-西江经济带中广西地区内资企业产值职能地位水平较低，其中仅有南宁市内资企业产值职能地位得分超过0.1分；说明广西地区城市内资企业产值职能地位综合发展能力较低，地区内资企业未能充分发展。

由2011年的珠江-西江经济带城市内资企业产值职能地位评价来看，有7个城市内资企业产值职能地位得分已经在0.1分以上。2011年珠江-西江经济带城市内资企业产值职能地位得分处在0~4分，小于0.1分的城市有百色市、来宾市、崇左市、云浮市。珠江-西江经济带城市内资企业产值职能地位最高得分为广州市，为3.009分，最低得分为云浮市，为0.017分。珠江-西江经济带城市内资企业产值职能地位得分平均值为0.488分，得分标准差为0.883，说明城市之间内资企业产值职能地位变化差异较小。珠江-西江经济带中广东地区内资企业产值职能地位的得分较高，其中广州市、佛山市、肇庆市3个城市的内资企业产值职能地位实力得分均超过0.1分；说明这些城市的内资企业产值职能地位发展基础较好，地区内资企业发展态势良好。珠江－西江经济带中广西地区城市内资企业产值职能地位水平较低，其中有南宁市、柳州市、梧州市、贵港市4个城市内资企业产值职能地位得分超过0.1分；说明广西地区城市内资企业产值职能地位综合发展能力较低，地区内资企业未能充分发展。

由2012年的珠江－西江经济带城市内资企业产值职能地位评价来看，有6个城市内资企业产值职能地位得分已经在0.1分以上。2012年珠江－西江经济带城市内资企业产值职能地位得分处在0~3分，小于0.1分的城市有南宁市、百色市、来宾市、崇左市、云浮市。珠江－西江经济带城市内资企业产值职能地位最高得分为广州市，为2.860分，最低得分为百色市，为0.019分。珠江－西江经济带城市内资企业产值职能地位得分平均值为0.491分，得分标准差为0.850，说明城市之间内资企业产值职能地位变化差异较小。珠江－西江经济带中广东地区内资企业产值职能地位的得分较高，其中广州市、佛山市、肇庆市3个城市的内资企业产值职能地位实力得分均超过0.1分；说明这些城市的内资企业产值职能地位发展基础较好，地区内资企业发展态势良好。珠江－西江经济带中广西地区城市内资企业产值职能地位水平较低，其中有柳州市、梧州市、贵港市3个城市的内资企业产值职能地位得分超过0.1分；说明广西地区城市内资企业产值职能地位综合发展能力较低，地区内资企业未能充分发展。

由2013年的珠江－西江经济带城市内资企业产值职能地位评价来看，有6个城市内资企业产值职能地位得分已经在0.1分以上。2013年珠江－西江经济带城市内资企业产值职能地位得分处在0~4分，小于0.1分的城市有南宁市、百色市、来宾市、崇左市、云浮市。珠江－西江经济带城市内资企业产值职能地位最高得分为广州市，为3.124分，最低得分为来宾市，为0.004分。珠江－西江经济带城市内资企业产值职能地位得分平均值为0.494分，得分标准差为0.938，说明城市之间内资企业产值职能地位变化差异较小。珠江－西江经济带中广东地区内资企业产值职能地位的得分较高，其中广州市、佛山市、肇庆市3个城市的内资企业产值职能地位实力得分均超过0.1分；说明这些城市的内资企业产值职能地位发展基础较好，地区内资企业发展态势良好。珠江－西江经济带中广西地区城市内资企业产值职能地位水平较低，其中有柳州市、梧州市、贵港市3个城市的内资企业产值职能地位得分超过0.1分；说明广西地区城市内资企业产值职能地位综合发展能力较低，地区内资企业未能充分发展。

由2014年的珠江－西江经济带城市内资企业产值职能地位评价来看，有6个城市内资企业产值职能地位得分已经在0.1分以上。2014年珠江－西江经济带城市内资企业产值职能地位得分处在0~4分，小于0.1分的城市有南宁市、百色市、来宾市、崇左市、云浮市。珠江－西江经济带城市内资企业产值职能地位最高得分为广州市，为3.095分，最低得分为百色市，为0.001分。珠江－西江经济带城市内资企业产值职能地位得分平均值为0.494分，得分标准差为0.936，说明城市之间内资企业产值职能地位变化差异较小。珠江－西江经济带中广东地区城市内资企业产值职能地位的得分较高，其中广州市、佛山市、肇庆市3个城市的内资企业产值职能地位实力得分均超过0.1分；说明这些城市的内资企业产值职能地位发展基础较好，地区内资企业发展态势良好。珠江－西江经济带中广西地区城市内资企业产值职能地位水平较低，其中柳州市、梧州市、贵港市3个城市的内资企业产值职能地位得分超过0.1分；说明广西地区城市内资企业产值职能地位综合发展能力较低，地区内资企业未能充分发展。

由2015年的珠江－西江经济带城市内资企业产值职能地位评价来看，有5个城市内资企业产值职能地位得分已经在0.1分以上。2015年珠江－西江经济带城市内资企业产值职能地位得分处在0~3分，小于0.1分的城市有南宁市、柳州市、百色市、来宾市、崇左市、云浮市。珠江－西江经济带城市内资企业产值职能地位最高得分为广州市，为2.903分，最低得分为百色市，为0分。珠江－西江经济带城市内资企业产值职能地位得分平均值为0.490分，得分标准差为0.874，说明城市之间内资企业产值职能地位的变化差异较小。珠江－西江经济带中广东地区城市内资企业产值职能地位的得分较高，其中广州市、佛山市、肇庆市3个城市的内资企业产值职能地位实力得分均超过0.1分；说明这些城市的内资企业产值职能地位发展基础较好，地区内资企业发展态势良好。珠江－西江经济带中广西地区城市内资企业产值职能地位水平较低，其中梧州市、贵港市的内资企业产值职能地位得分超过0.1分；说明广西地区城市内资企业产值职能地位综合发展能力较低，地区内资企业未能充分发展。

对比珠江－西江经济带城市内资企业产值职能地位变化，通过对各年间的珠江－西江经济带城市内资企业产值职能地位平均分、标准差进行分析，可以发现其平均分呈波动下降趋势，说明珠江－西江经济带城市内资企业产值职能地位综合能力整体活力并未提升。珠江－西江经济带城市内资企业产值职能地位标准差也呈波动下降趋势，说明城市间的内资企业产值职能地位差距有所缩小。对各城市内资企业产值职能地位变化展开分析，发现广州市的内资企业产值职能地位处在绝对领先位置，在2010~2015年的各个时间段内保持排名第一的位置，其发展水平处于下降趋势。百色市的内资企业产值职能地位得分出现下降，但其发展水平排名保持不变。广东地区其他城市的内资企业产值职能地位得分除云浮市外均出现上升，但其发展水平排名基本不变，说明广东地区的整体内资企业产值职能地位处于非常稳定的状态。广西地区其他城市的内资企业产值职能地位得分除南宁市、崇左市、来宾市外均出现上升，其内资企业产值职能地位排名除南宁市、崇左市、来宾市外均趋于上升，说明这些城市的内资企业产值职能地位发展处于发展阶段，企业发展进程加快。贵港市在内资企业产值职能地位得分小幅上升的情况下其排名出现大幅上升，说明在珠江－西江经济带城市整体内资企业产值职能地位呈现衰退的情况下，贵港市保持其内资企业产值职能地位的现有水平，使其在地区内的排名结构出现变化。

表1-73　　　2010~2015年珠江-西江经济带城市内资企业产值职能地位评价比较

地区	2010年	2011年	2012年	2013年	2014年	2015年	综合变化
南宁市	0.302	0.142	0.075	0.043	0.017	0.090	-0.212
	3	7	7	8	9	7	-4
柳州市	0.068	0.199	0.144	0.218	0.114	0.093	0.026
	9	6	6	5	5	6	3
梧州市	0.077	0.330	0.497	0.102	0.101	0.261	0.183
	7	3	3	6	6	5	2
贵港市	0.076	0.280	0.311	0.297	0.438	0.395	0.319
	8	4	4	4	3	3	5
百色市	0.045	0.028	0.019	0.014	0.001	0.000	-0.045
	11	10	11	10	11	11	0
来宾市	0.091	0.032	0.019	0.004	0.001	0.017	-0.074
	5	9	10	11	10	9	-4
崇左市	0.081	0.045	0.045	0.048	0.048	0.044	-0.037
	6	8	8	7	7	8	-2
广州市	3.640	3.009	2.860	3.124	3.095	2.903	-0.736
	1	1	1	1	1	1	0
佛山市	0.860	1.013	1.109	1.203	1.226	1.214	0.354
	2	2	2	2	2	2	0
肇庆市	0.280	0.271	0.299	0.360	0.376	0.356	0.075
	4	5	5	3	4	4	0
云浮市	0.060	0.017	0.027	0.023	0.022	0.014	-0.046
	10	11	9	9	8	10	0
最高分	3.640	3.009	2.860	3.124	3.095	2.903	-0.736
最低分	0.045	0.017	0.019	0.004	0.001	0.000	-0.045
平均分	0.507	0.488	0.491	0.494	0.494	0.490	-0.018
标准差	1.066	0.883	0.850	0.938	0.936	0.874	-0.192

13. 珠江-西江经济带城市港澳台投资企业产值职能地位得分情况

通过表1-74对2010~2015年的城市港澳台投资企业产值职能地位的变化进行分析。由2010年的珠江-西江经济带城市港澳台投资企业产值职能地位评价来看，有9个城市港澳台投资企业产值职能地位得分已经在0.02分以上。2010年珠江-西江经济带城市港澳台投资企业产值职能地位得分处在0~5分，小于0.02分的城市有百色市、来宾市。珠江-西江经济带城市港澳台投资企业产值职能地位最高得分为广州市，为4.098分，最低得分为百色市，为0.006分。珠江-西江经济带城市港澳台投资企业产值职能地位得分平均值为0.836分，得分标准差为1.602，说明城市之间港澳台投资企业产值职能地位变化差异较小。珠江-西江经济带中广东地区城市港澳台投资企业产值职能地位的得分较高，其中广州市、佛山市、肇庆市、云浮市4个城市的港澳台投资企业产值职能地位得分均超过0.02分；说明这些城市港澳台投资企业产值职能地位发展基础较好，地区港澳台企业发展态势良好。珠江-西江经济带中广西地区城市港澳台投资企业产值职能地位水平较低，其中有南宁市、柳州市、梧州市、贵港市、崇左市5个城市港澳台投资企业产值职能地位得分均超过0.02分；说明广西地区城市港澳台投资企业产值职能地位综合发展能力较低，地区港澳台企业未能充分发展。

由2011年的珠江-西江经济带城市港澳台投资企业产值职能地位评价来看，有8个城市的港澳台投资企业产值职能地位得分已经在0.02分以上。2011年珠江-西江经济带城市港澳台投资企业产值职能地位得分处在0~3分，小于0.02分的城市有百色市、来宾市、崇左市。珠江-西江经济带城市港澳台投资企业产值职能地位最高得分为广州市，为2.952分，最低得分为来宾市，为0.003分。珠江-西江经济带城市港澳台投资企业产值职能地位得分平均值为0.590分，得分标准差为1.109，说明城市之间港澳台投资企业产值职能地位变化差异较小。珠江-西江经济带中广东地区城市港澳台投资企业产值职能地位得分较高，其中广州市、佛山市、肇庆市、云浮市4个城市的港澳台投资企业产值职能地位得分均超过0.02分；说明这些城市的港澳台投资企业产值职能地位发展基础较好，地区港澳台企业发展态势良好。珠江-西江经济带中广西地区城市港澳台投资企业产值职能地位水平较低，其中有南宁市、柳州市、梧州市、贵港市4

个城市的港澳台投资企业产值职能地位得分均超过0.02分；说明广西地区城市港澳台投资企业产值职能地位综合发展能力较低，地区港澳台企业未能充分发展。

由2012年的珠江－西江经济带城市港澳台投资企业产值职能地位评价来看，有8个城市的港澳台投资企业产值职能地位得分已经在0.02分以上。2012年珠江－西江经济带城市港澳台投资企业产值职能地位得分处在0~3分，小于0.02分的城市有百色市、来宾市、崇左市。珠江－西江经济带城市港澳台投资企业产值职能地位最高得分为广州市，为2.535分，最低得分为来宾市，为0.003分。珠江－西江经济带城市港澳台投资企业产值职能地位得分平均值为0.536分，得分标准差为0.973，说明城市之间港澳台投资企业产值职能地位变化差异较小。珠江－西江经济带中广东地区城市港澳台投资企业产值职能地位的得分较高，其中广州市、佛山市、肇庆市、云浮市4个城市的港澳台投资企业产值职能地位得分均超过0.02分；说明这些城市的港澳台投资企业产值职能地位发展基础较好，地区港澳台企业发展态势良好。珠江－西江经济带中广西地区城市港澳台投资企业产值职能地位水平较低，其中有南宁市、柳州市、梧州市、贵港市4个城市的港澳台投资企业产值职能地位得分均超过0.02分；说明广西地区城市港澳台投资企业产值职能地位综合发展能力较低，地区港澳台企业未能充分发展。

由2013年的珠江－西江经济带城市港澳台投资企业产值职能地位评价来看，有9个城市的港澳台投资企业产值职能地位得分已经在0.02分以上。2013年珠江－西江经济带城市港澳台投资企业产值职能地位得分处在0~3分，小于0.02分的城市有来宾市、崇左市。珠江－西江经济带港澳台投资企业产值职能地位最高得分为广州市，为2.879分，最低得分为崇左市，为0.006分。珠江－西江经济带城市港澳台投资企业产值职能地位得分平均值为0.631分，得分标准差为1.118，说明城市之间港澳台投资企业产值职能地位变化差异较小。珠江－西江经济带中广东地区城市港澳台投资企业产值职能地位的得分较高，其中广州市、佛山市、肇庆市、云浮市4个城市的港澳台投资企业产值职能地位得分均超过0.02分；说明这些城市的港澳台投资企业产值职能地位发展基础较好，地区港澳台企业发展态势良好。珠江－西江经济带中广西地区城市港澳台投资企业产值职能地位水平较低，其中有南宁市、柳州市、梧州市、百色市、贵港市5个城市的港澳台投资企业产值职能地位得分均超过0.02分；说明广西地区城市港澳台投资企业产值职能地位综合发展能力较低，地区港澳台企业未能充分发展。

由2014年的珠江－西江经济带城市港澳台投资企业产值职能地位评价来看，有8个城市的港澳台投资企业产值职能地位得分已经在0.02分以上。2014年珠江－西江经济带城市港澳台投资企业产值职能地位得分处在0~3分，小于0.02分的城市有柳州市、来宾市、崇左市。珠江－西江经济带城市港澳台投资企业产值职能地位最高得分为广州市，为2.901分，最低得分为崇左市，为0.004分。珠江－西江经济带城市港澳台投资企业产值职能地位得分平均值为0.633分，得分标准差为1.105，说明城市之间港澳台投资企业产值职能地位变化差异较小。珠江－西江经济带中广东地区城市港澳台投资企业产值职能地位的得分较高，其中广州市、佛山市、肇庆市、云浮市4个城市的港澳台投资企业产值职能地位得分均超过0.02分；说明这些城市的港澳台投资企业产值职能地位发展基础较好，地区港澳台企业发展态势良好。珠江－西江经济带中广西地区的城市港澳台投资企业产值职能地位水平较低，其中有南宁市、梧州市、百色市、贵港市4个城市的港澳台投资企业产值职能地位得分均超过0.02分；说明广西地区城市港澳台投资企业产值职能地位综合发展能力较低，地区港澳台企业未能充分发展。

由2015年的珠江－西江经济带城市港澳台投资企业产值职能地位评价来看，有8个城市的港澳台投资企业产值职能地位得分已经在0.02分以上。2015年珠江－西江经济带城市港澳台投资企业产值职能地位得分处在0~3分，小于0.02分的城市有百色市、来宾市、崇左市。珠江－西江经济带城市港澳台投资企业产值职能地位最高得分为佛山市，为2.651分，最低得分为来宾市，为0分。珠江－西江经济带城市港澳台投资企业产值职能地位得分平均值为0.580分，得分标准差为0.987，说明城市之间港澳台投资企业产值职能地位变化差异较小。珠江－西江经济带中广东地区城市港澳台投资企业产值职能地位的得分较高，其中广州市、佛山市、肇庆市、云浮市4个城市的港澳台投资企业产值职能地位得分均超过0.02分；说明这些城市的港澳台投资企业产值职能地位发展基础较好，地区港澳台企业发展态势良好。珠江－西江经济带中广西地区的城市港澳台投资企业产值职能地位水平较低，其中有南宁市、梧州市、柳州市、贵港市4个城市的港澳台投资企业产值职能地位得分均超过0.02分；说明广西地区城市港澳台投资企业产值职能地位综合发展能力较低，地区港澳台企业未能充分发展。

对比珠江－西江经济带各城市港澳台投资企业产值职能地位变化，通过对各年间的珠江－西江经济带城市港澳台投资企业产值职能地位平均分、标准差进行评析，可以发现其平均分呈现波动下降趋势，说明珠江－西江经济带城市港澳台投资企业产值职能地位综合能力整体活力并未提升。珠江－西江经济带城市港澳台投资企业产值职能地位标准差呈现波动下降趋势，说明城市间港澳台投资企业产值职能地位差距有所缩小。对各城市港澳台投资企业产值职能地位变化展开分析，发现广州市、佛山市的港澳台投资企业产值职能地位处在绝对领先位置，在2010~2015年各个时间段内均交替保持排名第一的位置，其发展水平较高。贵港市的港澳台投资企业产值职能地位得分出现下降，但其发展水平排名保持不变。广东地区其他城市的港澳台投资企业产值职能地位得分均出现上升，其发展水平排名也出现上升，说明广东地区的整体港澳台投资企业产值职能地位处于发展的状态。广西地区其他城市的港澳台投资企业产值职能地位得分除南宁市、柳州市、百色市外均出现下降，其港澳台投资企业产值职能地位排名除南宁市、柳州市、百色市外也均出现下降，说明这些城市的港澳台投资企业产值职能地位发展处于滞后阶段，企业发展进程缓慢。

表1-74　　　　2010~2015年珠江-西江经济带城市港澳台投资企业产值职能地位评价比较

地区	2010年	2011年	2012年	2013年	2014年	2015年	综合变化
南宁市	0.129	0.098	0.167	0.255	0.313	0.354	0.224
	5	5	4	4	4	4	1
柳州市	0.036	0.021	0.020	0.024	0.017	0.039	0.003
	8	8	8	8	9	8	0
梧州市	0.132	0.112	0.108	0.107	0.102	0.096	-0.036
	4	4	5	6	6	6	-2
贵港市	0.045	0.030	0.030	0.039	0.043	0.044	-0.001
	7	7	7	7	7	7	0
百色市	0.006	0.006	0.017	0.023	0.020	0.019	0.013
	11	10	9	9	8	9	2
来宾市	0.015	0.003	0.003	0.008	0.007	0.000	-0.015
	10	11	11	10	10	11	-1
崇左市	0.032	0.011	0.009	0.006	0.004	0.005	-0.028
	9	9	10	11	11	10	-1
广州市	4.098	2.952	2.535	2.879	2.764	2.427	-1.671
	1	1	1	1	2	2	-1
佛山市	4.024	2.672	2.431	2.846	2.901	2.651	-1.373
	2	2	2	2	1	1	1
肇庆市	0.564	0.501	0.505	0.622	0.645	0.608	0.044
	3	3	3	3	3	3	0
云浮市	0.111	0.089	0.074	0.128	0.143	0.141	0.029
	6	6	6	5	5	5	1
最高分	4.098	2.952	2.535	2.879	2.901	2.651	-1.448
最低分	0.006	0.003	0.003	0.006	0.004	0.000	-0.006
平均分	0.836	0.590	0.536	0.631	0.633	0.580	-0.256
标准差	1.602	1.109	0.973	1.118	1.105	0.987	-0.615

14. 珠江-西江经济带城市外商投资企业产值职能地位得分情况

通过表1-75对2010~2015年的城市外商投资企业产值职能地位的变化进行分析。由2010年的珠江-西江经济带城市外商投资企业产值职能地位评价来看，有5个城市外商投资企业产值职能地位得分已经在0.1分以上。2010年珠江-西江经济带城市外商投资企业产值职能地位得分处在0~4分，小于0.1分的城市有梧州市、贵港市、百色市、来宾市、崇左市、云浮市。珠江-西江经济带城市外商投资企业产值职能地位最高得分为广州市，为3.832分，最低得分为百色市，为0分。珠江-西江经济带城市外商投资企业产值职能地位得分平均值为0.715分，得分标准差为1.284，说明城市之间外商投资企业产值职能地位变化差异较小。珠江-西江经济带中广东地区城市的外商投资企业产值职能地位的得分较高，其中广州市、佛山市、肇庆市3个城市的外商投资企业产值职能地位得分均超过0.1分；说明这些城市的外商投资企业产值职能地位发展基础较好，地区外商投资企业发展态势良好。珠江-西江经济带中广西地区城市外商投资企业产值职能地位水平较低，其中有南宁市、柳州市的外商投资企业产值职能地位得分超过0.1分；说明广西地区城市外商投资企业产值职能地位综合发展能力较低，地区外商投资企业未能充分发展。

由2011年的珠江-西江经济带城市外商投资企业产值职能地位评价来看，有5个城市的外商投资企业产值职能地位得分已经在0.1分以上。2011年珠江-西江经济带城市外商投资企业产值职能地位得分处在0~4分，小于0.1分的城市有梧州市、贵港市、百色市、来宾市、崇左市、云浮市。珠江-西江经济带城市外商投资企业产值职能地位最高得分为广州市，为3.094分，最低得分为百色市，为0分。珠江-西江经济带城市外商投资企业产值职能地位得分平均值为0.571分，得分标准差为1.014，说明城市之间外商投资企业产值职能地位变化差异较小。珠江-西江经济带中广东地区城市外商投资企业产值职能地位的得分较高，其中广州市、佛山市、肇庆市3个城市的外商投资企业产值职能地位得分均超过0.1分；说明这些城市的外商投资企业产值职能地位发展基础较好，地区外商投资企业发展态势良好。珠江-西江经济带中广西地区城市外商投资企业产值职能地位水平较低，其中有南宁市、柳州市的外商投资企业产值职能地位得分超过0.1分；说明广西地区城市外商投资企业产值职能地位综合发展能力较低，地区外商投资企业未能充分发展。

由2012年的珠江－西江经济带城市外商投资企业产值职能地位评价来看，有5个城市的外商投资企业产值职能地位得分已经在0.1分以上。2012年珠江－西江经济带城市外商投资企业产值职能地位得分处在0~4分，小于0.1分的城市有梧州市、贵港市、百色市、来宾市、崇左市、云浮市。珠江－西江经济带外商投资企业产值职能地位最高得分为广州市，为3.179分，最低得分为百色市，为0分。珠江－西江经济带城市外商投资企业产值职能地位得分平均值为0.579分，得分标准差为1.018，说明城市之间外商投资企业产值职能地位变化差异较小。珠江－西江经济带中广东地区城市的外商投资企业产值职能地位的得分较高，其中广州市、佛山市、肇庆市3个城市的外商投资企业产值职能地位得分均超过0.1分；说明这些城市的外商投资企业产值职能地位发展基础较好，地区外商投资企业发展态势良好。珠江－西江经济带中广西地区城市外商投资企业产值职能地位水平较低，其中有南宁市、柳州市外商投资企业产值职能地位得分超过0.1分；说明广西地区城市外商投资企业产值职能地位综合发展能力较低，地区外商投资企业未能充分发展。

由2013年的珠江－西江经济带城市外商投资企业产值职能地位评价来看，有5个城市的外商投资企业产值职能地位得分已经在0.1分以上。2013年珠江－西江经济带城市外商投资企业产值职能地位得分处在0~4分，小于0.1分的城市有梧州市、贵港市、百色市、来宾市、崇左市、云浮市。珠江－西江经济带城市外商投资企业产值职能地位最高得分为广州市，为3.422分，最低得分为百色市，为0分。珠江－西江经济带城市外商投资企业产值职能地位得分平均值为0.640分，得分标准差为1.111，说明城市之间外商投资企业产值职能地位变化差异较小。珠江－西江经济带中广东地区城市的外商投资企业产值职能地位的得分较高，其中广州市、佛山市、肇庆市3个城市的外商投资企业产值职能地位得分均超过0.1分；说明这些城市的外商投资企业产值职能地位发展基础较好，地区外商投资企业发展态势良好。珠江－西江经济带中广西地区城市外商投资企业产值职能地位水平较低，其中有南宁市、柳州市的外商投资企业产值职能地位得分超过0.1分；说明广西地区城市外商投资企业产值职能地位综合发展能力较低，地区外商投资企业未能充分发展。

由2014年的珠江－西江经济带城市外商投资企业产值职能地位评价来看，有5个城市的外商投资企业产值职能地位得分已经在0.1分以上。2014年珠江－西江经济带城市外商投资企业产值职能地位得分处在0~4分，小于0.1分的城市有梧州市、贵港市、百色市、来宾市、崇左市、云浮市。珠江－西江经济带城市外商投资企业产值职能地位最高得分为广州市，为3.413分，最低得分为百色市，为0分。珠江－西江经济带城市外商投资企业产值职能地位得分平均值为0.637分，得分标准差为1.099，说明城市之间外商投资企业产值职能地位的变化差异较小。珠江－西江经济带中广东地区城市外商投资企业产值职能地位的得分较高，其中广州市、佛山市、肇庆市3个城市的外商投资企业产值职能地位得分均超过0.1分；说明这些城市的外商投资企业产值职能地位发展基础较好，地区外商投资企业发展态势良好。珠江－西江经济带中广西地区城市外商投资企业产值职能地位水平较低，其中有南宁市、柳州市的外商投资企业产值职能地位得分超过0.1分；说明广西地区城市外商投资企业产值职能地位综合发展能力较低，地区外商投资企业未能充分发展。

由2015年的珠江－西江经济带城市外商投资企业产值职能地位评价来看，有5个城市的外商投资企业产值职能地位得分已经在0.1分以上。2015年珠江－西江经济带城市外商投资企业产值职能地位得分处在0~4分，小于0.1分的城市有梧州市、贵港市、百色市、来宾市、崇左市、云浮市。珠江－西江经济带城市外商投资企业产值职能地位最高得分为广州市，为3.184分，最低得分为百色市，为0分。珠江－西江经济带城市外商投资企业产值职能地位得分平均值为0.601分，得分标准差为1.038，说明城市之间外商投资企业产值职能地位变化差异较小。珠江－西江经济带中广东地区城市的外商投资企业产值职能地位的得分较高，其中广州市、佛山市、肇庆市3个城市的外商投资企业产值职能地位得分均超过0.1分；说明这些城市的外商投资企业产值职能地位发展基础较好，地区外商投资企业发展态势良好。珠江－西江经济带中广西地区城市外商投资企业产值职能地位水平较低，其中有南宁市、柳州市的外商投资企业产值职能地位得分超过0.1分；说明广西地区城市外商投资企业产值职能地位综合发展能力较低，地区外商投资企业未能充分发展。

对比珠江－西江经济带各城市外商投资企业产值职能地位变化，通过对各年间的珠江－西江经济带城市外商投资企业产值职能地位平均分、标准差进行评析，可以发现其平均分呈现波动下降趋势，说明珠江－西江经济带城市外商投资企业产值职能地位综合能力整体活力并未提升。珠江－西江经济带城市外商投资企业产值职能地位标准差也呈现波动下降趋势，说明城市间的外商投资企业产值职能地位差距有所缩小。对各城市的外商投资企业产值职能地位变化展开评析，发现广州市外商投资企业产值职能地位处在绝对领先位置，在2010~2015年各个时间段内保持排名第一的位置，其发展水平处于下降趋势。贵港市的外商投资企业产值职能地位得分出现下降，但其发展水平排名出现上升。广东地区其他城市的外商投资企业产值职能地位得分除肇庆市外均出现下降，但其发展水平变化较小，说明广东地区整体外商投资企业产值职能地位处于稳定状态。广西地区其他城市的外商投资企业产值职能地位得分趋于下降，其外商投资企业产值职能地位排名也趋于下降，说明这些城市的外商投资企业产值职能地位发展处于滞后阶段，企业发展进程缓慢。

表1-75　　2010~2015年珠江-西江经济带城市外商投资企业产值职能地位评价比较

地区	2010年	2011年	2012年	2013年	2014年	2015年	综合变化
南宁市	0.140	0.153	0.161	0.199	0.181	0.138	-0.002
	5	5	5	5	5	5	0
柳州市	0.637	0.509	0.586	0.622	0.682	0.658	0.022
	3	3	3	3	3	3	0
梧州市	0.074	0.048	0.059	0.063	0.066	0.063	-0.010
	6	7	6	6	6	6	0
贵港市	0.059	0.042	0.037	0.038	0.041	0.036	-0.024
	9	8	9	8	8	8	1
百色市	0.000	0.000	0.000	0.000	0.000	0.000	0.000
	11	11	11	11	11	11	0
来宾市	0.062	0.041	0.041	0.036	0.030	0.024	-0.037
	8	9	8	10	10	10	-2
崇左市	0.073	0.051	0.053	0.054	0.056	0.061	-0.011
	7	6	7	7	7	7	0
广州市	3.832	3.094	3.179	3.422	3.413	3.184	-0.648
	1	1	1	1	1	1	0
佛山市	2.619	1.973	1.851	2.123	2.043	1.990	-0.629
	2	2	2	2	2	2	0
肇庆市	0.330	0.344	0.366	0.448	0.461	0.420	0.090
	4	4	4	4	4	4	0
云浮市	0.040	0.029	0.032	0.038	0.037	0.034	-0.006
	10	10	10	9	9	9	1
最高分	3.832	3.094	3.179	3.422	3.413	3.184	-0.648
最低分	0.000	0.000	0.000	0.000	0.000	0.000	0.000
平均分	0.715	0.571	0.579	0.640	0.637	0.601	-0.114
标准差	1.284	1.014	1.018	1.111	1.099	1.038	-0.246

（二）珠江-西江经济带城市企业发展实力评估结果的比较与评析

1. 珠江-西江经济带城市企业发展实力排序变化比较与评析

由图1-49可以看到，2010年与2011年相比，珠江-西江经济带城市企业发展处于上升趋势的城市有2个，分别是梧州市、贵港市，上升幅度最大的是梧州市，排名上升3名，贵港市排名上升2名。珠江-西江经济带城市企业发展排名保持不变的城市有4个，分别是柳州市、崇左市、广州市、佛山市。珠江-西江经济带城市企业发展处于下降趋势的城市有5个，分别是南宁市、百色市、来宾市、肇庆市、云浮市，下降幅度最大的是肇庆市、云浮市，排名均下降3名，来宾市下降2名，南宁市、百色市均下降1名。

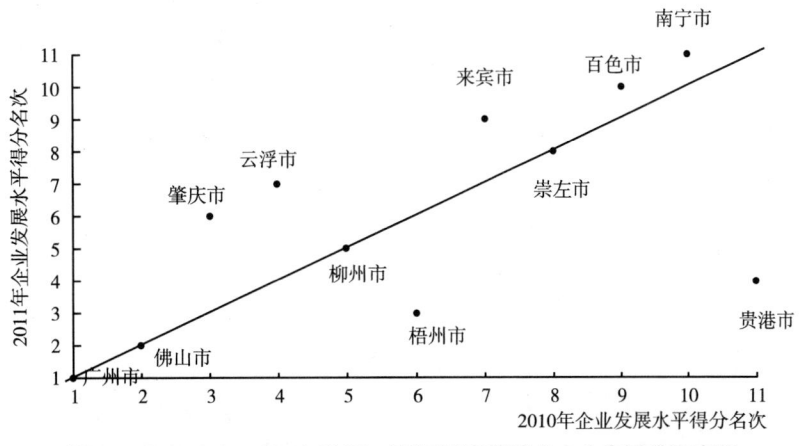

图1-49　2010~2011年珠江-西江经济带城市企业发展排序变化

由图 1-50 可以看到，2011 年与 2012 年相比，珠江－西江经济带城市企业发展处于上升趋势的城市有 2 个，分别是崇左市、肇庆市，上升幅度最大的是肇庆市，排名上升 2 名，崇左市排名上升 1 名。珠江－西江经济带城市企业发展排名保持不变的城市有 6 个，分别是南宁市、梧州市、百色市、来宾市、广州市、佛山市。珠江－西江经济带城市企业发展处于下降趋势的城市有 3 个，分别是柳州市、贵港市、云浮市，排名均下降 1 名。

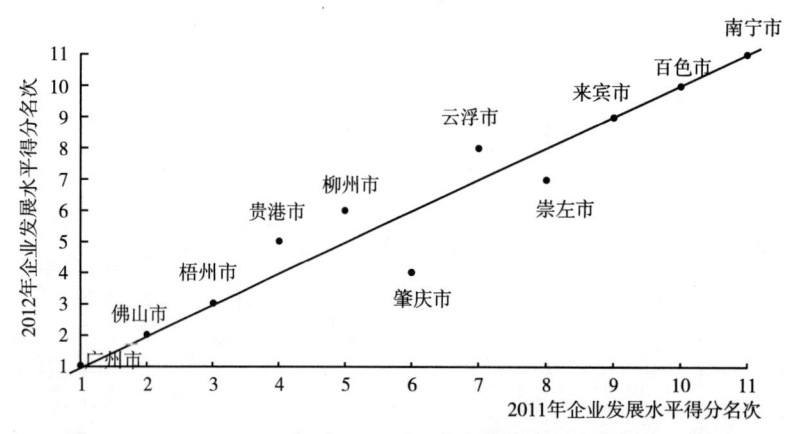

图 1-50 2011~2012 年珠江－西江经济带城市企业发展排序变化

由图 1-51 可以看到，2012 年与 2013 年相比，珠江－西江经济带城市企业发展处于上升趋势的城市有 3 个，分别是云浮市、崇左市、肇庆市，上升幅度最大的是云浮市，排名上升 3 名，崇左市、肇庆市排名均上升 1 名。珠江－西江经济带城市企业发展排名保持不变的城市有 5 个，分别是南宁市、百色市、来宾市、广州市、佛山市。珠江－西江经济带城市企业发展处于下降趋势的城市有 3 个，分别是柳州市、梧州市、贵港市，下降幅度最大的是柳州市、贵港市，排名均下降 2 名，梧州市排名下降 1 名。

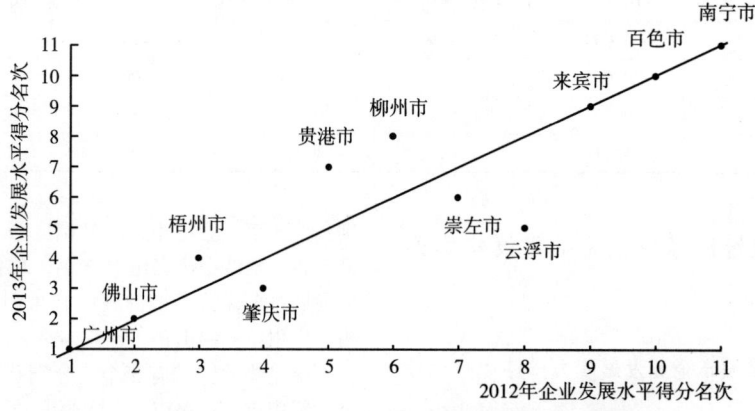

图 1-51 2012~2013 年珠江－西江经济带城市企业发展排序变化

由图 1-52 可以看到，2013 年与 2014 年相比，珠江－西江经济带城市企业发展处于上升趋势的城市有 4 个，分别是南宁市、柳州市、贵港市、百色市，上升幅度最大的是贵港市，排名上升 3 名，南宁市、柳州市、百色市排名

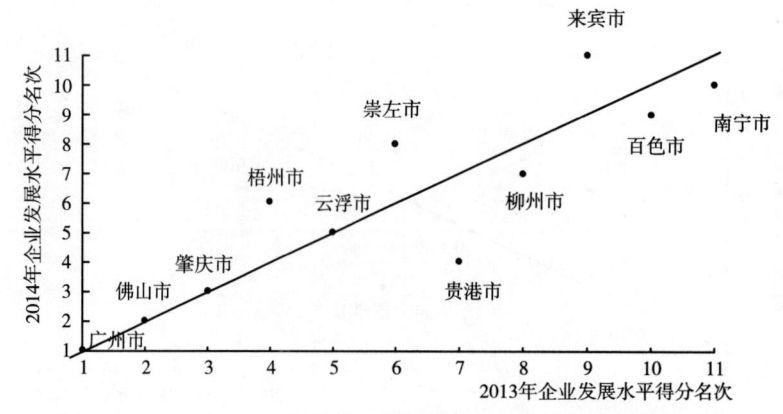

图 1-52 2013~2014 年珠江－西江经济带城市企业发展排序变化

均上升1名。珠江-西江经济带城市企业发展排名保持不变的城市有4个，分别是广州市、佛山市、肇庆市、云浮市。珠江-西江经济带城市企业发展处于下降趋势的城市有3个，分别是梧州市、崇左市、来宾市，排名均下降2名。

由图1-53可以看到，2014年与2015年相比，珠江-西江经济带城市企业发展处于上升趋势的城市有2个，分别是梧州市、崇左市，上升幅度最大的是梧州市，排名上升2名，崇左市排名上升1名。珠江-西江经济带城市企业发展排名保持不变的城市有7个，分别是南宁市、百色市、来宾市、广州市、肇庆市、云浮市。珠江-西江经济带城市企业发展处于下降趋势的城市有2个，分别是柳州市、贵港市，下降幅度最大的是柳州市，排名下降2名，贵港市排名下降1名。

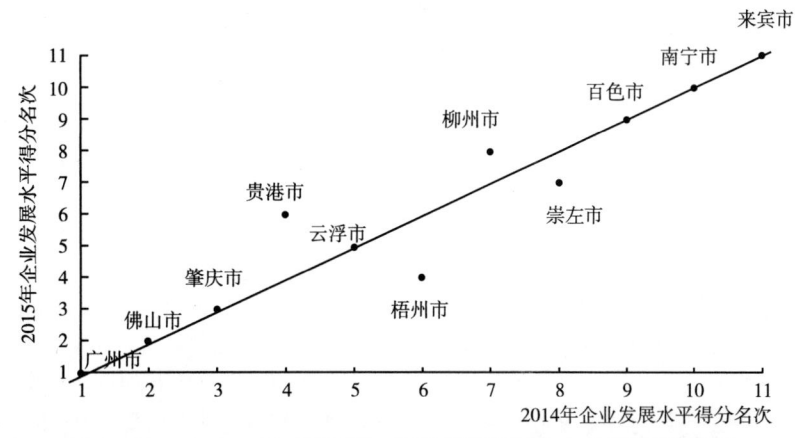

图1-53　2014~2015年珠江-西江经济带城市企业发展排序变化

由图1-54可以看到，2010年与2015年相比，珠江-西江经济带城市企业发展处于上升趋势的城市有3个，分别是梧州市、贵港市、崇左市，上升幅度最大的是贵港市，排名上升5名，梧州市排名上升2名，崇左市排名上升1名。珠江-西江经济带城市企业发展排名保持不变的城市有5个，是南宁市、百色市、广州市、佛山市、肇庆市。珠江-西江经济带城市企业发展处于下降趋势的城市有3个，分别是柳州市、来宾市、云浮市，下降幅度最大的是来宾市，排名下降4名，柳州市排名下降3名，云浮市排名下降1名。

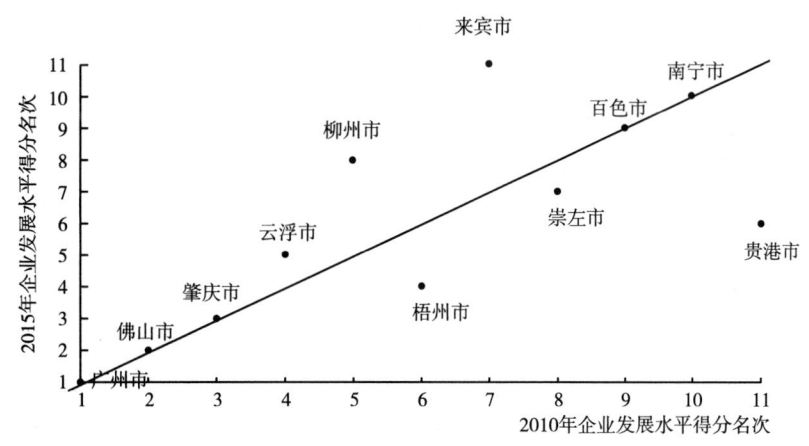

图1-54　2010~2015年珠江-西江经济带城市企业发展排序变化

由表1-76对2010~2011年珠江-西江经济带城市企业发展平均得分情况进行分析，可以看到，由2010~2011年，企业发展上、中、下游区的平均得分均呈现上升趋势，分别上升4.161分、0.183分、0.743分；说明珠江-西江经济带整体企业发展水平出现提升，企业发展充满活力，城市企业发展有所改善和提升。

三级指标中，2010~2011年，珠江-西江经济带企业利润相对增长率上、中游区的平均得分均呈现上升趋势，分别上升1.916分、0.101分，下游区的平均得分呈现下降趋势，下降1.346分，其整体呈上升趋势；说明珠江-西江经济带整体企业利润相对增长率出现提升，企业利润增长加快。

2010~2011年，企业利润绝对增量加权指数上游区的平均得分呈现下降趋势，下降0.064分，中、下游区的平均得分均呈现上升趋势，分别上升0.386分、0.999分，其整体呈上升趋势；说明珠江-西江经济带整体企业利润绝对增量加权指数出现提升，城市的企业发展水平较高。

2010~2011年，企业利润比重增量上、中、下游区的平均得分均呈现上升趋势，分别上升0.735分、0.721分、1.889分；说明珠江－西江经济带整体企业利润比重增量出现提升，企业利润有所增加。

2010~2011年，企业利润枢纽度上、中游区的平均得分均呈现上升趋势，分别上升0.096分、0.138分，下游区的平均得分呈现下降趋势，下降0.004分，其整体呈上升趋势；说明珠江－西江经济带整体企业利润枢纽度出现提升，企业利润相对增长率加快。

2010~2011年，企业利润平均增长指数上、中、下游区的平均得分均呈现下降趋势，分别下降0.591分、0.748分、1.192分；说明珠江－西江经济带整体企业利润平均增长指数出现衰退，城市企业利润增长不明显。

2010~2011年，企业产值流强度上、中、下游区的平均得分均呈现上升趋势，分别上升0.040分、0.124分、0.028分；说明珠江－西江经济带整体企业产值流强度出现提升，企业发展充满活力，城市企业产值有所提升。

2010~2011年，企业产值倾向度上、中、下游区的平均得分均呈现上升趋势，分别上升0.600分、0.889分、0.091分；说明珠江－西江经济带整体企业产值倾向度出现提升，企业发展充满活力。

2010~2011年，内资企业产值职能规模上、中、下游区的平均得分均呈现上升趋势，分别上升0.111分、0.127分、0.145分；说明珠江－西江经济带整体内资企业产值职能规模出现提升，城市内资企业产值有所提升。

2010~2011年，港澳台投资企业产值职能规模上、下游区的平均得分均呈现上升趋势，分别上升0.040分、0.144分，中游区的平均得分呈现下降趋势，下降0.002分，其整体呈上升趋势；说明珠江－西江经济带整体港澳台投资企业产值职能规模出现提升，城市港澳台投资企业产值有所提升。

2010~2011年，外商投资企业产值职能规模上、下游区的平均得分均呈现下降趋势，分别下降0.008分、0.015分，中游区的平均得分呈现上升趋势，上升0.120分，其整体呈上升趋势；说明珠江－西江经济带整体外商投资企业产值职能规模出现提升，城市外商投资企业产值有所提升。

2010~2011年，内资企业产值职能地位上、下游区的平均得分均呈现上升趋势，分别上升0.075分、0.034分，中游区的平均得分呈现下降趋势，下降了0.108分，其整体呈上升趋势；说明珠江－西江经济带整体内资企业产值职能地位出现提升，城市内资企业产值有所提升。

2010~2011年，港澳台投资企业产值职能地位上、中、下游区的平均得分均呈现下降趋势，分别下降0.022分、0.239分、0.479分；说明珠江－西江经济带整体港澳台投资企业产值职能地位出现衰退，港澳台投资企业产值职能地位不高。

2010~2011年，外商投资企业产值职能地位上、中、下游区的平均得分均呈现下降趋势，分别下降0.047分、0.160分、0.214分；说明珠江－西江经济带整体外商投资企业产值职能地位出现衰退，外商投资企业产值职能地位不高。

表1-76　　　　2010~2011年珠江－西江经济带城市企业发展平均得分情况

项目	2010年 上游区	2010年 中游区	2010年 下游区	2011年 上游区	2011年 中游区	2011年 下游区	得分变化 上游区	得分变化 中游区	得分变化 下游区
企业发展	23.814	15.755	13.097	27.974	15.938	13.840	4.161	0.183	0.743
企业利润相对增长率	2.235	2.194	2.189	4.151	2.295	0.842	1.916	0.101	-1.346
企业利润绝对增量加权指数	0.775	0.788	0.781	0.711	1.174	1.779	-0.064	0.386	0.999
企业利润比重增量	4.425	4.187	3.084	5.160	4.908	4.973	0.735	0.721	1.889
企业利润枢纽度	1.795	1.326	2.254	1.891	1.465	2.250	0.096	0.138	-0.004
企业利润平均增长指数	4.561	4.452	4.978	3.970	3.704	3.786	-0.591	-0.748	-1.192
企业产值流强度	0.052	0.412	0.112	0.093	0.536	0.140	0.040	0.124	0.028
企业产值倾向度	0.354	0.657	0.511	0.954	1.546	0.602	0.600	0.889	0.091
内资企业产值职能规模	0.093	0.491	0.250	0.204	0.618	0.395	0.111	0.127	0.145
港澳台投资企业产值职能规模	0.033	0.679	1.189	0.073	0.677	1.333	0.040	-0.002	0.144
外商投资企业产值职能规模	0.018	0.351	0.035	0.009	0.471	0.020	-0.008	0.120	-0.015
内资企业产值职能地位	0.149	0.787	0.400	0.224	0.679	0.434	0.075	-0.108	0.034
港澳台投资企业产值职能地位	0.099	0.839	1.567	0.077	0.600	1.087	-0.022	-0.239	-0.479
外商投资企业产值职能地位	0.283	0.805	0.996	0.236	0.646	0.782	-0.047	-0.160	-0.214

由表1-77对2011~2012年珠江－西江经济带城市企业发展平均得分情况进行分析，可以看到，2011~2012年，企业发展上、下游区的平均得分均呈现下降趋势，分别下降2.876分、0.408分，中游区的平均得分呈现上升趋势，上升0.182分，其整体呈下降趋势；说明珠江－西江经济带整体企业发展出现衰退，企业发展缺乏活力，城市企业发展有待改善和提升。

三级指标中，2011~2012年，珠江－西江经济带企业利润相对增长率上、中游区的平均得分呈现下降趋势，分别下降1.752分、0.061分，下游区的平均得分呈现上升趋势，上升 1.203 分，其整体呈下降趋势；说明珠江－西江经济带整体企业利润相对增长率出现衰退，企业利润相对增长率较慢。

2011~2012 年，企业利润绝对增量加权指数上游区的平均得分呈现上升趋势，上升 0.095 分，中、下游区的平均得分均呈现下降趋势，分别下降 0.453 分、0.798 分，其整体呈下降趋势；说明珠江－西江经济带整体企业利润绝对增量加权指数出现衰退，城市的企业发展水平较低。

2011~2012 年，企业利润比重增量上、中游区的平均得分均呈现下降趋势，分别下降 0.108 分、0.435 分，下游区平均得分呈现上升趋势，上升 0.272 分；说明珠江－西江经济带整体企业利润比重增量出现衰退，企业利润并未增加。

2011~2012 年，企业利润枢纽度上、中、下游区的平均得分均呈现上升趋势，分别上升 0.346 分、0.123 分、0.155 分；说明珠江－西江经济带整体企业利润枢纽度出现提升。

2011~2012 年，企业利润平均增长指数上、中、下游区的平均得分均呈现下降趋势，分别下降 0.244 分、0.530 分、0.139 分；说明珠江－西江经济带整体企业利润平均增长指数出现衰退，城市企业利润增长不明显。

2011~2012 年，企业产值流强度上、下游区的平均得分均呈现上升趋势，分别上升 0.029 分、0.006 分，中游区的平均得分呈现下降趋势，下降 0.020 分；说明珠江－西江经济带整体企业产值流强度出现提升，企业发展充满活力，城市企业产值有所提升。

2011~2012 年，企业产值倾向度上、中游区的平均得分均呈现上升趋势，分别上升 0.363 分、0.031 分，下游区的平均得分呈现下降趋势，下降 0.013 分；说明珠江－西江经济带整体企业产值倾向度出现提升，企业发展充满活力。

2011~2012 年，内资企业产值职能规模上、中、下游区的平均得分均呈现上升趋势，分别上升 0.042 分、0.052 分、0.098 分；说明珠江－西江经济带整体内资企业产值职能规模出现提升，城市内资企业产值有所提升。

2011~2012 年，港澳台投资企业产值职能规模上、下游区的平均得分均呈现上升趋势，分别上升 0.029 分、0.072 分，中游区的平均得分呈现下降趋势，下降 0.121 分，其整体呈下降趋势；说明珠江－西江经济带整体港澳台投资企业产值职能规模并未提升，城市港澳台投资企业产值有所提升。

2011~2012 年，外商投资企业产值职能规模上游区的平均得分呈现上升趋势，上升 0.009 分，中、下游区的平均得分均呈现下降趋势，分别下降 0.071 分、0.012 分，其整体呈下降趋势；说明珠江－西江经济带整体外商投资企业产值职能规模出现衰退，城市外商投资企业产值并未提升。

2011~2012 年，内资企业产值职能地位上、下游区的平均得分均呈现上升趋势，分别上升 0.015 分、0.045 分，中游区的平均得分呈现下降趋势，下降 0.028 分，其整体呈上升趋势；说明珠江－西江经济带整体内资企业产值职能地位出现提升，城市内资企业产值有所提升。

2011~2012 年，港澳台投资企业产值职能地位上游区的平均得分呈现上升趋势，上升 0.022 分，中、下游区的平均得分均呈现下降趋势，分别下降 0.082 分、0.084 分；说明珠江－西江经济带整体港澳台投资企业产值职能地位出现衰退，港澳台投资企业产值地位不高。

2011~2012 年，外商投资企业产值职能地位上、中游区的平均得分均呈现上升趋势，分别上升 0.032 分、0.016 分，下游区的平均得分呈现下降趋势，下降 0.032 分；说明珠江－西江经济带整体外商投资企业产值职能地位出现提升，外商投资企业产值地位较高。

表 1－77　　　　　　2011~2012 年珠江－西江经济带城市企业发展平均得分情况

项　目	2011 年			2012 年			得分变化		
	上游区	中游区	下游区	上游区	中游区	下游区	上游区	中游区	下游区
企业发展	27.974	15.938	13.840	25.098	16.121	13.432	-2.876	0.182	-0.408
企业利润相对增长率	4.151	2.295	0.842	2.399	2.234	2.045	-1.752	-0.061	1.203
企业利润绝对增量加权指数	0.711	1.174	1.779	0.807	0.722	0.982	0.095	-0.453	-0.798
企业利润比重增量	5.160	4.908	4.973	5.052	4.472	5.245	-0.108	-0.435	0.272
企业利润枢纽度	1.891	1.465	2.250	2.236	1.588	2.405	0.346	0.123	0.155
企业利润平均增长指数	3.970	3.704	3.786	3.726	3.174	3.647	-0.244	-0.530	-0.139
企业产值流强度	0.093	0.536	0.140	0.121	0.517	0.146	0.029	-0.020	0.006
企业产值倾向度	0.954	1.546	0.602	1.317	1.577	0.589	0.363	0.031	-0.013
内资企业产值职能规模	0.204	0.618	0.395	0.246	0.670	0.493	0.042	0.052	0.098
港澳台投资企业产值职能规模	0.073	0.677	1.333	0.102	0.557	1.405	0.029	-0.121	0.072
外商投资企业产值职能规模	0.009	0.471	0.020	0.018	0.401	0.008	0.009	-0.071	-0.012
内资企业产值职能地位	0.224	0.679	0.434	0.239	0.651	0.479	0.015	-0.028	0.045
港澳台投资企业产值职能地位	0.077	0.600	1.087	0.098	0.519	1.003	0.022	-0.082	-0.084
外商投资企业产值职能地位	0.236	0.646	0.782	0.269	0.662	0.750	0.032	0.016	-0.032

由表 1－78 对 2012~2013 年珠江－西江经济带城市企业发展平均得分情况进行分析，可以看到，2012~2013 年，企业发展上、中游区的平均得分均呈现上升趋势，分别上升 2.416 分、0.766 分，中游区的平均得分呈现下降趋势，

下降 0.125 分，其整体呈上升趋势；说明珠江－西江经济带整体企业发展出现提升，企业发展充满活力，城市企业发展有所改善和提升。

三级指标中，2012~2013 年，企业利润相对增长率上、下游区的平均得分均呈现上升趋势，分别上升 0.009 分、0.168 分，中游区的平均得分呈现稳定趋势；说明珠江－西江经济带整体企业利润相对增长率出现提升，企业利润相对增长率较快。

2012~2013 年，企业利润绝对增量加权指数上、下游区的平均得分均呈现下降趋势，分别下降 0.012 分、0.119 分，中游区的平均得分呈现上升趋势，上升 0.106 分，其整体呈下降趋势；说明珠江－西江经济带整体企业利润绝对增量加权指数出现衰退，城市的企业发展水平较低。

2012~2013 年，企业利润比重增量上、中游区的平均得分均呈现上升趋势，分别上升 0.145 分、0.966 分，下游区的平均得分呈现下降趋势，下降 0.064 分；说明珠江－西江经济带整体企业利润比重增量出现提升，企业利润有所增加。

2012~2013 年，企业利润枢纽度上、下游区的平均得分均呈现上升趋势，分别上升 0.136 分、0.368 分，中游区的平均得分呈现下降趋势，下降 0.066 分；说明珠江－西江经济带整体企业利润枢纽度出现提升，企业利润相对增长率加快。

2012~2013 年，企业利润平均增长指数上、中、下游区的平均得分均呈现上升趋势，分别上升 0.244 分、0.340 分、0.191 分；说明珠江－西江经济带整体企业利润平均增长指数出现提升，城市企业利润增长明显。

2012~2013 年，企业产值流强度上游区的平均得分呈现下降趋势，下降 0.058 分，中、下游区的平均得分均呈现上升趋势，分别上升 0.148 分、0.011 分；说明珠江－西江经济带整体企业产值流强度出现提升，企业发展充满活力。

2012~2013 年，企业产值倾向度上、中、下游区的平均得分均呈现下降趋势，分别下降 1.035 分、0.123 分、0.042 分；说明珠江－西江经济带整体企业产值倾向度出现衰退，企业发展缺乏活力，城市企业产值有待提升。

2012~2013 年，内资企业产值职能规模上游区的平均得分呈现下降趋势，下降 0.121 分，中、下游区的平均得分均呈现上升趋势，分别上升 0.053 分、0.055 分；说明珠江－西江经济带整体内资企业产值职能规模出现提升，城市内资企业产值有所提升。

2012~2013 年，港澳台投资企业产值职能规模上游区的平均得分呈现下降趋势，下降 0.039 分，中、下游区的平均得分均呈现上升趋势，分别上升 0.178 分、0.239 分；说明珠江－西江经济带整体港澳台投资企业产值职能规模有所提升，城市港澳台投资企业产值有所提升。

2012~2013 年，外商投资企业产值职能规模上游区的平均得分呈现下降趋势，下降 0.001 分，中、下游区的平均得分均呈现上升趋势，分别上升 0.142 分、0.004 分；说明珠江－西江经济带整体外商投资企业产值职能规模出现提升，城市外商投资企业产值有所提升。

2012~2013 年，内资企业产值职能地位上游区的平均得分呈现下降趋势，下降 0.118 分，中、下游区的平均得分均呈现上升趋势，分别上升 0.047 分、0.050 分，其整体呈下降趋势；说明珠江－西江经济带整体内资企业产值职能地位出现衰退。

2012~2013 年，港澳台投资企业产值职能地位上、中、下游区的平均得分均呈现上升趋势，分别上升 0.030 分、0.073 分、0.196 分；说明珠江－西江经济带整体港澳台投资企业产值职能地位出现提升，港澳台投资企业产值地位较高。

2012~2013 年，外商投资企业产值职能地位上、中、下游区的平均得分均呈现上升趋势，分别上升 0.026 分、0.048 分、0.120 分；说明珠江－西江经济带整体外商投资企业产值职能地位出现提升，外商投资企业产值地位较高。

表 1 - 78　　2012~2013 年珠江－西江经济带城市企业发展平均得分情况

项　目	2012 年			2013 年			得分变化		
	上游区	中游区	下游区	上游区	中游区	下游区	上游区	中游区	下游区
企业发展	25.098	16.121	13.432	27.514	16.887	13.307	2.416	0.766	-0.125
企业利润相对增长率	2.399	2.234	2.045	2.408	2.235	2.213	0.009	0.000	0.168
企业利润绝对增量加权指数	0.807	0.722	0.982	0.795	0.828	0.862	-0.012	0.106	-0.119
企业利润比重增量	5.052	4.472	5.245	5.196	5.439	5.181	0.145	0.966	-0.064
企业利润枢纽度	2.236	1.588	2.405	2.373	1.522	2.773	0.136	-0.066	0.368
企业利润平均增长指数	3.726	3.174	3.647	3.970	3.514	3.838	0.244	0.340	0.191
企业产值流强度	0.121	0.517	0.146	0.064	0.664	0.156	-0.058	0.148	0.011
企业产值倾向度	1.317	1.577	0.589	0.281	1.454	0.547	-1.035	-0.123	-0.042
内资企业产值职能规模	0.246	0.670	0.493	0.125	0.723	0.548	-0.121	0.053	0.055
港澳台投资企业产值职能规模	0.102	0.557	1.405	0.062	0.735	1.645	-0.039	0.178	0.239
外商投资企业产值职能规模	0.018	0.401	0.008	0.017	0.542	0.012	-0.001	0.142	0.004
内资企业产值职能地位	0.239	0.651	0.479	0.121	0.698	0.529	-0.118	0.047	0.050
港澳台投资企业产值职能地位	0.098	0.519	1.003	0.129	0.591	1.199	0.030	0.073	0.196
外商投资企业产值职能地位	0.269	0.662	0.750	0.295	0.710	0.870	0.026	0.048	0.120

由表1-79对2013~2014年珠江-西江经济带城市企业发展平均得分情况进行分析，可以看到，2013~2014年，企业发展上游区的平均得分呈现下降趋势，下降0.116分，中、下游区平均得分均呈现上升趋势，分别上升0.173分、0.565分，其整体呈上升趋势；说明珠江-西江经济带整体企业发展出现提升，企业发展充满活力，城市企业发展有所改善和提升。

三级指标中，2013~2014年，企业利润相对增长率上、中游区平均得分均呈现上升趋势，分别上升0.020分、0.036分，下游区平均得分呈现下降趋势，下降0.043分，其整体呈上升趋势；说明珠江-西江经济带整体企业利润相对增长率出现提升，企业利润相对增长率较快。

2013~2014年，企业利润绝对增量加权指数上、下区的平均得分均呈现上升趋势，分别上升0.023分、0.099分，中游区平均得分呈现下降趋势，下降0.057分，其整体呈上升趋势；说明珠江-西江经济带整体企业利润绝对增量加权指数出现提升，城市的企业发展水平较高。

2013~2014年，企业利润比重增量上、中、下游区的平均得分均呈现下降趋势，分别下降0.037分、0.514分、0.018分；说明珠江-西江经济带整体企业利润比重增量出现衰退，企业利润并未增加。

2013~2014年，企业利润枢纽度上游区的平均得分均呈现稳定趋势，中游区的平均得分呈现下降趋势，下降0.093分，下游区的平均得分呈现上升趋势，上升0.224分；说明珠江-西江经济带整体企业利润枢纽度出现提升，企业利润相对增长率加快。

2013~2014年，企业利润平均增长指数上游区的平均得分呈现下降趋势，下降0.159分，中游区的平均得分呈现上升趋势，上升0.100分，下游区平均得分均呈现稳定趋势；说明珠江-西江经济带整体企业利润平均增长指数出现衰退，城市企业利润增长不明显。

2013~2014年，企业产值流强度上、中、下区的平均得分均呈现上升趋势，分别上升0.013分、0.090分、0.018分；说明珠江-西江经济带整体企业产值流强度出现提升，企业发展充满活力，城市企业产值有所提升。

2013~2014年，企业产值倾向度上、中、下游区平均得分均呈现上升趋势，分别上升0.021分、0.296分、0.006分；说明珠江-西江经济带整体企业产值倾向度出现提升，企业发展充满活力。

2013~2014年，内资企业产值职能规模上游区平均得分呈现下降趋势，下降0.036分，中、下游区平均得分均呈现上升趋势，分别上升0.105分、0.077分；说明珠江-西江经济带整体内资企业产值职能规模出现提升，城市内资企业产值有所提升。

2013~2014年，港澳台投资企业产值职能规模上、中、下游区平均得分均呈现上升趋势，分别上升0.049分、0.054分、0.297分；说明珠江-西江经济带整体港澳台投资企业产值职能规模有所提升，城市港澳台投资企业产值有所提升。

2013~2014年，外商投资企业产值职能规模上、中、下游区平均得分均呈现上升趋势，分别上升0.014分、0.081分、0.004分；说明珠江-西江经济带整体外商投资企业产值职能规模出现了提升，城市外商投资企业产值有所提升。

2013~2014年，内资企业产值职能地位上游区平均得分呈现下降趋势，下降0.043分，中、下游区平均得分均呈现上升趋势，分别上升0.019分、0.013分，其整体呈下降趋势；说明珠江-西江经济带整体内资企业产值职能地位出现衰退，城市内资企业产值并未提升。

2013~2014年，港澳台投资企业产值职能地位上、下游区平均得分均呈现上升趋势，分别上升0.015分、0.031分，中游区的平均得分呈现下降趋势，下降0.023分；说明珠江-西江经济带整体港澳台投资企业产值职能地位出现提升，港澳台投资企业产值地位较高。

2013~2014年，外商投资企业产值职能地位上游区平均得分呈现上升趋势，上升0.015分，中、下游区的平均得分均呈现下降趋势，分别下降0.002分、0.023分；说明珠江-西江经济带整体外商投资企业产值职能地位出现衰退，外商投资企业产值地位较低。

表1-79   2013~2014年珠江-西江经济带城市企业发展平均得分情况

项 目	2013年			2014年			得分变化		
	上游区	中游区	下游区	上游区	中游区	下游区	上游区	中游区	下游区
企业发展	27.514	16.887	13.307	27.398	17.060	13.871	-0.116	0.173	0.565
企业利润相对增长率	2.408	2.235	2.213	2.428	2.271	2.170	0.020	0.036	-0.043
企业利润绝对增量加权指数	0.795	0.828	0.862	0.818	0.771	0.962	0.023	-0.057	0.099
企业利润比重增量	5.196	5.439	5.181	5.159	4.925	5.163	-0.037	-0.514	-0.018
企业利润枢纽度	2.373	1.522	2.773	2.373	1.429	2.997	0.000	-0.093	0.224
企业利润平均增长指数	3.970	3.514	3.838	3.811	3.614	3.838	-0.159	0.100	0.000
企业产值流强度	0.064	0.664	0.156	0.076	0.755	0.174	0.013	0.090	0.018
企业产值倾向度	0.281	1.454	0.547	0.302	1.750	0.553	0.021	0.296	0.006
内资企业产值职能规模	0.125	0.723	0.548	0.089	0.828	0.626	-0.036	0.105	0.077
港澳台投资企业产值职能规模	0.062	0.735	1.645	0.111	0.789	1.942	0.049	0.054	0.297

续表

项目	2013年 上游区	2013年 中游区	2013年 下游区	2014年 上游区	2014年 中游区	2014年 下游区	得分变化 上游区	得分变化 中游区	得分变化 下游区
外商投资企业产值职能规模	0.017	0.542	0.012	0.031	0.623	0.016	0.014	0.081	0.004
内资企业产值职能地位	0.121	0.698	0.529	0.077	0.717	0.541	-0.043	0.019	0.013
港澳台投资企业产值职能地位	0.129	0.591	1.199	0.144	0.568	1.230	0.015	-0.023	0.031
外商投资企业产值职能地位	0.295	0.710	0.870	0.310	0.708	0.847	0.015	-0.002	-0.023

由表1-80对2014~2015年珠江-西江经济带城市企业发展平均得分情况进行分析,可以看到,2014~2015年,企业发展上、下游区的平均得分均呈现下降趋势,分别下降0.563分、0.592分,中游区的平均得分呈现上升趋势,上升0.224分,其整体呈下降趋势;说明珠江-西江经济带整体企业发展出现衰退,企业发展缺乏活力,城市企业发展有待改善和提升。

三级指标中,2014~2015年,企业利润相对增长率上、中、下游区平均得分均呈现下降趋势,分别下降0.165分、0.244分、0.370分;说明珠江-西江经济带整体企业利润相对增长率出现衰退,企业利润相对增长率较慢。

2014~2015年,企业利润绝对增量加权指数上、中、下游区平均得分均呈现下降趋势,分别下降0.067分、0.044分、0.461分;说明珠江-西江经济带整体企业利润绝对增量加权指数出现衰退,城市的企业发展水平较低。

2014~2015年,企业利润比重增量上、中、下游区平均得分均呈现上升趋势,分别上升0.114分、0.452分、0.403分;说明珠江-西江经济带整体企业利润比重增量出现提升,企业利润有所增加。

2014~2015年,企业利润枢纽度上、中、下游区平均得分均呈现上升趋势,分别上升0.572分、0.112分、0.784分;说明珠江-西江经济带整体企业利润枢纽度出现了提升,企业利润相对增长率加快。

2014~2015年,企业利润平均增长指数上、中、下游区平均得分均呈现下降趋势,分别下降0.283分、0.423分、0.269分;说明珠江-西江经济带整体企业利润平均增长指数出现衰退,城市企业利润增长不明显。

2014~2015年,企业产值流强度上、中、下游区平均得分均呈现上升趋势,分别上升0.038分、0.062分、0.007分;说明珠江-西江经济带整体企业产值流强度出现提升,企业发展充满活力,城市企业产值有所提升。

2014~2015年,企业产值倾向度上游区平均得分呈现上升趋势,上升0.149分,中、下游区的平均得分均呈现下降趋势,分别下降0260分、0.071分;说明珠江-西江经济带整体企业产值倾向度出现衰退,企业发展缺乏活力。

2014~2015年,内资企业产值职能规模上、中、下游区平均得分均呈现上升趋势,分别上升0.103分、0.043分、0.059分;说明珠江-西江经济带整体内资企业产值职能规模出现提升,城市内资企业产值有所提升。

2014~2015年,港澳台投资企业产值职能规模上游区平均得分呈现上升趋势,上升0.013分,中、下游区平均得分均呈现下降趋势,分别下降0.226分、0.315分;说明珠江-西江经济带整体港澳台投资企业产值职能规模并未提升,城市港澳台投资企业产值有所下降。

2014~2015年,外商投资企业产值职能规模上、中区的平均得分均呈现上升趋势,分别上升0.035分、0.106分,下游区的平均得分呈现下降趋势,下降0.009分;说明珠江-西江经济带整体外商投资企业产值职能规模出现提升,城市外商投资企业产值有所提升。

2014~2015年,内资企业产值职能地位上游区平均得分呈现上升趋势,上升0.071分,中、下游区平均得分均呈现下降趋势,分别下降0.045分、0.013分,其整体呈上升趋势;说明珠江-西江经济带整体内资企业产值职能地位出现提升,城市内资企业产值有所提升。

2014~2015年,港澳台投资企业产值职能地位上游区平均得分呈现上升趋势,上升0.019分,中、下游区平均得分均呈现下降趋势,分别下降0.069分、0.096分,其整体呈下降趋势;说明珠江-西江经济带整体港澳台投资企业产值职能地位出现衰退,港澳台投资企业产值地位较低。

2014~2015年,外商投资企业产值职能地位上、中、下游区的平均得分均呈现下降趋势,分别下降0.023分、0.047分、0.032分;说明珠江-西江经济带整体外商投资企业产值职能地位出现衰退,外商投资企业产值地位较低。

表1-80　　　　　　2014~2015年珠江-西江经济带城市企业发展平均得分情况

项目	2014年 上游区	2014年 中游区	2014年 下游区	2015年 上游区	2015年 中游区	2015年 下游区	得分变化 上游区	得分变化 中游区	得分变化 下游区
企业发展	27.398	17.060	13.871	26.835	17.284	13.279	-0.563	0.224	-0.592
企业利润相对增长率	2.428	2.271	2.170	2.263	2.027	1.801	-0.165	-0.244	-0.370
企业利润绝对增量加权指数	0.818	0.771	0.962	0.750	0.727	0.500	-0.067	-0.044	-0.461
企业利润比重增量	5.159	4.925	5.163	5.274	5.377	5.567	0.114	0.452	0.403
企业利润枢纽度	2.373	1.429	2.997	2.945	1.541	3.781	0.572	0.112	0.784

续表

项目	2014年 上游区	2014年 中游区	2014年 下游区	2015年 上游区	2015年 中游区	2015年 下游区	得分变化 上游区	得分变化 中游区	得分变化 下游区
企业利润平均增长指数	3.811	3.614	3.838	3.528	3.191	3.570	-0.283	-0.423	-0.269
企业产值流强度	0.076	0.755	0.174	0.114	0.816	0.181	0.038	0.062	0.007
企业产值倾向度	0.302	1.750	0.553	0.451	1.490	0.483	0.149	-0.260	-0.071
内资企业产值职能规模	0.089	0.828	0.626	0.192	0.871	0.685	0.103	0.043	0.059
港澳台投资企业产值职能规模	0.111	0.789	1.942	0.124	0.563	1.627	0.013	-0.226	-0.315
外商投资企业产值职能规模	0.031	0.623	0.016	0.066	0.729	0.007	0.035	0.106	-0.009
内资企业产值职能地位	0.077	0.717	0.541	0.148	0.672	0.528	0.071	-0.045	-0.013
港澳台投资企业产值职能地位	0.144	0.568	1.230	0.163	0.499	1.133	0.019	-0.069	-0.096
外商投资企业产值职能地位	0.310	0.708	0.847	0.287	0.661	0.815	-0.023	-0.047	-0.032

由表1-81对2010~2015年珠江-西江经济带城市企业发展平均得分情况进行分析，可以看到，2010~2015年，企业发展上、中、下游区平均得分均呈现上升趋势，分别上升3.022分、1.529分、0.182分；说明珠江-西江经济带整体企业发展出现提升，企业发展充满活力，城市企业发展有所改善和提升。

三级指标中，2010~2015年，企业利润相对增长率上游区的平均得分呈现上升趋势，上升0.027分，中、下游区平均得分均呈现下降趋势，分别下降0.167分、0.388分；说明珠江-西江经济带整体企业利润相对增长率出现衰退，企业利润相对增长率较慢。

2010~2015年，企业利润绝对增量加权指数上、中、下游区平均得分均呈现下降趋势，分别下降0.025分、0.061分、0.281分；说明珠江-西江经济带整体企业利润绝对增量加权指数出现衰退，城市的企业发展水平较低。

2010~2015年，企业利润比重增量上、中、下游区平均得分均呈现上升趋势，分别上升0.849分、1.190分、2.482分；说明珠江-西江经济带整体企业利润比重增量出现提升，企业利润有所增加。

2010~2015年，企业利润枢纽度上、中、下游区平均得分均呈现上升趋势，分别上升1.150分、0.215分、1.526分；说明珠江-西江经济带整体企业利润枢纽度出现提升，企业利润相对增长率加快。

2010~2015年，企业利润平均增长指数上、中、下游区平均得分均呈现下降趋势，分别下降1.032分、1.261分、1.408分；说明珠江-西江经济带整体企业利润平均增长指数出现衰退，城市企业利润增长不明显。

2010~2015年，企业产值流强度上、中、下游区平均得分均呈现上升趋势，分别上升0.061分、0.404分、0.068分；说明珠江-西江经济带整体企业产值流强度出现提升，企业发展充满活力，城市企业产值有所提升。

2010~2015年，企业产值倾向度上、中游区平均得分均呈现上升趋势，分别上升0.098分、0.833分，下游区平均得分呈现下降趋势，下降0.028分；说明珠江-西江经济带整体企业产值倾向度出现提升，企业发展充满活力。

2010~2015年，内资企业产值职能规模上、中、下游区平均得分均呈现上升趋势，分别上升0.099分、0.380分、0.435分；说明珠江-西江经济带整体内资企业产值职能规模出现提升，城市内资企业产值有所提升。

2010~2015年，港澳台投资企业产值职能规模上、下游区平均得分均呈现上升趋势，分别上升0.092分、0.437分，中游区平均得分呈现下降趋势，下降0.116分；说明珠江-西江经济带整体港澳台投资企业产值职能规模有所提升，城市港澳台投资企业产值有所上升。

2010~2015年，外商投资企业产值职能规模上、中游区平均得分均呈现上升趋势，分别上升0.049分、0.378分，下游区的平均得分呈现下降趋势，下降0.028分；说明珠江-西江经济带整体外商投资企业产值职能规模出现提升，城市外商投资企业产值有所提升。

2010~2015年，内资企业产值职能地位上、中游区的平均得分均呈现下降趋势，分别下降0.001分、0.115分，下游区的平均得分呈现上升趋势，上升0.128分，其整体呈上升趋势；说明珠江-西江经济带整体内资企业产值职能地位出现提升，城市内资企业产值有所提升。

2010~2015年，港澳台投资企业产值职能地位上游区的平均得分呈现上升趋势，上升0.064分，中、下游区的平均得分均呈现下降趋势，分别下降0.340分、0.433分，其整体呈下降趋势；说明珠江-西江经济带整体港澳台投资企业产值职能地位出现衰退，港澳台投资企业产值地位较低。

2010~2015年，外商投资企业产值职能地位上游区的平均得分呈现上升趋势，上升0.003分，中、下游区的平均得分均呈现下降趋势，分别下降0.144分、0.182分，其整体呈下降趋势；说明珠江-西江经济带整体外商投资企业产值职能地位出现衰退，外商投资企业产值地位较低。

表1-81　　　　　　2010~2015年珠江-西江经济带城市企业发展平均得分情况

项　目	2010年 上游区	2010年 中游区	2010年 下游区	2015年 上游区	2015年 中游区	2015年 下游区	得分变化 上游区	得分变化 中游区	得分变化 下游区
企业发展	23.814	15.755	13.097	26.835	17.284	13.279	3.022	1.529	0.182
企业利润相对增长率	2.235	2.194	2.189	2.263	2.027	1.801	0.027	-0.167	-0.388
企业利润绝对增量加权指数	0.775	0.788	0.781	0.750	0.727	0.500	-0.025	-0.061	-0.281
企业利润比重增量	4.425	4.187	3.084	5.274	5.377	5.567	0.849	1.190	2.482
企业利润枢纽度	1.795	1.326	2.254	2.945	1.541	3.781	1.150	0.215	1.526
企业利润平均增长指数	4.561	4.452	4.978	3.528	3.191	3.570	-1.032	-1.261	-1.408
企业产值流强度	0.052	0.412	0.112	0.114	0.816	0.181	0.061	0.404	0.068
企业产值倾向度	0.354	0.657	0.511	0.451	1.490	0.483	0.098	0.833	-0.028
内资企业产值职能规模	0.093	0.491	0.250	0.192	0.871	0.685	0.099	0.380	0.435
港澳台投资企业产值职能规模	0.033	0.679	1.189	0.124	0.563	1.627	0.092	-0.116	0.437
外商投资企业产值职能规模	0.018	0.351	0.035	0.066	0.729	0.007	0.049	0.378	-0.028
内资企业产值职能地位	0.149	0.787	0.400	0.148	0.672	0.528	-0.001	-0.115	0.128
港澳台投资企业产值职能地位	0.099	0.839	1.567	0.163	0.499	1.133	0.064	-0.340	-0.433
外商投资企业产值职能地位	0.283	0.805	0.996	0.287	0.661	0.815	0.003	-0.144	-0.182

2. 珠江-西江经济带城市企业发展分布情况

根据灰色综合评价法对无量纲化后的三级指标进行权重得分计算，得到珠江-西江经济带城市的企业发展得分及排名，反映出各城市企业发展情况。为更准确地反映出珠江-西江经济带城市企业发展差异及整体情况，需要进一步对各城市企业发展分布情况进行评析，对各城市间实际差距和均衡性展开研究。因此，研究由图1-55、图1-56、图1-57、图1-58、图1-59、图1-60对2010~2015年珠江-西江经济带企业发展评价分值分布进行统计。

由图1-55可以看到，2010年珠江-西江经济带城市企业发展得分较均衡。企业发展得分在22分以上有2个城市，20~22分有3个城市，18~20分有3个城市，16~18分有1个城市，14~16分的有2个城市。这说明珠江-西江经济带城市企业发展分布较均衡，城市的企业发展得分相差不大，地区内企业发展综合得分分布的过度及衔接性较好。

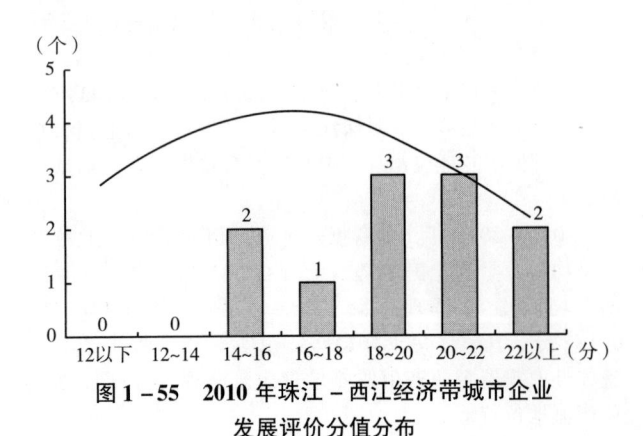

在22分以上有2个城市，16~18分有3个城市，14~16分有5个城市，12~14分有1个城市。这说明珠江-西江经济带城市企业发展分布较不均衡，地区内企业发展综合得分分布的过度及衔接性较差。

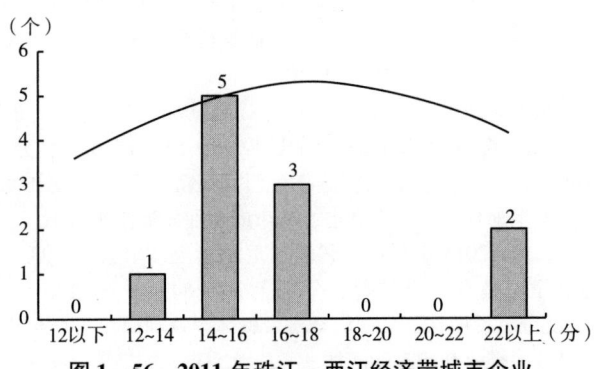

图1-56　2011年珠江-西江经济带城市企业发展实力评价分值分布

由图1-57可以看到，2012年珠江-西江经济带城市企业发展实力得分较不均衡。企业发展得分在22分以上有

图1-55　2010年珠江-西江经济带城市企业发展评价分值分布

由图1-56可以看到，2011年珠江-西江经济带城市企业发展得分出现较大波动，分布不均衡。企业发展得分

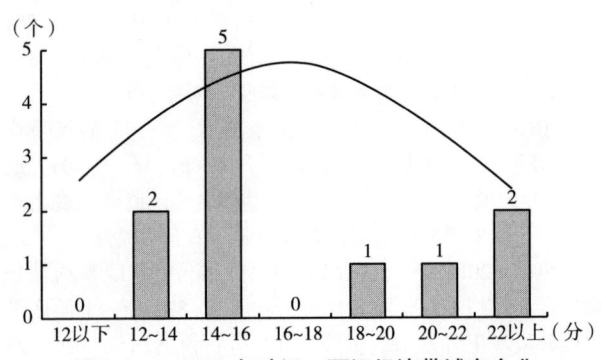

图1-57　2012年珠江-西江经济带城市企业发展实力评价分值分布

2个城市，20~22分有1个城市，18~20分有1个城市，14~16分有5个城市，12~14分有2个城市。这说明珠江－西江经济带城市企业发展分布较不均衡，大量城市的企业发展综合得分集中在14~16分，地区内企业发展综合得分分布的过度及衔接性较差。

由图1-58可以看到，2013年珠江－西江经济带城市企业发展得分分布依然不均衡。企业发展得分在22分以上有2个城市，18~20分有2个城市，16~18分有4个城市，12~14分有3个城市。这说明珠江－西江经济带城市企业发展分布较不均衡，大量城市的企业发展综合得分集中在16~18分，地区内企业发展综合得分分布的过度及衔接性较差。

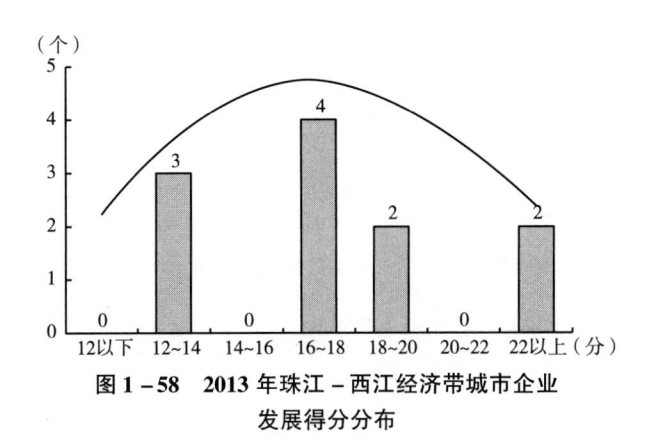

图1-58 2013年珠江－西江经济带城市企业发展得分分布

由图1-59可以看到，2014年珠江－西江经济带城市企业发展得分分布情况与2013年相类似。企业发展得分在22分以上有2个城市，18~20分有2个城市，16~18分有4个城市，14~16分有1个城市，12~14分有2个城市。这说明珠江－西江经济带城市企业发展分布较不均衡，大量城市的企业发展综合得分集中在16~18分，地区内企业发展综合得分分布的过度及衔接性较差。

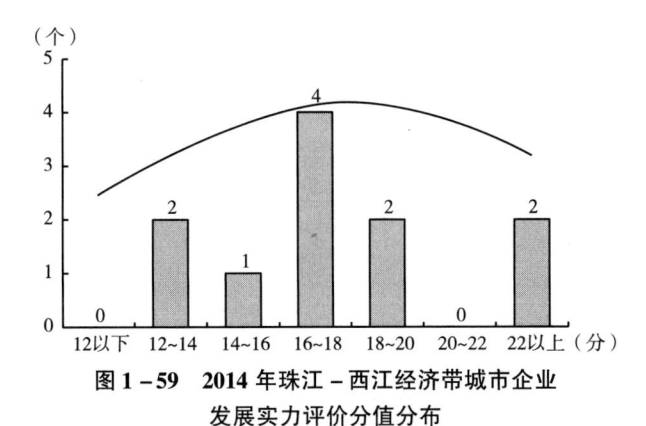

图1-59 2014年珠江－西江经济带城市企业发展实力评价分值分布

由图1-60可以看到，2015年珠江－西江经济带城市企业发展得分分布也不均衡。企业发展得分在22分以上有2个城市，18~20分有2个城市，16~18分有4个城市，14~16分有1个城市，12~14分的有1个城市，12分以下有1个城市。这说明珠江－西江经济带城市企业发展分布较不均衡，大量城市的企业发展综合得分集中在16~18分，地区内企业发展综合得分分布的过度及衔接性较差。

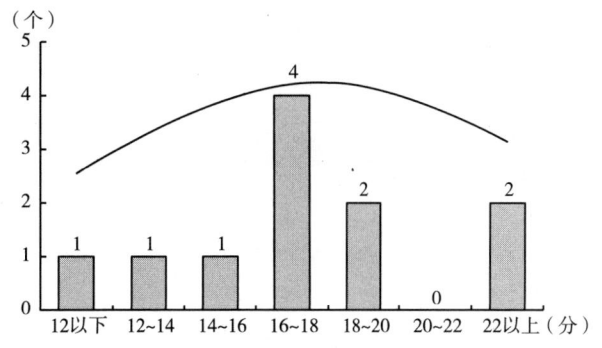

图1-60 2015年珠江－西江经济带城市企业发展实力评价分值分布

对2010~2015年珠江－西江经济带内广西、广东地区的企业发展平均得分及其变化情况进行评析。由表1-82对珠江－西江经济带各地区板块企业发展平均得分及变化进行分析，从得分情况上看，2010年广西地区的企业发展平均得分为14.384分，广东地区企业发展得分为22.204分，地区间比差为0.648:1，地区间标准差为5.530，说明珠江－西江经济带内广西地区和广东地区的企业发展得分的分布存在一定差距。2011年广西地区企业发展平均得分为15.322分，广东地区企业发展平均得分为24.470分，地区间比差为0.626:1，地区间标准差为6.469，说明珠江－西江经济带广西和广东地区的企业发展得分分布差距呈扩大趋势。2012年广西地区企业发展平均得分为15.454分，广东地区企业发展平均得分为22.003分，地区间比差为0.702:1，地区间标准差为4.630，说明地区间得分差距依旧呈逐渐缩小趋势。2013年广西地区的企业发展平均得分为15.364分，广东地区企业发展平均得分为24.837分，地区间比差为0.619:1，地区间标准差为6.699，说明珠江－西江经济带内地区间企业发展差距呈逐步扩大的发展趋势。2014年广西地区企业发展平均得分为15.614分，广东地区企业发展平均得分为24.951分，地区间比差为0.626:1，地区间标准差为6.602，一方面反映出珠江－西江经济带城市企业发展呈现上升势态，各地区间的平均得分均呈现上升趋势；另一方面也反映出珠江－西江经济带内地区间企业发展差距逐步缩小。2015年广西地区的企业发展平均得分为15.496分，广东地区的企业发展平均得分为24.572分，地区间比差为0.631:1，地区间标准差为6.417，说明珠江－西江经济带内各地区间企业发展得分差距逐步缩小。

从珠江－西江经济带城市企业发展的分值变化情况上看，在2010~2015年间珠江－西江经济带内广西地区企业发展得分均呈现上升趋势，广东地区企业发展得分也呈现上升趋势，并且珠江－西江经济带内各地区得分差距呈现扩大趋势。

通过表1-82对珠江－西江经济带各地区板块企业发展的对比评析，发现珠江－西江经济带中广东板块的企业发展水平高于广西板块，珠江－西江经济带各板块的企业发展得分差距不断扩大。

表1-82　珠江-西江经济带各地区板块企业发展平均得分及其变化

年份	广西	广东	标准差
2010	14.384	22.204	5.530
2011	15.322	24.470	6.469
2012	15.454	22.003	4.630
2013	15.364	24.837	6.699
2014	15.614	24.951	6.602
2015	15.496	24.572	6.417
分值变化	1.112	2.37	0.888

为进一步对珠江-西江经济带中各地区板块的城市企业发展排名情况进行分析，通过表1-83、表1-84、表1-85、表1-86对珠江-西江经济带中广西板块、广东板块内城市名次及在珠江-西江经济带整体的名次排序分析，从各地区板块及珠江-西江经济带整体两个维度对城市排名进行分析，同时还对各板块变化趋势进行分析。

由表1-83对珠江-西江经济带中广西板块城市的排名比较进行评析，可以看到南宁市、百色市在珠江-西江经济带中广西板块排名呈现稳定趋势，企业发展变化较小。柳州市在珠江-西江经济带中广西板块排名呈现下降趋势。梧州市在珠江-西江经济带中广西板块排名呈现上升趋势，其整体企业发展2010~2015年保持上游区城市行列。贵港市在珠江-西江经济带中广西板块排名呈上升趋势，上升幅度较大。来宾市在珠江-西江经济带中广西板块排名呈现下降趋势，其企业发展呈现衰退状态。崇左市在珠江-西江经济带中广西板块排名呈上升趋势，其企业排名从2010年的第4名提升至2015年的第3名。

表1-83　广西板块各城市企业发展排名比较

地区	2010年	2011年	2012年	2013年	2014年	2015年	排名变化
南宁	6	7	7	7	6	6	0
柳州	1	3	3	4	3	4	-3
梧州	2	1	1	1	2	1	1
贵港	7	2	2	3	1	2	5
百色	5	6	6	6	5	5	0
来宾	3	5	5	5	7	7	-4
崇左	4	4	4	2	4	3	1

由表1-84对广西板块内城市在珠江-西江经济带城市企业发展排名情况进行比较，可以看到南宁市、百色市在珠江-西江经济带内的排名呈现保持趋势，城市的企业发展综合发展能力稳定。柳州市在珠江-西江经济带内排名处在下降趋势，其企业发展排名下降3位。梧州市在珠江-西江经济带内的排名处在上升趋势。贵港市在珠江-西江经济带内的排名也处在上升趋势，上升幅度明显。来宾市在珠江-西江经济带内的排名也处于下降势态，城市

企业发展并未提升。崇左市在珠江-西江经济带内的排名处于上升趋势，城市企业发展上升幅度较小。

表1-84　广西板块各城市在珠江-西江经济带城市企业发展排名比较

地区	2010年	2011年	2012年	2013年	2014年	2015年	排名变化
南宁	10	11	11	11	10	10	0
柳州	5	5	6	8	7	8	-3
梧州	6	3	3	4	6	4	2
贵港	11	4	5	7	4	6	5
百色	9	10	10	10	9	9	0
来宾	7	9	9	9	11	11	-4
崇左	8	8	7	6	8	7	1

由表1-85对珠江-西江经济带中广东板块城市的排名比较进行分析，可以看到广州市、云浮市、佛山市、肇庆市各城市的企业发展排名2010~2015年虽有波动，但总体排名变化较小，呈现稳定状态；说明城市企业发展基础和发展水平均比较稳定。

表1-85　广东板块各城市企业发展排名比较

地区	2010年	2011年	2012年	2013年	2014年	2015年	排名变化
广州	1	1	1	1	1	1	0
佛山	2	2	2	2	2	2	0
肇庆	3	3	3	3	3	3	0
云浮	4	4	4	4	4	4	0

由表1-86对广东板块内城市在珠江-西江经济带城市企业发展排名情况进行比较，可以看到广州市、佛山市、肇庆市各城市企业发展排名2010~2015年虽有波动，但总体排名变化较小，呈现稳定状态，说明城市的企业发展基础和发展水平均比较稳定。云浮市在珠江-西江经济带内的排名处于下降趋势，企业发展排名从2010年的第4名下降到2015年的第5名，城市企业综合发展能力较差。

表1-86　广东板块各城市在珠江-西江经济带企业发展排名比较

地区	2010年	2011年	2012年	2013年	2014年	2015年	排名变化
广州	1	1	1	1	1	1	0
佛山	2	2	2	2	2	2	0
肇庆	3	6	4	3	3	3	0
云浮	4	7	8	5	5	5	-1

3. 珠江-西江经济带城市企业发展三级指标分区段得分情况

由图1-61可以看到珠江-西江经济带城市企业发展上游区各项三级指标平均得分变化趋势。2010~2015年珠江-西江经济带城市企业利润相对增长率上游区得分呈现波动上升趋势。2010~2015年珠江-西江经济带城市企业

利润绝对增量加权指数上游区得分呈现先上升后下降的发展趋势。2010~2015 年珠江-西江经济带城市企业利润比重增量上游区得分呈现波动上升趋势。2010~2015 年珠江-西江经济带城市企业利润枢纽度实力上游区得分呈现持续上升的发展趋势。

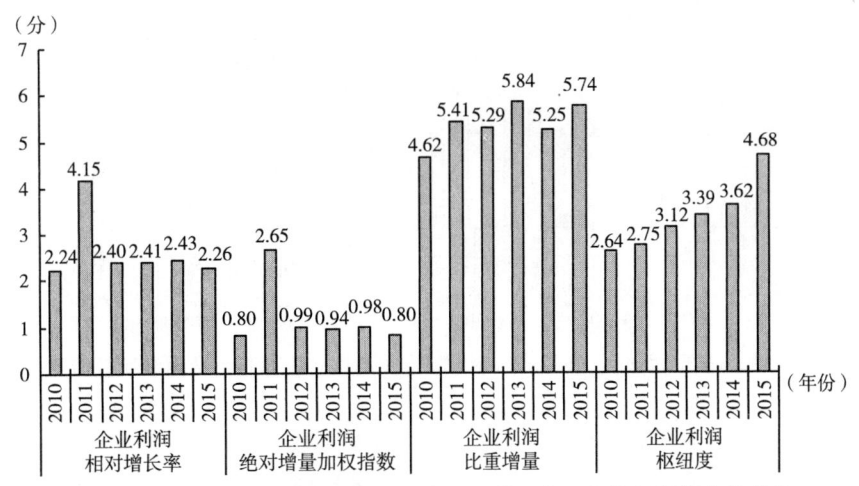

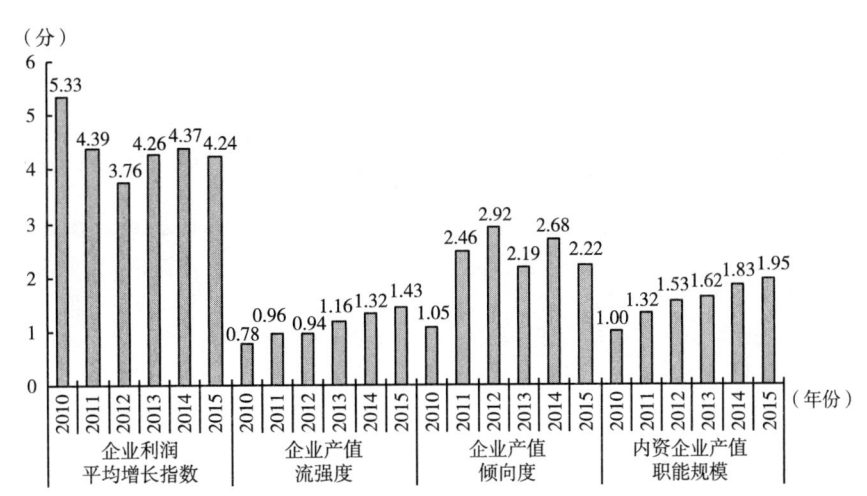

图 1-61 珠江-西江经济带城市企业发展上游区各三级指标的得分比较情况 1

由图 1-62 可以看到珠江-西江经济带城市企业发展上游区各项三级指标的平均得分变化趋势。2010~2015 年珠江-西江经济带城市企业利润平均增长指数上游区得分呈现先下降后上升的发展趋势。2010~2015 年珠江-西江经济带城市企业产值流强度上游区得分呈现持续上升的发展趋势。2010~2015 年珠江-西江经济带城市企业产值倾向度上游区得分呈现波动上升发展趋势。2010~2015 年珠江-西江经济带城市内资企业产值职能规模上游区得分呈现持续上升发展趋势。

图 1-62 珠江-西江经济带城市企业发展上游区各三级指标的得分比较情况 2

由图 1-63 可以看到珠江-西江经济带城市企业发展上游区各项三级指标的平均得分变化趋势。2010~2015 年珠江-西江经济带城市港澳台投资企业产值职能规模上游区得分呈现波动上升的发展趋势。2010~2015 年珠江-西江经济带城市外商投资企业产值职能规模上游区得分呈现持续上升的发展趋势。2010~2015 年珠江-西江经济带城市内资企业产值职能地位上游区得分呈现波动下降发展趋势。2010~2015 年珠江-西江经济带城市港澳台投资企业产值职能地位上游区得分呈现波动下降发展趋势。2010~2015 年珠江-西江经济带城市外商投资企业产值职能地位上游区得分呈现波动下降发展趋势。

由图 1-64 可以看到珠江-西江经济带城市企业发展中游区各项三级指标的平均得分变化趋势。2010~2015 年珠江-西江经济带城市企业利润相对增长率中游区得分呈现波动下降的变化趋势。2010~2015 年珠江-西江经济带城市企业利润绝对增量加权指数中游区得分呈现波动下降的发展趋势，下降幅度小。2010~2015 年珠江-西江经济带城市企业利润比重增量中游区得分呈现波动上升的发展趋势。2010~2015 年珠江-西江经济带城市企业利润枢纽度实力中游区得分呈现波动上升的发展趋势。

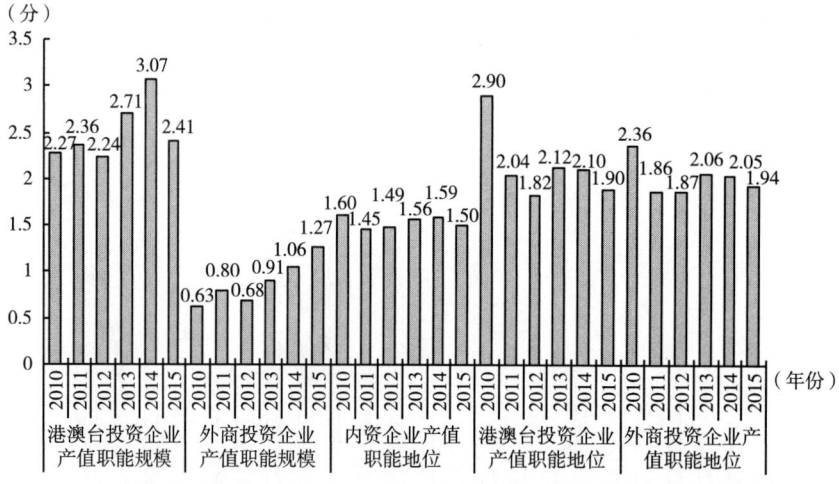

图1-63 珠江-西江经济带城市企业发展上游区各三级指标的得分比较情况3

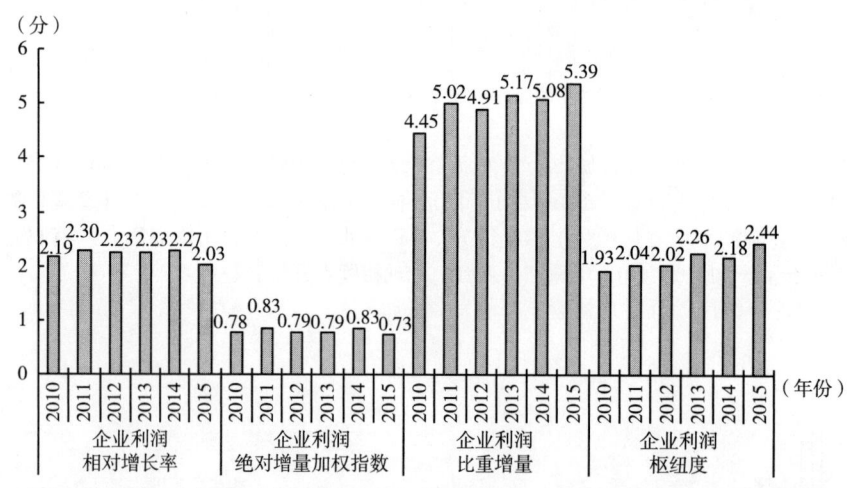

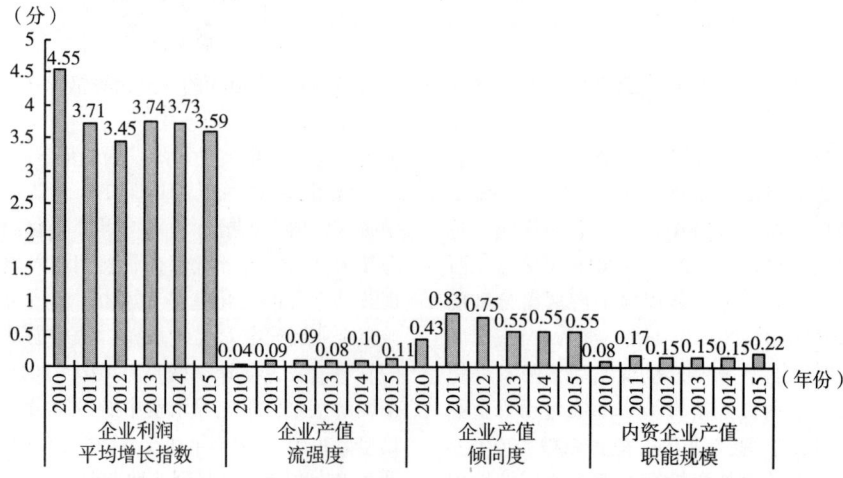

图1-64 珠江-西江经济带城市企业发展中游区各三级指标的得分比较情况1

由图1-65可以看到珠江-西江经济带城市企业发展中游区各项三级指标的平均得分变化趋势。2010~2015年珠江-西江经济带城市企业利润平均增长指数中游区得分呈现波动下降的发展趋势。2010~2015年珠江-西江经济带城市企业产值流强度中游区得分呈现持续上升的发展趋势。2010~2015年珠江-西江经济带城市企业产值倾向度中游区得分呈现先上升后下降发展趋势。2010~2015年珠江-西江经济带城市内资企业产值职能规模中游区得分呈现波动上升发展趋势。

图1-65 珠江-西江经济带城市企业发展中游区各三级指标的得分比较情况2

由图1-66可以看到珠江-西江经济带城市企业发展中游区各项三级指标的平均得分变化趋势。2010~2015年珠江-西江经济带城市港澳台投资企业产值职能规模中游区的得分呈现波动上升发展趋势。2010~2015年珠江-西江经济带城市外商投资企业产值职能规模中游区的得分呈现先上升后下降的发展趋势。2010~2015年珠江-西江经济带城市内资企业产值职能地位中游区的得分呈现先下降后上升的发展趋势。2010~2015年珠江-西江经济带城市港澳台投资企业产值职能地位中游区得分呈现先下降后上升的发展趋势。2010~2015年珠江-西江经济带城市外商投资企业产值职能地位中游区得分呈现先下降后上升的发展趋势。

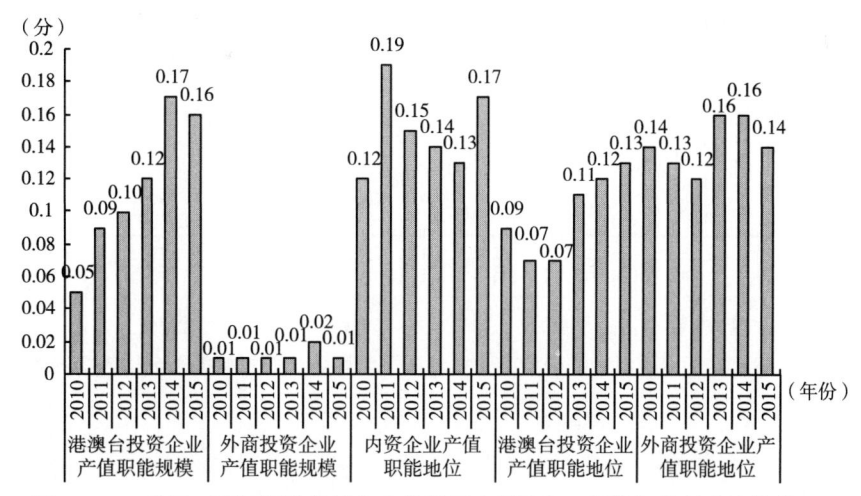

图1-66 珠江-西江经济带城市企业发展中游区各三级指标的得分比较情况3

由图1-67可以看到珠江-西江经济带城市企业发展下游区各项三级指标的平均得分变化趋势。2010~2015年珠江-西江经济带城市企业利润相对增长率下游区得分呈现波动下降的变化趋势。2010~2015年珠江-西江经济带城市企业利润绝对增量加权指数下游区得分呈现先上升后下降的发展趋势。2010~2015年珠江-西江经济带城市企业利润比重增量下游区得分呈现波动上升的发展趋势。2010~2015年珠江-西江经济带城市企业利润枢纽度实力下游区得分呈现波动上升的发展趋势。

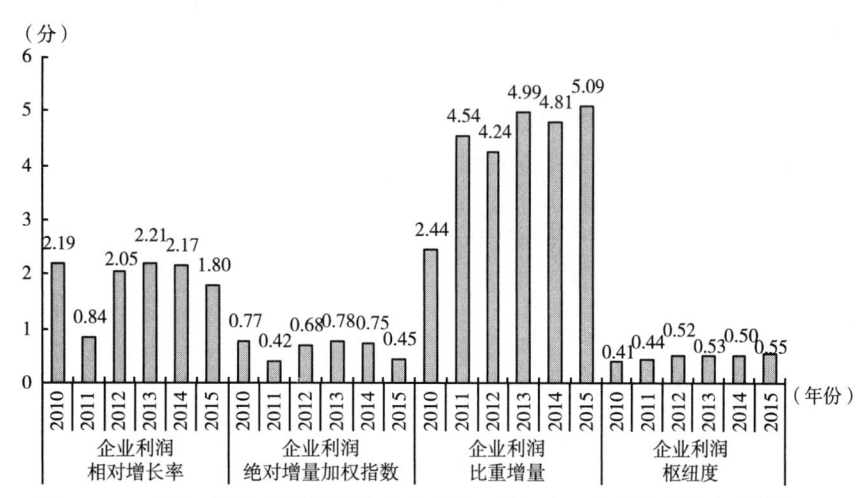

图1-67 珠江-西江经济带城市企业发展下游区各三级指标的得分比较情况1

由图1-68可以看到珠江-西江经济带城市企业发展下游区各项三级指标的平均得分变化趋势。2010~2015年珠江-西江经济带城市企业利润平均增长指数下游区得分呈现波动下降的发展趋势。2010~2015年珠江-西江经济带城市企业产值流强度下游区得分呈现持续上升的发展趋势，变化幅度较小。2010~2015年珠江-西江经济带城市企业产值倾向度下游区得分呈现波动上升发展趋势。2010~2015年珠江-西江经济带城市内资企业产值职能规模下游区得分呈现持续下降发展趋势。

由图1-69可以看到珠江-西江经济带城市企业发展下游区各项三级指标的平均得分变化趋势。2010~2015年珠江-西江经济带城市港澳台投资企业产值职能规模下游区的得分呈现先上升后下降的发展趋势。2010~2015年珠江-西江经济带城市外商投资企业产值职能规模下游区得分呈现先下降后上升的发展趋势。2010~2015年珠江-西江经济带城市内资企业产值职能地位下游区得分呈现先下降后上升的发展趋势。2010~2015年珠江-西江经济带城市港澳台投资企业产值职能地位下游区得分呈现先上升后下降的发展趋势。2010~2015年珠江-西江经济带城市外商投资企业产值职能地位下游区得分呈现波动下降的发展趋势。

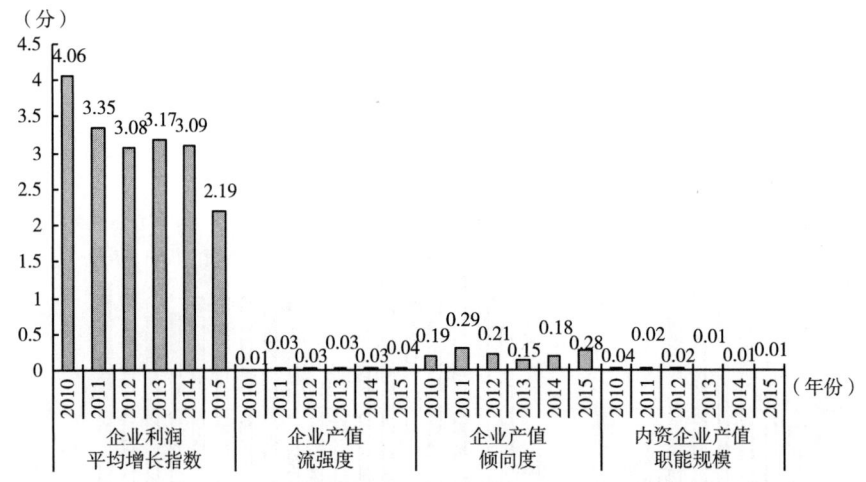

图1-68 珠江-西江经济带城市企业发展下游区各三级指标的得分比较情况2

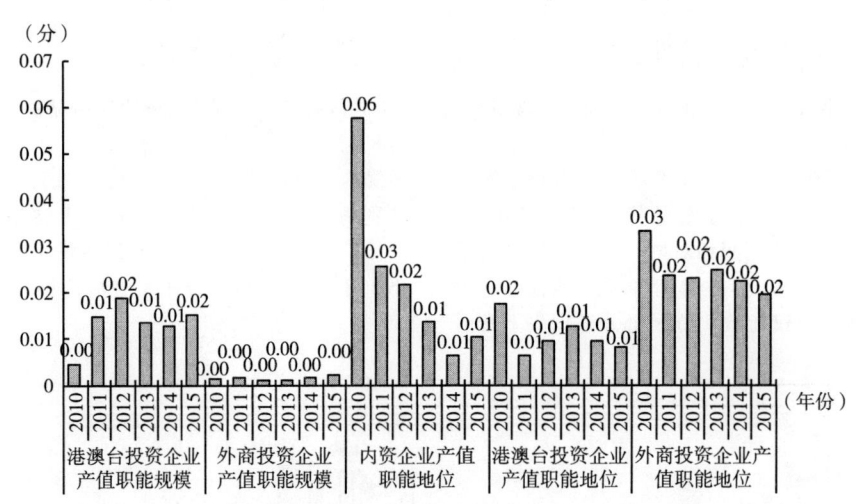

图1-69 珠江-西江经济带城市企业发展下游区各三级指标的得分比较情况3

从图1-70对2010~2011年间珠江-西江经济带城市企业发展的跨区段变化进行分析,可以看到2010~2011年有4个城市的企业发展在珠江-西江经济带的名次发生大幅度变动,肇庆市由上游区下降到中游区,来宾市由中游区下降到下游区;梧州市由中游区上升到上游区,贵港市由下游区上升到中游区。

图1-70 2010~2011年珠江-西江经济带城市企业发展大幅度变动情况

从图1-71对2011~2012年间珠江-西江经济带城市企业发展的跨区段变化进行分析,可以看到2011~2012年未见任何城市的企业发展在珠江-西江经济带的名次发生大幅度变动,各城市间的企业发展排名较稳定。

从图1-72对2012~2013年珠江-西江经济带城市企业发展的跨区段变化进行分析,可以看到2012~2013年有2个城市的企业发展在珠江-西江经济带的名次发生大幅度变动。其中梧州市由上游区下降到中游区;肇庆市由中游区上升到上游区。

```
              2011年              2012年
上游区    广州、佛山、梧州      佛山、广州、梧州      上游区
中游区    贵港、柳州、崇左、     柳州、肇庆、崇左、    中游区
          云浮、肇庆            贵港、云浮
下游区    来宾、南宁、百色      来宾、南宁、百色      下游区
```

图1-71 2011~2012年珠江-西江经济带城市企业发展大幅度变动情况

```
              2012年              2013年
上游区    佛山、广州、梧州      广州、佛山、肇庆      上游区
中游区    肇庆、贵港、崇左、     梧州、柳州、云浮、    中游区
          柳州、云浮            崇左、贵港
下游区    来宾、南宁、百色      南宁、来宾、百色      下游区
```

图1-72 2012~2013年珠江-西江经济带城市企业发展大幅度变动情况

从图1-73对2013~2014年间珠江-西江经济带城市企业发展的跨区段变化进行分析,可以看到2013~2014年未见任何城市的企业发展在珠江-西江经济带的名次发生大幅度变动,各城市间的企业发展排名较稳定。

```
              2013年              2014年
上游区    广州、佛山、肇庆      广州、佛山、肇庆      上游区
中游区    云浮、梧州、贵港、     云浮、贵港、柳州、    中游区
          崇左、柳州            梧州、崇左
下游区    南宁、来宾、百色      南宁、来宾、百色      下游区
```

图1-73 2013~2014年珠江-西江经济带城市企业发展大幅度变动情况

从图1-74对2014~2015年珠江-西江经济带城市企业发展的跨区段变化进行分析,可以看到2014~2015年未见任何城市的企业发展在珠江-西江经济带的名次发生大幅度变动,各城市间的企业发展排名较稳定。

```
              2014年              2015年
上游区    广州、佛山、肇庆      广州、佛山、肇庆      上游区
中游区    云浮、梧州、贵港、     梧州、贵港、崇左、    中游区
          柳州、崇左            柳州、云浮
下游区    南宁、来宾、百色      南宁、来宾、百色      下游区
```

图1-74 2014~2015年珠江-西江经济带城市企业发展大幅度变动情况

从图1-75对2010~2015年珠江-西江经济带城市企业发展的跨区段变化进行分析,可以看到2010~2015年有2个城市的企业发展在珠江-西江经济带的名次发生大幅度变动。来宾市由中游区下降到下游区;贵港市由下游区上升到中游区。

	2010年	2015年	
上游区	广州、佛山、肇庆	广州、佛山、肇庆	上游区
中游区	梧州、崇左、柳州、云浮、来宾	广州、贵港、云浮、崇左、柳州	中游区
下游区	南宁、贵港、百色	南宁、来宾、百色	下游区

图 1-75　2010~2015 年珠江-西江经济带城市企业发展大幅度变动情况

第二章 南宁市城市工业企业发展水平综合评估

一、南宁市城市工业企业发展实力综合评估与比较

（一）南宁市城市工业发展实力评估指标变化趋势评析

1. 工业结构

根据图2-1分析可知，南宁市2010~2015年工业结构总体上呈现波动保持的状态。波动保持型指标意味着城市在该项指标上虽然呈现波动状态，在评价末期和评价初期的数值基本保持一致，该图可知南宁市工业结构数值保持在93.460~95.751。即使南宁市工业结构存在过最低值，其数值为93.460，但南宁市在工业结构上总体表现相对平稳；说明该地区工业结构发展相对稳定，工业发展水平稳定。

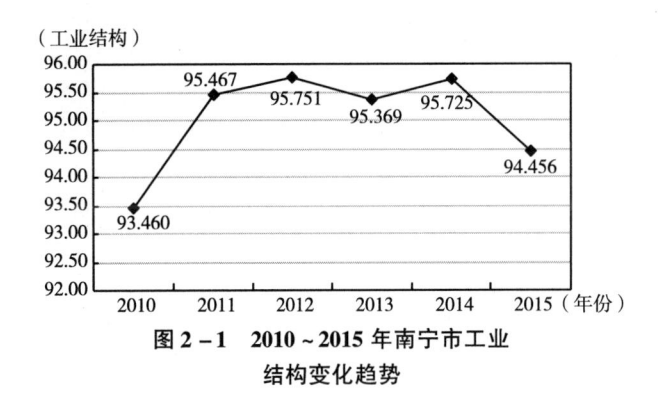

图2-1 2010~2015年南宁市工业结构变化趋势

2. 企业扩张弹性系数

根据图2-2分析可知，2010~2015年南宁市企业扩张弹性系数总体上呈现波动下降的状态。这种状态表现为在2010~2015年间城市在该项指标上总体呈现下降趋势，但在此期间存在上下波动的情况，并非连续性下降状态，这就意味着在评估的时间段内，虽然指标数据存在较大的波动，但是其评价末期数据值低于评价初期数据值。南宁市的企业扩张弹性系数末期低于初期的数据，降低7个单位左右，并且在2010~2012年间存在明显下降的变化，这说明南宁市企业扩张弹性系数情况处于不太稳定的下降状态。

3. 工业发展强度

根据图2-3分析可知，2010~2015年南宁市的工业发展强度总体上呈现持续上升状态。持续上升型的指标不仅意味着城市在各项指标数据上的不断增长，更意味着城市在该项指标以及工业发展实力整体上的竞争力优势不断扩大。通过折线图可以看出，南宁市的工业发展强度指标不断提高，在2015年达到12.322，相较于2010年上升6个单位左右；说明南宁市的整体工业发展水平较高，工业发展态势良好，有利于推动地区经济发展。

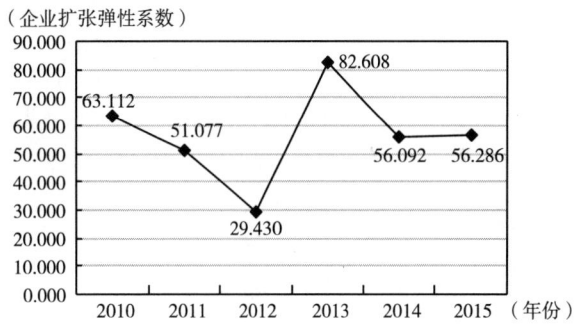

图2-2 2010~2015年南宁市企业扩张弹性系数变化趋势

图2-3 2010~2015年南宁市工业发展强度变化趋势

4. 工业密度

根据图2-4分析可知，2010~2015年南宁市的工业密度总体上呈现波动下降状态，这一类的指标为2010~2015年间城市在该项指标上总体呈现下降趋势，但在评价期间存在上下波动的情况，指标并非连续性下降状态。波动下降型指标意味着在评估期间，虽然指标数据存在较大波动变化，但是其评价末期数据值低于评价初期数据值。如图所示，南宁市工业密度指标处于不断下降的状态，2010年此指标数值最高，为5.543，到2015年时，下降至0.182。分析这种变化趋势可知南宁市工业密度发展的水平处于劣势，工业密度不断下降，城市的工业发展活力较低。

图 2-4　2010~2015 年南宁市工业
密度变化趋势

5. 税收贡献率

根据图 2-5 分析可知，2010~2015 年南宁市税收贡献率总体上呈现波动保持状态。波动保持型指标意味着城市在该项指标上虽然呈现波动状态，但在评价末期和评价初期的数值基本保持一致，该图可知南宁市税收贡献率数值保持在 4.326~7.533。即使南宁市税收贡献率存在过最低值，其数值为 4.326，但南宁市在税收贡献率上总体表现相对平稳，地区税收贡献能力及活力持续又稳定。

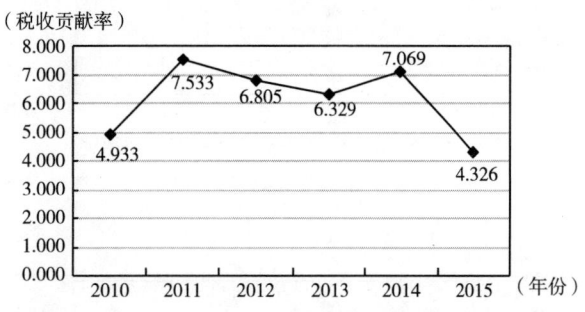

图 2-5　2010~2015 年南宁市税收贡献率变化趋势

6. 工业弧弹性

根据图 2-6 分析可知，2010~2015 年南宁市工业弧弹性总体上呈现波动保持状态。波动保持型指标意味着城市在该项指标上虽然呈现波动状态，但在评价末期和评价初期的数值基本保持一致，该图可知南宁市工业弧弹性数值保持在 88.323~89.524。即使南宁市工业弧弹性存在过最低值，其数值为 88.323，但南宁市在工业弧弹性上总体表现相对平稳；说明该地区工业弧弹性能力及活力持续又稳定。

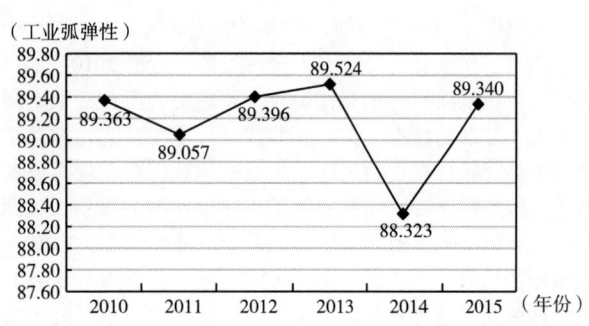

图 2-6　2010~2015 年南宁市工业弧弹性变化趋势

7. Moore 工业结构

根据图 2-7 分析可知，2010~2015 年南宁市的 Moore 工业结构总体上呈现持续下降状态。持续下降型指标意味着城市在该项指标上处在劣势状态，并且这一状况并未得到改善。如图所示，南宁市 Moore 工业结构指标处于不断下降的状态中，2010 年此指标数值最高，为 87.248，到 2015 年时，下降至 69.506。分析这种变化趋势可知南宁市 Moore 工业结构发展的水平处于劣势，工业结构合理性不断下降，城市的工业发展活力不足。

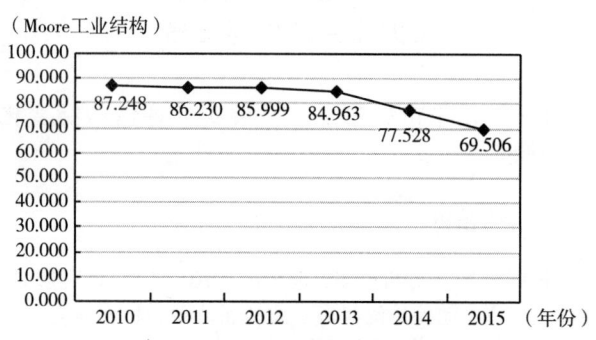

图 2-7　2010~2015 年南宁市 Moore 工业
结构变化趋势

8. 工业不协调度

根据图 2-8 分析可知，2010~2015 年南宁市的工业不协调度总体上呈现波动下降状态，由 2010 年的 72.321 下降至 2015 年的 64.159，南宁市的工业不协调度相较于其他城市的数据指标偏低，这反映出南宁市的工业不协调度处于不断下降的状态；说明城市的工业不协调度在下降，城市工业结构发展日趋协调。

图 2-8　2010~2015 年南宁市工业
不协调度变化趋势

9. 工业偏离系数

根据图 2-9 分析可知，2010~2015 年南宁市的工业偏离系数总体上呈现持续上升状态。持续上升型指标不仅意味着城市在各项指标数据上的不断增长，更意味着城市的工业企业实力整体上的竞争优势不断扩大。通过折线图可以看出，南宁市的工业偏离系数指标不断提高，在 2015 年达到 26.479，相较于 2010 年上升 10 个单位左右；说明南宁市的整体工业发展有待转型升级。

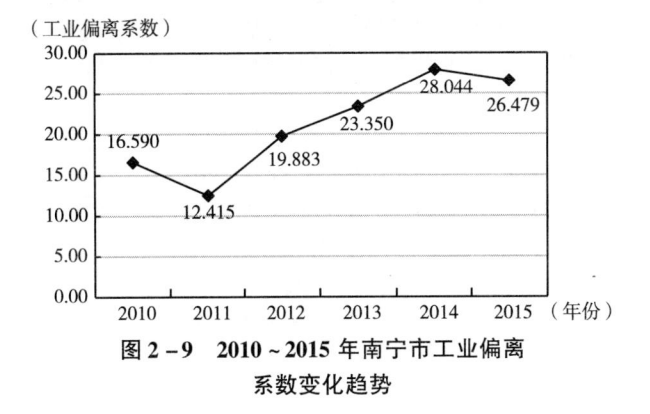

(工业偏离系数)

图 2-9 2010~2015 年南宁市工业偏离系数变化趋势

(二) 南宁市城市工业发展实力评估结果

根据表 2-1，对 2010~2012 年南宁市工业发展及各三级指标的得分、排名、优劣度进行分析，可以看到 2010~2011 年，南宁市工业发展的综合排名处于珠江-西江经济带中势位置，2010~2012 年工业发展排名先保持后下降，2010~2011 年其工业发展排名一直处于珠江-西江经济带第 6 名，到 2012 年其排名又下降至第 9 名，其工业发展处于下游区。对南宁市的工业发展得分情况进行分析，发现南宁市的工业发展综合得分呈现持续下降趋势；说明城市的工业发展缓慢。

对南宁市工业发展的三级指标进行分析，其中工业结构的排名呈现先上升后保持的发展趋势。对南宁市的工业结构的得分情况进行分析，发现南宁市的工业结构的得分持续上升，并且较大程度地偏离1；说明南宁市地区出现显著的工业结构不协调，对城市经济社会稳定发展将造成长远的影响，不利于城市的活力提升和可持续性发展。

企业扩张弹性系数的排名呈现持续下降的发展趋势。对南宁市的企业扩张弹性系数的得分情况进行分析，发现南宁市的企业扩张弹性系数的得分持续下降，说明南宁市的城市城镇化与城市面积之间呈现不协调发展的关系，城镇企业数量的增加导致城市的过度拥挤及承载力压力问题的出现。

工业发展强度的排名呈现持续保持的发展趋势。对南宁市的工业发展强度的得分情况进行分析，发现南宁市工业发展强度的得分持续上升，但工业发展强度小于1，说明南宁市的工业发展产值水平低于地区的平均水平。

工业密度的排名呈现持续保持的发展趋势。对南宁市的工业密度的得分情况进行分析，发现南宁市工业密度的得分先下降后上升；说明南宁市工业承载力小。

税收贡献率的排名呈现先上升后下降的发展趋势。对南宁市的税收贡献率得分情况进行分析，发现南宁市的税收贡献率的得分处于先上升后下降的发展趋势，说明南宁市经济发展好，税收程度有所提高，市场发展活力有所提高。

工业弧弹性的排名呈现先上升后下降的发展趋势。对南宁市的工业弧弹性得分情况进行分析，发现南宁市的工业弧弹性的得分处于先下降后上升的发展趋势；说明南宁市的工业产值增长速率快于其经济的变化增长速率，城市呈现出工业的扩张发展趋势。

Moore 工业结构的排名呈现先下降后上升的发展趋势。对南宁市的 Moore 工业结构的得分情况进行分析，发现南宁市的 Moore 工业结构的得分处于先上升后下降的趋势；说明城市的工业结构的变化程度大。

工业不协调度的排名呈现持续下降的发展趋势。对南宁市的工业不协调度得分情况进行分析，发现南宁市的工业不协调度的得分处于持续下降的发展趋势；说明南宁市企业在城市中的发展结构趋于协调。

工业偏离系数的排名呈现先下降后上升的发展趋势。对南宁市的工业偏离系数的得分情况进行分析，发现南宁市的工业偏离系数的得分处于先下降后上升的趋势，说明城市的工业结构、产业结构出现不协调、不稳定的状态。

表 2-1　　2010~2012 年南宁市工业发展各级指标的得分、排名及优劣度分析

指　　标	2010 年			2011 年			2012 年		
	得分	排名	优劣度	得分	排名	优劣度	得分	排名	优劣度
工业发展	27.879	6	中势	26.726	6	中势	25.865	9	劣势
工业结构	7.245	8	中势	7.500	5	优势	7.582	5	优势
企业扩张弹性系数	3.218	4	优势	2.373	9	劣势	1.474	11	劣势
工业发展强度	0.274	5	优势	0.334	5	优势	0.408	5	优势
工业密度	0.207	11	劣势	0.000	11	劣势	0.056	11	劣势
税收贡献率	0.195	11	劣势	0.293	10	劣势	0.280	11	劣势
工业弧弹性	6.587	6	中势	6.517	3	优势	6.733	5	优势
Moore 工业结构	5.181	2	强势	5.226	3	优势	5.091	2	强势
工业不协调度	4.356	8	中势	4.028	7	中势	3.520	6	中势
工业偏离系数	0.615	6	中势	0.454	7	中势	0.720	3	优势

根据表2-2，对2013~2015年南宁市工业发展及各三级指标的得分、排名、优劣度进行分析，可以看到2013~2015年，南宁市工业发展的综合排名处于中势，2013~2015年间其工业发展排名先保持后下降，2013~2014年其工业发展排名一直处于珠江-西江经济带第5名位置，到2015年又下降到第6名；说明城市的工业发展的稳定性有待提高。对南宁市的工业发展得分情况进行分析，发现南宁市的工业发展综合得分呈现持续下降趋势；说明城市的工业发展减慢。

对南宁市工业发展的三级指标进行分析，其中工业结构的排名呈现持续保持的发展趋势。对南宁市的工业结构的得分情况进行分析，发现南宁市的工业结构的得分持续下降，工业结构较大程度地偏离1；说明地区出现显著的工业结构不协调，对城市经济社会稳定发展将造成长远的影响，不利于城市的活力提升和可持续性发展，南宁市的工业结构还有待继续发展。

企业扩张弹性系数的排名呈现先下降后上升的发展趋势。对南宁市的企业扩张弹性系数的得分情况进行分析，发现南宁市的企业扩张弹性系数的得分先下降后上升；说明南宁市的城镇化与城市面积之间呈现不协调发展的关系，城镇企业数量的增加导致了城市的过度拥挤及承载力压力问题的出现。

工业发展强度的排名呈现持续保持的发展趋势。对南宁市的工业发展强度的得分情况进行分析，发现南宁市工业发展强度的得分持续上升，但工业发展强度小于1；说明南宁市的工业产值发展水平低于地区的平均水平。

工业密度的排名呈现持续保持的发展趋势。对南宁市的工业密度的得分情况进行分析，发现南宁市工业密度的得分持续下降；说明南宁市的工业承载力小。

税收贡献率的排名呈现先下降后上升的发展趋势。对南宁市的税收贡献率得分情况进行分析，发现南宁市的税收贡献率的得分处于先上升后下降的发展趋势；说明南宁市经济发展减慢，税收程度降低，市场发展活力降低。

工业弧弹性的排名呈现先下降后上升的发展趋势。对南宁市的工业弧弹性得分情况进行分析，发现南宁市的工业弧弹性的得分处于持续上升的发展趋势，说明南宁市的工业产值增长速率快于其经济的变化增长速率，城市呈现出工业的扩张发展趋势。

Moore工业结构的排名呈现先保持后上升的发展趋势。对南宁市的Moore工业结构的得分情况进行分析，发现南宁市的Moore工业结构的得分处于持续下降的趋势；说明城市的企业结构的变化程度减小。

工业不协调度的排名呈现先保持后上升的发展趋势。对南宁市的工业不协调度得分情况进行分析，发现南宁市的工业不协调度的得分处于先下降后上升的发展趋势；说明南宁市的企业在城市中的发展结构有待优化。

工业偏离系数的排名呈现先保持后上升的发展趋势。对南宁市的工业偏离系数的得分情况进行分析，发现南宁市的工业偏离系数的得分处于先上升后下降的趋势；说明城市的工业结构、产业结构出现不协调、不稳定的状态。

对2010~2015年南宁市工业发展及各三级指标的得分、排名和优劣度进行分析。2010~2011年南宁市工业发展的综合得分排名均保持在珠江-西江经济带第6名，2012年排名降至珠江-西江经济带第9名，2013~2014年排名升至第5名，2015年排名降至第6名。2010~2015年南宁市工业发展的综合得分排名呈现波动保持的发展趋势，一直在珠江-西江经济带中游区和下游区波动工业发展水平在优势、中势和劣势之间波动，2015年上升到中势地位；说明城市的工业发展较珠江-西江经济带的其他城市竞争优势小。对南宁市的工业发展得分情况进行分析，发现南宁市的工业发展综合得分呈现波动下降的发展趋势，2010~2012年南宁市的工业发展得分持续下降，2013年后波动下降。

从表2-3来看，在9个基础指标中，指标的优劣度结构为22.2：33.3：22.2：22.2。

表2-2　　　　2013~2015年南宁市工业发展各级指标的得分、排名及优劣度分析

指　　标	2013年			2014年			2015年		
	得分	排名	优劣度	得分	排名	优劣度	得分	排名	优劣度
工业发展	27.890	5	优势	25.640	5	优势	25.462	6	中势
工业结构	7.402	5	优势	7.374	5	优势	7.172	5	优势
企业扩张弹性系数	4.299	1	强势	2.632	8	中势	2.994	7	中势
工业发展强度	0.421	5	优势	0.434	5	优势	0.473	5	优势
工业密度	0.022	11	劣势	0.014	11	劣势	0.006	11	劣势
税收贡献率	0.259	10	劣势	0.289	11	劣势	0.163	10	劣势
工业弧弹性	6.341	4	优势	6.524	9	劣势	6.706	5	优势
Moore工业结构	4.934	2	强势	4.202	2	强势	3.445	1	强势
工业不协调度	3.381	7	中势	3.138	7	中势	3.482	6	中势
工业偏离系数	0.832	4	优势	1.033	4	优势	1.021	2	强势

表 2-3　　　　　　　　　　　　　2015 年南宁市工业发展指标的优劣度结构

二级指标	三级指标数	强势指标 个数	强势指标 比重（%）	优势指标 个数	优势指标 比重（%）	中势指标 个数	中势指标 比重（%）	劣势指标 个数	劣势指标 比重（%）	优劣度
工业发展	9	2	22.222	3	33.333	2	22.222	2	22.222	中势

（三）南宁市城市工业发展实力比较分析

图 2-10、图 2-11 将 2010~2015 年南宁市工业发展与珠江-西江经济带最高水平和平均水平进行比较。从工业发展的要素得分比较来看，由图 2-10 可知，2010 年，南宁市工业结构得分比珠江-西江经济带最高分低 0.497 分，比平均分高 0.443 分；2011 年，工业结构得分比珠江-西江经济带最高分低 0.352 分，比平均分高 0.415 分；2012 年，工业结构得分比珠江-西江经济带最高分低 0.336 分，比平均分高 0.535 分；2013 年，工业结构得分比珠江-西江经济带最高分低 0.346 分，比平均分高 0.585 分；2014 年，工业结构得分比珠江-西江经济带最高分低 0.308 分，比平均分高 0.672 分；2015 年，工业结构得分比珠江-西江经济带最高分低 0.396 分，比平均分高 0.734 分。这说明整体上南宁市工业结构得分与珠江-西江经济带最高分的差距呈现波动变小趋势，与珠江-西江经济带平均分的差距先小后大。

2010 年，南宁市企业扩张弹性系数得分比珠江-西江经济带最高分低 0.972 分，比平均分高 0.091 分；2011 年，企业扩张弹性系数得分比珠江-西江经济带最高分低 0.296 分，比平均分低 0.074 分；2012 年，企业扩张弹性系数得分比珠江-西江经济带最高分低 2.502 分，比平均分低 1.384 分；2013 年，企业扩张弹性系数得分与珠江-西江经济带不存在差异，比平均分高 1.050 分；2014 年，企业扩张弹性系数得分比珠江-西江经济带最高分低 0.316 分，比平均分高 0.229 分；2015 年，企业扩张弹性系数得分比珠江-西江经济带最高分低 2.325 分，比平均分低 0.188 分。这说明整体上南宁市企业扩张弹性系数得分与珠江-西江经济带最高分的差距波动变大，与珠江-西江经济带平均分的差距波动变大。

2010 年，南宁市工业发展强度得分比珠江-西江经济带最高分低 3.704 分，比平均分低 0.554 分；2011 年，工业发展强度得分比珠江-西江经济带最高分低 3.399 分，比平均分低 0.484 分；2012 年，工业发展强度得分比珠江-西江经济带最高分低 2.977 分，比平均分低 0.405 分；2013 年，工业发展强度得分比珠江-西江经济带最高分低 2.884 分，比平均分低 0.382 分；2014 年，工业发展强度得分比珠江-西江经济带最高分低 2.884 分，比平均分低 0.367 分；2015 年，工业发展强度得分比珠江-西江经济带最高分低 2.799 分，比平均分低 0.326 分。这说明整体上南宁市工业发展强度得分与珠江-西江经济带最高分的差距持续减小，与珠江-西江经济带平均分的差距持续减小。

2010 年，南宁市工业密度得分比珠江-西江经济带最高分低 3.535 分，比平均分低 0.491 分；2011 年，工业密度得分比珠江-西江经济带低 2.776 分，比平均分低 0.473 分；2012 年，工业密度得分比珠江-西江经济带最高分低 2.513 分，比平均分低 0.394 分；2013 年，工业密度得分比珠江-西江经济带最高分低 2.601 分，比平均分低 0.446 分；2014 年，工业密度得分比珠江-西江经济带最高分低 2.433 分，比平均分低 0.409 分；2015 年，工业密度得分比珠江-西江经济带最高分低 2.345 分，比平均分低 0.386 分。这说明整体上南宁市工业密度得分与珠江-西江经济带最高分的差距有波动减小的趋势，与珠江-西江经济带平均分的差距波动减小。

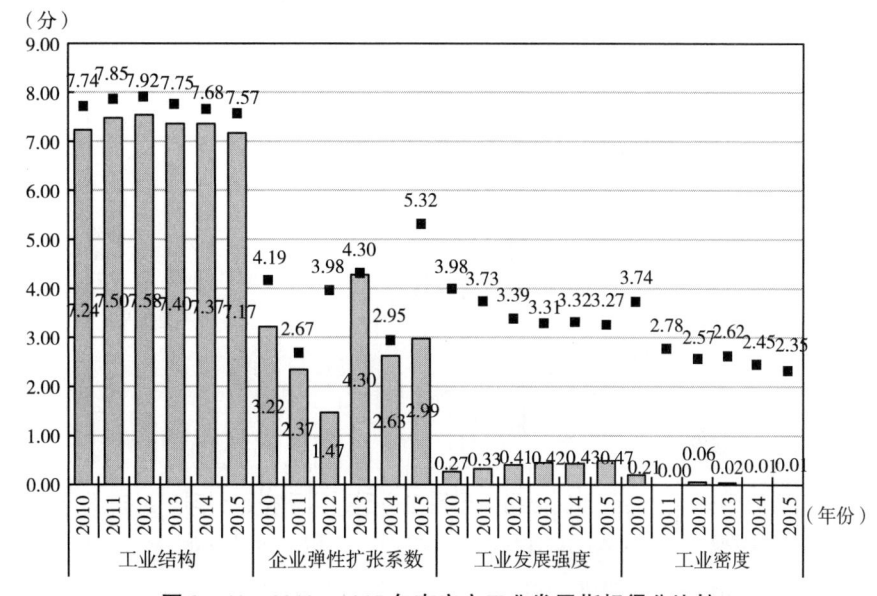

图 2-10　2010~2015 年南宁市工业发展指标得分比较 1

注：■为最高分，下同。

由图 2-11 可知，2010 年，南宁市税收贡献率得分比珠江-西江经济带最高分低 2.378 分，比平均分低 1.119 分；2011 年，税收贡献率得分比珠江-西江经济带最高分低 2.507 分，比平均分低 0.912 分；2012 年，税收贡献率得分比珠江-西江经济带最高分低 2.559 分，比平均分低 1.151 分；2013 年，税收贡献率得分比珠江-西江经济带最高分低 3.827 分，比平均分低 0.931 分；2014 年，税收贡献率得分比珠江-西江经济带最高分低 2.999 分，比平均分低 1.076 分；2015 年，税收贡献率得分比珠江-西江经济带最高分低 2.061 分，比平均分低 0.852 分。这说明整体上南宁市税收贡献率得分与珠江-西江经济带最高分的差距呈先大后小趋势，与珠江-西江经济带平均分的差距有波动减小趋势。

2010 年，南宁市工业弧弹性得分比珠江-西江经济带最高分低 0.081 分，比平均分高 0.015 分；2011 年，工业弧弹性得分比珠江-西江经济带最高分低 0.034 分，比平均分高 0.035 分；2012 年，工业弧弹性得分比珠江-西江经济带最高分低 0.214 分，比平均分高 0.007 分；2013 年，工业弧弹性得分比珠江-西江经济带最高分低 0.177 分，比平均分高 0.572 分；2014 年，工业弧弹性得分比珠江-西江经济带最高分低 0.145 分，比平均分低 0.023 分；2015 年，工业弧弹性得分比珠江-西江经济带最高分低 0.800 分，比平均分高 0.003 分。这说明整体上南宁市工业弧弹性得分与珠江-西江经济带最高分的差距波动增大，与珠江-西江经济带平均分的差距波动减小。

2010 年，南宁市 Moore 工业结构得分比珠江-西江经济带最高分低 0.757 分，比平均分低 1.073 分；2011 年，Moore 工业结构得分比珠江-西江经济带最高分低 0.835 分，比平均分低 0.928 分；2012 年，Moore 工业结构得分比珠江-西江经济带最高分低 0.273 分，比平均分低 1.015 分；2013 年，Moore 工业结构得分比珠江-西江经济带最高分低 0.288 分，比平均分低 0.976 分；2014 年，Moore 工业结构得分比珠江-西江经济带最高分低 0.059 分，比平均分低 0.751 分；2015 年，Moore 工业结构得分与珠江-西江经济带最高分不存在差异，比平均分低 0.702 分。这说明整体上南宁市 Moore 工业结构得分与珠江-西江经济带最高分的差距波动减小，与珠江-西江经济带平均分的差距波动减小。

2010 年，南宁市工业不协调度得分比珠江-西江经济带最高分低 1.667 分，比平均分高 0.157 分；2011 年，工业不协调度得分比珠江-西江经济带最高分低 0.873 分，比平均分高 0.304 分；2012 年，工业不协调度得分比珠江-西江经济带最高分低 1.097 分，比平均分高 0.064 分；2013 年，工业不协调度得分比珠江-西江经济带最高分低 1.240 分，比平均分低 0.079 分；2014 年，工业不协调度得分比珠江-西江经济带最高分低 1.408 分，比平均分低 0.060 分；2015 年，工业不协调度得分比珠江-西江经济带最高分低 1.559 分，比平均分高 0.119 分。这说明整体上南宁市工业不协调度得分与珠江-西江经济带最高分的差距波动减小，与珠江-西江经济带平均分的差距波动增加。

2010 年，南宁市工业偏离系数得分比珠江-西江经济带最高分低 2.443 分，比平均分低 0.255 分；2011 年，工业偏离系数得分比珠江-西江经济带最高分低 2.737 分，比平均分低 0.292 分；2012 年，工业偏离系数得分比珠江-西江经济带最高分低 1.863 分，比平均分低 0.019 分；2013 年，工业偏离系数得分比珠江-西江经济带最高分低 1.425 分，比平均分高 0.106 分；2014 年，工业偏离系数得分比珠江-西江经济带最高分低 1.752 分，比平均分高 0.193 分；2015 年，工业偏离系数得分比珠江-西江经济带最高分低 2.836 分，比平均分高 0.193 分。这说明整体上南宁市工业偏离系数得分与珠江-西江经济带最高分的差距波动增加，与珠江-西江经济带平均分的差距波动减小。

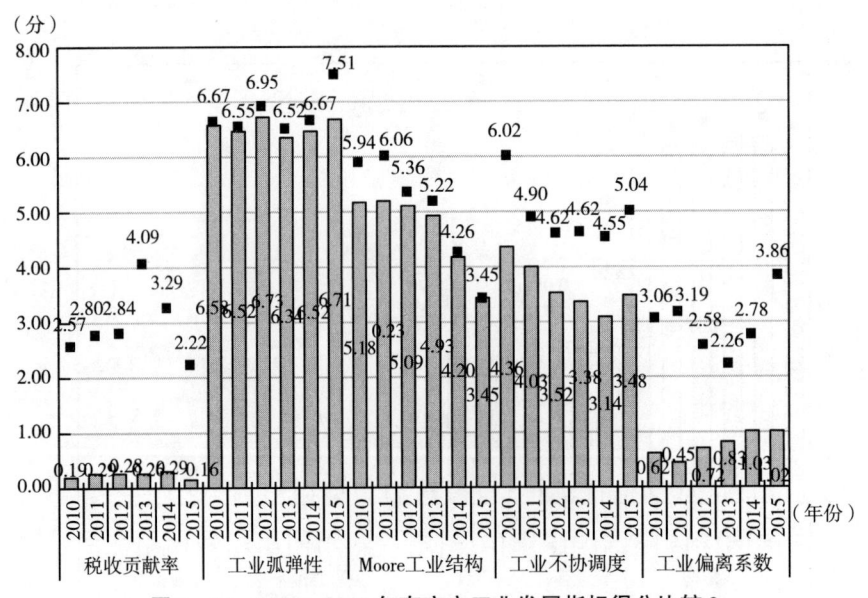

图 2-11 2010~2015 年南宁市工业发展指标得分比较 2

二、南宁市城市企业发展实力综合评估与比较

（一）南宁市城市企业发展实力评估指标变化趋势评析

1. 企业利润相对增长率

根据图2-12分析可知，2010~2015年南宁市企业利润相对增长率总体上呈现波动保持的状态。波动保持型指标意味着城市在该项指标上虽然呈波动状态，在评价末期和评价初期的数值基本保持一致，该图可知南宁市企业利润相对增长率数值保持在20.193~51.754。即使南宁市企业利润相对增长率存在过最低值，其数值为20.193，但南宁市在企业利润相对增长率上总体表现也是相对平稳；说明该地区企业利润相对增长率及活力持续又稳定。

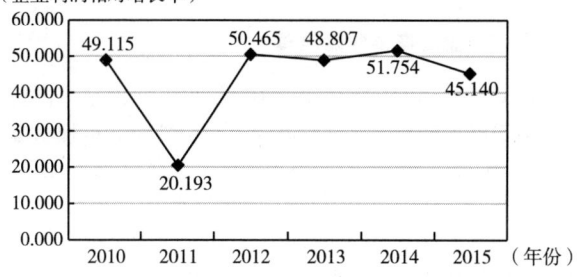

图2-12 2010~2015年南宁市企业利润相对增长率变化趋势

2. 企业利润绝对增量加权指数

根据图2-13分析可知，2010~2015年南宁市企业利润绝对增量加权指数总体上呈现波动保持的状态。波动保持型指标意味着城市在该项指标上虽然呈波动状态，在评价末期和评价初期的数值基本保持一致，该图可知南宁市企业利润绝对增量加权指数数值保持在13.725~22.784。即使南宁市企业利润绝对增量加权指数存在过最低值，其数值为13.725，但南宁市在企业利润绝对增量加权指数上总体表现也是相对平稳；说明该地区企业利润绝对增量加权指数及活力持续又稳定。

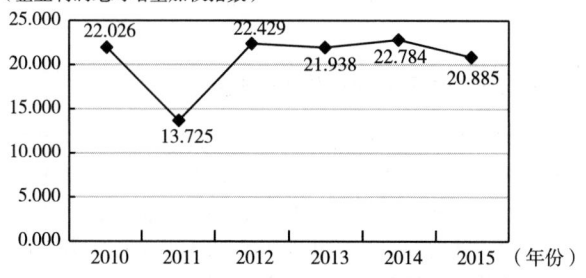

图2-13 2010~2015年南宁市企业利润绝对增量加权指数变化趋势

3. 企业利润比重增量

根据图2-14分析可知，2010~2015年南宁市企业利润比重增量总体上呈现波动上升的状态。这一类型的指标为2010~2015年城市存在一定的波动变化，总体趋势上为上升趋势，但在个别年份出现下降的情况，指标并非连续性上升。波动上升型指标意味着在评价的时间段内，虽然指标数据存在较大的波动变化，但是其评价末期数据值高于评价初期数据值。南宁市在2011~2013年虽然出现下降的状况，2013年是74.488，但是总体上还是呈现上升的态势，最终稳定在82.052。这说明南宁市企业利润增长速度较快，企业发展趋势较好。

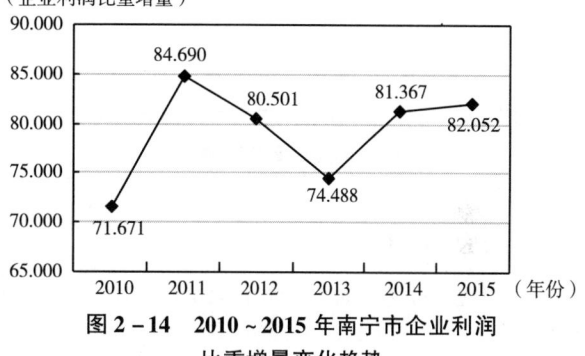

图2-14 2010~2015年南宁市企业利润比重增量变化趋势

4. 企业利润枢纽度

根据图2-15分析可知，2010~2015年南宁市的企业利润枢纽度总体上呈现持续上升的状态。持续上升型的指标不仅意味着城市在各项指标数据上的不断增长，更意味着城市在该项指标以及工业企业实力整体上的竞争力优势不断扩大。通过折线图可以看出，南宁市的企业利润枢纽度指标不断提高，在2015年达到9.066，相较于2010年上升5个单位左右；说明南宁市的企业利润整体发展水平较高，企业利润增长快，企业发展趋势较好。

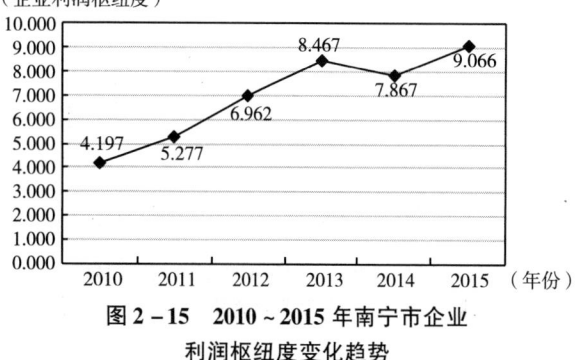

图2-15 2010~2015年南宁市企业利润枢纽度变化趋势

5. 企业利润平均增长指数

根据图2-16分析可知，2010~2015年南宁市企业利润平均增长指数总体上呈现波动保持的状态。波动保持型

指标意味着城市在该项指标上虽然呈现波动状态，在评价末期和评价初期的数值基本保持一致，由图可知南宁市企业利润平均增长指数数值保持在 63.986～73.272。即使南宁市企业利润平均增长指数存在过最低值，其数值为 63.986，但南宁市在企业利润平均增长指数上总体表现的也是相对平稳；说明该地区企业利润平均增长指数能力及活力持续又稳定。

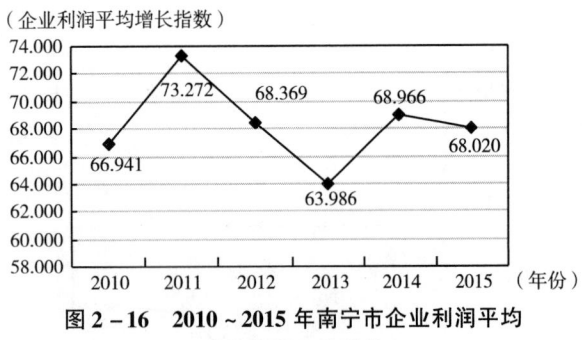

图 2-16 2010～2015 年南宁市企业利润平均增长指数变化趋势

6. 企业产值流强度

根据图 2-17 分析可知，2010～2015 年南宁市企业产值流强度总体上呈现波动上升的状态。这一类型的指标表现为 2010～2015 年城市存在一定的波动变化，总体趋势为上升趋势，但在个别年份出现下降的情况，指标并非连续性上升。波动上升型指标意味着在评价的时间段内，虽然指标数据存在较大的波动变化，但是其评价末期数据值高于评价初期数据值。由图可以看出该三级指标在 2010～2015 年存在较大的波动变化，最终稳定在 4.148。折线图反映出南宁市的企业产值流强度虽然处于上升的阶段，但是个别年份又会出现波动幅度较大的问题，所以南宁市在企业产值流强度快速发展的同时将注重城市企业产值流强度波动较大问题。

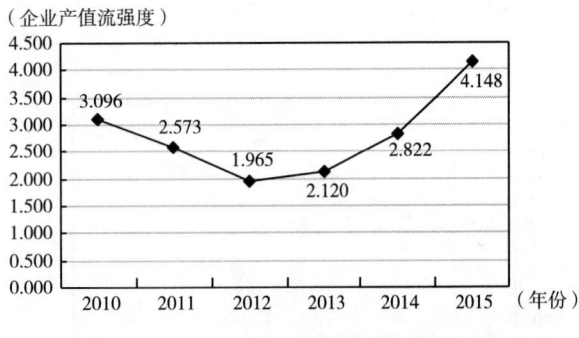

图 2-17 2010～2015 年南宁市企业产值流强度变化趋势

7. 企业产值倾向度

根据图 2-18 分析可知，2010～2015 年南宁市企业产值倾向度总体上呈现波动下降的状态。这种状态表现为 2010～2015 年城市在该项指标上总体呈现下降趋势，但在此期间存在上下波动的情况，并非连续性下降状态。这就意味着在评估的时间段内，虽然指标数据存在较大的波动，但是其评价末期数据值低于评价初期数据值。南宁市的企业产值倾向度末期低于初期的数据，降低 6 个单位左右，并且在 2010～2013 年间存在明显下降的变化；这说明南宁市企业发展情况处于不太稳定的下降状态。

图 2-18 2010～2015 年南宁市企业产值倾向度变化趋势

8. 内资企业产值职能规模

根据图 2-19 分析可知，2010～2015 年南宁市内资企业产值职能规模总体上呈现波动下降的状态。这种状态表现为 2010～2015 年城市在该项指标上总体呈现下降趋势，但在此期间存在上下波动的情况，并非连续性下降状态。这就意味着在评估的时间段内，虽然指标数据存在较大的波动，但是其评价末期数据值低于评价初期数据值。南宁市的内资企业产值职能规模末期低于初期的数据，降低 2 个单位左右，并且在 2010～2014 年存在明显下降的变化，这说明南宁市企业发展情况处于不太稳定的下降状态。

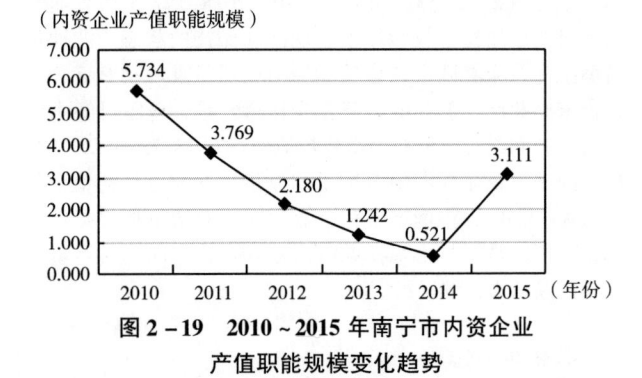

图 2-19 2010～2015 年南宁市内资企业产值职能规模变化趋势

9. 港澳台投资企业产值职能规模

根据图 2-20 分析可知，2010～2015 年南宁市的港澳台投资企业产值职能规模总体上呈现持续上升的状态。持续上升型的指标不仅意味着城市在各项指标数据上的不断增长，更意味着城市在该项指标以及工业企业实力整体上的竞争力优势不断扩大。通过折线图可以看出，南宁市的港澳台投资企业产值职能规模指标不断提高，在 2015 年达到 7.285，相较于 2010 年上升 7 个单位左右；说明南宁市的港澳台投资企业产值整体发展水平较高，有利于推动地区经济结构合理优化发展。

（港澳台投资企业产值职能规模）

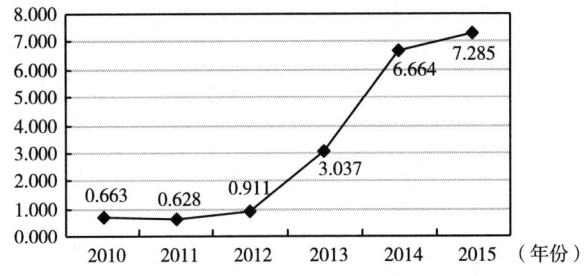

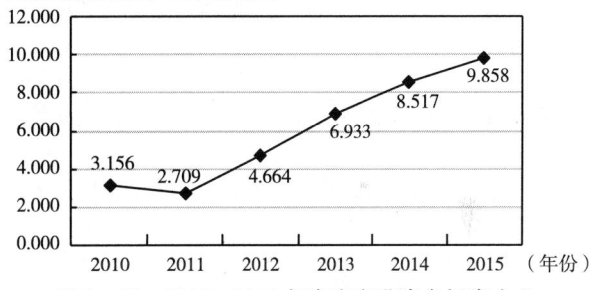

图 2-20　2010~2015 年南宁市港澳台投资企业产值职能规模变化趋势

10. 外商投资企业产值职能规模

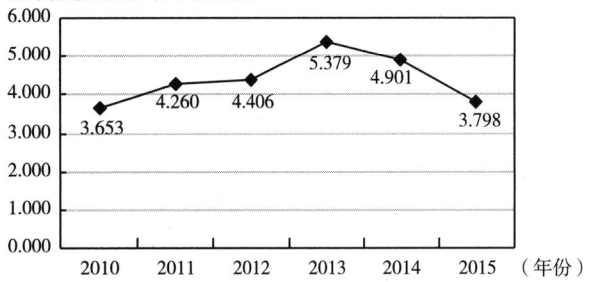

根据图 2-21 分析可知，2010~2015 年南宁市的外商投资企业产值职能规模总体上呈现持续上升的状态。持续上升型的指标不仅意味着城市在各项指标数据上的不断增长，更意味着城市在该项指标以及工业企业实力整体上的竞争力优势不断扩大。通过折线图可以看出，南宁市的外商投资企业产值职能规模指标不断提高，在 2015 年达到 0.597；说明南宁市的整体外商投资企业产值职能规模发展水平较高，有利于推动地区经济平稳较快发展。

（外商投资企业产值职能规模）

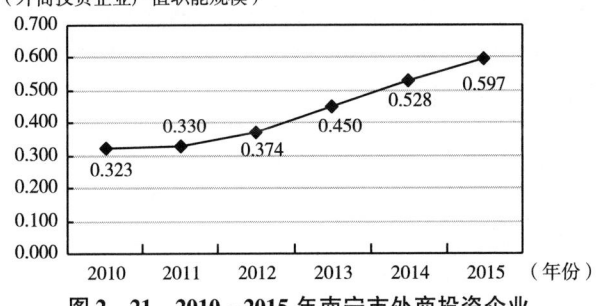

图 2-21　2010~2015 年南宁市外商投资企业产值职能规模变化趋势

11. 内资企业产值职能地位

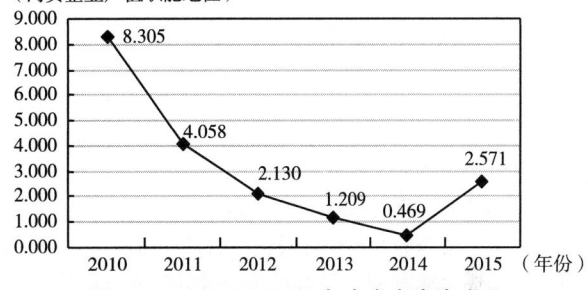

根据图 2-22 分析可知，2010~2015 年南宁市内资企业产值职能地位总体上呈现波动下降的状态。这种状态表现为 2010~2015 年城市在该项指标上总体呈现下降趋势，但在此期间存在上下波动的情况，并非连续性下降。这就意味着在评估的时间段内，虽然指标数据存在较大的波动，但是其评价末期数据值低于评价初期数据值。南宁市的内资企业产值职能地位末期低于初期的数据，降低 6 个单位左右，并且在 2010~2014 年存在明显下降的变化；这说明南宁市企业发展情况处于不太稳定的下降状态。

12. 港澳台投资企业产值职能地位

根据图 2-23 分析可知，2010~2015 年南宁市的港澳

台投资企业产值职能地位总体上呈现波动上升状态。这一类型的指标为 2010~2015 年间城市在该项指标上存在较多波动变化，总体趋势为上升趋势，但在个别年份出现下降的情况，指标并非连续性上升。波动上升型指标意味着在评估期间，虽然指标数据存在较大波动变化，但是其评价末期数据值高于评价初期数据值。通过折线图可以看出，南宁市的港澳台投资企业产值职能地位指标不断提高，在 2015 年达到 9.858，相较于 2010 年上升 6 个单位左右；说明南宁市的整体港澳台投资企业产值职能地位发展水平较高，有利于推动地区经济合理较快发展。

（内资企业产值职能地位）

图 2-22　2010~2015 年南宁市内资企业产值职能地位变化趋势

（港澳台投资企业产值职能地位）

图 2-23　2010~2015 年南宁市港澳台投资企业产值职能地位变化趋势

13. 外商投资企业产值职能地位

根据图 2-24 分析可知，2010~2015 年南宁市外商投资企业产值职能地位总体上呈现波动保持的状态。波动保持型指标意味着城市在该项指标上虽然呈现波动状态，在

（外商投资企业产值职能地位）

图 2-24　2010~2015 年南宁市外商投资企业产值职能地位变化趋势

评价末期和评价初期的数值基本保持一致，由图可知南宁市外商投资企业产值职能地位数值保持在 3.653～5.379。即使南宁市外商投资企业产值职能地位存在过最低值，其数值为 3.653，但南宁市在外商投资企业产值职能地位上总体表现的也是相对平稳，说明该地区外商投资企业产值职能地位及活力持续又稳定。

（二）南宁市城市企业发展实力评估结果

根据表 2-4，对 2010～2012 年南宁市企业发展及各三级指标的得分、排名、优劣度进行分析，可以看到 2010～2012 年南宁市企业发展的综合排名始终保持劣势，2010～2012 年经济发展排名先下降后保持，2010 年其经济发展排名是第 10 名，到 2011 年下降至第 11 名，2012 年又上升至第 10 名，说明南宁市的企业发展落后于珠江-西江经济带的其他城市。对南宁市的企业发展得分情况进行分析，发现南宁市的企业发展综合得分呈先下降后上升的发展趋势，说明城市的企业不断发展。

企业利润相对增长率的排名呈现先下降后上升的发展趋势。对南宁市企业利润相对增长率的得分情况进行分析，发现南宁市的企业利润相对增长率的得分呈先下降后上升的趋势，说明在 2010～2012 年间南宁市企业获取利润的增长速率快，呈现出地区企业集聚能力及活力的不断扩大。

企业利润绝对增量加权指数的排名呈现先下降后上升的发展趋势。对南宁市企业利润绝对增量加权指数的得分情况进行分析，发现南宁市的企业利润绝对增量加权指数的得分呈先下降后上升的趋势，说明在 2010～2012 年间城市的企业要素集中度越高，城市企业获取利润的变化增长趋向于高速发展。

企业利润比重增量的排名呈现先上升后下降的发展趋势。对南宁市企业利润比重增量的得分情况进行分析，发现南宁市的企业利润比重增量的得分呈先上升后下降的趋势，说明在 2010～2012 年间城市整体企业利润水平更具备优势。

企业利润枢纽度的排名呈现持续保持的发展趋势。对南宁市的企业利润枢纽度的得分情况进行分析，发现南宁市的企业利润枢纽度的得分呈持续上升的趋势，说明 2010～2012 年间南宁市的企业利润能力有所提高，在经济社会发展中的地位有所提高。

企业利润平均增长指数的排名呈现持续上升的发展趋势。对南宁市企业利润平均增长指数的得分情况进行分析，发现南宁市的企业利润平均增长指数的得分呈持续下降的趋势，说明 2010～2012 年南宁市在评估时间段内的企业获取利润降低，整体城市企业利润水平降低。

企业产值流强度的排名呈持续下降的发展趋势。对南宁市企业产值流强度的得分情况进行分析，发现南宁市的企业产值流强度的得分呈持续下降的趋势，说明 2010～2012 年南宁市之间发生的经济集聚和扩散所产生的企业要素流动强度弱，城市经济影响力弱。

企业产值倾向度的排名呈现持续下降的发展趋势。对南宁市企业产值倾向度的得分情况进行分析，发现南宁市的企业产值倾向度的得分呈持续下降的趋势，说明 2010～2012 年间南宁市的总功能量的外向强度弱。

内资企业产值职能规模的排名呈现先下降后保持的发展趋势。对南宁市内资企业产值职能规模的得分情况进行分析，发现南宁市的内资企业产值职能规模的得分处于持续下降的趋势，说明 2010～2012 年间南宁市的内资企业获取利润水平越低，内资企业获取利润能力低。

港澳台投资企业产值职能规模的排名呈现持续下降的发展趋势。对南宁市港澳台投资企业产值职能规模的得分情况进行分析，发现南宁市的港澳台投资企业产值职能规模的得分呈先下降后上升的趋势，说明 2010～2012 年间南宁市的港澳台投资企业获取利润水平有所提高，港澳台投资企业获取利润能力增强。

外商投资企业产值职能规模的排名呈现先下降后保持的发展趋势。对南宁市的外商投资企业产值职能规模的得分情况进行分析，发现南宁市的外商投资企业产值职能规模的得分呈持续上升的趋势，说明城市的外资投资企业获取利润水平有所提高，外资投资企业获取利润能力增强。

内资企业产值职能地位的排名呈现先下降后保持的发展趋势。对南宁市内资企业产值职能地位的得分情况进行分析，发现南宁市的内资企业产值职能地位的得分呈持续下降的趋势，说明 2010～2012 年南宁市的内资企业产值获取能力在地区内的水平不具备优势，城市对企业的吸引集聚能力减弱，城市发展不具备就业及劳动力发展的潜力。

港澳台投资企业产值职能地位的排名呈现先保持后上升的发展趋势。对南宁市的港澳台投资企业产值职能地位的得分情况进行分析，发现南宁市港澳台投资企业产值职能地位的得分先下降后上升，说明南宁市的港澳台投资企业产值获取能力在地区内的水平具备优势，城市对企业的吸引集聚能力增强，城市发展具备就业及劳动力发展的潜力。

外商投资企业产值职能地位的排名呈现持续保持的发展趋势。对南宁市的外商投资企业产值职能地位的得分情况进行分析，发现南宁市的外商投资企业产值职能地位的得分呈持续上升的趋势，说明 2010～2012 年南宁市外商投资企业产值获取能力在地区内具备优势，城市对企业的吸引集聚能力增强，城市发展具备就业及劳动力发展的潜力。

表 2-4　　2010～2012 年南宁市企业发展各级指标的得分、排名及优劣度分析

指标	2010 年 得分	2010 年 排名	2010 年 优劣度	2011 年 得分	2011 年 排名	2011 年 优劣度	2012 年 得分	2012 年 排名	2012 年 优劣度
企业发展	12.765	10	劣势	12.199	11	劣势	12.933	11	劣势
企业利润相对增长率	2.190	9	劣势	0.995	10	劣势	2.289	3	优势

续表

指标	2010年 得分	2010年 排名	2010年 优劣度	2011年 得分	2011年 排名	2011年 优劣度	2012年 得分	2012年 排名	2012年 优劣度
企业利润绝对增量加权指数	0.773	8	中势	0.562	10	劣势	0.806	4	优势
企业利润比重增量	4.137	9	劣势	5.373	2	强势	5.080	4	优势
企业利润枢纽度	0.178	10	劣势	0.228	10	劣势	0.315	10	劣势
企业利润平均增长指数	4.105	9	劣势	4.071	4	优势	3.665	2	强势
企业产值流强度	0.100	3	优势	0.085	6	中势	0.066	7	中势
企业产值倾向度	0.486	5	优势	0.330	9	劣势	0.186	10	劣势
内资企业产值职能规模	0.189	3	优势	0.129	7	中势	0.077	7	中势
港澳台投资企业产值职能规模	0.025	7	中势	0.024	8	中势	0.034	9	劣势
外商投资企业产值职能规模	0.010	4	优势	0.011	5	优势	0.012	5	优势
内资企业产值职能地位	0.302	3	优势	0.142	7	中势	0.075	7	中势
港澳台投资企业产值职能地位	0.129	5	优势	0.098	5	优势	0.167	4	优势
外商投资企业产值职能地位	0.140	5	优势	0.153	5	优势	0.161	5	优势

根据表2-5，对2013~2015年南宁市企业发展及各三级指标的得分、排名、优劣度进行分析，可以看到2013~2015年间南宁市企业发展的综合排名处于劣势的状态，在2013年、2014年和2015年其企业发展排名先上升后保持，2013~2014年其企业发展由第11名上升至珠江-西江经济带第10名，2015年又上升至第10名，说明南宁市的企业发展落后于珠江-西江经济带的其他城市。对南宁市的企业发展得分情况进行分析，发现南宁市的企业发展综合得分呈现持续上升的发展趋势，说明城市的企业有所发展。

企业利润相对增长率的排名呈现先上升后下降的发展趋势。对南宁市企业利润相对增长率的得分情况进行分析，发现南宁市的企业利润相对增长率的得分呈先上升后下降的趋势，说明2013~2015年南宁市企业获取利润的增长速率慢，呈现出地区企业集聚能力及活力的不断减小。

企业利润绝对增量加权指数的排名呈现先上升后下降的发展趋势。对南宁市企业利润绝对增量加权指数的得分情况进行分析，发现南宁市的得分处于先上升后下降的趋势，说明2013~2015年城市的企业要素集中度降低，城市企业获取利润的增长减慢。

企业利润比重增量的排名呈现先上升后下降的发展趋势。对南宁市企业利润比重增量的得分情况进行分析，发现南宁市的得分处于持续上升的趋势，说明2013~2015年间城市整体企业利润水平更具备优势。

企业利润枢纽度的排名呈现持续保持的发展趋势。对南宁市的企业利润枢纽度的得分情况进行分析，发现南宁市的企业利润枢纽度的得分呈先下降后上升的趋势，说明2013~2015年南宁市的企业利润能力有所提高，在经济社会发展中的地位有所提高。

企业利润平均增长指数的排名呈现先上升后保持的发展趋势。对南宁市企业利润平均增长指数的得分情况进行分析，发现南宁市的得分呈先上升后下降的趋势，说明2013~2015年南宁市在评估时间段内企业获取利润增加，城市整体企业利润水平增加。

企业产值流强度的排名呈现持续上升的发展趋势。对南宁市企业产值流强度的得分情况进行分析，发现南宁市的企业产值流强度的得分呈持续上升的趋势，说明2013~2015年南宁市之间发生的经济集聚和扩散所产生的企业要素流动强度强，城市经济影响力强。

企业产值倾向度的排名呈现持续保持的发展趋势。对南宁市企业产值倾向度的得分情况进行分析，发现南宁市的得分处于持续上升的趋势，说明2013~2015年南宁市的总功能量的外向强度增强。

内资企业产值职能规模的排名呈现先下降后上升的发展趋势。对南宁市内资企业产值职能规模的得分情况进行分析，发现南宁市的得分呈先下降后上升的趋势，说明2013~2015年南宁市的内资企业获取利润水平提高，内资企业获取利润能力提高。

港澳台投资企业产值职能规模的排名呈现持续保持的发展趋势。对南宁市港澳台投资企业产值职能规模的得分情况进行分析，发现南宁市的港澳台投资企业产值职能规模的得分呈持续上升的趋势，说明2013~2015年南宁市的港澳台投资企业获取利润水平有所提高，港澳台投资企业获取利润能力增强。

外商投资企业产值职能规模的排名呈先保持后上升的发展趋势。对南宁市的外商投资企业产值职能规模的得分情况进行分析，发现南宁市的得分持续上升的趋势，说明城市的外商投资企业获取利润水平有所提高，外商投资企业获取利润能力增强。

内资企业产值职能地位的排名呈先下降后上升的发展趋势。对南宁市内资企业产值职能地位的得分情况进行分析，发现南宁市的内资企业产值职能地位的得分呈先下降后上升的趋势，说明2013~2015年南宁市的内资企业产值获取能力在地区内的水平具备优势，城市对企业的吸引集聚能力增强，城市发展具备就业及劳动力发展的潜力。

港澳台投资企业产值职能地位的排名呈持续保持的发展趋势。对南宁市的港澳台投资企业产值职能地位的得分情况进行分析，发现南宁市的得分持续上升，说明南宁市的港澳台投资企业产值获取能力在地区内的水平具备优势，城市对企业的吸引集聚能力增强，城市发展具备就业及劳动力发展的潜力。

外商投资企业产值职能地位的排名呈持续保持的发展趋势。对南宁市的外商投资企业产值职能地位的得分情况进行分析，发现南宁市的得分呈持续下降的趋势，说明2013~2015年南宁市外商投资企业产值获取能力在地区内的水平不具备优势，城市对企业的吸引集聚能力减弱，城市发展具备就业及劳动力发展的潜力降低。

对2010~2015年南宁市企业发展及各三级指标的得分、排名和优劣度进行分析。2010年、2014年南宁市企业发展的综合得分排名均保持在珠江-西江经济带第10名，2011~2013年均降至第11名，2015年升至第10名，处于珠江-西江经济带下游区。2010~2015年其企业发展排名一直在珠江-西江经济带下游区波动，企业发展水平一直在劣势之间波动，说明城市的企业的发展较之于珠江-西江经济带的其他城市不具竞争优势。对南宁市的企业发展得分情况进行分析，发现南宁市的企业发展综合得分呈现波动上升的发展趋势，2010~2013年间南宁市的企业发展得分波动下降，2013年后持续上升。

从表2-6来看，在8个基础指标中，指标的优劣度结构为0.0 : 53.8 : 30.8 : 15.4。

表2-5　　2013~2015年南宁市企业发展各级指标的得分、排名及优劣度分析

指标	2013年 得分	排名	优劣度	2014年 得分	排名	优劣度	2015年 得分	排名	优劣度
企业发展	12.736	11	劣势	13.722	10	劣势	13.774	10	劣势
企业利润相对增长率	2.213	10	劣势	2.354	3	优势	1.978	8	中势
企业利润绝对增量加权指数	0.783	11	劣势	0.816	4	优势	0.726	6	中势
企业利润比重增量	4.907	11	劣势	5.205	3	优势	5.446	5	优势
企业利润枢纽度	0.389	10	劣势	0.365	10	劣势	0.463	10	劣势
企业利润平均增长指数	3.542	9	劣势	3.841	4	优势	3.682	4	优势
企业产值流强度	0.073	7	中势	0.100	6	中势	0.151	4	优势
企业产值倾向度	0.155	10	劣势	0.220	10	劣势	0.331	10	劣势
内资企业产值职能规模	0.044	8	中势	0.019	9	劣势	0.117	7	中势
港澳台投资企业产值职能规模	0.119	5	优势	0.274	5	优势	0.275	5	优势
外商投资企业产值职能规模	0.015	5	优势	0.018	5	优势	0.021	5	优势
内资企业产值职能地位	0.043	8	中势	0.017	9	劣势	0.090	7	中势
港澳台投资企业产值职能地位	0.255	4	优势	0.313	4	优势	0.354	4	优势
外商投资企业产值职能地位	0.199	5	优势	0.181	5	优势	0.138	5	优势

表2-6　　2015年南宁市企业发展指标的优劣度结构

二级指标	三级指标数	强势指标 个数	比重(%)	优势指标 个数	比重(%)	中势指标 个数	比重(%)	劣势指标 个数	比重(%)	优劣度
企业发展	13	0	0.000	7	53.846	4	30.769	2	15.385	劣势

(三) 南宁市城市企业发展实力比较分析

图2-25和图2-26将2010~2015年南宁市企业发展与珠江-西江经济带最高水平和平均水平进行比较。从南宁市企业发展的要素得分比较来看，由图2-25可知，2010年，南宁市企业利润相对增长率得分比珠江-西江经济带最高分低0.106分，比平均分低0.014分；2011年，企业利润相对增长率得分比珠江-西江经济带最高分低3.931分，比平均分低1.411分；2012年，企业利润相对增长率得分比珠江-西江经济带最高分低0.325分，比平均分高0.061分；2013年，企业利润相对增长率得分比珠江-西江经济带最高分低0.323分，比平均分低0.063分；2014年，企业利润相对增长率得分比珠江-西江经济带最高分低0.221分，比平均分高0.067分；2015年，企业利

润相对增长率得分比珠江-西江经济带最高分低 0.442 分，比平均分低 0.051 分。这说明整体上南宁市企业利润相对增长率得分与珠江-西江经济带最高分的差距波动增加，与珠江-西江经济带平均分的差距也波动增加。

2010 年，南宁市企业利润绝对增量加权指数得分比珠江-西江经济带最高分低 0.072 分，比平均分低 0.009 分；2011 年，企业利润绝对增量加权指数得分比珠江-西江经济带最高分低 3.530 分，比平均分低 0.652 分；2012 年，企业利润绝对增量加权指数得分比珠江-西江经济带最高分低 0.524 分，比平均分低 0.009 分；2013 年，企业利润绝对增量加权指数得分比珠江-西江经济带最高分低 0.216 分，比平均分低 0.045 分；2014 年，企业利润绝对增量加权指数得分比珠江-西江经济带最高分低 0.430 分，比平均分低 0.020 分；2015 年，企业利润绝对增量加权指数得分比珠江-西江经济带最高分低 0.113 分，比平均分高 0.055 分。这说明整体上南宁市企业利润绝对增量加权指数得分与珠江-西江经济带最高分差距波动增加，与珠江-西江经济带平均分的差距也波动增加。

2010 年，南宁市企业利润比重增量得分比珠江-西江经济带最高分低 0.558 分，比平均分低 0.186 分；2011 年，企业利润比重增量得分比珠江-西江经济带最高分低 0.271 分，比平均分低 0.379 分；2012 年，企业利润比重增量得分比珠江-西江经济带最高分低 0.592 分，比平均分低 0.239 分；2013 年，企业利润比重增量得分比珠江-西江经济带最高分低 1.680 分，比平均分低 0.396 分；2014 年，企业利润比重增量得分比珠江-西江经济带最高分低 0.138 分，比平均分低 0.151 分；2015 年，企业利润比重增量得分比珠江-西江经济带最高分低 0.661 分，比平均分低 0.045 分。这说明整体上南宁市企业利润比重增量得分与珠江-西江经济带最高分的差距先减后增，与珠江-西江经济带平均分的差距持续增加。

2010 年，南宁市企业利润枢纽度得分比珠江-西江经济带最高分低 2.701 分，比平均分高 1.529 分；2011 年，企业利润枢纽度得分比珠江-西江经济带最高分低 2.590 分，比平均分低 1.568 分；2012 年，企业利润枢纽度得分比珠江-西江经济带最高分低 3.095 分，比平均分低 1.673 分；2013 年，企业利润枢纽度得分比珠江-西江经济带最高分低 3.333 分，比平均分低 1.707 分；2014 年，企业利润枢纽度得分比珠江-西江经济带最高分低 3.439 分，比平均分高 1.749 分；2015 年，企业利润枢纽度得分比珠江-西江经济带最高分低 4.646 分，比平均分低 2.072 分。这说明整体上南宁市企业利润枢纽度得分与珠江-西江经济带最高分的差距波动增加，与珠江-西江经济带平均分的差距波动增加。

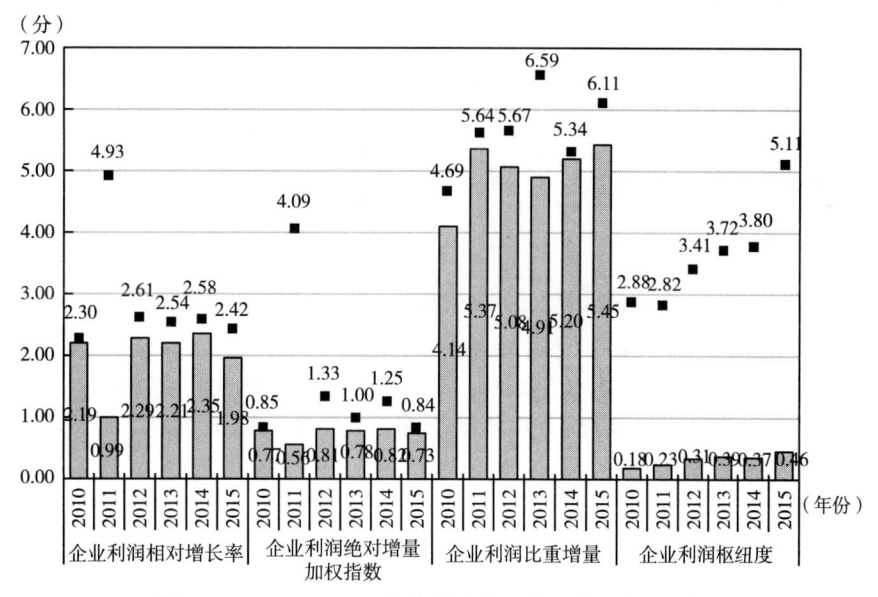

图 2-25　2010~2015 年南宁市企业发展指标得分比较 1

由图 2-26 可知，2010 年南宁市企业利润平均增长指数得分比珠江-西江经济带最高分低 2.027 分，比平均分低 0.520 分；2011 年，企业利润平均增长指数得分比珠江-西江经济带最高分低 0.429 分，比平均分高 0.272 分；2012 年，企业利润平均增长指数得分比珠江-西江经济带最高分低 0.284 分，比平均分高 0.211 分；2013 年，企业利润平均增长指数得分比珠江-西江经济带最高分低 1.248 分，比平均分低 0.185 分；2014 年，企业利润平均增长指数得分比珠江-西江经济带最高分低 1.207 分，比平均分高 0.112 分；2015 年，企业利润平均增长指数得分比珠江-西江经济带最高分低 1.136 分，比平均分高 0.296 分。这说明整体上南宁市企业利润平均增长指数得分与珠江-西江经济带最高分的差距波动减小，与珠江-西江经济带平均分的差距波动减小。

2010 年，南宁市企业产值流强度得分比珠江-西江经济带最高分低 1.897 分，比平均分低 0.133 分；2011 年，企业产值流强度得分比珠江-西江经济带最高分低 2.318 分，比平均分低 0.222 分；2012 年，企业产值流强度得分比珠江-西江经济带最高分低 2.206 分，比平均分低 0.242 分；2013 年，企业产值流强度得分比珠江-西江经济带最高分低 2.906 分，比平均分低 0.289 分；2014 年，企业产值流强度得分比珠江-西江经济带最高分低 3.215 分，比平均分低 0.311 分；2015 年，企业产值流强度得分比珠江-西江经济带最高分低 3.492 分，比平均分低 0.300 分。这说明整体上南宁市企业产值流强度得分与珠江-西江经济带最高分的差距波动增加，与珠江-西江经济带平均分的差距呈波动增加。

2010 年，南宁市企业产值倾向度得分比珠江-西江经济带最高分低 1.361 分，比平均分低 0.048 分；2011 年，企业产值倾向度得分比珠江-西江经济带最高分低 2.630 分，比平均分低 0.797 分；2012 年，企业产值倾向度得分比珠江-西江经济带最高分低 3.256 分，比平均分低 1.050 分；2013 年企业产值倾向度得分比珠江-西江经济带最高分低 2.628 分，比平均分低 0.732 分；2014 年，企业产值倾向度得分比珠江-西江经济带最高分低 3.792 分，比平均分低 0.809 分；2015 年，企业产值倾向度得分比珠江-西江经济带最高分低 2.971 分，比平均分低 0.601 分。这说明整体上南宁市企业产值倾向度得分与珠江-西江经济带最高分的差距波动增加，与珠江-西江经济带平均分的差距波动增加。

2010 年，南宁市内资企业产值职能规模得分比珠江-西江经济带最高分低 2.085 分，比平均分低 0.128 分；2011 年，内资企业产值职能规模得分比珠江-西江经济带最高分低 2.613 分，比平均分低 0.315 分；2012 年，内资企业产值职能规模得分比珠江-西江经济带最高分低 2.868 分，比平均分低 0.429 分；2013 年内资企业产值职能规模得分比珠江-西江经济带最高分低 3.195 分，比平均分低 0.468 分；2014 年，内资企业产值职能规模得分比珠江-西江经济带最高分低 3.558 分，比平均分低 0.552 分；2015 年，内资企业产值职能规模得分比珠江-西江经济带最高分低 3.649 分，比平均分低 0.518 分。这说明整体上南宁市内资企业产值职能规模得分与珠江-西江经济带最高分的差距持续增加，与珠江-西江经济带平均分的差距波动增加。

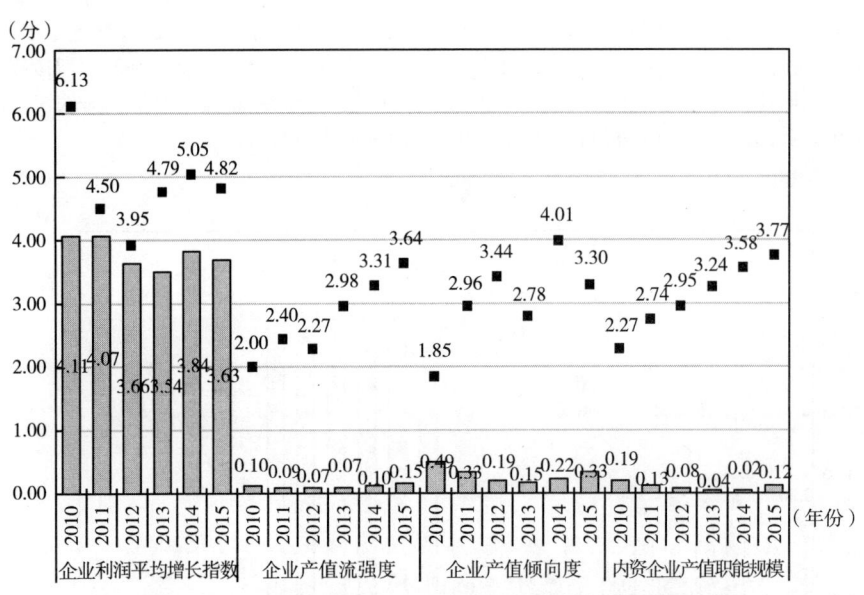

图 2-26 2010~2015 年南宁市企业发展指标得分比较 2

由图 2-27 可知，2010 年，南宁市港澳台投资企业产值职能规模得分比珠江-西江经济带最高分低 3.350 分，比平均分低 0.618 分；2011 年，港澳台投资企业产值职能规模得分比珠江-西江经济带最高分低 3.282 分，比平均分低 0.668 分；2012 年，港澳台投资企业产值职能规模得分比珠江-西江经济带最高分低 3.006 分，比平均分低 0.630 分；2013 年，港澳台投资企业产值职能规模得分比珠江-西江经济带最高分低 3.419 分，比平均分低 0.681 分；2014 年，港澳台投资企业产值职能规模得分比珠江-西江经济带最高分低 3.837 分，比平均分低 0.645 分；2015 年，港澳台投资企业产值职能规模得分比珠江-西江经济带最高分低 3.050 分，比平均分低 0.458 分。这说明整体上南宁市港澳台投资企业产值职能规模得分与珠江-西江经济带最高分的差距波动减小，与珠江-西江经济带平均分的差距波动减小。

2010 年，南宁市外商投资企业产值职能规模得分比珠江-西江经济带最高分低 1.739 分，比平均分低 0.164 分；2011 年，外商投资企业产值职能规模得分比珠江-西江经济带最高分低 2.317 分，比平均分低 0.212 分；2012 年，外商投资企业产值职能规模得分比珠江-西江经济带最高分低 1.957 分，比平均分低 0.177 分；2013 年，外商投资企业产值职能规模得分比珠江-西江经济带最高分低 2.637 分，比平均分低 0.239 分；2014 年，外商投资企业产值职能规模得分比珠江-西江经济带最高分低 3.032 分，比平均分低 0.278 分；2015 年，外商投资企业产值职能规模得分比珠江-西江经济带最高分低 3.567 分，比平均分低 0.330 分。这说明整体上南宁市外商投资企业产值职能规模得分与珠江-西江经济带最高分的差距波动增加，与珠江-西江经济带平均分的差距波动增加。

2010 年，南宁市内资企业产值职能地位得分比珠江-西江经济带最高分低 3.337 分，比平均分低 0.205 分；2011 年，内资企业产值职能地位得分比珠江-西江经济带最高分低 2.867 分,比平均分低 0.346 分;2012 年,内资企业产值职能地位得分比珠江-西江经济带最高分低 2.785 分,比平均分低 0.416 分;2013 年内资企业产值职能地位得分比珠江-西江经济带最高分低 3.082 分,比平均分低 0.451 分;2014 年,内资企业产值职能地位得分比珠江-西江经济带最高分低 3.079 分,比平均分低 0.478 分;2015 年,内资企业产值职能地位得分比珠江-西江经济带最高分低 2.813 分,比平均分低 0.399 分。这说明整体上南宁市内资企业产值职能地位得分与珠江-西江经济带最高分的差距波动减小,与珠江-西江经济带平均分的差距波动增加。

2010 年,南宁市港澳台投资企业产值职能地位得分比珠江-西江经济带最高分低 3.969 分,比平均分低 0.707 分;2011 年,港澳台投资企业产值职能地位得分比珠江-西江经济带最高分低 2.854 分,比平均分低 0.492 分;2012 年,港澳台投资企业产值职能地位得分比珠江-西江经济带最高分低 2.368 分,比平均分低 0.369 分;2013 年港澳台投资企业产值职能地位得分比珠江-西江经济带最高分低 2.625 分,比平均分低 0.376 分;2014 年,港澳台投资企业产值职能地位得分比珠江-西江经济带最高分低 2.588

分,比平均分低 0.320 分;2015 年,港澳台投资企业产值职能地位得分比珠江-西江经济带最高分低 2.297 分,比平均分低 0.227 分。这说明整体上南宁市港澳台投资企业产值职能地位得分与珠江-西江经济带最高分的差距波动减小,与珠江-西江经济带平均分的差距波动减小。

2010 年,南宁市外商投资企业产值职能地位得分比珠江-西江经济带最高分低 3.692 分,比平均分低 0.575 分;2011 年,外商投资企业产值职能地位得分比珠江-西江经济带最高分低 2.941 分,比平均分低 0.418 分;2012 年,外商投资企业产值职能地位得分比珠江-西江经济带最高分低 3.019 分,比平均分低 0.418 分;2013 年外商投资企业产值职能地位得分比珠江-西江经济带最高分低 3.222 分,比平均分低 0.441 分;2014 年,外商投资企业产值职能地位得分比珠江-西江经济带最高分低 3.232 分,比平均分低 0.456 分;2015 年,外商投资企业产值职能地位得分比珠江-西江经济带最高分低 3.046 分,比平均分低 0.462 分。这说明整体上南宁市外商投资企业产值职能地位得分与珠江-西江经济带最高分的差距波动减小,与珠江-西江经济带平均分的差距波动减小。

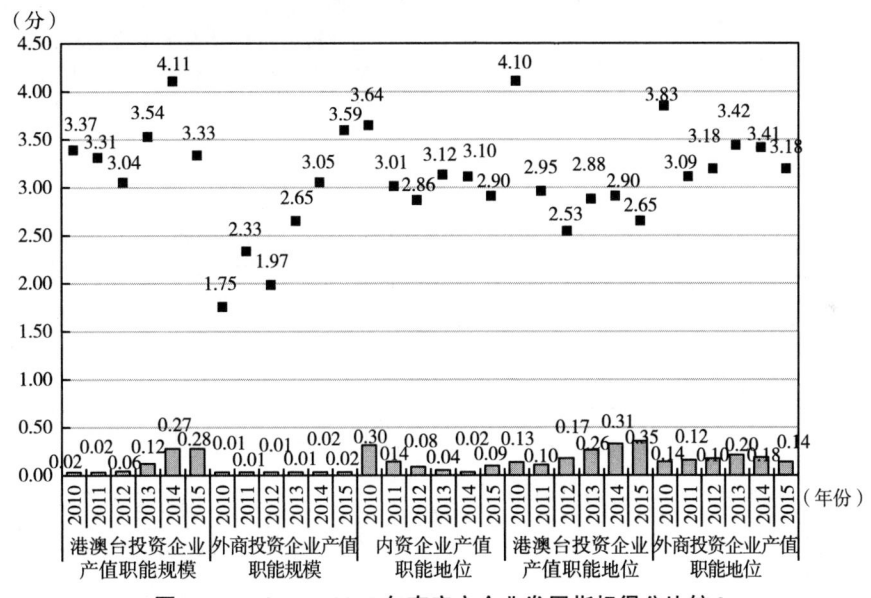

图 2-27 2010~2015 年南宁市企业发展指标得分比较 3

三、南宁市城市工业企业发展水平综合评估与比较

从对南宁市工业企业发展水平评估及其 2 个二级指标在珠江-西江经济带的排名变化和指标结构的综合分析来看,2010~2015 年,工业企业板块中上升指标的数量大于下降指标的数量,上升的动力大于下降的拉力,使得 2015 年南宁市工业企业发展水平的排名波动上升,在珠江-西江经济带城市位居第 8 名。

(一) 南宁市城市工业企业发展水平概要分析

南宁市工业企业发展水平在珠江-西江经济带所处的位置及变化如表 2-7 所示,2 个二级指标的得分和排名变化如表 2-8 所示。

从指标排名变化趋势看,2015 年南宁市工业企业发展水平评估排名在珠江-西江经济带处于第 8 名,表明其在珠江-西江经济带处于中势地位,与 2010 年相比,排名上升 1 名。总的来看,评价期内南宁市工业企业发展水平呈波动上升趋势。

在 2 个二级指标中,2 个指标排名保持不变,为工业发展和企业发展。这是南宁市工业企业发展水平处于波动上升的原因所在。受指标排名升降的综合影响,评价期内南宁市工业企业的综合排名波动上升,在珠江-西江经济带城市排名第 8 名。

从指标所处区位来看,2015 年南宁市工业企业发展水平处在中游区，其中，工业发展为中势指标，企业发展为劣势指标。

从指标得分来看，2015年南宁市工业企业得分为39.237分，比珠江-西江经济带最高分低23.748分，比平均分低4.943分。与2010年相比，南宁市工业企业发展水平得分下降1.407分，与珠江-西江经济带平均分的差距实现缩小。

2015年，南宁市工业企业发展水平二级指标的得分均高于13分，与2010年相比，得分上升最多的为企业发展，上升1.010分；得分下降最多的为工业发展，下降2.417分。

表2-7 2010~2015年南宁市工业企业一级指标比较

项目	2010年	2011年	2012年	2013年	2014年	2015年
排名	9	10	10	9	9	8
所属区位	下游	下游	下游	下游	下游	中游
得分	40.644	38.925	38.798	40.625	39.362	39.237
全国最高分	65.376	68.368	60.214	68.257	65.111	62.985
全国平均分	45.746	45.929	45.431	45.248	44.740	44.180
与最高分的差距	-24.732	-29.443	-21.416	-27.631	-25.749	-23.748
与平均分的差距	-5.102	-7.004	-6.633	-4.622	-5.378	-4.943
优劣度	劣势	劣势	劣势	劣势	劣势	中势
波动趋势	—	下降	持续	上升	持续	上升

表2-8 2010~2015年南宁市工业企业二级指标比较表

年份	工业发展 得分	工业发展 排名	企业发展 得分	企业发展 排名
2010	27.879	6	12.765	10
2011	26.726	6	12.199	11
2012	25.865	9	12.933	11
2013	27.890	5	12.736	11

续表

年份	工业发展 得分	工业发展 排名	企业发展 得分	企业发展 排名
2014	25.640	5	13.722	10
2015	25.462	6	13.774	10
得分变化	-2.417	—	1.010	—
排名变化	—	0	—	0
优劣度	中势	中势	劣势	劣势

（二）南宁市城市工业企业发展水平指标动态变化分析

2010~2015年南宁市工业企业发展水平评估各级指标的动态变化及其结构，如图2-28和表2-9所示。

从图2-28可以看出，南宁市工业企业发展水平评估的三级指标中上升指标的比例大于下降指标，表明上升指标居于主导地位。表2-9中的数据说明，南宁市工业企业发展水平评估的22个三级指标中，上升的指标有12个，占指标总数的54.545%；保持的指标有5个，占指标总数的22.727%；下降的指标有5个，占指标总数的22.727%。由于上升指标的数量大于下降指标的数量，且受变动幅度与外部因素的综合影响，评价期内南宁市工业企业排名呈现波动上升趋势，在珠江-西江经济带城市居第8名。

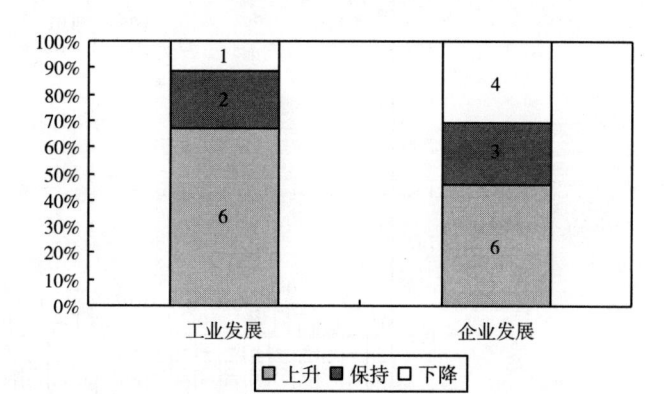

图2-28 2010~2015年南宁市工业企业发展水平动态变化结构

表2-9 2010~2015年南宁市工业企业各级指标排名变化态势比较

二级指标	三级指标数	上升指标 个数	上升指标 比重（%）	保持指标 个数	保持指标 比重（%）	下降指标 个数	下降指标 比重（%）
工业发展	9	6	66.667	2	22.222	1	11.111
企业发展	13	6	46.154	3	23.077	4	30.769
合计	22	12	54.545	5	22.727	5	22.727

（三）南宁市城市工业企业发展水平指标变化动因分析

2015年南宁市工业企业板块各级指标的优劣势变化及其结构，如图2-29和表2-10所示。

从图2-29可以看出，在2015年南宁市工业企业发展水平评估的三级指标中，优势和中势指标的比例大于强势和劣势指标的比例，表明优势和中势指标居于主导地位。表2-10中的数据说明，2015年南宁市工业企业的22个三级指标中，强势指标有2个，占指标总数的9.091%；优势指标为 10 个，占指标总数的 45.455%；中势指标 6 个，占指标总数的 27.273%；劣势指标为 4 个，占指标总数的 18.182%；优势指标和中势指标之和占指标总数的 72.728%，数量与比重均大于劣势指标。从二级指标来看，其中，工业发展的强势指标有 2 个，占指标总数的 22.222%；优势指标为 3 个，占指标总数的 33.333%；中势指标 2 个，占指标总数的 22.222%；劣势指标为 2 个，占指标总数的 22.222%；优势指标和中势指标之和占指标总数的 55.555%，说明工业发展的优、中势指标居于主导地位。企业发展不存在强势指标；优势指标为 7 个，占指标总数的 53.846%；中势指标 4 个，占指标总数的 30.769%；劣势指标为 2 个，占指标总数的 15.385%；优势指标和中势指标之和占指标总数的 84.615%，说明企业发展的优、中势指标处于主导地位。由于优、中势指标比重较大，南宁市工业企业发展水平处于中势地位，在珠江－西江经济带城市居第 8 名，处于中游区。

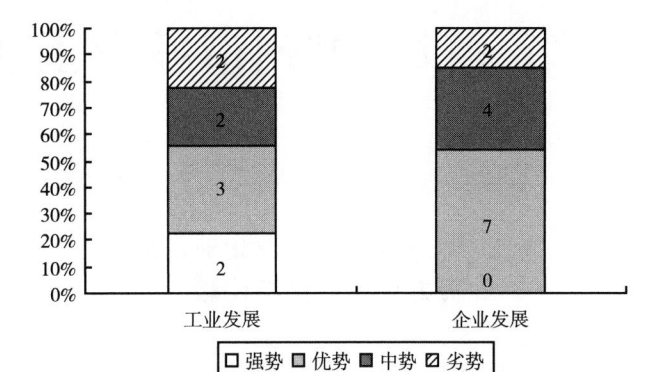

图 2－29　2015 年南宁市工业企业优劣度结构

表 2－10　　　　　　　　　2015 年南宁市工业企业各级指标优劣度比较

二级指标	三级指标数	强势指标 个数	比重（%）	优势指标 个数	比重（%）	中势指标 个数	比重（%）	劣势指标 个数	比重（%）	优劣度
工业发展	9	2	22.222	3	33.333	2	22.222	2	22.222	中势
企业发展	13	0	0.000	7	53.846	4	30.769	2	15.385	劣势
合计	22	2	9.091	10	45.455	6	27.273	4	18.182	中势

为进一步明确影响南宁市工业企业变化的具体因素，以便于对相关指标进行深入分析，为提升南宁市工业企业发展水平提供决策参考，在表 2－11 中列出工业企业指标体系中直接影响南宁市工业企业发展水平升降的强势指标、优势指标、中势指标和劣势指标。

表 2－11　　　　　　　　　2012 年南宁市工业企业三级指标优劣度统计

指标	强势指标	优势指标	中势指标	劣势指标
工业发展 （9 个）	Moore 工业结构、工业偏离系数（2 个）	工业结构、工业发展强度、工业弧弹性（3 个）	企业弹性扩张系数、工业不协调度（2 个）	工业密度、税收贡献率（2 个）
企业发展 （13 个）	（0 个）	企业利润比重增量、企业利润平均增长指数、企业产值流强度、港澳台投资企业产值职能规模、外商投资企业产值职能规模、港澳台投资企业产值职能地位、外商投资企业产值职能地位（7 个）	企业利润相对增长率、企业利润绝对增量加权指数、内资企业产值职能规模、内资企业产值职能地位（4 个）	企业利润枢纽度、内资企业产值职能规模（2 个）

第三章 柳州市城市工业企业发展水平综合评估

一、柳州市城市工业企业发展实力综合评估与比较

(一) 柳州市城市工业发展实力评估指标变化趋势评析

1. 工业结构

根据图3-1分析可知,2010~2015年柳州市工业结构总体上呈现波动保持的状态。波动保持型指标意味着城市在该项指标上虽然呈现波动状态,在评价末期和评价初期的数值基本保持一致,该图可知柳州市工业结构数值保持在86.942~89.500。即使柳州市工业结构存在过最低值,其数值为86.942,但柳州市在工业结构上总体表现的也是相对平稳;说明该地区工业结构及活力持续又稳定。

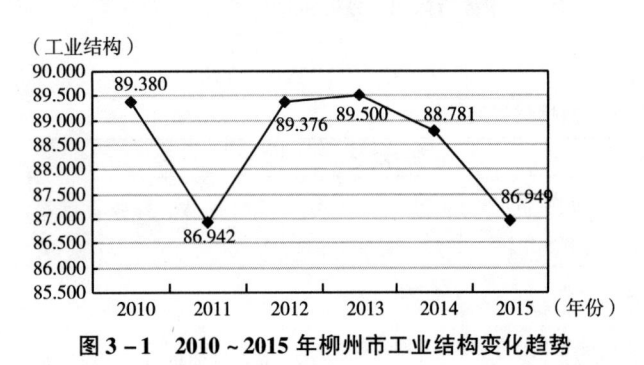

图3-1 2010~2015年柳州市工业结构变化趋势

2. 企业扩张弹性系数

根据图3-2分析可知,2010~2015年柳州市企业扩张弹性系数总体上呈现波动上升的状态。这一类型的指标为2010~2015年城市存在一定的波动变化,总体趋势为上升趋势,但在个别年份出现下降的情况,指标并非连续性上升状态。波动上升型指标意味着在评价的时间段内,虽然指标数据存在较大的波动变化,但是其评价末期数据值高于评价初期数据值。柳州市在2012~2015年虽然出现下降的状况,但最终稳定在45.460;这说明柳州市企业扩张弹性系数情况处于不太稳定的下降状态。

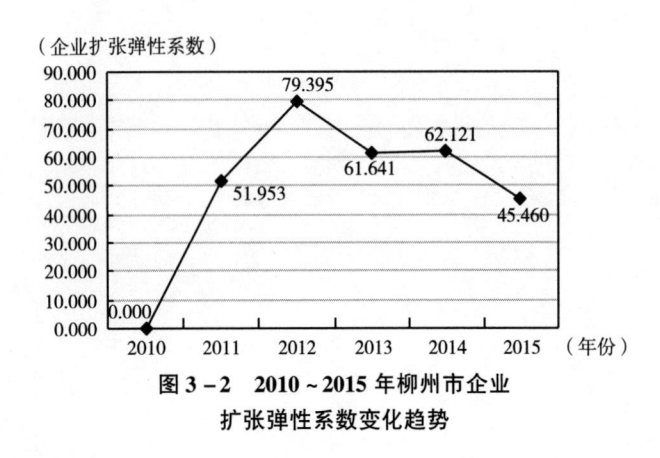

3. 工业发展强度

根据图3-3分析可知,2010~2015年柳州市的工业发展强度总体上呈现持续上升的状态。持续上升型的指标不仅意味着城市在各项指标数据上的不断增长,更意味着城市在该项指标以及工业企业实力整体上的竞争力优势不断扩大。通过折线图可以看出,柳州市的工业发展强度指标不断提高,在2015年达到17.771,相较于2010年上升3个单位左右;说明柳州市的整体工业发展水平较高,工业发展态势良好,有利于推动地区经济发展。

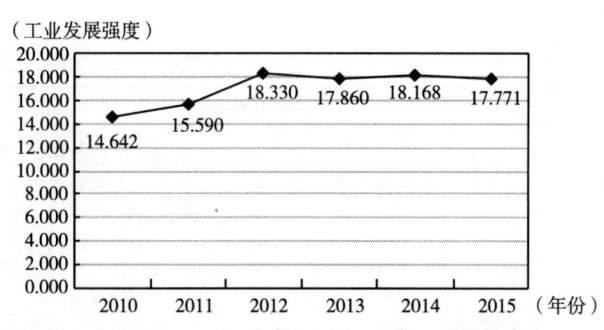

图3-2 2010~2015年柳州市企业扩张弹性系数变化趋势

图3-3 2010~2015年柳州市工业发展强度变化趋势

4. 工业密度

根据图3-4分析可知,2010~2015年柳州市的工业密度总体上呈现持续下降的状态。持续下降型的指标意味着城市在该项指标上不断处在劣势状态,并且这一状况并未

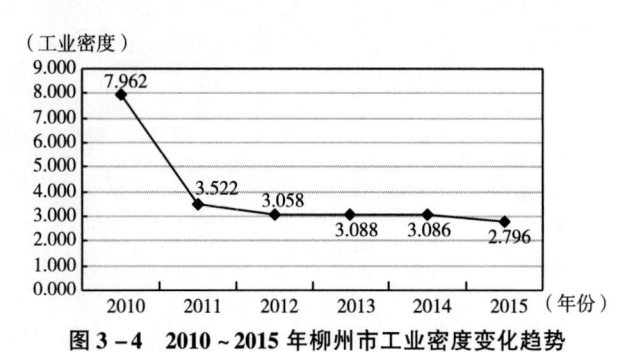

图3-4 2010~2015年柳州市工业密度变化趋势

得到改善。如图所示，柳州市工业密度指标处于不断下降的状态中，2010年此指标数值最高，是7.962，到2015年时，下降至2.796。分析这种变化趋势，可以得出柳州市工业密度发展的水平处于劣势，工业密度不断下降，城市工业发展活力较低。

5. 税收贡献率

根据图3-5分析可知，2010~2015年柳州市城市的税收贡献率总体上呈现持续下降的状态。持续下降型的指标意味着城市在该项指标上不断处在劣势状态，并且这一状况并未得到改善。如图所示，柳州市税收贡献率指标处于不断下降的状态中，2010年此指标数值最高，为31.991，到2015年时，下降至19.764。分析这种变化趋势，可以得出柳州市税收贡献能力发展的水平处于劣势，城市税收贡献能力发展活力较低。

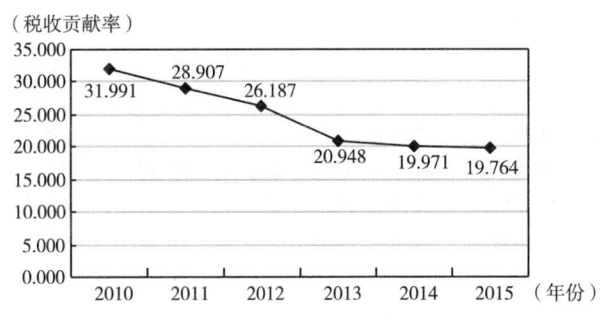

图3-5 2010~2015年柳州市税收贡献率变化趋势

6. 工业弧弹性

根据图3-6分析可知，2010~2015年柳州市工业弧弹性总体上呈现波动保持的状态。波动保持型指标意味着城市在该项指标上虽然呈现波动状态，但在评价末期和评价初期的数值基本保持一致。该图可知柳州市工业弧弹性数值保持在87.958~88.983。即使柳州市工业弧弹性存在过最低值，其数值为87.958，但柳州市在工业弧弹性上总体表现的也是相对平稳；说明该地区工业弧弹性能力及活力持续又稳定。

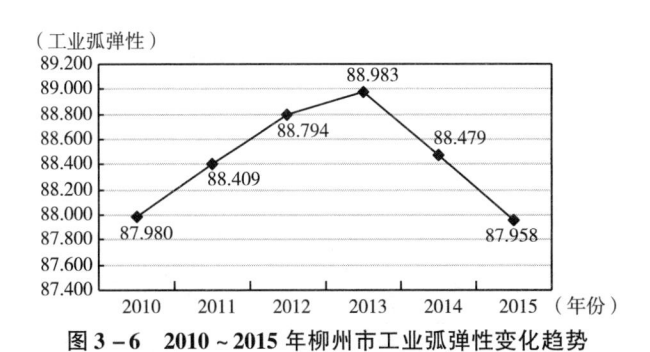

图3-6 2010~2015年柳州市工业弧弹性变化趋势

7. Moore 工业结构

根据图3-7分析可知，2010~2015年柳州市城市的Moore工业结构总体上呈现持续下降的状态。持续下降型的指标意味着城市在该项指标上不断处在劣势状态，并且这一状况并未得到改善。如图所示，柳州市Moore工业结构指标处于不断下降的状态中，2010年此指标数值最高，是36.433，到2015年时，下降至最低点。分析这种变化趋势，可以得出柳州市城镇化发展的水平处于劣势，潜在向城市转移的人口数不断下降，城市发展活力较低。

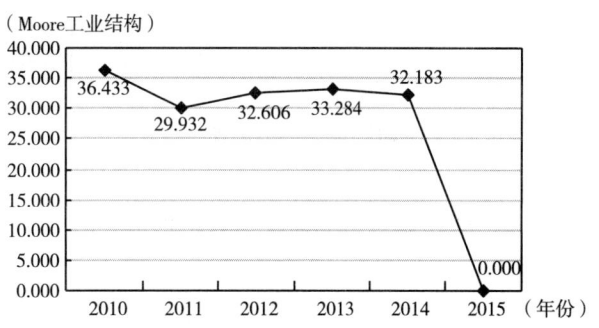

图3-7 2010~2015年柳州市Moore工业结构变化趋势

8. 工业不协调度

根据图3-8分析可知，2010~2015年柳州市工业不协调度总体上呈现波动下降的状态。这种状态表现为2010~2015年城市在该项指标上总体呈现下降趋势，但在此期间存在上下波动的情况，并非连续性下降。这就意味着在评估的时间段内，虽然指标数据存在较大的波动，但是其评价末期数据值低于评价初期数据值。柳州市的工业不协调度末期低于初期的数据，降低15个单位左右，并且在2013~2015年间存在明显下降的变化；这说明柳州市工业发展情况处于相对稳定的状态。

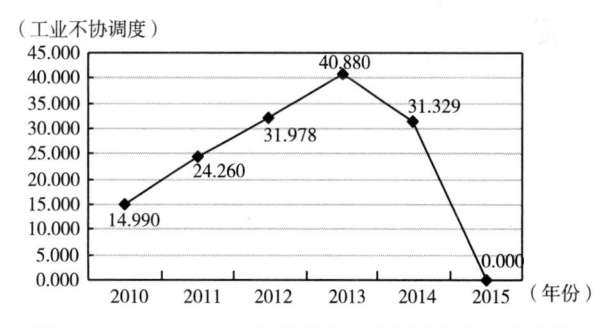

图3-8 2010~2015年柳州市工业不协调度变化趋势

9. 工业偏离系数

根据图3-9分析可知，2010~2015年柳州市工业偏离系数总体上呈现波动上升的状态。这一类型的指标表现为在2010~2015年城市存在一定的波动变化，总体趋势上为上升趋势，但在个别年份出现下降的情况，指标并非连续性上升状态。波动上升型指标意味着在评价的时间段内，虽然指标数据存在较大的波动变化，但是其评价末期数据值高于评价初期数据值。柳州市在2011~2013年虽然出现下降的状况，2013年为63.354，但是总体上还是呈现上升的态势，最终稳定在100.000；说明对于柳州市来说，其城市工业发展潜力越来越大。

(工业偏离系数)

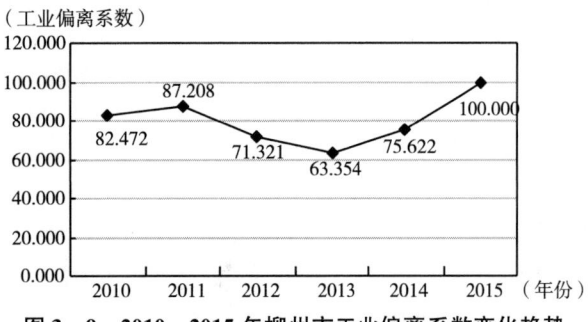

图 3-9 2010~2015 年柳州市工业偏离系数变化趋势

(二) 柳州市城市工业发展实力评估结果

根据表 3-1，对 2010~2012 年柳州市工业发展及各三级指标的得分、排名、优劣度进行分析，可以看到在 2010~2011 年，柳州市工业发展的综合排名处于珠江-西江经济带中势位置，在 2010~2012 年其工业发展排名先保持后上升，2010~2011 年其工业发展排名一直处于珠江-西江经济带第 10 名位置，到 2012 年其排名上升至第 8 名，其工业发展处于中游区。对柳州市的工业发展得分情况进行分析，发现柳州市的工业发展综合得分呈现先下降后上升趋势，说明城市的工业有所发展。

对柳州市工业发展的三级指标进行分析，其中工业结构的排名呈现持续保持的发展趋势。对柳州市的工业结构的得分情况进行分析，发现柳州市的工业结构的得分先下降后上升，说明柳州市地区工业结构不协调，对城市经济社会稳定发展将造成长远的影响，不利于城市的活力提升和发展的可持续性。

企业扩张弹性系数的排名呈现先下降后上升的发展趋势。对柳州市的企业扩张弹性系数的得分情况进行分析，发现柳州市的企业扩张弹性系数的得分先下降后上升，说明柳州市的城市城镇化与工业发展之间呈现协调发展的关系，城镇企业数量的增加并未导致城市的过度拥挤及承载力压力问题的出现。

工业发展强度的排名呈现持续保持的发展趋势，对柳州市的工业发展强度的得分情况进行分析，发现柳州市工业发展强度的得分持续上升，但工业发展强度小于 1，说明柳州市的工业产值发展水平低于地区的平均水平。

工业密度的排名呈现持续保持的发展趋势。对柳州市的工业密度的得分情况进行分析，发现柳州市工业密度的得分持续下降，说明柳州市工业承载力小。

税收贡献率的排名呈现先保持后下降的发展趋势。对柳州市的税收贡献率得分情况进行分析，发现柳州市的税收贡献率的得分处于持续下降的发展趋势，说明柳州市经济发展减慢，税收程度减低，市场发展活力降低。

工业弧弹性的排名呈现先上升后下降的发展趋势。对柳州市的工业弧弹性得分情况进行分析，发现柳州市的工业弧弹性的得分处于先下降后上升的发展趋势，说明柳州市的工业产值增长速率快于其经济的变化增长速率，城市呈现出工业的扩张发展趋势。

Moore 工业结构的排名呈现先下降后上升的发展趋势。对柳州市的 Moore 工业结构的得分情况进行分析，发现柳州市的 Moore 工业结构的得分处于先下降后上升的趋势，说明城市的企业结构的变化程度小。

工业不协调度的排名呈现持续保持的发展趋势。对柳州市的工业不协调度得分情况进行分析，发现柳州市的工业不协调度的得分处于持续上升的发展趋势，说明柳州市的企业在城市中的发展结构有待优化。

工业偏离系数的排名呈现持续保持的发展趋势。对柳州市的工业偏离系数的得分情况进行分析，发现柳州市的工业偏离系数的得分处于先上升后下降的趋势，说明城市的工业结构、产业结构呈现协调、稳定状态。

表 3-1　2010~2012 年柳州市工业发展各级指标的得分、排名及优劣度分析

指标	2010 年 得分	排名	优劣度	2011 年 得分	排名	优劣度	2012 年 得分	排名	优劣度
工业发展	24.681	10	劣势	23.941	10	劣势	25.906	8	中势
工业结构	6.929	10	劣势	6.830	10	劣势	7.077	10	劣势
企业扩张弹性系数	2.999	5	优势	2.413	8	中势	3.976	1	强势
工业发展强度	0.583	3	优势	0.613	3	优势	0.716	3	优势
工业密度	0.298	3	劣势	0.121	9	劣势	0.106	9	劣势
税收贡献率	1.263	6	中势	1.124	6	中势	1.079	7	中势
工业弧弹性	6.485	10	劣势	6.470	8	中势	6.688	9	劣势
Moore 工业结构	2.164	10	劣势	1.814	11	劣势	1.930	10	劣势
工业不协调度	0.903	11	劣势	1.364	11	劣势	1.752	11	劣势
工业偏离系数	3.058	1	强势	3.191	1	强势	2.583	1	强势

根据表 3-2，对 2013~2015 年柳州市工业发展及各三级指标的得分、排名、优劣度进行分析，可以看到 2013~

2015年柳州市工业发展的综合排名处于劣势,在2013年、2014年和2015年其工业发展排名先上升后下降,2013~2014年其工业发展排名由第9名上升至珠江-西江经济带第8名位置,到2015年又下降到第10名,说明城市的工业发展的稳定性有待提高。对柳州市的工业发展得分情况进行分析,发现柳州市的工业发展综合得分呈现持续下降趋势,说明城市的工业发展减慢。

对柳州市工业发展的三级指标进行分析,其中工业结构的排名呈现先上升后保持的发展趋势。对柳州市的工业结构的得分情况进行分析,发现柳州市的工业结构的得分持续下降,说明柳州市的工业结构较为协调,有利于城市的活力提升和发展的可持续性。

企业扩张弹性系数的排名呈现先上升后下降的发展趋势。对柳州市的企业扩张弹性系数的得分情况进行分析,发现柳州市的企业扩张弹性系数的得分持续下降,说明柳州市的城市城镇化与工业发展之间呈现不协调发展的关系,城镇企业数量的增加导致城市的过度拥挤及承载力压力问题的出现。

工业发展强度的排名呈现持续保持的发展趋势。对柳州市的工业发展强度的得分情况进行分析,发现柳州市工业发展强度的得分先上升后下降,但工业发展强度小于1,说明柳州市的工业产值发展低于地区的平均水平。

工业密度的排名呈现先保持后上升的发展趋势。对柳州市的工业密度的得分情况进行分析,发现柳州市的工业密度的得分持续下降,说明柳州市的城市的工业承载力减小。

税收贡献率的排名呈现持续保持的发展趋势。对柳州市的税收贡献率得分情况进行分析,发现柳州市的税收贡献率的得分处于持续下降的发展趋势,说明柳州市经济发展减慢,税收程度降低,市场发展活力降低。

工业弧弹性的排名呈现持续上升的发展趋势。对柳州市的工业弧弹性得分情况进行分析,发现柳州市的工业弧弹性的得分处于波动上升的发展趋势,说明柳州市的工业产值增长速率低于其经济的变化增长速率,城市呈现出工业的缩小发展趋势。

Moore工业结构的排名呈现先下降后保持的发展趋势。对柳州市的Moore工业结构的得分情况进行分析,发现柳州市的Moore工业结构的得分处于持续下降的趋势,说明城市的企业结构的变化程度减小。

工业不协调度的排名呈现先保持后下降的发展趋势。对柳州市的工业不协调度得分情况进行分析,发现柳州市的工业不协调度的得分处于持续下降的发展趋势,说明柳州市的企业在城市中的发展结构良好,企业对城市经济发展起促进作用。

工业偏离系数的排名呈现持续保持的发展趋势。对柳州市的工业偏离系数的得分情况进行分析,发现柳州市的工业偏离系数的得分处于持续上升的趋势,说明城市的工业结构、产业结构处于不协调、不稳定的状态。

对2010~2015年间柳州市工业发展及各三级指标的得分、排名和优劣度进行分析。2010~2011年柳州市工业发展的综合得分排名均保持在珠江-西江经济带第10名,2012年、2014年排名均升至第8名,2013年排名降至第9名,2015年排名降至第10名,2010~2015年柳州市工业发展的综合得分排名呈现波动保持的发展趋势,2010~2015年其工业发展排名一直在珠江-西江经济带中游区和下游区波动,工业发展水平在中势和劣势之间波动,2015年处于珠江-西江经济带劣势地位,说明城市的工业发展较珠江-西江经济带的其他城市竞争优势小,柳州市在提高工业发展方面仍有较大的发展空间。对柳州市的工业发展得分情况进行分析,发现柳州市的工业发展综合得分呈现波动下降的发展趋势,2010~2012年间柳州市的工业发展得分波动上升,2013年后持续下降。

从表3-3来看,在9个基础指标中,指标的优劣度结构为11.1:11.1:22.2:55.6。

表3-2　　2013~2015年柳州市工业发展各级指标的得分、排名及优劣度分析

指标	2013年 得分	2013年 排名	2013年 优劣度	2014年 得分	2014年 排名	2014年 优劣度	2015年 得分	2015年 排名	2015年 优劣度
工业发展	24.527	9	劣势	24.109	8	中势	21.002	10	劣势
工业结构	6.946	10	劣势	6.839	9	劣势	6.602	9	劣势
企业扩张弹性系数	3.208	5	优势	2.915	2	强势	2.418	10	劣势
工业发展强度	0.689	3	优势	0.699	3	优势	0.682	3	优势
工业密度	0.106	10	劣势	0.105	10	劣势	0.094	9	劣势
税收贡献率	0.856	7	中势	0.816	8	中势	0.745	8	中势
工业弧弹性	6.303	9	劣势	6.536	6	中势	6.602	7	中势
Moore工业结构	1.933	10	劣势	1.744	11	劣势	0.000	11	劣势
工业不协调度	2.230	10	劣势	1.670	10	劣势	0.000	11	劣势
工业偏离系数	2.256	1	强势	2.785	1	强势	3.857	1	强势

表3-3 2015年柳州市工业发展指标的优劣度结构

二级指标	三级指标数	强势指标 个数	强势指标 比重（%）	优势指标 个数	优势指标 比重（%）	中势指标 个数	中势指标 比重（%）	劣势指标 个数	劣势指标 比重（%）	优劣度
工业发展	9	1	11.111	1	11.111	2	22.222	5	55.556	劣势

（三）柳州市城市工业发展实力比较分析

图3-10、图3-11将2010~2015年柳州市工业发展与珠江-西江经济带最高水平和平均水平进行比较。从工业发展的要素得分比较来看，由图2-39可知，2010年，柳州市工业结构得分比珠江-西江经济带最高分低0.813分，比平均分高0.127分；2011年，工业结构得分比珠江-西江经济带最高分低1.022分，比平均分低0.255分；2012年，工业结构得分比珠江-西江经济带最高分低0.841分，比平均分高0.031分；2013年，工业结构得分比珠江-西江经济带最高分低0.801分，比平均分高0.130分；2014年，工业结构得分比珠江-西江经济带最高分低0.843分，比平均分高0.138分；2015年，工业结构得分比珠江-西江经济最高分低0.966分，比平均分高0.164分。这说明整体上柳州市工业结构得分与珠江-西江经济带最高分的差距呈波动增加趋势，与珠江-西江经济带平均分的差距波动增加。

2010年，柳州市企业扩张弹性系数得分比珠江-西江经济带最高分低1.191分，比珠江-西江经济带平均分低0.128分；2011年，企业扩张弹性系数得分比珠江-西江经济带最高分低0.256分，比平均分低0.034分；2012年，企业扩张弹性系数得分与珠江-西江经济带最高分不存在差异，比平均分高1.118分；2013年，企业扩张弹性系数得分比珠江-西江经济带最高分低1.091分，比平均分低0.042分；2014年，企业扩张弹性系数得分比珠江-西江经济带最高分低0.033分，比平均分高0.512分；2015年，企业扩张弹性系数得分比珠江-西江经济带最高分低2.901分，比平均分低0.763分。这说明整体上柳州市企业扩张弹性系数得分与珠江-西江经济带最高分的差距波动增加，与珠江-西江经济带平均分的差距波动增加。

2010年，柳州市工业发展强度得分比珠江-西江经济带最高分低3.396分，比平均分低0.246分；2011年，工业发展强度得分比珠江-西江经济带最高分低3.120分，比平均分低0.205分；2012年，工业发展强度得分比珠江-西江经济带最高分低2.669分，比平均分低0.097分；2013年，工业发展强度得分比珠江-西江经济带最高分低2.616分，比平均分低0.114分；2014年，工业发展强度得分比珠江-西江经济带最高分低2.618分，比平均分低0.102分；2015年，工业发展强度得分比珠江-西江经济带最高分低2.590分，比平均分低0.117分。这说明整体上柳州市工业发展强度得分与珠江-西江经济带最高分的差距波动减小，与珠江-西江经济带平均分的差距波动减小。

2010年，柳州市工业密度得分比珠江-西江经济带最高分低3.444分，比平均分低0.401分；2011年，工业密度得分比珠江-西江经济带最高分低2.655分，比平均分低0.352分；2012年，工业密度得分比珠江-西江经济带最高分低2.463分，比平均分低0.344分；2013年，工业密度得分比珠江-西江经济带最高分低2.516分，比平均分低0.361分；2014年，工业密度得分比珠江-西江经济带最高分低2.342分，比平均分低0.319分；2015年，工业密度得分比珠江-西江经济带最高分低2.257分，比平均分低0.298分。这说明整体上柳州市工业密度得分与珠江-西江经济带最高分的差距有波动减小的趋势，与珠江-西江经济带平均分的差距波动减小。

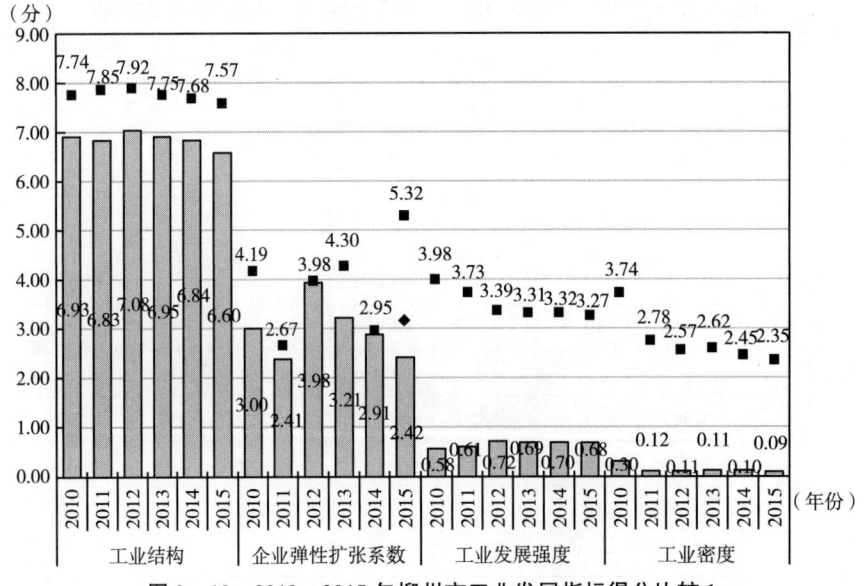

图3-10 2010~2015年柳州市工业发展指标得分比较1

由图 3-11 可知，2010 年，柳州市税收贡献率得分比珠江-西江经济带最高分低 1.310 分，比平均分低 0.051 分；2011 年，税收贡献率得分比珠江-西江经济带最高分低 1.676 分，比平均分低 0.081 分；2012 年，税收贡献率得分比珠江-西江经济带最高分低 1.760 分，比平均分低 0.352 分；2013 年，税收贡献率得分比珠江-西江经济带最高分低 3.229 分，比平均分低 0.334 分；2014 年，税收贡献率得分比珠江-西江经济带最高分低 2.471 分，比平均分低 0.549 分；2015 年，税收贡献率得分比珠江-西江经济带最高分低 1.479 分，比平均分低 0.270 分。这说明整体上柳州市税收贡献率得分与珠江-西江经济带最高分的差距波动增加，与珠江-西江经济带平均分的差距呈波动增加趋势。

2010 年，柳州市工业弧弹性得分比珠江-西江经济带最高分低 0.183 分，比平均分低 0.087 分；2011 年，工业弧弹性得分比珠江-西江经济带最高分低 0.081 分，比平均分低 0.013 分；2012 年，工业弧弹性得分比珠江-西江经济带最高分低 0.259 分，比平均分低 0.038 分；2013 年，工业弧弹性得分比珠江-西江经济带最高分低 0.215 分，比平均分高 0.534 分；2014 年，工业弧弹性得分比珠江-西江经济带最高分低 0.133 分，比平均分低 0.011 分；2015 年，工业弧弹性得分比珠江-西江经济带最高分低 0.904 分，比平均分低 0.101 分。这说明整体上柳州市工业弧弹性得分与珠江-西江经济带最高分的差距在波动增加，与珠江-西江经济带平均分的差距波动增加。

2010 年，柳州市 Moore 工业结构得分比珠江-西江经济带最高分低 3.775 分，比平均分低 1.944 分；2011 年，Moore 工业结构得分比珠江-西江经济带最高分低 4.246 分，比平均分低 2.483 分；2012 年，Moore 工业结构得分比珠江-西江经济带最高分低 3.434 分，比平均分低 2.146 分；2013 年，Moore 工业结构得分比珠江-西江经济带最高分低 3.289 分，比平均分低 2.026 分；2014 年，Moore 工业结构得分比珠江-西江经济带最高分低 2.516 分，比平均分低 1.707 分；2015 年，Moore 工业结构得分比珠江-西江经济带最高分低 3.445 分，比平均分低 2.743 分。这说明整体上柳州市 Moore 工业结构得分与珠江-西江经济带最高分的差距波动减小，与珠江-西江经济带平均分的差距波动增加。

2010 年，柳州市工业不协调度得分比珠江-西江经济带最高分低 5.121 分，比平均分低 3.296 分；2011 年，工业不协调度得分比珠江-西江经济带最高分低 3.537 分，比平均分低 2.361 分；2012 年，工业不协调度得分比珠江-西江经济带最高分低 2.865 分，比平均分低 1.704 分；2013 年，工业不协调度得分比珠江-西江经济带最高分低 2.391 分，比平均分低 1.230 分；2014 年，工业不协调度得分比珠江-西江经济带最高分低 2.875 分，比平均分低 1.528 分；2015 年，工业不协调度得分比珠江-西江经济带最高分低 5.040 分，比平均分低 3.282 分。这说明整体上柳州市工业不协调度得分与珠江-西江经济带最高分的差距波动减小，与珠江-西江经济带平均分的差距波动减小。

2010 年，柳州市工业偏离系数得分与珠江-西江经济带最高分不存在差异，比平均分低 2.188 分；2011 年，工业偏离系数得分与珠江-西江经济带最高分不存在差异，比平均分低 2.444 分；2012 年，工业偏离系数得分与珠江-西江经济带最高分不存在差异，比平均分低 1.843 分；2013 年，工业偏离系数得分与珠江-西江经济带最高分不存在差异，比平均分高 1.531 分；2014 年，工业偏离系数得分与珠江-西江经济带最高分不存在差异，比平均分高 1.945 分；2015 年，工业偏离系数得分与珠江-西江经济带最高分不存在差异，比平均分高 3.029 分。这说明整体上柳州市工业偏离系数得分与珠江-西江经济带最高分不存在差异，与珠江-西江经济带平均分的差距波动增加。

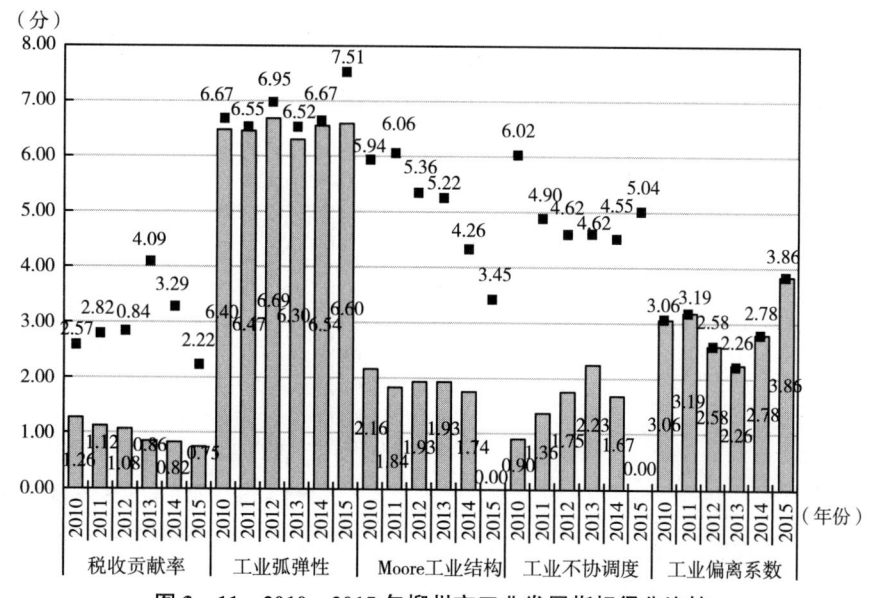

图 3-11 2010~2015 年柳州市工业发展指标得分比较 2

二、柳州市城市企业发展实力综合评估与比较

(一) 柳州市城市企业发展实力评估指标变化趋势评析

1. 企业利润相对增长率

根据图3-12分析可知，2010~2015年柳州市企业利润相对增长率总体上呈现波动上升的状态。这一类型的指标表现为2010~2015年城市存在一定的波动变化，总体趋势为上升趋势，但在个别年份出现下降的情况，指标并非连续性上升状态。波动上升型指标意味着在评价的时间段内，虽然指标数据存在较大的波动变化，但是其评价末期数据值高于评价初期数据值。柳州市在2011~2013年虽然出现下降的状况，2013年是48.962，但是总体上还是呈现上升的态势，最终稳定在55.235；说明对于柳州市来说，其城市企业利润相对增长率潜力越来越大。

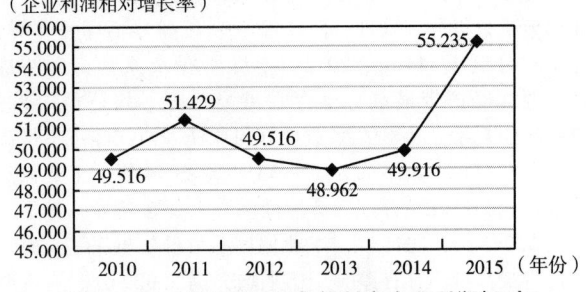

（企业利润相对增长率）

图3-12　2010~2015年柳州市企业利润相对增长率变化趋势

2. 企业利润绝对增量加权指数

根据图3-13分析可知，2010~2015年柳州市企业利润绝对增量加权指数总体上呈现波动保持的状态。波动保持型指标意味着城市在该项指标上虽然呈现波动状态，在评价末期和评价初期的数值基本保持一致，该图可知柳州市企业利润绝对增量加权指数数值保持21.978~24.131。即使柳州市企业利润绝对增量加权指数存在过最低值，其数值为21.978，但柳州市在企业利润绝对增量加权指数上总体表现的也是相对平稳；说明该地区企业利润绝对增量加权指数能力及活力持续又稳定。

（企业利润绝对增量加权指数）

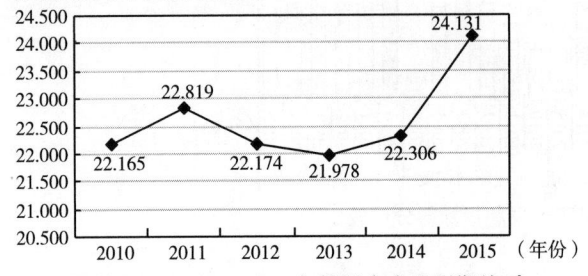

图3-13　2010~2015年柳州市企业利润绝对增量加权指数变化趋势

3. 企业利润比重增量

根据图3-14分析可知，2010~2015年柳州市企业利润比重增量总体上呈现波动下降的状态。这种状态表现为2010~2015年城市在该项指标上总体呈现下降趋势，但在此期间存在上下波动的情况，并非连续性下降状态。这就意味着在评估的时间段内，虽然指标数据存在较大的波动，但是其评价末期数据值低于评价初期数据值。柳州市的企业利润比重增量末期低于初期的数据，2015年与2010年相比降低6个单位左右，并且2012~2013年存在明显下降的变化；这说明柳州市企业发展情况处于不太稳定的下降状态。

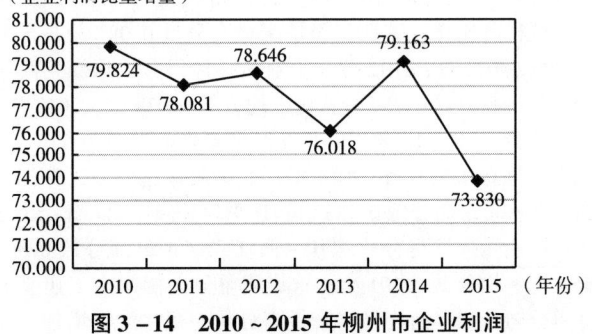

（企业利润比重增量）

图3-14　2010~2015年柳州市企业利润比重增量变化趋势

4. 企业利润枢纽度

根据图3-15分析可知，2010~2015年柳州市企业利润枢纽度总体上呈现波动保持的状态。波动保持指标意味着城市在该项指标上虽然呈现波动状态，在评价末期和评价初期的数值基本保持一致，该图可知柳州市企业利润枢纽度数值保持在63.576~67.949。即使柳州市企业利润枢纽度存在过最低值，其数值为63.576，但柳州市在企业利润枢纽度上总体表现也是相对平稳；说明该地区企业利润枢纽度能力及活力持续又稳定。

（企业利润枢纽度）

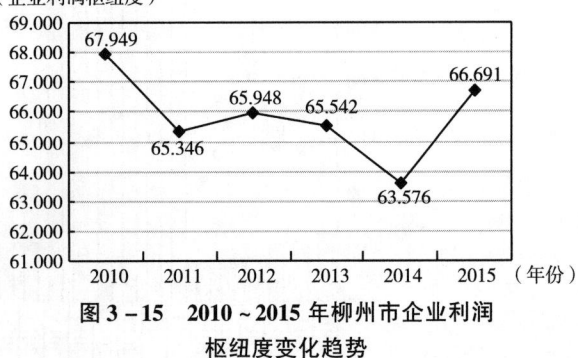

图3-15　2010~2015年柳州市企业利润枢纽度变化趋势

5. 企业利润平均增长指数

根据图3-16分析可知，2010~2015年柳州市企业利润平均增长指数总体上呈现持续下降的状态。持续下降型

的指标意味着城市在该项指标上不断处在劣势状态，并且这一状况并未得到改善。如图所示，柳州市企业利润平均增长指数指标处于不断下降的状态中，2010年此指标数值最高，为79.394，到2015年时，下降至58.596。分析这种变化趋势，可以得出柳州市企业利润平均增长指数发展的水平处于劣势，城市的企业发展活力不足。

（企业利润平均增长指数）

图 3-16　2010~2015 年柳州市企业利润平均增长指数变化趋势

6. 企业产值流强度

根据图 3-17 分析可知，2010~2015 年柳州市的企业产值流强度总体上呈现持续上升的状态。持续上升型的指标不仅意味着城市在各项指标数据上的不断增长，更意味着城市在该项指标以及工业企业发展水平整体上的竞争力优势不断扩大。通过折线图可以看出，柳州市的企业产值流强度指标不断提高，在 2015 年达到 3.326，相较于 2010 年上升 2 个单位左右；说明柳州市的企业整体发展水平较高，企业发展态势良好。

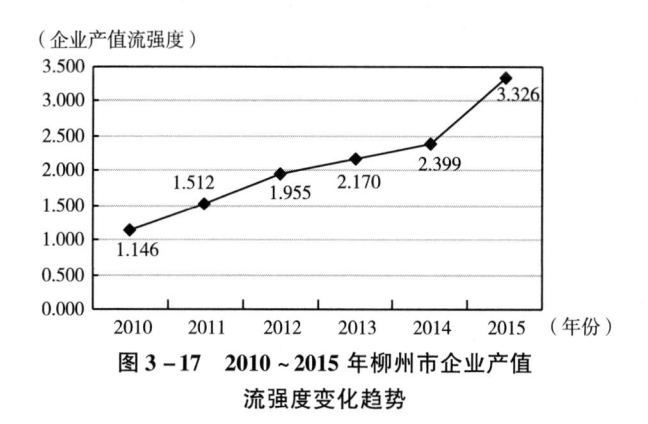

（企业产值流强度）

图 3-17　2010~2015 年柳州市企业产值流强度变化趋势

7. 企业产值倾向度

根据图 3-18 分析可知，2010~2015 年柳州市的企业产值倾向度总体上呈现持续上升的状态。持续上升型的指标不仅意味着城市在各项指标数据上的不断增长，更意味着城市在该项指标以及工业企业发展水平整体上的竞争力优势不断扩大。通过折线图可以看出，柳州市的企业产值倾向度指标不断提高，在 2015 年达到 11.333，相较于 2010 年上升 5 个单位左右，说明柳州市企业产值倾向度的整体发展水平较高，企业发展速度较快。

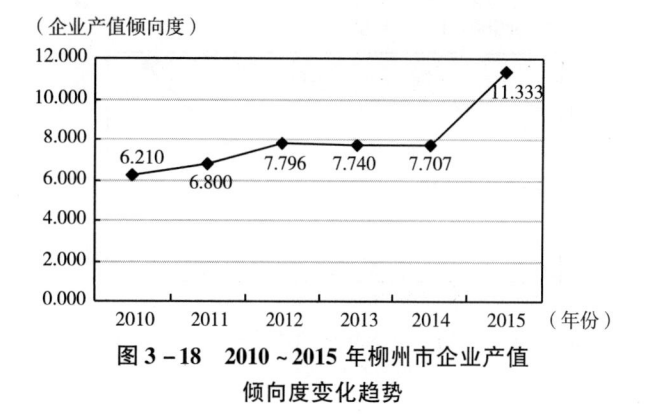

（企业产值倾向度）

图 3-18　2010~2015 年柳州市企业产值倾向度变化趋势

8. 内资企业产值职能规模

根据图 3-19 分析可知，2010~2015 年柳州市内资企业产值职能规模总体上呈现波动上升的状态。这一类型的指标表现为 2010~2015 年城市存在一定的波动变化，总体趋势上为上升趋势，但在个别年份出现下降的情况，指标并非连续性上升状态。波动上升型指标意味着在评价的时间段内，虽然指标数据存在较大的波动变化，但是其评价末期数据值高于评价初期数据值。柳州市在 2011~2012 年虽然出现下降的状况，但是总体上还是呈现上升的态势，最终稳定在 3.219。这说明城市的内资企业产值职能规模越高，对于柳州市来说，其城市企业发展潜力也越来越大。

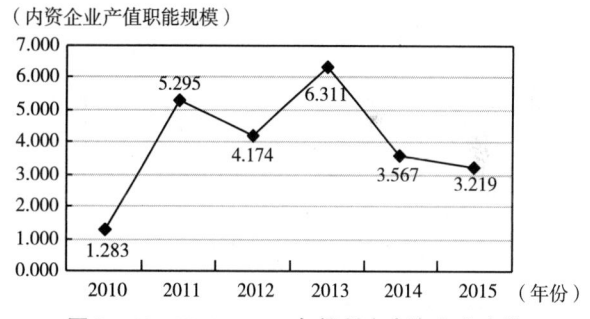

（内资企业产值职能规模）

图 3-19　2010~2015 年柳州市内资企业产值职能规模变化趋势

9. 港澳台投资企业产值职能规模

根据图 3-20 分析可知，2010~2015 年柳州市的港澳台投资企业产值职能规模总体上呈现波动上升的状态。这一类型的指标为 2010~2015 年间城市在该项指标上存在较多波动变化，总体趋势为上升趋势，但在个别年份出现下降的情况，指标并非连续性上升。波动上升型指标意味着在评估期间，虽然指标数据存在较大波动变化，但是其评价末期数据值高于评价初期数据值。通过折线图可以看出，柳州市的港澳台投资企业产值职能规模指标不断提高，在 2015 年达到 1.501，相较于 2010 年上升 1 个单位左右；说明柳州市的港澳台投资企业产值整体发展水平较高，有利于推动地区经济结构合理优化发展。

(港澳台投资企业产值职能规模)

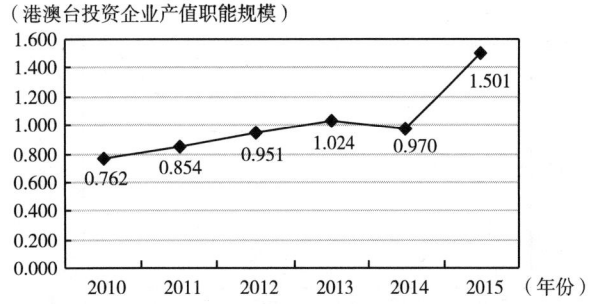

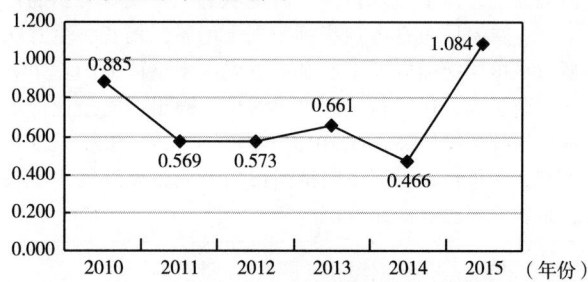

图 3-20　2010~2015 年柳州市港澳台投资企业产值职能规模变化趋势

10. 外商投资企业产值职能规模

根据图 3-21 分析可知，2010~2015 年柳州市的外商投资企业产值职能规模总体上呈现波动上升的状态。这一类型的指标为 2010~2015 年间城市在该项指标上存在较多波动变化，总体趋势为上升趋势，但在个别年份出现下降的情况，指标并非连续性上升。波动上升型指标意味着在评估期间，虽然指标数据存在较大波动变化，但是其评价末期数据值高于评价初期数据值。通过折线图可以看出，柳州市的外商投资企业产值职能规模指标不断提高，在 2015 年达到 4.627；说明柳州市整体的外商投资企业产值职能规模发展水平较高，有利于推动地区经济平稳较快发展。

(外商投资企业产值职能规模)

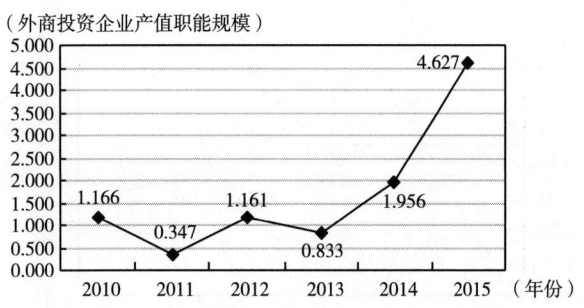

图 3-21　2010~2015 年柳州市外商投资企业产值职能规模变化趋势

11. 内资企业产值职能地位

根据图 3-22 分析可知，2010~2015 年柳州市内资企业产值职能地位总体上呈现波动上升的状态。这一类型的

(内资企业产值职能地位)

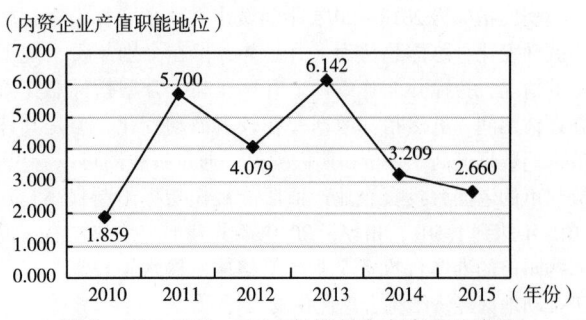

图 3-22　2010~2015 年柳州市内资企业产值职能地位变化趋势

指标表现为 2010~2015 年城市存在一定的波动变化，总体趋势为上升趋势，但在个别年份出现下降的情况，指标并非连续性上升状态。波动上升型指标意味着在评价的时间段内，虽然指标数据存在较大的波动变化，但是其评价末期数据值高于评价初期数据值。柳州市在 2011~2012 年虽然出现下降的状况，但是总体上还是呈现上升的态势，最终稳定在 2.660；说明城市的内资企业产值职能地位越高，对于柳州市来说，其城市企业发展潜力也越来越大。

12. 港澳台投资企业产值职能地位

根据图 3-23 分析可知，2010~2015 年柳州市港澳台投资企业产值职能地位总体上呈现波动保持的状态。波动保持型指标意味着城市在该项指标上虽然呈现波动状态，在评价末期和评价初期的数值基本保持一致，该图可知柳州市港澳台投资企业产值职能地位数值保持在 0.466~1.084。即使柳州市港澳台投资企业产值职能地位存在过最低值，其数值为 0.466，但柳州市在港澳台投资企业产值职能地位上总体表现的也是相对平稳；说明该地区港澳台投资企业产值职能地位能力及活力持续又稳定。

(港澳台投资企业产值职能地位)

图 3-23　2010~2015 年柳州市港澳台投资企业产值职能地位变化趋势

13. 外商投资企业产值职能地位

根据图 3-24 分析可知，2010~2015 年柳州市外商投资企业产值职能地位总体上呈现波动保持的状态。波动保持型指标意味着城市在该项指标上虽然呈现波动状态，在评价末期和评价初期的数值基本保持一致，该图可知柳州市外商投资企业产值职能地位保持在 14.183~18.427。即

(外商投资企业产值职能地位)

图 3-24　2010~2015 年柳州市外商投资企业产值职能地位变化趋势

使柳州市外商投资企业产值职能地位存在过最低值,其数值为 14.183,但柳州市在外商投资企业产值职能地位上总体表现的也是相对平稳;说明该地区外商投资企业产值职能地位及活力持续又稳定。

(二) 柳州市城市企业发展实力评估结果

根据表 3-4,对 2010~2012 年柳州市企业发展及各三级指标的得分、排名、优劣度进行分析,可以看到在 2010~2012 年,柳州市企业发展的综合排名处于中势的状态,经济发展排名先保持后下降,2010~2011 年其经济发展排名是第 5 名,到 2012 年下降至第 6 名,说明柳州市的企业发展领先于珠江-西江经济带的其他城市。对柳州市的企业发展得分情况进行分析,发现柳州市的企业发展综合得分呈现持续下降的发展趋势,说明城市的企业发展有所缓慢。

企业利润相对增长率的排名呈现先下降后上升的发展趋势。对柳州市企业利润相对增长率的得分情况进行分析,发现柳州市的企业利润相对增长率的得分呈先上升后下降的趋势,说明 2010~2012 年柳州市企业获取利润的增长速率快,呈现出地区企业集聚能力及活力的不断扩大。

企业利润绝对增量加权指数的排名呈现持续下降的发展趋势。对柳州市企业利润绝对增量加权指数的得分情况进行分析,发现柳州市的企业利润绝对增量加权指数的得分呈先上升后下降的趋势,说明 2010~2012 年城市的企业要素集中度越高,城市企业获取利润的变化增长趋向于高速发展。

企业利润比重增量的排名呈现先下降后保持的发展趋势。对柳州市企业利润比重增量的得分情况进行分析,发现柳州市的企业利润比重增量的得分呈持续上升的趋势,说明 2010~2012 年城市整体企业利润水平更具备优势。

企业利润枢纽度的排名呈现先保持后下降的发展趋势。对柳州市的企业利润枢纽度的得分情况进行分析,发现柳州市的企业利润枢纽度的得分呈先下降后上升的趋势,说明 2010~2012 年柳州市的企业利润能力有所提高,在经济社会发展中的地位有所提高。

企业利润平均增长指数的排名呈现先下降后保持的发展趋势。对柳州市企业利润平均增长指数的得分情况进行分析,发现柳州市的企业利润平均增长指数的得分呈持续下降的趋势,说明 2010~2012 年柳州市在评估时间段内的企业获取利润降低,整体城市企业利润水平降低。

企业产值流强度的排名呈现先下降后保持的发展趋势。对柳州市企业产值流强度的得分情况进行分析,发现柳州市的企业产值流强度的得分呈持续上升的趋势,说明 2010~2012 年柳州市发生的经济集聚和扩散所产生的企业要素流动强度增强,城市经济影响力增强。

企业产值倾向度的排名呈现先下降后上升的发展趋势。对柳州市企业产值倾向度的得分情况进行分析,发现柳州市的企业产值倾向度的得分呈持续上升的趋势,说明 2010~2012 年柳州市的总功能量的外向强度增强。

内资企业产值职能规模的排名呈现先上升后保持的发展趋势。对柳州市内资企业产值职能规模的得分情况进行分析,发现柳州市的内资企业产值职能规模的得分呈持续下降的趋势,说明 2010~2012 年柳州市的内资企业获取利润水平降低,内资企业获取利润能力降低。

港澳台投资企业产值职能规模的排名呈现持续下降的发展趋势。对柳州市港澳台投资企业产值职能规模的得分情况进行分析,发现柳州市的港澳台投资企业产值职能规模的得分呈持续上升的趋势,说明 2010~2012 年柳州市的港澳台投资企业获取利润水平有所提高,港澳台投资企业获取利润能力增强。

外商投资企业产值职能规模的排名呈现先下降后上升的发展趋势。对柳州市的外商投资企业产值职能规模的得分情况进行分析,发现柳州市的外商投资企业产值职能规模的得分呈先下降后上升的趋势,说明城市的外商投资企业获取利润水平增强,外商投资企业获取利润能力提高。

内资企业产值职能地位的排名呈现先上升后保持的发展趋势。对柳州市内资企业产值职能地位的得分情况进行分析,发现柳州市的内资企业产值职能地位的得分呈先上升后下降的趋势,说明 2010~2012 年柳州市的内资企业产值获取能力在地区内的水平具备优势,城市对企业的吸引集聚能力增强,城市发展具备就业及劳动力发展的潜力。

港澳台投资企业产值职能地位的排名呈现持续保持的发展趋势。对柳州市的港澳台投资企业产值职能地位的得分情况进行分析,发现柳州市港澳台投资企业产值职能地位的得分持续下降,说明柳州市的港澳台投资企业产值获取能力在地区内的水平不具备优势,城市对企业的吸引集聚能力减弱,城市发展具备就业及劳动力发展的潜力减弱。

外商投资企业产值职能地位的排名呈现持续保持的发展趋势。对柳州市的外商投资企业产值职能地位的得分情况进行分析,发现柳州市的外商投资企业产值职能地位的得分呈先下降后上升的趋势,说明 2010~2012 年柳州市外商投资企业产值获取能力在地区内的水平不具备优势,城市对企业的吸引集聚能力减弱,城市发展具备就业及劳动力发展的潜力减弱。

根据表 3-5,对 2013~2015 年柳州市企业发展及各三级指标的得分、排名、优劣度进行分析,可以看到在 2013~2015 年柳州市企业发展的综合排名处于中势的状态,其企业发展排名先上升后下降,2013~2014 年其企业发展由第 8 名上升至第 7 名,2015 年又下降至第 8 名,说明柳州市的企业发展落后于珠江-西江经济带的其他城市。对柳州市的企业发展得分情况进行分析,发现柳州市的企业发展综合得分呈现持续上升的发展趋势,说明城市的企业有所发展。

表 3-4   2010~2012 年柳州市企业发展各级指标的得分、排名及优劣度分析

指标	2010 年 得分	排名	优劣度	2011 年 得分	排名	优劣度	2012 年 得分	排名	优劣度
企业发展	16.436	5	优势	16.092	5	优势	15.913	6	中势
企业利润相对增长率	2.208	2	强势	2.533	6	中势	2.246	5	优势
企业利润绝对增量加权指数	0.778	4	优势	0.934	5	优势	0.797	6	中势
企业利润比重增量	4.608	2	强势	4.954	6	中势	4.963	6	中势
企业利润枢纽度	2.878	1	强势	2.818	1	强势	2.984	2	强势
企业利润平均增长指数	4.869	3	优势	3.586	6	中势	3.565	6	中势
企业产值流强度	0.037	5	优势	0.050	8	中势	0.065	8	中势
企业产值倾向度	0.210	10	劣势	0.264	11	劣势	0.321	9	劣势
内资企业产值职能规模	0.042	9	劣势	0.182	6	中势	0.148	6	中势
港澳台投资企业产值职能规模	0.028	6	中势	0.032	7	中势	0.035	8	中势
外商投资企业产值职能规模	0.037	3	优势	0.011	4	优势	0.038	2	强势
内资企业产值职能地位	0.068	9	劣势	0.199	8	中势	0.144	6	中势
港澳台投资企业产值职能地位	0.036	8	中势	0.021	8	中势	0.020	8	中势
外商投资企业产值职能地位	0.637	3	优势	0.509	3	优势	0.586	3	优势

企业利润相对增长率的排名呈现持续上升的发展趋势。对柳州市企业利润相对增长率的得分情况进行分析，发现柳州市的企业利润相对增长率的得分呈持续上升的趋势，说明 2013~2015 年柳州市企业获取利润的增长速率快，呈现出地区企业集聚能力及活力的不断增加。

企业利润绝对增量加权指数的排名呈现持续上升的发展趋势。对柳州市企业利润绝对增量加权指数的得分情况进行分析，发现柳州市的企业利润绝对增量加权指数的得分呈持续上升的趋势，说明 2013~2015 年城市的企业要素集中度增加，城市企业获取利润的变化增长快。

企业利润比重增量的排名呈现先保持后下降的发展趋势。对柳州市企业利润比重增量的得分情况进行分析，发现柳州市的企业利润比重增量的得分处于先上升后下降的趋势，说明 2013~2015 年城市整体企业利润水平不具备优势。

企业利润枢纽度的排名呈现持续保持的发展趋势。对柳州市的企业利润枢纽度的得分情况进行分析，发现柳州市的企业利润枢纽度的得分呈先下降后上升的趋势，说明 2013~2015 年柳州市的企业利润能力增强，在经济社会发展中的地位提高。

企业利润平均增长指数的排名呈现先上升后下降的发展趋势。对柳州市企业利润平均增长指数的得分情况进行分析，发现柳州市的企业利润平均增长指数的得分呈先上升后下降的趋势，说明 2013~2015 年柳州市在评估时间段内的企业获取利润减小，整体城市企业利润水平减小。

企业产值流强度的排名呈现先下降后上升的发展趋势。对柳州市企业产值流强度的得分情况进行分析，发现柳州市的企业产值流强度的得分呈持续上升的趋势，说明 2013~2015 年柳州市之间发生的经济集聚和扩散所产生的企业要素流动强度强，城市经济影响力强。

企业产值倾向度的排名呈现先保持后上升的发展趋势。对柳州市的企业产值倾向度的得分情况进行分析，发现柳州市的企业产值倾向度的得分呈持续上升的趋势，说明 2013~2015 年柳州市的总功能量的外向强度增强。

内资企业产值职能规模的排名呈现先保持后下降的发展趋势。对柳州市内资企业产值职能规模的得分情况进行分析，发现柳州市的内资企业产值职能规模的得分呈持续下降的趋势，说明 2013~2015 年柳州市的内资企业获取利润水平降低，内资企业获取利润能力降低。

港澳台投资企业产值职能规模的排名呈现持续保持的发展趋势。对柳州市港澳台投资企业产值职能规模的得分情况进行分析，发现柳州市的港澳台投资企业产值职能规模的得分呈先保持后上升的趋势，说明 2013~2015 年市的港澳台投资企业获取利润水平有所提高，港澳台投资企业获取利润能力增强。

外商投资企业产值职能规模的排名呈现先上升后保持的发展趋势。对柳州市的外商投资企业产值职能规模的得分情况进行分析，发现柳州市的外商投资企业产值职能规模的得分呈持续上升的趋势，说明城市的外商投资企业获取利润水平有所提高，外商投资企业获取利润能力增强。

内资企业产值职能地位的排名呈现先保持后下降的发展趋势。对柳州市内资企业产值职能地位的得分情况进行分析，发现柳州市的内资企业产值职能地位的得分呈持续下降的趋势，说明 2013~2015 年柳州市的内资企业产值获取能力在地区内的水平不具备优势，城市对企业的吸引集聚能力降低，城市发展具备就业及劳动力发展的潜力降低。

港澳台投资企业产值职能地位的排名呈先下降后上升的发展趋势。对柳州市的港澳台投资企业产值职能地位的得分情况进行分析，发现柳州市港澳台投资企业产值职能地位的得分先下降后上升，说明柳州市的港澳台投资企业产值获取能力在地区内的水平具备优势，城市对企业的吸引集聚能力增强，城市发展具备就业及劳动力发展的潜力。

外商投资企业产值职能地位的排名呈现持续保持的发展趋势。对柳州市的外商投资企业产值职能地位的得分情况进行分析，发现柳州市的外商投资企业产值职能地位的得分呈先上升后下降的趋势，说明2013~2015年柳州市外商投资企业产值获取能力在地区内的水平具备优势，城市对企业的吸引集聚能力增强，城市发展具备就业及劳动力发展的潜力。

对2010~2015年柳州市企业发展及各三级指标的得分、排名和优劣度进行分析。2010~2011年柳州市企业发展的综合得分排名均保持在珠江-西江经济带第5名，2012年降至第6名，2013年降至第8名，2014年升至第7名，2015年降至第8名，处于珠江-西江经济带中游区。2010~2015年其企业发展排名一直在珠江-西江经济带中游区波动，企业发展水平一直在优势和中势之间波动，2015年处于中势地位，说明城市的企业发展的发展较之于珠江-西江经济带的其他城市不具竞争优势。对柳州市的企业发展得分情况进行分析，发现柳州市的企业发展综合得分呈现波动下降的发展趋势，2010~2013年柳州市的企业发展得分持续下降，在2013年后持续上升，总体呈下降趋势，说明柳州市企业发展在经济带中仍有较大的发展空间。

从表3-6来看，在13个基础指标中，指标的优劣度结构为23.1∶15.4∶46.2∶15.4。

表3-5　　　　2013~2015年柳州市企业发展各级指标的得分、排名及优劣度分析

指标	2013年 得分	排名	优劣度	2014年 得分	排名	优劣度	2015年 得分	排名	优劣度
企业发展	16.121	8	中势	16.248	7	中势	16.429	8	中势
企业利润相对增长率	2.220	8	中势	2.270	5	优势	2.421	1	强势
企业利润绝对增量加权指数	0.784	8	中势	0.799	5	优势	0.839	1	强势
企业利润比重增量	5.007	10	劣势	5.064	6	优势	4.900	11	劣势
企业利润枢纽度	3.008	4	优势	2.950	4	优势	3.408	4	优势
企业利润平均增长指数	3.579	8	中势	3.718	5	优势	3.172	10	劣势
企业产值流强度	0.075	6	中势	0.085	7	中势	0.121	6	中势
企业产值倾向度	0.289	9	劣势	0.309	9	劣势	0.433	8	中势
内资企业产值职能规模	0.226	5	优势	0.132	5	优势	0.121	6	中势
港澳台投资企业产值职能规模	0.040	8	中势	0.040	8	中势	0.057	8	中势
外商投资企业产值职能规模	0.028	4	优势	0.067	2	强势	0.166	2	强势
内资企业产值职能地位	0.218	5	优势	0.114	5	优势	0.093	6	中势
港澳台投资企业产值职能地位	0.024	8	中势	0.017	8	劣势	0.039	8	中势
外商投资企业产值职能地位	0.622	3	优势	0.682	3	优势	0.658	3	优势

表3-6　　　　2015年柳州市企业发展指标的优劣度结构

二级指标	三级指标数	强势指标 个数	比重（%）	优势指标 个数	比重（%）	中势指标 个数	比重（%）	劣势指标 个数	比重（%）	优劣度
企业发展	13	3	23.077	2	15.385	6	46.154	2	15.385	中势

（三）柳州市城市企业发展实力比较分析

图3-25和图3-26将2010~2015年柳州市企业发展与珠江-西江经济带最高水平和平均水平进行比较。从柳州市城市企业发展的要素得分比较来看，由图9-17可知，2010年，柳州市企业利润相对增长率得分比珠江-西江经济带最高分低0.089分，比平均分高0.004分；2011年，企业利润相对增长率得分比珠江-西江经济带最高分低2.392分，比平均分高0.128分；2012年，企业利润相对增长率得分比珠江-西江经济带最高分低0.368分，比平均分高0.018分；2013年，企业利润相对增长率得分比珠江-西江经济带最高分低0.316分，比平均分低0.056分；2014年，企业利润相对增长率得分比珠江-西江经济带最高分低0.305分，比平均分低0.016分；2015年，企业利润相对增长率得分与珠江-西江经济带最高分不存在差异，比平均分高0.391分。这说明整体上柳州市企业利润相对增长率得分与珠江-西江经济带最高分的差距先增后减，与珠江-西江经济带平均分的差距波动增大。

2010年，柳州市企业利润绝对增量加权指数得分比珠江-西江经济带最高分低0.068分，比平均分低0.004分；

2011年，企业利润绝对增量加权指数得分比珠江－西江经济带最高分低3.158分，比平均分低0.279分；2012年，企业利润绝对增量加权指数得分比珠江－西江经济带最高分低0.533分，比平均分低0.018分；2013年，企业利润绝对增量加权指数得分比珠江－西江经济带最高分低0.214分，比平均分低0.044分；2014年，企业利润绝对增量加权指数得分比珠江－西江经济带最高分低0.447分，比平均分低0.037分；2015年，企业利润绝对增量加权指数得分与珠江－西江经济带最高分不存在差异，比平均分高0.168分。这说明整体上柳州市企业利润绝对增量加权指数得分与珠江－西江经济带最高分差距波动减小，与珠江－西江经济带平均分的差距波动增加。

2010年，柳州市企业利润比重增量得分比珠江－西江经济带最高分低0.087分，比平均分高0.657分；2011年，企业利润比重增量得分比珠江－西江经济带最高分低0.690分，比平均分低0.040分；2012年，企业利润比重增量得分比珠江－西江经济带最高分低0.709分，比平均分高0.122分；2013年，企业利润比重增量得分比珠江－西江经济带最高分低1.580分，比平均分低0.295分；2014年，企业利润比重增量得分比珠江－西江经济带最高分低0.279分，比平均分高0.010分；2015年，企业利润比重增量得分比珠江－西江经济带最高分低1.207分，比平均分低0.500分。这说明整体上柳州市企业利润比重增量得分与珠江－西江经济带最高分的差距波动增加，与珠江－西江经济带平均分的差距波动减小。

2010年，柳州市企业利润枢纽度得分与珠江－西江经济带最高分不存在差异，比平均分高1.171分；2011年，企业利润枢纽度得分与珠江－西江经济带最高分不存在差异，比平均分低1.023分；2012年，企业利润枢纽度得分比珠江－西江经济带最高分低0.426分，比平均分低0.996分；2013年，企业利润枢纽度得分比珠江－西江经济带最高分低0.713分，比平均分低0.913分；2014年，企业利润枢纽度得分比珠江－西江经济带最高分低0.853分，比平均分高0.836分；2015年，企业利润枢纽度得分比珠江－西江经济带最高分低1.702分，比平均分高0.873分。这说明整体上柳州市企业利润枢纽度得分与珠江－西江经济带最高分的差距持续增加，与珠江－西江经济带平均分的差距持续减小。

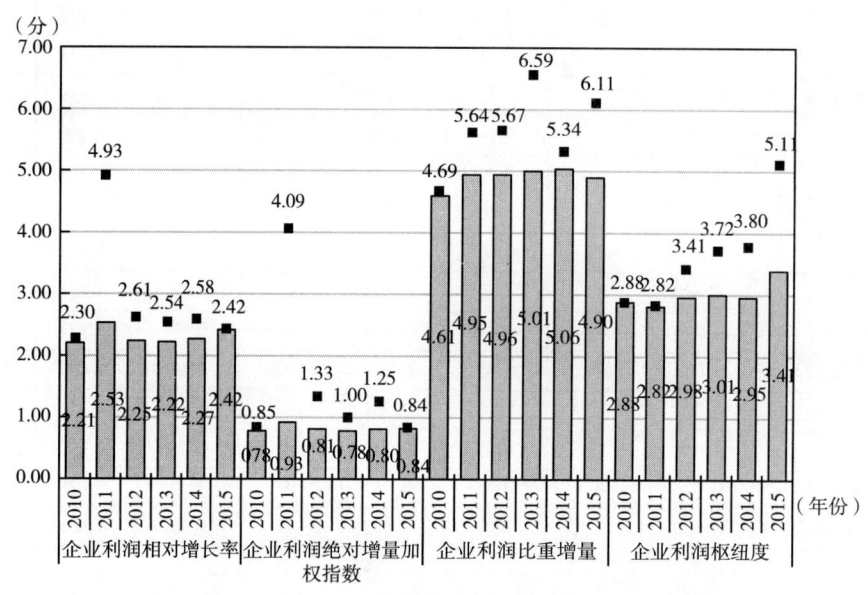

图3-25　2010~2015年柳州市企业发展指标得分比较1

由图3-26可知，2010年，柳州市企业利润平均增长指数得分比珠江－西江经济带最高分低1.264分，比平均分高0.244分；2011年，企业利润平均增长指数得分比珠江－西江经济带最高分低0.914分，比平均分低0.213分；2012年，企业利润平均增长指数得分比珠江－西江经济带最高分低0.384分，比平均分高0.111分；2013年，企业利润平均增长指数得分比珠江－西江经济带最高分低1.211分，比平均分低0.148分；2014年，企业利润平均增长指数得分比珠江－西江经济带最高分低1.329分，比平均分低0.011分；2015年，企业利润平均增长指数得分比珠江－西江经济带最高分低1.647分，比平均分低0.214分。这说明整体上柳州市企业利润平均增长指数得分与珠江－西江经济带最高分的差距先减后增，与珠江－西江经济带平均分的差距波动减小。

2010年，柳州市企业产值流强度得分比珠江－西江经济带最高分低1.960分，比平均分低0.195分；2011年，企业产值流强度得分比珠江－西江经济带最高分低2.353分，比平均分低0.257分；2012年，企业产值流强度得分比珠江－西江经济带最高分低2.206分，比平均分低0.242分；2013年，企业产值流强度得分比珠江－西江经济带最高分低2.904分，比平均分低0.287分；2014年，企业产值流强度得分比珠江－西江经济带最高分低3.230分，比平均分低0.326分；2015年，企业产值流强度得分比珠江－西江经济带最高分低3.522分，比平均分低0.330分。这说明整体上柳州市企业产值流强度得分与珠江－西江经济带最高分的差距波动增加，与珠江－西江经济带平均分的差距波动增加。

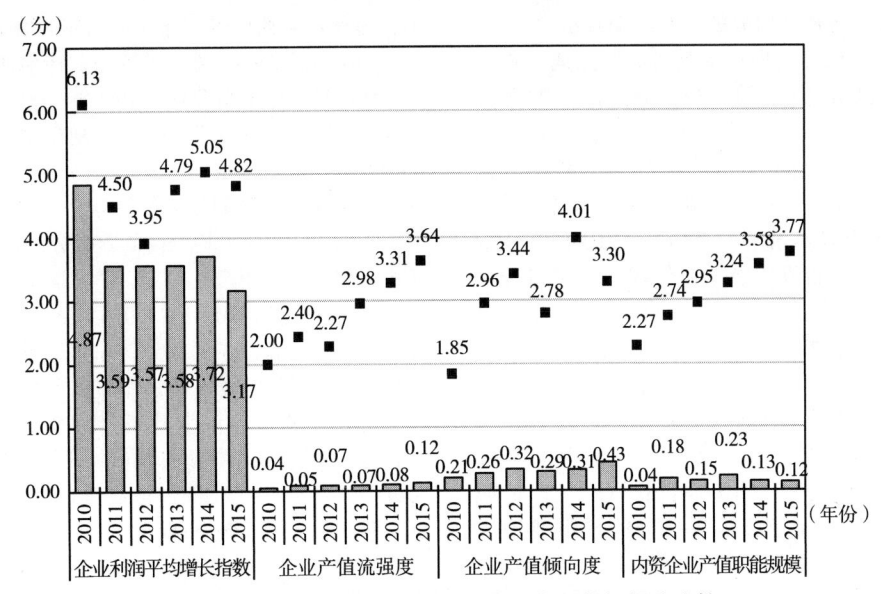

图 3-26 2010~2015 年柳州市企业发展指标得分比较 2

2010 年，柳州市企业产值倾向度得分比珠江-西江经济带最高分低 1.637 分，比平均分低 0.324 分；2011 年，企业产值倾向度得分比珠江-西江经济带最高分低 2.695 分，比平均分低 0.863 分；2012 年，企业产值倾向度得分比珠江-西江经济带最高分低 3.122 分，比平均分低 0.915 分；2013 年企业产值倾向度得分比珠江-西江经济带最高分低 2.494 分，比平均分低 0.597 分；2014 年，企业产值倾向度得分比珠江-西江经济带最高分低 3.703 分，比平均分低 0.720 分；2015 年，企业产值倾向度得分比珠江-西江经济带最高分低 2.869 分，比平均分低 0.499 分。这说明整体上柳州市企业产值倾向度得分与珠江-西江经济带最高分的差距波动增加，与珠江-西江经济带平均分的差距波动增加。

2010 年，柳州市内资企业产值职能规模得分比珠江-西江经济带最高分低 2.232 分，比平均分低 0.275 分；2011 年，内资企业产值职能规模得分比珠江-西江经济带最高分低 2.561 分，比平均分低 0.263 分；2012 年，内资企业产值职能规模得分比珠江-西江经济带最高分低 2.797 分，比平均分低 0.358 分；2013 年内资企业产值职能规模得分比珠江-西江经济带最高分低 3.014 分，比平均分低 0.287 分；2014 年，内资企业产值职能规模得分比珠江-西江经济带最高分低 3.445 分，比平均分低 0.440 分；2015 年，内资企业产值职能规模得分比珠江-西江经济带最高分低 3.644 分，比平均分低 0.514 分。这说明整体上柳州市内资企业产值职能规模得分与珠江-西江经济带最高分的差距持续增加，与珠江-西江经济带平均分的差距波动增加。

由图 3-27 可知，2010 年，柳州市港澳台投资企业产值职能规模得分比珠江-西江经济带最高分低 3.347 分，比平均分低 0.614 分；2011 年，港澳台投资企业产值职能规模得分比珠江-西江经济带最高分低 3.273 分，比平均分低 0.659 分；2012 年，港澳台投资企业产值职能规模得分比珠江-西江经济带最高分低 3.005 分，比平均分低 0.629 分；2013 年，港澳台投资企业产值职能规模得分比珠江-西江经济带最高分低 3.498 分，比平均分低 0.760 分；2014 年，港澳台投资企业产值职能规模得分比珠江-西江经济带最高分低 4.071 分，比平均分低 0.879 分；2015 年，港澳台投资企业产值职能规模得分比珠江-西江经济带最高分低 3.269 分，比平均分低 0.677 分。这说明整体上柳州市港澳台投资企业产值职能规模得分与珠江-西江经济带最高分的差距波动减小，与珠江-西江经济带平均分的差距波动增加。

2010 年，柳州市外商投资企业产值职能规模得分比珠江-西江经济带最高分低 1.712 分，比平均分低 0.137 分；2011 年，外商投资企业产值职能规模得分比珠江-西江经济带最高分低 2.317 分，比平均分低 0.211 分；2012 年，外商投资企业产值职能规模得分比珠江-西江经济带最高分低 1.931 分，比平均分低 0.152 分；2013 年，外商投资企业产值职能规模得分比珠江-西江经济带最高分低 2.624 分，比平均分低 0.227 分；2014 年，外商投资企业产值职能规模得分比珠江-西江经济带最高分低 2.983 分，比平均分低 0.229 分；2015 年，外商投资企业产值职能规模得分比珠江-西江经济带最高分低 3.422 分，比平均分低 0.185 分。这说明整体上柳州市外商投资企业产值职能规模得分与珠江-西江经济带最高分的差距波动增加，与珠江-西江经济带平均分的差距波动增加。

2010 年，柳州市内资企业产值职能地位得分比珠江-西江经济带最高分低 3.572 分，比平均分低 0.440 分；2011 年，内资企业产值职能地位得分比珠江-西江经济带最高分低 2.810 分，比平均分低 0.288 分；2012 年，内资企业产值职能地位得分比珠江-西江经济带最高分低 2.716 分，比平均分低 0.348 分；2013 年内资企业产值职能地位得分比珠江-西江经济带最高分低 2.907 分，比平均分低 0.276 分；2014 年，内资企业产值职能地位得分比珠江-西江经济带最高分低 2.981 分，比平均分低 0.381 分；2015 年，内资企业产值职能地位得分比珠江-西江经济带最高分低 2.810 分，比平均分低 0.396 分。这说明整体上柳州市内资企业产值职能地位得分与珠江-西江经济带最高分的差距波动减小,与珠江-西江经济带平均分的差距波动减小。

2010年,柳州市港澳台投资企业产值职能地位得分比珠江-西江经济带最高分低4.062分,比平均分低0.800分;2011年,港澳台投资企业产值职能地位得分比珠江-西江经济带最高分低2.931分,比平均分低0.570分;2012年,港澳台投资企业产值职能地位得分比珠江-西江经济带最高分低2.514分,比平均分低0.516分;2013年港澳台投资企业产值职能地位得分比珠江-西江经济带最高分低2.855分,比平均分低0.606分;2014年,港澳台投资企业产值职能地位得分比珠江-西江经济带最高分低2.884分,比平均分低0.616分;2015年,港澳台投资企业产值职能地位得分比珠江-西江经济带最高分低2.612分,比平均分低0.541分。这说明整体上柳州市港澳台投资企业产值职能地位得分与珠江-西江经济带最高分的差距波动减

小,与珠江-西江经济带平均分的差距波动减小。

2010年,柳州市外商投资企业产值职能地位得分比珠江-西江经济带最高分低3.196分,比平均分低0.079分;2011年,外商投资企业产值职能地位得分比珠江-西江经济带最高分低2.585分,比平均分低0.062分;2012年,外商投资企业产值职能地位得分比珠江-西江经济带最高分低2.593分,比平均分高0.008分;2013年外商投资企业产值职能地位得分比珠江-西江经济带最高分低2.800分,比平均分低0.018分;2014年,外商投资企业产值职能地位得分比珠江-西江经济带最高分低2.731分,比平均分高0.045分;2015年,外商投资企业产值职能地位得分比珠江-西江经济带最高分低2.526分,比平均分高0.058分。这说明整体上柳州市外商投资企业产值职能地位得分与珠江-西江经济带最高分的差距波动减小,与珠江-西江经济带平均分的差距波动减小。

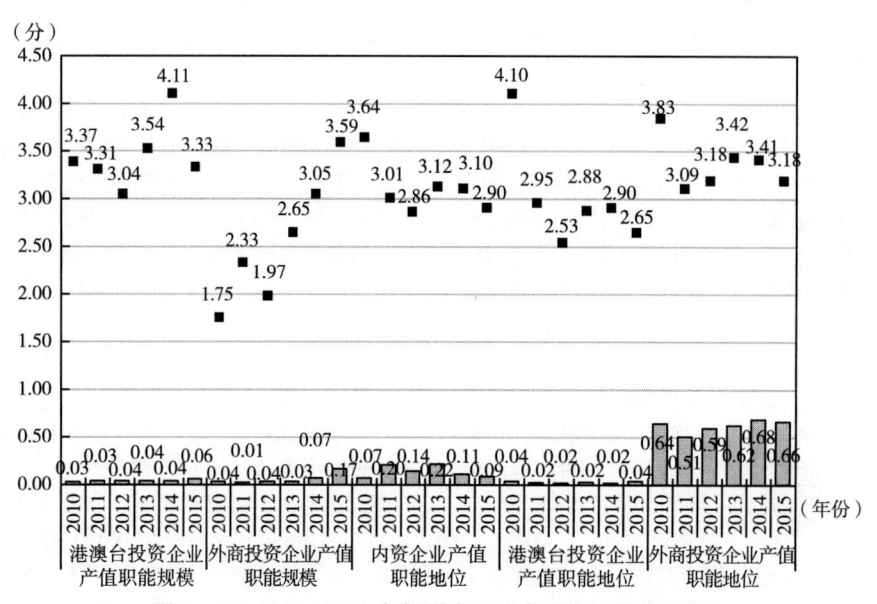

图3-27 2010~2015年柳州市企业发展指标得分比较3

三、柳州市城市工业企业发展水平综合评估与比较

从对柳州市工业企业发展水平评估及其2个二级指标在珠江-西江经济带的排名变化和指标结构的综合分析来看,2010~2015年,工业企业板块中上升指标的数量小于下降指标的数量,上升的动力小于下降的拉力,使得2015年柳州市工业企业发展水平的排名呈波动下降,在珠江-西江经济带城市位居第9名。

(一)柳州市城市工业企业发展水平概要分析

柳州市工业企业发展水平在珠江-西江经济带所处的位置及变化如表3-7所示,2个二级指标的得分和排名变化如表3-8所示。

(1)从指标排名变化趋势看,2015年柳州市工业企业发展水平评估排名在珠江-西江经济带处于第9名,表明

其在珠江-西江经济带处于劣势地位,与2010年相比,排名下降2名。总的来看,评价期内柳州市工业企业发展水平呈现波动下降趋势。

在2个二级指标中,有1个指标排名波动保持,为工业发展;有1个指标波动下降,为企业发展,这是柳州市工业企业发展水平波动下降的原因所在。受指标排名升降的综合影响,评价期内柳州市工业企业的综合排名波动下降,在珠江-西江经济带城市排名第9名。

(2)从指标所处区位来看,2015年柳州市工业企业发展水平处在下游区,其中,工业发展为劣势指标,企业发展为中势指标。

(3)从指标得分来看,2015年柳州市工业企业得分为37.430分,比珠江-西江经济带最高分低24.906分,比珠江-西江经济带平均分低13.339分;与2010年相比,柳州市工业企业发展水平得分下降3.687分,也与珠江-西江经济带平均分的差距实现缩小。

2015年,柳州市工业企业发展水平二级指标的得分均高于16分,与2010年相比,得分下降最多的为工业发展,下

降 0.032 分；得分下降最少的为企业发展，下降 0.007 分。

表 3-7　2010～2015 年柳州市工业企业一级指标比较

项目	2010 年	2011 年	2012 年	2013 年	2014 年	2015 年
排名	7	9	7	8	8	9
所属区位	中游	下游	中游	中游	中游	下游
得分	41.117	40.034	41.820	40.647	40.357	37.430
全国最高分	64.061	66.285	62.112	64.361	61.849	62.336
全国平均分	51.465	53.838	53.598	51.944	50.910	50.770
与最高分的差距	-22.943	-26.251	-20.292	-23.714	-21.492	-24.906
与平均分的差距	-10.348	-13.804	-11.779	-11.296	-10.553	-13.339
优劣度	中势	劣势	中势	中势	中势	劣势
波动趋势	—	下降	上升	下降	持续	下降

表 3-8　2010～2015 年柳州市工业企业二级指标比较

年份	工业发展 得分	工业发展 排名	企业发展 得分	企业发展 排名
2010	24.681	10	16.436	5
2011	23.941	10	16.092	5
2012	25.906	8	15.913	6
2013	24.527	9	16.121	8
2014	24.109	8	16.248	7
2015	21.002	10	16.429	8

续表

年份	工业发展 得分	工业发展 排名	企业发展 得分	企业发展 排名
得分变化	-0.032	—	-0.007	—
排名变化	—	0	—	-3
优劣度	劣势	劣势	中势	中势

（二）柳州市城市工业企业发展水平指标动态变化分析

2010～2015 年柳州市工业企业发展水平评估各级指标的动态变化及其结构，如图 3-28 和表 3-9 所示。

从图 3-28 可以看出，柳州市工业企业发展水平评估的三级指标中下降指标的比例等于上升指标，表明下降指标与上升指标相等。表 3-9 中的数据说明，柳州市工业企业发展水平评估的 22 个三级指标中，上升的指标有 8 个，

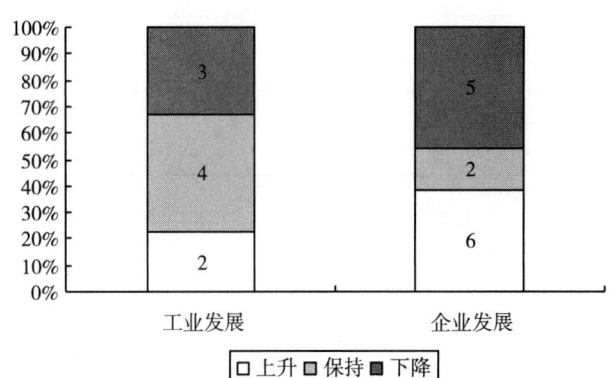

图 3-28　2010～2015 年柳州市工业企业发展水平动态变化结构

表 3-9　2010～2015 年柳州市工业企业各级指标排名变化态势比较

二级指标	三级指标数	上升指标 个数	上升指标 比重（%）	保持指标 个数	保持指标 比重（%）	下降指标 个数	下降指标 比重（%）
工业发展	9	2	22.222	4	44.444	3	33.333
企业发展	13	6	46.154	2	15.385	5	38.462
合计	22	8	36.364	6	27.273	8	36.364

占指标总数的 36.364%；保持的指标有 6 个，占指标总数的 27.273%；下降的指标有 8 个，占指标总数的 36.364%。由于下降指标的数量等于上升指标的数量，且受变动幅度与外部因素的综合影响，评价期内柳州市工业企业排名呈现波动下降，在珠江-西江经济带城市居第 9 名。

（三）柳州市城市工业企业发展水平指标变化动因分析

2015 年柳州市工业企业板块各级指标的优劣势变化及其结构，如图 3-29 和表 3-10 所示。

从图 3-29 可以看出，在 2015 年柳州市工业企业发展水平评估的三级指标中，中势和劣势指标的比例大于强势和优势指标的比例，表明中势和劣势指标居于主导地位。

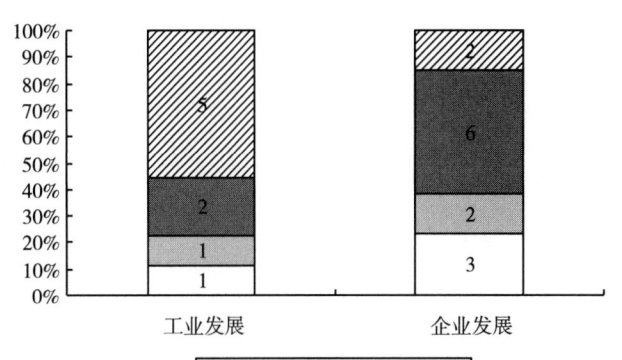

图 3-29　2015 年柳州市工业企业优劣度结构

表 3-10 中的数据说明，2015 年柳州市工业企业的 22 个三级指标中，强势指标有 4 个，占指标总数的 18.182%；优势指标为 3 个，占指标总数的 13.636%；中势指标 8 个，占指标总数的 36.364%；劣势指标为 7 个，占指标总数的 31.818%；中势指标和劣势指标之和占指标总数的 68.182%，数量与比重均大于优势指标。从二级指标来看，其中，工业发展的强势指标有 1 个，占指标总数的 11.111%；优势指标为 1 个，占指标总数的 11.111%；中势指标有 2 个，占指标总数的 22.222%；劣势指标为 5 个，占指标总数的 55.556%；中势指标和劣势指标之和占指标总数的 77.778%，说明工业发展的中、劣势指标居于主导地位。企业发展的强势指标为 3 个，占指标总数的 23.077%；优势指标为 2 个，占指标总数的 15.385%；中势指标 6 个，占指标总数的 46.154%；劣势指标为 2 个，占指标总数的 15.385%；中势指标和劣势指标之和占指标总数的 61.539%，说明企业发展的中、劣势指标处于主导地位。由于中、劣势指标比重较大，柳州市工业企业发展水平处于劣势地位，在珠江-西江经济带城市居第 9 名，处于下游区。

为进一步明确影响柳州市工业企业变化的具体因素，以便对相关指标进行深入分析，为提升柳州市工业企业发展水平提供决策参考，在表 3-11 中列出工业企业指标体系中直接影响柳州市工业企业发展水平升降的强势指标、优势指标、中势指标和劣势指标。

表 3-10　　　　　　　　2015 年柳州市工业企业各级指标优劣度比较

二级指标	三级指标数	强势指标		优势指标		中势指标		劣势指标		优劣度
		个数	比重（%）	个数	比重（%）	个数	比重（%）	个数	比重（%）	
工业发展	9	1	11.111	1	11.111	2	22.222	5	55.556	劣势
企业发展	13	3	23.077	2	15.385	6	46.154	2	15.385	中势
合计	22	4	18.182	3	13.636	8	36.364	7	31.818	劣势

表 3-11　　　　　　　　2012 年柳州市工业企业三级指标优劣度统计

指标	强势指标	优势指标	中势指标	劣势指标
工业发展（9 个）	工业偏离系数（1 个）	工业发展强度（1 个）	税收贡献率、工业弧弹性（2 个）	工业结构、企业弹性扩张系数、工业密度、Moore 工业结构、工业不协调度（5 个）
企业发展（13 个）	企业利润相对增长率、企业利润绝对增量加权指数、外商投资企业产值职能规模（3 个）	企业利润枢纽度、外商投资企业产值职能地位（2 个）	企业产值流强度、内资企业产值职能规模、内资企业产值职能规模、港澳台投资企业产值职能规模、内资企业产值职能地位、港澳台投资企业产值职能地位（6 个）	企业利润比重增量、企业利润平均增长指数（2 个）

第四章 梧州市城市工业企业发展水平综合评估

一、梧州市城市工业企业发展实力综合评估与比较

（一）梧州市城市工业发展实力评估指标变化趋势评析

1. 工业结构

根据图4-1分析可知，2010~2015年梧州市工业结构总体上呈现波动下降的状态。这一类的指标为2010~2015年间城市在该项指标上总体呈现下降趋势，但在评估期间存在上下波动的情况，指标并非连续性下降状态。波动下降型指标意味着在评估期间，虽然指标数据存在较大波动变化，但是其评价末期数据值低于评价初期数据值。如图所示，梧州市工业结构指标处于不断下降的状态中，2010年此指标数值最高，是96.078，到2015年时，下降至91.948。分析这种变化趋势，可以得出梧州市工业结构发展相对稳定，但工业发展水平有所下降。

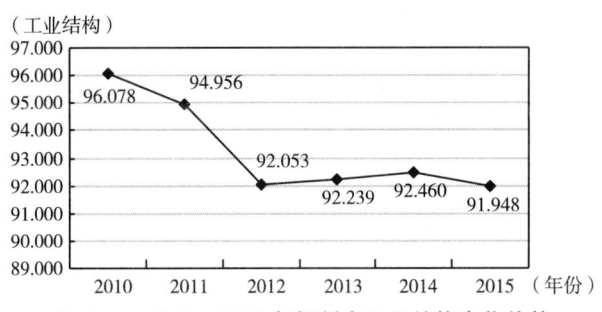

图4-1 2010~2015年梧州市工业结构变化趋势

2. 企业扩张弹性系数

根据图4-2分析可知，2010~2015年梧州市企业扩张弹性系数总体上呈现波动下降的状态。这种状态表现为2010~2015年城市在该项指标上总体呈现下降趋势，但在此期间存在上下波动的情况，并非连续性下降状态。这就意味着在评估的时间段内，虽然指标数据存在较大的波动，但是其评价末期数据值低于评价初期数据值。梧州市的企业扩张弹性系数末期低于初期的数据，并且在2013~2014年间存在明显下降的变化；这说明梧州市工业发展情况处于不太稳定的下降状态。

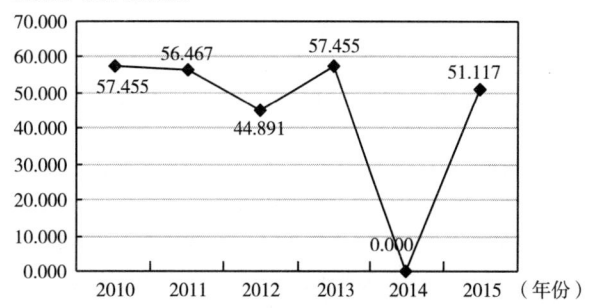

3. 工业发展强度

根据图4-3分析可知，2010~2015年梧州市的工业发

图4-2 2010~2015年梧州市企业扩张弹性系数变化趋势

展强度总体上呈现持续上升的状态。持续上升型的指标不仅意味着城市在各项指标数据上的不断增长，更意味着城市在该项指标以及工业企业实力整体上的竞争力优势不断扩大。通过折线图可以看出，梧州市的工业发展强度指标不断提高，在2015年达到7.370，相较于2010年上升5个单位左右；说明梧州市的整体工业发展水平较高，工业发展态势良好，有利于推动地区经济发展。

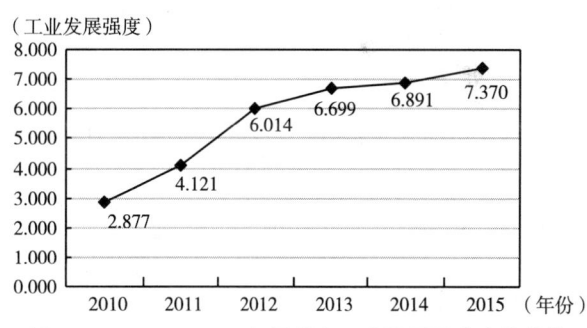

图4-3 2010~2015年梧州市工业发展强度变化趋势

4. 工业密度

根据图4-4分析可知，2010~2015年梧州市的工业密度总体上呈现持续下降的状态。持续下降型的指标意味着

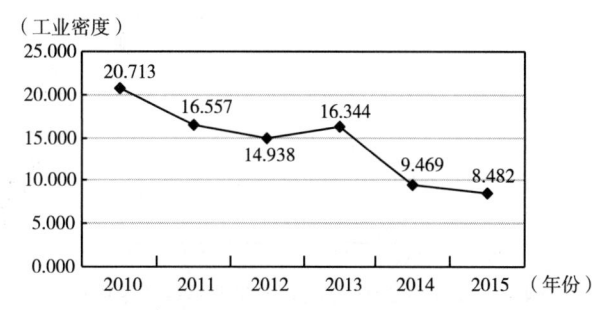

图4-4 2010~2015年梧州市工业密度变化趋势

城市在该项指标上不断处在劣势状态,并且这一状况并未得到改善。如图所示,梧州市工业密度指标处于不断下降的状态中,2010年时此指标数值最高,为20.713,到2015年时,下降至8.482。分析这种变化趋势,可以得出梧州市工业密度发展的水平处于劣势,工业密度不断下降,城市的工业发展活力较低。

5. 税收贡献率

根据图4-5分析可知,2010~2015年梧州市税收贡献率总体上呈现波动上升型的状态。这一类型的指标为2010~2015年城市存在一定的波动变化,总体趋势上为上升趋势,但在个别年份出现下降的情况,指标并非连续性上升状态。波动上升型指标意味着在评价的时间段内,虽然指标数据存在较大的波动变化,但是其评价末期数据值高于评价初期数据值。梧州市在2013~2015年虽然出现下降的状况,但是总体上还是呈现上升的态势,最终稳定在58.975;说明该地区税收贡献能力及活力持续又稳定。

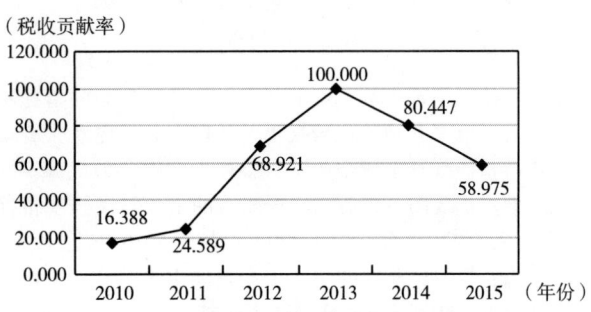

图 4-5 2010~2015年梧州市税收贡献率变化趋势

6. 工业弧弹性

根据图4-6分析可知,2010~2015年梧州市的工业弧弹性总体上呈现波动上升的状态。这一类型的指标为2010~2015年间城市在该项指标上存在较多波动变化,总体趋势为上升趋势,但在个别年份出现下降的情况,指标并非连续性上升。波动上升型指标意味着在评估期间,虽然指标数据存在较大波动变化,但是其评价末期数据值高于评价初期数据值。通过折线图可以看出,梧州市的工业弧弹性指标不断提高,在2015年达到100.000,相较于2010年上升11个单位左右;说明该地区工业弧弹性能力及活力持续快速增长。

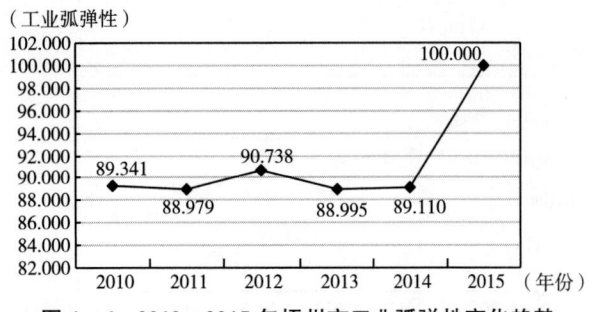

图 4-6 2010~2015年梧州市工业弧弹性变化趋势

7. Moore工业结构

根据图4-7分析可知,2010~2015年梧州市Moore工业结构总体上呈现波动上升的状态。这一类型的指标为2010~2015年城市存在一定的波动变化,总体趋势为上升趋势,但在个别年份出现下降的情况,指标并非连续性上升状态。波动上升型指标意味着在评价的时间段内,虽然指标数据存在较大的波动变化,但是其评价末期数据值高于评价初期数据值。梧州市在2011~2015年虽然出现下降的状况,但是总体上还是呈现上升的态势,最终稳定在45.203。城市的Moore工业结构越大,对于梧州市来说,其城市工业发展潜力也越来越大。

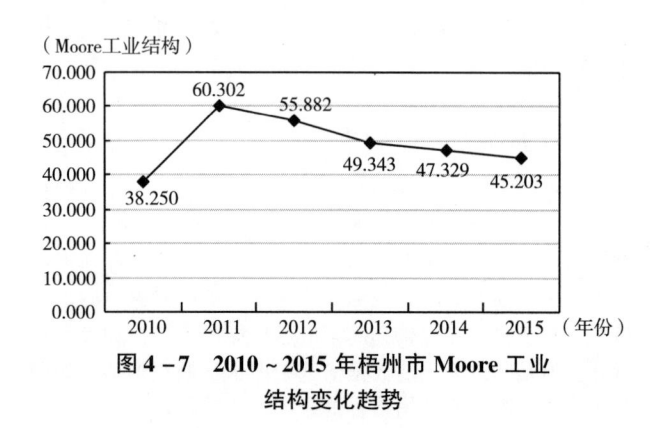

图 4-7 2010~2015年梧州市 Moore 工业结构变化趋势

8. 工业不协调度

根据图4-8分析可知,2010~2015年梧州市工业不协调度总体上呈现波动上升的状态。这一类型的指标为2010~2015年城市存在一定的波动变化,总体趋势为上升趋势,但在个别年份出现下降的情况,指标并非连续性上升。波动上升型指标意味着在评价的时间段内,虽然指标数据存在较大的波动变化,但是其评价末期数据值高于评价初期数据值。梧州市在2010~2012年虽然出现下降的状况,2012年为58.259,但是总体上还是呈现上升的态势,最终稳定在92.887。说明城市的工业不协调度在上升,城市工业结构发展有待优化。

图 4-8 2010~2015年梧州市工业不协调度变化趋势

9. 工业偏离系数

根据图4-9分析可知,2010~2015年梧州市工业偏离系数总体上呈现波动下降的状态。这种状态表现为 2010~2015 年城市在该项指标上总体呈现下降趋势，但在此期间存在上下波动的情况，并非连续性下降状态。这就意味着在评估的时间段内，虽然指标数据存在较大的波动，但是其评价末期数据值低于评价初期数据值。梧州市的工业偏离系数末期低于初期的数据，并且在 2012~2013 年间存在明显下降的变化，这说明梧州市工业发展实现转型升级。

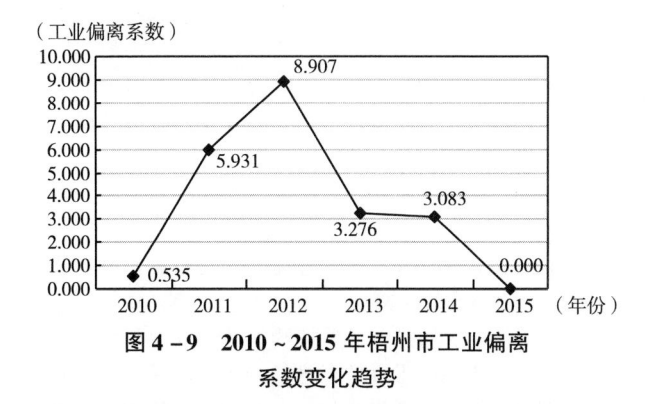

图 4 - 9　2010 ~ 2015 年梧州市工业偏离系数变化趋势

（二）梧州市城市工业发展实力评估结果

根据表 4 - 1，对 2010~2012 年梧州市工业发展及各三级指标的得分、排名、优劣度进行分析，可以看到 2010~2011 年梧州市工业发展的综合排名处于珠江 - 西江经济带中势位置，2010~2012 年其工业发展排名先保持后上升，2010~2011 年其工业发展排名一直处于珠江 - 西江经济带第 8 名位置，到 2012 年其排名上升至第 7 名，其工业发展处于中游区。对梧州市的工业发展得分情况进行分析，发现梧州市的工业发展综合得分呈现持续上升趋势，说明城市的工业有所发展。

对梧州市工业发展的三级指标进行分析，其中工业结构的排名呈现持续下降的发展趋势。对梧州市的工业结构的得分情况进行分析，发现梧州市的工业结构的得分先上升后下降，说明梧州市地区工业结构较为协调，对城市经济社会稳定发展将造成长远的影响，有利于城市的活力提升和发展的可持续性。

企业扩张弹性系数的排名呈现先上升后下降的发展趋势。对梧州市的企业扩张弹性系数的得分情况进行分析，发现梧州市的企业扩张弹性系数的得分持续下降，说明梧州市的城市城镇化与工业发展之间呈现不协调发展的关系，城镇企业数量的增加导致城市的过度拥挤及承载力压力问题的出现。

工业发展强度的排名呈现持续保持的发展趋势。对梧州市的工业发展强度的得分情况进行分析，发现梧州市工业发展强度的得分持续上升，但工业发展强度小于 1，说明梧州市的工业产值发展低于地区的平均水平。

工业密度的排名呈现先下降后保持的发展趋势。对梧州市的工业密度的得分情况进行分析，发现梧州市工业密度的得分持续下降，说明梧州市的城市的工业承载力减小。

税收贡献率的排名呈现持续上升的发展趋势。对梧州市的税收贡献率得分情况进行分析，发现梧州市的税收贡献率的得分处于持续上升的发展趋势，说明梧州市经济发展好，税收程度有所提高，市场发展活力有所提高。

工业弧弹性的排名呈现持续上升的发展趋势。对梧州市的工业弧弹性得分情况进行分析，发现梧州市的工业弧弹性的得分处于先下降后上升的趋势，说明梧州市的工业产值增长速率快于其经济的变化增长速率，城市呈现出工业的扩张发展趋势。

Moore 工业结构的排名呈现持续保持的发展趋势。对梧州市的 Moore 工业结构的得分情况进行分析，发现梧州市的 Moore 工业结构的得分处于先上升后下降的趋势，说明城市的企业结构的变化程度大。

工业不协调度的排名呈现持续下降的发展趋势。对梧州市的工业不协调度得分情况进行分析，发现梧州市的工业不协调度的得分处于持续下降的发展趋势，这说明梧州市的企业在城市中的发展结构趋于协调。

工业偏离系数的排名呈现持续上升的发展趋势。对梧州市的工业偏离系数的得分情况进行分析，发现梧州市的工业偏离系数的得分处于持续上升的趋势，说明城市的工业结构、产业结构出现不协调、不稳定的状态。

表 4 - 1　2010 ~ 2012 年梧州市工业发展各级指标的得分、排名及优劣度分析

指标	2010 年 得分	2010 年 排名	2010 年 优劣度	2011 年 得分	2011 年 排名	2011 年 优劣度	2012 年 得分	2012 年 排名	2012 年 优劣度
工业发展	26.001	8	中势	26.404	8	中势	26.784	7	中势
工业结构	7.448	4	优势	7.460	7	中势	7.289	8	中势
企业扩张弹性系数	2.930	7	中势	2.623	6	中势	2.248	10	劣势
工业发展强度	0.114	6	中势	0.162	6	中势	0.235	6	中势
工业密度	0.775	2	强势	0.571	3	优势	0.516	3	优势
税收贡献率	0.647	9	劣势	0.956	7	中势	2.839	1	强势
工业弧弹性	6.586	7	中势	6.511	4	优势	6.834	2	强势

续表

指标	2010年 得分	排名	优劣度	2011年 得分	排名	优劣度	2012年 得分	排名	优劣度
Moore工业结构	2.271	9	劣势	3.654	9	劣势	3.308	9	劣势
工业不协调度	5.209	3	优势	4.249	6	中势	3.192	7	中势
工业偏离系数	0.020	11	劣势	0.217	10	劣势	0.323	9	劣势

根据表4-2，对2013~2015年梧州市工业发展及各三级指标的得分、排名、优劣度进行分析，可以看到2013~2015年梧州市工业发展的综合排名处于优势，在2013年、2014年和2015年其工业发展排名先下降后上升，2013~2014年其工业发展排名由第3名下降至珠江-西江经济带第7名，到2015年其工业发展又上升到第3名，说明城市的工业发展的稳定性有待提高。对梧州市的工业发展得分情况进行分析，发现梧州市的工业发展综合得分呈现先下降后上升趋势，说明城市的工业发展减慢。

对梧州市工业发展的三级指标进行分析，其中工业结构的排名呈现持续保持的发展趋势。对梧州市的工业结构的得分情况进行分析，发现梧州市的工业结构的得分持续下降，说明梧州市的工业结构较为协调，对城市经济社会稳定发展会造成长远的影响，有利于城市的活力提升和发展的可持续性。

企业扩张弹性系数的排名呈现先保持后上升的发展趋势。对梧州市的企业扩张弹性系数的得分情况进行分析，发现梧州市的企业扩张弹性系数的得分先下降后上升，说明梧州市的城市城镇化与工业发展之间呈现协调发展的关系，城镇企业数量的增加并未导致城市的过度拥挤及承载力压力问题的出现。

工业发展强度的排名呈现持续保持的发展趋势。对梧州市的工业发展强度的得分情况进行分析，发现梧州市工业发展强度的得分持续上升，但工业发展强度小于1，说明梧州市的工业产值发展低于地区的平均水平，但活力不断增加。

工业密度的排名呈现持续保持的发展趋势。说明其发展和控制的平稳性较高。对梧州市的工业密度的得分情况进行分析，发现梧州市工业密度的得分持续下降，说明梧州市的城市的工业承载力减小。

税收贡献率的排名呈现持续保持的发展趋势。对梧州市的税收贡献率得分情况进行分析，发现梧州市的税收贡献率的得分处于持续下降的发展趋势，说明梧州市经济发展减慢，税收程度降低，市场发展活力降低。

工业弧弹性的排名呈现持续上升的发展趋势。对梧州市的工业弧弹性得分情况进行分析，发现梧州市的工业弧弹性的得分处于持续上升的发展趋势，说明梧州市的工业产值增长速率快于其经济的变化增长速率，城市呈现出工业的扩张发展趋势。

Moore工业结构的排名呈现持续保持的发展趋势。对梧州市的Moore工业结构的得分情况进行分析，发现梧州市的Moore工业结构的得分处于持续下降的趋势，说明城市的企业结构的变化程度减小。

工业不协调度的排名呈现持续保持的发展趋势。对梧州市的工业不协调度得分情况进行分析，发现梧州市的工业不协调度的得分处于先下降后上升的发展趋势，说明梧州市的企业在城市中的发展结构有待优化。

工业偏离系数的排名呈现持续保持的发展趋势。对梧州市的工业偏离系数的得分情况进行分析，发现梧州市的工业偏离系数的得分处于持续下降的趋势，说明城市的工业结构、产业结构处于较为协调、稳定的状态。

对2010~2015年梧州市工业发展及各三级指标的得分、排名和优劣度进行分析。2010~2011年梧州市工业发展的综合得分排名均保持在珠江-西江经济带第8名，2012年升至珠江-西江经济带第7名，2013年升至第3名，2014年降至第7名，2015年升至第3名，处于珠江-西江经济带上游区，2010~2015年梧州市工业发展的综合得分排名呈现波动上升的发展趋势，2010~2015年其工业发展排名一直在珠江-西江经济带上游区和中游区波动，工业发展水平在优势和中势之间波动，2015年处于珠江-西江经济带优势地位，说明城市的工业发展较珠江-西江经济带的其他城市竞争优势大，梧州市在工业发展方面优势较稳定。对梧州市的工业发展得分情况进行分析，发现梧州市的工业发展综合得分呈现波动上升的发展趋势，2010~2013年间梧州市的工业发展得分持续上升，在2013年后波动下降，但总的来说是上升的。

从表4-3来看，在9个基础指标中，指标的优劣度结构为33.3∶11.1∶22.2∶33.3。

表4-2　　　　2013~2015年梧州市工业发展各级指标的得分、排名及优劣度分析

指标	2013年 得分	排名	优劣度	2014年 得分	排名	优劣度	2015年 得分	排名	优劣度
工业发展	28.962	3	优势	24.804	7	中势	27.281	3	优势
工业结构	7.159	6	中势	7.122	6	中势	6.982	6	中势

续表

指标	2013年 得分	排名	优劣度	2014年 得分	排名	优劣度	2015年 得分	排名	优劣度
企业扩张弹性系数	2.990	11	劣势	0.000	11	劣势	2.719	9	劣势
工业发展强度	0.258	6	中势	0.265	6	中势	0.283	6	中势
工业密度	0.563	3	优势	0.322	3	优势	0.286	3	优势
税收贡献率	4.085	1	强势	3.288	1	强势	2.224	1	强势
工业弧弹性	6.303	8	中势	6.583	3	优势	7.506	1	强势
Moore工业结构	2.866	9	劣势	2.565	9	劣势	2.241	9	劣势
工业不协调度	4.621	1	强势	4.546	1	强势	5.040	1	强势
工业偏离系数	0.117	11	劣势	0.114	11	劣势	0.000	11	劣势

表4-3　　　　　　　　　　2015年梧州市工业发展指标的优劣度结构

二级指标	三级指标数	强势指标 个数	比重（%）	优势指标 个数	比重（%）	中势指标 个数	比重（%）	劣势指标 个数	比重（%）	优劣度
工业发展	9	3	33.333	1	11.111	2	22.222	3	33.333	优势

（三）梧州市城市工业发展实力比较分析

图4-10、图4-11将2010~2015年梧州市工业发展与珠江-西江经济带最高水平和平均水平进行比较。从工业发展的要素得分比较来看，由图4-10可知，2010年，梧州市工业结构得分比珠江-西江经济带最高分低0.294分，比平均分高0.646分；2011年，工业结构得分比珠江-西江经济带最高分低0.392分，比平均分高0.374分；2012年，工业结构得分比珠江-西江经济带最高分低0.629分，比平均分高0.243分；2013年，工业结构得分比珠江-西江经济带最高分低0.589分，比平均分高0.342分；2014年，工业结构得分比珠江-西江经济带最高分低0.560分，比平均分高0.421分；2015年，工业结构得分比珠江-西江经济最高分低0.587分，比平均分高0.544分。这说明整体上梧州市工业结构得分与珠江-西江经济带最高分的差距波动增加趋势，与珠江-西江经济带平均分的差距波动减小。

2010年，梧州市企业扩张弹性系数得分比珠江-西江经济带最高分低1.260分，比珠江-西江经济带平均分低0.197分；2011年，企业扩张弹性系数得分比珠江-西江经济带最高分低0.046分，比平均分高0.176分；2012年，企业扩张弹性系数得分比珠江-西江经济带最高分低1.728分，比平均分低0.610分；2013年，企业扩张弹性系数得分比珠江-西江经济带最高分低1.309分，比平均分低0.259分；2014年，企业扩张弹性系数得分比珠江-西江经济带最高分低2.948分，比平均分低2.403分；2015年，企业扩张弹性系数得分比珠江-西江经济带最高分低2.600分，比平均分低0.463分。这说明整体上梧州市企业扩张弹性系数得分与珠江-西江经济带最高分的差距波动增加，与珠江-西江经济带平均分的差距波动增加。

2010年，梧州市工业发展强度得分比珠江-西江经济带最高分低3.864分，比平均分低0.714分；2011年，工业发展强度得分比珠江-西江经济带最高分低3.571分，比平均分低0.657分；2012年，工业发展强度得分比珠江-西江经济带最高分低3.150分，比平均分低0.578分；2013年，工业发展强度得分比珠江-西江经济带最高分低3.047分，比平均分低0.545分；2014年，工业发展强度得分比珠江-西江经济带最高分低3.052分，比平均分低0.536分；2015年，工业发展强度得分比珠江-西江经济带最高分低2.989分，比平均分低0.516分。这说明整体上梧州市工业发展强度得分与珠江-西江经济带最高分的差距波动减小，与平均分的差距持续减小。

2010年，梧州市工业密度得分比珠江-西江经济带最高分低2.967分，比平均分高0.077分；2011年，工业密度得分比珠江-西江经济带最高分低2.205分，比平均分高0.098分；2012年，工业密度得分比珠江-西江经济带最高分低2.053分，比平均分高0.066分；2013年，工业密度得分比珠江-西江经济带最高分低2.060分，比平均分高0.095分；2014年，工业密度得分比珠江-西江经济带最高分低2.125分，比平均分低0.102分；2015年，工业密度得分比珠江-西江经济带最高分低2.065分，比平均分低0.106分。这说明整体上梧州市工业密度得分与珠江-西江经济带最高分的差距有波动减小的趋势，与珠江-西江经济带平均分的差距波动增加。

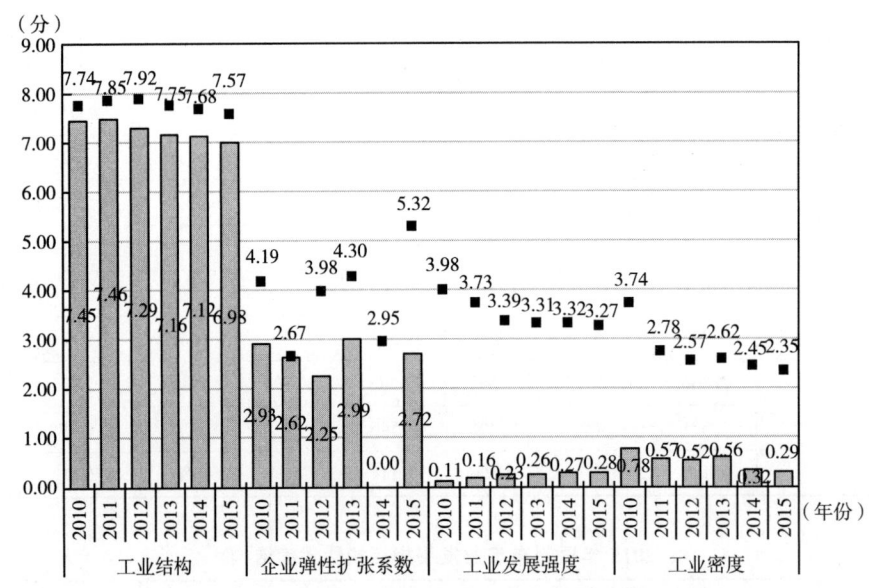

图 4-10 2010~2015 年梧州市工业发展指标得分比较 1

由图 4-11 可知，2010 年，梧州市税收贡献率得分比珠江-西江经济带最高分低 1.926 分，比平均分低 0.667 分；2011 年，税收贡献率得分比珠江-西江经济带最高分低 1.844 分，比平均分低 0.249 分；2012 年，税收贡献率得分与珠江-西江经济带最高分不存在差异，比平均分高 1.408 分；2013 年，税收贡献率得分与珠江-西江经济带最高分不存在差异，比平均分高 2.895 分；2014 年，税收贡献率得分与珠江-西江经济带最高分不存在差异，比平均分高 1.922 分；2015 年，税收贡献率得分与珠江-西江经济带最高分不存在差异，比平均分高 1.209 分。这说明整体上梧州市税收贡献率得分与珠江-西江经济带最高分的差距持续减小趋势，与珠江-西江经济带平均分的差距有波动增加趋势。

2010 年，梧州市工业弧弹性得分比珠江-西江经济带最高分低 0.083 分，比平均分高 0.014 分；2011 年，工业弧弹性得分比珠江-西江经济带最高分低 0.039 分，比平均分高 0.029 分；2012 年，工业弧弹性得分比珠江-西江经济带最高分低 0.113 分，比平均分高 0.109 分；2013 年，工业弧弹性得分比珠江-西江经济带最高分低 0.214 分，比平均分高 0.535 分；2014 年，工业弧弹性得分比珠江-西江经济带最高分低 0.086 分，比平均分高 0.035 分；2015 年，工业弧弹性得分与珠江-西江经济带最高分不存在差异，比平均分高 0.803 分。这说明整体上梧州市工业弧弹性得分与珠江-西江经济带最高分的差距在波动减小，与珠江-西江经济带平均分的差距波动增加。

2010 年，梧州市 Moore 工业结构得分比珠江-西江经济带最高分低 3.667 分，比平均分低 1.836 分；2011 年，Moore 工业结构得分比珠江-西江经济带最高分低 2.406 分，比平均分低 0.643 分；2012 年，Moore 工业结构得分比珠江-西江经济带最高分低 2.056 分，比平均分低 0.768 分；2013 年，Moore 工业结构得分比珠江-西江经济带最高分低 2.357 分，比平均分低 1.093 分；2014 年，Moore 工业结构得分比珠江-西江经济带最高分低 1.696 分，比平均分低 0.886 分；2015 年，Moore 工业结构得分比珠江-西江经济带最高分低 1.205 分，比平均分低 0.502 分。这说明整体上梧州市 Moore 工业结构得分与珠江-西江经济带最高分的差距在波动减小，与珠江-西江经济带平均分的差距波动减小。

2010 年，梧州市工业不协调度得分比珠江-西江经济带最高分低 0.814 分，比平均分低 1.010 分；2011 年，工业不协调度得分比珠江-西江经济带最高分低 0.652 分，比平均分低 0.524 分；2012 年，工业不协调度得分比珠江-西江经济带最高分低 1.425 分，比平均分低 0.264 分；2013 年，工业不协调度得分与珠江-西江经济带最高分不存在差异，比平均分低 1.161 分；2014 年，工业不协调度得分与珠江-西江经济带最高分不存在差异，比平均分低 1.347 分；2015 年，工业不协调度得分与珠江-西江经济带最高分不存在差异，比平均分低 1.758 分。这说明整体上梧州市工业不协调度得分与珠江-西江经济带最高分的差距波动减小，与珠江-西江经济带平均分的差距先减后增。

2010 年，梧州市工业偏离系数得分比珠江-西江经济带最高分低 3.038 分，比平均分低 0.850 分；2011 年，工业偏离系数得分比珠江-西江经济带最高分低 2.974 分，比平均分低 0.530 分；2012 年，工业偏离系数得分比珠江-西江经济带最高分低 2.260 分，比平均分低 0.417 分；2013 年，工业偏离系数得分比珠江-西江经济带最高分低 2.139 分，比平均分低 0.609 分；2014 年，工业偏离系数得分比珠江-西江经济带最高分低 2.671 分，比平均分低 0.726 分；2015 年，工业偏离系数得分比珠江-西江经济带最高分低 3.857 分，比平均分低 0.829 分。这说明整体上梧州市工业偏离系数得分与珠江-西江经济带最高分差距先减后增，与珠江-西江经济带平均分的差距波动减小。

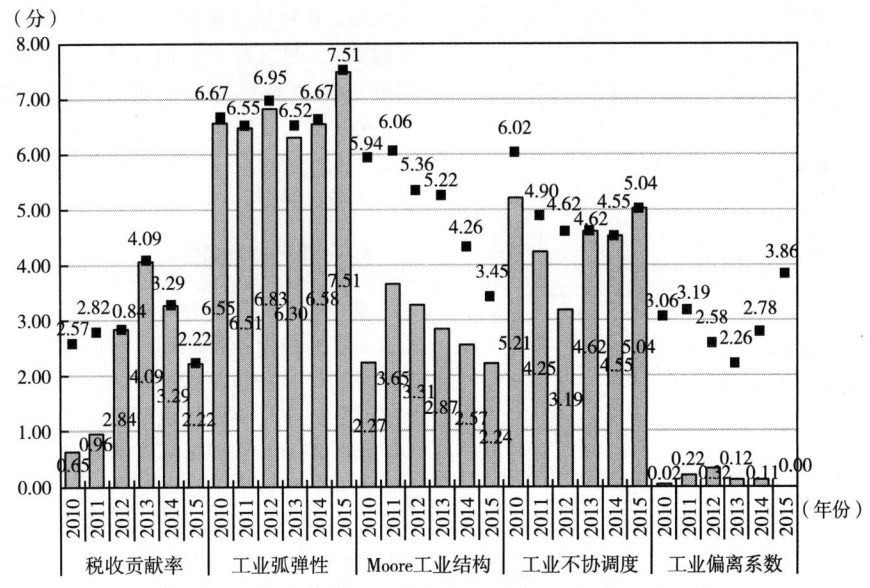

图 4-11 2010~2015 年梧州市工业发展指标得分比较 2

二、梧州市城市企业发展实力综合评估与比较

（一）梧州市城市企业发展实力评估指标变化趋势评析

1. 企业利润相对增长率

根据图 4-12 分析可知，2010~2015 年梧州市企业利润相对增长率总体上呈现波动保持的状态。波动保持型指标意味着城市在该项指标上虽然呈现波动状态，但在评价末期和评价初期的数值基本保持一致，该图可知梧州市企业利润相对增长率数值保持在 36.351~51.759。即使梧州市企业利润相对增长率存在过最低值，其数值为 36.351，但梧州市在企业利润相对增长率上总体表现的也是相对平稳；说明该地区企业利润相对增长率能力及活力持续又稳定。

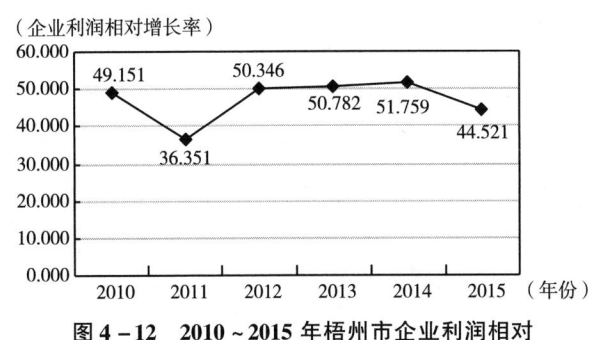

图 4-12 2010~2015 年梧州市企业利润相对增长率变化趋势

2. 企业利润绝对增量加权指数

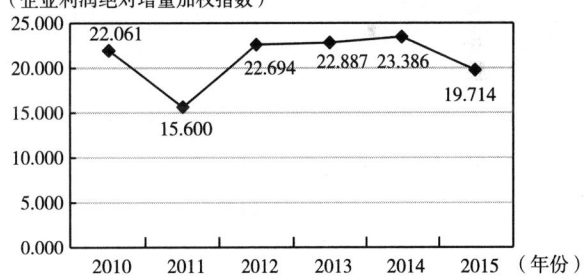

根据图 4-13 分析可知，2010~2015 年梧州市企业利润绝对增量加权指数总体上呈现波动保持的状态。波动保持型指标意味着城市在该项指标上虽然呈现波动状态，在评价末期和评价初期的数值基本保持一致，该图可知梧州市企业利润绝对增量加权指数数值保持在 15.600~23.386。即使梧州市企业利润绝对增量加权指数存在过最低值，其数值为 13.725，但梧州市在企业利润绝对增量加权指数上总体表现的也是相对平稳，说明该地区企业利润绝对增量加权指数能力及活力持续又稳定。

图 4-13 2010~2015 年梧州市企业利润绝对增量加权指数变化趋势

3. 企业利润比重增量

根据图 4-14 分析可知，2010~2015 年梧州市企业利润比重增量总体上呈现波动上升的状态。这一类型的指标为 2010~2015 年城市存在一定的波动变化，总体趋势上为上升趋势，但在个别年份出现下降的情况，指标并非连续性上升状态。波动上升型指标意味着在评价的时间段内，虽然指标数据存在较大的波动变化，但是其评价末期数据值高于评价初期数据值。梧州市在 2013~2014 年虽然出现下降的状况，2014 年为 81.454，但是总体上还是呈现上升的态势，最终稳定在 82.499；说明梧州市企业利润增长速度较快，企业发展趋势较好。

图 4-14 2010~2015 年梧州市企业利润比重增量变化趋势

4. 企业利润枢纽度

根据图 4-15 分析可知，2010~2015 年梧州市的企业利润枢纽度总体上呈现持续上升的状态。持续上升型的指标不仅意味着城市在各项指标数据上的不断增长，更意味着城市在该项指标以及工业企业实力整体上的竞争力优势不断扩大。通过折线图可以看出，梧州市的企业利润枢纽度指标不断提高，在 2015 年达到 97.129；说明梧州市企业利润整体发展水平较高，企业利润增长快，对企业发展趋势较好。

图 4-15 2010~2015 年梧州市企业利润枢纽度变化趋势

5. 企业利润平均增长指数

根据图 4-16 分析可知，2010~2015 年梧州市企业利润平均增长指数总体上呈现波动保持的状态。波动保持型指标意味着城市在该项指标上虽然呈现波动状态，在评价末期和评价初期的数值基本保持一致，该图可知梧州市企业利润平均增长指数数值保持在 68.900~86.533。即使梧州市企业利润平均增长指数存在过最低值，其数值为 68.900，但梧州市在企业利润平均增长指数上总体表现的也是相对平稳，说明该地区企业利润平均增长指数能力及活力持续又稳定。

6. 企业产值流强度

根据图 4-17 分析可知，2010~2015 年梧州市企业产值流强度总体上呈现波动上升的状态。这一类型的指标为 2010~2015 年城市存在一定的波动变化，总体趋势为上升趋势，但在个别年份出现下降的情况，指标并非连续性上升状态。波动上升型指标意味着在评价的时间段内，虽然指标数据存在较大的波动变化，但是其评价末期数据值高于评价初期数据值。由图可以看出该三级指标在 2010~2015 年存在较大的波动变化，最终稳定在 1.882。折线图反映出梧州市的企业产值是流强度虽然处于上升的阶段，但是个别年份又会出现波动幅度较大的问题，所以梧州市在企业产值流强度快速发展过程中将注重城市企业产值流强度波动较大问题。

图 4-17 2010~2015 年梧州市企业产值流强度变化趋势

7. 企业产值倾向度

根据图 4-18 分析可知，2010~2015 年梧州市企业产值倾向度总体上呈现波动上升的状态。这一类型的指标为 2010~2015 年城市存在一定的波动变化，总体趋势为上升趋势，但在个别年份出现下降的情况，指标并非连续性上升状态。波动上升型指标意味着在评价的时间段内，虽然

图 4-16 2010~2015 年梧州市企业利润平均增长指数变化趋势

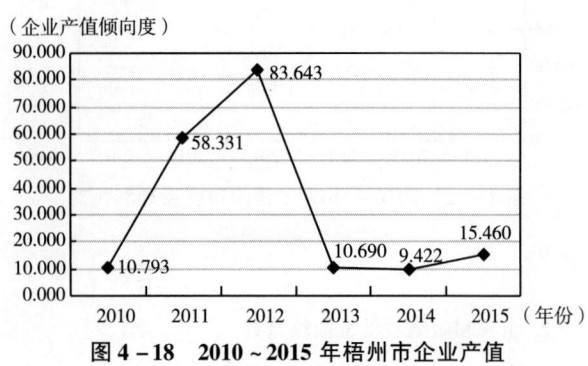

图 4-18 2010~2015 年梧州市企业产值倾向度变化趋势

指标数据存在较大的波动变化,但是其评价末期数据值高于评价初期数据值。梧州市在 2012~2013 年虽然出现下降的状况,2013 年为 10.690,但是总体上还是呈现上升的态势,最终稳定在 15.460。这说明梧州市企业发展情况处于不太稳定的下降状态。

8. 内资企业产值职能规模

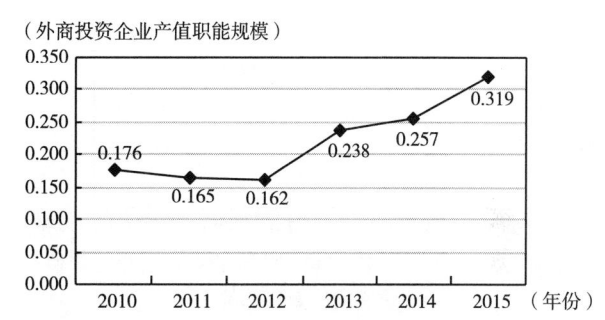

根据图 4-19 分析可知,2010~2015 年梧州市内资企业产值职能规模总体上呈现波动上升的状态。这一类型的指标为 2010~2015 年城市存在一定的波动变化,总体趋势为上升趋势,但在个别年份出现下降的情况,指标并非连续性上升状态。波动上升型指标意味着在评价的时间段内,虽然指标数据存在较大的波动变化,但是其评价末期数据值高于评价初期数据值。梧州市在 2012~2013 年虽然出现下降的状况,2013 年为 2.947,但是总体上还是呈现上升的态势,最终稳定在 8.975。城市的内资企业产值职能规模越大,对于梧州市来说,其城市企业发展潜力也越来越大。

(内资企业产值职能规模)

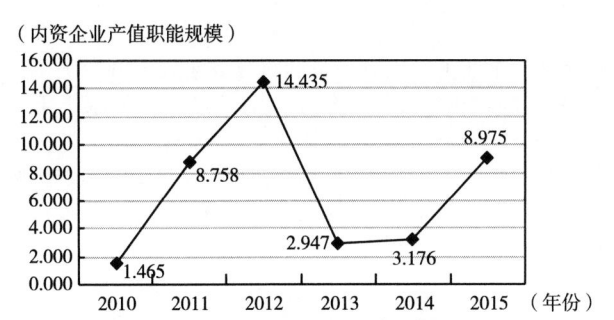

图 4-19　2010~2015 年梧州市内资企业产值职能规模变化趋势

9. 港澳台投资企业产值职能规模

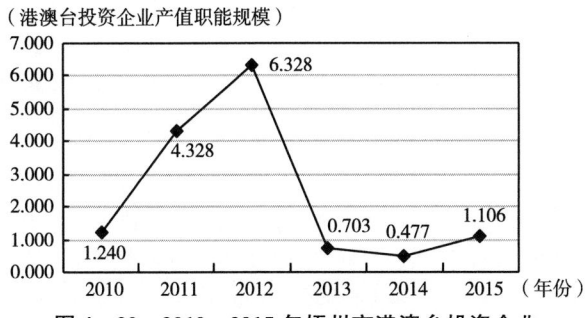

根据图 4-20 分析可知,2010~2015 年梧州市港澳台投资企业产值职能规模总体上呈现波动下降的状态。这种状态表现为 2010~2015 年城市在该项指标上总体呈现下降趋势,但在此期间存在上下波动的情况,并非连续性下降状态。这就意味着在评估的时间段内,虽然指标数据存在较大的波动,但是其评价末期数据值低于评价初期数据值。梧州市的港澳台投资企业产值职能规模末期低于初期的数据,并且在 2011~2012 年间存在明显下降的变化,这说明梧州市企业发展情况处于不太稳定的下降状态。

(港澳台投资企业产值职能规模)

图 4-20　2010~2015 年梧州市港澳台投资企业产值职能规模变化趋势

10. 外商投资企业产值职能规模

根据图 4-21 分析可知,2010~2015 年梧州市的外商投资企业产值职能规模总体上呈现波动上升的状态。这一类型的指标为 2010~2015 年间城市在该项指标上存在较多波动变化,总体趋势为上升趋势,但在个别年份出现下降的情况,指标并非连续性上升。波动上升型指标意味着在评估期间,虽然指标数据存在较大波动变化,但是其评价末期数据值高于评价初期数据值。通过折线图可以看出,梧州市的外商投资企业产值职能规模指标不断提高,在 2015 年达到 0.319,说明梧州市整体的外商投资企业产值职能规模发展水平较高,有利于推动地区经济平稳较快发展。

(外商投资企业产值职能规模)

图 4-21　2010~2015 年梧州市外商投资企业产值职能规模变化趋势

11. 内资企业产值职能地位

根据图 4-22 分析可知,2010~2015 年梧州市内资企业产值职能地位总体上呈现波动上升型的状态。这一类型的指标表现为在 2010~2015 年城市存在一定的波动变化,总体趋势上为上升趋势,但在个别年份出现下降的情况,指标并非连续性上升状态。波动上升型指标意味着在评价的时间段内,虽然指标数据存在较大的波动变化,但是其评价末期数据值高于评价初期数据值。梧州市在 2012~2013 年虽然出现下降的状况,2013 年为 2.868,但是总体上还是呈现上升的态势,最终稳定在 7.417。城市的内资企业产值职能地位越大,对于梧州市来说,其城市企业发展潜力也越来越大。

(内资企业产值职能地位)

图 4-22　2010~2015 年梧州市内资企业产值职能地位变化趋势

12. 港澳台投资企业产值职能地位

根据图 4-23 分析可知，2010~2015 年梧州市城市的港澳台投资企业产值职能地位总体上呈现持续下降的状态。持续下降型的指标意味着城市在该项指标上不断处在劣势状态，并且这一状况并未得到改善。如图所示，梧州市港澳台投资企业产值职能地位指标处于不断下降的状态中，2010 年此指标数值最高，为 3.231，到 2015 年时，下降至 2.687。分析这种变化趋势，可以得出梧州市港澳台投资企业产值职能地位发展的水平处于劣势，城市的港澳台投资企业产值职能地位发展活力较低。

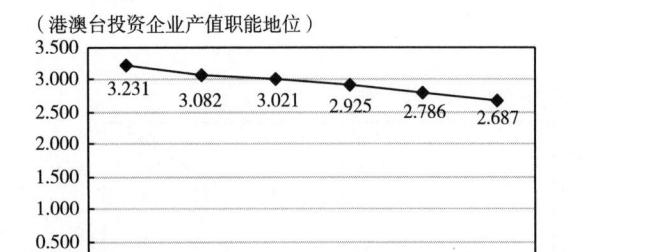

图 4-23　2010~2015 年梧州市港澳台投资企业产值职能地位变化趋势

13. 外商投资企业产值职能地位

根据图 4-24 分析可知，2010~2015 年梧州市外商投资企业产值职能地位总体上呈现波动保持的状态。波动保持型指标意味着城市在该项指标上虽然呈现波动状态，在评价末期和评价初期的数值基本保持一致，该图可知梧州市外商投资企业产值职能地位数值保持在 1.331~1.926。即使梧州市外商投资企业产值职能地位存在过最低值，其数值为 1.331，但梧州市在外商投资企业产值职能地位上总体表现的也是相对平稳，说明该地区外商投资企业产值职能地位能力及活力持续又稳定。

图 4-24　2010~2015 年外商投资企业产值职能地位变化趋势

（二）梧州市城市企业发展实力评估结果

根据表 4-4，对 2010~2012 年梧州市企业发展及各三级指标的得分、排名、优劣度进行分析，可以看到 2010~2012 年梧州市企业发展的综合排名处于优势的状态，其经济发展排名先上升后保持，2010 年其经济发展排名是第 6 名，到 2011 年上升至第 3 名，2012 年保持第 3 名不变，说明梧州市的企业发展领先于珠江-西江经济带的其他城市。对梧州市的企业发展得分情况进行分析，发现梧州市的企业发展综合得分呈现持续上升的发展趋势，说明城市的企业不断发展。

企业利润相对增长率的排名呈现先下降后上升的发展趋势。对梧州市企业利润相对增长率的得分情况进行分析，发现梧州市的企业利润相对增长率的得分呈先下降后上升的趋势，说明 2010~2012 年梧州市企业获取利润的增长速率快，呈现出地区企业集聚能力及活力不断扩大。

企业利润绝对增量加权指数的排名呈现先下降后上升的发展趋势。对梧州市企业利润绝对增量加权指数的得分情况进行分析，发现梧州市的企业利润绝对增量加权指数的得分呈先下降后上升的趋势，说明 2010~2012 年城市的企业要素集中度越高，城市企业获取利润的变化增长趋向于高速发展。

企业利润比重增量的排名呈现持续上升的发展趋势。对梧州市企业利润比重增量的得分情况进行分析，发现梧州市的企业利润比重增量的得分处于先上升后下降的趋势，说明 2010~2012 年城市整体企业利润水平更具备优势。

企业利润枢纽度的排名呈现先下降后上升的发展趋势。对梧州市的企业利润枢纽度的得分情况进行分析，发现梧州市的企业利润枢纽度的得分呈持续上升的趋势，说明 2010~2012 年梧州市的企业利润能力有所提高，在经济社会发展中的地位有所提高。

企业利润平均增长指数的排名呈现持续上升的发展趋势。对梧州市企业利润平均增长指数的得分情况进行分析，发现梧州市的企业利润平均增长指数的得分呈持续下降的趋势，说明 2010~2012 年梧州市在评估时间段内的企业获取利润降低，整体城市企业利润水平降低。

企业产值流强度的排名呈现持续上升的发展趋势。对梧州市企业产值流强度的得分情况进行分析，发现梧州市的企业产值流强度的得分呈持续上升的趋势，说明 2010~2012 年梧州市发生的经济集聚和扩散所产生的企业要素流动强度增强，城市经济影响力增强。

企业产值倾向度的排名呈现持续上升的发展趋势。对梧州市企业产值倾向度的得分情况进行分析，发现梧州市的企业产值倾向度的得分呈持续上升的趋势，说明 2010~2012 年梧州市的总功能量的外向强度增强。

内资企业产值职能规模的排名呈现先上升后保持的发展趋势。对梧州市内资企业产值职能规模的得分情况进行分析，发现梧州市的内资企业产值职能规模的得分呈持续上升的趋势，说明 2010~2012 年梧州市的内资企业获取利润水平提高，内资企业获取利润能力增强。

港澳台投资企业产值职能规模的排名呈现先保持后上升的发展趋势。对梧州市港澳台投资企业产值职能规模的得分情况进行分析，发现梧州市的港澳台投资企业产值职能规模的得分呈持续上升的趋势，说明 2010~2012 年梧州市的港澳台投资企业获取利润水平有所提高，港澳台投资企业获取利润能力增强。

外商投资企业产值职能规模的排名呈现先下降后上升的发展趋势。对梧州市的外商投资企业产值职能规模的得分情况进行分析,发现梧州市的外商投资企业产值职能规模的得分呈先下降后保持的趋势,说明城市的外商投资企业获取利润水平减低,外商投资企业获取利润能力降低。

内资企业产值职能地位的排名呈现先上升后保持的发展趋势。对梧州市内资企业产值职能地位的得分情况进行分析,发现梧州市的内资企业产值职能地位的得分呈持续上升的趋势,说明 2010～2012 年梧州市的内资企业产值获取能力在地区内的水平具备优势,城市对企业的吸引集聚能力增强,城市发展具备就业及劳动力发展的潜力。

港澳台投资企业产值职能地位的排名呈现先保持后下降的发展趋势。对梧州市的港澳台投资企业产值职能地位的得分情况进行分析,发现梧州市港澳台投资企业产值职能地位的得分持续下降,说明梧州市的港澳台投资企业产值获取能力在地区内的水平不具备优势,城市对企业的吸引集聚能力减弱,城市发展具备就业及劳动力发展的潜力减弱。

外商投资企业产值职能地位的排名呈现先下降后上升的发展趋势。对梧州市的外商投资企业产值职能地位的得分情况进行分析,发现梧州市的外商投资企业产值职能地位的得分呈先下降后上升的趋势,说明 2010～2012 年梧州市外商投资企业产值获取能力在地区内的水平不具备优势,城市对企业的吸引集聚能力减弱,城市发展具备就业及劳动力发展的潜力减弱。

表 4-4　　　　2010～2012 年梧州市企业发展各级指标的得分、排名及优劣度分析

指　标	2010 年 得分	2010 年 排名	2010 年 优劣度	2011 年 得分	2011 年 排名	2011 年 优劣度	2012 年 得分	2012 年 排名	2012 年 优劣度
企业发展	15.302	6	中势	17.829	3	优势	20.663	3	优势
企业利润相对增长率	2.192	7	中势	1.790	8	中势	2.284	4	优势
企业利润绝对增量加权指数	0.775	7	中势	0.638	8	中势	0.816	2	强势
企业利润比重增量	4.531	5	优势	5.153	4	优势	5.111	2	强势
企业利润枢纽度	2.328	3	优势	2.627	4	优势	3.410	1	强势
企业利润平均增长指数	4.708	5	优势	4.254	3	优势	3.949	1	强势
企业产值流强度	0.021	7	中势	0.143	4	优势	0.233	3	优势
企业产值倾向度	0.365	7	中势	2.267	2	强势	3.443	1	强势
内资企业产值职能规模	0.048	7	中势	0.301	4	优势	0.512	3	优势
港澳台投资企业产值职能规模	0.046	5	优势	0.162	5	优势	0.236	4	优势
外商投资企业产值职能规模	0.006	6	中势	0.005	7	中势	0.005	6	中势
内资企业产值职能地位	0.077	7	中势	0.330	3	优势	0.497	3	优势
港澳台投资企业产值职能地位	0.132	4	优势	0.112	4	优势	0.108	5	优势
外商投资企业产值职能地位	0.074	6	中势	0.048	7	中势	0.059	6	中势

根据表 4-5,对 2013～2015 年梧州市企业发展及各三级指标的得分、排名、优劣度进行分析,可以看到在 2013～2015 年梧州市企业发展的综合排名处于优势的状态,其企业发展排名先下降后上升,2013～2014 年其企业发展由第 4 名下降至第 6 名,2015 年又上升至第 4 名,说明梧州市的企业发展领先于珠江-西江经济带的其他城市。对梧州市的企业发展得分情况进行分析,发现梧州市的企业综合得分呈现先下降后上升的发展趋势,说明城市的企业有所发展。

企业利润相对增长率的排名呈现先上升后下降的发展趋势。对梧州市企业利润相对增长率的得分情况进行分析,发现梧州市的企业利润相对增长率的得分呈先上升后下降的趋势,说明 2013～2015 年梧州市企业获取利润的增长速率慢,呈现出地区企业集聚能力及活力的不断减小。

企业利润绝对增量加权指数的排名呈现先保持后下降的发展趋势。对梧州市企业利润绝对增量加权指数的得分情况进行分析,发现梧州市的企业利润绝对增量加权指数的得分呈先上升后下降的趋势,说明 2013～2015 年城市的企业要素集中度降低,城市企业获取利润的增长减慢。

企业利润比重增量的排名呈现先保持后下降的发展趋势。对梧州市企业利润比重增量的得分情况进行分析,发现梧州市的企业利润比重增量的得分呈先下降后上升的趋势,说明 2013～2015 年城市整体企业利润水平不具备优势。

企业利润枢纽度的排名呈现先保持后下降的发展趋势。对梧州市的企业利润枢纽度的得分情况进行分析,发现梧州市的企业利润枢纽度的得分呈持续上升的趋势,说明 2013～2015 年梧州市的说明城市的企业利润能力有所提高,在经济社会发展中的地位有所提高。

企业利润平均增长指数的排名呈现先下降后保持的发

展趋势。对梧州市企业利润平均增长指数的得分情况进行分析,发现梧州市的企业利润平均增长指数的得分呈持续下降的趋势,说明 2013~2015 年梧州市在评估时间段内的企业获取利润减小,整体城市企业利润水平减小。

企业产值流强度的排名呈现先保持后上升的发展趋势。对梧州市企业产值流强度的得分情况进行分析,发现梧州市的企业产值流强度的得分呈先保持后上升的趋势,说明 2013~2015 年梧州市之间发生的经济集聚和扩散所产生的企业要素流动强度强,城市经济影响力强。

企业产值倾向度的排名呈现先下降后上升的发展趋势。对梧州市企业产值倾向度的得分情况进行分析,发现梧州市的企业产值倾向度的得分呈先下降后上升的趋势,说明 2013~2015 年梧州市的总功能量的外向强度增强。

内资企业产值职能规模的排名呈现先保持后上升的发展趋势。对梧州市内资企业产值职能规模的得分情况进行分析,发现梧州市的内资企业产值职能规模的得分呈持续上升的趋势,说明在 2013~2015 年间梧州市的内资企业获取利润水平提高,内资企业获取利润能力提高。

港澳台投资企业产值职能规模的排名呈现持续保持的发展趋势。对梧州市港澳台投资企业产值职能规模的得分情况进行分析,发现梧州市的港澳台投资企业产值职能规模的呈处于先下降后上升的趋势,说明 2013~2015 年梧州市的港澳台投资企业获取利润水平有所提高,港澳台投资企业获取利润能力增强。

外商投资企业产值职能规模的排名呈现先保持后上升的发展趋势。对梧州市的外商投资企业产值职能规模的得分情况进行分析,发现梧州市的外商投资企业产值职能规模的得分呈持续上升的趋势,说明城市的外商投资企业获取利润水平有所提高,外商投资企业获取利润能力增强。

内资企业产值职能地位的排名呈现先保持后上升的发展趋势。对梧州市内资企业产值职能地位的得分情况进行分析,发现梧州市的内资企业产值职能地位的得分处于先下降后上升的趋势,说明 2013~2015 年梧州市的内资企业产值获取能力在地区内的水平具备优势,城市对企业的吸引集聚能力增强,城市发展具备就业及劳动力发展的潜力。

港澳台投资企业产值职能地位的排名呈现持续保持的发展趋势。对梧州市的港澳台投资企业产值职能地位的得分情况进行分析,发现梧州市港澳台投资企业产值职能地位的得分持续下降,说明梧州市的港澳台投资企业产值获取能力在地区内的水平不具备优势,城市对企业的吸引集聚能力减弱,城市发展具备就业及劳动力发展的潜力减弱。

其中外商投资企业产值职能地位的排名呈现持续保持的发展趋势。对梧州市的外商投资企业产值职能地位的得分情况进行分析,发现梧州市的外商投资企业产值职能地位的得分呈先上升后下降的趋势,说明 2013~2015 年梧州市外商投资企业产值获取能力在地区内的水平不具备优势,城市对企业的吸引集聚能力减弱,城市发展具备就业及劳动力发展的潜力降低。

对 2010~2015 年梧州市企业发展及各三级指标的得分、排名和优劣度进行分析。2010 年梧州市企业发展的综合得分排名处于珠江-西江经济带第 6 名,2011~2012 年均升至第 3 名,2013 年降至第 4 名,2014 年降至第 6 名,2015 年升至第 4 名,处于珠江-西江经济带中游区。2010~2015 年其企业发展排名一直在珠江-西江经济带上游区和中游区波动,企业发展水平一直在优势和中势之间波动,2015 年处于优势地位,说明城市的企业发展的发展较之于珠江-西江经济带的其他城市具竞争优势。对梧州市的企业发展得分情况进行分析,发现梧州市的企业发展综合得分呈现波动上升的发展趋势,2010~2012 年间梧州市的企业发展得分持续下降,在 2012 年后波动上升,总体呈上升趋势,说明梧州市企业发展水平在经济带中有一定的提升。

从表 4-6 来看,在 8 个基础指标中,指标的优劣度结构为 7.7:38.5:38.5:15.4。

表 4-5　　　　　　　2013~2015 年梧州市企业发展各级指标的得分、排名及优劣度分析

指标	2013 年 得分	排名	优劣度	2014 年 得分	排名	优劣度	2015 年 得分	排名	优劣度
企业发展	18.161	4	优势	16.916	6	中势	18.276	4	优势
企业利润相对增长率	2.302	3	优势	2.354	2	强势	1.951	9	劣势
企业利润绝对增量加权指数	0.817	3	优势	0.838	3	优势	0.686	8	中势
企业利润比重增量	5.675	2	强势	5.210	2	强势	5.475	4	优势
企业利润枢纽度	3.721	1	强势	3.804	1	强势	4.963	2	强势
企业利润平均增长指数	4.790	1	强势	3.874	3	优势	3.730	3	优势
企业产值流强度	0.043	9	劣势	0.043	9	劣势	0.069	8	中势
企业产值倾向度	0.400	7	中势	0.378	8	中势	0.590	6	中势
内资企业产值职能规模	0.105	6	中势	0.117	6	中势	0.338	5	优势
港澳台投资企业产值职能规模	0.028	9	劣势	0.020	9	劣势	0.042	9	劣势
外商投资企业产值职能规模	0.008	6	中势	0.009	6	中势	0.011	5	优势
内资企业产值职能地位	0.102	6	中势	0.101	6	中势	0.261	5	优势
港澳台投资企业产值职能地位	0.107	6	中势	0.102	6	中势	0.096	6	中势
外商投资企业产值职能地位	0.063	6	中势	0.066	6	中势	0.063	6	中势

表 4-6　　　　　　　　　　2015 年梧州市企业发展指标的优劣度结构

二级指标	三级指标数	强势指标 个数	强势指标 比重（%）	优势指标 个数	优势指标 比重（%）	中势指标 个数	中势指标 比重（%）	劣势指标 个数	劣势指标 比重（%）	优劣度
企业发展	13	1	7.692	5	38.462	5	38.462	2	15.385	优势

（三）梧州市城市企业发展实力比较分析

图 4-25 和图 4-26 将 2010~2015 年梧州市企业发展与珠江-西江经济带最高水平和平均水平进行比较。从梧州市企业发展的要素得分比较来看，由图 4-25 可知，2010 年，梧州市企业利润相对增长率得分比珠江-西江经济带最高分低 0.105 分，比平均分低 0.012 分；2011 年，企业利润相对增长率得分比珠江-西江经济带最高分低 3.135 分，比平均分低 0.615 分；2012 年，企业利润相对增长率得分比珠江-西江经济带最高分低 0.330 分，比平均分高 0.056 分；2013 年，企业利润相对增长率得分比珠江-西江经济带最高分低 0.234 分，比平均分高 0.026 分；2014 年，企业利润相对增长率得分比珠江-西江经济带最高分低 0.221 分，比平均分高 0.068 分；2015 年，企业利润相对增长率得分比珠江-西江经济带最高分低 0.470 分，比平均分低 0.078 分。这说明整体上梧州市企业利润相对增长率得分与珠江-西江经济带最高分的差距波动增大，与珠江-西江经济带平均分的差距也波动增大。

2010 年，梧州市企业利润绝对增量加权指数得分比珠江-西江经济带最高分低 0.071 分，比平均分低 0.008 分；2011 年，企业利润绝对增量加权指数得分比珠江-西江经济带最高分低 3.453 分，比平均分低 0.575 分；2012 年，企业利润绝对增量加权指数得分比珠江-西江经济带最高分低 0.514 分，与平均分不存在差异；2013 年，企业利润绝对增量加权指数得分比珠江-西江经济带最高分低 0.182 分，比平均分低 0.011 分；2014 年，企业利润绝对增量加权指数得分比珠江-西江经济带最高分低 0.408 分，比平均分高 0.002 分；2015 年，企业利润绝对增量加权指数得分比珠江-西江经济带最高分低 0.154 分，比平均分高 0.014 分。这说明整体上梧州市企业利润绝对增量加权指数得分与珠江-西江经济带最高分差距波动增加，与珠江-西江经济带平均分的差距也波动增加。

2010 年，梧州市企业利润比重增量得分比珠江-西江经济带最高分低 0.164 分，比平均分高 0.580 分；2011 年，企业利润比重增量得分比珠江-西江经济带最高分低 0.492 分，比平均分高 0.158 分；2012 年，企业利润比重增量得分比珠江-西江经济带最高分低 0.561 分，比平均分高 0.270 分；2013 年，企业利润比重增量得分比珠江-西江经济带最高分低 0.912 分，比平均分高 0.373 分；2014 年，企业利润比重增量得分比珠江-西江经济带最高分低 0.132 分，比平均分高 0.156 分；2015 年，企业利润比重增量得分比珠江-西江经济带最高分低 0.631 分，比平均分高 0.075 分。这说明整体上梧州市企业利润比重增量得分与珠江-西江经济带最高分的差距波动增加，与珠江-西江经济带平均分的差距波动减小。

2010 年，梧州市企业利润枢纽度得分比珠江-西江经济带最高分低 0.550 分，比平均分高 0.621 分；2011 年，企业利润枢纽度得分比珠江-西江经济带最高分低 0.191 分，比平均分高 0.831 分；2012 年，企业利润枢纽度得分与珠江-西江经济带最高分不存在差异，比平均分高 1.422 分；2013 年，企业利润枢纽度得分与珠江-西江经济带最高分不存在差异，比平均分高 1.626 分；2014 年，企业利润枢纽度得分与珠江-西江经济带最高分不存在差异，比平均分高 1.690 分；2015 年，企业利润枢纽度得分比珠江-西江经济带最高分低 0.147 分，比平均分高 2.428 分。这说明整体上梧州市企业利润枢纽度得分与珠江-西江经济带最高分的差距波动减小，与珠江-西江经济带平均分的差距持续增加。

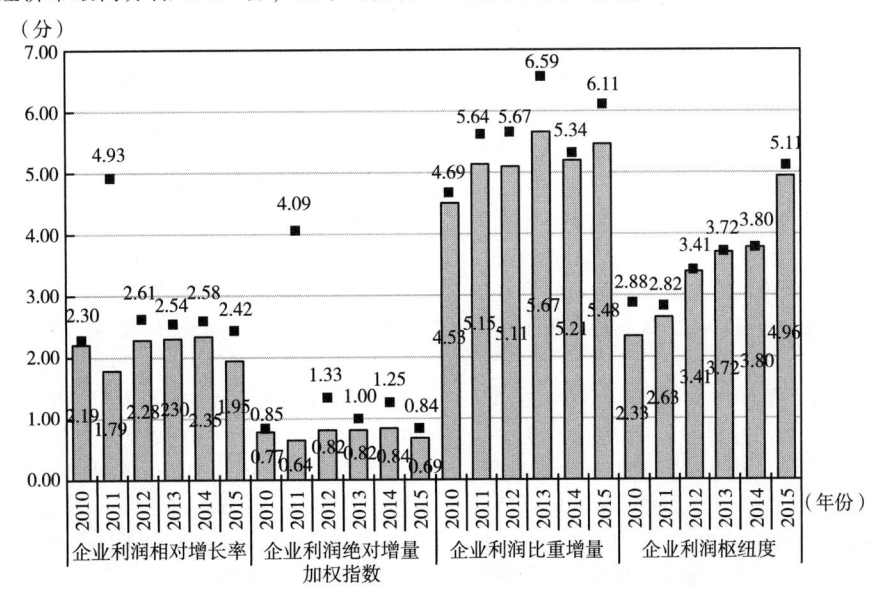

图 4-25　2010~2015 年梧州市企业发展指标得分比较 1

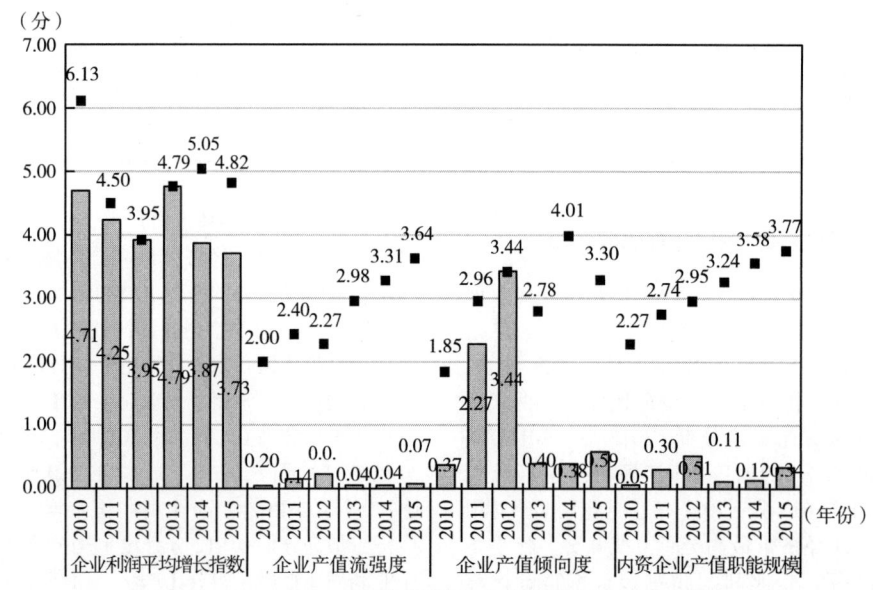

图 4-26　2010~2015 年梧州市企业发展指标得分比较 2

由图 4-26 可知，2010 年，梧州市企业利润平均增长指数得分比珠江-西江经济带最高分低 1.425 分，比平均分高 0.083 分；2011 年，企业利润平均增长指数得分比珠江-西江经济带最高分低 0.246 分，比平均分高 0.455 分；2012 年，企业利润平均增长指数得分与珠江-西江经济带最高分不存在差异，比平均分高 0.495 分；2013 年，企业利润平均增长指数得分与珠江-西江经济带最高分不存在差异，比平均分高 1.063 分；2014 年，企业利润平均增长指数得分比珠江-西江经济带最高分低 1.174 分，比平均分高 0.145 分；2015 年，企业利润平均增长指数得分比珠江-西江经济带最高分低 1.089 分，比平均分高 0.344 分。这说明整体上梧州市企业利润平均增长指数得分与珠江-西江经济带最高分的差距波动减小，与珠江-西江经济带平均分的差距波动增加。

2010 年，梧州市企业产值流强度得分比珠江-西江经济带最高分低 1.976 分，比平均分低 0.212 分；2011 年，企业产值流强度得分比珠江-西江经济带最高分低 2.260 分，比平均分低 0.165 分；2012 年，企业产值流强度得分比珠江-西江经济带最高分低 2.038 分，比平均分低 0.074 分；2013 年，企业产值流强度得分比珠江-西江经济带最高分低 2.936 分，比平均分低 0.319 分；2014 年，企业产值流强度得分比珠江-西江经济带最高分低 3.271 分，比平均分低 0.368 分；2015 年，企业产值流强度得分比珠江-西江经济带最高分低 3.574 分，比平均分低 0.383 分。这说明整体上梧州市企业产值流强度得分与珠江-西江经济带最高分的差距波动增加，与珠江-西江经济带平均分的差距先减后增。

2010 年，梧州市企业产值倾向度得分比珠江-西江经济带最高分低 1.482 分，比平均分低 0.169 分；2011 年，企业产值倾向度得分比珠江-西江经济带最高分低 0.692 分，比平均分高 1.140 分；2012 年，企业产值倾向度得分与珠江-西江经济带最高分不存在差异，比平均分高 2.206 分；2013 年企业产值倾向度得分比珠江-西江经济带最高分低 2.383 分，比平均分低 0.487 分；2014 年，企业产值倾向度得分比珠江-西江经济带最高分低 3.634 分，比平均分低 0.651 分；2015 年，企业产值倾向度得分比珠江-西江经济带最高分低 2.711 分，比平均分低 0.499 分。这说明整体上梧州市企业产值倾向度得分与珠江-西江经济带最高分的差距波动增加，与珠江-西江经济带平均分的差距波动增加。

2010 年，梧州市内资企业产值职能规模得分比珠江-西江经济带最高分低 2.226 分，比平均分低 0.269 分；2011 年，内资企业产值职能规模得分比珠江-西江经济带最高分低 2.442 分，比平均分低 0.144 分；2012 年，内资企业产值职能规模得分比珠江-西江经济带最高分低 2.433 分，比平均分高 0.006 分；2013 年内资企业产值职能规模得分比珠江-西江经济带最高分低 3.134 分，比平均分低 0.407 分；2014 年，内资企业产值职能规模得分比珠江-西江经济带最高分低 3.460 分，比平均分低 0.454 分；2015 年，内资企业产值职能规模得分比珠江-西江经济带最高分低 3.428 分，比平均分低 0.297 分。这说明整体上梧州市内资企业产值职能规模得分与珠江-西江经济带最高分的差距波动增加，与珠江-西江经济带平均分的差距波动增加。

由图 4-27 可知，2010 年，梧州市港澳台投资企业产值职能规模得分比珠江-西江经济带最高分低 3.329 分，比平均分低 0.596 分；2011 年，港澳台投资企业产值职能规模得分比珠江-西江经济带最高分低 3.143 分，比平均分低 0.529 分；2012 年，港澳台投资企业产值职能规模得分比珠江-西江经济带最高分低 2.805 分，比平均分低 0.429 分；2013 年，港澳台投资企业产值职能规模得分比珠江-西江经济带最高分低 3.510 分，比平均分低 0.772 分；2014 年，港澳台投资企业产值职能规模得分比珠江-西江经济带最高分低 4.092 分，比平均分低 0.899 分；2015 年，港澳台投资企业产值职能规模得分比珠江-西江经济带最高分低 3.284 分，比平均分低 0.692 分。这说明整体上梧州市港澳台投资企业产值职能规模得分与珠江-西江经济带最高分的差距波动减小，与珠江-西江经济带平均分的差距波动增加。

2010年，梧州市外商投资企业产值职能规模得分比珠江－西江经济带最高分低1.744分，比平均分低0.168分；2011年，外商投资企业产值职能规模得分比珠江－西江经济带最高分低2.323分，比平均分低0.217分；2012年，外商投资企业产值职能规模得分比珠江－西江经济带最高分低1.964分，比平均分低0.184分；2013年，外商投资企业产值职能规模得分比珠江－西江经济带最高分低2.644分，比平均分低0.246分；2014年，外商投资企业产值职能规模得分比珠江－西江经济带最高分低3.041分，比平均分低0.287分；2015年，外商投资企业产值职能规模得分比珠江－西江经济带最高分低3.577分，比平均分低0.340分。这说明整体上梧州市外商投资企业产值职能规模得分与珠江－西江经济带最高分的差距波动增加，与珠江－西江经济带平均分的差距波动增加。

2010年，梧州市内资企业产值职能地位得分比珠江－西江经济带最高分低3.562分，比平均分低0.430分；2011年，内资企业产值职能地位得分比珠江－西江经济带最高分低2.679分，比平均分低0.158分；2012年，内资企业产值职能地位得分比珠江－西江经济带最高分低2.363分，比平均分高0.006分；2013年内资企业产值职能地位得分比珠江－西江经济带最高分低3.023分，比平均分低0.393分；2014年，内资企业产值职能地位得分比珠江－西江经济带最高分低2.994分，比平均分低0.393分；2015年，内资企业产值职能地位得分比珠江－西江经济带最高分低2.643分，比平均分低0.229分。这说明整体上梧州市内资企业产值职能地位得分与珠江－西江经济带最高分的差距波动减小，与珠江－西江经济带平均分的差距波动减小。

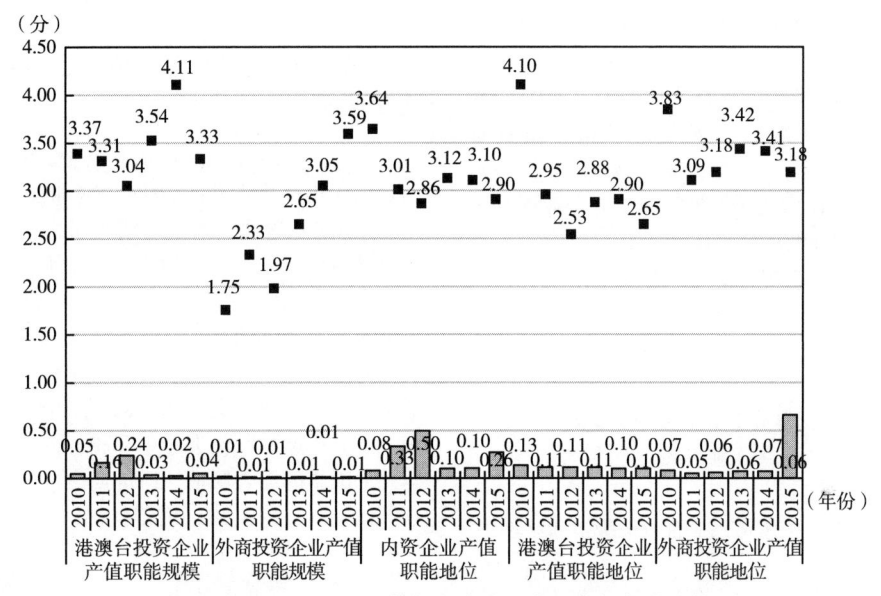

图4-27 2010~2015年梧州市企业发展指标得分比较3

2010年，梧州市港澳台投资企业产值职能地位得分比珠江－西江经济带最高分低3.966分，比平均分低0.703分；2011年，港澳台投资企业产值职能地位得分比珠江－西江经济带最高分低2.840分，比平均分低0.479分；2012年，港澳台投资企业产值职能地位得分比珠江－西江经济带最高分低2.426分，比平均分低0.428分；2013年港澳台投资企业产值职能地位得分比珠江－西江经济带最高分低2.772分，比平均分低0.523分；2014年，港澳台投资企业产值职能地位得分比珠江－西江经济带最高分低2.799分，比平均分低0.530分；2015年，港澳台投资企业产值职能地位得分比珠江－西江经济带最高分低2.555分，比平均分低0.484分。这说明整体上梧州市港澳台投资企业产值职能地位得分与珠江－西江经济带最高分的差距波动减小，与珠江－西江经济带平均分的差距波动减小。

2010年，梧州市外商投资企业产值职能地位得分比珠江－西江经济带最高分低3.759分，比平均分低0.641分；2011年，外商投资企业产值职能地位得分比珠江－西江经济带最高分低3.046分，比平均分低0.524分；2012年，外商投资企业产值职能地位得分比珠江－西江经济带最高分低3.120分，比平均分低0.520分；2013年外商投资企业产值职能地位得分比珠江－西江经济带最高分低3.358分，比平均分低0.577分；2014年，外商投资企业产值职能地位得分比珠江－西江经济带最高分低3.348分，比平均分低0.572分；2015年，外商投资企业产值职能地位得分比珠江－西江经济带最高分低3.121分，比平均分低0.537分。这说明整体上梧州市外商投资企业产值职能地位得分与珠江－西江经济带最高分的差距波动减小，与珠江－西江经济带平均分的差距波动减小。

三、梧州市城市工业企业发展水平综合评估与比较

从对梧州市工业企业发展水平评估及其2个二级指标在珠江－西江经济带的排名变化和指标结构的综合分析来看，2010~2015年工业企业板块中上升指标的数量大于下降指标的数量，上升的动力大于下降的拉力，使得2015年

梧州市工业企业发展水平的排名呈波动上升，在珠江－西江经济带城市位居第4名。

（一）梧州市城市工业企业发展水平概要分析

梧州市工业企业发展水平在珠江－西江经济带所处的位置及变化如表4－7所示，2个二级指标的得分和排名变化如表4－8所示。

（1）从指标排名变化趋势看，2015年梧州市工业企业发展水平评估排名在珠江－西江经济带处于第4名，表明其在珠江－西江经济带处于优势地位，与2010年相比，排名上升2名。总的来看，评价期内梧州市工业企业发展水平呈现波动上升趋势。

在2个二级指标中，2个指标排名波动上升，为工业发展和企业发展。这是梧州市工业企业发展水平处于波动上升的原因所在。受指标排名升降的综合影响，评价期内梧州市工业企业的综合排名波动上升，在珠江－西江经济带城市排名第4名。

（2）从指标所处区位来看，2015年梧州市工业企业发展水平处在中游区，其中，工业发展为中势指标，企业发展为优势指标。

（3）从指标得分来看，2015年梧州市工业企业得分为45.557分，比珠江－西江经济带最高分低16.779分，比珠江－西江经济带平均分低5.212分；与2010年相比，梧州市工业企业发展水平得分上升4.255分，与当年最高分的差距减小，也与珠江－西江经济带平均分的差距减小。

2015年，梧州市工业企业发展水平二级指标的得分均高于18分，与2010年相比，得分上升最多的为企业发展，上升2.974分；得分上升最少的为工业发展，上升1.281分。

表4－8 2010～2015年梧州市工业企业二级指标比较表

年份	工业发展 得分	工业发展 排名	企业发展 得分	企业发展 排名
2010	26.001	8	15.302	6
2011	26.404	8	17.829	3
2012	26.784	7	20.663	3
2013	28.962	3	18.161	4
2014	24.804	7	16.916	6
2015	27.281	3	18.276	4
得分变化	1.281	—	2.974	—
排名变化	—	5	—	2
优劣度	中势	中势	优势	优势

（二）梧州市城市工业企业发展水平指标动态变化分析

2010～2015年梧州市工业企业发展水平评估各级指标的动态变化及其结构，如图4－28和表4－9所示。

从图4－28可以看出，梧州市工业企业发展水平评估的三级指标中上升指标的比例大于下降指标，表明上升指标居于主导地位。表4－9中的数据说明，梧州市工业企业发展水平评估的22个三级指标中，上升的指标有10个，占指标总数的45.455%；保持的指标有4个，占指标总数的18.182%；下降的指标有8个，占指标总数的36.364%。由于上升指标的数量大于下降指标的数量，且受变动幅度与外部因素的综合影响，评价期内梧州市工业企业排名呈现波动上升，在珠江－西江经济带城市居第4名。

表4－7 2010～2015年梧州市工业企业一级指标比较

项目	2010年	2011年	2012年	2013年	2014年	2015年
排名	6	5	3	4	7	4
所属区位	中游	中游	上游	中游	中游	中游
得分	41.302	44.234	47.447	47.123	41.720	45.557
全国最高分	64.061	66.285	62.112	64.361	61.849	62.336
全国平均分	51.465	53.838	53.598	51.944	50.910	50.770
与最高分的差距	-22.758	-22.051	-14.665	-17.238	-20.129	-16.779
与平均分的差距	-10.163	-9.604	-6.151	-4.821	-9.191	-5.212
优劣度	中势	优势	优势	优势	中势	优势
波动趋势	—	上升	上升	下降	下降	上升

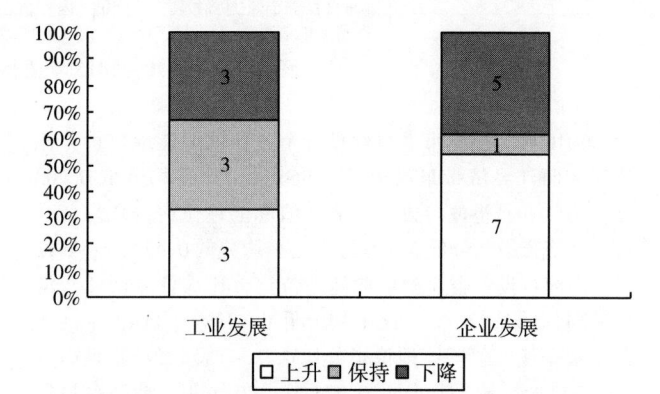

图4－28 2010～2015年梧州市工业企业发展水平动态变化结构

表4－9 2010～2015年梧州市工业企业各级指标排名变化态势比较

二级指标	三级指标数	上升指标 个数	上升指标 比重（%）	保持指标 个数	保持指标 比重（%）	下降指标 个数	下降指标 比重（%）
工业发展	9	3	33.333	3	33.333	3	33.333
企业发展	13	7	53.846	1	7.692	5	38.462
合计	22	10	45.455	4	18.182	8	36.364

(三) 梧州市城市工业企业发展水平指标变化动因分析

2015年梧州市工业企业板块各级指标的优劣势变化及其结构,如图4－29和表4－10所示。

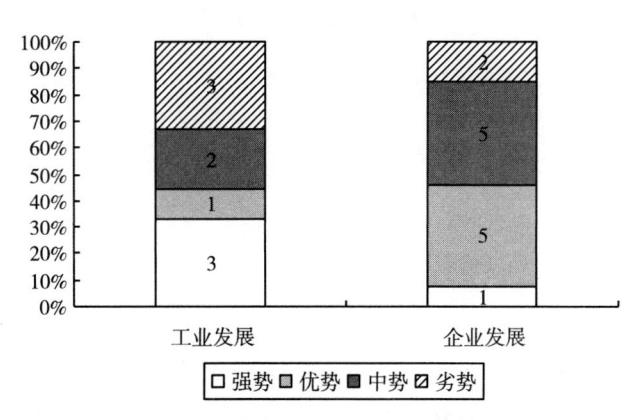

图4－29 2015年梧州市工业企业优劣度结构

从图4－29可以看出,2015年梧州市工业企业发展水平评估的三级指标中优势和中势指标的比例大于强势和劣势指标的比例,表明优势和中势指标居于主导地位。表4－10中的数据说明,2015年梧州市工业企业的22个三级指标中,强势指标有4个,占指标总数的18.182%;优势指标为6个,占指标总数的27.273%;中势指标7个,占指标总数的31.818%;劣势指标为5个,占指标总数的22.727%;优势指标和中势指标之和占指标总数的59.091%,数量与比重均大于劣势指标。从二级指标来看,其中,工业发展的强势指标有3个,占指标总数的33.333%;优势指标为1个,占指标总数的11.111%;中势指标2个,占指标总数的22.222%;劣势指标为3个,占指标总数的33.333%;优势指标和中势指标之和占指标总数的33.333%,说明工业发展的优、中势指标不居于主导地位。企业发展强势指标1个,占指标总数的7.692%;优势指标为5个,占指标总数的38.462%;中势指标5个,占指标总数的38.462%;劣势指标为2个,占指标总数的15.385%;优势指标和中势指标之和占指标总数的76.924%,说明企业发展的优、中势指标处于主导地位。由于优、中势指标比重较大,梧州市工业企业发展水平处于优势地位,在珠江－西江经济带城市居第4名,处于中游区。

为进一步明确影响梧州市工业企业变化的具体因素,以便对相关指标进行深入分析,为提升梧州市工业企业发展水平提供决策参考,表4－11列出工业企业指标体系中直接影响梧州市工业企业发展水平升降的强势指标、优势指标、中势指标和劣势指标。

表4－10　　　　　　　　　2015年梧州市工业企业各级指标优劣度比较

二级指标	三级指标数	强势指标 个数	比重(%)	优势指标 个数	比重(%)	中势指标 个数	比重(%)	劣势指标 个数	比重(%)	优劣度
工业发展	9	3	33.333	1	11.111	2	22.222	3	33.333	优势
企业发展	13	1	7.692	5	38.462	5	38.462	2	15.385	优势
合计	22	4	18.182	6	27.273	7	31.818	5	22.727	优势

表4－11　　　　　　　　　2012年梧州市工业企业三级指标优劣度统计

指标	强势指标	优势指标	中势指标	劣势指标
工业发展(9个)	税收贡献率、工业弧弹性、工业不协调度(3个)	工业密度(1个)	工业结构、工业发展强度(2个)	企业弹性扩张系数、Moore工业结构、工业偏离系数(3个)
企业发展(13个)	企业利润枢纽度(1个)	企业利润比重增量、企业利润平均增长指数、内资企业产值职能规模、外商投资企业产值职能规模、内资企业产值职能地位(5个)	企业利润绝对量加权指数、企业产值流强度、内资企业产值职能规模、港澳台投资企业产值职能地位、外商投资企业产值职能地位(5个)	企业利润相对增长率、港澳台投资企业产值职能规模(2个)

第五章 贵港市城市工业企业发展水平综合评估

一、贵港市城市工业企业发展实力综合评估与比较

(一) 贵港市城市工业发展实力评估指标变化趋势评析

1. 工业结构

根据图5-1分析可知，2010~2015年贵港市工业结构总体上呈现波动保持的状态。波动保持型指标意味着城市在该项指标上虽然呈现波动状态，在评价末期和评价初期的数值基本保持一致，该图可知贵港市工业结构数值保持在89.830~94.094。即使贵港市工业结构存在过最低值，其数值为89.830，但贵港市在工业结构上总体表现相对平稳；说明该地区工业结构能力及活力持续又稳定。

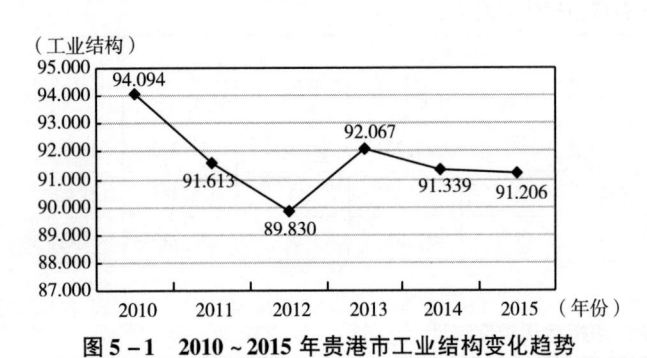

图5-1 2010~2015年贵港市工业结构变化趋势

2. 企业扩张弹性系数

根据图5-2分析可知，2010~2015年贵港市的企业扩张弹性系数总体上呈现波动上升的状态。这一类型的指标为2010~2015年间城市在该项指标上存在较多波动变化，总体趋势为上升趋势，但在个别年份出现下降的情况，指标并非连续性上升。波动上升型指标意味着在评估期间，虽然指标数据存在较大波动变化，但是其评价末期数据值高于评价初期数据值。通过折线图可以看出，贵港市的企业扩张弹性系数指标不断提高，在2015年达到84.604，相较于2010年上升25个单位左右，说明贵港市的整体企业扩张弹性系数发展水平较高，城市企业发展势头较好。

3. 工业发展强度

根据图5-3分析可知，2010~2015年贵港市的工业发展强度总体上呈现持续上升的状态。持续上升型的指标不仅意味着城市在各项指标数据上的不断增长，更意味着城市在该项指标以及工业企业实力整体上的竞争力优势不断扩大。通过折线图可以看出，贵港市的工业发展强度指标不断提高，在2015年达到1.672；说明贵港市工业发展强度的整体发展较高，工业发展速度较快。

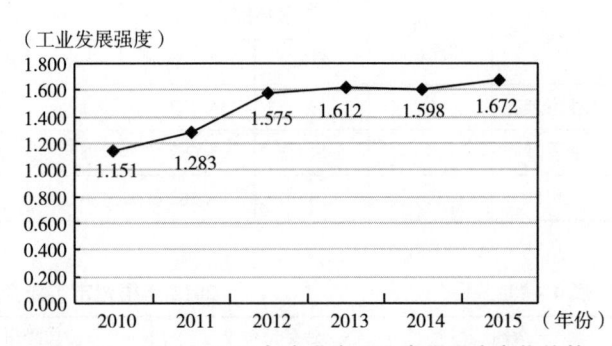

图5-2 2010~2015年贵港市企业扩张弹性系数变化趋势

图5-3 2010~2015年贵港市工业发展强度变化趋势

4. 工业密度

根据图5-4分析可知，2010~2015年贵港市的工业密度总体上呈现波动下降的状态。这一类的指标为2010~2015年间城市在该项指标上总体呈现下降趋势，但在评估

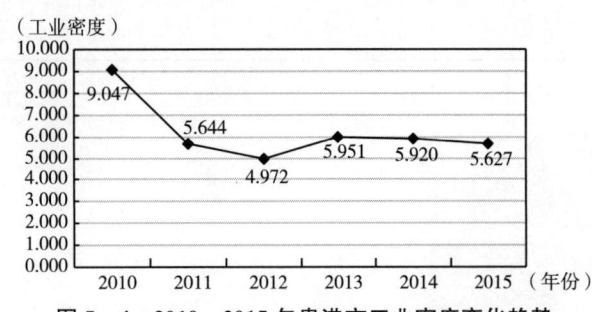

图5-4 2010~2015年贵港市工业密度变化趋势

期间存在上下波动的情况,指标并非连续性下降状态。波动下降型指标意味着在评估期间,虽然指标数据存在较大波动变化,但是其评价末期数据值低于评价初期数据值。如图所示,贵港市工业密度指标处于不断下降的状态中,2010年此指标数值最高,为9.047,到2015年时,下降至5.627。分析这种变化趋势,可以得出贵港市工业密度发展的水平处于劣势,工业密度不断下降,城市的工业发展活力较低。

5. 税收贡献率

根据图5-5分析可知,2010~2015年贵港市税收贡献率总体上呈现波动下降型的状态。这种状态表现为2010~2015年城市在该项指标上总体呈现下降趋势,但在此期间存在上下波动的情况,并非连续性下降状态。这就意味着在评估的时间段内,虽然指标数据存在较大的波动,但是其评价末期数据值低于评价初期数据值。贵港市的税收贡献率末期低于初期的数据,降低5个单位左右,并且2010~2011年间存在明显下降的变化,这说明贵港市工业发展情况处于不太稳定的下降状态。

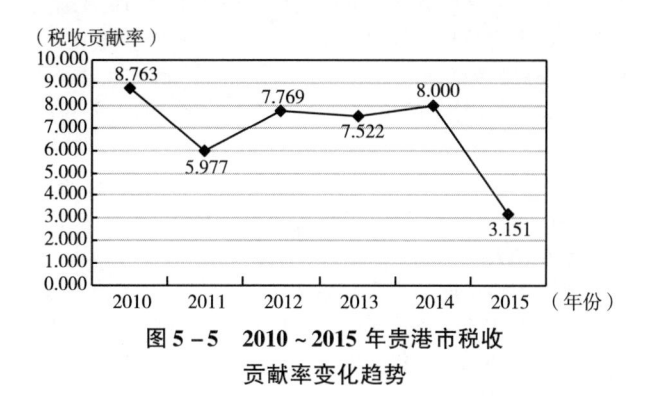

图5-5 2010~2015年贵港市税收贡献率变化趋势

6. 工业弧弹性

根据图5-6分析可知,2010~2015年贵港市工业弧弹性总体上呈现波动保持的状态。波动保持型指标意味着城市在该项指标上虽然呈现波动状态,在评价末期和评价初期的数值基本保持一致,该图可知贵港市工业弧弹性数值保持在88.340~89.849。即使贵港市工业弧弹性存在过最低值,其数值为88.340,但贵港市在工业弧弹性上总体表现的也是相对平稳;说明该地区工业弧弹性能力及活力持续又稳定。

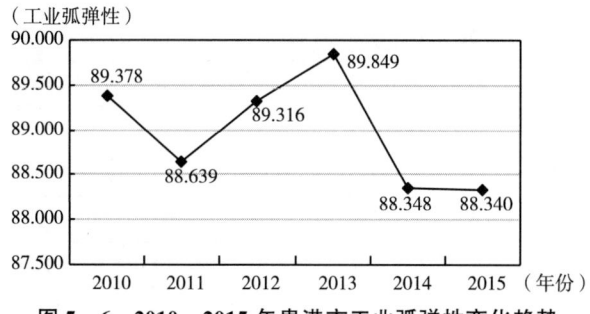

图5-6 2010~2015年贵港市工业弧弹性变化趋势

7. Moore 工业结构

根据图5-7分析可知,2010~2015年贵港市Moore工业结构总体上呈现波动下降的状态。这种状态表现为2010~2015年城市在该项指标上总体呈现下降趋势,但在此期间存在上下波动的情况,并非连续性下降状态。这就意味着在评估的时间段内,虽然指标数据存在较大的波动,但是其评价末期数据值低于评价初期数据值。贵港市的Moore工业结构末期低于初期的数据,降低5个单位左右,并且2013~2015年间存在明显下降的变化;这说明贵港市工业发展情况处于不太稳定的下降状态。

图5-7 2010~2015年贵港市Moore工业结构变化趋势

8. 工业不协调度

根据图5-8分析可知,2010~2015年贵港市的工业不协调度总体上呈现持续下降的状态,由2010年的76.464下降至2015年的49.163。贵港市的工业不协调度相较于其他城市的数据指标偏低,这反映出贵港市的工业不协调度处于不断下降的状态;说明城市工业不协调度在下降,城市工业结构趋于协调发展。

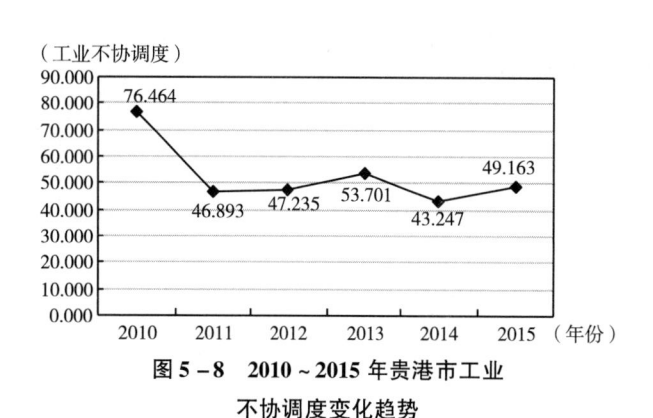

图5-8 2010~2015年贵港市工业不协调度变化趋势

9. 工业偏离系数

根据图5-9分析可知,2010~2015年贵港市工业偏离系数总体上呈现波动保持的状态。波动保持型指标意味着城市在该项指标上虽然呈现波动状态,在评价末期和评价初期的数值基本保持一致,该图可知贵港市工业偏离系数数值保持在12.264~20.271。即使贵港市工业偏离系数存在过最低值，其数值为12.264，但贵港市在工业偏离系数上总体表现的也是相对平稳；说明该地区工业偏离系数能力及活力持续又稳定。

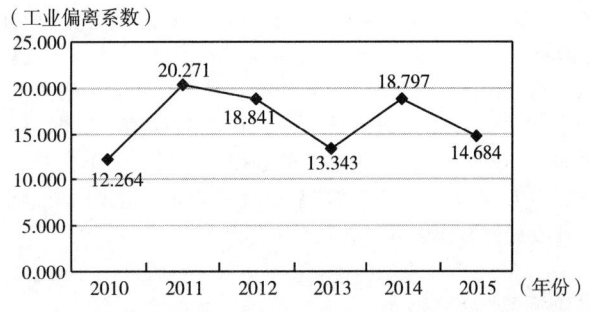

图 5-9 2010~2015年贵港市工业偏离系数变化趋势

（二）贵港市城市工业发展实力评估结果

根据表5-1，对2010~2012年贵港市工业发展得分、排名、优劣度进行分析，可以看到2010年贵港市工业发展排名保持在珠江-西江经济带第7名，2011年下降至第9名，2012年又下降至第10名，其工业发展在珠江-西江经济带处于中下游区，说明贵港市工业发展与经济带其他城市相比速度较慢。对贵港市的工业发展得分情况进行分析，发现贵港市的工业发展综合得分在2010~2012年先下降后上升，整体呈下降趋势，说明城市的工业发展有所下降。

对贵港市工业发展的三级指标进行分析，其中工业结构得分排名呈现先下降后持续保持的发展趋势。对贵港市的工业结构的得分情况进行分析，发现贵港市的工业结构的得分呈现持续下降的趋势，说明贵港市工业结构发展水平在降低，工业结构存在较大程度地偏离，说明地区出现显著的工业结构不协调，对城市经济社会稳定发展将造成长远的影响，不利于城市的活力提升和发展的可持续性。

企业扩张弹性系数的排名呈现先下降然后再上升的发展趋势。对贵港市的企业扩张弹性系数的得分情况进行分析，发现贵港市的企业扩张弹性系数的得分先下降后上升，整体呈上升趋势，说明贵港市的企业扩张弹性系数增大，

说明城市的企业数量扩张幅度减小，城市城镇化与工业发展之间呈现协调发展的关系，城镇企业数量的增加并未导致城市的过度拥挤及承载力压力问题的出现。

工业发展强度的排名呈现持续保持的发展趋势。对贵港市的工业发展强度的得分情况进行分析，发现贵港市工业发展强度的得分持续上升，说明贵港市的工业发展强度有所增强，说明城市的工业产值发展能力在增强，城市活力增强。

工业密度的排名呈现先保持后下降的发展趋势。对贵港市工业密度的得分情况进行分析，发现贵港市的工业密度的得分呈现持续下降的趋势，说明贵港市的工业密度逐渐减小，城市的工业承载力减小。

税收贡献率的排名呈现先下降后上升的发展趋势。对贵港市的税收贡献率的得分情况进行分析，发现贵港市的税收贡献率的得分呈现先下降后上升的发展趋势，整体呈下降趋势，说明贵港市的经济发展有所下降，税收程度降低，市场发展活力减弱。

工业弧弹性的排名呈现先下降后保持的趋势。对贵港市的工业弧弹性的得分情况进行分析，发现贵港市的工业弧弹性的得分呈现波动上升的趋势，说明贵港市的工业产值增长速率快于其经济的变化增长速率，城市呈现出工业的扩张发展趋势。

Moore工业结构的排名呈现先保持后上升的发展趋势。对贵港市的Moore工业结构的得分情况进行分析，发现贵港市的Moore工业结构的得分处于波动上升的趋势，说明贵港市的Moore产业结构指数在增大，城市企业结构的变化程度在增大。

工业不协调度的排名呈现先下降后保持的发展趋势。对贵港市的工业不协调度的得分情况进行分析，发现贵港市的工业不协调度的得分先上升后下降，说明贵港市的企业不协调度波动减小，企业在城市中的发展结构趋于协调。

工业偏离系数的排名呈现先上升后下降的发展趋势。对贵港市的工业偏离系数的得分情况进行分析，发现贵港市的工业偏离系数的得分呈现出波动上升的发展趋势，说明贵港市的工业结构偏离系数波动增大，城市的就业结构协调程度降低，城市的劳动生产率有所降低，城市的工业结构、产业结构出现协调而稳定的状态。

表 5-1　　　　　2010~2012年贵港市工业发展各级指标的得分、排名及优劣度分析

指标	2010年			2011年			2012年		
	得分	排名	优劣度	得分	排名	优劣度	得分	排名	优劣度
工业发展	26.980	7	中势	24.713	9	劣势	25.516	10	劣势
工业结构	7.294	7	中势	7.197	9	劣势	7.113	9	劣势
企业扩张弹性系数	2.971	6	中势	2.604	7	中势	3.303	3	优势
工业发展强度	0.046	8	中势	0.050	8	中势	0.062	8	中势
工业密度	0.339	6	中势	0.195	6	中势	0.172	7	中势
税收贡献率	0.346	10	劣势	0.232	11	劣势	0.320	10	劣势

续表

指　　标	2010年 得分	排名	优劣度	2011年 得分	排名	优劣度	2012年 得分	排名	优劣度
工业弧弹性	6.589	5	优势	6.486	7	中势	6.727	7	中势
Moore工业结构	4.335	6	中势	4.570	6	中势	4.549	5	优势
工业不协调度	4.606	7	中势	2.636	9	劣势	2.588	9	劣势
工业偏离系数	0.455	7	中势	0.742	4	优势	0.682	5	优势

根据表5-2，对2013~2015年贵港市工业发展得分、排名、优劣度进行分析，可以看到2013年贵港市工业发展排名保持在珠江-西江经济带第8名，2014年下降至第10名，2015年又上升至第7名，其工业发展在珠江-西江经济带处于中下游区，说明贵港市工业发展与经济带其他城市相比速度较慢。对贵港市的工业发展得分情况进行分析，发现贵港市的工业发展综合得分在2013~2015年先下降后上升，整体呈下降趋势，说明城市的工业发展有所下降。

对贵港市工业发展的三级指标进行分析，其中工业结构得分排名呈现持续保持的发展趋势。对贵港市的工业结构的得分情况进行分析，发现贵港市的工业结构的得分呈现持续下降的趋势，说明贵港市工业结构发展水平在降低，工业结构存在较大程度地偏离，说明地区出现显著的工业结构不协调，对城市经济社会稳定发展将造成长远的影响，不利于城市的活力提升和发展的可持续性。

企业扩张弹性系数的排名呈现持续上升的发展趋势。对贵港市的企业扩张弹性系数的得分情况进行分析，发现贵港市的企业扩张弹性系数的得分先下降后上升，整体呈上升趋势，说明贵港市的企业扩张弹性系数增大，说明城市的企业数量扩张幅度减小，城市城镇化与工业发展之间呈现协调发展的关系，城镇企业数量的增加并未导致城市的过度拥挤及承载力压力问题的出现。

工业发展强度的排名呈现持续保持的发展趋势。对贵港市的工业发展强度的得分情况进行分析，发现贵港市工业发展强度的得分持续上升，说明贵港市的工业发展强度有所增强，说明城市的工业产值发展能力在增强，城市活力增强。

工业密度的排名呈现持续保持的发展趋势。对贵港市工业密度的得分情况进行分析，发现贵港市的工业密度的得分呈现持续下降的趋势，说明贵港市的工业密度逐渐减小，城市的工业承载力减小。

税收贡献率的排名呈现持续下降的发展趋势。对贵港市的税收贡献率的得分情况进行分析，发现贵港市的税收贡献率的得分呈现先上升后下降的发展趋势，整体呈下降趋势，说明贵港市的经济发展有所下降，税收程度降低，市场发展活力减弱。

工业弧弹性的排名呈现先下降后上升的趋势。对贵港市的工业弧弹性的得分情况进行分析，发现贵港市的工业弧弹性的得分呈现持续上升的趋势，说明贵港市的工业产值增长速率快于其经济的变化增长速率，城市呈现出工业的扩张发展趋势。

Moore工业结构的排名呈现先保持后上升的发展趋势。对贵港市的Moore工业结构的得分情况进行分析，发现贵港市的Moore工业结构的得分处于波动下降的趋势，说明贵港市的Moore产业结构指数有所减小，城市企业结构的变化程度在波动减小。

工业不协调度的排名呈现先保持后下降的发展趋势。对贵港市的工业不协调度的得分情况进行分析，发现贵港市的工业不协调度的得分先下降后上升，整体呈下降趋势，说明贵港市的企业不协调度波动减小，企业在城市中的发展结构趋于良好，企业对城市经济发展起促进作用。

工业偏离系数的排名呈现先上升后保持的发展趋势。对贵港市的工业偏离系数的得分情况进行分析，发现贵港市的工业偏离系数的得分呈现出波动上升的发展趋势，说明贵港市的工业结构偏离系数波动增大，城市的就业结构协调程度降低，城市的劳动生产率有所降低，城市的工业结构、产业结构出现不协调、不稳定的状态。

对2010~2015年贵港市工业发展及各三级指标的得分、排名和优劣度进行分析。2010年贵港市工业发展的综合得分排名处在珠江-西江经济带第7名，2011年降至第9名，2012年、2014年降至第10名，2013年升至第8名，2015年升至第7名，处于珠江-西江经济带中游区，2010~2015年贵港市工业发展的综合得分排名呈现波动保持的发展趋势，2010~2015年其工业发展排名一直在珠江-西江经济带中游区和下游区波动，在工业发展上的实力是在中势和劣势之间波动，2015年处于珠江-西江经济带中势地位，说明城市的工业发展较珠江-西江经济带的其他城市竞争优势小，贵港市在提高工业发展方面仍有较大的发展空间。对贵港市的工业发展得分情况进行分析，发现贵港市的工业发展综合得分呈现波动下降的发展趋势，但总的来说是下降的。

从工业发展基础指标的优劣度结构来看，在9个基础指标中，指标的优劣度结构为11.1∶11.1∶44.4∶33.3，见表5-3。

表 5-2　　　　2013~2015 年贵港市工业发展各级指标的得分、排名及优劣度分析

指标	2013 年 得分	排名	优劣度	2014 年 得分	排名	优劣度	2015 年 得分	排名	优劣度
工业发展	25.092	8	中势	23.826	10	劣势	25.056	7	中势
工业结构	7.145	7	中势	7.036	7	中势	6.926	7	中势
企业扩张弹性系数	3.051	9	劣势	2.696	4	优势	4.500	2	强势
工业发展强度	0.062	9	劣势	0.062	9	劣势	0.064	9	劣势
工业密度	0.205	6	中势	0.201	6	中势	0.190	6	中势
税收贡献率	0.307	9	劣势	0.327	10	劣势	0.119	11	劣势
工业弧弹性	6.364	3	优势	6.526	8	中势	6.631	6	中势
Moore 工业结构	4.553	4	优势	3.981	4	优势	3.392	3	优势
工业不协调度	2.930	8	中势	2.306	8	中势	2.668	9	劣势
工业偏离系数	0.475	7	中势	0.692	6	中势	0.566	6	中势

表 5-3　　　　　　　　　2015 年贵港市工业发展指标的优劣度结构

二级指标	三级指标数	强势指标 个数	比重（%）	优势指标 个数	比重（%）	中势指标 个数	比重（%）	劣势指标 个数	比重（%）	优劣度
工业发展	9	1	11.111	1	11.111	4	44.444	3	33.333	中势

（三）贵港市城市工业发展实力比较分析

图 5-10 和图 5-11 将 2010~2015 年贵港市工业发展与珠江-西江经济带最高水平和平均水平进行比较。从工业发展的要素得分比较来看，由图 5-10 可知，2010 年，贵港市工业结构得分比珠江-西江经济带最高分低 0.448 分，比平均分高 0.492 分；2011 年，工业结构得分比珠江-西江经济带最高分低 0.665 分，比平均分高 0.112 分；2012 年，工业结构得分比珠江-西江经济带最高分低 0.802 分，比平均分高 0.066 分；2013 年，工业结构得分比珠江-西江经济带最高分低 0.602 分，比平均分高 0.329 分；2014 年，工业结构得分比珠江-西江经济带最高分低 0.646 分，比平均分高 0.334 分；2015 年，工业结构得分比珠江-西江经济带最高分低 0.643 分，比平均分高 0.487 分。这说明整体上贵港市工业结构得分与珠江-西江经济带最高分的差距波动增大，与珠江-西江经济带平均分的差距先减小后增大。

2010 年，贵港市企业扩张弹性系数得分比珠江-西江经济带最高分低 1.219 分，比平均分低 0.156 分；2011 年，企业扩张弹性系数得分比珠江-西江经济带最高分低 0.065 分，比平均分高 0.157 分；2012 年，企业扩张弹性系数得分比珠江-西江经济带最高分低 0.673 分，比平均分高 0.445 分；2013 年，企业扩张弹性系数得分比珠江-西江经济带最高分低 1.248 分，比平均分低 0.199 分；2014 年，企业扩张弹性系数得分比珠江-西江经济带最高分低 0.252 分，比平均分低 0.293 分；2015 年，企业扩张弹性系数得分比珠江-西江经济带最高分低 0.819 分，比平均分高 1.319 分。这说明整体上贵港市企业扩张弹性系数得分与珠江-西江经济带最高分的差距呈波动减小趋势，与珠江-西江经济带平均分的差距波动增大。

2010 年，贵港市工业发展强度得分比珠江-西江经济带最高分低 3.932 分，比平均分低 0.782 分；2011 年，工业发展强度得分比珠江-西江经济带最高分低 3.683 分，比平均分低 0.768 分；2012 年，工业发展强度得分比珠江-西江经济带最高分低 3.324 分，比平均分低 0.752 分；2013 年，工业发展强度得分比珠江-西江经济带最高分低 3.243 分，比平均分低 0.741 分；2014 年，工业发展强度得分比珠江-西江经济带最高分低 3.256 分，比平均分低 0.740 分；2015 年，工业发展强度得分比珠江-西江经济带最高分低 3.207 分，比平均分低 0.735 分。这说明整体上贵港市工业发展强度得分与珠江-西江经济带最高分的差距波动缩小，与珠江-西江经济带平均分的差距持续缩小。

2010 年，贵港市工业密度得分比珠江-西江经济带最高分低 3.404 分，比平均分低 0.360 分；2011 年，工业密度得分比珠江-西江经济带最高分低 2.581 分，比平均分低 0.278 分；2012 年，工业密度得分比珠江-西江经济带最高分低 2.397 分，比平均分低 0.278 分；2013 年，工业密度得分比珠江-西江经济带最高分低 2.418 分，比平均分低 0.263 分；2014 年，工业密度得分比珠江-西江经济带最高分低 2.246 分，比平均分低 0.222 分；2015 年，工业密度得分比珠江-西江经济带最高分低 2.162 分，比平均分低 0.202 分。这说明整体上贵港市工业密度得分与珠江-西江经济带最高分的差距波动缩小，与珠江-西江经济带平均分的差距持续缩小。

由图 5-11 可知，2010 年，贵港市税收贡献率得分比珠江-西江经济带最高分低 2.227 分，比平均分低 0.968 分；2011 年，税收贡献率得分比珠江-西江经济带最高分低 2.568 分，比平均分低 0.973 分；2012 年，税收贡献率得分比珠江-西江经济带最高分低 2.519 分，比平均分低 1.111 分；2013 年，税收贡献率得分比珠江-西江经济带最高分低 3.778 分，比平均分低 0.882 分；2014 年，税收贡献率得分比珠江-西江经济带最高分低 2.961 分，比平均分

低 1.038 分；2015 年，税收贡献率得分比珠江-西江经济带最高分低 2.105 分，比平均分低 0.896 分。这说明整体上贵港市税收贡献率得分与珠江-西江经济带最高分的差距波动增大，与珠江-西江经济带平均分的差距波动增大。

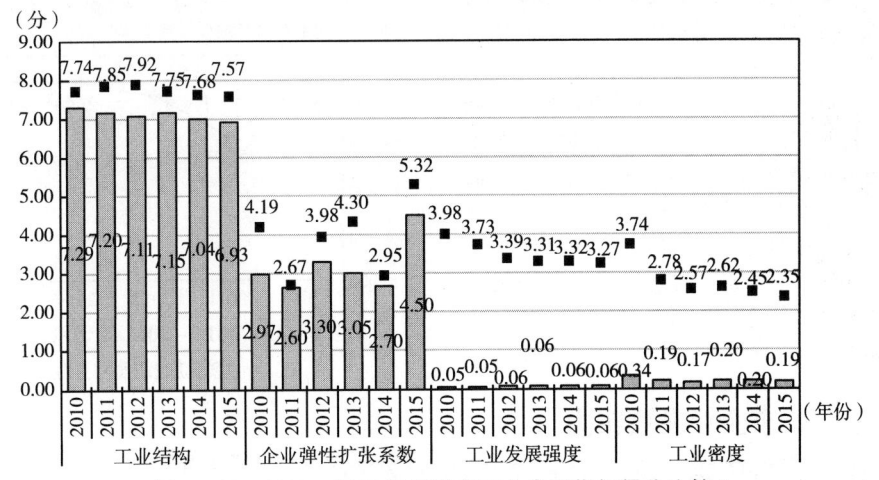

图 5-10　2010~2015 年贵港市工业发展指标得分比较 1

2010 年，贵港市工业弧弹性得分比珠江-西江经济带最高分低 0.080 分，比平均分高 0.016 分；2011 年，工业弧弹性得分比珠江-西江经济带最高分低 0.064 分，比平均分高 0.004 分；2012 年，工业弧弹性得分比珠江-西江经济带最高分低 0.220 分，比平均分高 0.001 分；2013 年，工业弧弹性得分比珠江-西江经济带最高分低 0.154 分，比平均分高 0.595 分；2014 年，工业弧弹性得分比珠江-西江经济带最高分低 0.143 分，比平均分低 0.021 分；2015 年，工业弧弹性得分比珠江-西江经济带最高分低 0.875 分，比平均分低 0.072 分。这说明整体上贵港市工业弧弹性得分与珠江-西江经济带最高分的差距波动增大，与珠江-西江经济带平均分的差距先减小后增大。

2010 年，贵港市 Moore 工业结构得分比珠江-西江经济带最高分低 1.603 分，比平均分高 0.227 分；2011 年，Moore 工业结构得分比珠江-西江经济带最高分低 1.490 分，比平均分高 0.273 分；2012 年，Moore 工业结构得分比珠江-西江经济带最高分低 0.814 分，比平均分高 0.473 分；2013 年，Moore 工业结构得分比珠江-西江经济带最高分低 0.669 分，比平均分高 0.594 分；2014 年，Moore 工业结构得分比珠江-西江经济带最高分低 0.280 分，比平均分高 0.530 分；2015 年，Moore 工业结构得分比珠江-西江经济带最高分低 0.053 分，比平均分高 0.649 分。这说明整体上贵港市 Moore 工业结构得分与珠江-西江经济带最高分的差距呈持续缩小的趋势，与珠江-西江经济带平均分的差距呈波动增大趋势，整体高于平均分。

2010 年，贵港市工业不协调度得分比珠江-西江经济带最高分低 1.418 分，比平均分高 0.407 分；2011 年，工业不协调度得分比珠江-西江经济带最高分低 2.265 分，比平均分低 1.089 分；2012 年，工业不协调度得分比珠江-西江经济带最高分低 2.029 分，比平均分低 0.868 分；2013 年，工业不协调度得分比珠江-西江经济带最高分低 1.691 分，比平均分低 0.531 分；2014 年，工业不协调度得分比珠江-西江经济带最高分低 2.240 分，比平均分低 0.893 分；2015 年，工业不协调度得分比珠江-西江经济带最高分低 2.373 分，比平均分低 0.614 分。这说明整体上贵港市工业不协调度得分与珠江-西江经济带最高分的差距波动增大，与珠江-西江经济带平均分的差距呈波动增大的趋势。

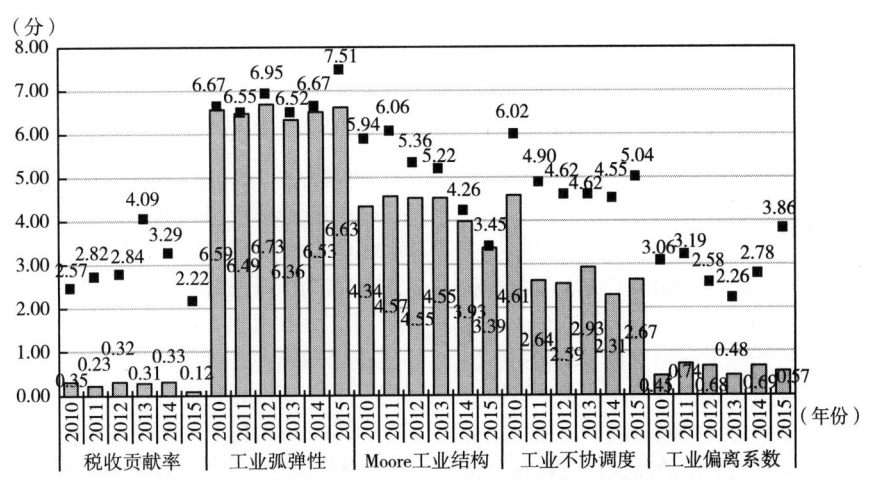

图 5-11　2010~2015 年贵港市工业发展指标得分比较 2

2010年，贵港市工业偏离系数得分比珠江－西江经济带最高分低2.064分，比平均分低0.415分；2011年，工业偏离系数得分比珠江－西江经济带最高分低2.449分，比平均分低0.005分；2012年，工业偏离系数得分比珠江－西江经济带最高分低1.900分，比平均分低0.057分；2013年，工业偏离系数得分比珠江－西江经济带最高分低1.781分，比平均分低0.250分；2014年，工业偏离系数得分比珠江－西江经济带最高分低2.093分，比平均分低0.148分；2015年，工业偏离系数得分比珠江－西江经济带最高分低3.291分，比平均分低0.262分。这说明整体上贵港市工业偏离系数得分与珠江－西江经济带最高分的差距先减小后增大，与珠江－西江经济带平均分的差距先减小后增大。

二、贵港市城市企业发展实力综合评估与比较

（一）贵港市城市企业发展实力评估指标变化趋势评析

1. 企业利润相对增长率

根据图5－12分析可知，2010～2015年贵港市企业利润相对增长率总体上呈现波动保持的状态。波动保持型指标意味着城市在该项指标上虽然呈现波动状态，但在评价末期和评价初期的数值基本保持一致，该图可知贵港市企业利润相对增长率数值保持在38.656～50.095。即使贵港市企业利润相对增长率存在过最低值，其数值为38.656，但贵港市在企业利润相对增长率上总体表现也是相对平稳；这说明该地区企业利润相对增长率能力及活力持续又稳定。

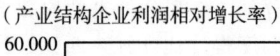

图5－12　2010～2015年贵港市企业利润相对增长率变化趋势

2. 企业利润绝对增量加权指数

根据图5－13分析可知，2010～2015年贵港市企业利润绝对增量加权指数总体上呈现波动保持的状态。波动保持型指标意味着城市在该项指标上虽然呈现波动状态，但在评价末期和评价初期的数值基本保持一致，该图可知贵港市企业利润绝对增量加权指数数值保持在15.791～22.642。即使贵港市企业利润绝对增量加权指数存在过最低值，其数值为15.791，但贵港市在企业利润绝对增量加权指数上总体表现也是相对平稳，这说明该地区企业利润绝对增量加权指数能力及活力持续又稳定。

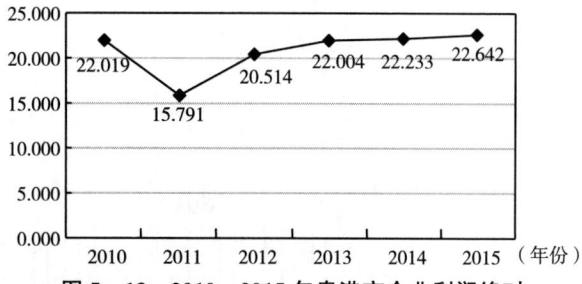

图5－13　2010～2015年贵港市企业利润绝对增量加权指数变化趋势

3. 企业利润比重增量

根据图5－14分析可知，2010～2015年贵港市企业利润比重增量总体上呈现波动上升型的状态。这一类型的指标表现为2010～2015年城市存在一定的波动变化，总体趋势上为上升趋势，但在个别年份出现下降的情况，指标并非连续性上升状态。波动上升型指标意味着在评价的时间段内，虽然指标数据存在较大的波动变化，但是其评价末期数据值高于评价初期数据值。贵港市在2011～2012年虽然出现下降的状况，但是总体上还是呈现上升的态势，最终稳定在77.792。这说明城市的企业利润比重增量越高，对于贵港市来说，其城市企业发展潜力也越来越大。

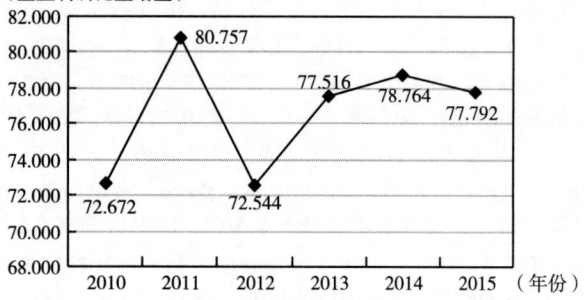

图5－14　2010～2015年贵港市企业利润比重增量变化趋势

4. 企业利润枢纽度

根据图5－15分析可知，2010～2015年贵港市的企业利润枢纽度总体上呈现波动上升的状态。这一类型的指标为2010～2015年间城市在该项指标上存在较多波动变化，总体趋势为上升趋势，但在个别年份出现下降的情况，指标并非连续性上升。波动上升型指标意味着在评估期间，虽然指标数据存在较大波动变化，但是其评价末期数据值高于评价初期数据值。通过折线图可以看出，贵港市的企业利润枢纽度指标不断提高，在2015年达到23.514，相较于2010年上升3个单位左右，说明贵港市的整体企业利润枢纽度发展较高，企业发展态势较好。

图 5-15 2010~2015 年贵港市企业利润
枢纽度变化趋势

5. 企业利润平均增长指数

根据图 5-16 分析可知,2010~2015 年贵港市企业利润平均增长指数总体上呈现波动保持的状态。波动保持型指标意味着城市在该项指标上虽然呈现波动状态,但在评价末期和评价初期的数值基本保持一致,该图可知贵港市企业利润平均增长指数数值保持在 56.758~69.094。即使贵港市企业利润平均增长指数存在过最低值,其数值为 56.758,但贵港市在企业利润平均增长指数上总体表现的也是相对平稳,说明该地区企业利润平均增长指数及活力持续又稳定。

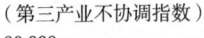

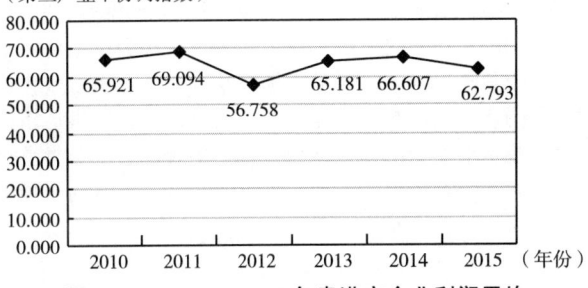

图 5-16 2010~2015 年贵港市企业利润平均
增长指数变化趋势

6. 企业产值流强度

根据图 5-17 分析可知,2010~2015 年贵港市的企业产值流强度总体上呈现波动上升的状态。处于持续上升型的指标,不仅意味着城市在各项指标数据上的不断增长,更意味着城市在该项指标以及工业企业实力整体上的竞争力优势不断扩大。通过折线图可以看出,贵港市的企业产值流强度指标不断提高,在 2015 年达到 7.512,相较于 2010 年上升 7 个单位左右,说明贵港市的企业产值流强度整体发展水平较高,企业发展趋势明显。

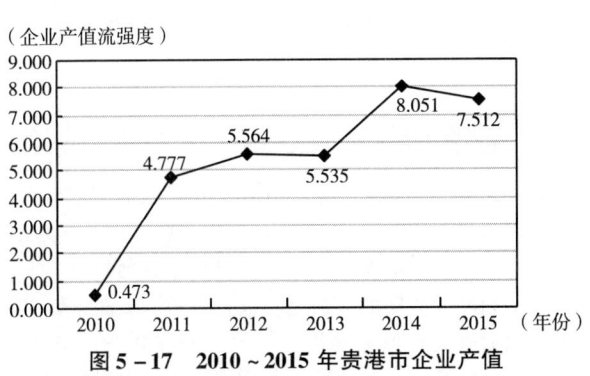

7. 企业产值倾向度

根据图 5-18 分析可知,2010~2015 年贵港市的企业产值倾向度总体上呈现持续上升型的状态。持续上升型的指标不仅意味着城市在各项指标数据上的不断增长,更意味着城市在该项指标以及工业企业实力整体上的竞争力优势不断扩大。通过折线图可以看出,贵港市的企业产值倾向度指标不断提高,在 2015 年达到 86.458,相较于 2010 年上升 78 个单位左右;说明贵港市企业产值倾向度的整体发展水平较高,企业产值增长较快。

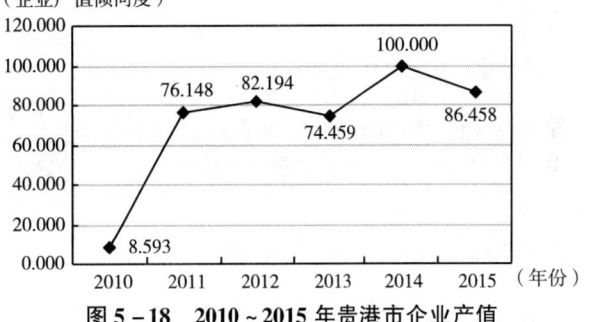

图 5-18 2010~2015 年贵港市企业产值
倾向度变化趋势

8. 内资企业产值职能规模

根据图 5-19 分析可知,2010~2015 年贵港市的内资企业产值职能规模总体上呈现波动上升的状态。这一类型的指标为 2010~2015 年间城市在该项指标上存在较多波动变化,总体趋势为上升趋势,但在个别年份间出现下降的情况,指标并非连续性上升。波动上升型指标意味着在评估期间,虽然指标数据存在较大波动变化,但是其评价末期数据值高于评价初期数据值。通过折线图可以看出,贵港市的内资企业产值职能规模指标不断提高,在 2015 年达到 13.601,相较于 2010 年上升 12 个单位左右,说明贵港市的内资企业整体发展水平较高,企业发展情况处于稳定的上升状态。

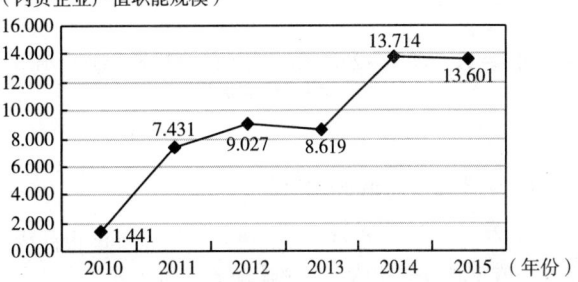

图 5-17 2010~2015 年贵港市企业产值
流强度变化趋势

图 5-19 2010~2015 年贵港市内资企业产值
职能规模变化趋势

9. 港澳台投资企业产值职能规模

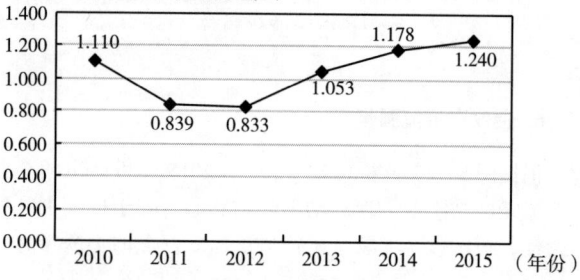

根据图 5-20 分析可知，2010~2015 年贵港市的港澳台投资企业产值职能规模总体上呈现持续上升的状态。持续上升型的指标不仅意味着城市在各项指标数据上的不断增长，更意味着城市在该项指标以及工业企业实力整体上的竞争力优势不断扩大。通过折线图可以看出，贵港市的港澳台投资企业产值职能规模指标不断提高，在 2015 年达到 1.898；说明贵港市的港澳台投资企业产值整体发展水平较高，有利于推动地区经济结构合理优化发展。

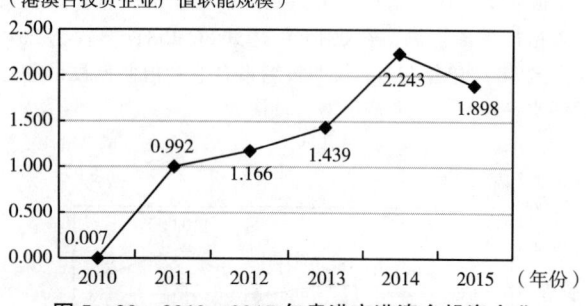

图 5-20 2010~2015 年贵港市港澳台投资企业产值职能规模变化趋势

10. 外商投资企业产值职能规模

根据图 5-21 分析可知，2010~2015 年贵港市外商投资企业产值职能规模总体上呈现波动保持的状态。波动保持型指标意味着城市在该项指标上虽然呈现波动状态，但在评价末期和评价初期的数值基本保持一致，该图可知贵港市外商投资企业产值职能规模数值保持在 0.068~0.122。即使贵港市外商投资企业产值职能规模存在过最低值，其数值为 0.068，但贵港市在外商投资企业产值职能规模上总体表现的也是相对平稳；说明该地区外商投资企业产值职能规模能力及活力持续又稳定。

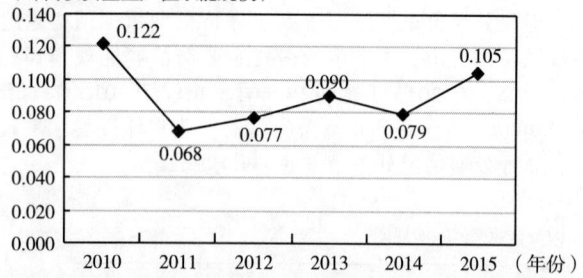

图 5-21 2010~2015 年贵港市外商投资企业产值职能规模变化趋势

11. 内资企业产值职能地位

根据图 5-22 分析可知，2010~2015 年贵港市的内资企业产值职能地位总体上呈现波动上升的状态。这一类型的指标为 2010~2015 年间城市在该项指标上存在较多波动变化，总体趋势为上升趋势，但在个别年份出现下降的情况，指标并非连续性上升。波动上升型指标意味着在评估期间，虽然指标数据存在较大波动变化，但是其评价末期数据值高于评价初期数据值。通过折线图可以看出，贵港市的内资企业产值职能地位指标不断提高，在 2015 年达到 11.240，相较于 2010 年上升 10 个单位左右，说明贵港市的内资企业产值职能地位整体发展水平较高，有利于推动地区经济发展。

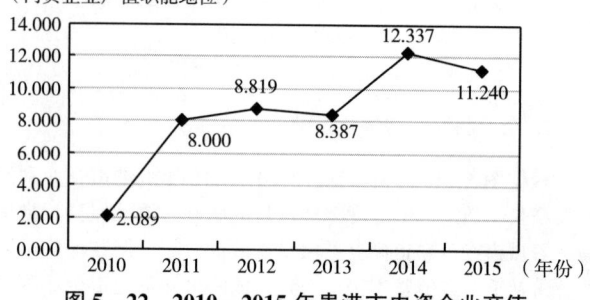

图 5-22 2010~2015 年贵港市内资企业产值职能地位变化趋势

12. 港澳台投资企业产值职能地位

根据图 5-23 分析可知，2010~2015 年贵港市的港澳台投资企业产值职能地位总体上呈现持续上升的状态。持续上升型的指标不仅意味着城市在各项指标数据上的不断增长，更意味着城市在该项指标以及工业企业实力整体上的竞争力优势不断扩大。通过折线图可以看出，贵港市的港澳台投资企业产值职能地位指标不断提高；说明贵港市港澳台投资企业产值职能地位发展水平较高，有利于推动地区经济合理较快发展。

图 5-23 2010~2015 年贵港市港澳台投资企业产值职能地位变化趋势

13. 外商投资企业产值职能地位

根据图 5-24 分析可知，2010~2015 年贵港市外商投资企业产值职能地位总体上呈现波动保持的状态。波动保持型指标意味着城市在该项指标上虽然呈现波动状态，在评价末期和评价初期的数值基本保持一致，该图可知贵港市外商投资企业产值职能地位数值保持在 0.981~1.548。即使贵港市外商投资企业产值职能地位存在过最低值，其数值为 0.981，但贵港市在外商投资企业产值职能地位上总体表现的也是相对平稳,说明该地区外商投资企业产值职能地位能力及活力持续又稳定。

(外商投资企业产值职能地位)

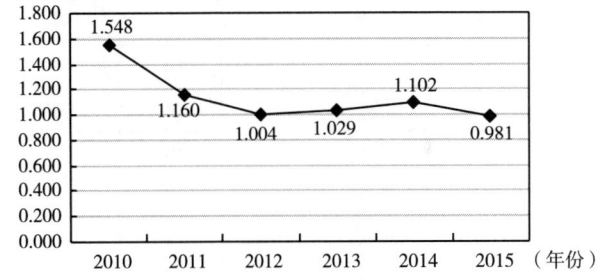

图 5-24 2010~2015 年贵港市外商投资企业产值职能地位变化趋势

(二)贵港市城市企业发展实力评估结果

根据表 5-4,对 2010~2012 年贵港市企业发展得分、排名、优劣度进行分析。可以看到 2010 年贵港市企业发展排名保持在珠江-西江经济带第 11 名,2011 年上升至第 4 名,2012 年下降至第 5 名,其企业发展在珠江-西江经济带中下游区波动,说明贵港市企业发展的发展潜力大,上升空间巨大。对贵港市的企业发展得分情况进行分析,发现贵港市的企业发展综合得分呈现持续下降的发展趋势,说明贵港市的企业发展处于下降的状态。

对贵港市的企业利润相对增长率的得分情况进行分析,发现贵港市的企业利润相对增长率的得分先下降后上升,整体呈下降趋势,说明贵港市的企业利润相对增长率降低,企业获取利润的增长速率减慢,呈现出地区企业集聚能力及活力有所减弱。

企业利润绝对增量加权指数的排名呈现先上升后下降的发展趋势。对贵港市的企业利润绝对增量加权指数的得分情况进行分析,发现贵港市的企业利润绝对增量加权指数的得分先下降后上升,说明贵港市的企业利润绝对增量加权指数波动下降,说明城市的企业要素集中度降低,城市企业获取利润的变化增长趋向于低速发展。

企业利润比重增量的排名呈现先上升后下降的发展趋势。对贵港市的企业利润比重增量的得分情况进行分析,发现贵港市企业利润比重增量的得分呈现波动上升的趋势,说明贵港市的企业利润比重增长在增高,整体企业利润水平更具备优势。

企业利润枢纽度的排名呈现持续保持的发展趋势。对贵港市企业利润枢纽度的得分情况进行分析,发现贵港市的企业利润枢纽度得分呈现持续上升趋势,说明 2010~2012 年贵港市的企业利润枢纽度增高,企业利润能力增强,在经济社会发展中的地位有所提高。

企业利润平均增长指数的排名呈现先上升后下降的发展趋势。对贵港市的企业利润平均增长指数的得分情况进行分析,发现贵港市的企业利润平均增长指数的得分持续下降,说明贵港市的企业利润平均增长指数降低,贵港市在评估时间段内的企业获取利润在降低,整体城市企业利润水平逐渐下降。

企业产值流强度的排名呈现先上升后下降的趋势。对贵港市的企业产值流强度的得分情况进行分析,发现贵港市的企业产值流强度的得分持续上升,说明贵港市的企业产值流强度增强,城市之间发生的经济集聚和扩散所产生的企业要素流动强度增强,城市经济影响力也在增强。

企业产值倾向度的排名呈现先上升后下降的发展趋势。对贵港市的企业产值倾向度的得分情况进行分析,发现贵港市的企业产值倾向度的得分处于持续上升的状态,说明贵港市的城市倾向度增高,城市的总功能量的外向强度增强。

内资企业产值职能规模的排名呈现先上升后保持的发展趋势。对贵港市的内资企业产值职能规模的得分情况进行分析,发现贵港市的内资企业产值职能规模的得分呈现持续上升的趋势,说明贵港市的内资企业利润相对职能规模增强,内资企业获取利润水平提高,城市所具备的内资企业获取利润能力增强。

港澳台投资企业产值职能规模的排名处于先上升后下降的发展趋势。对贵港市的港澳台投资企业产值职能规模的得分情况进行分析,发现贵港市港澳台投资企业产值职能规模得分呈现持续上升的趋势,说明贵港市的港澳台投资企业利润相对职能规模增强,港澳台投资企业获取利润水平提高,城市所具备的港澳台投资企业获取利润能力增强。

外商投资企业产值职能规模的排名呈现先下降后上升的发展趋势。对贵港市的外商投资企业产值职能规模的得分情况进行分析,发现贵港市的外商投资企业产值职能规模的得分呈现持续波动的趋势,说明贵港市的外商投资企业利润相对职能规模变化不大,城市所具备的外商投资企业获取利润能力未出现明显变化。

内资企业产值职能地位的排名呈现先上升后保持的发展趋势。对贵港市的内资企业产值职能地位的得分情况进行分析,发现贵港市内资企业产值职能地位的得分呈现持续上升的趋势,说明贵港市的内资企业产值职能地位增强,城市的内资企业产值获取能力在地区内的水平具备的优势增加,城市对内资企业的吸引集聚能力在不断扩大,城市就业及劳动力的发展潜力较大。

港澳台投资企业产值职能地位的排名呈现持续保持的发展趋势。对贵港市港澳台投资企业产值职能地位的得分情况进行分析,发现贵港市的港澳台投资企业产值职能地位得分呈现持续下降的趋势,说明 2010~2012 年贵港市的港澳台投资企业产值职能地位有所减弱,城市对港澳台投资企业的吸引集聚能力有所减弱,城市发展具备的就业及劳动力发展的潜力减小。

外商投资企业产值职能地位的排名呈现先上升后下降的发展趋势。对贵港市的外商投资企业产值职能地位的得分情况进行分析,发现贵港市的外商投资企业产值职能地位的得分呈现持续下降的发展趋势,说明 2010~2012 年贵港市的外商投资企业产值职能地位有所减弱,城市对外商投资企业的吸引集聚能力有所减弱,城市发展具备的就业及劳动力发展的潜力减小。

表 5-4　　　　2010~2012 年贵港市企业发展各级指标的得分、排名及优劣度分析

指标	2010 年 得分	排名	优劣度	2011 年 得分	排名	优劣度	2012 年 得分	排名	优劣度
企业发展	12.618	11	劣势	16.214	4	优势	15.977	5	优势
企业利润相对增长率	2.188	11	劣势	1.904	7	中势	2.116	10	劣势
企业利润绝对增量加权指数	0.773	11	劣势	0.646	7	中势	0.738	10	劣势
企业利润比重增量	4.195	8	中势	5.124	5	优势	4.578	10	劣势
企业利润枢纽度	0.881	9	劣势	0.937	9	劣势	1.191	9	劣势
企业利润平均增长指数	4.043	10	劣势	3.838	5	优势	3.043	10	劣势
企业产值流强度	0.015	10	劣势	0.158	3	优势	0.186	4	优势
企业产值倾向度	0.291	9	劣势	2.960	1	强势	3.383	2	强势
内资企业产值职能规模	0.047	8	中势	0.255	4	优势	0.320	4	优势
港澳台投资企业产值职能规模	0.000	11	劣势	0.037	6	中势	0.043	7	中势
外商投资企业产值职能规模	0.004	7	中势	0.002	10	劣势	0.003	8	中势
内资企业产值职能地位	0.076	8	中势	0.280	4	优势	0.311	4	优势
港澳台投资企业产值职能地位	0.045	7	中势	0.030	7	中势	0.030	7	中势
外商投资企业产值职能地位	0.059	9	劣势	0.042	8	中势	0.037	9	劣势

根据表 5-5，对 2013~2015 年贵港市企业发展得分、排名、优劣度进行分析。可以看到在 2013 年贵港市企业发展排名保持在珠江-西江经济带第 7 名，2014 年上升至第 4 名，2015 年下降至第 6 名，其企业发展处于珠江-西江经济带中游区，说明贵港市企业发展的发展潜力大，上升空间巨大。对贵港市的企业发展得分情况进行分析，发现贵港市的企业发展综合得分先上升后下降，整体呈上升趋势，说明贵港市的企业发展处于上升的状态。

对贵港市的企业利润相对增长率的得分情况进行分析，发现贵港市的企业利润相对增长率的得分先上升后下降，整体呈下降趋势，说明贵港市的企业利润相对增长率降低，企业获取利润的增长速率减慢，呈现出地区企业集聚能力及活力有所减弱。

企业利润绝对增量加权指数的排名呈现持续上升的发展趋势。对贵港市的企业利润绝对增量加权指数的得分情况进行分析，发现贵港市的企业利润绝对增量加权指数的得分先上升后下降，整体呈上升趋势，说明贵港市的企业利润绝对增量加权指数波动上升，城市的企业要素集中度提高，城市企业获取利润的变化增长趋向于中高速发展。

企业利润比重增量的排名呈现先上升后下降的发展趋势。对贵港市的企业利润比重增量的得分情况进行分析，发现贵港市企业利润比重增量的得分呈现持续上升的趋势，说明贵港市的企业利润比重增长在增高，整体企业利润水平更具备优势。

企业利润枢纽度的排名呈现持续保持的发展趋势。对贵港市企业利润枢纽度的得分情况进行分析，发现贵港市的企业利润枢纽度得分呈现波动上升趋势，说明 2013~2015 年贵港市的企业利润枢纽度增高，企业利润能力有所增强，在经济社会发展中的地位有所提高。

企业利润平均增长指数的排名呈现先上升后下降的发展趋势。对贵港市的企业利润平均增长指数的得分情况进行分析，发现贵港市的企业利润平均增长指数的得分波动下降，说明贵港市的企业利润平均增长指数降低，贵港市在评估时间段内的企业获取利润在降低，整体城市企业利润水平波动下降。

企业产值流强度的排名呈现持续保持的趋势。对贵港市的企业产值流强度的得分情况进行分析，发现贵港市的企业产值流强度的得分波动上升，说明贵港市的企业产值流强度增强，城市之间发生的经济集聚和扩散所产生的企业要素流动强度增强，城市经济影响力也在增强。

企业产值倾向度的排名呈现持续保持的发展趋势。对贵港市的企业产值倾向度的得分情况进行分析，发现贵港市的企业产值倾向度的得分先上升后下降，整体上呈上升趋势，说明贵港市的城市倾向度增高，城市的总功能量的外向强度增强。

内资企业产值职能规模的排名呈现先上升后保持的发展趋势。对贵港市的内资企业产值职能规模的得分情况进行分析，发现贵港市的内资企业产值职能规模的得分呈现持续上升的趋势，说明贵港市的内资企业利润相对职能规模增强，内资企业获取利润水平提高，城市所具备的内资企业获取利润能力增强。

港澳台投资企业产值职能规模的排名处于持续保持的发展趋势。对贵港市的港澳台投资企业产值职能规模的得分情况进行分析，发现贵港市港澳台投资企业产值职能规模得分呈现波动上升的趋势，说明贵港市的港澳台投资企业利润相对职能规模增强，港澳台投资企业获取利润水平提高，城市所具备的港澳台投资企业获取利润能力增强。

外商投资企业产值职能规模的排名呈现先下降后保持的发展趋势。对贵港市的外商投资企业产值职能规模的得分情况进行分析，发现贵港市的外商投资企业产值职能规模的得分呈现持续波动的趋势，说明贵港市的外商投资企业利润相对职能规模变化不大，城市所具备的外商投资企业获取利润能力未出现明显变化。

内资企业产值职能地位的排名呈现先上升后保持的发展趋势。对贵港市的内资企业产值职能地位的得分情况进行分析，发现贵港市内资企业产值职能地位的得分先上升后下降，说明贵港市的内资企业产值职能地位波动增强，城市的内资企业产值获取能力在地区内的水平具备的优势有所增加，城市对内资企业的吸引集聚能力在扩大，城市就业及劳动力的发展潜力较大。

港澳台投资企业产值职能地位的排名呈现持续保持的发展趋势。对贵港市港澳台投资企业产值职能地位的得分情况进行分析，发现贵港市的港澳台投资企业产值职能地位得分呈现持续上升的趋势，说明在2013~2015年间贵港市的港澳台投资企业产值职能地位逐渐增强，城市对港澳台投资企业的吸引集聚能力有所增强。

外商投资企业产值职能地位的排名呈现持续保持的发展趋势。对贵港市的外商投资企业产值职能地位的得分情况进行分析，发现贵港市的外商投资企业产值职能地位的得分呈现波动下降的发展趋势，说明2013~2015年贵港市的外商投资企业产值职能地位有所减弱，城市对外商投资企业的吸引集聚能力有所减弱，城市发展具备的就业及劳动力发展的潜力减小。

对2010~2015年贵港市企业发展及各三级指标的得分、排名和优劣度进行分析。2010年贵港市企业发展的综合得分排名处于珠江-西江经济带第11名，2011年、2014年升至第4名，2012年降至第5名，2013年降至第7名，2015年降至第6名，处于珠江-西江经济带中游区。2010~2015年其企业发展排名一直在珠江-西江经济带中游区和下游区波动，在企业发展上的实力也是一直在优势、中势和劣势之间波动，2015年处于中势地位，说明城市的企业发展的发展较珠江-西江经济带的其他城市更具竞争优势，其排名由珠江-西江经济带劣势位置上升至中势位置，贵港市在企业发展方面仍有较大的发展空间。对2010~2015年贵港市的企业发展的得分情况进行分析，发现贵港市的企业发展综合得分呈现波动上升的发展趋势，2010~2015年贵港市的企业发展得分频繁升降，总体呈上升趋势。

从企业发展基础指标的优劣度结构来看，在13个基础指标中，指标的优劣结构为23.1∶23.1∶23.1∶30.8，见表5-6。

表5-5　　　　2013~2015年贵港市企业发展各级指标的得分、排名及优劣度分析

指标	2013年 得分	排名	优劣度	2014年 得分	排名	优劣度	2015年 得分	排名	优劣度
企业发展	16.587	7	中势	18.329	4	优势	17.385	6	中势
企业利润相对增长率	2.223	7	中势	2.247	7	中势	2.195	2	强势
企业利润绝对增量加权指数	0.785	7	中势	0.796	6	中势	0.787	2	强势
企业利润比重增量	5.106	8	中势	5.038	7	中势	5.163	10	劣势
企业利润枢纽度	1.149	9	劣势	1.119	9	劣势	1.201	9	劣势
企业利润平均增长指数	3.608	7	中势	3.710	7	中势	3.400	7	劣势
企业产值流强度	0.191	3	优势	0.285	3	优势	0.274	3	优势
企业产值倾向度	2.783	1	强势	4.012	1	强势	3.302	1	强势
内资企业产值职能规模	0.308	4	优势	0.506	3	优势	0.512	3	优势
港澳台投资企业产值职能规模	0.056	7	中势	0.092	7	中势	0.072	7	中势
外商投资企业产值职能规模	0.003	7	中势	0.003	8	劣势	0.004	9	劣势
内资企业产值职能地位	0.297	4	优势	0.438	3	优势	0.395	3	优势
港澳台投资企业产值职能地位	0.039	7	中势	0.043	7	中势	0.044	7	中势
外商投资企业产值职能地位	0.038	8	中势	0.041	8	中势	0.036	8	中势

表5-6　　　　2015年贵港市企业发展指标的优劣度结构

二级指标	三级指标数	强势指标 个数	比重（%）	优势指标 个数	比重（%）	中势指标 个数	比重（%）	劣势指标 个数	比重（%）	优劣度
企业发展	13	3	23.077	3	23.077	3	23.077	4	30.769	中势

（三）贵港市城市企业发展实力比较分析

图5-25、图5-26以及图5-27将2010~2015年贵港市企业发展与珠江-西江经济带最高水平和平均水平进行比较。从企业发展的要素得分比较来看，由图5-25可知，2010年，贵港市企业利润相对增长率得分比珠江-西江经济带最高分低0.109分，比平均分低0.016分；2011年，企业利润相对增长率得分比珠江-西江经济带最高分低3.022分，比平均分低0.501分；2012年，企业利润相对增长率得分比珠江-西江经济带最高分低0.498分，比平均分低0.111分；2013年，企业利润相对增长率得分比珠江-西江经济带最高分低0.313分，比平均分低0.053分；2014年，企业利润相对增长率得分比珠江-西江经济带最高分低0.328分，比平均分低0.039分；2015年，企业利润相对增长率得分比珠江-西江经济带最高分低0.225分，比平均分低0.166分。这说明整体上贵港市企业利润相对增长率得分与珠江-西江经济带最高分的差距波动增大，与珠江-西江经济带平均分的差距波动增大。

2010年，贵港市企业利润绝对增量加权指数得分比珠江-西江经济带最高分低0.073分，比平均分低0.009分；2011年，企业利润绝对增量加权指数得分比珠江-西江经济带最高分低3.445分，比平均分低0.567分；2012年，企业利润绝对增量加权指数得分比珠江-西江经济带最高分低0.593分，比平均分低0.078分；2013年，企业利润绝对增量加权指数得分比珠江-西江经济带最高分低0.213分，比平均分低0.043分；2014年，企业利润绝对增量加权指数得分比珠江-西江经济带最高分低0.449分，比平均分低0.039分；2015年，企业利润绝对增量加权指数得分比珠江-西江经济带最高分低0.052分，比平均分高0.116分。这说明整体上贵港市企业利润绝对增量加权指数得分与珠江-西江经济带最高分的差距在波动增大，与珠江-西江经济带平均分的差距波动增大。

2010年，贵港市企业利润比重增量得分比珠江-西江经济带最高分低0.500分，比平均分高0.244分；2011年，企业利润比重增量得分比珠江-西江经济带最高分低0.520分，比平均分高0.129分；2012年，企业利润比重增量得分比珠江-西江经济带最高分低1.904分，比平均分低0.263分；2013年，企业利润比重增量得分比珠江-西江经济带最高分低1.481分，比平均分低0.196分；2014年，企业利润比重增量得分比珠江-西江经济带最高分低0.304分，比平均分低0.016分；2015年，企业利润比重增量得分比珠江-西江经济带最高分低0.944分，比平均分低0.237分。这说明整体上贵港市企业利润比重增量得分与珠江-西江经济带最高分的差距波动增大，与珠江-西江经济带平均分的差距持续波动。

2010年，贵港市企业利润枢纽度得分比珠江-西江经济带最高分低1.977分，比平均分低0.826分；2011年，企业利润枢纽度得分比珠江-西江经济带最高分低1.811分，比平均分低0.858分；2012年，企业利润枢纽度得分比珠江-西江经济带最高分低2.220分，比平均分低0.797分；2013年，企业利润枢纽度得分比珠江-西江经济带最高分低2.572分，比平均分低0.946分；2014年，企业利润枢纽度得分比珠江-西江经济带最高分低2.685分，比平均分低0.995分；2015年，企业利润枢纽度得分比珠江-西江经济带最高分低3.908分，比平均分低1.333分。这说明整体上贵港市企业利润枢纽度得分与珠江-西江经济带最高分的差距波动增大，与珠江-西江经济带平均分的差距呈波动增大的趋势，整体低于平均分。

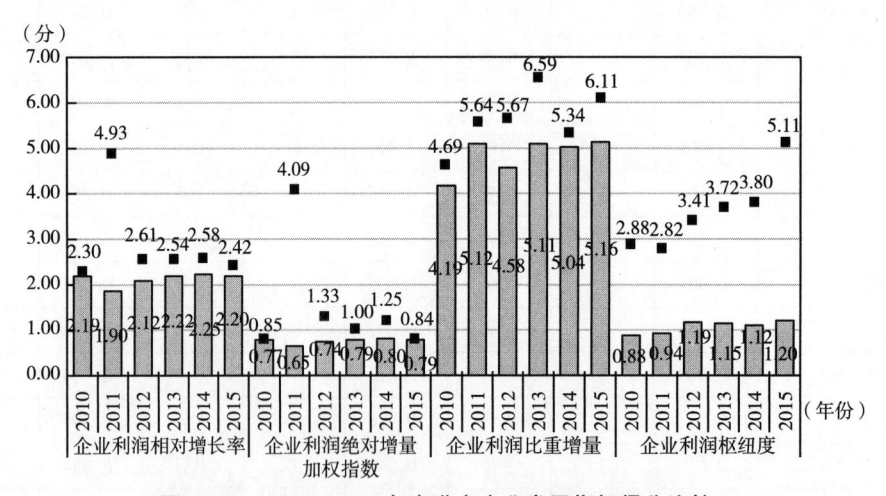

图5-25 2010~2015年贵港市企业发展指标得分比较1

由图5-26可知，2010年，贵港市企业利润平均增长指数得分比珠江-西江经济带最高分低2.090分，比平均分低0.582分；2011年，企业利润平均增长指数得分比珠江-西江经济带最高分低0.661分，比平均分高0.039分；2012年，企业利润平均增长指数得分比珠江-西江经济带最高分低0.907分，比平均分低0.411分；2013年，企业利润平均增长指数得分比珠江-西江经济带最高分低1.182分，比平均分低0.119分；2014年，企业利润平均增长指数得分比珠江-西江经济带最高分低1.338分，比平均分低0.019分；2015年，企业利润平均增长指数得分比珠江-西江经济带最高分低1.419分，比平均分高0.013分。这说明整体上贵港市企业利润平均增长指数得分与珠江-

西江经济带最高分的差距先减小后增大,与珠江-西江经济带平均分的差距波动缩小。

2010年,贵港市企业产值流强度得分比珠江-西江经济带最高分低1.981分,比平均分低0.217分;2011年,企业产值流强度得分比珠江-西江经济带最高分低2.245分,比平均分低0.149分;2012年,企业产值流强度得分比珠江-西江经济带最高分低2.085分,比平均分低0.122分;2013年,企业产值流强度得分比珠江-西江经济带最高分低2.788分,比平均分低0.171分;2014年,企业产值流强度得分比珠江-西江经济带最高分低3.029分,比平均分低0.126分;2015年,企业产值流强度得分比珠江-西江经济带最高分低3.369分,比平均分低0.128分。这说明整体上贵港市企业产值流强度得分与珠江-西江经济带最高分的差距波动增大,与珠江-西江经济带平均分的差距呈波动缩小的趋势。

2010年,贵港市企业产值倾向度得分比珠江-西江经济带最高分低1.556分,比平均分低0.244分;2011年,企业产值倾向度得分与珠江-西江经济带最高分不存在差距,比平均分高1.833分;2012年,企业产值倾向度得分比珠江-西江经济带最高分低0.060分,比平均分高2.147分;2013年,企业产值倾向度得分与珠江-西江经济带最高分不存在差距,比平均分高1.896分;2014年,企业产值倾向度得分与珠江-西江经济带最高分不存在差距,比平均分高2.983分;2015年,企业产值倾向度得分与珠江-西江经济带最高分不存在差距,比平均分高2.370分。这说明整体上贵港市企业产值倾向度得分与珠江-西江经济带最高分的差距逐渐减小,与珠江-西江经济带平均分的差距波动增大。

2010年,贵港市内资企业产值职能规模得分比珠江-西江经济带最高分低2.226分,比平均分低0.269分;2011年,内资企业产值职能规模得分比珠江-西江经济带最高分低2.487分,比平均分低0.189分;2012年,内资企业产值职能规模得分比珠江-西江经济带最高分低2.625分,比平均分低0.186分;2013年,内资企业产值职能规模得分比珠江-西江经济带最高分低2.931分,比平均分低0.204分;2014年,内资企业产值职能规模得分比珠江-西江经济带最高分低3.071分,比平均分低0.066分;2015年,内资企业产值职能规模得分比珠江-西江经济带最高分低3.254分,比平均分低0.123分。这说明整体上贵港市内资企业产值职能规模得分与珠江-西江经济带最高分的差距持续增大,与珠江-西江经济带平均分的差距呈波动减小的趋势。

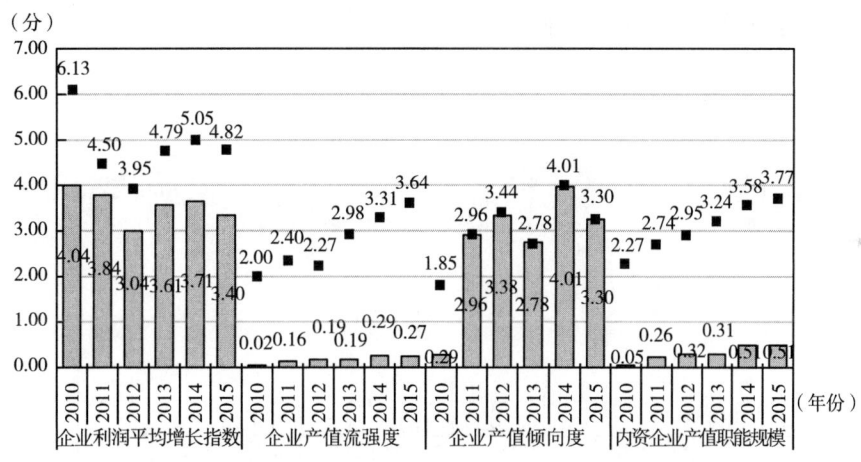

图 5-26 2010~2015 年贵港市企业发展指标得分比较 2

由图 5-27 可知,2010 年,贵港市港澳台投资企业产值职能规模得分比珠江-西江经济带最高分低 3.375 分,比平均分低 0.642 分;2011 年,港澳台投资企业产值职能规模得分比珠江-西江经济带最高分低 3.268 分,比平均分低 0.654 分;2012 年,港澳台投资企业产值职能规模得分比珠江-西江经济带最高分低 2.997 分,比平均分低 0.621 分;2013 年,港澳台投资企业产值职能规模得分比珠江-西江经济带最高分低 3.481 分,比平均分低 0.743 分;2014 年,港澳台投资企业产值职能规模得分比珠江-西江经济带最高分低 4.019 分,比平均分低 0.826 分;2015 年,港澳台投资企业产值职能规模得分比珠江-西江经济带最高分低 3.254 分,比平均分低 0.662 分。这说明整体上贵港市港澳台投资企业产值职能规模得分与珠江-西江经济带最高分的差距先减小后增大,与珠江-西江经济带平均分的差距波动增大。

2010 年,贵港市外商投资企业产值职能规模得分比珠江-西江经济带最高分低 1.745 分,比平均分低 0.170 分;2011 年,外商投资企业产值职能规模得分比珠江-西江经济带最高分低 2.326 分,比平均分低 0.220 分;2012 年,外商投资企业产值职能规模得分比珠江-西江经济带最高分低 1.967 分,比平均分低 0.187 分;2013 年,外商投资企业产值职能规模得分比珠江-西江经济带最高分低 2.649 分,比平均分低 0.251 分;2014 年,外商投资企业产值职能规模得分比珠江-西江经济带最高分低 3.047 分,比平均分低 0.294 分;2015 年,外商投资企业产值职能规模得分比珠江-西江经济带最高分低 3.584 分,比平均分低 0.348 分。这说明整体上贵港市外商投资企业产值职能规模得分与珠江-西江经济带最高分的差距波动增大,与珠江-西江经济带平均分的差距呈波动增大的趋势。

2010年，贵港市内资企业产值职能地位得分比珠江-西江经济带最高分低3.564分，比平均分低0.431分；2011年，内资企业产值职能地位得分比珠江-西江经济带最高分低2.729分，比平均分低0.208分；2012年，内资企业产值职能地位得分比珠江-西江经济带最高分低2.549分，比平均分低0.180分；2013年内资企业产值职能地位得分比珠江-西江经济带最高分低2.827分，比平均分低0.197分；2014年，内资企业产值职能地位得分比珠江-西江经济带最高分低2.658分，比平均分低0.057分；2015年，内资企业产值职能地位得分比珠江-西江经济带最高分低2.509分，比平均分低0.095分。这说明整体上贵港市内资企业产值职能地位得分与珠江-西江经济带最高分的差距波动减小，与珠江-西江经济带平均分的差距在波动减小。

2010年，贵港市港澳台投资企业产值职能地位得分比珠江-西江经济带最高分低4.053分，比平均分低0.790分；2011年，港澳台投资企业产值职能地位得分比珠江-西江经济带最高分低2.921分，比平均分低0.560分；2012年，港澳台投资企业产值职能地位得分比珠江-西江经济带最高分低2.505分，比平均分低0.506分；2013年，港澳台投资企业产值职能地位得分比珠江-西江经济带最高分低2.841分，比平均分低0.592分；2014年，港澳台投资企业产值职能地位得分比珠江-西江经济带最高分低2.858分，比平均分低0.589分；2015年，港澳台投资企业产值职能地位得分比珠江-西江经济带最高分低2.606分，比平均分低0.536分。这说明整体上贵港市港澳台投资企业产值职能地位得分与珠江-西江经济带最高分的差距呈波动减小的趋势，与珠江-西江经济带平均分的差距在波动减小。

2010年，贵港市外商投资企业产值职能地位得分比珠江-西江经济带最高分低3.773分，比平均分低0.656分；2011年，外商投资企业产值职能地位得分比珠江-西江经济带最高分低3.053分，比平均分低0.530分；2012年，外商投资企业产值职能地位得分比珠江-西江经济带最高分低3.143分，比平均分低0.542分；2013年，外商投资企业产值职能地位得分比珠江-西江经济带最高分低3.384分，比平均分低0.602分；2014年，外商投资企业产值职能地位得分比珠江-西江经济带最高分低3.372分，比平均分低0.596分；2015年，外商投资企业产值职能地位得分比珠江-西江经济带最高分低3.148分，比平均分低0.565分。这说明整体上贵港市外商投资企业产值职能地位得分与珠江-西江经济带最高分的差距波动减小，与珠江-西江经济带平均分的差距呈波动减小的趋势。

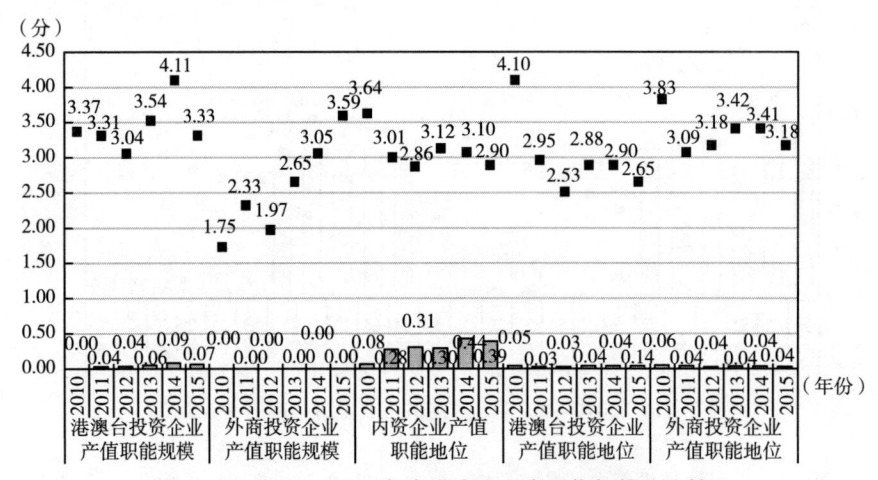

图5-27　2010~2015年贵港市企业发展指标得分比较3

三、贵港市城市工业企业发展水平综合评估与比较

从对贵港市工业企业发展水平评估及其2个二级指标在珠江-西江经济带的排名变化和指标结构的综合分析来看，2010~2015年间，工业企业板块中上升指标的数量大于下降指标的数量，上升的动力大于下降的动力，使得2015年贵港市工业企业发展水平的排名呈波动上升，在珠江-西江经济带城市位居第6名。

（一）贵港市城市工业企业发展水平概要分析

贵港市工业企业发展水平在珠江-西江经济带所处的位置及变化如表5-7所示，2个二级指标的得分和排名变化如表5-8所示。

（1）从指标排名变化趋势看，2015年贵港市工业企业发展水平评估排名在珠江-西江经济带处于第6名，表明其在珠江-西江经济带处于中势地位，与2010年相比，排名上升4名。总的来看，评价期内贵港市工业企业发展水平呈现波动上升的趋势。

在2个二级指标中，1个指标排名处于持续保持趋势，为工业发展；1个指标排名处于上升的状态，为企业发展，这是贵港市工业企业发展水平处于上升趋势的原因所在。受指标排名升降的综合影响，评价期内贵港市工业企业的综合排名呈波动上升，在珠江-西江经济带城市排名第6名。

（2）从指标所处区位来看，2015年贵港市工业企业发展水平处在中游区，其中，工业发展和企业发展均为中势指标。

（3）从指标得分来看，2015年贵港市工业企业得分为42.441分，比珠江-西江经济带最高分低19.895分，比珠江-西江经济带平均分低8.328分；与2010年相比，贵港市工业企业发展水平得分上升2.843分，与当年最高分的差距波动缩小，也与珠江-西江经济带平均分的差距波动缩小。

2015年，贵港市工业企业发展水平二级指标的得分均高于12分，与2010年相比，得分上升最多的为企业发展，上升4.767分；得分下降最多的为工业发展，下降1.924分。

表5-7　2010~2015年贵港市工业企业一级指标比较

项目	2010年	2011年	2012年	2013年	2014年	2015年
排名	10	8	9	7	5	6
所属区位	下游	中游	下游	中游	中游	中游
得分	39.598	40.926	41.494	41.679	42.156	42.441
全国最高分	64.061	66.285	62.112	64.361	61.849	62.336
全国平均分	51.465	53.838	53.598	51.944	50.910	50.770
与最高分的差距	-24.463	-25.358	-20.618	-22.682	-19.693	-19.895
与平均分的差距	-11.868	-12.911	-12.105	-10.265	-8.755	-8.328
优劣度	劣势	中势	劣势	中势	优势	中势
波动趋势	—	上升	下降	上升	上升	下降

表5-8　2010~2015年贵港市工业企业二级指标比较

年份	工业发展 得分	工业发展 排名	企业发展 得分	企业发展 排名
2010	26.980	7	12.618	11
2011	24.713	9	16.214	4
2012	25.516	10	15.977	5

续表

年份	工业发展 得分	工业发展 排名	企业发展 得分	企业发展 排名
2013	25.092	8	16.587	7
2014	23.826	10	18.329	4
2015	25.056	7	17.385	6
得分变化	-1.924	—	4.767	—
排名变化	—	0	—	5
优劣度	中势	中势	中势	中势

（二）贵港市城市工业企业发展水平指标动态变化分析

2010~2015年贵港市工业企业发展水平评估各级指标的动态变化及其结构，如图5-28和表5-9所示。

从图5-28可以看出，贵港市工业企业发展水平评估的三级指标中上升指标的比例大于下降指标，表明上升指标居于主导地位。表5-9中的数据说明，贵港市工业企业发展水平评估的22个三级指标中，上升的指标有12个，占指标总数的54.545%；保持的指标有4个，占指标总数的18.182%；下降的指标有6个，占指标总数的27.273%。由于上升指标的数量大于下降指标的数量，且受变动幅度与外部因素的综合影响，评价期内贵港市工业企业排名呈现波动上升，在珠江-西江经济带城市居第6名。

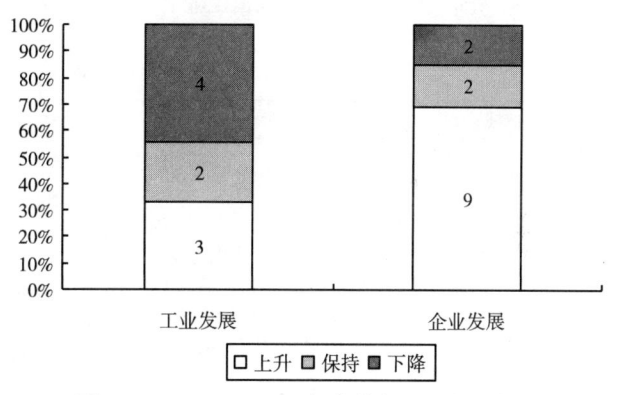

图5-28　2010~2015年贵港市工业企业发展水平动态变化结构

表5-9　2010~2015年贵港市工业企业各级指标排名变化态势比较

二级指标	三级指标数	上升指标 个数	上升指标 比重（%）	保持指标 个数	保持指标 比重（%）	下降指标 个数	下降指标 比重（%）
工业发展	9	3	33.333	2	22.222	4	44.444
企业发展	13	9	69.231	2	15.385	2	15.385
合计	22	12	54.545	4	18.182	6	27.273

（三）贵港市城市工业企业发展水平指标变化动因分析

2015年贵港市工业企业板块各级指标的优劣势变化及其结构，如图5-29和表5-10所示。

从图5-29可以看出，2015年贵港市工业企业发展水平评估的三级指标中强势和优势指标的比例小于劣势指标的比例，表明强势和优势指标未居于主导地位。表5-10中的数据说明，2015年贵港市工业企业的22个三级指标中，强势指标有4个，占指标总数的18.182%；优势指标为4个，占指标总数的18.182%；中势指标为7个，占指标总数的31.818%；劣势指标为7个，占指标总数的31.818%；强势指标和优势指标之和占指标总数的36.364%，数量与比重均小于劣势指标。从二级指标来看，其中，工业发展强势指标为1个，占指标总数的11.111%；优势指标为1个，占指标总数的11.111%；中势指标为4个，占指标总数的44.444%；劣势指标为3个，占指标总数的33.333%；强势指标和优势指标之和占指标总数的22.222%，说明工业发展的强、优势指标未居于主导地位。企业发展的强势指标有3个，占指标总数的23.077%；优势指标为3个，占指标总数的23.077%；中势指标为3个，占指标总数的23.077%；劣势指标为4个，占指标总数的30.769%；强势指标和优势指标之和占指标总数的46.154%，说明企业发展的强、优势指标处于有利地位。由于强、优势指标比重较小，从整体来看，贵港市工业企业发展水平处于中势地位，在珠江－西江经济带城市居第6名，处于中游区。

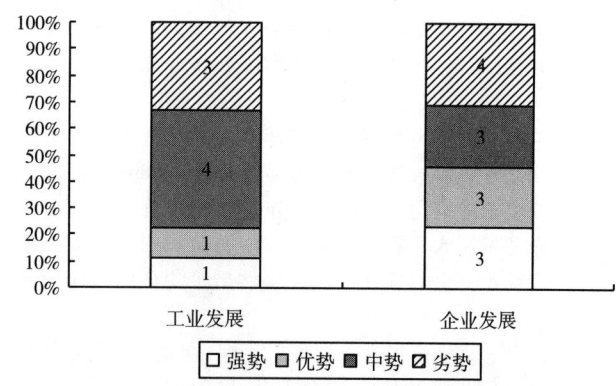

图5-29 2015年贵港市工业企业优劣度结构

表5-10 2015年贵港市工业企业各级指标优劣度比较

二级指标	三级指标数	强势指标 个数	比重（%）	优势指标 个数	比重（%）	中势指标 个数	比重（%）	劣势指标 个数	比重（%）	优劣度
工业发展	9	1	11.111	1	11.111	4	44.444	3	33.333	中势
企业发展	13	3	23.077	3	23.077	3	23.077	4	30.769	中势
合计	22	4	18.182	4	18.182	7	31.818	7	31.818	中势

为进一步明确影响贵港市工业企业变化的具体因素，以便对相关指标进行深入分析，为提升贵港市工业企业发展水平提供决策参考，表5-11列出工业企业指标体系中直接影响贵港市工业企业发展水平升降的强势指标、优势指标和劣势指标。

表5-11 2015年贵港市工业企业三级指标优劣度统计

指标	强势指标	优势指标	中势指标	劣势指标
工业发展（9个）	企业弹性扩张系数（1个）	Moore工业结构（1个）	工业结构、工业密度、工业弧弹性、工业偏离系数（4个）	工业发展强度、税收贡献率、工业不协调度（3个）
企业发展（13个）	企业利润相对增长率、企业利润绝对增量加权指数、内资企业产值职能规模（3个）	企业产值流强度、内资企业产值职能规模、内资企业产值职能地位（3个）	港澳台投资企业产值职能规模、港澳台投资企业产值职能地位、外商投资企业产值职能地位（3个）	企业利润比重增量、企业利润枢纽度、企业利润平均增长指数、外商投资企业产值职能规模（4个）

第六章　百色市城市工业企业发展水平综合评估

一、百色市城市工业企业发展实力综合评估与比较

(一) 百色市城市工业发展实力评估指标变化趋势评析

1. 工业结构

根据图 6-1 分析可知，2010~2015 年百色市工业结构总体上呈现波动下降的状态。这种状态表现为在 2010~2015 年间城市在该项指标上总体呈现下降趋势，但在此期间存在上下波动的情况，并非连续性下降状态。这就意味着在评估的时间段内，虽然指标数据存在较大的波动，但是其评价末期数据值低于评价初期数据值。百色市的工业结构末期低于初期的数据，降低 13 个单位左右，并且在 2011~2015 年间存在明显下降的变化；这说明百色市工业发展情况处于不太稳定的下降状态。

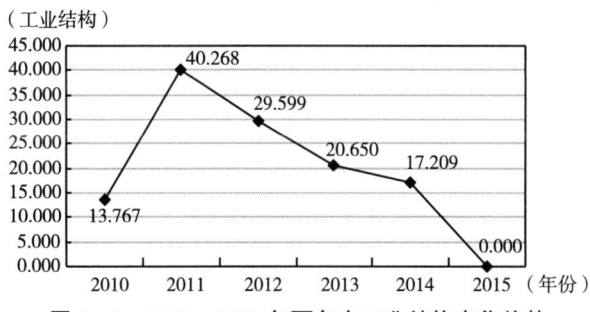

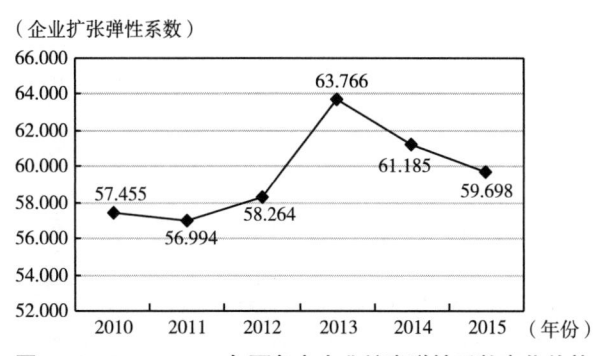

图 6-1　2010~2015 年百色市工业结构变化趋势

2. 企业扩张弹性系数

根据图 6-2 分析可知，百色市 2010~2015 年企业扩张弹性系数总体上呈现波动保持的状态。波动保持型指标意味着城市在该项指标上虽然呈现波动状态，在评价末期和评价初期的数值基本保持一致，该图可知百色市企业扩张弹性系数数值保持在 56.994~63.766。即使百色市企业扩张弹性系数存在过最低值，其数值为 56.994，但百色市在企业扩张弹性系数上总体表现的也是相对平稳；说明该地区工业发展能力及活力持续又稳定。

3. 工业发展强度

根据图 6-3 分析可知，2010~2015 年百色市的工业发展强度总体上呈现波动上升型的状态。这一类型的指标为 2010~2015 年间城市在该项指标上存在较多波动变化，总体趋势为上升趋势，但在个别年份出现下降的情况，指标并非连续性上升。波动上升型指标意味着在评估期间，虽然指标数据存在较大波动变化，但是其评价末期数据值高于评价初期数据值。通过折线图可以看出，百色市的工业发展强度指标不断提高，在 2015 年达到 3.602，相较于 2010 年上升 2 个单位左右；说明百色市工业发展强度的整体发展水平较高。

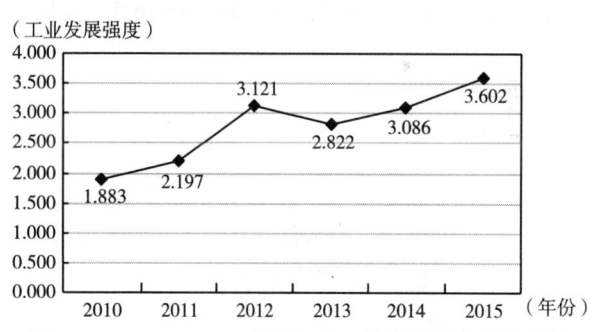

图 6-3　2010~2015 年百色市工业发展强度变化趋势

4. 工业密度

根据图 6-4 分析可知，2010~2015 年百色市工业密度总体上呈现波动保持的状态。波动保持型指标意味着城市

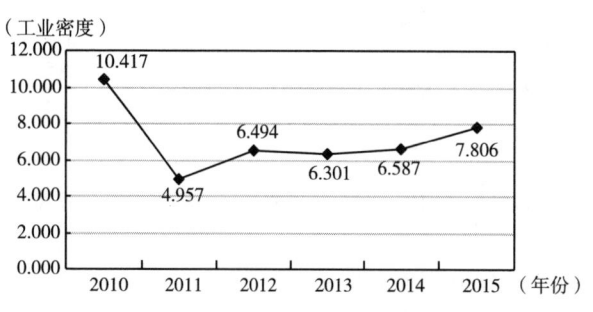

图 6-2　2010~2015 年百色市企业扩张弹性系数变化趋势

图 6-4　2010~2015 年百色市工业密度变化趋势

在该项指标上虽然呈现波动状态,在评价末期和评价初期的数值基本保持一致,由该图可知百色市工业密度保持在4.957~10.417。即使百色市工业密度存在过最低值,其数值为4.957,但百色市在工业密度上总体表现的也是相对平稳,说明该地区工业发展能力及活力持续又稳定。

5. 税收贡献率

根据图6-5分析可知,2010~2015年百色市税收贡献率总体上呈现波动下降的状态。这一类的指标为2010~2015年间城市在该项指标上总体呈现下降趋势,但在评估期间存在上下波动的情况,指标并非连续性下降状态。波动下降型指标意味着在评估期间,虽然指标数据存在较大波动变化,但是其评价末期数据值低于评价初期数据值。如图所示,百色市税收贡献率指标处于不断下降的状态中,2010年此指标数值最高,为65.163,到2015年时,下降至21.798。分析这种变化趋势,可以得出百色市税收贡献率发展的水平处于劣势,城市工业的发展活力不足。

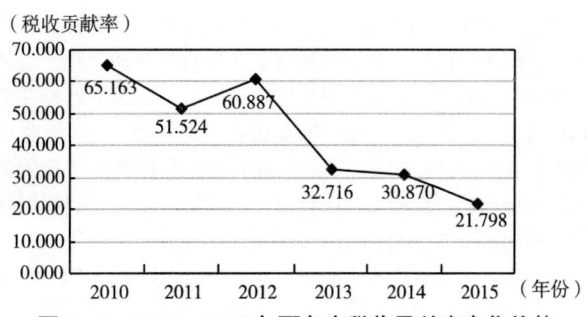

图6-5 2010~2015年百色市税收贡献率变化趋势

6. 工业弧弹性

根据图6-6分析可知,2010~2015年百色市工业弧弹性总体上呈现波动保持的状态。波动保持型指标意味着城市在该项指标上虽然呈现波动状态,在评价末期和评价初期的数值基本保持一致,由该图可知百色市工业弧弹性数值保持在88.428~90.347。即使百色市工业弧弹性存在过最低值,其数值为88.428,但百色市在工业弧弹性上总体表现的也是相对平稳;说明该地区工业发展能力及活力持续又稳定。

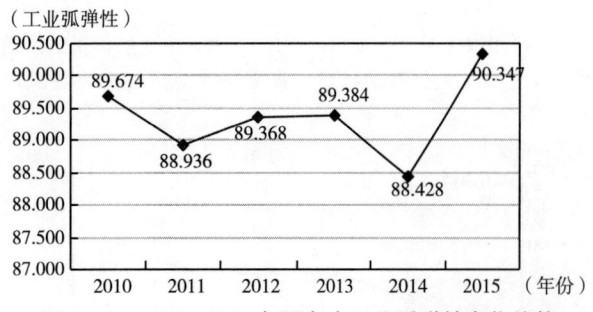

图6-6 2010~2015年百色市工业弧弹性变化趋势

7. Moore 工业结构

根据图6-7分析可知,2010~2015年百色市的Moore工业结构总体上呈现持续上升的状态。波动上升型的指标不仅意味着城市在各项指标数据上的不断增长,更意味着城市在该项指标以及工业企业实力整体上的竞争力优势不断扩大。通过折线图可以看出,百色市的Moore工业结构指标不断提高,在2015年达到37.689,说明百色市Moore工业结构的整体发展水平较高。

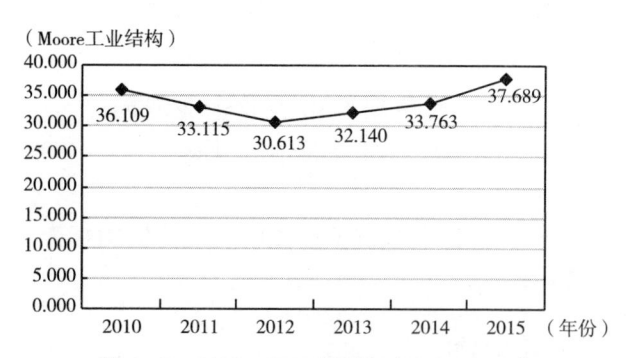

图6-7 2010~2015年百色市Moore工业结构变化趋势

8. 工业不协调度

根据图6-8分析可知,2010~2015年百色市的工业不协调度总体上呈现波动下降的状态,由2010年的78.738下降至2015年的51.867,这反映出百色市的工业不协调度处于不断下降的状态;说明城市的工业不协调度在下降,城市工业结构趋于协调发展。

图6-8 2010~2015年百色市工业不协调度变化趋势

9. 工业偏离系数

根据图6-9分析可知,2010~2015年百色市工业偏离系数总体上呈现波动上升的状态。这一类型的指标表现为2010~2015年城市在该项指标上存在一定的波动变化,总体趋势为上升趋势,但在个别年份出现下降的情况,指标并非连续性上升状态。波动上升型指标意味着在评价的时间段内,虽然指标数据存在较大的波动变化,但是其评价末期数据值高于评价初期数据值。百色市在2013~2015年虽然出现下降的状况,但是总体上还是呈现上升的态势,最终稳定在8.659。城市的适度人口容量越大,说明城市的工业偏离系数越高,对于百色市来说,其城市工业发展有待转型升级。

图 6-9 2010~2015 年百色市工业偏离系数变化趋势

（二）百色市城市工业发展实力评估结果

根据表 6-1，对 2010~2012 年百色市工业发展得分、排名、优劣度进行分析。可以看到 2010~2012 年百色市工业发展排名一直保持在珠江-西江经济带第 11 名，其工业发展在珠江-西江经济带处于下游区，说明百色市工业发展与经济带其他城市相比速度较慢，发展水平较低。对百色市的工业发展得分情况进行分析，发现百色市的工业发展综合得分 2010~2012 年先上升后下降，整体呈上升趋势，说明城市的工业发展有所提升。

对百色市工业发展的三级指标进行分析，其中工业结构得分排名呈现持续保持的发展趋势。对百色市的工业结构的得分情况进行分析，发现百色市的工业结构的得分呈现波动上升的趋势，说明百色市工业结构发展水平在提升，并且工业结构偏离 1 的程度相对较小，说明百色市的工业结构不协调性不是很明显，对城市经济社会稳定发展尚未造成长远的影响。

企业扩张弹性系数的排名呈现先上升后再下降的发展趋势。对百色市的企业扩张弹性系数的得分情况进行分析，发现百色市的企业扩张弹性系数的得分先下降后上升，整体呈下降趋势，说明百色市的企业扩张弹性系数波动减小，城市的企业数量扩张幅度增大，城市城镇化与工业发展之间呈现不协调发展的关系，城镇企业数量的增加会导致城市的过度拥挤及承载力压力问题的出现。

工业发展强度的排名呈现持续保持的发展趋势。对百色市的工业发展强度的得分情况进行分析，发现百色市工业发展强度的得分持续上升，说明百色市的工业发展强度有所增强，城市活力增强。

工业密度的排名呈现先下降后上升的发展趋势。对百色市工业密度的得分情况进行分析，发现百色市的工业密度的得分先下降后上升，整体呈现下降的趋势，说明百色市的工业密度波动减小，城市的工业承载力减小。

其中税收贡献率的排名呈现先下降后保持的发展趋势。对百色市的税收贡献率的得分情况进行分析，发现百色市的税收贡献率的得分呈现先下降后上升的发展趋势，整体呈下降趋势，说明百色市的经济发展有所下降，税收程度降低，市场发展活力有所减弱。

工业弧弹性的排名呈现持续下降的趋势。对百色市的工业弧弹性的得分情况进行分析，发现百色市的工业弧弹性的得分呈现波动上升的趋势，说明百色市的工业产值增长速率快于其经济的变化增长速率，城市呈现出工业的扩张发展趋势。

Moore 工业结构的排名呈现先上升后下降的发展趋势。对百色市的 Moore 工业结构的得分情况进行分析，发现百色市的 Moore 工业结构的得分处于波动下降的趋势，说明百色市的 Moore 产业结构指数波动减小，城市企业结构的变化程度减小。

工业不协调度的排名呈现先上升后保持的发展趋势。对百色市的工业不协调度的得分情况进行分析，发现百色市的工业不协调度的得分持续下降，说明百色市的企业不协调度逐渐减小，企业在城市中的发展结构趋于协调。

工业偏离系数的排名呈现先上升后保持的发展趋势。对百色市的工业偏离系数的得分情况进行分析，发现百色市的工业偏离系数的得分呈现出持续上升的发展趋势，说明百色市的工业结构偏离系数逐渐增大，城市的就业结构协调程度降低，城市的劳动生产率有所降低，城市的工业结构、产业结构出现不协调、不稳定的状态。

表 6-1　　2010~2012 年百色市工业发展各级指标的得分、排名及优劣度分析

指标	2010 年 得分	排名	优劣度	2011 年 得分	排名	优劣度	2012 年 得分	排名	优劣度
工业发展	20.760	11	劣势	21.539	11	劣势	20.975	11	劣势
工业结构	1.067	11	劣势	3.164	11	劣势	2.344	11	劣势
企业扩张弹性系数	2.930	7	中势	2.648	4	优势	2.918	5	优势
工业发展强度	0.075	7	中势	0.086	7	中势	0.122	7	中势
工业密度	0.390	4	优势	0.171	8	中势	0.224	5	优势
税收贡献率	2.573	1	强势	2.004	2	强势	2.508	2	强势
工业弧弹性	6.610	2	强势	6.508	5	优势	6.731	6	中势
Moore 工业结构	2.144	11	劣势	2.007	10	劣势	1.812	11	劣势
工业不协调度	4.743	6	中势	4.425	5	优势	3.688	5	优势
工业偏离系数	0.228	10	劣势	0.526	6	中势	0.628	6	中势

根据表6-2，对2013~2015年百色市工业发展得分、排名、优劣度进行分析。可以看到2013~2015年百色市工业发展排名一直保持在珠江-西江经济带第11名，其工业发展在珠江-西江经济带处于下游区，说明百色市工业发展与经济带其他城市相比速度较慢，发展水平较低。对百色市的工业发展得分情况进行分析，发现百色市的工业发展综合得分在2013~2015年间持续下降，说明城市的工业发展有所下降。

对百色市工业发展的三级指标进行分析，其中工业结构得分排名呈现持续保持的发展趋势。对百色市的工业结构的得分情况进行分析，发现百色市的工业结构的得分持续下降，说明百色市工业结构发展水平在下降，并且工业结构偏离1的程度相对较小，说明百色市的工业结构不协调性不是很明显，对城市经济社会稳定发展尚未造成长远的影响。

企业扩张弹性系数的排名呈现先保持后再下降的发展趋势。对百色市的企业扩张弹性系数的得分情况进行分析，发现百色市的企业扩张弹性系数的得分先下降后上升，整体呈下降趋势，说明百色市的企业扩张弹性系数波动减小，城市的企业数量扩张幅度增大，城市城镇化与工业发展之间呈现不协调发展的关系，城镇企业数量的增加会导致城市的过度拥挤及承载力压力问题的出现。

工业发展强度的排名呈现持续保持的发展趋势。对百色市的工业发展强度的得分情况进行分析，发现百色市工业发展强度的得分持续上升，说明百色市的工业发展强度有所增强，城市活力增强。

工业密度的排名呈现持续保持的发展趋势。对百色市工业密度的得分情况进行分析，发现百色市的工业密度的得分持续上升，说明百色市的工业密度逐渐增大，城市的工业承载力增大。

税收贡献率的排名呈现持续下降的发展趋势。对百色市的税收贡献率的得分情况进行分析，发现百色市的税收贡献率的得分持续下降，说明百色市的经济发展有所下降，税收程度降低，市场发展活力有所减弱。

工业弧弹性的排名呈现先下降后上升的趋势。对百色市的工业弧弹性的得分情况进行分析，发现百色市的工业弧弹性的得分呈现持续上升的趋势，说明百色市的工业产值增长速率快于其经济的变化增长速率，城市呈现出工业的扩张发展趋势。

Moore工业结构的排名呈现先上升后保持的发展趋势。对百色市的Moore工业结构的得分情况进行分析，发现百色市的Moore工业结构的得分处于波动下降的趋势，说明百色市的Moore产业结构指数波动减小，城市企业结构的变化程度减小。

工业不协调度的排名呈现先保持后下降的发展趋势。对百色市的工业不协调度的得分情况进行分析，发现百色市的工业不协调度的得分持续下降，说明百色市的企业不协调度逐渐减小，企业在城市中的发展结构趋于良好，企业对城市经济发展起促进作用。

工业偏离系数的排名呈现持续下降的发展趋势。对百色市的工业偏离系数的得分情况进行分析，发现百色市的工业偏离系数的得分呈现出持续下降的发展趋势，说明百色市的工业结构偏离系数逐渐减小，城市的就业结构协调程度增强，城市的劳动生产率有所上升。

对2010~2015年百色市工业发展及各三级指标的得分、排名和优劣度进行分析。2010~2015年百色市工业发展的综合得分排名一直处在珠江-西江经济带第11名，处于珠江-西江经济带下游区，在工业发展上的实力也是一直处在珠江-西江经济带劣势位置，说明城市的工业发展较珠江-西江经济带的其他城市竞争优势小，百色市在提高工业发展方面仍有较大的发展空间，同时也说明百色市在工业发展方面控制和发展的稳定性较强。对百色市的工业发展得分情况进行分析，发现百色市的工业发展综合得分呈现波动下降的发展趋势，2010~2011年百色市的工业发展得分持续上升，在2011年后持续下降，但总的来说是下降的。

从工业发展基础指标的优劣度结构来看，在9个基础指标中，指标的优劣度结构为0.0∶33.3∶44.4∶22.2，见表6-3。

表6-2　　　　2013~2015年百色市工业发展各级指标的得分、排名及优劣度分析

指标	2013年 得分	2013年 排名	2013年 优劣度	2014年 得分	2014年 排名	2014年 优劣度	2015年 得分	2015年 排名	2015年 优劣度
工业发展	18.900	11	劣势	18.054	11	劣势	16.197	11	劣势
工业结构	1.603	11	劣势	1.326	11	劣势	0.000	11	劣势
企业扩张弹性系数	3.318	3	优势	2.871	3	优势	3.175	5	优势
工业发展强度	0.109	7	中势	0.119	7	中势	0.138	7	中势
工业密度	0.217	5	优势	0.224	5	优势	0.263	5	优势
税收贡献率	1.336	4	优势	1.262	5	优势	0.822	6	中势
工业弧弹性	6.331	5	优势	6.532	5	优势	6.782	3	优势
Moore工业结构	1.867	11	劣势	1.830	10	劣势	1.868	10	劣势
工业不协调度	3.408	6	中势	3.306	6	中势	2.815	8	中势
工业偏离系数	0.711	5	优势	0.585	7	中势	0.334	8	中势

表 6-3　　　　　　　　　　　　2015 年百色市工业发展指标的优劣度结构

二级指标	三级指标数	强势指标 个数	强势指标 比重（%）	优势指标 个数	优势指标 比重（%）	中势指标 个数	中势指标 比重（%）	劣势指标 个数	劣势指标 比重（%）	优劣度
工业发展	9	0	0.000	3	33.333	4	44.444	2	22.222	劣势

（三）百色市城市工业发展实力比较分析

图 6-10 和图 6-11 将 2010～2015 年百色市工业发展与珠江-西江经济带最高水平和平均水平进行比较。从工业发展的要素得分比较来看，由图 6-10 可知，2010 年，百色市工业结构得分比珠江-西江经济带最高分低 3.675 分，比平均分低 5.734 分；2011 年，工业结构得分比珠江-西江经济带最高分低 4.689 分，比平均分低 3.922 分；2012 年，工业结构得分比珠江-西江经济带最高分低 5.574 分，比平均分低 4.703 分；2013 年，工业结构得分比珠江-西江经济带最高分低 6.145 分，比平均分低 5.214 分；2014 年，工业结构得分比珠江-西江经济带最高分低 6.356 分，比平均分低 5.376 分；2015 年，工业结构得分比珠江-西江经济带最高分低 7.569 分，比平均分低 6.438 分。这说明整体上百色市工业结构得分与珠江-西江经济带最高分的差距先减小后增大，与珠江-西江经济带平均分的差距先减小后增大。

2010 年，百色市企业扩张弹性系数得分比珠江-西江经济带最高分低 1.260 分，比平均分低 0.197 分；2011 年，企业扩张弹性系数得分比珠江-西江经济带最高分低 0.021 分，比平均分高 0.201 分；2012 年，企业扩张弹性系数得分比珠江-西江经济带最高分低 1.508 分，比平均分高 0.060 分；2013 年，企业扩张弹性系数得分比珠江-西江经济带最高分低 0.981 分，比平均分高 0.069 分；2014 年，企业扩张弹性系数得分比珠江-西江经济带最高分低 0.077 分，比平均分高 0.468 分；2015 年，企业扩张弹性系数得分比珠江-西江经济带最高分低 2.144 分，比平均分低 0.006 分。这说明整体上百色市企业扩张弹性系数得分与珠江-西江经济带最高分的差距呈波动减小趋势，与珠江-西江经济带平均分的差距持续波动。

2010 年，百色市工业发展强度得分比珠江-西江经济带最高分低 3.903 分，比平均分低 0.753 分；2011 年，工业发展强度得分比珠江-西江经济带最高分低 3.647 分，比平均分低 0.732 分；2012 年，工业发展强度得分比珠江-西江经济带最高分低 3.263 分，比平均分低 0.691 分；2013 年，工业发展强度得分比珠江-西江经济带最高分低 3.196 分，比平均分低 0.694 分；2014 年，工业发展强度得分比珠江-西江经济带最高分低 3.199 分，比平均分低 0.682 分；2015 年，工业发展强度得分比珠江-西江经济带最高分低 3.133 分，比平均分低 0.660 分。这说明整体上百色市工业发展强度得分与珠江-西江经济带最高分的差距波动缩小，与珠江-西江经济带平均分的差距波动缩小。

2010 年，百色市工业密度得分比珠江-西江经济带最高分低 3.352 分，比平均分低 0.309 分；2011 年，工业密度得分比珠江-西江经济带最高分低 2.605 分，比平均分低 0.302 分；2012 年，工业密度得分比珠江-西江经济带最高分低 2.345 分，比平均分低 0.226 分；2013 年，工业密度得分比珠江-西江经济带最高分低 2.406 分，比平均分低 0.251 分；2014 年，工业密度得分比珠江-西江经济带最高分低 2.223 分，比平均分低 0.200 分；2015 年，工业密度得分比珠江-西江经济带最高分低 2.086 分，比平均分低 0.129 分。这说明整体上百色市工业密度得分与珠江-西江经济带最高分的差距波动缩小，与珠江-西江经济带平均分差距波动缩小。

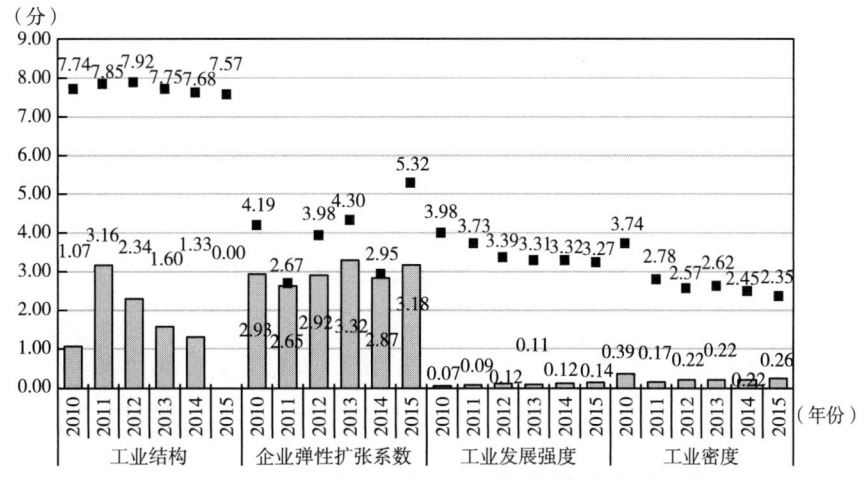

图 6-10　2010～2015 年百色市工业发展指标得分比较 1

由图 6-11 可知，2010 年，百色市税收贡献率得分与珠江-西江经济带最高分不存在差距，比平均分高 1.259 分；2011 年，税收贡献率得分比珠江-西江经济带最高分低 0.796 分，比平均分高 0.799 分；2012 年，税收贡献率得分比珠江-西江经济带最高分低 0.331 分，比平均分高 1.077 分；2013 年，税收贡献率得分比珠江-西江经济带最高分低 2.749 分，比平均分高 0.147 分；2014 年，税收贡献率得分比珠江－西江经济带最高分低 0.026 分，比平均分低 0.104 分；2015 年，税收贡献率得分比珠江－西江经济带最高分低 1.402 分，比平均分低 0.193 分。这说明整体上百色市税收贡献率得分与珠江－西江经济带最高分的差距波动增大，与珠江－西江经济带平均分的差距波动减小。

2010 年，百色市工业弧弹性得分比珠江－西江经济带最高分低 0.058 分，比平均分高 0.038 分；2011 年，工业弧弹性得分比珠江－西江经济带最高分低 0.042 分，比平均分高 0.026 分；2012 年，工业弧弹性得分比珠江－西江经济带最高分低 0.216 分，比平均分高 0.005 分；2013 年，工业弧弹性得分比珠江－西江经济带最高分低 0.186 分，比平均分高 0.562 分；2014 年，工业弧弹性得分比珠江－西江经济带最高分低 0.137 分，比平均分低 0.015 分；2015 年，工业弧弹性得分比珠江－西江经济带最高分低 0.725 分，比平均分高 0.078 分。这说明整体上百色市工业弧弹性得分与珠江－西江经济带最高分的差距先减小后增大，与珠江－西江经济带平均分的差距先减小后增大。

2010 年，百色市 Moore 工业结构得分比珠江－西江经济带最高分低 3.794 分，比平均分低 1.964 分；2011 年，Moore 工业结构得分比珠江－西江经济带最高分低 4.053 分，比平均分低 2.290 分；2012 年，Moore 工业结构得分比珠江－西江经济带最高分低 3.551 分，比平均分低 2.264 分；2013 年，Moore 工业结构得分比珠江－西江经济带最高分低 3.356 分，比平均分低 2.092 分；2014 年，Moore 工业结构得分比珠江－西江经济带最高分低 2.431 分，比平均分低 1.621 分；2015 年，Moore 工业结构得分比珠江－西江经济带最高分低 1.577 分，比平均分低 0.875 分。这说明整体上百色市 Moore 工业结构得分与珠江－西江经济带最高分的差距呈波动缩小的趋势，与珠江－西江经济带平均分的差距先增大后减小。

2010 年，百色市工业不协调度得分比珠江－西江经济带最高分低 1.281 分，比平均分高 0.544 分；2011 年，工业不协调度得分比珠江－西江经济带最高分低 0.475 分，比平均分高 0.701 分；2012 年，工业不协调度得分比珠江－西江经济带最高分低 0.930 分，比平均分高 0.232 分；2013 年，工业不协调度得分比珠江－西江经济带最高分低 1.213 分，比平均分低 0.052 分；2014 年，工业不协调度得分比珠江－西江经济带最高分低 1.239 分，比平均分高 0.108 分；2015 年，工业不协调度得分比珠江－西江经济带最高分低 2.226 分，比平均分低 0.468 分。这说明整体上百色市工业不协调度得分与珠江－西江经济带最高分的差距先减小后增大，与珠江－西江经济带平均分的差距呈波动缩小的趋势。

2010 年，百色市工业偏离系数得分比珠江－西江经济带最高分低 2.830 分，比平均分低 0.642 分；2011 年，工业偏离系数得分比珠江－西江经济带最高分低 2.665 分，比平均分低 0.221 分；2012 年，工业偏离系数得分比珠江－西江经济带最高分低 1.955 分，比平均分低 0.112 分；2013 年，工业偏离系数得分比珠江－西江经济带最高分低 1.545 分，比平均分低 0.015 分；2014 年，工业偏离系数得分比珠江－西江经济带最高分低 2.200 分，比平均分低 0.255 分；2015 年，工业偏离系数得分比珠江－西江经济带最高分低 3.523 分，比平均分低 0.495 分。这说明整体上百色市工业偏离系数得分与珠江－西江经济带最高分的差距先减小后增大，与珠江－西江经济带平均分的差距呈波动减小的趋势。

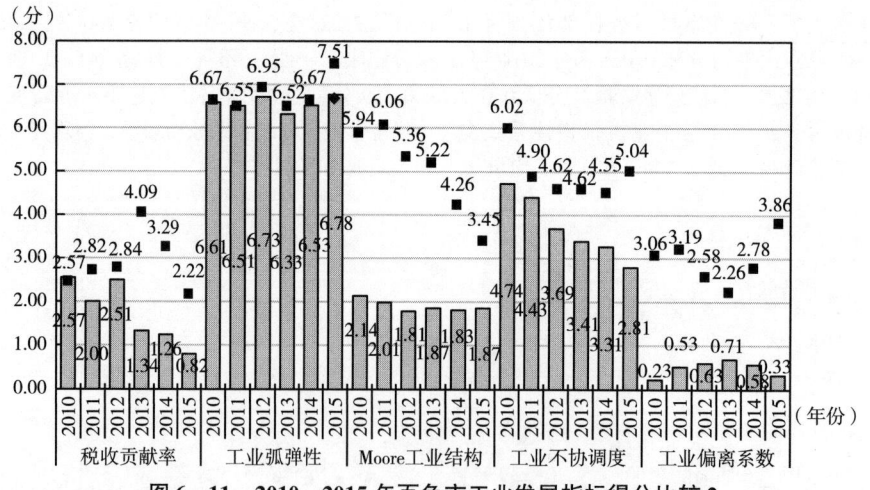

图 6-11 2010~2015 年百色市工业发展指标得分比较 2

二、百色市城市企业发展实力综合评估与比较

（一）百色市城市企业发展实力评估指标变化趋势评析

1. 企业利润相对增长率

根据图 6-12 分析可知，2010~2015 年百色市企业利润相对增长率总体上呈现波动下降的状态。这种状态表现为 2010~2015 年城市在该项指标上总体呈现下降趋势，但在此期间存在上下波动的情况，并非连续性下降状态。这就意味着在评估的时间段内，虽然指标数据存在较大的波动，但是其评价末期数据值低于评价初期数据值。百色市的企业利润相对增长率末期低于初期的数据，降低 3 个单位左右，并且在 2011~2012 年间存在明显下降的变化；这说明百色市企业发展情况处于不太稳定的下降状态。

(企业利润相对增长率)

图6-12 2010~2015年百色市企业利润相对增长率变化趋势

2. 企业利润绝对增量加权指数

根据图6-13分析可知，2010~2015年百色市企业利润绝对增量加权指数总体上呈现波动保持的状态。波动保持型指标意味着城市在该项指标上虽然呈现波动状态，在评价末期和评价初期的数值基本保持一致，该图可知百色市企业利润绝对增量加权指数数值保持在21.521~22.743。即使百色市企业利润绝对增量加权指数存在过最低值，其数值为21.521，但百色市在企业利润绝对增量加权指数上总体表现的也是相对平稳；说明该地区企业发展能力及活力持续又稳定。

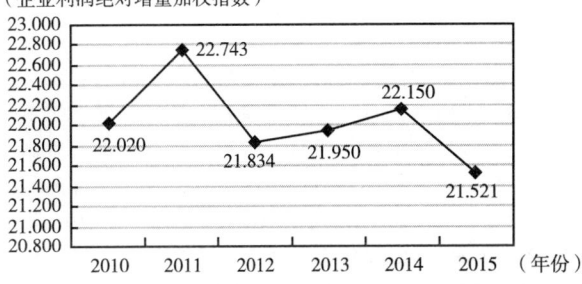

(企业利润绝对增量加权指数)

图6-13 2010~2015年百色市企业利润绝对增量加权指数变化趋势

3. 企业利润比重增量

根据图6-14分析可知，2010~2015年百色市的企业利润比重增量总体上呈现波动上升的状态。这一类型的指标为2010~2015年间城市在该项指标上存在较多波动变化，

(企业利润比重增量)

图6-14 2010~2015年百色市企业利润比重增量变化趋势

总体趋势为上升趋势，但在个别年份出现下降的情况，指标并非连续性上升。波动上升型指标意味着在评估期间，虽然指标数据存在较大波动变化，但是其评价末期数据值高于评价初期数据值。通过折线图可以看出，百色市的企业利润比重增量指标不断提高，在2015年达到80.724，相较于2010年上升15个单位左右；说明百色市企业利润比重增量的整体发展水平较高。

4. 企业利润枢纽度

根据图6-15分析可知，2010~2015年百色市企业利润枢纽度总体上呈现波动下降的状态。这种状态表现为2010~2015年城市在该项指标上总体呈现下降趋势，但在此期间存在上下波动的情况，并非连续性下降状态。这就意味着在评估的时间段内，虽然指标数据存在较大的波动，但是其评价末期数据值低于评价初期数据值。百色市的企业利润枢纽度末期低于初期的数据，并且在2011~2012年间存在明显下降的变化；这说明百色市企业发展情况处于不太稳定的下降状态。

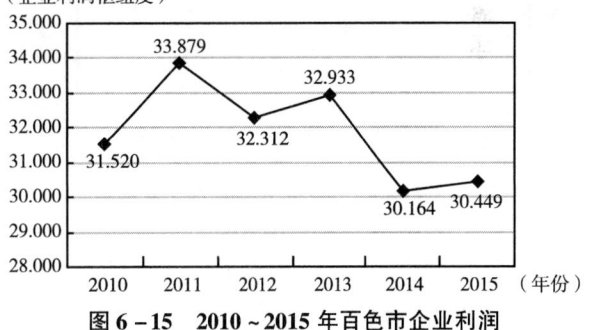

(企业利润枢纽度)

图6-15 2010~2015年百色市企业利润枢纽度变化趋势

5. 企业利润平均增长指数

根据图6-16分析可知，2010~2015年百色市企业利润平均增长指数总体上呈现波动上升的状态。这一类型的指标表现为2010~2015年城市存在一定的波动变化，总体趋势为上升趋势，但在个别年份出现下降的情况，指标并非连续性上升状态。波动上升型指标意味着在评价的时间段内，虽然指标数据存在较大的波动变化，但是其评价末期数据值高于评价初期数据值。百色市在2010~2013

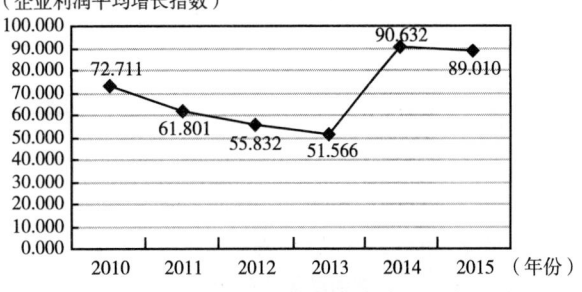

(企业利润平均增长指数)

图6-16 2010~2015年百色市企业利润平均增长指数变化趋势

年虽然出现下降的状况，2013年为51.566，但是总体上还是呈现上升的态势，最终稳定在89.010。城市的企业利润平均增长指数越大，对于百色市来说，其城市企业发展潜力也越来越大。

6. 企业产值流强度

根据图6-17分析可知，2010~2015年百色市的企业产值流强度总体上呈现持续上升的状态。持续上升型的指标不仅意味着城市在各项指标数据上的不断增长，更意味着城市在该项指标以及工业企业实力整体上的竞争力优势不断扩大。通过折线图可以看出，百色市的企业产值流强度指标不断提高，在2015年达到1.776，相较于2010年上升1个单位左右；说明百色市企业产值流强度的整体发展水平较高。

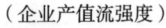

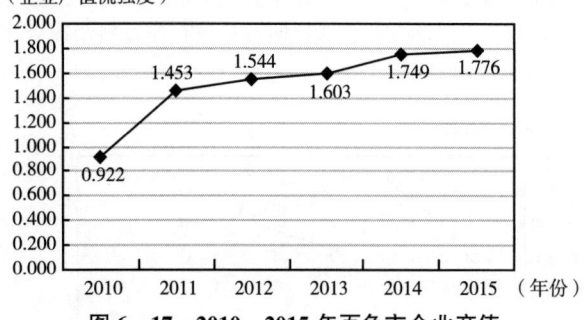

图6-17 2010~2015年百色市企业产值流强度变化趋势

7. 企业产值倾向度

根据图6-18分析可知，2010~2015年百色市企业产值倾向度总体上呈现波动保持的状态。波动保持型指标意味着城市在该项指标上虽然呈现波动状态，在评价末期和评价初期的数值基本保持一致，该图可知百色市企业产值倾向度保持在16.256~21.550。即使百色市在企业产值倾向度存在过最低值，其数值为16.256，但百色市在企业产值倾向度上总体表现的也是相对平稳；说明该地区企业发展能力及活力持续又稳定。

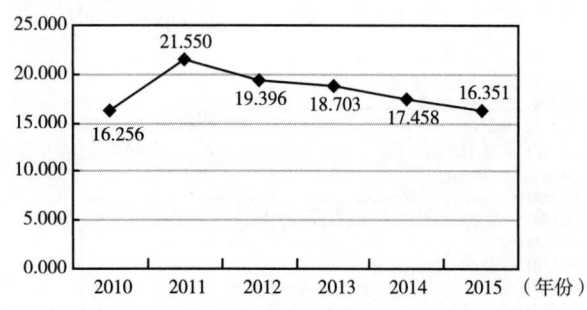

图6-18 2010~2015年百色市企业产值倾向度变化趋势

8. 内资企业产值职能规模

根据图6-19分析可知，2010~2015年百色市城市的内资企业产值职能规模总体上呈现持续下降的状态。持续下降型的指标意味着城市在该项指标上不断处在劣势状态，并且这一状况并未得到改善。如图所示，百色市内资企业产值职能规模指标处于不断下降的状态中，2010年此指标数值最高，为0.858，到2015年时，下降至最低点。分析这种变化趋势，可以得出百色市内资企业产值职能规模发展的水平处于劣势，城市企业的发展活力较低。

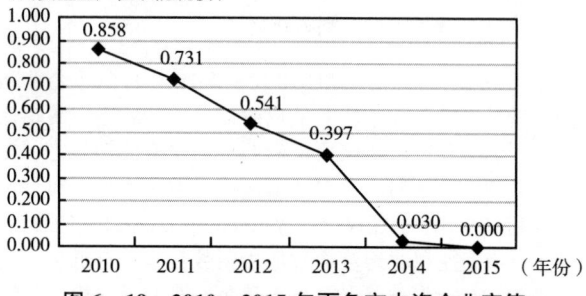

图6-19 2010~2015年百色市内资企业产值职能规模变化趋势

9. 港澳台投资企业产值职能规模

根据图6-20分析可知，2010~2015年百色市的港澳台投资企业产值职能规模总体上呈现持续上升的状态。持续上升型的指标不仅意味着城市在各项指标数据上的不断增长，更意味着城市在该项指标以及工业企业实力整体上的竞争力优势不断扩大。通过折线图可以看出，百色市的港澳台投资企业产值职能规模指标不断提高，在2015年达到2.631，相较于2010年上升2个单位左右；说明百色市的港澳台投资企业产值职能规模发展较高。

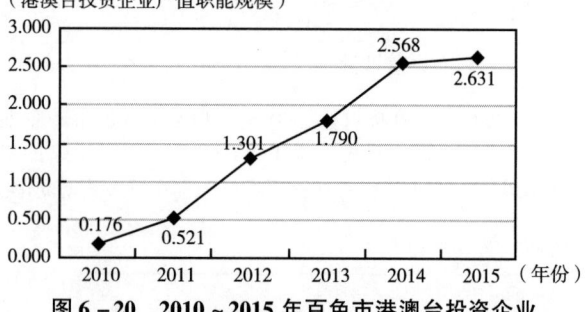

图6-20 2010~2015年百色市港澳台投资企业产值职能规模变化趋势

10. 外商投资企业产值职能规模

根据图6-21分析可知，2010~2015年百色市的外商投资企业产值职能规模总体上呈现持续上升的状态。持续上升型的指标不仅意味着城市在各项指标数据上的不断增长，更意味着城市在该项指标以及工业企业实力整体上的竞争力优势不断扩大。通过折线图可以看出，百色市的外商投资企业产值职能规模指标不断提高,说明百色市外商投资企业产值职能规模处于不断提升的状态。

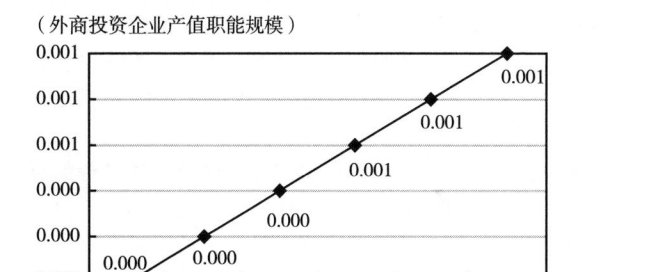

图 6-21 2010~2015 年百色市外商投资企业产值职能规模变化趋势

11. 内资企业产值职能地位

根据图 6-22 分析可知,2010~2015 年百色市的内资企业产值职能地位总体上呈现持续下降的状态。持续下降型的指标意味着城市在该项指标上不断处在劣势状态,并且这一状况并未得到改善。如图所示,百色市内资企业产值职能地位指标处于不断下降的状态中,2010 年此指标数值最高,为 1.245,到 2015 年时,下降至最低点。分析这种变化趋势,可以得出百色市内资企业产值职能地位处于劣势,城市企业的发展活力不足。

图 6-22 2010~2015 年百色市内资企业产值职能地位变化趋势

12. 港澳台投资企业产值职能地位

根据图 6-23 分析可知,2010~2015 年百色市的港澳台投资企业产值职能地位总体上呈现波动上升的状态。这一类型的指标为 2010~2015 年间城市在该项指标上存在较多波动变化,总体趋势为上升趋势,但在个别年份出现下降的情况,指标并非连续性上升。波动上升型指标意味着在评估期间,虽然指标数据存在较大波动变化,但是其评价末期数据值高于评价初期数据值。通过折线图可以看出,百色市的港澳台投资企业产值职能地位指标不断提高,在 2015 年达到 0.532,说明百色市港澳台投资企业产值职能地位的整体水平较高。

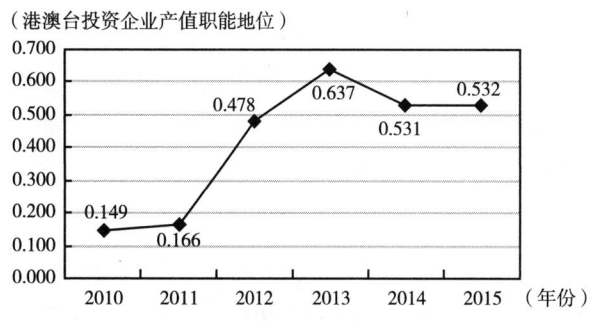

13. 外商投资企业产值职能地位

根据图 6-24 分析可知,2010~2015 年百色市的外商投资企业产值职能地位总体上呈现持续上升的状态。持续上升型的指标不仅意味着城市在各项指标数据上的不断增长,更意味着城市在该项指标以及工业企业实力整体上的竞争力优势不断扩大。通过折线图可以看出,百色市的外商投资企业产值职能地位指标不断提高,在 2015 年达到 0.002;说明百色市外商投资企业产值职能地位的整体水平较高,企业发展较快。

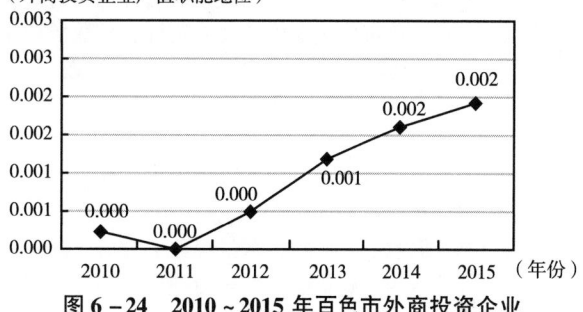

图 6-24 2010~2015 年百色市外商投资企业产值职能地位变化趋势

(二) 百色市城市企业发展实力评估结果

根据表 6-4,对 2010~2012 年百色市企业发展得分、排名、优劣度进行分析。可以看到 2010 年百色市企业发展排名保持在珠江-西江经济带第 9 名,2011 年下降至第 10 名,2012 年保持在第 10 名,其企业发展在珠江-西江经济带中下游区波动,说明百色市企业发展的发展潜力大。对百色市的企业发展得分情况进行分析,发现百色市的企业发展综合得分先上升后下降,整体上呈下降趋势,说明百色市的企业发展处于下降的状态。

对百色市的企业利润相对增长率的得分情况进行分析,发现百色市的企业利润相对增长率的得分先上升后下降,整体呈下降趋势,说明百色市的企业利润相对增长率波动降低,企业获取利润的增长速率减慢,地区企业集聚能力及活力有所减弱。

企业利润绝对增量加权指数的排名呈现先上升后下降的发展趋势。对百色市的企业利润绝对增量加权指数的得分情况进行分析,发现百色市的企业利润绝对增量加权指数的得分先上升后下降,整体呈上升趋势,百色市的企业利润绝对增量加权指数波动上升,说明城市的企业要素集中度有所提高,城市企业获取利润的变化增长趋向于中高速发展。

企业利润比重增量的排名呈现先保持后下降的发展趋势。对百色市的企业利润比重增量的得分情况进行分析,发现百色市企业利润比重增量的得分呈现波动上升的趋势,说明百色市的企业利润比重增长在增高,整体企业利润水平逐渐具备优势。

企业利润枢纽度的排名呈现持续保持的发展趋势。对百色市企业利润枢纽度的得分情况进行分析,发现百色市的企业利润枢纽度得分呈现持续上升趋势,说明 2010~2012 年百色市的企业利润枢纽度增高,企业利润能力增强,在经济社会发展中的地位有所提高。

企业利润平均增长指数的排名呈现持续下降的发展趋势。对百色市的企业利润平均增长指数的得分情况进行分析,发现百色市的企业利润平均增长指数的得分持续下降,说明百色市的企业利润平均增长指数降低,百色市在评估时间段内的企业获取利润在降低,整体城市企业利润水平逐渐下降。

企业产值流强度的排名呈现先下降后保持的趋势。对百色市的企业产值流强度的得分情况进行分析,发现百色市的企业产值流强度的得分持续上升,说明百色市的企业产值流强度增强,城市之间发生的经济集聚和扩散所产生的企业要素流动强度增强,城市经济影响力也在增强。

企业产值倾向度的排名呈现先上升后保持的发展趋势。对百色市的企业产值倾向度的得分情况进行分析,发现百色市的企业产值倾向度的得分处于波动上升的状态,说明百色市的城市总功能量的外向强度增强。

内资企业产值职能规模的排名呈现先上升后下降的发展趋势。对百色市的内资企业产值职能规模的得分情况进行分析,发现百色市的内资企业产值职能规模的得分呈现持续下降的趋势,说明百色市的内资企业利润相对职能规模减弱,内资企业获取利润水平降低,城市所具备的内资企业获取利润能力减弱。

港澳台投资企业产值职能规模的排名处于先保持后上升的发展趋势。对百色市的港澳台投资企业产值职能规模的得分情况进行分析,发现百色市港澳台投资企业产值职能规模得分呈现持续上升的趋势,说明百色市的港澳台投资企业利润相对职能规模增强,港澳台投资企业获取利润水平提高,城市所具备的港澳台投资企业获取利润能力增强。

外商投资企业产值职能规模的排名呈现持续保持的发展趋势。对百色市的外商投资企业产值职能规模的得分情况进行分析,发现百色市的外商投资企业产值职能规模的得分呈现持续保持的趋势,说明百色市的外商投资企业利润相对职能规模变化不大,城市所具备的外商投资企业获取利润能力未出现明显变化。

内资企业产值职能地位的排名呈现先上升后下降的发展趋势。对百色市的内资企业产值职能地位的得分情况进行分析,发现百色市内资企业产值职能地位的得分呈现持续下降的趋势,说明百色市的内资企业产值职能地位减弱,城市的内资企业产值获取能力在地区内的水平不具备明显的优势,城市对内资企业的吸引集聚能力在不断减小,城市就业及劳动力的发展潜力较小。

港澳台投资企业产值职能地位的排名呈现持续上升的发展趋势。对百色市港澳台投资企业产值职能地位的得分情况进行分析,发现百色市的港澳台投资企业产值职能地位得分先保持后上升,说明 2010~2012 年百色市的港澳台投资企业产值职能地位有所增强,城市对港澳台投资企业的吸引集聚能力也有所增强,城市发展具备的就业及劳动力发展方面的潜力增大。

外商投资企业产值职能地位的排名呈现持续保持的发展趋势。对百色市的外商投资企业产值职能地位的得分情况进行分析,发现百色市的外商投资企业产值职能地位的得分呈现持续保持的发展趋势,说明 2010~2012 年百色市的外商投资企业产值职能地位没有变动,城市对外商投资企业的吸引集聚能力未出现明显变化。

表 6-4　　2010~2012 年百色市企业发展各级指标的得分、排名及优劣度分析

指标	2010年 得分	排名	优劣度	2011年 得分	排名	优劣度	2012年 得分	排名	优劣度
企业发展	13.909	9	劣势	14.337	10	劣势	13.187	10	劣势
企业利润相对增长率	2.191	8	中势	2.623	5	优势	2.182	9	劣势
企业利润绝对增量加权指数	0.773	10	劣势	0.930	6	中势	0.785	8	中势
企业利润比重增量	4.484	7	中势	4.926	7	中势	4.811	9	劣势
企业利润枢纽度	1.335	8	中势	1.461	8	中势	1.462	8	中势
企业利润平均增长指数	4.459	6	中势	3.433	9	劣势	2.993	11	劣势
企业产值流强度	0.030	6	中势	0.048	9	劣势	0.052	9	劣势
企业产值倾向度	0.550	3	优势	0.838	5	优势	0.798	5	优势
内资企业产值职能规模	0.028	11	劣势	0.025	10	劣势	0.019	11	劣势

续表

指标	2010年 得分	排名	优劣度	2011年 得分	排名	优劣度	2012年 得分	排名	优劣度
港澳台投资企业产值职能规模	0.007	9	劣势	0.020	9	劣势	0.048	6	中势
外商投资企业产值职能规模	0.000	11	劣势	0.000	11	劣势	0.000	11	劣势
内资企业产值职能地位	0.045	11	劣势	0.028	10	劣势	0.019	11	劣势
港澳台投资企业产值职能地位	0.006	11	劣势	0.006	10	劣势	0.017	9	劣势
外商投资企业产值职能地位	0.000	11	劣势	0.000	11	劣势	0.000	11	劣势

根据表6-5，对2013~2015年百色市企业发展得分、排名、优劣度进行分析。可以看到在2013年百色市企业发展排名保持在珠江-西江经济带第10名，2014年上升至第9名，2015年保持在第9名，其企业发展处于珠江-西江经济带下游区，说明百色市企业发展的发展水平较低，上升空间较大。对百色市的企业发展得分情况进行分析，发现百色市的企业发展综合得分先上升后下降，整体上呈上升趋势，说明百色市的企业发展处于上升的状态。

对百色市的企业利润相对增长率的得分情况进行分析，发现百色市的企业利润相对增长率的得分先上升后下降，整体呈下降趋势，说明百色市的企业利润相对增长率波动降低，企业获取利润的增长速率减慢，呈现出地区企业集聚能力及活力有所减弱。

企业利润绝对增量加权指数的排名呈现持续上升的发展趋势。对百色市的企业利润绝对增量加权指数的得分情况进行分析，发现百色市的企业利润绝对增量加权指数的得分先上升后下降，整体呈下降趋势，说明百色市的企业利润绝对增量加权指数波动下降，城市的企业要素集中度有所降低，城市企业获取利润的变化增长趋向于中低速发展。

企业利润比重增量的排名呈现先上升后下降的发展趋势。对百色市的企业利润比重增量的得分情况进行分析，发现百色市企业利润比重增量的得分呈现持续上升的趋势，说明百色市的企业利润比重增长在增高，整体企业利润水平逐渐具备优势。

企业利润枢纽度的排名呈现持续保持的发展趋势。对百色市企业利润枢纽度的得分情况进行分析，发现百色市的企业利润枢纽度得分先下降后上升，整体呈上升趋势，说明2013~2015年百色市的企业利润枢纽度增高，企业利润能力增强，在经济社会发展中的地位有所提高。

企业利润平均增长指数的排名呈现先上升后保持的发展趋势。对百色市的企业利润平均增长指数的得分情况进行分析，发现百色市的企业利润平均增长指数的得分先上升后下降，整体呈上升趋势，说明百色市的企业利润平均增长指数增大，百色市在评估时间段内的企业获取利润在增多，整体城市企业利润水平波动上升。

企业产值流强度的排名呈现先保持后下降的趋势。对百色市的企业产值流强度的得分情况进行分析，发现百色市的企业产值流强度的得分持续上升，说明百色市的企业产值流强度增强，城市之间发生的经济集聚和扩散所产生的企业要素流动强度增强，城市经济影响力也在增强。

企业产值倾向度的排名呈现持续保持的发展趋势。对百色市的企业产值倾向度的得分情况进行分析，发现百色市的企业产值倾向度的得分处于波动下降的状态，说明百色市的城市倾向度降低，城市的总功能量的外向强度减弱。

内资企业产值职能规模的排名呈现先下降后保持的发展趋势。对百色市的内资企业产值职能规模的得分情况进行分析，发现百色市的内资企业产值职能规模的得分呈现持续下降的趋势，说明百色市的内资企业利润相对职能规模减弱，内资企业获取利润水平较低。

港澳台投资企业产值职能规模的排名处于持续保持的发展趋势。对百色市的港澳台投资企业产值职能规模的得分情况进行分析，发现百色市港澳台投资企业产值职能规模得分呈现波动上升的趋势，说明百色市的港澳台投资企业利润相对职能规模增强，港澳台投资企业获取利润水平有所提高，城市所具备的港澳台投资企业获取利润能力也有所增强。

外商投资企业产值职能规模的排名呈现持续保持的发展趋势。对百色市的外商投资企业产值职能规模的得分情况进行分析，发现百色市的外商投资企业产值职能规模的得分呈现持续保持的趋势，说明百色市的外商投资企业利润相对职能规模变化不大，城市所具备的外商投资企业获取利润能力未出现明显变化。

内资企业产值职能地位的排名呈现先下降后保持的发展趋势。对百色市的内资企业产值职能地位的得分情况进行分析，发现百色市内资企业产值职能地位的得分呈现持续下降的趋势，说明百色市的内资企业产值职能地位减弱，城市的内资企业产值获取能力在地区内的水平不具备明显的优势，城市对内资企业的吸引集聚能力在不断减小，城市就业及劳动力的发展潜力较小。

港澳台投资企业产值职能地位的排名呈现先上升后下降的发展趋势。对百色市港澳台投资企业产值职能地位的得分情况进行分析，发现百色市的港澳台投资企业产值职能地位得分持续下降，说明在2013~2015年间百色市的港澳台投资企业产值职能地位逐渐减弱，城市对港澳台投资企业的吸引集聚能力不断下降，城市发展具备的就业及劳动力发展的潜力较小。

外商投资企业产值职能地位的排名呈现持续保持的发

展趋势。对百色市的外商投资企业产值职能地位的得分情况进行分析，发现百色市的外商投资企业产值职能地位的得分呈现持续保持的发展趋势，说明在 2013~2015 年间百色市的外商投资企业产值职能地位没有变动，城市对外商投资企业的吸引集聚能力未出现明显变化。

对 2010~2015 年百色市企业发展及各三级指标的得分、排名和优劣度进行分析。2010 年百色市企业发展的综合得分排名处于珠江－西江经济带第 9 名，2011~2013 年均降至第 10 名，2014~2015 年升至第 9 名，处于珠江－西江经济带下游区。2010~2015 年其企业发展排名一直在珠江－西江经济带下游区波动，在企业发展上的实力也是一直在劣势之间波动，2015 年处于劣势地位，说明城市的企业发展较珠江－西江经济带的其他城市不具竞争优势，百色市在企业发展方面仍有较大的发展空间。对百色市 2010~2015 年的企业发展的得分情况进行分析，发现百色市的企业发展综合得分呈现波动上升的发展趋势，2010~2014 年间百色市的企业发展得分频繁升降，之后到 2015 年呈下降趋势，总体呈上升趋势，说明百色市企业发展水平在经济带中有一定的提升。

从企业发展基础指标的优劣度结构来看，在 13 个基础指标中，指标的优劣度结构为 23.1∶23.1∶23.1∶30.8，见表 6-6。

表 6-5　2013~2015 年百色市企业发展各级指标的得分、排名及优劣度分析

指标	2013 年 得分	排名	优劣度	2014 年 得分	排名	优劣度	2015 年 得分	排名	优劣度
企业发展	13.285	10	劣势	15.486	9	劣势	15.318	9	劣势
企业利润相对增长率	2.210	11	劣势	2.268	6	中势	2.029	5	优势
企业利润绝对增量加权指数	0.783	9	劣势	0.793	7	中势	0.748	5	优势
企业利润比重增量	5.050	9	劣势	5.088	5	优势	5.358	7	中势
企业利润枢纽度	1.512	8	中势	1.400	8	中势	1.556	8	中势
企业利润平均增长指数	2.854	11	劣势	5.048	1	强势	4.819	1	强势
企业产值流强度	0.055	8	中势	0.062	8	中势	0.065	9	劣势
企业产值倾向度	0.699	4	优势	0.700	4	优势	0.624	4	优势
内资企业产值职能规模	0.014	10	劣势	0.001	11	劣势	0.000	11	劣势
港澳台投资企业产值职能规模	0.070	6	中势	0.106	6	中势	0.099	6	中势
外商投资企业产值职能规模	0.000	11	劣势	0.000	11	劣势	0.000	11	劣势
内资企业产值职能地位	0.014	10	劣势	0.001	11	劣势	0.000	11	劣势
港澳台投资企业产值职能地位	0.023	9	劣势	0.020	8	劣势	0.019	9	劣势
外商投资企业产值职能地位	0.000	11	劣势	0.000	11	劣势	0.000	11	劣势

表 6-6　2015 年百色市企业发展指标的优劣度结构

二级指标	三级指标数	强势指标 个数	比重（%）	优势指标 个数	比重（%）	中势指标 个数	比重（%）	劣势指标 个数	比重（%）	优劣度
企业发展	13	3	23.077	3	23.077	3	23.077	4	30.769	中势

（三）百色市城市企业发展实力比较分析

图 6-25、图 6-26 以及图 6-27 将 2010~2015 年百色市企业发展与珠江－西江经济带最高水平和平均水平进行比较。从企业发展的要素得分比较来看，由图 6-25 可知，2010 年，百色市企业利润相对增长率得分比珠江－西江经济带最高分低 0.106 分，比平均分低 0.013 分；2011 年，企业利润相对增长率得分比珠江－西江经济带最高分低 2.302 分，比平均分高 0.218 分；2012 年，企业利润相对增长率得分比珠江－西江经济带最高分低 0.431 分，比平均分低 0.045 分；2013 年，企业利润相对增长率得分比珠江－西江经济带最高分低 0.326 分，比平均分低 0.066 分；2014 年，企业利润相对增长率得分比珠江－西江经济带最高分低 0.307 分，比平均分低 0.018 分；2015 年，企业利润相对增长率得分比珠江－西江经济带最高分低 0.392 分，与平均分几乎持平。这说明整体上百色市企业利润相对增

长率得分与珠江－西江经济带最高分的差距波动增大,与珠江－西江经济带平均分的差距波动增大。

2010年,百色市企业利润绝对增量加权指数得分比珠江－西江经济带最高分低0.073分,比平均分低0.009分;2011年,企业利润绝对增量加权指数得分比珠江－西江经济带最高分低3.161分,比平均分低0.283分;2012年,企业利润绝对增量加权指数得分比珠江－西江经济带最高分低0.545分,比平均分低0.031分;2013年,企业利润绝对增量加权指数得分比珠江－西江经济带最高分低0.215分,比平均分低0.045分;2014年,企业利润绝对增量加权指数得分比珠江－西江经济带最高分低0.452分,比平均分低0.042分;2015年,企业利润绝对增量加权指数得分比珠江－西江经济带最高分低0.091分,比平均分高0.077分。这说明整体上百色市企业利润绝对增量加权指数得分与珠江－西江经济带最高分的差距在波动增大,与珠江－西江经济带平均分的差距波动增大。

2010年,百色市企业利润比重增量得分比珠江－西江经济带最高分低0.211分,比平均分高0.533分;2011年,企业利润比重增量得分比珠江－西江经济带最高分低0.719分,比平均分低0.069分;2012年,企业利润比重增量得分比珠江－西江经济带最高分低0.861分,比平均分低0.030分;2013年,企业利润比重增量得分比珠江－西江经济带最高分低1.537分,比平均分低0.252分;2014年,企业利润比重增量得分比珠江－西江经济带最高分低0.255分,比平均分低0.034分;2015年,企业利润比重增量得分比珠江－西江经济带最高分低0.749分,比平均分低0.043分。这说明整体上百色市企业利润比重增量得分与珠江－西江经济带最高分的差距波动增大,与珠江－西江经济带平均分的差距波动减小。

2010年,百色市企业利润枢纽度得分比珠江－西江经济带最高分低1.543分,比平均分低0.372分;2011年,企业利润枢纽度得分比珠江－西江经济带最高分低1.357分,比平均分低0.334分;2012年,企业利润枢纽度得分比珠江－西江经济带最高分低1.948分,比平均分低0.526分;2013年,企业利润枢纽度得分比珠江－西江经济带最高分低2.210分,比平均分低0.584分;2014年,企业利润枢纽度得分比珠江－西江经济带最高分低2.404分,比平均分低0.714分;2015年,企业利润枢纽度得分比珠江－西江经济带最高分低3.554分,比平均分低0.979分。这说明整体上百色市企业利润枢纽度得分与珠江－西江经济带最高分的差距波动增大,与珠江－西江经济带平均分的差距呈波动增大的趋势,整体低于平均分。

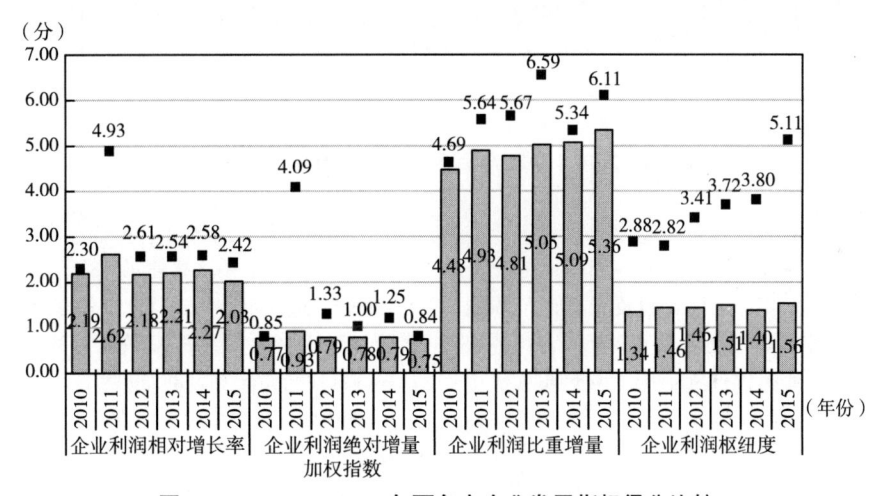

图6－25　2010～2015年百色市企业发展指标得分比较1

由图6－26可知,2010年,百色市企业利润平均增长指数得分比珠江－西江经济带最高分低1.674分,比平均分低0.166分;2011年,企业利润平均增长指数得分比珠江－西江经济带最高分低1.066分,比平均分低0.366分;2012年,企业利润平均增长指数得分比珠江－西江经济带最高分低0.956分,比平均分低0.461分;2013年,企业利润平均增长指数得分比珠江－西江经济带最高分低1.936分,比平均分低0.872分;2014年,企业利润平均增长指数得分与珠江－西江经济带最高分不存在差距,比平均分高1.319分;2015年,企业利润平均增长指数得分与珠江－西江经济带最高分不存在差距,比平均分高1.433分。这说明整体上百色市企业利润平均增长指数得分与珠江－西江经济带最高分的差距波动减小,与珠江－西江经济带平均分的差距逐渐增大。

2010年,百色市企业产值流强度得分比珠江－西江经济带最高分低1.967分,比平均分低0.203分;2011年,企业产值流强度得分比珠江－西江经济带最高分低2.355分,比平均分低0.259分;2012年,企业产值流强度得分比珠江－西江经济带最高分低2.220分,比平均分低0.256分;2013年,企业产值流强度得分比珠江－西江经济带最高分低2.924分,比平均分低0.307分;2014年,企业产值流强度得分比珠江－西江经济带最高分低3.253分,比平均分低0.349分;2015年,企业产值流强度得分比珠江－西江经济带最高分低3.578分,比平均分低0.387分。这说明整体上百色市企业产值流强度得分与珠江－西江经济带最高分的差距波动增大,与珠江－西江经济带平均分的差距波动增大。

2010年,百色市企业产值倾向度得分比珠江－西江经济带最高分低 1.297 分，比平均分高 0.016 分；2011 年，企业产值倾向度得分比珠江－西江经济带最高分低 2.122 分，比平均分低 0.289 分；2012 年，企业产值倾向度得分比珠江－西江经济带最高分低 2.644 分，比平均分低 0.438 分；2013 年，企业产值倾向度得分比珠江－西江经济带最高分低 2.084 分，比平均分低 0.188 分；2014 年，企业产值倾向度得分比珠江－西江经济带最高分低 3.311 分，比平均分低 0.328 分；2015 年，企业产值倾向度得分比珠江－西江经济带最高分低 2.677 分，比平均分低 0.307 分。这说明整体上百色市企业产值倾向度得分与珠江－西江经济带最高分的差距波动增大，与珠江－西江经济带平均分的差距波动增大。

2010 年，百色市内资企业产值职能规模得分比珠江－西江经济带最高分低 2.246 分，比平均分低 0.289 分；2011 年，内资企业产值职能规模得分比珠江－西江经济带最高分低 2.717 分，比平均分低 0.419 分；2012 年，内资企业产值职能规模得分比珠江－西江经济带最高分低 2.926 分，比平均分低 0.487 分；2013 年，内资企业产值职能规模得分比珠江－西江经济带最高分低 3.225 分，比平均分低 0.498 分；2014 年，内资企业产值职能规模得分比珠江－西江经济带最高分低 3.576 分，比平均分低 0.570 分；2015 年，内资企业产值职能规模得分比珠江－西江经济带最高分低 3.766 分，比平均分低 0.635 分。这说明整体上百色市内资企业产值职能规模得分与珠江－西江经济带最高分的差距持续增大，与珠江－西江经济带平均分的差距持续增大。

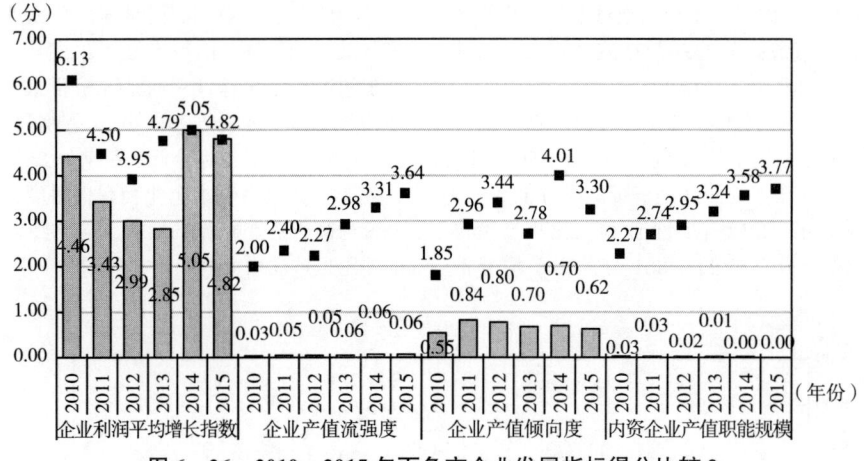

图 6－26　2010~2015 年百色市企业发展指标得分比较 2

由图 6－27 可知，2010 年，百色市港澳台投资企业产值职能规模得分比珠江－西江经济带最高分低 3.368 分，比平均分低 0.636 分；2011 年，港澳台投资企业产值职能规模得分比珠江－西江经济带最高分低 3.286 分，比平均分低 0.672 分；2012 年，港澳台投资企业产值职能规模得分比珠江－西江经济带最高分低 2.992 分，比平均分低 0.616 分；2013 年，港澳台投资企业产值职能规模得分比珠江－西江经济带最高分低 3.468 分，比平均分低 0.730 分；2014 年，港澳台投资企业产值职能规模得分比珠江－西江经济带最高分低 4.006 分，比平均分低 0.813 分；2015 年，港澳台投资企业产值职能规模得分比珠江－西江经济带最高分低 3.226 分，比平均分低 0.634 分。这说明整体上百色市港澳台投资企业产值职能规模得分与珠江－西江经济带最高分的差距先减小后增大，与珠江－西江经济带平均分的差距波动增大。

2010 年，百色市外商投资企业产值职能规模得分比珠江－西江经济带最高分低 1.749 分，比平均分低 0.174 分；2011 年，外商投资企业产值职能规模得分比珠江－西江经济带最高分低 2.328 分，比平均分低 0.222 分；2012 年，外商投资企业产值职能规模得分比珠江－西江经济带最高分低 1.969 分，比平均分低 0.189 分；2013 年，外商投资企业产值职能规模得分比珠江－西江经济带最高分低 2.652 分，比平均分低 0.254 分；2014 年，外商投资企业产值职能规模得分比珠江－西江经济带最高分低 3.050 分，比平均分低 0.296 分；2015 年，外商投资企业产值职能规模得分比珠江－西江经济带最高分低 3.588 分，比平均分低 0.351 分。这说明整体上百色市外商投资企业产值职能规模得分与珠江－西江经济带最高分的差距波动增大，与珠江－西江经济带平均分的差距呈波动增大的趋势。

2010 年，百色市内资企业产值职能地位得分比珠江－西江经济带最高分低 3.594 分，比平均分低 0.462 分；2011 年，内资企业产值职能地位得分比珠江－西江经济带最高分低 2.982 分，比平均分低 0.460 分；2012 年，内资企业产值职能地位得分比珠江－西江经济带最高分低 2.841 分，比平均分低 0.473 分；2013 年内资企业产值职能地位得分比珠江－西江经济带最高分低 3.111 分，比平均分低 0.480 分；2014 年，内资企业产值职能地位得分比珠江－西江经济带最高分低 3.094 分，比平均分低 0.493 分；2015 年，内资企业产值职能地位得分比珠江－西江经济带最高分低 2.903 分，比平均分低 0.490 分。这说明整体上百色市内资企业产值职能地位得分与珠江－西江经济带最高分的差距波动减小，与珠江－西江经济带平均分的差距波动增大。

2010 年，百色市港澳台投资企业产值职能地位得分比珠江－西江经济带最高分低 4.092 分，比平均分低 0.830 分；2011 年，港澳台投资企业产值职能地位得分比珠江－西江经济带最高分低 2.946 分，比平均分低 0.584 分；2012 年，港澳台投资企业产值职能地位得分比珠江－西江经济带最高分低 2.517 分，比平均分低 0.519 分；2013 年，港澳台投资企业产值职能地位得分比珠江-西江经济带最高分低 2.856 分，比平均分低 0.607 分；2014 年，港澳台投资企业产值职能地位得分比珠江-西江经济带最高分低 2.882 分，比平均分低 0.613 分；2015 年，港澳台投资企业产值职能地位得分比珠江-西江经济带最高分低 2.632 分，比平均分低 0.561 分。这说明整体上百色市港澳台投资企业产值职能地位得分与珠江-西江经济带最高分的差距呈波动减小的趋势，与珠江-西江经济带平均分的差距在波动减小。

2010 年，百色市外商投资企业产值职能地位得分比珠江-西江经济带最高分低 3.832 分，比平均分低 0.715 分；2011 年，外商投资企业产值职能地位得分比珠江-西江经济带最高分低 3.094 分，比平均分低 0.571 分；2012 年，外商投资企业产值职能地位得分比珠江-西江经济带最高分低 3.179 分，比平均分低 0.579 分；2013 年，外商投资企业产值职能地位得分比珠江-西江经济带最高分低 3.422 分，比平均分低 0.640 分；2014 年，外商投资企业产值职能地位得分比珠江-西江经济带最高分低 3.413 分，比平均分低 0.637 分；2015 年，外商投资企业产值职能地位得分比珠江-西江经济带最高分低 3.184 分，比平均分低 0.601 分。这说明整体上百色市外商投资企业产值职能地位得分与珠江-西江经济带最高分的差距波动减小，与珠江-西江经济带平均分的差距呈波动减小的趋势。

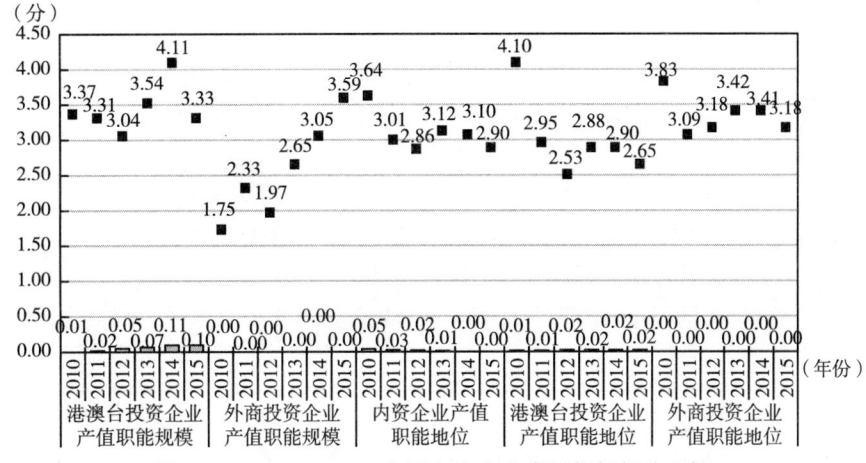

图 6-27　2010~2015 年百色市企业发展指标得分比较 3

三、百色市城市工业企业发展水平综合评估与比较

从对百色市工业企业发展水平评估及其 2 个二级指标在珠江-西江经济带的排名变化和指标结构的综合分析来看，2010~2015 年间，工业企业板块中不存在上升指标和下降指标，所有指标均处于持续保持的趋势，使得 2015 年百色市工业企业发展水平的排名呈持续保持，在珠江-西江经济带城市位居第 11 名。

（一）百色市城市工业企业发展水平概要分析

百色市工业企业发展水平在珠江-西江经济带所处的位置及变化如表 6-7 所示，2 个二级指标的得分和排名变化如表 6-8 所示。

（1）从指标排名变化趋势看，2015 年百色市工业企业发展水平评估排名在珠江-西江经济带处于第 11 名，表明其在珠江-西江经济带处于劣势地位，与 2010 年相比，排名上处于稳定状态。总的来看，评价期内百色市工业企业发展水平呈现持续保持的状态。

在 2 个二级指标中，有 1 个指标排名持续保持，为企业发展；有 1 个指标波动保持，为工业发展。这是百色市工业企业发展水平处于持续保持的原因所在。受指标排名升降的综合影响，评价期内百色市工业企业的综合排名呈持续保持，在珠江-西江经济带城市排名第 11 名。

（2）从指标所处区位来看，2015 年百色市工业企业发展水平处在下游区，其中，工业发展和企业发展均为劣势指标。

（3）从指标得分来看，2015 年百色市工业企业得分为 31.515 分，比珠江-西江经济带最高分低 30.821 分，比珠江-西江经济带平均分低 19.255 分；与 2010 年相比，百色市工业企业发展水平得分下降 3.154 分，与当年最高分的差距波动增大，也与珠江-西江经济带平均分的差距波动增大。

2015 年，百色市工业企业发展水平二级指标的得分均高于 13 分，与 2010 年相比，得分上升最多的为企业发展，上升 1.409 分；得分下降最多的为工业发展，下降 4.563 分。

表 6-7　2010~2015 年百色市工业企业一级指标比较

项目	2010 年	2011 年	2012 年	2013 年	2014 年	2015 年
排名	11	11	11	11	11	11
所属区位	下游	下游	下游	下游	下游	下游
得分	34.669	35.877	34.162	32.184	33.540	31.515
全国最高分	64.061	66.285	62.112	64.361	61.849	62.336

续表

项目	2010年	2011年	2012年	2013年	2014年	2015年
全国平均分	51.465	53.838	53.598	51.944	50.910	50.770
与最高分的差距	-29.392	-30.408	-27.950	-32.177	-28.309	-30.821
与平均分的差距	-16.796	-17.961	-19.437	-19.759	-17.370	-19.255
优劣度	劣势	劣势	劣势	劣势	劣势	劣势
波动趋势	—	持续	持续	持续	持续	持续

表6-8　2010~2015年百色市工业企业二级指标比较

年份	工业发展 得分	工业发展 排名	企业发展 得分	企业发展 排名
2010	20.760	11	13.909	9
2011	21.539	11	14.337	10
2012	20.975	11	13.187	10
2013	18.900	11	13.285	10
2014	18.054	11	15.486	9
2015	16.197	11	15.318	9
得分变化	-4.563	—	1.409	—
排名变化	—	0	—	0
优劣度	劣势	劣势	劣势	劣势

（二）百色市城市工业企业发展水平指标动态变化分析

2010~2015年百色市工业企业发展水平评估各级指标的动态变化及其结构，如图6-28和表6-9所示。

从图6-28可以看出，百色市工业企业发展水平评估的三级指标中上升指标的比例大于下降指标，表明下降指标未居于主导地位。表6-9中的数据说明，百色市工业企业发展水平评估的22个三级指标中，上升的指标有8个，占指标总数的36.364%；保持的指标有8个，占指标总数的36.364%；下降的指标有6个，占指标总数的27.273%。由于上升指标的数量大于下降指标的数量，且受变动幅度与外部因素的综合影响，评价期内百色市工业企业排名呈现持续保持，在珠江-西江经济带城市居第11名。

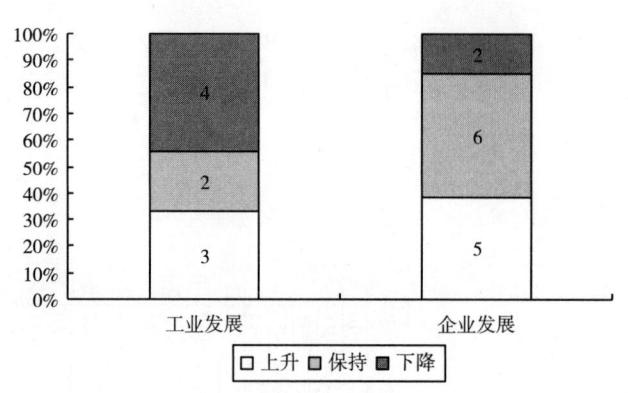

图6-28　2010~2015年百色市工业企业发展水平动态变化结构

表6-9　2010~2015年百色市工业企业各级指标排名变化态势比较

二级指标	三级指标数	上升指标 个数	上升指标 比重（%）	保持指标 个数	保持指标 比重（%）	下降指标 个数	下降指标 比重（%）
工业发展	9	3	33.333	2	22.222	4	44.444
企业发展	13	5	38.462	6	46.154	2	15.385
合计	22	8	36.364	8	36.364	6	27.273

（三）百色市城市工业企业发展水平指标变化动因分析

2015年百色市工业企业板块各级指标的优劣势变化及其结构，如图6-29和表6-10所示。

从图6-29可以看出，2015年百色市工业企业发展水平评估的三级指标中强势和优势指标的比例小于劣势指标的比例，表明强势和优势指标未居于主导地位。表6-10中的数据说明，2015年百色市工业企业的22个三级指标中，强势指标有1个，占指标总数的4.545%；优势指标为6个，占指标总数的27.273%；中势指标7个，占指标总数的31.818%；劣势指标为8个，占指标总数的36.364%；强势指标和优势指标之和占指标总数的31.818%，数量与比重均小于劣势指标。从二级指标来看，其中，工业发展强势指标为0个，占指标总数的0.000%；优势指标为3个，占指标总数的33.333%；中势指标4个，占指标总数的44.444%；劣势指标2个，占指标总数的22.222%；强势指标和优势指标之和占指标总数的33.333%，说明工业发展的强、优势指标未居于主导地位。企业发展的强势指标有1个，占指标总数的7.692%；优势指标为3个，占指

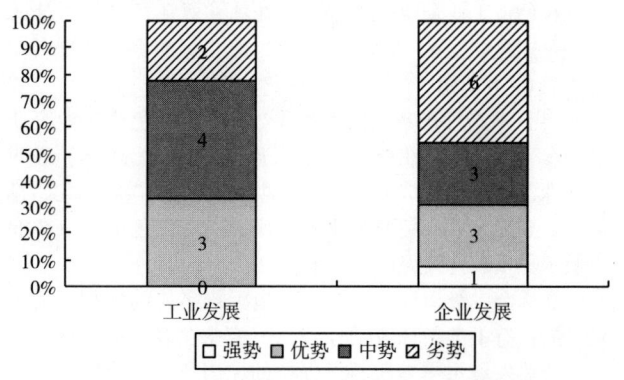

图6-29　2015年百色市工业企业优劣度结构

表 6-10　　　　　　　　　　2015 年百色市工业企业各级指标优劣度比较

二级指标	三级指标数	强势指标 个数	强势指标 比重（%）	优势指标 个数	优势指标 比重（%）	中势指标 个数	中势指标 比重（%）	劣势指标 个数	劣势指标 比重（%）	优劣度
工业发展	9	0	0.000	3	33.333	4	44.444	2	22.222	劣势
企业发展	13	1	7.692	3	23.077	3	23.077	6	46.154	劣势
合计	22	1	4.545	6	27.273	7	31.818	8	36.364	劣势

标总数的 23.077%；中势指标为 3 个，占指标总数的 23.077%；劣势指标为 6 个，占指标总数的 46.154%；强势指标和优势指标之和占指标总数的 30.769%，说明企业发展的强、优势指标未居于主导地位。由于强、优势指标比重较小，从整体来看，百色市工业企业发展水平处于劣势地位，在珠江-西江经济带城市居第 11 名，处于下游区。

为了进一步明确影响百色市工业企业变化的具体因素，以便对相关指标进行深入分析，为提升百色市工业企业发展水平提供决策参考，表 6-11 列出了工业企业指标体系中直接影响百色市工业企业发展水平升降的强势指标、优势指标和劣势指标。

表 6-11　　　　　　　　　　2015 年百色市工业企业三级指标优劣度统计

指标	强势指标	优势指标	中势指标	劣势指标
工业发展（9 个）	(0 个)	企业弹性扩张系数、工业密度、工业弧弹性（3 个）	工业发展强度、税收贡献率、工业不协调度、工业偏离系数（4 个）	工业结构、Moore 工业结构（2 个）
企业发展（13 个）	企业利润平均增长指数（1 个）	企业利润相对增长率、企业利润绝对增量加权指数、内资企业产值职能规模（3 个）	企业利润比重增量、企业利润枢纽度、港澳台投资企业产值职能规模（3 个）	企业产值流强度、内资企业产值职能规模、外商投资企业产值职能规模、内资企业产值职能地位、港澳台投资企业产值职能地位、外商投资企业产值职能地位（6 个）

第七章 来宾市城市工业企业发展水平综合评估

一、来宾市城市工业企业发展实力综合评估与比较

(一) 来宾市城市工业发展实力评估指标变化趋势评析

1. 工业结构

根据图7-1分析可知，2010~2015年来宾市工业结构总体上呈现波动保持的状态。波动保持型指标意味着城市在该项指标上虽然呈现波动状态，在评价末期和评价初期的数值基本保持一致，该图可知来宾市工业结构数值保持在89.887~93.572。即使来宾市工业结构存在过最低值，其数值为89.887，但来宾市在工业结构上总体表现的也是相对平稳；说明该工业结构集聚能力及活力持续又稳定。

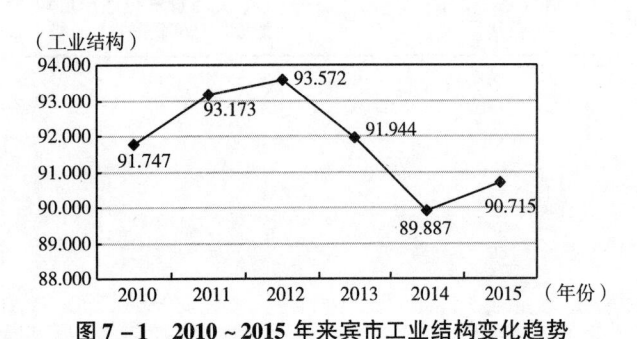

图7-1 2010~2015年来宾市工业结构变化趋势

2. 企业扩张弹性系数

根据图7-2分析可知，2010~2015年来宾市企业扩张弹性系数总体上呈现波动下降的状态。这种状态表现为在2010~2015年间城市在该项指标上总体呈现下降趋势，但在此期间存在上下波动的情况，并非连续性下降状态。这就意味着在评估的时间段内，虽然指标数据存在较大的波动，但是其评价末期数据值低于评价初期数据值。来宾市的企业扩张弹性系数末期低于初期的数据，降低2个单位左右，并且在2012~2013年间存在明显下降的变化；这说明来宾市工业发展情况处于不太稳定的下降状态。

3. 工业发展强度

根据图7-3分析可知，2010~2015年来宾市工业发展强度总体上呈现波动下降的状态。这种状态表现为2010~2015年城市在该项指标上总体呈现下降趋势，但在此期间存在上下波动的情况，并非连续性下降状态。这就意味着在评估的时间段内，虽然指标数据存在较大的波动，但是其评价末期数据值低于评价初期数据值。来宾市的工业发展强度末期低于初期的数据，并且在2011~2015年间存在明显下降的变化，这说明来宾市工业发展情况处于不太稳定的下降状态。

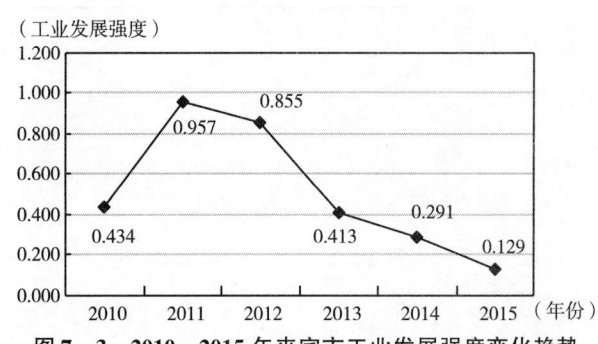

图7-3 2010~2015年来宾市工业发展强度变化趋势

4. 工业密度

根据图7-4分析可知，2010~2015年来宾市城市的工业密度总体上呈现波动下降的状态。这一类的指标为2010~

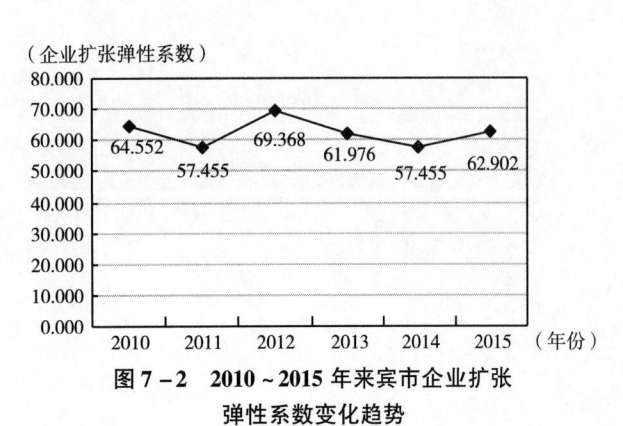

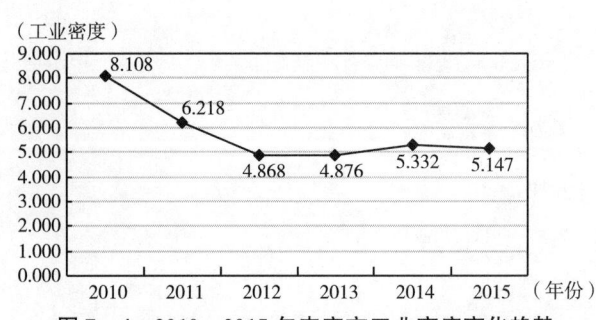

图7-2 2010~2015年来宾市企业扩张弹性系数变化趋势

图7-4 2010~2015年来宾市工业密度变化趋势

2015年间城市在该项指标上总体呈现下降趋势,但在评估期间存在上下波动的情况,指标并非连续性下降状态。波动下降型指标意味着在评估期间,虽然指标数据存在较大波动变化,但是其评价末期数据值低于评价初期数据值。如图所示,来宾市工业密度指标处于不断下降的状态中,2010年此指标数值最高,为8.108,到2015年时,下降至5.147。分析这种变化趋势,可以得出来宾市工业密度不断下降,城市工业的发展活力较低。

5. 税收贡献率

根据图7-5分析可知,2010~2015年来宾市的税收贡献率总体上呈现波动下降的状态。这一类的指标为2010~2015年间城市在该项指标上总体呈现下降趋势,但在评估期间存在上下波动的情况,指标并非连续性下降状态。波动下降型指标意味着在评估期间,虽然指标数据存在较大波动变化,但是其评价末期数据值低于评价初期数据值。如图所示,来宾市税收贡献率指标处于不断下降的状态中,2010年此指标数值最高,为48.092,到2015年时,下降至23.645。分析这种变化趋势,可以得出来宾市税收贡献率发展的水平有所下降、发展活力有所降低。

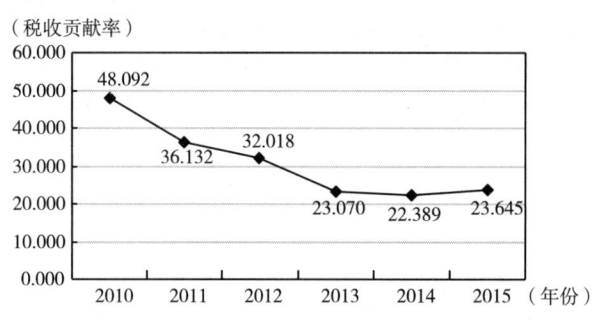

图7-5 2010~2015年来宾市税收贡献率变化趋势

6. 工业弧弹性

根据图7-6分析可知,2010~2015年来宾市工业弧弹性总体上呈现波动保持的状态。波动保持型指标意味着城市在该项指标上虽然呈现波动状态,在评价末期和评价初期的数值基本保持一致,该图可知来宾市工业弧弹性保持在0.000~90.114。即使来宾市工业弧弹性存在过最低值,其数值为0.000,但来宾市在工业弧弹性上总体表现相对平稳;说明该地区工业发展能力及活力持续又稳定。

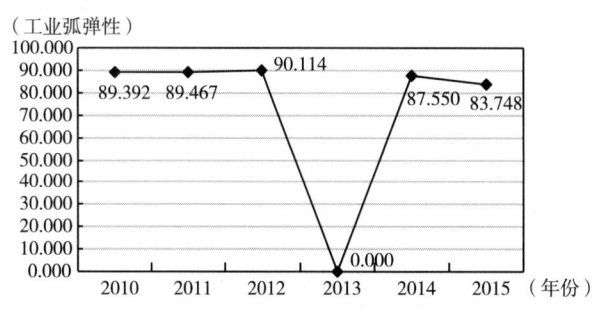

图7-6 2010~2015年来宾市工业弧弹性变化趋势

7. Moore 工业结构

根据图7-7分析可知,2010~2015年来宾市Moore工业结构总体上呈现波动下降的状态。这种状态表现为在2010~2015年城市在该项指标上总体呈现下降趋势,但在此期间存在上下波动的情况,并非连续性下降状态。这就意味着在评估的时间段内,虽然指标数据存在较大的波动,但是其评价末期数据值低于评价初期数据值。来宾市的Moore工业结构末期低于初期的数据,降低3个单位左右,并且在2012~2015年间存在明显下降的变化,这说明来宾市工业结构处于不太稳定的下降状态。

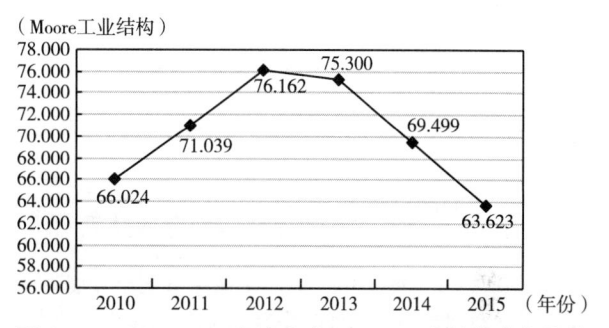

图7-7 2010~2015年来宾市Moore工业结构变化趋势

8. 工业不协调度

根据图7-8分析可知,2010~2015年来宾市工业不协调度总体上呈现波动上升型的状态。这一类型的指标表现为2010~2015年城市存在一定的波动变化,总体趋势为上升趋势,但在个别年份出现下降的情况,指标并非连续性上升状态。波动上升型指标意味着在评价的时间段内,虽然指标数据存在较大的波动变化,但是其评价末期数据值高于评价初期数据值。来宾市在2011~2014年虽然出现下降的状况,2014年为32.981,但是总体上还是呈现上升的态势,最终稳定在58.293;这说明城市的工业不协调度较高。

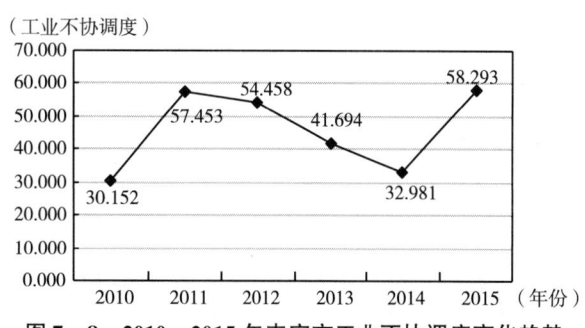

图7-8 2010~2015年来宾市工业不协调度变化趋势

9. 工业偏离系数

根据图7-9分析可知,2010~2015年来宾市工业偏离系数总体上呈现波动下降的状态。这种状态表现为2010~2015年城市在该项指标上总体呈现下降趋势,但在此期间存在上下波动的情况,并非连续性下降状态。这就意味着在评估的时间段内，虽然指标数据存在较大的波动，但是其评价末期数据值低于评价初期数据值。来宾市的工业偏离系数末期低于初期的数据，降低11个单位左右，并且在2014~2015年间存在明显下降的变化；这说明来宾市工业发展情况处于不太稳定的下降状态。

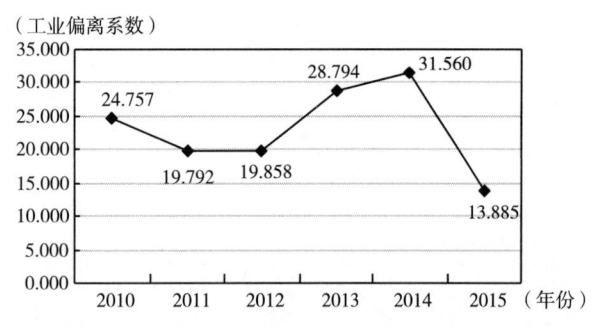

图7-9 2010~2015年来宾市工业偏离系数变化趋势

（二）来宾市城市工业发展实力评估结果

根据表7-1，对2010~2012年来宾市工业发展得分、排名、优劣度进行分析。可以看到2010年来宾市工业发展排名保持在珠江-西江经济带第9名，2011年上升至第7名，2012年又上升至第6名，其工业发展从珠江-西江经济带下游区上升至中游区，发展水平有所提高。对来宾市的工业发展得分情况进行分析，发现来宾市的工业发展综合得分2010~2012年持续上升，说明城市的工业发展持续提高。

对来宾市工业发展的三级指标进行分析，其中工业结构得分排名呈现持续上升的发展趋势。对来宾市的工业结构的得分情况进行分析，发现来宾市的工业结构的得分呈现持续上升的趋势，说明来宾市工业结构发展水平在提高，工业结构存在较大程度地偏离1，说明地区出现显著的工业结构不协调，对城市经济社会稳定发展会造成长远的影响，不利于城市的活力提升和发展的可持续性。

企业扩张弹性系数的排名呈现先上升后下降的发展趋势。对来宾市的企业扩张弹性系数的得分情况进行分析，发现来宾市的企业扩张弹性系数的得分先下降后上升，整体呈上升趋势，说明来宾市的企业扩张弹性系数增大，城市的企业数量扩张幅度减小，城市城镇化与工业发展之间呈现协调发展的关系，城镇企业数量的增加并未导致城市的过度拥挤及承载力压力问题的出现。

工业发展强度的排名呈现持续保持的发展趋势。对来宾市的工业发展强度的得分情况进行分析，发现来宾市工业发展强度的得分先上升后下降，整体呈上升趋势，说明来宾市的工业发展强度有所增强，说明城市的工业产值发展能力增强，城市活力增强。

工业密度的排名呈现先上升后下降的发展趋势。对来宾市工业密度的得分情况进行分析，发现来宾市的工业密度的得分呈现持续下降的趋势，说明来宾市的工业密度逐渐减小，城市的工业承载力减小。

税收贡献率的排名呈现持续下降的发展趋势。对来宾市的税收贡献率的得分情况进行分析，发现来宾市的税收贡献率的得分持续下降，说明来宾市的经济发展逐渐下降，税收程度降低，市场发展活力减弱。

工业弧弹性的排名呈现先上升后下降的趋势。对来宾市的工业弧弹性的得分情况进行分析，发现来宾市的工业弧弹性的得分呈现波动上升的趋势，说明来宾市的工业产值增长速率快于其经济的变化增长速率，城市呈现出工业的扩张发展趋势。

Moore工业结构的排名呈现持续上升的发展趋势。对来宾市的Moore工业结构的得分情况进行分析，发现来宾市的Moore工业结构的得分处于持续上升的趋势，说明来宾市的Moore产业结构指数逐渐增大，城市企业结构的变化程度在增大。

工业不协调度的排名呈现先上升后保持的发展趋势。对来宾市的工业不协调度的得分情况进行分析，发现来宾市的工业不协调度的得分先上升后下降，整体呈上升趋势，说明来宾市的企业不协调度波动增大。

工业偏离系数的排名呈现先保持后上升的发展趋势。对来宾市的工业偏离系数的得分情况进行分析，发现来宾市的工业偏离系数的得分呈现出持续下降的发展趋势，说明来宾市的工业结构偏离系数逐渐减小，城市的就业结构协调程度提高，城市的劳动生产率有所上升。

表7-1 2010~2012年来宾市工业发展各级指标的得分、排名及优劣度分析

指标	2010年 得分	排名	优劣度	2011年 得分	排名	优劣度	2012年 得分	排名	优劣度
工业发展	25.868	9	劣势	26.452	7	中势	27.403	6	中势
工业结构	7.112	9	劣势	7.320	8	中势	7.409	7	中势
企业扩张弹性系数	3.291	2	强势	2.669	1	强势	3.474	2	强势
工业发展强度	0.017	10	劣势	0.038	10	劣势	0.033	10	劣势
工业密度	0.303	8	中势	0.214	5	优势	0.168	8	中势
税收贡献率	1.899	3	优势	1.405	4	优势	1.319	6	中势

续表

指标	2010年			2011年			2012年		
	得分	排名	优劣度	得分	排名	优劣度	得分	排名	优劣度
工业弧弹性	6.590	4	优势	6.547	2	强势	6.787	3	优势
Moore工业结构	3.921	8	中势	4.305	7	中势	4.509	6	中势
工业不协调度	1.816	10	劣势	3.229	8	中势	2.984	8	中势
工业偏离系数	0.918	5	优势	0.724	5	优势	0.719	4	优势

根据表7-2，对2013~2015年来宾市工业发展得分、排名、优劣度进行分析。可以看到在2013年来宾市工业发展排名保持在珠江-西江经济带第10名，2014年上升至第9名，2015年保持在第9名，其工业发展在珠江-西江经济带处于下游区，说明来宾市工业发展与经济带其他城市相比速度较慢。对来宾市的工业发展得分情况进行分析，发现来宾市的工业发展综合得分2013~2015年持续上升，说明城市的工业发展逐渐提升。

对来宾市工业发展的三级指标进行分析，其中工业结构得分排名呈现持续保持的发展趋势。对来宾市的工业结构的得分情况进行分析，发现来宾市的工业结构的得分呈现持续下降的趋势，说明来宾市工业结构发展水平在降低，并且工业结构存在较大程度地偏离，说明地区出现了显著的工业结构不协调，对城市经济社会稳定发展会造成长远的影响，不利于城市的活力提升和发展的可持续性。

企业扩张弹性系数的排名呈现持续保持的发展趋势。对来宾市的企业扩张弹性系数的得分情况进行分析，发现来宾市的企业扩张弹性系数的得分先下降后上升，整体呈上升趋势，说明来宾市的企业扩张弹性系数增大，说明城市的企业数量扩张幅度减小，城市城镇化与工业发展之间呈现协调发展的关系，城镇企业数量的增加并未导致城市的过度拥挤及承载力压力问题的出现。

工业发展强度的排名呈现持续保持的发展趋势。对来宾市的工业发展强度的得分情况进行分析，发现来宾市工业发展强度的得分持续下降，说明来宾市的工业发展强度有所减弱，说明城市的工业产值发展能力逐渐降低，城市活力减弱。

工业密度的排名呈现先上升后下降的发展趋势。对来宾市工业密度的得分情况进行分析，发现来宾市的工业密度的得分呈现波动上升的趋势，说明来宾市的工业密度波动增大，城市的工业承载力增强。

税收贡献率的排名呈现先下降后上升的发展趋势。对来宾市的税收贡献率的得分情况进行分析，发现来宾市的税收贡献率的得分呈现持续下降的发展趋势，说明来宾市的经济发展有所下降，税收程度降低，市场发展活力减弱。

工业弧弹性的排名呈现持续保持的趋势。对来宾市的工业弧弹性的得分情况进行分析，发现来宾市的工业弧弹性的得分呈现波动上升的趋势，说明来宾市的工业产值增长速率要快于其经济的变化增长速率，城市呈现出工业的扩张发展趋势。

Moore工业结构的排名呈现先保持后上升的发展趋势。对来宾市的Moore工业结构的得分情况进行分析，发现来宾市的Moore工业结构的得分处于持续下降的趋势，说明来宾市的Moore产业结构指数有所减小，城市企业结构的变化程度逐渐减小。

工业不协调度的排名呈现先保持后上升的发展趋势。对来宾市的工业不协调度的得分情况进行分析，发现来宾市的工业不协调度的得分先下降后上升，整体呈上升趋势，说明来宾市的企业不协调度波动增大，企业在城市中的发展结构出现不协调。

工业偏离系数的排名呈现先保持后下降的发展趋势。对来宾市的工业偏离系数的得分情况进行分析，发现来宾市的工业偏离系数的得分呈现出波动下降的发展趋势，说明来宾市的工业结构偏离系数波动减小，城市的就业结构协调程度提升，城市的劳动生产率有所提高。

对2010~2015年来宾市工业发展及各三级指标的得分、排名和优劣度进行分析。2010年来宾市工业发展的综合得分排名一直处在珠江-西江经济带第9名，2011年升至第7名，2012年升至第6名，2013年降至第10名，2014~2015年升至第9名，处于珠江-西江经济带下游区，综合得分排名呈现波动保持的发展趋势。2010~2015年其工业发展排名在珠江-西江经济带中游区和下游区之间波动，在工业发展上的实力也是一直在珠江-西江经济带中势位置和劣势位置之间波动，2010年、2015年其排名均处于珠江-西江经济带第9名，说明城市的工业发展较珠江-西江经济带的其他城市竞争优势小，来宾市在提高工业发展方面仍有较大的发展空间，同时也说明来宾市在工业发展方面控制和发展的稳定性较弱。对来宾市的工业发展得分情况进行分析，发现来宾市的工业发展综合得分呈现波动下降的发展趋势，2010~2012年来宾市的工业发展得分持续上升，在2012年后持续下降，但总的来说是下降的。

从工业发展基础指标的优劣度结构来看，在9个基础指标中，指标的优劣度结构为0.0∶22.2∶55.6∶22.2，见表7-3。

表7-2　　　　　　2013~2015年来宾市工业发展各级指标的得分、排名及优劣度分析

指标	2013年 得分	排名	优劣度	2014年 得分	排名	优劣度	2015年 得分	排名	优劣度
工业发展	19.160	10	劣势	23.882	9	劣势	24.443	9	劣势
工业结构	7.136	8	中势	6.924	8	中势	6.888	8	中势
企业扩张弹性系数	3.225	4	优势	2.696	4	优势	3.346	4	优势
工业发展强度	0.016	11	劣势	0.011	11	劣势	0.005	11	劣势
工业密度	0.168	8	中势	0.181	7	中势	0.174	8	中势
税收贡献率	0.942	6	中势	0.915	7	中势	0.892	5	优势
工业弧弹性	0.000	11	劣势	6.467	11	劣势	6.286	11	劣势
Moore工业结构	4.373	7	中势	3.767	7	中势	3.154	6	中势
工业不协调度	2.275	9	劣势	1.758	9	劣势	3.163	7	中势
工业偏离系数	1.025	3	优势	1.162	3	优势	0.536	7	中势

表7-3　　　　　　　　2015年来宾市工业发展指标的优劣度结构

二级指标	三级指标数	强势指标 个数	比重（%）	优势指标 个数	比重（%）	中势指标 个数	比重（%）	劣势指标 个数	比重（%）	优劣度
工业发展	9	0	0.000	2	22.222	5	55.556	2	22.222	劣势

（三）来宾市城市工业发展实力比较分析

图7-10和图7-11将2010~2015年来宾市工业发展与珠江-西江经济带最高水平和平均水平进行比较。从工业发展的要素得分比较来看，由图7-10可知，2010年，来宾市工业结构得分比珠江-西江经济带最高分低0.630分，比平均分高0.311分；2011年，工业结构得分比珠江-西江经济带最高分低0.532分，比平均分高0.234分；2012年，工业结构得分比珠江-西江经济带最高分低0.509分，比平均分高0.363分；2013年，工业结构得分与珠江-西江经济带最高分低0.611分，比平均分高0.319分；2014年，工业结构得分比珠江-西江经济带最高分低0.758分，比平均分高0.223分；2015年，工业结构得分比珠江-西江经济带最高分低0.681分，比平均分高0.450分。这说明整体上来宾市工业结构得分与珠江-西江经济带最高分的差距先减小后增大，与珠江-西江经济带平均分的差距持续波动。

2010年，来宾市企业扩张弹性系数得分比珠江-西江经济带最高分低0.899分，比平均分高0.164分；2011年，企业扩张弹性系数得分与珠江-西江经济带最高分不存在差距，比平均分高0.222分；2012年，企业扩张弹性系数得分比珠江-西江经济带最高分低0.502分，比平均分高0.616分；2013年，企业扩张弹性系数得分比珠江-西江经济带最高分低1.074分，比平均分低0.024分；2014年，企业扩张弹性系数得分比珠江-西江经济带最高分低0.252分，比平均分高0.293分；2015年，企业扩张弹性系数得分比珠江-西江经济带最高分低1.973分，比平均分高0.164分。这说明整体上来宾市企业扩张弹性系数得分与珠江-西江经济带最高分的差距先减小后增大，与珠江-西江经济带平均分的差距先增大后减小。

2010年，来宾市工业发展强度得分比珠江-西江经济带最高分低3.961分，比平均分低0.811分；2011年，工业发展强度得分比珠江-西江经济带最高分低3.696分，比平均分低0.781分；2012年，工业发展强度得分比珠江-西江经济带最高分低3.352分，比平均分低0.780分；2013年，工业发展强度得分比珠江-西江经济带最高分低3.289分，比平均分低0.787分；2014年，工业发展强度得分比珠江-西江经济带最高分低3.306分，比平均分低0.790分；2015年，工业发展强度得分比珠江-西江经济带最高分低3.267分，比平均分低0.794分。这说明整体上来宾市工业发展强度得分与珠江-西江经济带最高分的差距波动缩小，与珠江-西江经济带平均分的差距先缩小后增大。

2010年，来宾市工业密度得分比珠江-西江经济带最高分低3.439分，比平均分低0.395分；2011年，工业密度得分比珠江-西江经济带最高分低2.562分，比平均分低0.295分；2012年，工业密度得分比珠江-西江经济带最高分低2.401分，比平均分低0.282分；2013年，工业密度得分比珠江-西江经济带最高分低2.455分，比平均分低0.300分；2014年，工业密度得分比珠江-西江经济带最高分低2.266分，比平均分低0.242分；2015年，工业密度得分比珠江-西江经济带最高分低2.178分，比平均分低0.218分。这说明整体上来宾市工业密度得分与珠江-西江经济带最高分的差距波动缩小，与珠江-西江经济带平均分的差距波动缩小。

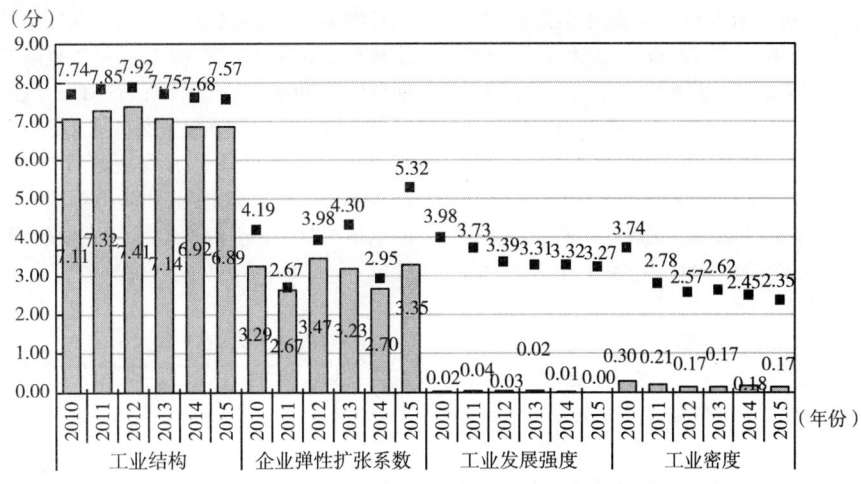

图 7-10　2010~2015 年来宾市工业发展指标得分比较 1

由图 7-11 可知，2010 年，来宾市税收贡献率得分比珠江-西江经济带最高分低 0.674 分，比平均分高 0.585 分；2011 年，税收贡献率得分比珠江-西江经济带最高分低 1.395 分，比平均分高 0.200 分；2012 年，税收贡献率得分比珠江-西江经济带最高分低 1.520 分，比平均分低 0.122 分；2013 年，税收贡献率得分比珠江-西江经济带最高分低 3.143 分，比平均分低 0.247 分；2014 年，税收贡献率得分比珠江-西江经济带最高分低 2.373 分，比平均分低 0.450 分；2015 年，税收贡献率得分比珠江-西江经济带最高分低 1.332 分，比平均分低 0.124 分。这说明整体上来宾市税收贡献率得分与珠江-西江经济带最高分的差距先增大后减小，与珠江-西江经济带平均分的差距波动减小。

2010 年，来宾市工业弧弹性得分比珠江-西江经济带最高分低 0.079 分，比平均分高 0.017 分；2011 年，工业弧弹性得分比珠江-西江经济带最高分低 0.004 分，比平均分高 0.065 分；2012 年，工业弧弹性得分比珠江-西江经济带最高分低 0.160 分，比平均分高 0.061 分；2013 年，工业弧弹性得分比珠江-西江经济带最高分低 6.517 分，比平均分低 5.769 分；2014 年，工业弧弹性得分比珠江-西江经济带最高分低 0.202 分，比平均分低 0.080 分；2015 年，工业弧弹性得分比珠江-西江经济带最高分低 1.220 分，比平均分低 0.417 分。这说明整体上来宾市工业弧弹性得分与珠江-西江经济带最高分的差距先增大后减小，与珠江-西江经济带平均分的差距波动增大。

2010 年，来宾市 Moore 工业结构得分比珠江-西江经济带最高分低 2.081 分，比平均分低 0.187 分；2011 年，Moore 工业结构得分比珠江-西江经济带最高分低 1.755 分，比平均分高 0.008 分；2012 年，Moore 工业结构得分比珠江-西江经济带最高分低 0.855 分，比平均分高 0.433 分；2013 年，Moore 工业结构得分比珠江-西江经济带最高分低 0.849 分，比平均分高 0.415 分；2014 年，Moore 工业结构得分比珠江-西江经济带最高分低 0.494 分，比平均分高 0.316 分；2015 年，Moore 工业结构得分比珠江-西江经济带最高分低 0.292 分，比平均分高 0.411 分。这说明整体上来宾市 Moore 工业结构得分与珠江-西江经济带最高分的差距呈持续缩小的趋势，与珠江-西江经济带平均分的差距波动增大。

2010 年，来宾市工业不协调度得分比珠江-西江经济带最高分低 4.207 分，比平均分低 2.283 分；2011 年，工业不协调度得分比珠江-西江经济带最高分低 1.672 分，比平均分低 0.496 分；2012 年，工业不协调度得分比珠江-西江经济带最高分低 1.633 分，比平均分低 0.472 分；2013 年，工业不协调度得分比珠江-西江经济带最高分低

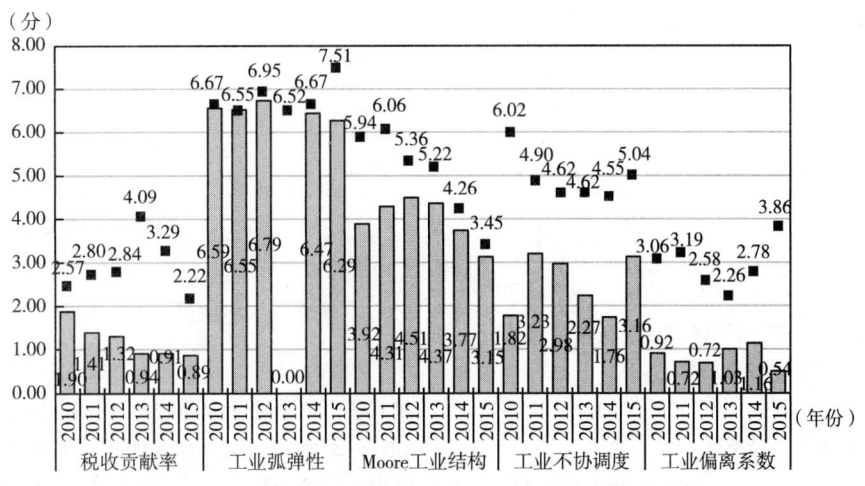

图 7-11　2010~2015 年来宾市工业发展指标得分比较 2

2.346分，比平均分低1.186分；2014年，工业不协调度得分比珠江-西江经济带最高分低2.787分，比平均分低1.440分；2015年，工业不协调度得分比珠江-西江经济带最高分低1.877分，比平均分低0.119分。这说明整体上来宾市工业不协调度得分与珠江-西江经济带最高分的差距波动减小，与珠江-西江经济带平均分的差距呈波动缩小的趋势。

2010年，来宾市工业偏离系数得分比珠江-西江经济带最高分低2.140分，比平均分高0.048分；2011年，工业偏离系数得分比珠江-西江经济带最高分低2.467分，比平均分低0.022分；2012年，工业偏离系数得分比珠江-西江经济带最高分低1.863分，比平均分低0.020分；2013年，工业偏离系数得分比珠江-西江经济带最高分低1.231分，比平均分高0.300分；2014年，工业偏离系数得分比珠江-西江经济带最高分低1.623分，比平均分高0.322分；2015年，工业偏离系数得分比珠江-西江经济带最高分低3.322分，比平均分低0.293分。这说明整体上来宾市工业偏离系数得分与珠江-西江经济带最高分的差距先减小后增大，与珠江-西江经济带平均分的差距呈波动增大的趋势。

二、来宾市城市企业发展实力综合评估与比较

（一）来宾市城市企业发展实力评估指标变化趋势评析

1. 企业利润相对增长率

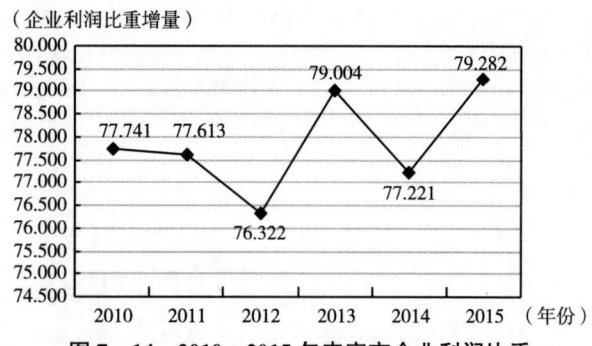

根据图7-12分析可知，2010～2015年来宾市企业利润相对增长率总体上呈现波动下降的状态。这种状态表现为2010～2015年城市在该项指标上总体呈现下降趋势，但在此期间存在上下波动的情况，并非连续性下降状态。这就意味着在评估的时间段内，虽然指标数据存在较大的波动，但是其评价末期数据值低于评价初期数据值。来宾市的企业利润相对增长率末期低于初期的数据，并且在2011～2012年间存在明显下降的变化；这说明来宾市企业发展情况处于不太稳定的下降状态。

（企业利润相对增率长率）

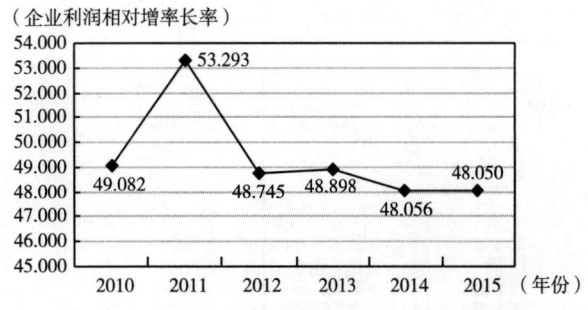

图7-12　2010～2015年来宾市企业利润相对增长率变化趋势

2. 企业利润绝对增量加权指数

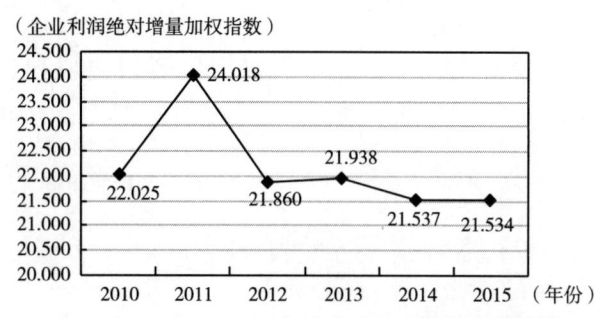

根据图7-13分析可知，2010～2015年来宾市企业利润绝对增量加权指数总体上呈现波动保持的状态。波动保持型指标意味着城市在该项指标上虽然呈现波动状态，在评价末期和评价初期的数值基本保持一致，该图可知来宾市企业利润绝对增量加权指数数值保持在21.534～24.018。即使来宾市企业利润绝对增量加权指数存在过最低值，其数值为21.534，但是来宾市在企业利润绝对增量加权指数上总体表现的也是相对平稳，说明该地区企业发展能力及活力持续又稳定。

（企业利润绝对增量加权指数）

图7-13　2010～2015年来宾市企业利润绝对增量加权指数变化趋势

3. 企业利润比重增量

根据图7-14分析可知，2010～2015年来宾市企业利润比重增量总体上呈现波动上升的状态。这一类型的指标表现为2010～2015年城市存在一定的波动变化，总体趋势为上升趋势，但在个别年份出现下降的情况，指标并非连续性上升状态。波动上升型指标意味着在评价的时间段内，虽然指标数据存在较大的波动变化，但是其评价末期数据值高于评价初期数据值，最终稳定在79.282。城市的企业利润比重增量越大，对于来宾市来说，其城市企业发展潜力也越来越大。

（企业利润比重增量）

图7-14　2010～2015年来宾市企业利润比重增量变化趋势

4. 企业利润枢纽度

根据图7-15分析可知，2010～2015年来宾市的企业利润枢纽度总体上呈现波动下降的状态。这一类的指标为2010～2015年间城市在该项指标上总体呈现下降趋势，但在评估期间存在上下波动的情况，指标并非连续性下降状态。波动下降型指标意味着在评估期间，虽然指标数据存

在较大波动变化,但是其评价末期数据值低于评价初期数据值。如图所示,来宾市企业利润枢纽度指标处于不断下降的状态中,2010 年此指标数值最高,为 54.426,到 2015 年时,下降至 46.887。分析这种变化趋势,可以得出来宾市企业利润枢纽度发展水平有所下降,企业发展活力有所降低。

图 7-15 2010~2015 年来宾市企业利润枢纽度变化趋势

5. 企业利润平均增长指数

根据图 7-16 分析可知,2010~2015 年来宾市企业利润平均增长指数总体上呈现波动保持的状态。波动保持型指标意味着城市在该项指标上虽然呈现波动状态,在评价末期和评价初期的数值基本保持一致,由该图可知来宾市企业利润平均增长指数数值保持在 63.986~73.272。即使来宾市企业利润平均增长指数存在过最低值,其数值为 63.986,但来宾市在企业利润平均增长指数上总体表现的也是相对平稳,说明该地区企业发展能力及活力持续又稳定。

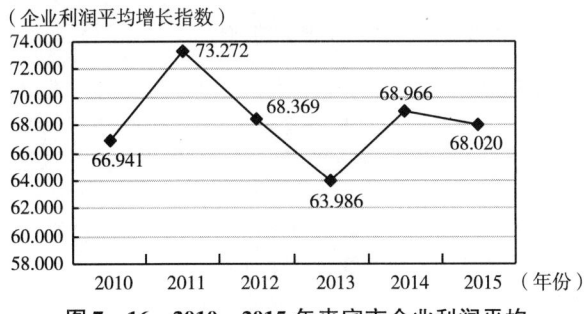

图 7-16 2010~2015 年来宾市企业利润平均增长指数变化趋势

6. 企业产值流强度

根据图 7-17 分析可知,2010~2015 年来宾市企业产值流强度总体上呈现波动下降的状态。这种状态表现为 2010~2015 年城市在该项指标上总体呈现下降趋势,但在此期间存在上下波动的情况,并非连续性下降状态。这就意味着在评估的时间段内,虽然指标数据存在较大的波动,但是其评价末期数据值低于评价初期数据值。来宾市的企业产值流强度末期低于初期的数据,并且在 2010~2013 年存在明显下降的变化;这说明来宾市企业发展情况处于不太稳定的下降状态。

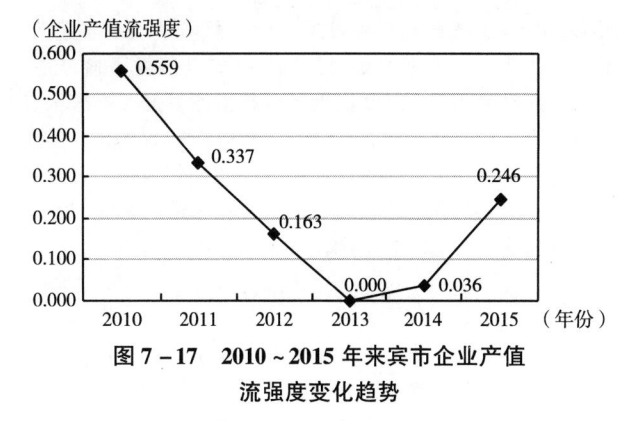

图 7-17 2010~2015 年来宾市企业产值流强度变化趋势

7. 企业产值倾向度

根据图 7-18 分析可知,2010~2015 年来宾市企业产值倾向度总体上呈现波动下降的状态。这种状态表现为 2010~2015 年城市在该项指标上总体呈现下降趋势,但在期间存在上下波动的情况,并非连续性下降状态。这就意味着在评估的时间段内,虽然指标数据存在较大的波动,但是其评价末期数据值低于评价初期数据值。来宾市的企业产值倾向度末期低于初期的数据,降低 11 个单位左右,并且在 2010~2013 年间存在明显下降的变化,这说明来宾市企业发展情况处于不太稳定的下降状态。

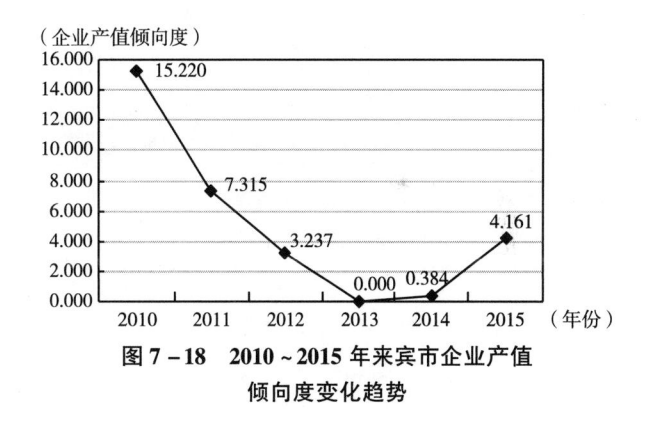

图 7-18 2010~2015 年来宾市企业产值倾向度变化趋势

8. 内资企业产值职能规模

根据图 7-19 分析可知,2010~2015 年来宾市内资企业产值职能规模总体上呈现波动下降的状态。这种状态表

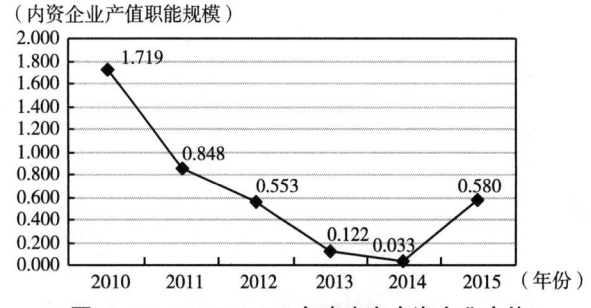

图 7-19 2010~2015 年来宾市内资企业产值职能规模变化趋势

现为2010~2015年城市在该项指标上总体呈现下降趋势，但在此期间存在上下波动的情况，并非连续性下降状态。这就意味着在评估的时间段内，虽然指标数据存在较大的波动，但是其评价末期数据值低于评价初期数据值。来宾市的内资企业产值职能规模末期低于初期的数据，并且在2010~2014年间存在明显下降的变化；这说明来宾市企业发展情况处于不太稳定的下降状态。

9. 港澳台投资企业产值职能规模

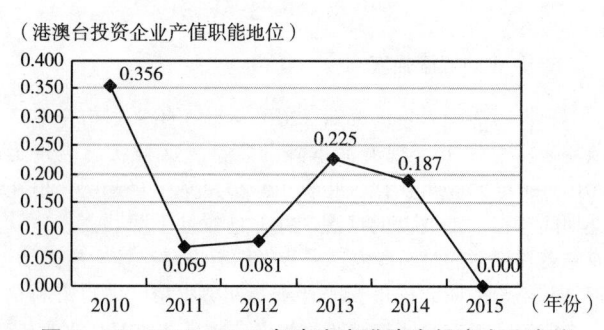

根据图7-20分析可知，2010~2015年来宾市港澳台投资企业产值职能规模总体上呈现波动下降的状态。这种状态表现为2010~2015年城市在该项指标上总体呈现下降趋势，但在此期间存在上下波动的情况，并非连续性下降状态。这就意味着在评估的时间段内，虽然指标数据存在较大的波动，但是其评价末期数据值低于评价初期数据值。来宾市的港澳台投资企业产值职能规模末期低于初期的数据，并且在2014~2015年间存在明显下降的变化；这说明来宾市港澳台投资企业产值职能地位情况处于不太稳定的下降状态。

图7-20 2010~2015年来宾市港澳台投资企业产值职能规模变化趋势

10. 外商投资企业产值职能规模

根据图7-21分析可知，2010~2015年来宾市城市的外商投资企业产值职能规模总体上呈现波动下降的状态。这一类的指标为2010~2015年间城市在该项指标上总体呈现下降趋势，但在评估期间存在上下波动的情况，指标并非连续性下降状态。波动下降型指标意味着在评估期间，虽然指标数据存在较大波动变化，但是其评价末期数据值

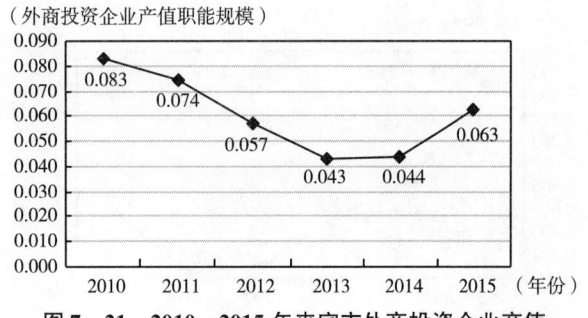

图7-21 2010~2015年来宾市外商投资企业产值职能规模变化趋势

低于评价初期数据值。如图所示，来宾市外商投资企业产值职能规模指标处于不断下降的状态中，2010年此指标数值最高，为0.083，到2015年时，下降至0.063。分析这种变化趋势，可以得出来宾市外商投资企业产值职能规模的水平处于劣势，城市的外商投资企业产值职能规模发展活力不足。

11. 内资企业产值职能地位

根据图7-22分析可知，2010~2015年来宾市内资企业产值职能地位总体上呈现波动下降的状态。这种状态表现为2010~2015年城市在该项指标上总体呈现下降趋势，但在此期间存在上下波动的情况，并非连续性下降状态。这就意味着在评估的时间段内，虽然指标数据存在较大的波动，但是其评价末期数据值低于评价初期数据值。来宾市的内资企业产值职能地位末期低于初期的数据，降低2个单位左右，并且在2010~2014年间存在明显下降的变化，这说明来宾市企业发展情况处于不太稳定的下降状态。

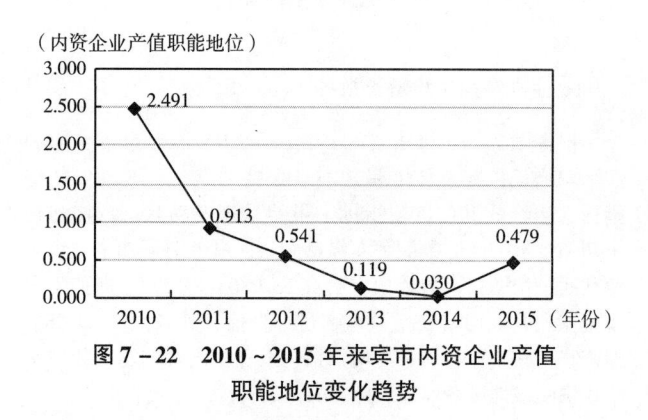

图7-22 2010~2015年来宾市内资企业产值职能地位变化趋势

12. 港澳台投资企业产值职能地位

根据图7-23分析可知，2010~2015年来宾市港澳台投资企业产值职能地位指数总体上呈现波动下降的状态。这种状态表现为2010~2015年城市在该项指标上总体呈现下降趋势，但在此期间存在上下波动的情况，并非连续性下降状态。这就意味着在评估的时间段内，虽然指标数据存在较大的波动，但是其评价末期数据值低于评价初期数据值。来宾市的港澳台投资企业产值职能地位指数末期低于初期的数据，并且在2010~2011年间存在明显下降的变

图7-23 2010~2015年来宾市港澳台投资企业产值职能地位变化趋势

化；这说明来宾市港澳台投资企业产值职能地位情况处于不太稳定的下降状态。

13. 外商投资企业产值职能地位

根据图7-24分析可知，2010~2015年来宾市外商投资企业产值职能地位总体上呈现持续下降的状态。持续下降型的指标意味着城市在该项指标上不断处在劣势状态，并且这一状况并未得到改善。如图所示，来宾市外商投资企业产值职能地位指标处于不断下降的状态中，2010年此指标数值最高，为1.610，到2015年时，下降至0.665。分析这种变化趋势，可以得出来宾市外商投资企业产值职能地位处于劣势，城市企业的发展活力不足。

图7-24 2010~2015年来宾市外商投资企业产值职能地位变化趋势

（二）来宾市城市企业发展实力评估结果

根据表7-4，对2010~2012年来宾市企业发展得分、排名、优劣度进行分析。可以看到在2010年来宾市企业发展排名保持在珠江－西江经济带第7名，2011年下降至第9名，2012年保持在第9名，其企业发展在珠江－西江经济带中下游区波动，说明来宾市企业发展的发展潜力大，上升空间较大。对来宾市的企业发展得分情况进行分析，发现来宾市的企业发展综合得分先上升后下降，整体上呈下降趋势；说明来宾市的企业发展处于下降的状态。

对来宾市的企业利润相对增长率的得分情况进行分析，发现来宾市的企业利润相对增长率的得分先上升后下降，整体呈上升趋势，说明来宾市的企业利润相对增长率波动上升，企业获取利润的增长速率加快，呈现出地区企业集聚能力及活力有所增强。

企业利润绝对增量加权指数的排名呈现先上升后下降的发展趋势。对来宾市的企业利润绝对增量加权指数的得分情况进行分析，发现来宾市的企业利润绝对增量加权指数的得分先上升后下降，整体呈上升趋势，说明来宾市的企业利润绝对增量加权指数波动上升，城市的企业要素集中度有所提高，城市企业获取利润的变化增长趋向于中高速发展。

企业利润比重增量的排名呈现先下降后保持的发展趋势。对来宾市的企业利润比重增量的得分情况进行分析，发现来宾市企业利润比重增量的得分呈现波动上升的趋势，说明来宾市的企业利润比重增长在增高，整体企业利润水平逐渐具备优势。

企业利润枢纽度的排名呈现先上升后下降的发展趋势。对来宾市企业利润枢纽度的得分情况进行分析，发现来宾市的企业利润枢纽度得分呈现持续上升趋势，说明2010~2012年来宾市的企业利润枢纽度增高，企业利润能力增强，在经济社会发展中的地位有所提高。

企业利润平均增长指数的排名呈现先下降后上升的发展趋势。对来宾市的企业利润平均增长指数的得分情况进行分析，发现来宾市的企业利润平均增长指数的得分持续下降，说明来宾市的企业利润平均增长指数降低，来宾市在评估时间段内的企业获取利润在降低，整体城市企业利润水平逐渐下降。

企业产值流强度的排名呈现先下降后保持的趋势。对来宾市的企业产值流强度的得分情况进行分析，发现来宾市的企业产值流强度的得分持续下降，说明来宾市的企业产值流强度减弱，城市之间发生的经济集聚和扩散所产生的企业要素流动强度减弱，城市经济影响力也在下降。

企业产值倾向度的排名呈现持续下降的发展趋势。对来宾市的企业产值倾向度的得分情况进行分析，发现来宾市的企业产值倾向度的得分处于持续下降的状态，说明来宾市的城市总功能量的外向强度减弱。

内资企业产值职能规模的排名呈现持续下降的发展趋势。对来宾市的内资企业产值职能规模的得分情况进行分析，发现来宾市的内资企业产值职能规模的得分呈现持续下降的趋势，说明来宾市的内资企业利润相对职能规模减弱，内资企业获取利润水平降低，城市所具备的内资企业获取利润能力减弱。

港澳台投资企业产值职能规模的排名处于先下降后保持的发展趋势。对来宾市的港澳台投资企业产值职能规模的得分情况进行分析，发现来宾市港澳台投资企业产值职能规模得分先持续后下降，说明来宾市的港澳台投资企业利润相对职能规模减小，港澳台投资企业获取利润水平降低，城市所具备的港澳台投资企业获取利润能力减弱。

外商投资企业产值职能规模的排名呈现持续保持的发展趋势。对来宾市的外商投资企业产值职能规模的得分情况进行分析，发现来宾市的外商投资企业产值职能规模的得分呈现持续保持的趋势，说明来宾市的外商投资企业利润相对职能规模变化不大，城市所具备的外商投资企业获取利润能力未出现明显变化。

内资企业产值职能地位的排名呈现持续下降的发展趋势。对来宾市的内资企业产值职能地位的得分情况进行分析，发现来宾市内资企业产值职能地位的得分呈现持续下降的趋势，说明来宾市的内资企业产值职能地位减弱，城市的内资企业产值获取能力在地区内的水平不具备明显的优势，城市对内资企业的吸引集聚能力在不断减小，城市就业及劳动力的发展潜力较小。

港澳台投资企业产值职能地位的排名呈现先下降后保持的发展趋势。对来宾市港澳台投资企业产值职能地位的得分情况进行分析，发现来宾市的港澳台投资企业产值职能地位得分先下降后持续，说明在2010~2012年来宾市的港澳台投资企业产值职能地位在减弱，城市对港澳台投资企业的吸引集聚能力也有所减弱,城市发展具备就业及劳动力发展的潜力较小。

外商投资企业产值职能地位的排名呈现先下降后上升的发展趋势。对来宾市的外商投资企业产值职能地位的得分情况进行分析,发现来宾市的外商投资企业产值职能地位的得分先下降后保持,说明 2010~2012 年来宾市的外商投资企业产值职能地位变动不大,城市对外商投资企业的吸引集聚能力未出现明显变化。

表 7-4　　2010~2012 年来宾市企业发展各级指标的得分、排名及优劣度分析

指标	2010 年 得分	排名	优劣度	2011 年 得分	排名	优劣度	2012 年 得分	排名	优劣度
企业发展	14.867	7	中势	14.983	9	劣势	14.176	9	劣势
企业利润相对增长率	2.189	10	劣势	2.625	4	优势	2.211	7	中势
企业利润绝对增量加权指数	0.773	9	劣势	0.983	4	优势	0.786	7	中势
企业利润比重增量	4.488	6	中势	4.924	8	中势	4.817	8	中势
企业利润枢纽度	2.306	4	优势	2.734	2	强势	2.939	4	优势
企业利润平均增长指数	4.347	8	中势	3.308	11	劣势	3.197	9	劣势
企业产值流强度	0.018	8	中势	0.011	11	劣势	0.005	11	劣势
企业产值倾向度	0.515	4	优势	0.284	10	劣势	0.133	11	劣势
内资企业产值职能规模	0.057	5	优势	0.029	9	劣势	0.020	10	劣势
港澳台投资企业产值职能规模	0.006	10	劣势	0.006	11	劣势	0.004	11	劣势
外商投资企业产值职能规模	0.003	9	劣势	0.002	9	劣势	0.002	9	劣势
内资企业产值职能地位	0.091	5	优势	0.032	9	劣势	0.019	10	劣势
港澳台投资企业产值职能地位	0.015	10	劣势	0.003	11	劣势	0.003	11	劣势
外商投资企业产值职能地位	0.062	8	中势	0.041	9	劣势	0.041	8	中势

根据表 7-5,对 2013~2015 年来宾市企业发展得分、排名、优劣度进行分析。可以看到在 2013 年来宾市企业发展排名保持在珠江-西江经济带第 9 名,2014 年下降至第 11 名,2015 年保持在第 11 名,其企业发展处于珠江-西江经济带下游区,说明来宾市企业发展的发展水平较低,上升空间较大。对来宾市的企业发展得分情况进行分析,发现来宾市的企业发展综合得分持续下降,说明来宾市的企业发展处于水平有待提升的状态。

对来宾市的企业利润相对增长率的得分情况进行分析,发现来宾市的企业利润相对增长率的得分持续下降,说明来宾市的企业利润相对增长率持续降低,企业获取利润的增长速率减慢,呈现出地区企业集聚能力及活力有所减弱。

企业利润绝对增量加权指数的排名呈现先保持后上升的发展趋势。对来宾市的企业利润绝对增量加权指数的得分情况进行分析,发现来宾市的企业利润绝对增量加权指数的得分持续下降,说明来宾市的企业利润绝对增量加权指数持续下降,城市的企业要素集中度有所降低,城市企业获取利润的变化增长趋向于中低速发展。

企业利润比重增量的排名呈现先下降后上升的发展趋势。对来宾市的企业利润比重增量的得分情况进行分析,发现来宾市企业利润比重增量的得分呈现波动上升的趋势,说明来宾市的企业利润比重增长在增高,整体企业利润水平逐渐具备优势。

企业利润枢纽度的排名呈现先保持后下降的发展趋势。对来宾市企业利润枢纽度的得分情况进行分析,发现来宾市的企业利润枢纽度得分先下降后上升,整体呈下降趋势,说明在 2013~2015 年间来宾市的企业利润枢纽度降低,企业利润能力减弱,在经济社会发展中的地位有所下降。

企业利润平均增长指数的排名呈现先下降后保持的发展趋势。对来宾市的企业利润平均增长指数的得分情况进行分析,发现来宾市的企业利润平均增长指数的得分持续下降,说明来宾市的企业利润平均增长指数减小,来宾市在评估时间段内的企业获取利润有所减少,整体城市企业利润水平持续下降。

企业产值流强度的排名呈现持续保持的趋势。对来宾市的企业产值流强度的得分情况进行分析,发现来宾市的企业产值流强度的得分持续上升,说明来宾市的企业产值流强度增强,城市之间发生的经济集聚和扩散所产生的企业要素流动强度增强,城市经济影响力也在增强。

企业产值倾向度的排名呈现持续保持的发展趋势。对来宾市的企业产值倾向度的得分情况进行分析,发现来宾市的企业产值倾向度的得分处于持续上升的状态,说明来宾市的城市倾向度有所上升,城市的总功能量的外向强度逐渐增强。

内资企业产值职能规模的排名呈现持续上升的发展趋势。对来宾市的内资企业产值职能规模的得分情况进行分析,发现来宾市的内资企业产值职能规模的得分呈现波动下降的趋势,说明来宾市的内资企业利润相对职能规模减弱,内资企业获取利润水平降低,城市所具备的内资企业获取利润能力减弱。

港澳台投资企业产值职能规模的排名处于先上升后下降的发展趋势。对来宾市的港澳台投资企业产值职能规模的得分情况进行分析,发现来宾市港澳台投资企业产值职能规模得分呈现波动下降的趋势,说明来宾市的港澳台投资企业利润相对职能规模有所减弱,港澳台投资企业获取利润水平有所降低,城市所具备的港澳台投资企业获取利润能力也有所下降。

外商投资企业产值职能规模的排名呈现持续保持的发展趋势。对来宾市的外商投资企业产值职能规模的得分情况进行分析,发现来宾市的外商投资企业产值职能规模的得分先上升后保持,但上升幅度较小,说明来宾市的外商投资企业利润相对职能规模变化较小,城市所具备的外商投资企业获取利润能力未出现明显变化。

内资企业产值职能地位的排名呈现持续上升的发展趋势。对来宾市的内资企业产值职能地位的得分情况进行分析,发现来宾市内资企业产值职能地位的得分先上升后下降,整体呈上升趋势,说明来宾市的内资企业产值职能地位增强,城市的内资企业产值获取能力在地区内的水平有所提高,城市对内资企业的吸引集聚能力在不断增大。

港澳台投资企业产值职能地位的排名呈现先保持后下降的发展趋势。对来宾市港澳台投资企业产值职能地位的得分情况进行分析,发现来宾市的港澳台投资企业产值职能地位得分持续下降,说明2013~2015年来宾市的港澳台投资企业产值职能地位逐渐减弱,城市对港澳台投资企业的吸引集聚能力不断下降,城市发展具备的就业及劳动力发展的潜力较小。

外商投资企业产值职能地位的排名呈现持续保持的发展趋势。对来宾市的外商投资企业产值职能地位的得分情况进行分析,发现来宾市的外商投资企业产值职能地位的得分呈现持续下降的发展趋势,说明在2013~2015年间来宾市的外商投资企业产值职能地位有所下降,城市对外商投资企业的吸引集聚能力逐渐减弱。

对2010~2015年来宾市企业发展及各三级指标的得分、排名和优劣度进行分析。2010年来宾市企业发展的综合得分排名处于珠江-西江经济带第7名,2011~2013年均降至第9名,2014~2015年降至第11名,处于珠江-西江经济带下游区。2010~2015年其企业发展排名一直在珠江-西江经济带中游区和下游区波动,在企业发展实力也是一直在中势和劣势之间波动,2015年处于劣势地位,说明城市的企业发展较珠江-西江经济带的其他城市不具竞争优势,来宾市在企业发展方面仍有较大的发展空间。对来宾市2010~2015年的企业发展的得分情况进行分析,发现来宾市的企业发展综合得分呈现波动下降的发展趋势,2010~2015年来宾市的企业发展得分持续上升,之后到2015年呈持续下降趋势,总体呈下降趋势。

从企业发展基础指标的优劣度结构来看,在13个基础指标中,指标的优劣度结构为0.0∶15.4∶15.4∶69.2,见表7-6。

表7-5　　　2013~2015年来宾市企业发展各级指标的得分、排名及优劣度分析

指标	2013年 得分	排名	优劣度	2014年 得分	排名	优劣度	2015年 得分	排名	优劣度
企业发展	13.899	9	劣势	12.405	11	劣势	10.745	11	劣势
企业利润相对增长率	2.217	9	劣势	2.186	10	劣势	2.106	4	优势
企业利润绝对增量加权指数	0.783	10	劣势	0.771	10	劣势	0.749	4	优势
企业利润比重增量	5.204	5	优势	4.939	10	劣势	5.262	8	中势
企业利润枢纽度	2.526	5	优势	2.382	5	优势	2.396	6	中势
企业利润平均增长指数	3.110	10	劣势	2.058	11	劣势	0.000	11	劣势
企业产值流强度	0.000	11	劣势	0.001	11	劣势	0.009	11	劣势
企业产值倾向度	0.000	11	劣势	0.015	11	劣势	0.159	11	劣势
内资企业产值职能规模	0.004	11	劣势	0.001	10	劣势	0.022	9	劣势
港澳台投资企业产值职能规模	0.005	11	劣势	0.011	11	劣势	0.000	11	劣势
外商投资企业产值职能规模	0.001	10	劣势	0.002	11	劣势	0.002	10	劣势
内资企业产值职能地位	0.004	11	劣势	0.001	10	劣势	0.017	9	劣势
港澳台投资企业产值职能地位	0.008	10	劣势	0.007	10	劣势	0.000	11	劣势
外商投资企业产值职能地位	0.036	10	劣势	0.030	10	劣势	0.024	10	劣势

表7-6　　　　　　　　　　2015年来宾市企业发展指标的优劣度结构

二级指标	三级指标数	强势指标 个数	强势指标 比重（%）	优势指标 个数	优势指标 比重（%）	中势指标 个数	中势指标 比重（%）	劣势指标 个数	劣势指标 比重（%）	优劣度
企业发展	13	0	0.000	2	15.385	2	15.385	9	69.231	劣势

（三）来宾市城市企业发展实力比较分析

图7-25、图7-26以及图7-27将2010~2015年来宾市企业发展与珠江-西江经济带最高水平和平均水平进行比较。从企业发展的要素得分比较来看，由图7-25可知，2010年，来宾市企业利润相对增长率得分比珠江-西江经济带最高分低0.108分，比平均分低0.015分；2011年，企业利润相对增长率得分比珠江-西江经济带最高分低2.301分，比平均分高0.220分；2012年，企业利润相对增长率得分比珠江-西江经济带最高分低0.403分，比平均分低0.017分；2013年，企业利润相对增长率得分比珠江-西江经济带最高分低0.319分，比平均分低0.059分；2014年，企业利润相对增长率得分比珠江-西江经济带最高分低0.390分，比平均分低0.101分；2015年，企业利润相对增长率得分比珠江-西江经济带最高分低0.315分，比平均分高0.076分。这说明整体上来宾市企业利润相对增长率得分与珠江-西江经济带最高分的差距波动增大，与珠江-西江经济带平均分的差距波动增大。

2010年，来宾市企业利润绝对增量加权指数得分比珠江-西江经济带最高分低0.072分，比平均分低0.009分；2011年，企业利润绝对增量加权指数得分比珠江-西江经济带最高分低3.108分，比平均分低0.230分；2012年，企业利润绝对增量加权指数得分比珠江-西江经济带最高分低0.544分，比平均分低0.030分；2013年，企业利润绝对增量加权指数得分比珠江-西江经济带最高分低0.216分，比平均分低0.045分；2014年，企业利润绝对增量加权指数得分比珠江-西江经济带最高分低0.474分，比平均分低0.064分；2015年，企业利润绝对增量加权指数得分比珠江-西江经济带最高分低0.090分，比平均分高0.077分。这说明整体上来宾市企业利润绝对增量加权指数得分与珠江-西江经济带最高分的差距波动增大，与珠江-西江经济带平均分的差距波动增大。

2010年，来宾市企业利润比重增量得分比珠江-西江经济带最高分低0.207分，比平均分高0.536分；2011年，企业利润比重增量得分比珠江-西江经济带最高分低0.720分，比平均分低0.070分；2012年，企业利润比重增量得分比珠江-西江经济带最高分低0.856分，比平均分低0.024分；2013年，企业利润比重增量得分比珠江-西江经济带最高分低1.383分，比平均分低0.098分；2014年，企业利润比重增量得分比珠江-西江经济带最高分低0.403分，比平均分低0.114分；2015年，企业利润比重增量得分比珠江-西江经济带最高分低0.845分，比平均分低0.138分。这说明整体上来宾市企业利润比重增量得分与珠江-西江经济带最高分的差距波动增大，与珠江-西江经济带平均分的差距波动减小。

2010年，来宾市企业利润枢纽度得分比珠江-西江经济带最高分低0.573分，比平均分高0.598分；2011年，企业利润枢纽度得分比珠江-西江经济带最高分低0.084分，比平均分高0.939分；2012年，企业利润枢纽度得分比珠江-西江经济带最高分低0.471分，比平均分高0.951分；2013年，企业利润枢纽度得分比珠江-西江经济带最高分低1.196分，比平均分高0.431分；2014年，企业利润枢纽度得分比珠江-西江经济带最高分低1.422分，比平均分高0.268分；2015年，企业利润枢纽度得分比珠江-西江经济带最高分低2.714分，比平均分低0.139分。这说明整体上来宾市企业利润枢纽度得分与珠江-西江经济带最高分的差距先减小后增大，与珠江-西江经济带平均分的差距先增大后减小。

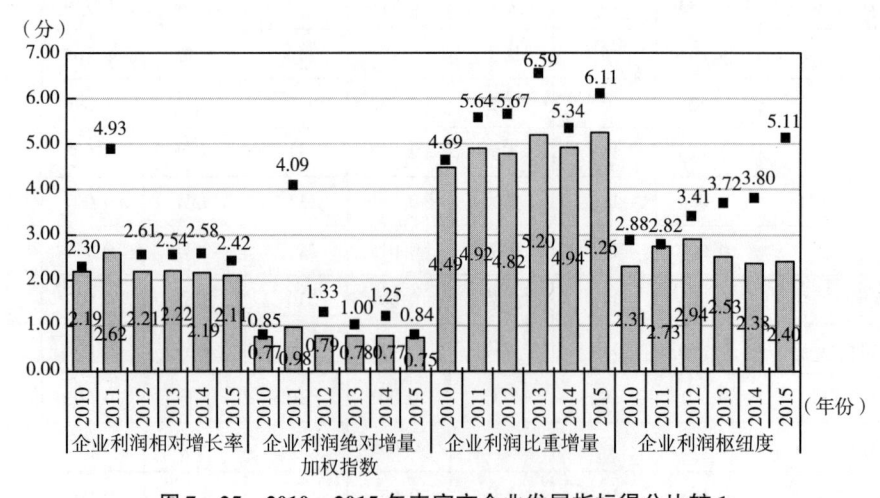

图7-25　2010~2015年来宾市企业发展指标得分比较1

由图7-26可知，2010年，来宾市企业利润平均增长指数得分比珠江-西江经济带最高分低1.786分，比平均分低 0.278 分；2011 年，企业利润平均增长指数得分比珠江-西江经济带最高分低 1.191 分，比平均分低 0.491 分；2012 年，企业利润平均增长指数得分比珠江-西江经济带最高分低 0.752 分，比平均分低 0.257 分；2013 年，企业利润平均增长指数得分比珠江-西江经济带最高分低 1.680 分，比平均分低 0.616 分；2014 年，企业利润平均增长指数得分比珠江-西江经济带最高分低 2.990 分，比平均分高 1.671 分；2015 年，企业利润平均增长指数得分比珠江-西江经济带最高分低 4.819 分，比平均分低 3.386 分。这说明整体上来宾市企业利润平均增长指数得分与珠江-西江经济带最高分的差距先减小后增大，与珠江-西江经济带平均分的差距波动增大。

2010 年，来宾市企业产值流强度得分比珠江-西江经济带最高分低 1.979 分，比平均分低 0.214 分；2011 年，企业产值流强度得分比珠江-西江经济带最高分低 2.392 分，比平均分低 0.296 分；2012 年，企业产值流强度得分比珠江-西江经济带最高分低 2.266 分，比平均分低 0.302 分；2013 年，企业产值流强度得分比珠江-西江经济带最高分低 2.979 分，比平均分低 0.362 分；2014 年，企业产值流强度得分比珠江-西江经济带最高分低 3.313 分，比平均分低 0.410 分；2015 年，企业产值流强度得分比珠江-西江经济带最高分低 3.634 分，比平均分低 0.442 分。这说明整体上来宾市企业产值流强度得分与珠江-西江经济带最高分的差距持续增大，与珠江-西江经济带平均分的差距持续增大。

2010 年，来宾市企业产值倾向度得分比珠江-西江经济带最高分低 1.332 分，比平均分低 0.019 分；2011 年，企业产值倾向度得分比珠江-西江经济带最高分低 2.675 分，比平均分低 0.843 分；2012 年，企业产值倾向度得分比珠江-西江经济带最高分低 3.309 分，比平均分低 1.103 分；2013 年，企业产值倾向度得分比珠江-西江经济带最高分低 2.783 分，比平均分低 0.887 分；2014 年，企业产值倾向度得分比珠江-西江经济带最高分低 3.996 分，比平均分低 1.013 分；2015 年，企业产值倾向度得分比珠江-西江经济带最高分低 3.143 分，比平均分低 0.773 分。这说明整体上来宾市企业产值倾向度得分与珠江-西江经济带最高分的差距波动增大，与珠江-西江经济带平均分的差距波动增大。

2010 年，来宾市内资企业产值职能规模得分比珠江-西江经济带最高分低 2.217 分，比平均分低 0.260 分；2011 年，内资企业产值职能规模得分比珠江-西江经济带最高分低 2.713 分，比平均分低 0.415 分；2012 年，内资企业产值职能规模得分比珠江-西江经济带最高分低 2.925 分，比平均分低 0.486 分；2013 年，内资企业产值职能规模得分比珠江-西江经济带最高分低 3.235 分，比平均分低 0.508 分；2014 年，内资企业产值职能规模得分比珠江-西江经济带最高分低 3.576 分，比平均分低 0.570 分；2015 年，内资企业产值职能规模得分比珠江-西江经济带最高分低 3.744 分，比平均分低 0.613 分。这说明整体上来宾市内资企业产值职能规模得分与珠江-西江经济带最高分的差距持续增大，与珠江-西江经济带平均分的差距持续增大。

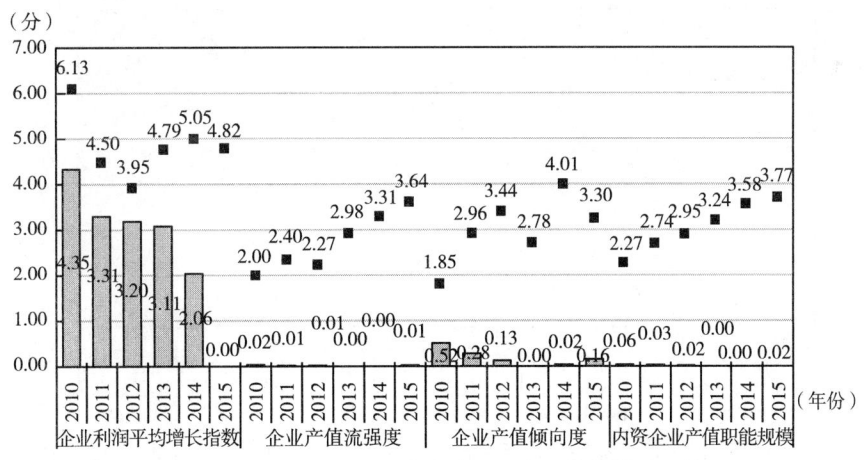

图 7-26　2010~2015 年来宾市企业发展指标得分比较 2

由图 7-27 可知，2010 年，来宾市港澳台投资企业产值职能规模得分比珠江-西江经济带最高分低 3.369 分，比平均分低 0.636 分；2011 年，港澳台投资企业产值职能规模得分比珠江-西江经济带最高分低 3.300 分，比平均分低 0.686 分；2012 年，港澳台投资企业产值职能规模得分比珠江-西江经济带最高分低 3.037 分，比平均分低 0.660 分；2013 年，港澳台投资企业产值职能规模得分比珠江-西江经济带最高分低 3.533 分，比平均分低 0.795 分；2014 年，港澳台投资企业产值职能规模得分比珠江-西江经济带最高分低 4.100 分，比平均分低 0.908 分；2015 年，港澳台投资企业产值职能规模得分比珠江-西江经济带最高分低 3.325 分，比平均分低 0.734 分。这说明整体上来宾市港澳台投资企业产值职能规模得分与珠江-西江经济带最高分的差距先减小后增大，与珠江-西江经济带平均分的差距波动增大。

2010 年，来宾市外商投资企业产值职能规模得分比珠江-西江经济带最高分低 1.747 分，比平均分低 0.171 分；2011 年，外商投资企业产值职能规模得分比珠江-西江经济带最高分低 2.326 分，比平均分低 0.220 分；2012 年，外商投资企业产值职能规模得分比珠江-西江经济带最高分低1.967分,比平均分低0.188分;2013年,外商投资企业产值职能规模得分比珠江-西江经济带最高分低2.651分,比平均分低0.253分;2014年,外商投资企业产值职能规模得分比珠江-西江经济带最高分低3.049分,比平均分低0.295分;2015年,外商投资企业产值职能规模得分比珠江-西江经济带最高分低3.586分,比平均分低0.349分。这说明整体上来宾市外商投资企业产值职能规模得分与珠江-西江经济带最高分的差距波动增大,与珠江-西江经济带平均分的差距呈波动增大的趋势。

2010年,来宾市内资企业产值职能地位得分比珠江-西江经济带最高分低3.549分,比平均分低0.417分;2011年,内资企业产值职能地位得分与珠江-西江经济带最高分低2.977分,比平均分低0.456分;2012年,内资企业产值职能地位得分比珠江-西江经济带最高分低2.841分,比平均分低0.472分;2013年内资企业产值职能地位得分比珠江-西江经济带最高分低3.120分,比平均分低0.490分;2014年,内资企业产值职能地位得分比珠江-西江经济带最高分低3.094分,比平均分低0.493分;2015年,内资企业产值职能地位得分比珠江-西江经济带最高分低2.887分,比平均分低0.473分。这说明整体上来宾市内资企业产值职能地位得分与珠江-西江经济带最高分的差距波动减小,与珠江-西江经济带平均分的差距在波动增大。

2010年,来宾市港澳台投资企业产值职能地位得分比珠江-西江经济带最高分低4.084分,比平均分低0.821分;2011年,港澳台投资企业产值职能地位得分比珠江-西江经济带最高分低2.949分,比平均分低0.588分;2012年,港澳台投资企业产值职能地位得分比珠江-西江经济带最高分低2.532分,比平均分低0.533分;2013年,港澳台投资企业产值职能地位得分比珠江-西江经济带最高分低2.871分,比平均分低0.622分;2014年,港澳台投资企业产值职能地位得分比珠江-西江经济带最高分低2.894分,比平均分低0.626分;2015年,港澳台投资企业产值职能地位得分比珠江-西江经济带最高分低2.651分,比平均分低0.580分。这说明整体上来宾市港澳台投资企业产值职能地位得分与珠江-西江经济带最高分的差距呈波动减小的趋势,与珠江-西江经济带平均分的差距波动减小。

2010年,来宾市外商投资企业产值职能地位得分比珠江-西江经济带最高分低3.771分,比平均分低0.653分;2011年,外商投资企业产值职能地位得分比珠江-西江经济带最高分低3.053分,比平均分低0.530分;2012年,外商投资企业产值职能地位得分比珠江-西江经济带最高分低3.138分,比平均分低0.538分;2013年,外商投资企业产值职能地位得分比珠江-西江经济带最高分低3.385分,比平均分低0.604分;2014年,外商投资企业产值职能地位得分比珠江-西江经济带最高分低3.383分,比平均分低0.607分;2015年,外商投资企业产值职能地位得分比珠江-西江经济带最高分低3.160分,比平均分低0.577分。这说明整体上来宾市外商投资企业产值职能地位得分与珠江-西江经济带最高分的差距波动减小,与珠江-西江经济带平均分的差距呈波动减小的趋势。

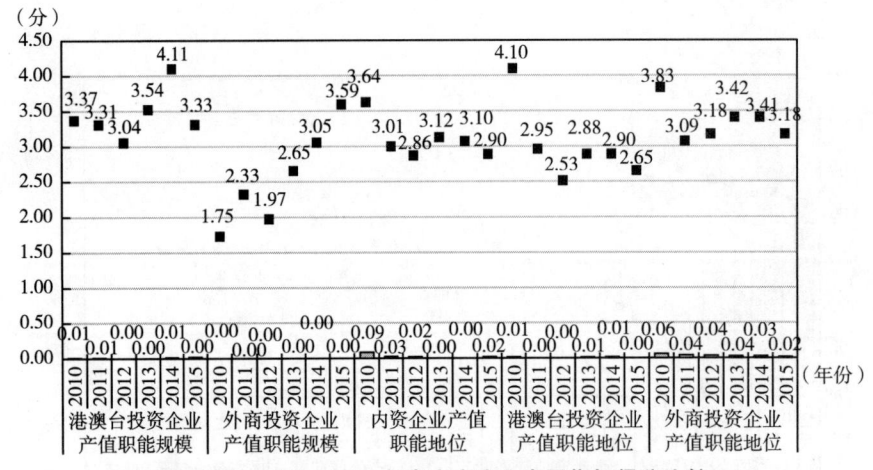

图7-27 2010~2015年来宾市企业发展指标得分比较3

三、来宾市城市工业企业发展水平综合评估与比较

从对来宾市工业企业发展水平评估及其2个二级指标在珠江-西江经济带的排名变化和指标结构的综合分析来看,2010~2015年间,工业企业板块中上升指标的数量小于下降指标的数量,上升的动力小于下降的拉力,使得2015年来宾市工业企业发展水平的排名呈波动下降,在珠江-西江经济带城市位居第10名。

(一)来宾市城市工业企业发展水平概要分析

来宾市工业企业发展水平在珠江-西江经济带所处的位置及变化如表7-7所示,2个二级指标的得分和排名变化如表7-8所示。

(1)从指标排名变化趋势看,2015年来宾市工业企业发展水平评估排名在珠江-西江经济带处于第10名,表明其在珠江-西江经济带处于劣势地位,与2010年相比,排名下降2名。总的来看,评价期内来宾市工业企业发展水平呈现波动下降趋势。

在2个二级指标中,有1个指标持续波动,为工业发展；有 1 个指标持续下降，为企业发展。受指标排名升降的综合影响，评价期内来宾市工业企业的综合排名波动下降，在珠江－西江经济带城市排名第 10 名。

（2）从指标所处区位来看，2015 年来宾市工业企业发展水平处在下游区，其中，工业发展与企业发展均为劣势指标。

（3）从指标得分来看，2015 年来宾市工业企业得分为 35.189 分，比珠江－西江经济带最高分低 27.148 分，比珠江－西江经济带平均分低 15.581 分；与 2010 年相比，来宾市工业企业发展水平得分下降 5.546 分，与当年最高分的差距波动增大，与珠江－西江经济带平均分的差距波动增大。

2015 年，来宾市工业企业发展水平二级指标的得分均高于 10 分，与 2010 年相比，得分下降最多的为企业发展，下降 4.121 分；工业发展也下降 1.425 分。

表 7－7　2010～2015 年来宾市工业企业一级指标比较

项目	2010年	2011年	2012年	2013年	2014年	2015年
排名	8	7	8	10	10	10
所属区位	中游	中游	中游	下游	下游	下游
得分	40.735	41.435	41.579	33.060	36.287	35.189
全国最高分	64.061	66.285	62.112	64.361	61.849	62.336
全国平均分	51.465	53.838	53.598	51.944	50.910	50.770
与最高分的差距	－23.326	－24.850	－20.533	－31.301	－25.561	－27.148
与平均分的差距	－10.731	－12.403	－12.020	－18.884	－14.623	－15.581
优劣度	中势	中势	中势	劣势	劣势	劣势
波动趋势	—	上升	下降	下降	持续	持续

表 7－8　2010～2015 年来宾市工业企业二级指标比较

年份	工业发展 得分	工业发展 排名	企业发展 得分	企业发展 排名
2010	25.868	9	14.867	7
2011	26.452	7	14.983	9
2012	27.403	6	14.176	9

续表

年份	工业发展 得分	工业发展 排名	企业发展 得分	企业发展 排名
2013	19.160	10	13.899	9
2014	23.882	9	12.405	11
2015	24.443	9	10.745	11
得分变化	－1.425	—	－4.121	—
排名变化	—	0	—	－4
优劣度	劣势	劣势	劣势	劣势

（二）来宾市城市工业企业发展水平指标动态变化分析

2010～2015 年来宾市工业企业发展水平评估各级指标的动态变化及其结构，如图 7－28 和表 7－9 所示。

从图 7－28 可以看出，来宾市工业企业发展水平评估的三级指标中上升指标的比例小于下降指标，表明下降指标居于主导地位。表 7－9 中的数据说明，来宾市工业企业发展水平评估的 22 个三级指标中，上升的指标有 5 个，占指标总数的 22.727%；保持的指标有 1 个，占指标总数的 4.525%；下降的指标有 16 个，占指标总数的 72.727%。由于上升指标的数量小于下降指标的数量，且受变动幅度与外部因素的综合影响，评价期内来宾市工业企业排名呈现波动下降，在珠江－西江经济带城市居第 10 名。

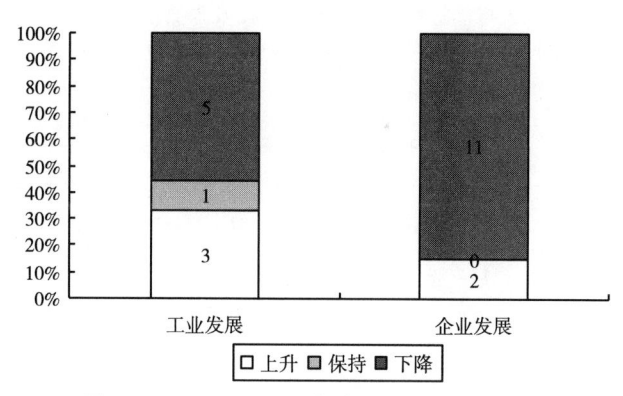

图 7－28　2010～2015 年来宾市工业企业发展水平动态变化结构

表 7－9　2010～2015 年来宾市工业企业各级指标排名变化态势比较

二级指标	三级指标数	上升指标 个数	上升指标 比重（%）	保持指标 个数	保持指标 比重（%）	下降指标 个数	下降指标 比重（%）
工业发展	9	3	33.333	1	11.111	5	55.556
企业发展	13	2	15.385	0	0.000	11	84.615
合计	22	5	22.727	1	4.545	16	72.727

（三）来宾市城市工业企业发展水平指标变化动因分析

2015 年来宾市工业企业板块各级指标的优劣势变化及其结构，如图 7－29 和表 7－10 所示。

从图 7－29 可以看出，2015 年来宾市工业企业发展水平评估的三级指标中强势和优势指标的比例小于中势和劣势指标的比例，表明强势和优势指标未居于主导地位。表

7-10中的数据说明，2015年来宾市工业企业的22个三级指标中，不存在强势指标；优势指标为4个，占指标总数的18.182%；中势指标7个，占指标总数的31.818%；劣势指标为11个，占指标总数的50.000%；优势指标和中势指标之和占指标总数的18.182%，数量与比重均小于劣势指标。从二级指标来看，其中，工业发展不存在强势指标；优势指标为2个，占指标总数的22.222%；中势指标5个，占指标总数的55.555%；劣势指标为2个，占指标总数的22.222%；强势指标和优势指标之和占指标总数的22.222%，说明工业发展的强、优势指标不居于主导地位。企业发展不存在强势指标；优势指标为2个，占指标总数的15.385%；中势指标2个，占指标总数的15.385%；劣势指标为9个，占指标总数的69.231%；强势指标和优势指标之和占指标总数的15.385%，说明企业发展的强、优势指标未处于主导地位。由于强、优势指标比重较小，来宾市工业企业发展水平处于劣势地位，在珠江-西江经济带城市居第10名，处于下游区。

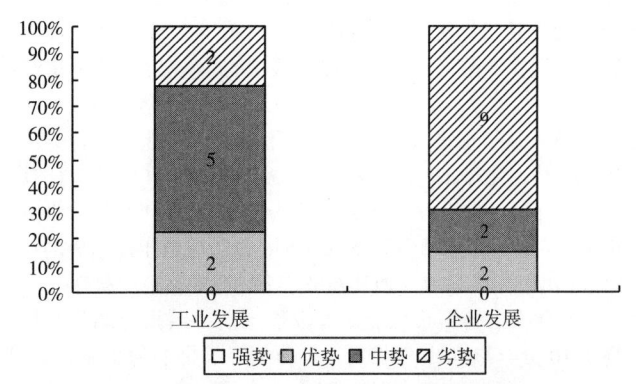

图7-29　2015年来宾市工业企业优劣度结构

表7-10　2015年来宾市工业企业各级指标优劣度比较

二级指标	三级指标数	强势指标 个数	比重（%）	优势指标 个数	比重（%）	中势指标 个数	比重（%）	劣势指标 个数	比重（%）	优劣度
工业发展	9	0	0.000	2	22.222	5	55.556	2	22.222	劣势
企业发展	13	0	0.000	2	15.385	2	15.385	9	69.231	劣势
合计	22	0	0.000	4	18.182	7	31.818	11	50.000	劣势

为进一步明确影响来宾市工业企业变化的具体因素，以便对相关指标进行深入分析，为提升来宾市工业企业发展水平提供决策参考，表7-11列出工业企业指标体系中直接影响来宾市工业企业发展水平升降的强势指标、优势指标、中势指标和劣势指标。

表7-11　2015年来宾市工业企业三级指标优劣度统计

指标	强势指标	优势指标	中势指标	劣势指标
工业发展（9个）	（0个）	企业弹性扩张系数、税收贡献率（2个）	工业结构、工业密度、Moore工业结构、工业不协调度、工业偏离系数（5个）	工业发展强度、工业弧弹性（2个）
企业发展（13个）	（0个）	企业利润相对增长率、企业利润绝对增量加权指数（2个）	企业利润比重增量、企业利润枢纽度（2个）	企业利润平均增长指数、企业产值流强度、内资企业产值职能规模、内资企业产值职能规模、港澳台投资企业产值职能规模、外商投资企业产值职能规模、内资企业产值职能地位、港澳台投资企业产值职能地位、外商投资企业产值职能地位（9个）

第八章 崇左市城市工业企业发展水平综合评估

一、崇左市城市工业企业发展实力综合评估与比较

（一）崇左市城市工业发展实力评估指标变化趋势评析

1. 工业结构

根据图8-1分析可知，2010~2015年崇左市工业结构总体上呈现波动保持的状态。波动保持型指标意味着城市在该项指标上虽然呈现波动状态，在评价末期和评价初期的数值基本保持一致，由该图可知崇左市工业结构数值保持在95.956~97.871。即使崇左市工业结构存在过最低值，其数值为95.956，但崇左市在工业结构上总体表现的也是相对平稳；说明该地区工业结构能力及活力持续又稳定。

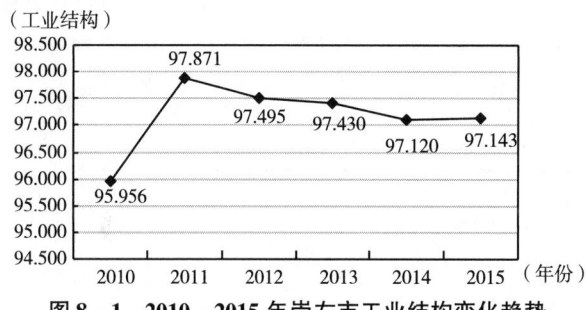

图8-1 2010~2015年崇左市工业结构变化趋势

2. 企业扩张弹性系数

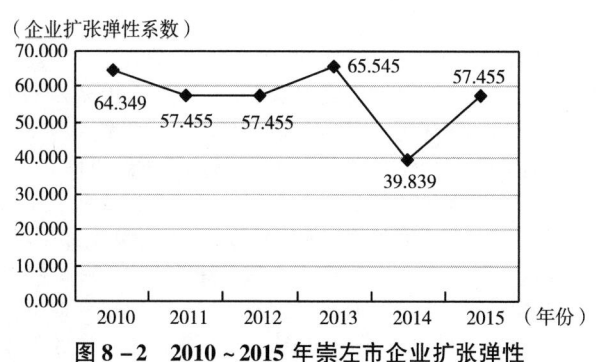

根据图8-2分析可知，2010~2015年崇左市企业扩张弹性系数总体上呈现波动下降的状态。这种状态表现为2010~2015年城市在该项指标上总体呈现下降趋势，但在此期间存在上下波动的情况，并非连续性下降状态。这就意味着在评估的时间段内，虽然指标数据存在较大的波动，但是其评价末期数据值低于评价初期数据值。崇左市的企业扩张弹性系数末期低于初期的数据，降低7个单位左右，并且在2013~2014年间存在明显下降的变化；这说明崇左市工业发展情况处于不太稳定的下降状态。

3. 工业发展强度

根据图8-3分析可知，2010~2015年崇左市的工业发展强度总体上呈现波动上升的状态。这一类型的指标为2010~2015年间城市在该项指标上存在较多波动变化，总体趋势为上升趋势，但在个别年份出现下降的情况，指标并非连续性上升。波动上升型指标意味着在评估期间，虽然指标数据存在较大波动变化，但是其评价末期数据值高于评价初期数据值。通过折线图可以看出，崇左市的工业发展强度指标不断提高，在2015年达到0.773；说明崇左市工业发展强度的整体水平较高。

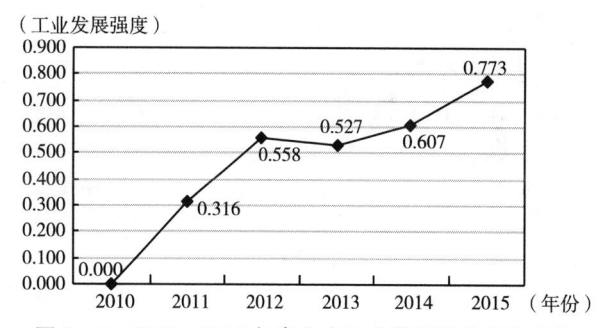

图8-2 2010~2015年崇左市企业扩张弹性系数变化趋势

图8-3 2010~2015年崇左市工业发展强度变化趋势

4. 工业密度

根据图8-4分析可知，2010~2015年崇左市的工业密度总体上呈现波动下降的状态。持续下降型的指标意味着城市在总体上呈现波动下降状态。如图所示，崇左市工业

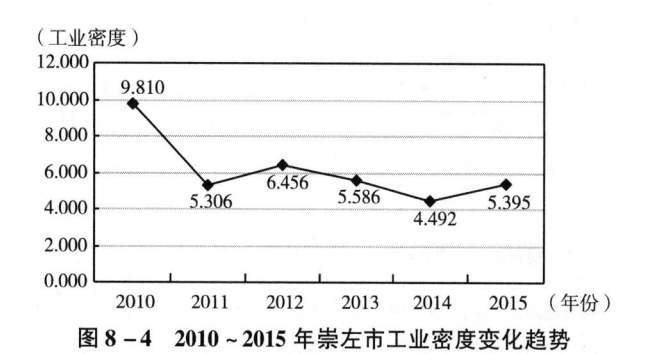

图8-4 2010~2015年崇左市工业密度变化趋势

密度指标处于波动下降的状态中，2010年此指标数值最高，为9.810，到2015年时，下降至5.395。分析这种变化趋势，可以得出崇左市工业密度的发展水平有所下降，城市工业的发展活力有所降低。

5. 税收贡献率

根据图8-5分析可知，2010~2015年崇左市税收贡献率总体上呈现波动下降的状态。这种状态表现为在2010~2015年城市在该项指标上总体呈现下降趋势，但在此期间存在上下波动的情况，并非连续性下降状态。这就意味着在评估的时间段内，虽然指标数据存在较大的波动，但是其评价末期数据值低于评价初期数据值。崇左市的税收贡献率末期低于初期的数据，降低18个单位左右，并且在2011~2013年存在明显下降的变化，这说明崇左市工业发展情况处于不太稳定的下降状态。

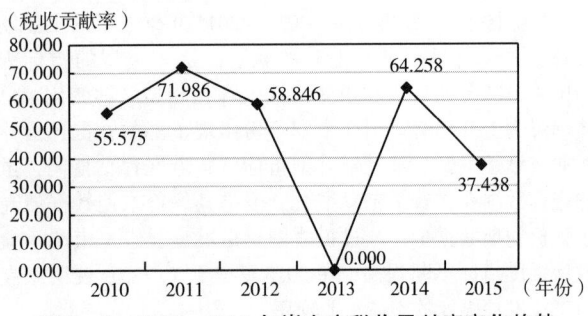

图8-5 2010~2015年崇左市税收贡献率变化趋势

6. 工业弧弹性

根据图8-6分析可知，2010~2015年崇左市工业弧弹性总体上呈现波动保持的状态。波动保持型指标意味着城市在该项指标上虽然呈现波动状态，在评价末期和评价初期的数值基本保持一致，该图可知崇左市工业弧弹性数值保持在88.513~90.370。即使崇左市工业弧弹性存在过最低值，其数值为88.513，但崇左市在工业弧弹性上总体表现也是相对平稳；说明该地区工业发展能力及活力持续又稳定。

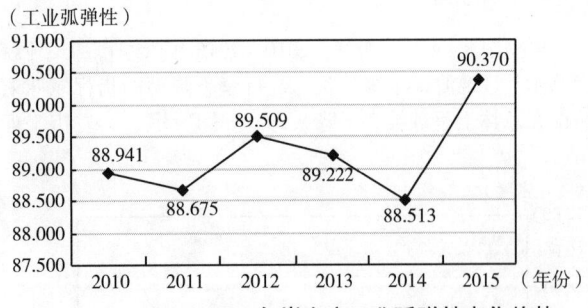

图8-6 2010~2015年崇左市工业弧弹性变化趋势

7. Moore工业结构

根据图8-7分析可知，2010~2015年崇左市的Moore工业结构总体上呈现波动下降的状态。这一类的指标为2010~2015年间城市在该项指标上总体呈现下降趋势，但在评估期间存在上下波动的情况，指标并非连续性下降状态。波动下降型指标意味着在评估期间，虽然指标数据存在较大波动变化，但是其评价末期数据值低于评价初期数据值。如图所示，崇左市Moore工业结构指标处于不断下降的状态中，2010年此指标数值最高，为84.130，到2015年时，下降至63.427。分析这种变化趋势，可以得出崇左市Moore工业结构的发展水平有所下降，城市的工业发展活力有所降低。

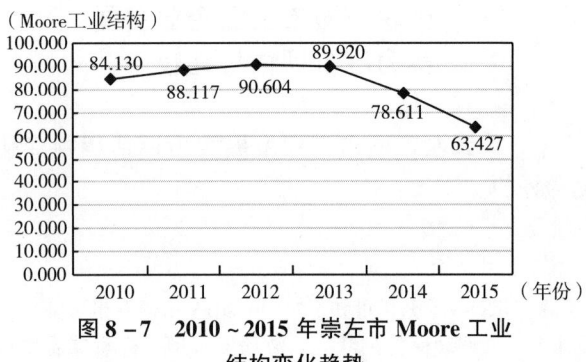

图8-7 2010~2015年崇左市Moore工业结构变化趋势

8. 工业不协调度

根据图8-8分析可知，2010~2015年崇左市的工业不协调度总体上呈现波动下降的状态，由2010年的59.161下降至2015年的35.082。崇左市的工业不协调度相较于其他城市的数据指标偏低，这反映出崇左市的工业不协调度处于不断下降的状态，说明城市的工业趋于协调发展。

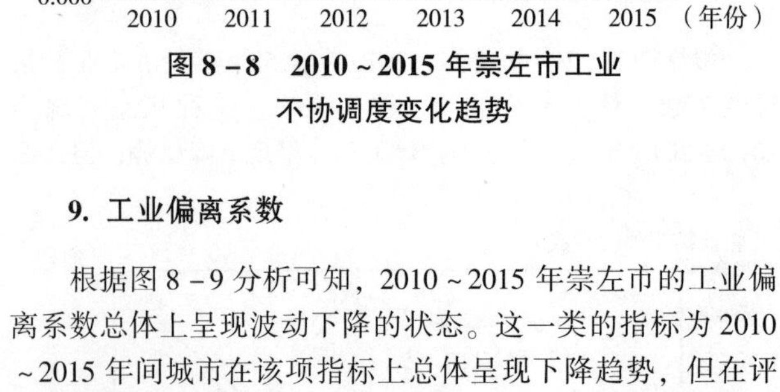

图8-8 2010~2015年崇左市工业不协调度变化趋势

9. 工业偏离系数

根据图8-9分析可知，2010~2015年崇左市的工业偏离系数总体上呈现波动下降的状态。这一类的指标为2010~2015年间城市在该项指标上总体呈现下降趋势，但在评估期间存在上下波动的情况，指标并非连续性下降状态。波动下降型指标意味着在评估期间，虽然指标数据存在较大波动变化，但是其评价末期数据值低于评价初期数据值。如图所示，崇左市工业偏离系数指标处于不断下降的状态中，2010年此指标数值最高，为38.537，到2015年时，下降至19.921。分析这种变化趋势，可以得出崇左市的整体工业发展有待转型升级。

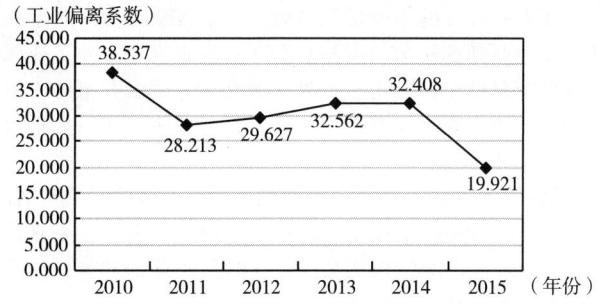

图 8-9　2010~2015 年崇左市工业偏离系数变化趋势

（二）崇左市城市工业发展实力评估结果

根据表 8-1，对 2010~2012 年崇左市工业发展及各三级指标的得分、排名、优劣度进行分析，可以看到 2010~2011 年，崇左市工业发展的综合排名处于珠江－西江经济带优势位置，在 2010~2012 年间其工业发展排名先上升后保持，2010~2011 年其工业发展排名由第 5 名上升至珠江－西江经济带第 4 名位置，到 2012 年其排名保持第 4 名位置不变，其工业发展处于中游区。对崇左市的工业发展得分情况进行分析，发现崇左市的工业发展综合得分呈现持续下降趋势，说明城市的工业发展减缓。

对崇左市工业发展的三级指标进行分析，其中工业结构的排名呈现先上升后保持的发展趋势。对崇左市的工业结构的得分情况进行分析，发现崇左市的工业结构的得分持续上升，说明崇左市地区工业结构不协调，对城市经济社会稳定发展将造成长远的影响，不利于城市的活力提升和发展的可持续性。

企业扩张弹性系数的排名呈现先上升后下降的发展趋势。对崇左市的企业扩张弹性系数的得分情况进行分析，发现崇左市的企业扩张弹性系数的得分先下降后上升，说明崇左市的城市城镇化与工业发展之间呈现协调发展的关系，城镇企业数量的增加并未导致城市的过度拥挤及承载力压力问题的出现。

工业发展强度的排名呈现持续保持的发展趋势。对崇左市的工业发展强度的得分情况进行分析，发现崇左市工业发展强度的得分持续上升，但工业发展强度小于 1，说明崇左市的工业产值发展水平低于地区的平均水平。

工业密度的排名呈现先下降后上升的发展趋势。对崇左市的工业密度的得分情况进行分析，发现崇左市工业密度的得分先下降后上升，说明崇左市的城市的工业承载力小。

税收贡献率的排名呈现先上升后下降的发展趋势。对崇左市的税收贡献率得分情况进行分析，发现崇左市的税收贡献率的得分处于先上升后下降的发展趋势，说明崇左市经济发展快，税收程度增强，市场发展活力增强。

工业弧弹性的排名呈现持续上升的发展趋势。对崇左市的工业弧弹性得分情况进行分析，发现崇左市的工业弧弹性的得分处于先下降后上升的发展趋势，说明崇左市的工业产值增长速率快于其经济的变化增长速率，城市呈现出工业的扩张发展趋势。

Moore 工业结构的排名呈现持续上升的发展趋势。对崇左市的 Moore 工业结构的得分情况进行分析，发现崇左市的 Moore 工业结构的得分处于持续上升的趋势，说明城市的企业结构的变化程度大。

工业不协调度的排名呈现先下降后保持的发展趋势。对崇左市的工业不协调度得分情况进行分析，发现崇左市的工业不协调度的得分处于持续下降的发展趋势，这说明崇左市的企业在城市中的发展结构趋于协调。

工业偏离系数的排名呈现持续保持的发展趋势。对崇左市的工业偏离系数的得分情况进行分析，发现崇左市的工业偏离系数的得分处于先下降后小幅调整的趋势，说明城市的工业结构、产业结构呈现协调、稳定状态。

表 8-1　2010~2012 年崇左市工业发展各级指标的得分、排名及优劣度分析

指标	2010 年 得分	2010 年 排名	2010 年 优劣度	2011 年 得分	2011 年 排名	2011 年 优劣度	2012 年 得分	2012 年 排名	2012 年 优劣度
工业发展	29.826	5	优势	28.693	4	优势	28.577	4	优势
工业结构	7.438	5	优势	7.689	4	优势	7.720	4	优势
企业扩张弹性系数	3.281	3	优势	2.669	1	强势	2.878	6	中势
工业发展强度	0.000	11	劣势	0.012	11	劣势	0.022	11	劣势
工业密度	0.367	5	优势	0.183	7	中势	0.223	5	中势
税收贡献率	2.194	2	强势	2.800	1	强势	2.424	3	优势
工业弧弹性	6.556	8	中势	6.489	6	中势	6.742	4	优势
Moore 工业结构	4.996	4	优势	5.340	2	强势	5.364	1	强势
工业不协调度	3.564	9	劣势	2.478	10	劣势	2.133	10	劣势
工业偏离系数	1.429	2	强势	1.032	2	强势	1.073	2	强势

根据表8-2，对2013~2015年崇左市工业发展及各三级指标的得分、排名、优劣度进行分析，可以看到2013~2015年，崇左市工业发展的综合排名处于中势，在2013~2015年间其工业发展排名先上升后下降，2013~2014年其工业发展排名由第7名上升至珠江-西江经济带第6名位置，到2015年其工业发展又下降到第8名，说明城市的工业发展的稳定性有待提高。对崇左市的工业发展得分情况进行分析，发现崇左市的工业发展综合得分呈现持续下降趋势，说明城市的工业发展减慢。

对崇左市工业发展的三级指标进行分析，其中工业结构的排名呈现持续保持的发展趋势。对崇左市的工业结构的得分情况进行分析，发现崇左市的工业结构的得分持续下降，说明崇左市的工业结构较为协调，对城市经济社会稳定发展造成长远的影响，有利于城市的活力提升和发展的可持续性。

企业扩张弹性系数的排名呈现先下降后下上升的发展趋势。对崇左市的企业扩张弹性系数的得分情况进行分析，发现崇左市的企业扩张弹性系数的得分先下降后上升，说明崇左市的城市城镇化与工业发展之间呈现不协调发展的关系，城镇企业数量的增加导致城市的过度拥挤及承载力压力问题的出现。

工业发展强度的排名呈现持续保持的发展趋势。对崇左市的工业发展强度的得分情况进行分析，发现崇左市工业发展强度的得分持续上升的发展趋势，但工业发展强度小于1，说明崇左市的工业产值发展低于地区的平均水平。

工业密度的排名呈现先下降后上升的发展趋势。对崇左市的工业密度的得分情况进行分析，发现崇左市工业密度的得分先下降后上升，说明崇左市的城市的工业承载力减小。

税收贡献率的排名呈现先上升后下降的发展趋势。对崇左市的税收贡献率得分情况进行分析，发现崇左市的税收贡献率的得分处于先上升后下降的发展趋势，说明崇左市经济发展快，税收程度提高，市场发展活力提高。

工业弧弹性的排名呈现持续上升的发展趋势。对崇左市的工业弧弹性得分情况进行分析，发现崇左市的工业弧弹性的得分处于持续上升的发展趋势，说明崇左市的工业产值增长速率要高于其经济的变化增长速率，城市呈现出工业的扩张发展趋势。

Moore工业结构的排名呈现先保持后下降的发展趋势。对崇左市的Moore工业结构的得分情况进行分析，发现崇左市的Moore工业结构的得分处于持续下降的趋势，说明城市的企业结构的变化程度减小。

工业不协调度的排名呈现先保持后上升的发展趋势。对崇左市的工业不协调度得分情况进行分析，发现崇左市的工业不协调度的得分处于先下降后上升的发展趋势，说明崇左市的企业在城市中的发展结构有待优化。

工业偏离系数的排名呈现先保持后下降的发展趋势。对崇左市的工业偏离系数的得分情况进行分析，发现崇左市的工业偏离系数的得分处于先上升后下降的趋势，说明城市的工业结构、产业结构处于协调、稳定的状态。

对2010~2015年崇左市工业发展及各三级指标的得分、排名和优劣度进行分析。2010年崇左市工业发展的综合得分排名处在珠江-西江经济带第5名，2011~2012年均升至第4名，2013年降至第7名，2014年升至第6名，2015年降至第8名，处于珠江-西江经济带中游区。2010~2015年其工业发展排名在珠江-西江经济带中游区之间波动，工业发展水平一直在珠江-西江经济带优势位置和中势位置之间波动。2015年其排名处于珠江-西江经济带中势位置，其排名由优势位置下降至中势位置，说明城市的工业发展较珠江-西江经济带的其他城市竞争优势小，崇左市在提高工业发展方面仍有较大的发展空间，同时也说明崇左市在工业发展方面控制和发展的稳定性较弱。对崇左市的工业发展得分情况进行分析，发现崇左市的工业发展综合得分呈现持续下降的发展趋势。

从表8-3来看，在9个基础指标中，指标的优劣度结构为11.1∶33.3∶33.3∶22.2。

表8-2　　2013~2015年崇左市工业发展各级指标的得分、排名及优劣度分析

指标	2013年 得分	2013年 排名	2013年 优劣度	2014年 得分	2014年 排名	2014年 优劣度	2015年 得分	2015年 排名	2015年 优劣度
工业发展	25.590	7	中势	25.551	6	中势	24.656	8	中势
工业结构	7.562	4	优势	7.481	4	优势	7.377	4	优势
企业扩张弹性系数	3.411	2	强势	1.869	10	劣势	3.056	6	中势
工业发展强度	0.020	10	劣势	0.023	10	劣势	0.030	10	劣势
工业密度	0.192	7	中势	0.153	8	中势	0.182	7	中势
税收贡献率	0.000	11	劣势	2.626	2	强势	1.412	4	优势
工业弧弹性	6.320	6	中势	6.538	5	优势	6.783	2	强势
Moore工业结构	5.222	1	强势	4.261	1	强势	3.144	7	中势
工业不协调度	1.704	11	劣势	1.406	11	劣势	1.904	10	劣势
工业偏离系数	1.160	2	强势	1.193	2	强势	0.768	4	优势

表 8-3 2015 年崇左市工业发展指标的优劣度结构

二级指标	三级指标数	强势指标 个数	强势指标 比重（%）	优势指标 个数	优势指标 比重（%）	中势指标 个数	中势指标 比重（%）	劣势指标 个数	劣势指标 比重（%）	优劣度
工业发展	9	1	11.111	3	33.333	3	33.333	2	22.222	中势

（三）崇左市城市工业发展实力比较分析

图 8-10 和图 8-11 将 2010~2015 年崇左市工业发展与珠江-西江经济带最高水平和平均水平进行比较。从工业发展的要素得分比较来看，由图 8-10 可知，2010 年，崇左市工业结构得分比珠江-西江经济带最高分低 0.303 分，比平均分高 0.637 分；2011 年，工业结构得分比珠江-西江经济带最高分低 0.163 分，比平均分高 0.03 分；2012 年，工业结构得分比珠江-西江经济带最高分低 0.198 分，比平均分高 0.673 分；2013 年，工业结构得分比珠江-西江经济带最高分低 0.186 分，比平均分高 0.745 分；2014 年，工业结构得分比珠江-西江经济带最高分低 0.201 分，比平均分高 0.780 分；2015 年，工业结构得分比珠江-西江经济带最高分低 0.192 分，比平均分高 0.938 分。这说明整体上崇左市工业结构得分与珠江-西江经济带最高分的差距波动缩小，与珠江-西江经济带平均分的差距波动增大。

2010 年，崇左市企业扩张弹性系数得分比珠江-西江经济带最高分低 0.909 分，比平均分高 0.154 分；2011 年，企业扩张弹性系数得分与珠江-西江经济带最高分不存在差距，比平均分高 0.222 分；2012 年，企业扩张弹性系数得分比珠江-西江经济带最高分低 1.099 分，比平均分高 0.020 分；2013 年，企业扩张弹性系数得分比珠江-西江经济带最高分低 0.888 分，比平均分高 0.162 分；2014 年，企业扩张弹性系数得分比珠江-西江经济带最高分低 1.079 分，比平均分低 0.534 分；2015 年，企业扩张弹性系数得分比珠江-西江经济带最高分低 2.263 分，比平均分低 0.125 分。这说明整体上崇左市企业扩张弹性系数得分与珠江-西江经济带最高分的差距波动增大，与珠江-西江经济带平均分的差距波动增大。

2010 年，崇左市工业发展强度得分比珠江-西江经济带最高分低 3.978 分，比平均分低 0.828 分；2011 年，工业发展强度得分比珠江-西江经济带最高分低 3.721 分，比平均分低 0.806 分；2012 年，工业发展强度得分比珠江-西江经济带最高分低 3.363 分，比平均分低 0.791 分；2013 年，工业发展强度得分比珠江-西江经济带最高分低 3.285 分，比平均分低 0.783 分；2014 年，工业发展强度得分比珠江-西江经济带最高分低 3.294 分，比平均分低 0.778 分；2015 年，工业发展强度得分比珠江-西江经济带最高分低 3.242 分，比平均分低 0.769 分。这说明整体上崇左市工业发展强度得分与珠江-西江经济带最高分的差距波动缩小，与珠江-西江经济带平均分的差距持续缩小。

2010 年，崇左市工业密度得分比珠江-西江经济带最高分低 3.375 分，比平均分低 0.331 分；2011 年，工业密度得分比珠江-西江经济带最高分低 2.593 分，比平均分低 0.290 分；2012 年，工业密度得分比珠江-西江经济带最高分低 2.346 分，比平均分低 0.227 分；2013 年，工业密度得分比珠江-西江经济带最高分低 2.430 分，比平均分低 0.275 分；2014 年，工业密度得分比珠江-西江经济带最高分低 2.294 分，比平均分低 0.271 分；2015 年，工业密度得分比珠江-西江经济带最高分低 2.169 分，比平均分低 0.210 分。这说明整体上崇左市工业密度得分与珠江-西江经济带最高分的差距波动缩小，与珠江-西江经济带平均分的差距波动缩小。

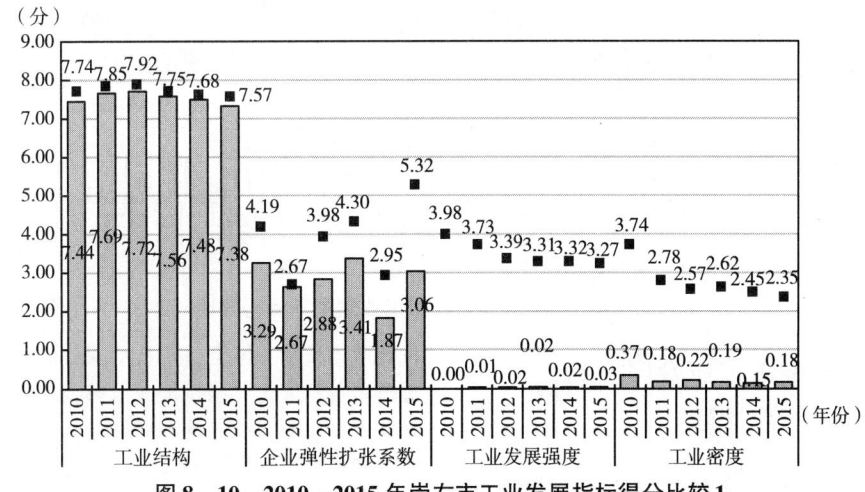

图 8-10 2010~2015 年崇左市工业发展指标得分比较 1

由图 8-11 可知，2010 年，崇左市税收贡献率得分比珠江-西江经济带最高分低 0.379 分，比平均分高 0.880 分；2011 年，税收贡献率得分与珠江-西江经济带最高分不存在差距，比平均分高 1.595 分；2012 年，税收贡献率得分比珠江-西江经济带最高分低 0.415 分，比平均分高 0.993 分；2013 年，税收贡献率得分比珠江-西江经济带最高分低 4.085 分，比平均分低 1.190 分；2014 年，税收贡献率得分比珠江-西江经济带最高分低 0.662 分，比平均分高1.261分;2015年,税收贡献率得分比珠江-西江经济带最高分低0.812分,比平均分高0.397分。这说明整体上崇左市税收贡献率得分与珠江-西江经济带最高分的差距波动增大,与珠江-西江经济带平均分的差距波动增大。

2010年,崇左市工业弧弹性得分比珠江-西江经济带最高分低0.112分,比平均分低0.016分;2011年,工业弧弹性得分比珠江-西江经济带最高分低0.062分,比平均分高0.007分;2012年,工业弧弹性得分比珠江-西江经济带最高分低0.205分,比平均分高0.016分;2013年,工业弧弹性得分比珠江-西江经济带最高分低0.198分,比平均分高0.551分;2014年,工业弧弹性得分比珠江-西江经济带最高分低0.131分,比平均分低0.009分;2015年,工业弧弹性得分比珠江-西江经济带最高分低0.723分,比平均分高0.080分。这说明整体上崇左市工业弧弹性得分与珠江-西江经济带最高分的差距波动增大,与珠江-西江经济带平均分的差距波动增大。

2010年,崇左市Moore工业结构得分比珠江-西江经济带最高分低0.942分,比平均分高0.888分;2011年,Moore工业结构得分比珠江-西江经济带最高分低0.720分,比平均分高1.043分;2012年,Moore工业结构得分与珠江-西江经济带最高分不存在差距,比平均分高1.288分;2013年,Moore工业结构得分与珠江-西江经济带最高分不存在差距,比平均分高1.264分;2014年,Moore工业结构得分与珠江-西江经济带最高分不存在差距,比平均分高0.810分;2015年,Moore工业结构得分比珠江-西江经济带最高分低0.301分,比平均分高0.401分。这说明整体上崇左市Moore工业结构得分与珠江-西江经济带最高分的差距先减小后增大,与珠江-西江经济带平均分的差距先增大后减小,整体高于平均分。

2010年,崇左市工业不协调度得分比珠江-西江经济带最高分低2.460分,比平均分低0.636分;2011年,工业不协调度得分比珠江-西江经济带最高分低2.423分,比平均分低1.247分;2012年,工业不协调度得分比珠江-西江经济带最高分低2.485分,比平均分低1.323分;2013年,工业不协调度得分比珠江-西江经济带最高分低2.917分,比平均分低1.756分;2014年,工业不协调度得分比珠江-西江经济带最高分低3.139分,比平均分低1.792分;2015年,工业不协调度得分比珠江-西江经济带最高分低3.137分,比平均分低1.378分。这说明整体上崇左市工业不协调度得分与珠江-西江经济带最高分的差距波动增大,与珠江-西江经济带平均分的差距先增大后减小。

2010年,崇左市工业偏离系数得分比珠江-西江经济带最高分低1.629分,比平均分高0.559分;2011年,工业偏离系数得分比珠江-西江经济带最高分低2.159分,比平均分高0.286分;2012年,工业偏离系数得分比珠江-西江经济带最高分低1.150分,比平均分高0.333分;2013年,工业偏离系数得分比珠江-西江经济带最高分低1.097分,比平均分高0.434分;2014年,工业偏离系数得分比珠江-西江经济带最高分低1.591分,比平均分高0.354分;2015年,工业偏离系数得分比珠江-西江经济带最高分低3.089分,比平均分低0.060分。这说明整体上崇左市工业偏离系数得分与珠江-西江经济带最高分的差距先减小后增大,与珠江-西江经济带平均分的差距呈波动减小的趋势。

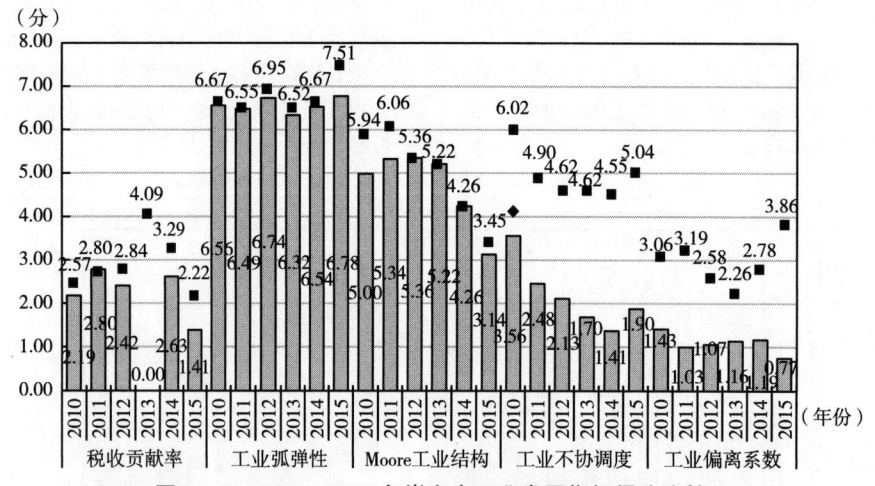

图8-11 2010~2015年崇左市工业发展指标得分比较2

二、崇左市城市企业发展实力综合评估与比较

(一)崇左市城市企业发展实力评估指标变化趋势评析

1. 企业利润相对增长率

根据图8-12分析可知,2010~2015年崇左市企业利润相对增长率总体上呈现波动保持的状态。波动保持型指标意味着城市在该项指标上虽然呈现波动状态,在评价末期和评价初期的数值基本保持一致,由该图可知崇左市企业利润相对增长率数值保持在31.116~49.442。即使崇左市企业利润相对增长率存在过最低值,其数值为31.116,但崇左市在企业利润相对增长率上总体表现的也是相对平稳;说明该地区企业发展能力及活力持续又稳定。

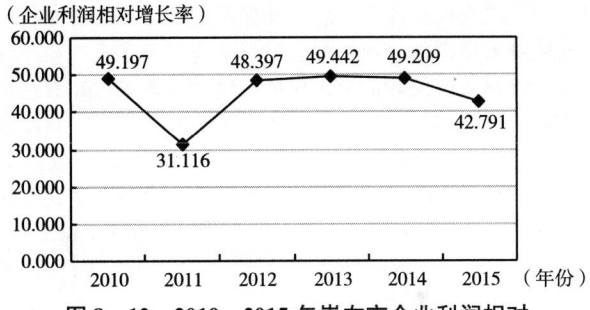

第八章 崇左市城市工业企业发展水平综合评估 207

图8-12 2010~2015年崇左市企业利润相对增长率变化趋势

2. 企业利润绝对增量加权指数

根据图8-13分析可知，2010~2015年崇左市企业利润绝对增量加权指数总体上呈现波动保持的状态。波动保持型指标意味着城市在该项指标上虽然呈现波动状态，在评价末期和评价初期的数值基本保持一致，由该图可知崇左市企业利润绝对增量加权指数数值保持在15.462~22.061。即使崇左市企业利润绝对增量加权指数存在过最低值，其数值为15.462，但崇左市在企业利润绝对增量加权指数上总体表现也是相对平稳；说明该地区企业发展能力及活力持续又稳定。

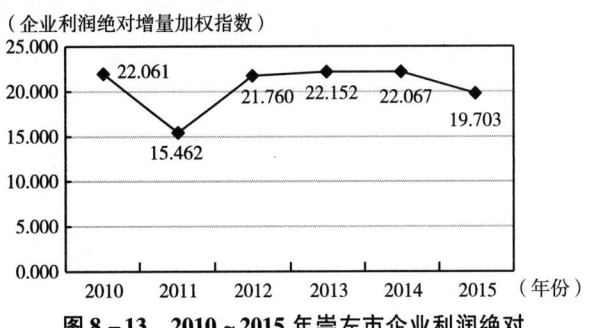

图8-13 2010~2015年崇左市企业利润绝对增量加权指数变化趋势

3. 企业利润比重增量

根据图8-14分析可知，2010~2015年崇左市企业利润比重增量总体上呈现波动上升的状态。这一类型的指标表现为2010~2015年城市存在一定的波动变化，总体趋势为上升趋势，但在个别年份出现下降的情况，指标并非

图8-14 2010~2015年崇左市企业利润比重增量变化趋势

连续性上升状态。波动上升型指标意味着在评价的时间段内，虽然指标数据存在较大的波动变化，但是其评价末期数据值高于评价初期数据值。崇左市在2011~2012年虽然出现下降的状况，2012年是76.613，但是总体上还是呈现上升的态势，最终稳定在83.666；说明城市的企业利润比重增量越高，对于崇左市来说，其城市企业发展潜力也越来越大。

4. 企业利润枢纽度

根据图8-15分析可知，2010~2015年崇左市的企业利润枢纽度总体上呈现波动上升的状态。这一类型的指标为2010~2015年间城市在该项指标上存在较多波动变化，总体趋势为上升趋势，但在个别年份出现下降的情况，指标并非连续性上升。波动上升型指标意味着在评估期间，虽然指标数据存在较大波动变化，但是其评价末期数据值高于评价初期数据值。通过折线图可以看出，崇左市的企业利润枢纽度指标不断提高，在2015年达到49.985；说明崇左市企业的整体发展水平较高。

图8-15 2010~2015年崇左市企业利润枢纽度变化趋势

5. 企业利润平均增长指数

根据图8-16分析可知，2010~2015年崇左市企业利润平均增长指数总体上呈现波动保持的状态。波动保持型指标意味着城市在该项指标上虽然呈现波动状态，在评价末期和评价初期的数值基本保持一致，崇左市企业利润平均增长指数保持在61.786~81.096。即使崇左市企业利润平均增长指数存在过最低值，其数值为61.786，但崇左市在企业利润平均增长指数上总体表现也是相对平稳；说明该地区企业发展能力及活力持续又稳定。

图8-16 2010~2015年崇左市企业利润平均增长指数变化趋势

6. 企业产值流强度

根据图8-17分析可知，2010~2015年崇左市企业产值流强度总体上呈现波动上升的状态。这一类型的指标表现为2010~2015年城市存在一定的波动变化，总体趋势上为上升趋势，但在个别年份出现下降的情况，指标并非连续性上升状态。波动上升型指标意味着在评价的时间段内，虽然指标数据存在较大的波动变化，但是其评价末期数据值高于评价初期数据值。由该图可以看出该三级指标在2010~2015年存在较大的波动变化，最终稳定在2.500。折线图反映出崇左市的城镇企业产值流强度虽然处于上升的阶段，但是个别年份又会出现波动幅度较大的问题。

图8-17 2010~2015年崇左市企业产值流强度变化趋势

7. 企业产值倾向度

根据图8-18分析可知，2010~2015年崇左市企业产值倾向度指数总体上呈现波动上升型的状态。这一类型的指标表现为2010~2015年城市存在一定的波动变化，总体趋势上为上升趋势，但在个别年份出现下降的情况，指标并非连续性上升状态。波动上升型指标意味着在评价的时间段内，虽然指标数据存在较大的波动变化，但是其评价末期数据值高于评价初期数据值。崇左市在2013~2015年虽然出现下降的状况，但是总体上还是呈现上升的态势，最终稳定在36.137。城市的企业产值倾向度越大，对于崇左市来说，其城市企业发展潜力也越来越大。

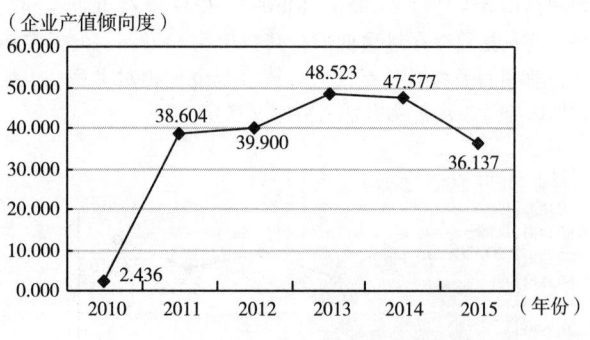

图8-18 2010~2015年崇左市企业产值倾向度变化趋势

8. 内资企业产值职能规模

根据图8-19分析可知，2010~2015年崇左市内资企业产值职能规模总体上呈现波动保持的状态。波动保持型指标意味着城市在该项指标上虽然呈现波动状态，在评价末期和评价初期的数值基本保持一致，由该图可知崇左市内资企业产值职能规模数值保持在1.181~1.534。即使崇左市内资企业产值职能规模存在过最低值，其数值为1.181，但崇左市在内资企业产值职能规模上总体表现也是相对平稳，说明该地区企业发展能力及活力持续又稳定。

图8-19 2010~2015年崇左市内资企业产值职能规模变化趋势

9. 港澳台投资企业产值职能规模

根据图8-20分析可知，2010~2015年崇左市港澳台投资企业产值职能规模总体上呈现波动保持的状态。波动保持型指标意味着城市在该项指标上虽然呈现波动状态，在评价末期和评价初期的数值基本保持一致，由该图可知崇左市港澳台投资企业产值职能规模数值保持在0.097~0.513。即使崇左市港澳台投资企业产值职能规模存在过最低值，其数值为0.097，但崇左市在港澳台投资企业产值职能规模上总体表现也是相对平稳，说明该地区企业发展能力及活力持续又稳定。

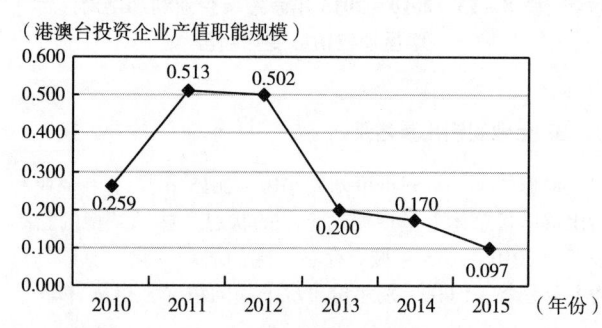

图8-20 2010~2015年崇左市港澳台投资企业产值职能规模变化趋势

10. 外商投资企业产值职能规模

根据图8-21分析可知，2010~2015年崇左市的外商投资企业产值职能规模总体上呈现波动上升的状态。这一类型的指标为2010~2015年间城市在该项指标上存在较多波动变化，总体趋势为上升趋势，但在个别年份出现下降的情况，指标并非连续性上升。波动上升型指标意味着在评估期间，虽然指标数据存在较大波动变化，但是其评价末期数据值高于评价初期数据值。通过折线图可以看出，

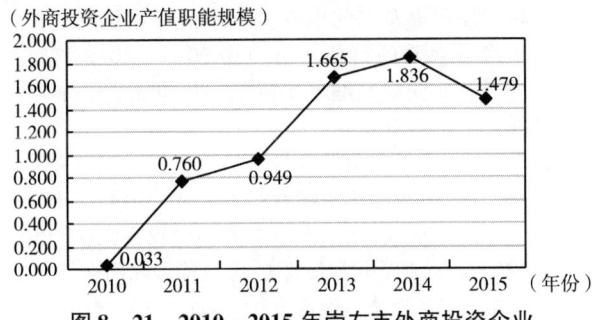

图 8-21　2010~2015 年崇左市外商投资企业
产值职能规模变化趋势

崇左市的外商投资企业产值职能规模指标不断提高，在 2015 年达到 1.479；说明崇左市外商投资企业产值职能规模的整体发展水平较高，企业发展较快。

11. 内资企业产值职能地位

根据图 8-22 分析可知，2010~2015 年崇左市的内资企业产值职能地位总体上呈现波动下降的状态。这一类的指标为 2010~2015 年间城市在该项指标上总体呈现下降趋势，但在评估期间存在上下波动的情况，指标并非连续性下降状态。波动下降型指标意味着在评估期间，虽然指标数据存在较大波动变化，但是其评价末期数据值低于评价初期数据值。如图所示，崇左市内资企业产值职能地位指标处于不断下降的状态中，2010 年此指标数值最高，为 2.224，到 2015 年时，下降至 1.240。分析这种变化趋势，可以得出崇左市内资企业产值职能地位处于劣势，城市企业的发展活力不足。

图 8-22　2010~2015 年崇左市内资企业产值
职能地位变化趋势

12. 港澳台投资企业产值职能地位

根据图 8-23 分析可知，2010~2015 年崇左市的港澳台投资企业产值职能地位总体上呈现波动下降的状态。这一类的指标为 2010~2015 年间城市在该项指标上总体呈现下降趋势，但在评估期间存在上下波动的情况，指标并非连续性下降状态。波动下降型指标意味着在评估期间，虽然指标数据存在较大波动变化，但是其评价末期数据值低于评价初期数据值。如图所示，崇左市港澳台投资企业产值职能地位指标处于不断下降的状态中，2010 年此指标数值最高，为 0.784，到 2015 年时，下降至 0.129。分析这种变化趋势，可以得出崇左市港澳台投资企业产值职能地位处于劣势，城市企业的发展活力不足。

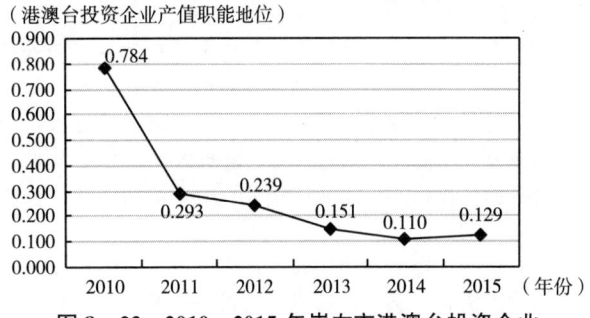

图 8-23　2010~2015 年崇左市港澳台投资企业
产值职能地位变化趋势

13. 外商投资企业产值职能地位

根据图 8-24 分析可知，2010~2015 年崇左市外商投资企业产值职能地位总体上呈现波动保持的状态。波动保持型指标意味着城市在该项指标上虽然呈现波动状态，在评价末期和评价初期的数值基本保持一致，该图可知崇左市外商投资企业产值职能地位数值保持在 1.427~1.894。即使崇左市外商投资企业产值职能地位存在过最低值，其数值为 1.427，但崇左市在外商投资企业产值职能地位上总体表现也是相对平稳；说明该地区企业发展能力及活力持续又稳定。

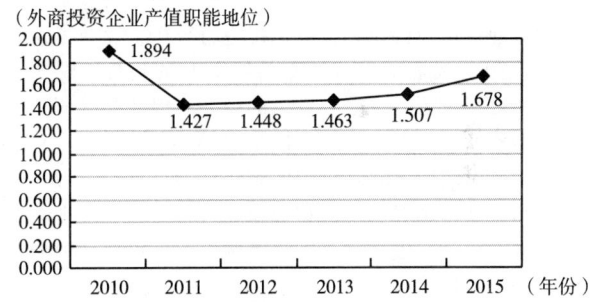

图 8-24　2010~2015 年崇左市外商投资企业产值
职能地位变化趋势

（二）崇左市城市企业发展实力评估结果

根据表 8-4，对 2010~2012 年崇左市企业发展及各三级指标的得分、排名、优劣度进行分析。可以看到 2010~2012 年崇左市企业发展的综合排名处于中势的状态，在 2010~2012 年间其经济发展排名先保持后上升，2010~2011 年其经济发展排名是第 8 名，到 2012 年下降至珠江-西江经济带中第 7 名位置，说明崇左市的企业发展落后于珠江-西江经济带的其他城市。对崇左市的企业发展得分情况进行分析，发现崇左市的企业发展综合得分呈现先上升后下降的发展趋势，总体呈上升趋势，说明城市的企业发展状态良好。

企业利润相对增长率的排名呈现先下降后上升的发展趋势。对崇左市企业利润相对增长率的得分情况进行分析，发现崇左市的企业利润相对增长率的得分处于先下降后上升的趋势,说明在 2010~2012 年间崇左市企业获取利润的增长速率快,呈现出地区企业集聚能力及活力的不断扩大。

企业利润绝对增量加权指数的排名呈现先下降后保持的发展趋势。对崇左市企业利润绝对增量加权指数的得分情况进行分析,发现崇左市的企业利润绝对增量加权指数的得分处于先下降后上升的趋势,说明 2010~2012 年城市的企业要素集中度提高,城市企业获取利润的变化增长趋向于高速发展。

企业利润比重增量的排名呈现先保持后下降的发展趋势。对崇左市企业利润比重增量的得分情况进行分析,发现崇左市的企业利润比重增量的得分处于先上升后下降的趋势,说明在 2010~2012 年间城市整体企业利润水平更具备优势。

企业利润枢纽度的排名呈现持续保持的发展趋势。对崇左市的企业利润枢纽度的得分情况进行分析,发现崇左市的企业利润枢纽度的得分呈持续上升的趋势,说明 2010~2012 年间崇左市企业利润能力有所提高,在经济社会发展中的地位有所提高。

企业利润平均增长指数的排名呈现先保持后下降的发展趋势。对崇左市企业利润平均增长指数的得分情况进行分析,发现崇左市的企业利润平均增长指数的得分处于持续下降的趋势,说明 2010~2012 年崇左市在评估时间段内的企业获取利润能力降低,整体城市企业利润水平降低。

企业产值流强度的排名呈现持续上升的发展趋势。对崇左市企业产值流强度的得分情况进行分析,发现崇左市的企业产值流强度的得分处于持续上升的趋势,说明在 2010~2012 年间崇左市之间发生的经济集聚和扩散所产生的企业要素流动强度增强,城市经济影响力增强。

企业产值倾向度的排名呈现先上升后保持的发展趋势。对崇左市企业产值倾向度的得分情况进行分析,发现崇左市的企业产值倾向度的得分处于持续上升的趋势,说明在 2010~2012 年间崇左市的总功能量的外向强度增强。

内资企业产值职能规模的排名呈现先下降后保持的发展趋势。对崇左市内资企业产值职能规模的得分情况进行分析,发现崇左市的内资企业产值职能规模的得分处于先下降后上升的趋势,说明在 2010~2012 年间崇左市的内资企业获取利润水平降低,内资企业获取利润能力降低。

港澳台投资企业产值职能规模的排名呈现先下降后保持的发展趋势。对崇左市港澳台投资企业产值职能规模的得分情况进行分析,发现崇左市的港澳台投资企业产值职能规模的得分处于先上升后保持的趋势,说明在 2010~2012 年间崇左市的港澳台投资企业获取利润水平有所提高,港澳台投资企业获取利润能力增强。

外商投资企业产值职能规模的排名呈现先上升后保持的发展趋势。对崇左市的外商投资企业产值职能规模的得分情况进行分析,发现崇左市的外商投资企业产值职能规模的得分呈持续上升的趋势,说明城市的外资投资企业获取利润水平增强,外资投资企业获取利润能力提高。

内资企业产值职能地位的排名呈现先下降后保持的发展趋势。对崇左市内资企业产值职能地位的得分情况进行分析,发现崇左市的内资企业产值职能地位的得分处于先下降后保持的趋势,说明在 2010~2012 年间崇左市的内资企业产值获取能力在地区内的水平不具备优势,城市对企业的吸引集聚能力降低,城市发展具备就业及劳动力发展的潜力减小。

港澳台投资企业产值职能地位的排名呈现先保持后下降的发展趋势。对崇左市的港澳台投资企业产值职能地位的得分情况进行分析,发现崇左市港澳台投资企业产值职能地位的得分持续下降,说明崇左市的港澳台投资企业产值获取能力在地区内的水平不具备优势,城市对企业的吸引集聚能力减弱,城市发展具备就业及劳动力发展的潜力减弱。

外商投资企业产值职能地位的排名呈现先上升后下降的发展趋势。对崇左市的外商投资企业产值职能地位的得分情况进行分析,发现崇左市的外商投资企业产值职能地位的得分呈先下降后上升的趋势,说明 2010~2012 年崇左市外商投资企业产值获取能力在地区内的水平不具备优势,城市对企业的吸引集聚能力减弱,城市发展具备就业及劳动力发展的潜力减弱。

表 8-4　　2010~2012 年崇左市企业发展各级指标的得分、排名及优劣度分析

指标	2010 年 得分	排名	优劣度	2011 年 得分	排名	优劣度	2012 年 得分	排名	优劣度
企业发展	14.791	8	中势	15.599	8	中势	15.332	7	中势
企业利润相对增长率	2.194	6	中势	1.533	9	劣势	2.195	8	中势
企业利润绝对增量加权指数	0.775	6	中势	0.633	9	劣势	0.782	9	劣势
企业利润比重增量	4.570	3	优势	5.223	3	优势	4.835	7	中势
企业利润枢纽度	1.949	6	中势	2.050	6	中势	2.292	6	中势
企业利润平均增长指数	4.973	2	强势	4.408	2	强势	3.312	8	中势
企业产值流强度	0.001	11	劣势	0.061	7	中势	0.070	6	中势

续表

指标	2010年			2011年			2012年		
	得分	排名	优劣度	得分	排名	优劣度	得分	排名	优劣度
企业产值倾向度	0.082	11	劣势	1.500	4	优势	1.642	4	优势
内资企业产值职能规模	0.051	6	中势	0.041	8	中势	0.047	8	中势
港澳台投资企业产值职能规模	0.010	8	中势	0.019	10	劣势	0.019	10	劣势
外商投资企业产值职能规模	0.001	10	劣势	0.025	3	优势	0.031	3	优势
内资企业产值职能地位	0.081	6	中势	0.045	8	中势	0.045	8	中势
港澳台投资企业产值职能地位	0.032	9	劣势	0.011	9	劣势	0.009	10	劣势
外商投资企业产值职能地位	0.073	7	中势	0.051	6	中势	0.053	7	中势

根据表8-5，对2013~2015年崇左市企业发展及各三级指标的得分、排名、优劣度进行分析，可以看到2013~2015年，崇左市企业发展的综合排名处于中势的状态，2013~2015年其企业发展排名先下降后上升，2013~2014年其企业发展由第6名下降至珠江-西江经济带第8名，2015年又上升至第7名，说明崇左市的企业发展落后于珠江-西江经济带的其他城市。对崇左市的企业发展得分情况进行分析，发现崇左市的企业发展综合得分呈现先下降后上升的发展趋势，说明城市的企业发展减缓。

企业利润相对增长率的排名呈现持续下降的发展趋势。对崇左市企业利润相对增长率的得分情况进行分析，发现崇左市的企业利润相对增长率的得分处于持续下降的趋势，说明在2013~2015年崇左市企业获取利润的增长速率减慢，呈现出地区企业集聚能力及活力的不断降低。

企业利润绝对增量加权指数的排名呈现持续下降的发展趋势。对崇左市企业利润绝对增量加权指数的得分情况进行分析，发现崇左市的企业利润绝对增量加权指数的得分处于先保持后下降的趋势，说明在2013~2015年城市的企业要素集中度减小，城市企业获取利润的变化增长慢。

企业利润比重增量的排名呈现先下降后上升的发展趋势。对崇左市企业利润比重增量的得分情况进行分析，发现崇左市的企业利润比重增量的得分处于先下降后上升的趋势，说明在2013~2015年间城市整体企业利润水平具备优势。

企业利润枢纽度的排名呈现先保持后上升的发展趋势。对崇左市的企业利润枢纽度的得分情况进行分析，发现崇左市的企业利润枢纽度的得分呈先下降后上升的趋势，说明2013~2015年崇左市的说明城市的企业利润能力增强，在经济社会发展中的地位提高。

企业利润平均增长指数的排名呈现先上下降后上升的发展趋势。对崇左市企业利润平均增长指数的得分情况进行分析，发现崇左市的企业利润平均增长指数的得分处于先下降后上升的趋势，说明2013~2015年崇左市在评估时间段内的企业获取利润增大，整体城市企业利润水平增强。

企业产值流强度的排名呈现先保持后下降的发展趋势。对崇左市企业产值流强度的得分情况进行分析，发现崇左市的企业产值流强度的得分处于先上升后下降的趋势，说明在2013~2015年崇左市之间发生的经济集聚和扩散所产生的企业要素流动强度减弱，城市经济影响力减弱。

企业产值倾向度的排名呈现持续保持的发展趋势。对崇左市企业产值倾向度的得分情况进行分析，发现崇左市的企业产值倾向度的得分处于先上升后下降的趋势，说明在2013~2015年崇左市的总功能量的外向强度减弱。

内资企业产值职能规模的排名呈现先保持后下降的发展趋势。对崇左市内资企业产值职能规模的得分情况进行分析，发现崇左市的内资企业产值职能规模的得分处于先上升后保持的趋势，说明在2013~2015年崇左市的内资企业获取利润水平提高，内资企业获取利润能力增强。

港澳台投资企业产值职能规模的排名呈现先下降后上升的发展趋势。对崇左市港澳台投资企业产值职能规模的得分情况进行分析，发现崇左市的港澳台投资企业产值职能规模的得分处于持续下降的趋势，说明2013~2015年崇左市的港澳台投资企业获取利润水平降低，港澳台投资企业获取利润能力降低。

外商投资企业产值职能规模的排名呈现先下降后保持的发展趋势。对崇左市的外商投资企业产值职能规模的得分情况进行分析，发现崇左市的外商投资企业产值职能规模的得分先上升后下降的趋势，说明城市的外商投资企业获取利润水平降低，外商投资企业获取利润能力降低。

内资企业产值职能地位的排名呈现先保持后下降的发展趋势。对崇左市内资企业产值职能地位的得分情况进行分析，发现崇左市的内资企业产值职能地位的得分处于先保持后下降的趋势，说明2013~2015年崇左市的内资企业产值获取能力在地区内的水平不具备优势，城市对企业的吸引集聚能力降低，城市发展具备就业及劳动力发展方面的潜力降低。

港澳台投资企业产值职能地位的排名呈先保持后上升的发展趋势。对崇左市的港澳台投资企业产值职能地位的得分情况进行分析，发现崇左市港澳台投资企业产值职能地位的得分先下降后上升，说明崇左市的港澳台投资企业产值获取能力在地区内的水平不具备优势，城市对企业的吸引集聚能力减弱，城市发展具备就业及劳动力发展的潜力减弱。

外商投资企业产值职能地位的排名呈现持续保持的发展趋势。对崇左市的外商投资企业产值职能地位的得分情况进行分析，发现崇左市的外商投资企业产值职能地位的得分呈持续上升的趋势,说明在2013~2015年崇左市外商投资企业产值获取能力在地区内的水平具备优势,城市对企业的吸引集聚能力增强,城市发展具备就业及劳动力发展的潜力。

对2010~2015年崇左市企业发展及各三级指标的得分、排名和优劣度进行分析。2010~2011年崇左市企业发展的综合得分排名处于珠江-西江经济带第8名,2012年升至第7名,2013年升至第6名,2014年降至第8名,2015年升至第7名,处于珠江-西江经济带中游区波动,企业发展水平一直在中势位置之间波动,2015年其排名较之2010年上升1名,说明城市的企业发展较珠江-西江经济带的其他城市不具备竞争优势,崇左市在企业发展方面仍有较大的发展空间。对崇左市2010~2015年的企业发展的得分情况进行分析,发现崇左市的企业发展综合得分呈现波动上升的发展趋势,2010~2013年间崇左市的企业发展得分呈频繁升降的发展趋势,之后到2015年呈持续上升趋势,总体呈上升趋势。

从表8-6来看,在13个基础指标中,指标的优劣度结构为23.1∶15.4∶46.2∶15.4。

表8-5　　　　2013~2015年崇左市企业发展各级指标的得分、排名及优劣度分析

指标	2013年 得分	排名	优劣度	2014年 得分	排名	优劣度	2015年 得分	排名	优劣度
企业发展	16.757	6	中势	16.194	8	中势	16.547	7	中势
企业利润相对增长率	2.242	5	优势	2.238	8	中势	1.875	10	劣势
企业利润绝对增量加权指数	0.790	6	中势	0.790	8	中势	0.685	9	劣势
企业利润比重增量	5.247	3	优势	5.019	8	中势	5.553	2	强势
企业利润枢纽度	2.374	6	中势	2.235	6	中势	2.554	5	优势
企业利润平均增长指数	3.973	4	优势	3.660	8	中势	4.185	2	强势
企业产值流强度	0.097	5	优势	0.110	4	优势	0.091	7	中势
企业产值倾向度	1.814	3	优势	1.909	3	优势	1.380	3	优势
内资企业产值职能规模	0.050	7	中势	0.056	7	中势	0.056	8	中势
港澳台投资企业产值职能规模	0.008	10	劣势	0.007	11	劣势	0.004	10	劣势
外商投资企业产值职能规模	0.055	2	强势	0.063	3	优势	0.053	3	优势
内资企业产值职能地位	0.048	7	中势	0.048	7	中势	0.044	8	中势
港澳台投资企业产值职能地位	0.006	11	劣势	0.004	11	劣势	0.005	10	劣势
外商投资企业产值职能地位	0.054	7	中势	0.056	7	中势	0.061	7	中势

表8-6　　　　2015年崇左市企业发展指标的优劣度结构

二级指标	三级指标数	强势指标 个数	比重(%)	优势指标 个数	比重(%)	中势指标 个数	比重(%)	劣势指标 个数	比重(%)	优劣度
企业发展	13	3	23.077	2	15.385	6	46.154	2	15.385	中势

(三)崇左市城市企业发展实力比较分析

图8-25、图8-26以及图8-27将2010~2015年崇左市企业发展与珠江-西江经济带最高水平和平均水平进行比较。从企业发展的要素得分比较来看,由图8-25可知,2010年,崇左市企业利润相对增长率得分比珠江-西江经济带最高分低0.103分,比平均分低0.010分;2011年,企业利润相对增长率得分比珠江-西江经济带最高分低3.393分,比平均分低0.873分;2012年,企业利润相对增长率得分比珠江-西江经济带最高分低0.419分,比平均分低0.032分;2013年,企业利润相对增长率得分比珠江-西江经济带最高分低0.294分,比平均分低0.034分;2014年,企业利润相对增长率得分比珠江-西江经济带最高分低0.337分,比平均分低0.048分;2015年,企业利润相对增长率得分比珠江-西江经济带最高分低0.545分,比平均分低0.154分。这说明整体上崇左市企业利润相对增长率得分与珠江-西江经济带最高分的差距波动增大,与珠江-西江经济带平均分的差距波动增大。

2010年,崇左市企业利润绝对增量加权指数得分比珠江-西江经济带最高分低0.071分,比平均分低0.008分;2011年,企业利润绝对增量加权指数得分比珠江-西江经济带最高分低3.459分,比平均分低0.580分;2012年,企业利润绝对增量加权指数得分比珠江-西江经济带最高分低0.548分,比平均分低0.033分;2013年,企业利润

绝对增量加权指数得分比珠江-西江经济带最高分低 0.208 分,比平均分低 0.038 分;2014 年,企业利润绝对增量加权指数得分比珠江-西江经济带最高分低 0.455 分,比平均分低 0.045 分;2015 年,企业利润绝对增量加权指数得分比珠江-西江经济带最高分低 0.154 分,比平均分低 0.014 分。这说明整体上崇左市企业利润绝对增量加权指数得分与珠江-西江经济带最高分的差距波动增大,与珠江-西江经济带平均分的差距波动增大。

2010 年,崇左市企业利润比重增量得分比珠江-西江经济带最高分低 0.125 分,比平均分高 0.619 分;2011 年,企业利润比重增量得分比珠江-西江经济带最高分低 0.421 分,比平均分高 0.229 分;2012 年,企业利润比重增量得分比珠江-西江经济带最高分低 0.837 分,比平均分低 0.006 分;2013 年,企业利润比重增量得分比珠江-西江经济带最高分低 1.340 分,比平均分低 0.055 分;2014 年,企业利润比重增量得分比珠江-西江经济带最高分低 0.324 分,比平均分低 0.035 分;2015 年,企业利润比重增量得分比珠江-西江经济带最高分低 0.554 分,比平均分高 0.153 分。这说明整体上崇左市企业利润比重增量得分与珠江-西江经济带最高分的差距波动增大,与珠江-西江经济带平均分的差距波动减小。

2010 年,崇左市企业利润枢纽度得分比珠江-西江经济带最高分低 0.929 分,比平均分高 0.242 分;2011 年,企业利润枢纽度得分比珠江-西江经济带低 0.768 分,比平均分高 0.255 分;2012 年,企业利润枢纽度得分比珠江-西江经济带最高分低 1.118 分,比平均分高 0.305 分;2013 年,企业利润枢纽度得分比珠江-西江经济带最高分低 1.347 分,比平均分高 0.279 分;2014 年,企业利润枢纽度得分比珠江-西江经济带最高分低 1.569 分,比平均分高 0.121 分;2015 年,企业利润枢纽度得分比珠江-西江经济带最高分低 2.556 分,比平均分高 0.019 分。这说明整体上崇左市企业利润枢纽度得分与珠江-西江经济带最高分的差距波动增大,与珠江-西江经济带平均分的差距先增大后减小,整体高于平均分。

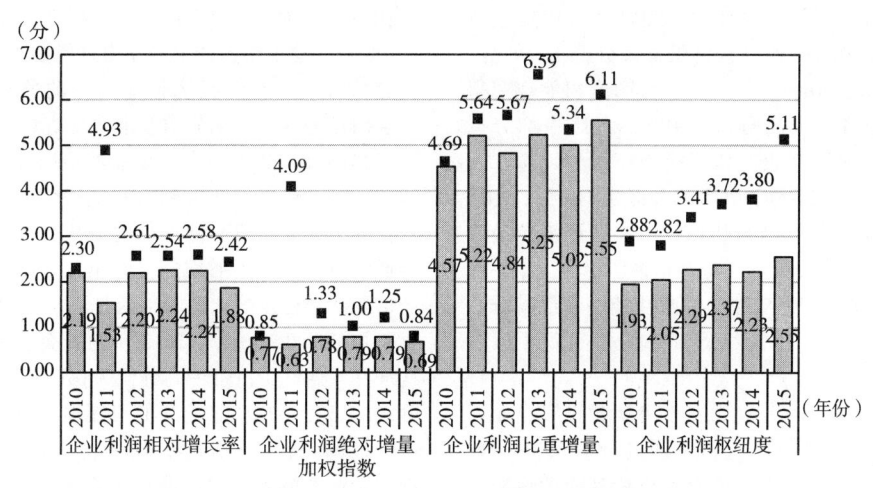

图 8-25　2010~2015 年崇左市企业发展指标得分比较 1

由图 8-26 可知,2010 年,崇左市企业利润平均增长指数得分比珠江-西江经济带最高分低 1.159 分,比平均分高 0.349 分;2011 年,企业利润平均增长指数得分比珠江-西江经济带最高分低 0.091 分,比平均分高 0.609 分;2012 年,企业利润平均增长指数得分比珠江-西江经济带最高分低 0.637 分,比平均分低 0.142 分;2013 年,企业利润平均增长指数得分比珠江-西江经济带最高分低 0.818 分,比平均分高 0.246 分;2014 年,企业利润平均增长指数得分比珠江-西江经济带最高分低 1.388 分,比平均分低 0.069 分;2015 年,企业利润平均增长指数得分比珠江-西江经济带最高分低 0.633 分,比平均分高 0.799 分。这说明整体上崇左市企业利润平均增长指数得分与珠江-西江经济带最高分的差距波动减小,与珠江-西江经济带平均分的差距波动增大。

2010 年,崇左市企业产值流强度得分比珠江-西江经济带最高分低 1.995 分,比平均分低 0.231 分;2011 年,企业产值流强度得分比珠江-西江经济带最高分低 2.342 分,比平均分低 0.246 分;2012 年,企业产值流强度得分比珠江-西江经济带最高分低 2.201 分,比平均分低 0.238 分;2013 年,企业产值流强度得分比珠江-西江经济带最高分低 2.882 分,比平均分低 0.265 分;2014 年,企业产值流强度得分比珠江-西江经济带最高分低 3.265 分,比平均分低 0.301 分;2015 年,企业产值流强度得分比珠江-西江经济带最高分低 3.552 分,比平均分低 0.360 分。这说明整体上崇左市企业产值流强度得分与珠江-西江经济带最高分的差距波动增大,与珠江-西江经济带平均分的差距波动增大。

2010 年,崇左市企业产值倾向度得分比珠江-西江经济带最高分低 1.765 分,比平均分低 0.452 分;2011 年,企业产值倾向度得分比珠江-西江经济带最高分低 1.459 分,比平均分高 0.373 分;2012 年,企业产值倾向度得分比珠江-西江经济带最高分低 1.800 分,比平均分高 0.406 分;2013 年,企业产值倾向度得分比珠江-西江经济带最高分低 0.969 分,比平均分高 0.927 分;2014 年,企业产值倾向度得分比珠江-西江经济带最高分低 2.103 分,比平均分高 0.880 分;2015 年,企业产值倾向度得分比珠江-西江经济带最高分低 1.992 分,比平均分高 0.448 分。这说明整体上崇左市企业产值倾向度得分与珠江-西江经济带最高分的差距波动增大,与珠江-西江经济带平均分的差距波动增大。

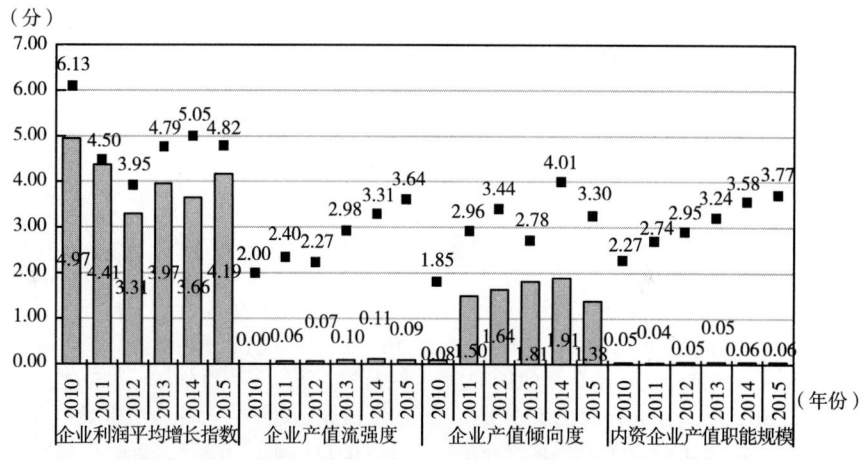

图 8-26 2010~2015 年崇左市企业发展指标得分比较 2

2010 年，崇左市内资企业产值职能规模得分比珠江－西江经济带最高分低 2.223 分，比平均分低 0.266 分；2011 年，内资企业产值职能规模得分比珠江－西江经济带最高分低 2.702 分，比平均分低 0.404 分；2012 年，内资企业产值职能规模得分比珠江－西江经济带最高分低 2.898 分，比平均分低 0.459 分；2013 年，内资企业产值职能规模得分比珠江－西江经济带最高分低 3.190 分，比平均分低 0.463 分；2014 年，内资企业产值职能规模得分比珠江－西江经济带最高分低 3.521 分，比平均分低 0.516 分；2015 年，内资企业产值职能规模得分比珠江－西江经济带最高分低 3.709 分，比平均分低 0.579 分。这说明整体上崇左市内资企业产值职能规模得分与珠江－西江经济带最高分的差距持续增大，与珠江－西江经济带平均分的差距持续增大。

由图 8-27 可知，2010 年，崇左市港澳台投资企业产值职能规模得分比珠江－西江经济带最高分低 3.365 分，比平均分低 0.633 分；2011 年，港澳台投资企业产值职能规模得分比珠江－西江经济带最高分低 3.286 分，比平均分低 0.672 分；2012 年，港澳台投资企业产值职能规模得分比珠江－西江经济带最高分低 3.022 分，比平均分低 0.645 分；2013 年，港澳台投资企业产值职能规模得分比珠江－西江经济带最高分低 3.530 分，比平均分低 0.792 分；2014 年，港澳台投资企业产值职能规模得分比珠江－西江经济带最高分低 4.104 分，比平均分低 0.912 分；2015 年，港澳台投资企业产值职能规模得分比珠江－西江经济带最高分低 3.322 分，比平均分低 0.730 分。这说明整体上崇左市港澳台投资企业产值职能规模得分与珠江－西江经济带最高分的差距先减小后增大，与珠江－西江经济带平均分的差距波动增大。

2010 年，崇左市外商投资企业产值职能规模得分比珠江－西江经济带最高分低 1.748 分，比平均分低 0.173 分；2011 年，外商投资企业产值职能规模得分比珠江－西江经济带最高分低 2.363 分，比平均分低 0.198 分；2012 年，外商投资企业产值职能规模得分比珠江－西江经济带最高分低 1.938 分，比平均分低 0.159 分；2013 年，外商投资企业产值职能规模得分比珠江－西江经济带最高分低 2.597 分，比平均分低 0.199 分；2014 年，外商投资企业产值职能规模得分比珠江－西江经济带最高分低 2.987 分，比平均分低 0.233 分；2015 年，外商投资企业产值职能规模得分比珠江－西江经济带最高分低 3.535 分，比平均分低 0.298 分。这说明整体上崇左市外商投资企业产值职能规模得分与珠江－西江经济带最高分的差距波动增大，与珠江－西江经济带平均分的差距呈波动增大的趋势。

2010 年，崇左市内资企业产值职能地位得分比珠江－西江经济带最高分低 3.559 分，比平均分低 0.426 分；2011 年，内资企业产值职能地位得分比珠江－西江经济带最高分低 2.965 分，比平均分低 0.443 分；2012 年，内资企业产值职能地位得分比珠江－西江经济带最高分低 2.815 分，比平均分低 0.446 分；2013 年内资企业产值职能地位得分比珠江－西江经济带最高分低 3.076 分，比平均分低 0.446 分；2014 年，内资企业产值职能地位得分比珠江－西江经济带最高分低 3.047 分，比平均分低 0.446 分；2015 年，内资企业产值职能地位得分比珠江－西江经济带最高分低 2.860 分，比平均分低 0.446 分。这说明整体上崇左市内资企业产值职能地位得分与珠江－西江经济带最高分的差距波动减小，与珠江－西江经济带平均分的差距在持续增大。

2010 年，崇左市港澳台投资企业产值职能地位得分比珠江－西江经济带最高分低 4.066 分，比平均分低 0.804 分；2011 年，港澳台投资企业产值职能地位得分比珠江－西江经济带最高分低 2.941 分，比平均分低 0.580 分；2012 年，港澳台投资企业产值职能地位得分比珠江－西江经济带最高分低 2.526 分，比平均分低 0.528 分；2013 年，港澳台投资企业产值职能地位得分比珠江－西江经济带最高分低 2.874 分，比平均分低 0.625 分；2014 年，港澳台投资企业产值职能地位得分比珠江－西江经济带最高分低 2.897 分，比平均分低 0.629 分；2015 年，港澳台投资企业产值职能地位得分比珠江－西江经济带最高分低 2.646 分，比平均分低 0.576 分。这说明整体上崇左市港澳台投资企业产值职能地位得分与珠江－西江经济带最高分的差距呈波动减小的趋势，与珠江－西江经济带平均分的差距波动减小。

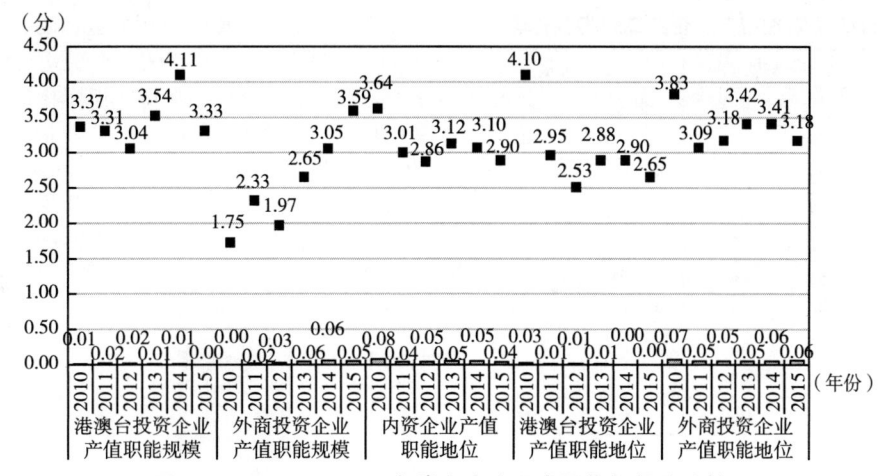

图 8-27 2010~2015 年崇左市企业发展指标得分比较 3

2010 年，崇左市外商投资企业产值职能地位得分比珠江-西江经济带最高分低 3.760 分，比平均分低 0.642 分；2011 年，外商投资企业产值职能地位得分比珠江-西江经济带最高分低 3.043 分，比平均分低 0.520 分；2012 年，外商投资企业产值职能地位得分比珠江-西江经济带最高分低 3.126 分，比平均分低 0.526 分；2013 年，外商投资企业产值职能地位得分比珠江-西江经济带最高分低 3.367 分，比平均分低 0.586 分；2014 年，外商投资企业产值职能地位得分比珠江-西江经济带最高分低 3.357 分，比平均分低 0.581 分；2015 年，外商投资企业产值职能地位得分比珠江-西江经济带最高分低 3.123 分，比平均分低 0.540 分。这说明整体上崇左市外商投资企业产值职能地位得分与珠江-西江经济带最高分的差距波动减小，与珠江-西江经济带平均分的差距呈波动减小的趋势。

三、崇左市城市工业企业发展水平综合评估与比较

从对崇左市工业企业发展水平评估及其 2 个二级指标在珠江-西江经济带的排名变化和指标结构的综合分析来看，2010~2015 年间，工业企业板块中上升指标的数量小于下降指标的数量，上升的动力小于下降的拉力，使得 2015 年崇左市工业企业发展水平的排名呈波动下降，在珠江-西江经济带城市位居第 7 名。

（一）崇左市城市工业企业发展水平概要分析

崇左市工业企业发展水平在珠江-西江经济带所处的位置及变化如表 8-7 所示，2 个二级指标的得分和排名变化如表 8-8 所示。

（1）从指标排名变化趋势看，2015 年崇左市工业企业发展水平评估排名在珠江-西江经济带处于第 7 名，表明其在珠江-西江经济带处于中势地位，与 2010 年相比，排名下降 2 名。总的来看，评价期内崇左市工业企业发展水平呈现波动下降趋势。

在 2 个二级指标中，有 1 个指标排名波动上升，为企业发展；有 1 个指标波动下降，为工业发展。这是崇左市工业企业发展水平处于波动下降的原因所在。受指标排名升降的综合影响，评价期内崇左市工业企业的综合排名呈波动下降，在珠江-西江经济带城市排名第 7 名。

（2）从指标所处区位来看，2015 年崇左市工业企业发展水平处在中游区，其中，工业发展为优势指标，企业发展为中势指标。

（3）从指标得分来看，2015 年崇左市工业企业得分为 41.202 分，比珠江-西江经济带最高分低 21.134 分，比珠江-西江经济带平均分低 9.567 分；与 2010 年相比，崇左市工业企业发展水平得分下降 3.415 分，与当年最高分的差距增大，也与珠江-西江经济带平均分的差距在增大。

2015 年，崇左市工业企业发展水平二级指标的得分均高于 16 分，与 2010 年相比，得分上升最多的为企业发展，上升 1.755 分；得分下降最多的为工业发展，下降 5.170 分。

表 8-7 2010~2015 年崇左市工业企业一级指标比较

项目	2010 年	2011 年	2012 年	2013 年	2014 年	2015 年
排名	5	4	5	6	6	7
所属区位	中游	中游	中游	中游	中游	中游
得分	44.617	44.293	43.909	42.348	41.745	41.202
全国最高分	64.061	66.285	62.112	64.361	61.849	62.336
全国平均分	51.465	53.838	53.598	51.944	50.910	50.770
与最高分的差距	-19.443	-21.992	-18.203	-22.013	-20.104	-21.134
与平均分的差距	-6.848	-9.545	-9.689	-9.596	-9.165	-9.567
优劣度	优势	优势	优势	中势	中势	中势
波动趋势	—	上升	下降	下降	持续	下降

表8-8　2010~2015年崇左市工业企业二级指标比较

年份	工业发展 得分	工业发展 排名	企业发展 得分	企业发展 排名
2010	29.826	5	14.791	8
2011	28.693	4	15.599	8
2012	28.577	4	15.332	7
2013	25.590	7	16.757	6
2014	25.551	6	16.194	8
2015	24.656	8	16.547	7
得分变化	-5.170	—	1.755	—
排名变化	—	-3	—	1
优劣度	优势	优势	中势	中势

（二）崇左市城市工业企业发展水平指标动态变化分析

2010~2015年崇左市工业企业发展水平评估各级指标的动态变化及其结构，如图8-28和表8-9所示。

从图8-28可以看出，崇左市工业企业发展水平评估的三级指标中下降指标的比例大于上升指标，表明下降指标居于主导地位。表8-9中的数据说明，崇左市工业企业发展水平评估的22个三级指标中，上升的指标有8个，占指标总数的36.364%；保持的指标有2个，占指标总数的9.091%；下降的指标有12个，占指标总数的54.545%。由于下降指标的数量大于上升指标的数量，且受变动幅度与外部因素的综合影响，评价期内崇左市工业企业排名呈现波动下降，在珠江-西江经济带城市居第7名。

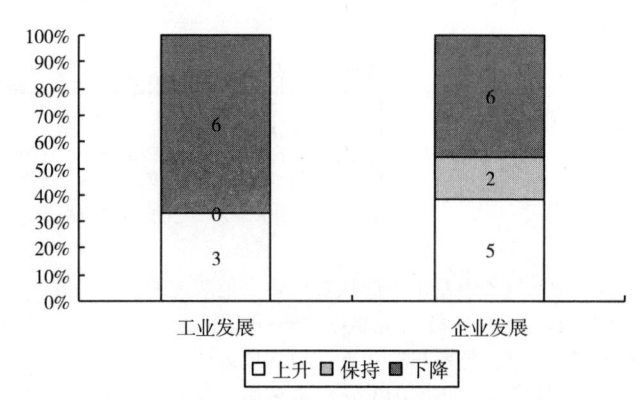

图8-28　2010~2015年崇左市工业企业发展水平动态变化结构

表8-9　2010~2015年崇左市工业企业各级指标排名变化态势比较

二级指标	三级指标数	上升指标 个数	上升指标 比重（%）	保持指标 个数	保持指标 比重（%）	下降指标 个数	下降指标 比重（%）
工业发展	9	3	33.333	0	0.000	6	66.667
企业发展	13	5	38.462	2	15.385	6	46.154
合计	22	8	36.364	2	9.091	12	54.545

（三）崇左市城市工业企业发展水平指标变化动因分析

2015年崇左市工业企业板块各级指标的优劣势变化及其结构，如图8-29和表8-10所示。

从图8-29可以看出，2015年崇左市工业企业发展水平评估的三级指标中中势和劣势指标的比例大于强势和优势指标的比例，表明中势和劣势指标居于主导地位。表8-10中的数据说明，2015年崇左市工业企业的22个三级指标中，强势指标有3个，占指标总数的13.636%；优势指标为6个，占指标总数的27.273%；中势指标7个，占指标总数的31.818%；劣势指标为6个，占指标总数的27.273%；中势指标和劣势指标之和占指标总数的59.091%，数量与比重均大于优势指标。从二级指标来看，其中，工业发展的强势指标有1个，占指标总数的11.111%；优势指标为3个，占指标总数的33.333%；中势指标有3个，占指标总数的33.333%；劣势指标为2个，占指标总数的22.222%；中势指标和劣势指标之和占指标总数的55.555%，说明工业发展的中、劣势指标居于主导地位。企业发展的强势指标为2个，占指标总数的15.385%；优势指标为3个，占指标总数的23.077%；中势指标4个，占指标总数的30.769%；劣势指标4个，占指标总数的30.769%；中势指标和劣势指标之和占指标总数的61.538%，说明企业发展的中、劣势指标处于主导地位。由于中、劣势指标比重较大，崇左市工业企业发展水平处于中势地位，在珠江-西江经济带城市居第7名，处于中游区。

为进一步明确影响崇左市工业企业变化的具体因素，以便对相关指标进行深入分析，为提升崇左市工业企业发展水平提供决策参考，表8-11列出工业企业指标体系中直接影响崇左市工业企业发展水平升降的强势指标、优势指标、中势指标和劣势指标。

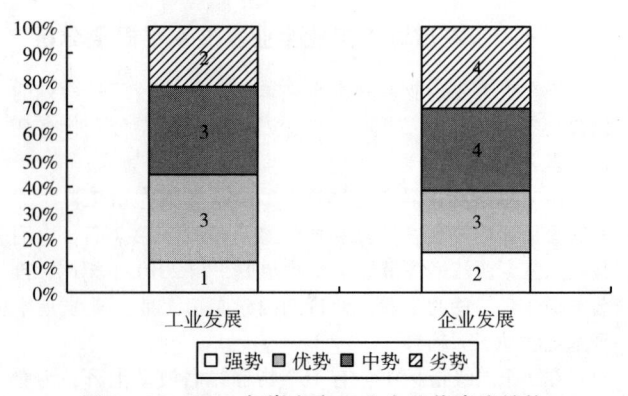

图8-29　2015年崇左市工业企业优劣度结构

表 8-10　　　　　　　　　　2015 年崇左市工业企业各级指标优劣度比较

二级指标	三级指标数	强势指标 个数	强势指标 比重（%）	优势指标 个数	优势指标 比重（%）	中势指标 个数	中势指标 比重（%）	劣势指标 个数	劣势指标 比重（%）	优劣度
工业发展	9	1	11.111	3	33.333	3	33.333	2	22.222	中势
企业发展	13	2	15.385	3	23.077	4	30.769	4	30.769	中势
合计	22	3	13.636	6	27.273	7	31.818	6	27.273	中势

表 8-11　　　　　　　　　　2012 年崇左市工业企业三级指标优劣度统计

指标	强势指标	优势指标	中势指标	劣势指标
工业发展（9个）	工业弧弹性（1个）	工业结构、税收贡献率、工业偏离系数（3个）	企业弹性扩张系数、工业密度、Moore工业结构（3个）	工业发展强度、工业不协调度（2个）
企业发展（13个）	企业利润比重增量、企业利润平均增长指数（2个）	企业利润枢纽度、内资企业产值职能规模、外商投资企业产值职能规模（3个）	企业产值流强度、内资企业产值职能地位、外商投资企业产值职能地位（4个）	企业利润相对增长率、企业利润绝对增量加权指数、港澳台投资企业产值职能规模、港澳台投资企业产值职能地位（4个）

第九章 广州市城市工业企业发展水平综合评估

一、广州市城市工业企业发展实力综合评估与比较

(一) 广州市城市工业发展实力评估指标变化趋势评析

1. 工业结构

根据图9-1分析可知,2010~2015年广州市工业结构总体上呈现波动保持的状态。波动保持型指标意味着城市在该项指标上虽然呈现波动状态,在评价末期和评价初期的数值基本保持一致,由该图可知广州市工业结构保持在99.677~100.000。即使广州市工业结构存在过最低值,其数值为99.677,但广州市在工业结构上总体表现也是相对平稳;说明该地区工业发展能力及活力持续又稳定。

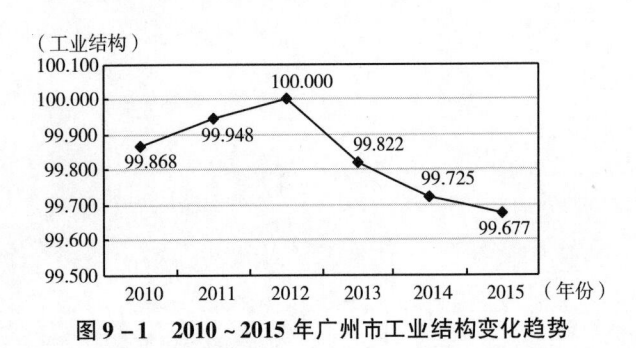

图9-1 2010~2015年广州市工业结构变化趋势

2. 企业扩张弹性系数

根据图9-2分析可知,2010~2015年广州市企业扩张弹性系数总体上呈现波动下降的状态。这一类的指标为2010~2015年间城市在该项指标上总体呈现下降趋势,但在评估期间存在上下波动的情况,指标并非连续性下降状态。波动下降型指标意味着在评估期间,虽然指标数据存在较大波动变化,但是其评价末期数据值低于评价初期数据值。如图所示,广州市企业扩张弹性系数指标处于不断下降的状态中,2010年此指标数值最高,为56.865,到2015年时,下降至21.034。分析这种变化趋势,可以得出广州市企业扩张弹性系数的水平处于劣势,城市的企业发展活力不足。

3. 工业发展强度

根据图9-3分析可知,2010~2015年广州市工业发展强度总体上呈现波动下降的状态。这种状态表现为2010~2015年城市在该项指标上总体呈现下降趋势,但在此期间存在上下波动的情况,并非连续性下降状态。这就意味着在评估的时间段内,虽然指标数据存在较大的波动,但是其评价末期数据值低于评价初期数据值。广州市的工业发展强度末期低于初期的数据,降低4个单位左右,并且在2011~2015年间存在明显下降的变化,这说明广州市工业发展情况处于不太稳定的下降状态。

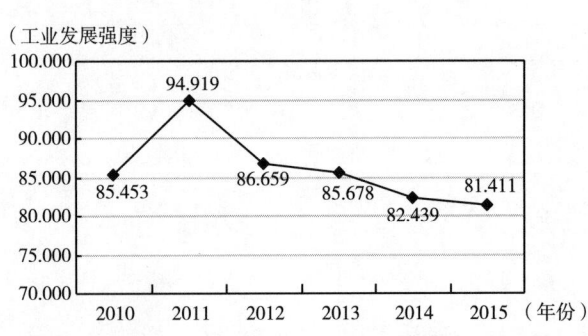

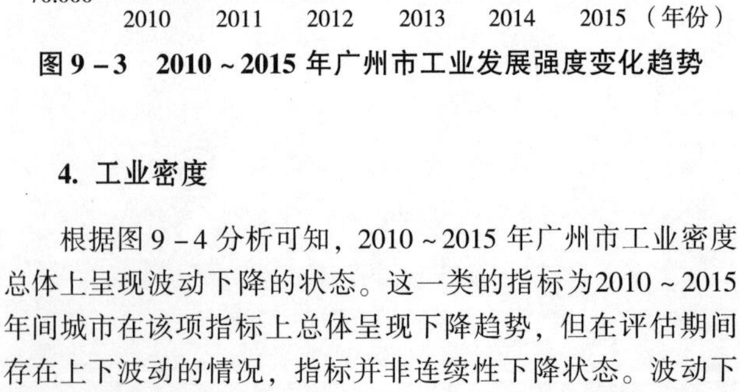

图9-3 2010~2015年广州市工业发展强度变化趋势

4. 工业密度

根据图9-4分析可知,2010~2015年广州市工业密度总体上呈现波动下降的状态。这一类的指标为2010~2015年间城市在该项指标上总体呈现下降趋势,但在评估期间存在上下波动的情况,指标并非连续性下降状态。波动下降型指标意味着在评估期间,虽然指标数据存在较大波动变化,但是其评价末期数据值低于评价初期数据值。如图所示,广州市工业密度指标处于不断下降的状态中,2010年此指标数值最高,为5.721,到2015年时,下降至1.349。分析这种变化趋势,可以得出广州市工业密度的水平处于劣势,城市工业的发展活力较低。

图9-2 2010~2015年广州市企业扩张弹性系数变化趋势

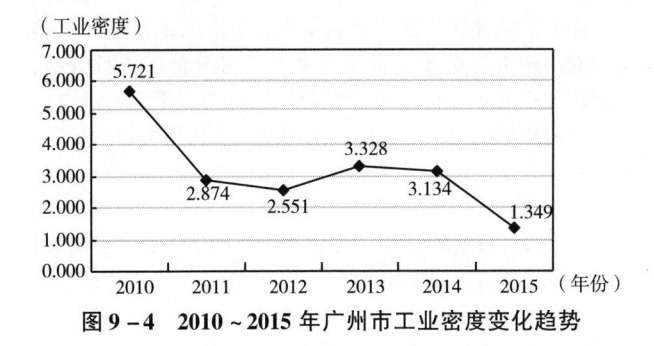

图 9-4 2010~2015 年广州市工业密度变化趋势

5. 税收贡献率

根据图 9-5 分析可知,2010~2015 年广州市税收贡献率总体上呈现波动下降的状态。这一类的指标为 2010~2015 年间城市在该项指标上总体呈现下降趋势,但在评估期间存在上下波动的情况,指标并非连续性下降状态。波动下降型指标意味着在评估期间,虽然指标数据存在较大波动变化,但是其评价末期数据值低于评价初期数据值。如图所示,广州市税收贡献率指标处于不断下降的状态中,2010 年此指标数值最高,为 20.686,到 2015 年时,下降至 9.765。分析这种变化趋势,可以得出广州市税收贡献率的水平处于劣势,城市工业的发展活力较低。

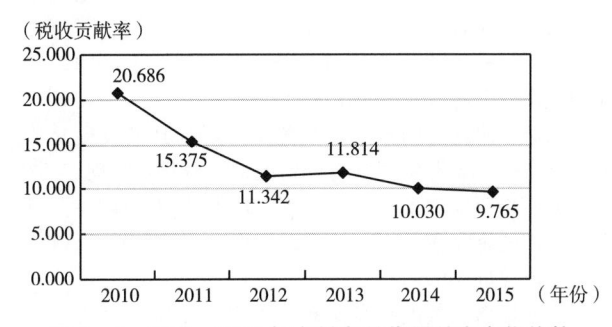

图 9-5 2010~2015 年广州市税收贡献率变化趋势

6. 工业弧弹性

根据图 9-6 分析可知,2010~2015 年广州市工业弧弹性总体上呈现波动保持的状态。波动保持型指标意味着城市在该项指标上虽然呈现波动状态,在评价末期和评价初期的数值基本保持一致,该图可知广州市工业弧弹性数值保持在 87.094~88.200。即使广州市工业弧弹性存在过最低值,其数值为 87.094,但广州市在工业弧弹性上总体表现也是相对平稳;说明该地区工业发展能力及活力持续又稳定。

7. Moore 工业结构

根据图 9-7 分析可知,2010~2015 年广州市 Moore 工业结构总体上呈现波动保持的状态。波动保持型指标意味着城市在该项指标上虽然呈现波动状态,在评价末期和评价初期的数值基本保持一致,由该图可知广州市 Moore 工业结构数值保持在 67.168~75.977。即使广州市 Moore 工业结构存在过最低值,其数值为 67.168,但广州市在 Moore 工业结构上总体表现也是相对平稳;说明该地区工业发展能力及活力持续又稳定。

图 9-7 2010~2015 年广州市 Moore 工业结构变化趋势

8. 工业不协调度

根据图 9-8 分析可知,2010~2015 年广州市工业不协调度总体上呈现波动下降型的状态。这种状态表现为 2010~2015 年城市在该项指标上总体呈现下降趋势,但在此期间存在上下波动的情况,并非连续性下降状态。这就意味着在评估的时间段内,虽然指标数据存在较大的波动,但是其评价末期数据值低于评价初期数据值。广州市的工业不协调度末期低于初期的数据,降低 3 个单位左右,并且在 2012~2013 年间存在明显下降的变化;这说明广州市工业结构发展日趋协调。

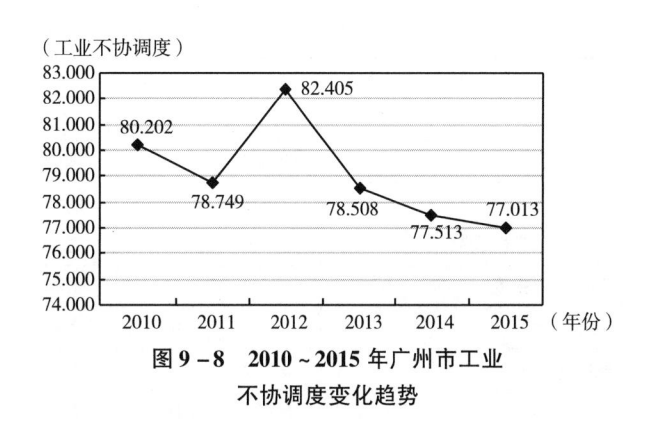

图 9-8 2010~2015 年广州市工业不协调度变化趋势

9. 工业偏离系数

根据图 9-9 分析可知,2010~2015 年广州市的工业偏离系数总体上呈现持续下降型的状态。持续下降型的指标

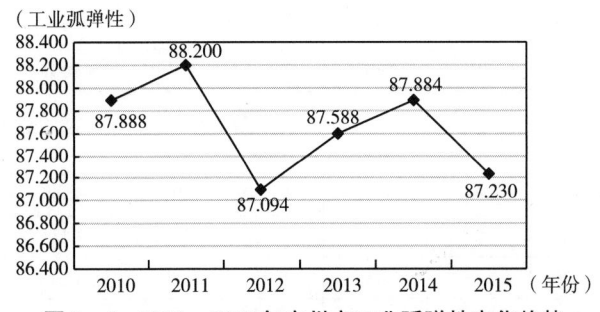

图 9-6 2010~2015 年广州市工业弧弹性变化趋势

意味着城市在该项指标上不断处在下降状态,并且这一状况并未得到改善。如图所示,广州市工业偏离系数指标处于不断下降的状态中,2010年此指标数值最高,为27.355,到2015年时,下降至20.873。分析这种变化趋势,可以得出广州市工业偏离系数在实现下降调整,城市工业的发展活力日趋增强。

图9-9 2010~2015年广州市工业偏离系数变化趋势

(二) 广州市城市工业发展实力评估结果

根据表9-1,对2010~2012年广州市工业发展及各三级指标的得分、排名、优劣度进行分析,可以看到2010~2011年,广州市工业发展的综合排名处于珠江-西江经济带中强势位置,2010~2012年间其工业发展排名先上升后保持,2010~2011年其工业发展排名由第3名上升至珠江-西江经济带第2名,2012年其排名保持第2名位置不变,其工业发展处于上游区。对广州市的工业发展得分情况进行分析,发现广州市的工业发展综合得分呈现持续下降趋势,说明城市的工业发展减缓。

对广州市工业发展的三级指标进行分析,其中工业结构的排名呈现持续保持的发展趋势。对广州市的工业结构的得分情况进行分析,发现广州市的工业结构的得分上升,说明广州市地区工业结构不协调,对城市经济社会稳定发展将造成长远的影响,不利于城市的活力提升和发展的可持续性。

企业扩张弹性系数的排名呈现先上升后下降的发展趋势。对广州市的企业扩张弹性系数的得分情况进行分析,发现广州市的企业扩张弹性系数的得分持续下降,说明广州市的城市城镇化与工业发展之间呈现不协调发展的关系,城镇企业数量的增加导致城市的过度拥挤及承载力压力问题的出现。

工业发展强度的排名呈现先上升后保持的发展趋势。对广州市的工业发展强度的得分情况进行分析,发现广州市工业发展强度的得分先上升后下降,但工业发展强度高于1,说明广州市的工业产值发展水平高于地区的平均水平。

工业密度的排名呈现持续保持的发展趋势。对广州市的工业密度的得分情况进行分析,发现广州市工业密度的得分持续下降,说明广州市的城市的工业承载力减小。

税收贡献率的排名呈现先下降后保持的发展趋势。对广州市的税收贡献率得分情况进行分析,发现广州市的税收贡献率的得分处于持续下降的发展趋势,说明广州市经济发展减慢,税收程度减低,市场发展活力降低。

工业弧弹性的排名呈现先上升后下降的发展趋势。对广州市的工业弧弹性得分情况进行分析,发现广州市的工业弧弹性的得分处于先下降后上升的发展趋势,说明广州市的工业产值增长速率快于其经济的变化增长速率,城市呈现出工业的扩张发展趋势。

Moore工业结构的排名呈现先下降后上升的发展趋势。对广州市的Moore工业结构的得分情况进行分析,发现广州市的Moore工业结构的得分处于先下降后上升的趋势,说明城市的企业结构的变化程度大。

工业不协调度的排名呈现先下降后保持的发展趋势。对广州市的工业不协调度得分情况进行分析,发现广州市的工业不协调度的得分处于先下降后保持的发展趋势,说明广州市的企业在城市中的发展结构协调,企业对城市经济发展起促进作用。

工业偏离系数的排名呈现先上升后下降的发展趋势。对广州市的工业偏离系数的得分情况进行分析,发现广州市的工业偏离系数的得分处于持续下降的趋势,说明城市的工业结构、产业结构呈现协调、稳定状态。

表9-1 2010~2012年广州市工业发展各级指标的得分、排名及优劣度分析

指标	2010年 得分	排名	优劣度	2011年 得分	排名	优劣度	2012年 得分	排名	优劣度
工业发展	31.629	3	优势	30.765	2	强势	30.533	2	强势
工业结构	7.742	1	强势	7.852	1	强势	7.918	1	强势
企业扩张弹性系数	2.900	9	劣势	2.627	5	优势	2.561	8	中势
工业发展强度	3.400	2	强势	3.733	1	强势	3.385	1	强势
工业密度	0.214	10	劣势	0.099	10	劣势	0.088	10	劣势
税收贡献率	0.817	8	中势	0.598	9	劣势	0.467	9	劣势
工业弧弹性	6.479	11	劣势	6.454	9	劣势	6.560	10	劣势
Moore工业结构	4.233	7	中势	4.206	8	中势	4.467	7	中势
工业不协调度	4.831	5	优势	4.426	4	优势	4.515	3	优势
工业偏离系数	1.014	4	优势	0.769	3	优势	0.571	7	中势

根据表9-2，对2013~2015年广州市工业发展及各三级指标的得分、排名、优劣度进行分析，可以看到2013~2015年广州市工业发展的综合排名处于优势，2013~2015年其工业发展排名先保持后下降，2013~2014年其工业发展排名一直处于珠江-西江经济带第2名位置，到2015年其工业发展又下降至第4名，说明城市的工业发展和控制的稳定性有待提高。对广州市的工业发展得分情况进行分析，发现广州市的工业发展综合得分呈现持续下降趋势，说明城市的工业发展减慢。

对广州市工业发展的三级指标进行分析，其中工业结构的排名呈现持续保持的发展趋势。对广州市的工业结构的得分情况进行分析，发现广州市的工业结构的得分持续下降，说明广州市的工业结构较为协调，对城市经济社会稳定发展造成长远的影响，有利于城市的活力提升和发展的可持续性。

企业扩张弹性系数的排名呈现先上升后下降的发展趋势。对广州市的企业扩张弹性系数的得分情况进行分析，发现广州市的企业扩张弹性系数的得分持续下降，说明广州市的城市城镇化与工业发展之间呈现不协调发展的关系，城镇企业数量的增加导致城市的过度拥挤及承载力压力问题的出现。

工业发展强度的排名呈现先下降后保持的发展趋势。对广州市的工业发展强度的得分情况进行分析，发现广州市工业发展强度的得分持续下降，但工业发展强度高于1，说明广州市的工业产值发展水平高于地区的平均水平。

工业密度的排名呈现先保持后下降的发展趋势。对广州市的工业密度的得分情况进行分析，发现广州市工业密度的得分持续下降。

税收贡献率的排名呈现先下降后保持的发展趋势。对广州市的税收贡献率得分情况进行分析，发现广州市的税收贡献率的得分处于持续下降的发展趋势，说明广州市经济发展减慢，市场发展活力降低。

工业弧弹性的排名呈现持续保持的发展趋势。对广州市的工业弧弹性得分情况进行分析，发现广州市的工业弧弹性的得分处于持续上升的发展趋势，说明广州市的工业产值增长速率高于其经济的变化增长速率，城市呈现出工业的扩张发展趋势。

Moore工业结构的排名呈现先保持后上升的发展趋势。对广州市的Moore工业结构的得分情况进行分析，发现广州市的Moore工业结构的得分处于持续下降的趋势，说明城市的企业结构的变化程度减小。

工业不协调度的排名呈现先下降后保持的发展趋势。对广州市的工业不协调度得分情况进行分析，发现广州市的工业不协调度的得分处于先下降后保持的发展趋势，说明广州市的企业在城市中的发展结构良好，企业对城市经济发展起促进作用。

工业偏离系数的排名呈现持续上升的发展趋势。对广州市的工业偏离系数的得分情况进行分析，发现广州市的工业偏离系数的得分处于持续上升的趋势，说明城市的工业结构、产业结构处于不协调、不稳定的状态。

对2010~2015年广州市工业发展及各三级指标的得分、排名和优劣度进行分析。2010年广州市工业发展的综合得分排名处在珠江-西江经济带第3名，2011~2014年排名均升至第2名，2015年排名降至第4名，处于珠江-西江经济带中游区，2010~2015年广州市工业发展的综合得分排名呈现波动下降的发展趋势，2010~2015年其工业发展排名一直在珠江-西江经济带上游区和中游区之间波动，工业发展水平一直在珠江-西江经济带强势位置和优势位置之间波动，2015年其排名处于珠江-西江经济带优势位置，说明广州市的工业发展较珠江-西江经济带的其他城市竞争优势大，广州市在提高工业发展方面仍有较大的发展空间，同时也说明广州市在工业发展方面控制和发展的稳定性较好。

从表9-3来看，在9个基础指标中，指标的优劣度结构为22.2∶33.3∶0.0∶44.4。

表9-2　　　　　2013~2015年广州市工业发展各级指标的得分、排名及优劣度分析

指标	2013年			2014年			2015年		
	得分	排名	优劣度	得分	排名	优劣度	得分	排名	优劣度
工业发展	30.258	2	强势	29.098	2	强势	27.086	4	优势
工业结构	7.747	1	强势	7.682	1	强势	7.569	1	强势
企业扩张弹性系数	3.023	10	劣势	2.443	9	劣势	1.119	11	劣势
工业发展强度	3.305	1	强势	3.173	2	强势	3.124	2	强势
工业密度	0.115	9	劣势	0.107	9	劣势	0.046	10	劣势
税收贡献率	0.483	8	中势	0.410	9	劣势	0.368	9	劣势
工业弧弹性	6.204	10	劣势	6.492	10	劣势	6.548	10	劣势
Moore工业结构	4.412	6	中势	3.922	6	中势	3.329	4	优势
工业不协调度	4.283	5	优势	4.133	5	优势	4.179	4	优势
工业偏离系数	0.686	6	中势	0.737	5	优势	0.805	3	优势

表9-3　　　　　　　　　2015年广州市工业发展指标的优劣度结构

二级指标	三级指标数	强势指标		优势指标		中势指标		劣势指标		优劣度
		个数	比重（%）	个数	比重（%）	个数	比重（%）	个数	比重（%）	
工业发展	9	2	22.222	3	33.333	0	0.000	4	44.444	优势

（三）广州市城市工业发展实力比较分析

图9-10、图9-11将2010~2015年广州市工业发展与珠江-西江经济带最高水平和平均水平进行比较。从工业发展的要素得分比较来看，由图9-10可知，2010年，广州市工业结构得分与珠江-西江经济带最高分不存在差异，比平均分高0.940分；2011年，工业结构得分与珠江-西江经济带最高分不存在差异，比平均分高0.767分；2012年，工业结构得分与珠江-西江经济带最高分不存在差异，比平均分高0.872分；2013年，工业结构得分与珠江-西江经济带最高分不存在差异，比平均分高0.931分；2014年，工业结构得分与珠江-西江经济带最高分不存在差异，比平均分高0.980分；2015年，工业结构得分与珠江-西江经济最高分不存在差异，比平均分高1.131分。这说明整体上广州市工业结构得分与珠江-西江经济带最高分不存在差异，与珠江-西江经济带平均分的差距先减后增。

2010年，广州市企业扩张弹性系数得分比珠江-西江经济带最高分低1.291分，比平均分低0.228分；2011年，企业扩张弹性系数得分比珠江-西江经济带最高分低0.042分，比平均分高0.180分；2012年，企业扩张弹性系数得分比珠江-西江经济带最高分低1.415分，比平均分低0.297分；2013年，企业扩张弹性系数得分比珠江-西江经济带最高分低1.276分，比平均分低0.226分；2014年，企业扩张弹性系数得分比珠江-西江经济带最高分低0.505分，比平均分高0.041分；2015年，企业扩张弹性系数得分比珠江-西江经济带最高分低4.200分，比平均分低2.063分。这说明整体上广州市企业扩张弹性系数得分与珠江-西江经济带最高分的差距波动增加，与珠江-西江经济带平均分的差距波动增加。

2010年，广州市工业发展强度得分比珠江-西江经济带最高分低0.579分，比平均分高2.571分；2011年，工业发展强度得分与珠江-西江经济带最高分不存在差异，比平均分高2.915分；2012年，工业发展强度得分与珠江-西江经济带最高分不存在差异，比平均分高2.572分；2013年，工业发展强度得分与珠江-西江经济带最高分不存在差异，比平均分高2.502分；2014年，工业发展强度得分比珠江-西江经济带最高分低0.144分，比平均分高2.372分；2015年，工业发展强度得分比珠江-西江经济带最高分低0.148分，比平均分高2.325分。这说明整体上广州市工业发展强度得分与珠江-西江经济带最高分的差距波动减小，与珠江-西江经济带平均分的差距先增后减。

2010年，广州市工业密度得分比珠江-西江经济带最高分低3.528分，比平均分低0.484分；2011年，工业密度得分比珠江-西江经济带最高分低2.677分，比平均分低0.374分；2012年，工业密度得分比珠江-西江经济带最高分低2.481分，比平均分低0.362分；2013年，工业密度得分比珠江-西江经济带最高分低2.508分，比平均分低0.353分；2014年，工业密度得分比珠江-西江经济带最高分低2.340分，比平均分低0.317分；2015年，工业密度得分比珠江-西江经济带最高分低2.306分，比平均分低0.346分。这说明整体上广州市工业密度得分与珠江-西江经济带最高分的差距有波动减小的趋势，与珠江-西江经济带平均分的差距波动减小。

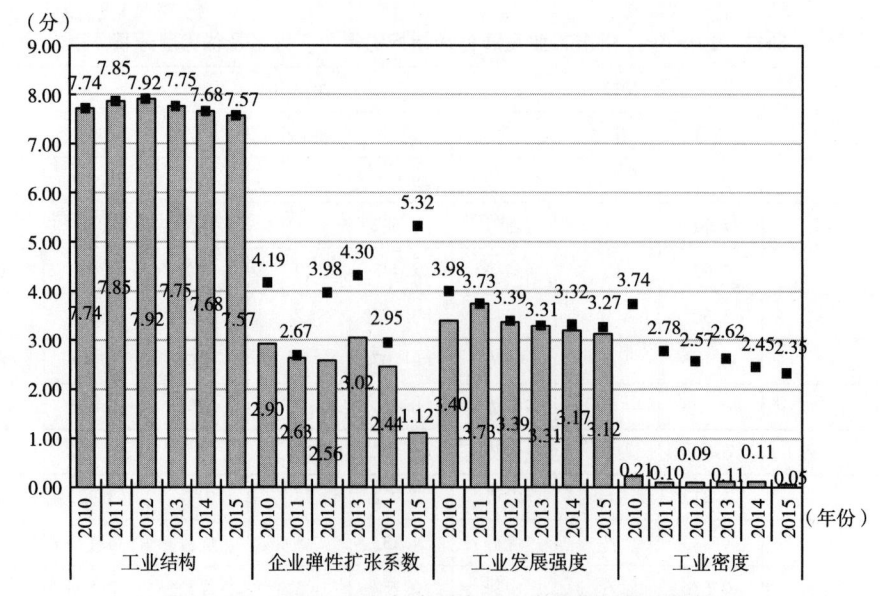

图9-10　2010~2015年广州市工业发展指标得分比较1

由图 9-11 可知，2010 年，广州市税收贡献率得分比珠江-西江经济带最高分低 1.756 分，比平均分低 0.497 分；2011 年，税收贡献率得分比珠江-西江经济带最高分低 2.202 分，比平均分低 0.607 分；2012 年，税收贡献率得分比珠江-西江经济带最高分低 2.372 分，比平均分低 0.964 分；2013 年，税收贡献率得分比珠江-西江经济带最高分低 3.603 分，比平均分低 0.707 分；2014 年，税收贡献率得分比珠江-西江经济带最高分低 2.878 分，比平均分低 0.955 分；2015 年，税收贡献率得分比珠江-西江经济带最高分低 1.856 分，比平均分低 0.647 分。这说明整体上广州市税收贡献率得分与珠江-西江经济带最高分的差距波动增加，与珠江-西江经济带平均分的差距有波动增加趋势。

2010 年，广州市工业弧弹性得分比珠江-西江经济带最高分低 0.190 分，比平均分低 0.094 分；2011 年，工业弧弹性得分比珠江-西江经济带最高分低 0.096 分，比平均分低 0.028 分；2012 年，工业弧弹性得分比珠江-西江经济带最高分低 0.387 分，比平均分低 0.166 分；2013 年，工业弧弹性得分比珠江-西江经济带最高分低 0.314 分，比平均分高 0.435 分；2014 年，工业弧弹性得分比珠江-西江经济带最高分低 0.177 分，比平均分低 0.055 分；2015 年，工业弧弹性得分比珠江-西江经济带最高分低 0.959 分，比平均分低 0.156 分。这说明整体上广州市工业弧弹性得分与珠江-西江经济带最高分的差距波动增加，与珠江-西江经济带平均分的差距波动增加。

2010 年，广州市 Moore 工业结构得分比珠江-西江经济带最高分低 1.705 分，比平均分高 0.125 分；2011 年，Moore 工业结构得分比珠江-西江经济带最高分低 1.854 分，比平均分低 0.091 分；2012 年，Moore 工业结构得分比珠江-西江经济带最高分低 0.897 分，比平均分高 0.391 分；2013 年，Moore 工业结构得分比珠江-西江经济带最高分低 0.810 分，比平均分高 0.454 分；2014 年，Moore 工业结构得分比珠江-西江经济带最高分低 0.339 分，比平均分高 0.471 分；2015 年，Moore 工业结构得分比珠江-西江经济带最高分低 0.116 分，比平均分高 0.586 分。这说明整体上广州市 Moore 工业结构得分与珠江-西江经济带最高分的差距先增后减，与珠江-西江经济带平均分的差距先减后增。

2010 年，广州市工业不协调度得分比珠江-西江经济带最高分低 1.193 分，比平均分高 0.632 分；2011 年，工业不协调度得分比珠江-西江经济带最高分低 0.475 分，比平均分高 0.701 分；2012 年，工业不协调度得分比珠江-西江经济带最高分低 0.102 分，比平均分高 1.059 分；2013 年，工业不协调度得分比珠江-西江经济带最高分低 0.338 分，比平均分高 0.823 分；2014 年，工业不协调度得分比珠江-西江经济带最高分低 0.413 分，比平均分高 0.934 分；2015 年，工业不协调度得分比珠江-西江经济带最高分低 0.861 分，比平均分高 0.897 分。这说明整体上广州市工业不协调度得分与珠江-西江经济带最高分的差距波动减小，与珠江-西江经济带平均分的差距波动增加。

2010 年，广州市工业偏离系数得分比珠江-西江经济带最高分低 2.044 分，比平均分高 0.144 分；2011 年，工业偏离系数得分比珠江-西江经济带最高分低 2.422 分，比平均分高 0.023 分；2012 年，工业偏离系数得分比珠江-西江经济带最高分低 2.012 分，比平均分低 0.169 分；2013 年，工业偏离系数得分比珠江-西江经济带最高分低 1.570 分，比平均分低 0.039 分；2014 年，工业偏离系数得分比珠江-西江经济带最高分低 2.048 分，比平均分低 0.103 分；2015 年，工业偏离系数得分比珠江-西江经济带最高分低 3.052 分，比平均分低 0.024 分。这说明整体上广州市工业偏离系数得分与珠江-西江经济带最高分差距波动增加，与珠江-西江经济带平均分的差距波动减小。

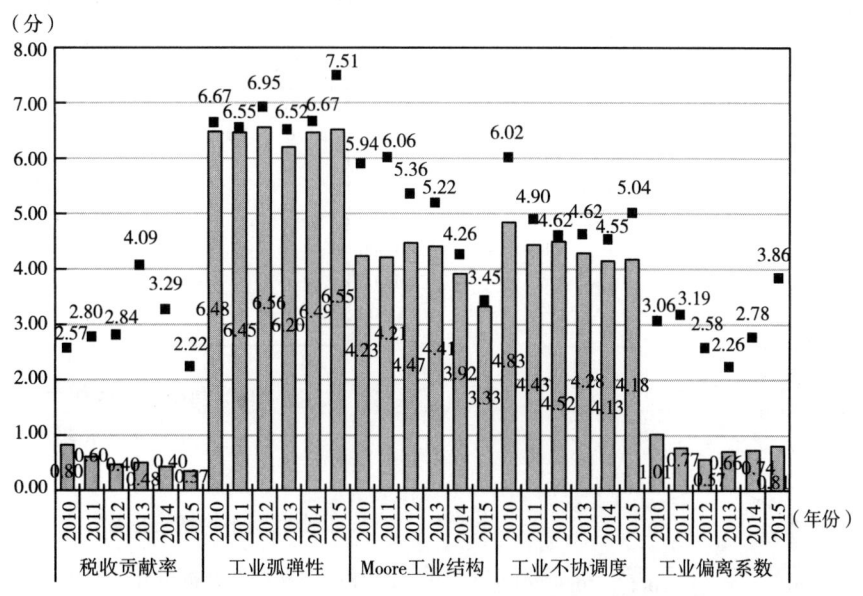

图 9-11　2010~2015 年广州市工业发展指标得分比较 2

二、广州市城市企业发展实力综合评估与比较

(一) 广州市城市企业发展实力评估指标变化趋势评析

1. 企业利润相对增长率

根据图9-12分析可知,2010~2015年广州市企业利润相对增长率总体上呈现波动保持的状态。波动保持型指标意味着城市在该项指标上虽然呈现波动状态,在评价末期和评价初期的数值基本保持一致,由该图可知广州市企业利润相对增长率保持在40.497~100.000。即使广州市企业利润相对增长率存在过最低值,其数值为40.497,但广州市在企业利润相对增长率上总体表现也是相对平稳;说明该地区企业发展能力及活力持续又稳定。

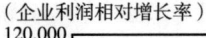

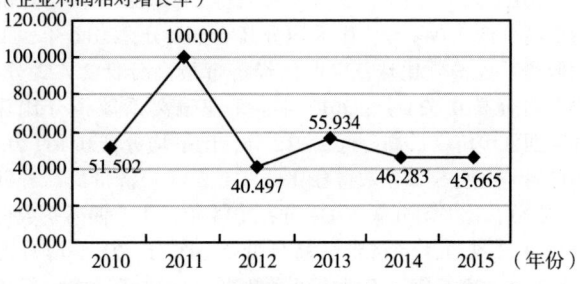

图9-12 2010~2015年广州市企业利润相对增长率变化趋势

2. 企业利润绝对增量加权指数

根据图9-13分析可知,2010~2015年广州市企业利润绝对增量加权指数总体上呈现波动保持的状态。波动保持型指标意味着城市在该项指标上虽然呈现波动状态,在评价末期和评价初期的数值基本保持一致,由该图可知广州市企业利润绝对增量加权指数数值保持在14.387~65.512。即使广州市企业利润绝对增量加权指数存在过最低值,其数值为14.387,但广州市在企业利润绝对增量加权指数上总体表现也是相对平稳;说明该地区企业发展能力及活力持续又稳定。

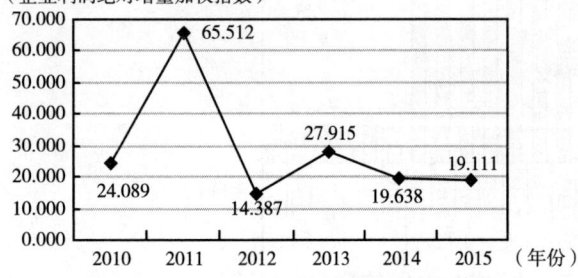

图9-13 2010~2015年广州市企业利润绝对增量加权指数变化趋势

3. 企业利润比重增量

根据图9-14分析可知,2010~2015年广州市企业利润比重增量总体上呈现波动上升型的状态。这一类型的指标表现为在2010~2015年间城市存在一定的波动变化,总体趋势为上升趋势,但在个别年份出现下降的情况,指标并非连续性上升状态。波动上升型指标意味着在评价的时间段内,虽然指标数据存在较大的波动变化,但是其评价末期数据值高于评价初期数据值,最终稳定在83.581。城市的企业利润比重增量越大,对于广州市来说,其城市企业发展潜力也越来越大。

图9-14 2010~2015年广州市企业利润比重增量变化趋势

4. 企业利润枢纽度

根据图9-15分析可知,2010~2015年广州市城市的企业利润枢纽度总体上呈现持续下降的状态。持续下降型的指标意味着城市在该项指标上不断处在劣势状态,并且这一状况并未得到改善。如图所示,广州市企业利润枢纽度指标处于不断下降的状态中,2010年此指标数值最高,为3.776,到2015年时,下降至最低点。分析这种变化趋势,可以得出广州市企业利润枢纽度发展水平有待提升。

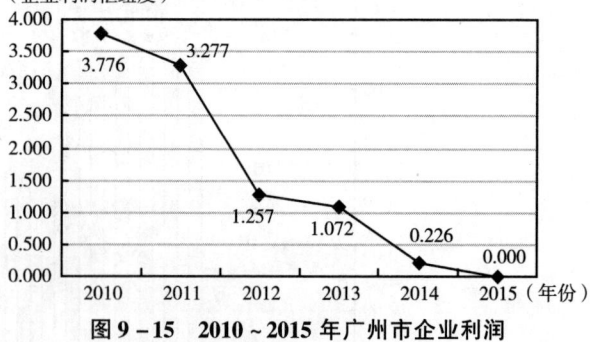

图9-15 2010~2015年广州市企业利润枢纽度变化趋势

5. 企业利润平均增长指数

根据图9-16分析可知,2010~2015年广州市企业利润平均增长指数总体上呈现波动保持的状态。波动保持型指标意味着城市在该项指标上虽然呈现波动状态,在评价

末期和评价初期的数值基本保持一致,由该图可知广州市企业利润平均增长指数数值保持在 62.062~72.685。即使广州市企业利润平均增长指数存在过最低值,其数值为 62.062,但广州市在企业利润平均增长指数上总体表现也是相对平稳;说明该地区企业发展能力及活力持续又稳定。

（企业利润平均增长指数）

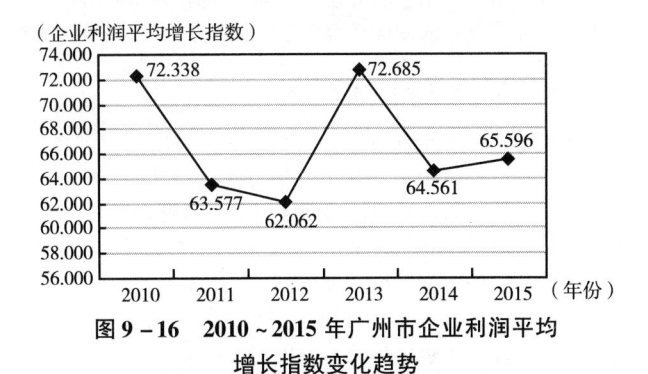

图 9-16 2010~2015 年广州市企业利润平均增长指数变化趋势

6. 企业产值流强度

根据图 9-17 分析可知,2010~2015 年广州市的企业产值流强度总体上呈现波动上升的状态。这一类型的指标为 2010~2015 年间城市在该项指标上存在较多波动变化,总体趋势为上升趋势,但在个别年份出现下降的情况,指标并非连续性上升。波动上升型指标意味着在评估期间,虽然指标数据存在较大波动变化,但是其评价末期数据值高于评价初期数据值。通过折线图可以看出,广州市的企业产值流强度指标不断提高,在 2015 年达到 100.000,相较于 2010 年上升 38 个单位左右,说明广州市企业产值流强度的整体发展水平较高。

（企业产值流强度）

图 9-17 2010~2015 年广州市企业产值流强度变化趋势

7. 企业产值倾向度

根据图 9-18 分析可知,2010~2015 年广州市企业产值倾向度总体上呈现波动下降型的状态。这种状态表现为 2010~2015 年城市在该项指标上总体呈现下降趋势,但在此期间存在上下波动的情况,并非连续性下降状态。这就意味着在评估的时间段内,虽然指标数据存在较大的波动,但是其评价末期数据值低于评价初期数据值。广州市的企业产值倾向度末期低于初期的数据,降低 3 个单位左右,

并且在 2011~2012 年间存在明显下降的变化;这说明广州市企业发展情况处于不太稳定的下降状态。

（企业产值倾向度）

图 9-18 2010~2015 年广州市企业产值倾向度变化趋势

8. 内资企业产值职能规模

根据图 9-19 分析可知,2010~2015 年广州市的内资企业产值职能规模总体上呈现持续上升的状态。持续上升型的指标不仅意味着城市在各项指标数据上的不断增长,更意味着城市在该项指标以及工业企业实力整体上的竞争力优势不断扩大。通过折线图可以看出,广州市的内资企业产值职能规模指标不断提高,在 2015 年达到 100.000,相较于 2010 年上升 31 个单位左右;说明广州市内资企业产值职能规模的整体发展较高,对外部资源的吸引力较强。

（内资企业产值职能规模）

图 9-19 2010~2015 年广州市内资企业产值职能规模变化趋势

9. 港澳台投资企业产值职能规模

根据图 9-20 分析可知,2010~2015 年广州市港澳台投资企业产值职能规模总体上呈现波动保持的状态。波动保持型指标意味着城市在该项指标上虽然呈现波动状态,在评价末期和评价初期的数值基本保持一致,由该图可知广州市港澳台投资企业产值职能规模保持在 69.937~91.048。即使广州市港澳台投资企业产值职能规模存在过最低值,其数值为 69.937,但广州市在港澳台投资企业产值职能规模上总体表现也是相对平稳;说明该地区企业发展能力及活力持续又稳定。

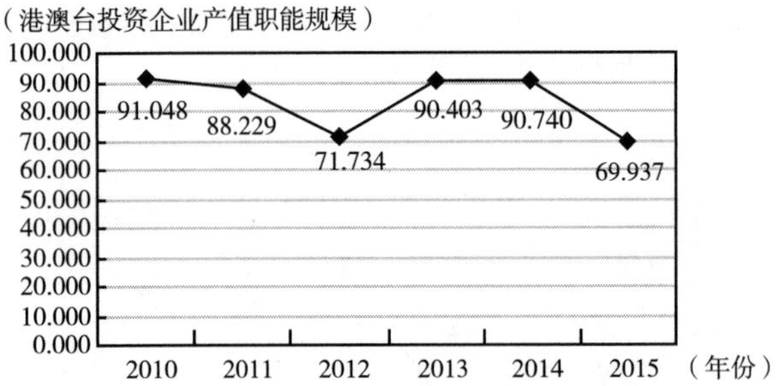

图 9-20 2010~2015 年广州市港澳台投资企业产值职能规模变化趋势

10. 外商投资企业产值职能规模

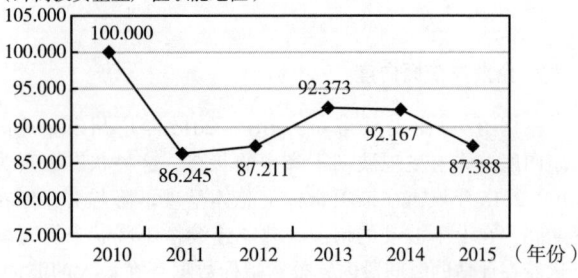

根据图 9-21 分析可知，2010~2015 年广州市的外商投资企业产值职能规模总体上呈现波动上升的状态。这一类型的指标为 2010~2015 年间城市在该项指标上存在较多波动变化，总体趋势为上升趋势，但在个别年份出现下降的情况，指标并非连续性上升。波动上升型指标意味着在评估期间，虽然指标数据存在较大波动变化，但是其评价末期数据值高于评价初期数据值。通过折线图可以看出，广州市的外商投资企业产值职能规模指标不断提高，在 2015 年达到 100.000；说明广州市外商投资企业产值职能规模的整体水平较高。

图 9-21 2010~2015 年广州市外商投资企业产值职能规模变化趋势

11. 内资企业产值职能地位

根据图 9-22 分析可知，2010~2015 年广州市内资企业产值职能地位总体上呈现波动下降的状态。这一类型的指标为 2010~2015 年间城市在该项指标上总体呈现下降趋势，但在评估期间存在上下波动的情况，指标并非连续性下降状态。波动下降型指标意味着在评估期间，虽然指标数据存在较大波动变化，但是其评价末期数据值低于评价初期数据值。如图所示，广州市内资企业产值职能地位指标处于不断下降的状态中，2010 年此指标数值最高，为100.000，到 2015 年时，下降至 82.638。分析这种变化趋势，可以得出广州市内资企业产值职能地位发展的水平有待提升，城市企业的发展活力不足。

12. 港澳台投资企业产值职能地位

根据图 9-23 分析可知，2010~2015 年广州市港澳台投资企业产值职能地位总体上呈现持续下降的状态。持续下降型的指标意味着城市在该项指标上不断处于劣势状态，并且这一状况并未得到改善。如图所示，广州市港澳台投资企业产值职能地位指标处于不断下降的状态中，2010 年此指标数值最高，为 100.000，到 2015 年时，下降至 67.634。分析这种变化趋势，可以得出广州市港澳台投资企业产值职能地位发展的水平有待提升，城市企业的发展活力不足。

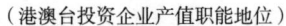

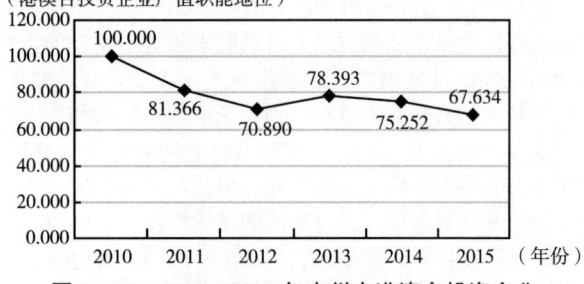

图 9-23 2010~2015 年广州市港澳台投资企业产值职能地位变化趋势

13. 外商投资企业产值职能地位

根据图 9-24 分析可知，2010~2015 年广州市外商投资企业产值职能地位总体上呈现波动下降的状态。这种状态表现为 2010~2015 年城市在该项指标上总体呈现下降趋势，但在此期间存在上下波动的情况，并非连续性下降状态。这就意味着在评估的时间段内，虽然指标数据存在较大的波动，但是其评价末期数据值低于评价初期数据值。广州市的外商投资企业产值职能地位末期低于初期的数据，

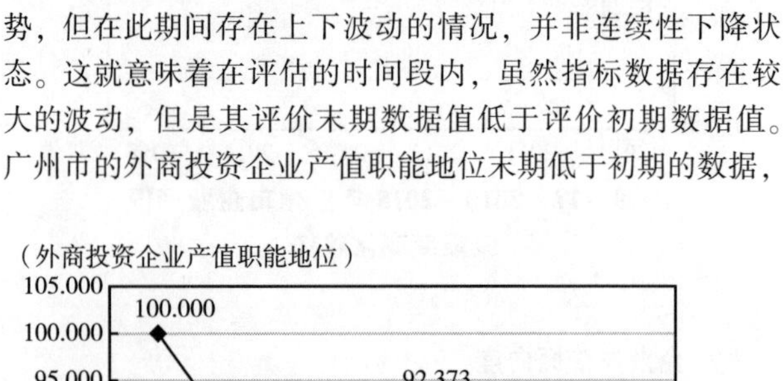

图 9-22 2010~2015 年广州市内资企业产值职能地位变化趋势

图 9-24 2010~2015 年广州市外商投资企业产值职能地位变化趋势

降低13个单位左右,并且在2010~2011年存在明显下降的变化;这说明广州市企业发展情况处于不太稳定的下降状态。

(二) 广州市城市企业发展实力评估结果

根据表9-4,对2010~2012年广州市企业发展及各三级指标的得分、排名、优劣度进行分析,可以看到2010~2012年,广州市企业发展的综合排名处于强势的状态,2010~2012年其经济发展排名持续保持,2010~2012年其经济发展排名一直处于珠江-西江经济带第1名位置,说明广州市的企业发展领先于珠江-西江经济带的其他城市。对广州市的企业发展得分情况进行分析,发现广州市的企业发展综合得分呈现先上升后下降的发展趋势,说明城市的企业发展缓慢。

企业利润相对增长率的排名呈现先保持后下降的发展趋势。对广州市企业利润相对增长率的得分情况进行分析,发现广州市的企业利润相对增长率的得分处于先上升后下降的趋势,说明2010~2012年广州市企业获取利润的增长速率慢,呈现出地区企业集聚能力及活力的不断减小。

企业利润绝对增量加权指数的排名呈现持续下降的发展趋势。对广州市企业利润绝对增量加权指数的得分情况进行分析,发现广州市的企业利润绝对增量加权指数的得分处于先上升后下降的趋势,说明在2010~2012年城市的企业要素集中度降低,城市企业获取利润的变化增长趋向于低速发展。

企业利润比重增量的排名呈现先下降后保持的发展趋势。对广州市企业利润比重增量的得分情况进行分析,发现广州市的企业利润比重增量的得分处于先上升后下降的趋势,说明2010~2012年城市整体企业利润水平不具备优势。

企业利润枢纽度的排名呈现持续保持的发展趋势。对广州市的企业利润枢纽度的得分情况进行分析,发现广州市的企业利润枢纽度的得分呈先持续下降的趋势,说明2010~2012年广州市企业利润能力降低。

企业利润平均增长指数的排名呈现先下降后上升的发展趋势。对广州市企业利润平均增长指数的得分情况进行分析,发现广州市的企业利润平均增长指数的得分处于持续下降的趋势,说明2010~2012年广州市在评估时间段内的企业获取利润能力降低,整体城市企业利润水平降低。

企业产值流强度的排名呈现持续保持的发展趋势。对广州市企业产值流强度的得分情况进行分析,发现广州市的企业产值流强度的得分处于先上升后下降的趋势,说明在2010~2012年间广州市发生的经济集聚和扩散所产生的企业要素流动强度增强,城市经济影响力增强。

企业产值倾向度的排名呈现先下降后保持的发展趋势。对广州市企业产值倾向度的得分情况进行分析,发现广州市的企业产值倾向度的得分处于先上升后下降的趋势,说明2010~2012年广州市的总功能量的外向强度增强。

内资企业产值职能规模的排名呈现持续保持的发展趋势。对广州市内资企业产值职能规模的得分情况进行分析,发现广州市的内资企业产值职能规模的得分处于持续上升的趋势,说明2010~2012年广州市的内资企业获取利润水平提高,内资企业获取利润能力增强。

港澳台投资企业产值职能规模的排名呈现先保持后下降的发展趋势。对广州市港澳台投资企业产值职能规模的得分情况进行分析,发现广州市的港澳台投资企业产值职能规模的得分处于持续下降的趋势,说明2010~2012年广州市的港澳台投资企业获取利润水平有所降低,港澳台投资企业获取利润能力减弱。

表9-4 　　　2010~2012年广州市企业发展各级指标的得分、排名及优劣度分析

指标	2010年 得分	排名	优劣度	2011年 得分	排名	优劣度	2012年 得分	排名	优劣度
企业发展	33.747	1	强势	37.603	1	强势	29.415	1	强势
企业利润相对增长率	2.296	1	强势	4.926	1	强势	1.837	11	劣势
企业利润绝对增量加权指数	0.846	1	强势	2.680	2	强势	0.517	11	劣势
企业利润比重增量	3.196	10	劣势	4.342	11	劣势	3.321	11	劣势
企业利润枢纽度	0.160	11	劣势	0.141	11	劣势	0.057	11	劣势
企业利润平均增长指数	4.436	7	中势	3.532	8	中势	3.327	7	中势
企业产值流强度	1.997	1	强势	2.403	1	强势	2.271	1	强势
企业产值倾向度	1.847	1	强势	2.148	3	优势	1.927	3	优势
内资企业产值职能规模	2.274	1	强势	2.742	1	强势	2.945	1	强势
港澳台投资企业产值职能规模	3.375	1	强势	3.305	1	强势	2.670	2	强势
外商投资企业产值职能规模	1.749	1	强势	2.328	1	强势	1.969	1	强势
内资企业产值职能地位	3.640	1	强势	3.009	1	强势	2.860	1	强势
港澳台投资企业产值职能地位	4.098	1	强势	2.952	1	强势	2.535	1	强势
外商投资企业产值职能地位	3.832	1	强势	3.094	1	强势	3.179	1	强势

外商投资企业产值职能规模的排名呈现持续保持的发展趋势。对广州市的外商投资企业产值职能规模的得分情况进行分析，发现广州市的外商投资企业产值职能规模的得分先上升后下降的趋势，说明城市的外资投资企业获取利润水平增强，外资投资企业获取利润能力提高。

内资企业产值职能地位的排名呈现持续保持的发展趋势。对广州市内资企业产值职能地位的得分情况进行分析，发现广州市的内资企业产值职能地位的得分处于持续下降的趋势，说明 2010～2012 年广州市的内资企业产值获取能力在地区内的水平不具备优势，城市对企业的吸引集聚能力减弱，城市发展具备就业及劳动力发展的潜力降低。

港澳台投资企业产值职能地位的排名呈现持续保持的发展趋势。对广州市的港澳台投资企业产值职能地位的得分情况进行分析，发现广州市港澳台投资企业产值职能地位的得分持续下降，说明广州市的港澳台投资企业产值获取能力在地区内的水平不具备优势，城市对企业的吸引集聚能力减弱，城市发展具备就业及劳动力发展的潜力减弱。

外商投资企业产值职能地位的排名呈现持续保持的发展趋势。对广州市的外商投资企业产值职能地位的得分情况进行分析，发现广州市的外商投资企业产值职能地位的得分呈先下降后上升的趋势，说明 2010～2012 年广州市外商投资企业产值获取能力在地区内的水平不具备优势，城市对企业的吸引集聚能力减弱，城市发展具备就业及劳动力发展的潜力减弱。

根据表 9-5，对 2013～2015 年广州市企业发展及各三级指标的得分、排名、优劣度进行分析，可以看到 2013～2015 年，广州市企业发展的综合排名处于强势的状态，2013～2015 年其企业发展排名呈现持续保持在珠江-西江经济带第 1 名位置，说明广州市的企业发展领先于珠江-西江经济带的其他城市。对广州市的企业发展得分情况进行分析，发现广州市的企业发展综合得分呈现持续下降的发展趋势，说明城市的企业发展有所减缓。

企业利润相对增长率的排名呈现先下降后上升的发展趋势。对广州市企业利润相对增长率的得分情况进行分析，发现广州市的企业利润相对增长率的得分处于持续下降的趋势，说明在 2013～2015 年间广州市企业获取利润的增长速率减慢，呈现出地区企业集聚能力及活力的不断减少。

企业利润绝对增量加权指数的排名呈现先下降后上升的发展趋势。对广州市企业利润绝对增量加权指数的得分情况进行分析，发现广州市的企业利润绝对增量加权指数的得分处于持续下降的趋势，说明 2013～2015 年城市的企业要素集中度减弱，城市企业获取利润的变化增长减慢。

企业利润比重增量的排名呈现先下降后上升的发展趋势。对广州市企业利润比重增量的得分情况进行分析，发现广州市的企业利润比重增量的得分处于先下降后上升的趋势，说明在 2013～2015 年间城市整体企业利润水平不具备优势。

企业利润枢纽度的排名呈现持续保持的发展趋势。对广州市的企业利润枢纽度的得分情况进行分析，发现广州市的企业利润枢纽度的得分呈持续下降的趋势，说明在 2013～2015 年间广州市的说明城市的企业利润能力减弱，在经济社会发展中的地位降低。

企业利润平均增长指数的排名呈现先下降后上升的发展趋势。对广州市企业利润平均增长指数的得分情况进行分析，发现广州市的企业利润平均增长指数的得分处于持续下降的趋势。

企业产值流强度的排名呈现持续保持的发展趋势。对广州市企业产值流强度的得分情况进行分析，发现广州市的企业产值流强度的得分处于持续上升的趋势，说明 2013～2015 年广州市之间发生的经济集聚和扩散所产生的企业要素流动强度强，城市经济影响力强。

企业产值倾向度的排名呈现持续保持的发展趋势。对广州市企业产值倾向度的得分情况进行分析，发现广州市的企业产值倾向度的得分处于先上升后下降的趋势，说明 2013～2015 年广州市的总功能量的外向强度增强。

内资企业产值职能规模的排名呈现持续保持的发展趋势。对广州市内资企业产值职能规模的得分情况进行分析，发现广州市的内资企业产值职能规模的得分处于持续上升的趋势，说明在 2013～2015 年间广州市的内资企业获取利润水平提高，内资企业获取利润能力增强。

港澳台投资企业产值职能规模的排名呈现先下降后保持的发展趋势。对广州市港澳台投资企业产值职能规模的得分情况进行分析，发现广州市的港澳台投资企业产值职能规模的得分处于先上升后下降的趋势，说明 2013～2015 年广州市的港澳台投资企业获取利润水平降低，港澳台投资企业获取利润能力降低。

外商投资企业产值职能规模的排名呈现持续保持的发展趋势。对广州市的外商投资企业产值职能规模的得分情况进行分析，发现广州市的外商投资企业产值职能规模的得分持续上升的趋势，说明城市的外商投资企业获取利润水平有所提高，外商投资企业获取利润能力增强。

其中内资企业产值职能地位的排名持续保持的发展趋势。对广州市内资企业产值职能地位的得分情况进行分析，发现广州市的内资企业产值职能地位的得分处于持续下降的趋势，说明 2013～2015 年广州市的内资企业产值获取能力在地区内的水平不具备优势，城市对企业的吸引集聚能力降低，城市发展具备就业及劳动力发展的潜力降低。

港澳台投资企业产值职能地位的排名呈先下降后保持的发展趋势。对广州市的港澳台投资企业产值职能地位的得分情况进行分析，发现广州市港澳台投资企业产值职能地位的得分持续下降，说明广州市的港澳台投资企业产值获取能力在地区内的水平不具备优势，城市对企业的吸引集聚能力减弱，城市发展具备就业及劳动力发展的潜力减弱。

外商投资企业产值职能地位的排名呈现持续保持的发展趋势。对广州市的外商投资企业产值职能地位的得分情况进行分析，发现广州市的外商投资企业产值职能地位的得分呈持续下降的趋势，说明 2013～2015 年广州市外商投资企业产值获取能力在地区内的水平不具备优势，城市对企业的吸引集聚能力减弱,城市发展具备就业及劳动力发展的潜力降低。

对2010~2015年广州市企业发展及各三级指标的得分、排名和优劣度进行分析。2010~2015年广州市企业发展的综合得分排名均处于珠江-西江经济带第1名,处于珠江-西江经济带上游区。2010~2015年其企业发展排名一直在珠江-西江经济带上游区,企业发展水平一直在处于强势位置,说明城市的企业发展较珠江-西江经济带的其他城市更具竞争优势,处于珠江-西江经济带中较为领先的位置。对广州市2010~2015年的企业发展的得分情况进行分析,发现广州市的企业发展综合得分呈现波动上升的发展趋势,2010~2011年广州市的企业发展得分呈持续上升的发展趋势,之后到2015年呈波动下降趋势,总体呈上升趋势。

从表9-6来看,在13个基础指标中,指标的优劣度结构为61.5:7.7:15.4:15.4。

表9-5　2013~2015年广州市企业发展各级指标的得分、排名及优劣度分析

指　　标	2013年 得分	2013年 排名	2013年 优劣度	2014年 得分	2014年 排名	2014年 优劣度	2015年 得分	2015年 排名	2015年 优劣度
企业发展	37.999	1	强势	36.013	1	强势	35.899	1	强势
企业利润相对增长率	2.536	1	强势	2.105	11	劣势	2.001	7	中势
企业利润绝对增量加权指数	0.996	2	强势	0.703	11	劣势	0.665	10	劣势
企业利润比重增量	6.587	1	强势	4.540	11	劣势	5.547	3	优势
企业利润枢纽度	0.049	11	劣势	0.010	11	劣势	0.000	11	劣势
企业利润平均增长指数	4.024	2	强势	3.596	10	劣势	3.551	7	中势
企业产值流强度	2.979	1	强势	3.315	1	强势	3.643	1	强势
企业产值倾向度	1.973	2	强势	2.114	2	强势	1.983	2	强势
内资企业产值职能规模	3.240	1	强势	3.577	1	强势	3.766	1	强势
港澳台投资企业产值职能规模	3.538	1	强势	3.731	2	强势	2.641	2	强势
外商投资企业产值职能规模	2.652	1	强势	3.050	1	强势	3.588	1	强势
内资企业产值职能地位	3.124	1	强势	3.095	1	强势	2.903	1	强势
港澳台投资企业产值职能地位	2.879	1	强势	2.764	1	强势	2.427	2	强势
外商投资企业产值职能地位	3.422	1	强势	3.413	1	强势	3.184	1	强势

表9-6　2015年广州市企业发展指标的优劣度结构

二级指标	三级指标数	强势指标 个数	强势指标 比重(%)	优势指标 个数	优势指标 比重(%)	中势指标 个数	中势指标 比重(%)	劣势指标 个数	劣势指标 比重(%)	优劣度
企业发展	13	8	61.538	1	7.692	2	15.385	2	15.385	强势

(三) 广州市城市企业发展实力比较分析

图9-25和图9-26和图9-27将2010~2015年广州市企业发展与珠江-西江经济带最高水平和平均水平进行比较。从广州市城市企业发展的要素得分比较来看,由图9-25可知,2010年,广州市企业利润相对增长率得分与珠江-西江经济带最高分不存在差异,比平均分高0.093分;2011年,企业利润相对增长率得分与珠江-西江经济带最高分不存在差异,比平均分高2.520分;2012年,企业利润相对增长率得分比珠江-西江经济带最高分低0.777分,比平均分高0.391分;2013年,企业利润相对增长率得分与珠江-西江经济带最高分不存在差异,比平均分低0.260分;2014年,企业利润相对增长率得分比珠江-西江经济带最高分低0.470分,比平均分低0.181分;2015年,企业利润相对增长率得分比珠江-西江经济带最高分低0.419分,比平均分高0.028分。这说明整体上广州市企业利润相对增长率得分与珠江-西江经济带最高分的差距呈波动增加趋势,与珠江-西江经济带平均分的差距先增后减趋势。

2010年,广州市企业利润绝对增量加权指数得分与珠江-西江经济带最高分不存在差异,比平均分高0.063分;2011年,企业利润绝对增量加权指数得分比珠江-西江经济带最高分低1.411分,比平均分高1.467分;2012年,企业利润绝对增量加权指数得分比珠江-西江经济带最高分低0.813分,比平均分低0.298分;2013年,企业利润绝对增量加权指数得分比珠江-西江经济带最高分低0.002分,比平均分高0.168分;2014年,企业利润绝对增量加

权指数得分比珠江-西江经济带最高分低0.542分，比平均分低0.132分；2015年，企业利润绝对增量加权指数得分比珠江-西江经济带最高分低0.175分，比平均分低0.007分。这说明整体上广州市企业利润绝对增量加权指数得分与珠江-西江经济带最高分差距波动增加，与珠江-西江经济带平均分的差距先增后减。

2010年，广州市企业利润比重增量得分比珠江-西江经济带最高分低1.499分，比平均分低0.755分；2011年，企业利润比重增量得分比珠江-西江经济带最高分低1.302分，比平均分低0.652分；2012年，企业利润比重增量得分比珠江-西江经济带最高分低2.351分，比平均分低1.520分；2013年，企业利润比重增量得分与珠江-西江经济带最高分不存在差异，比平均分高1.285分；2014年，企业利润比重增量得分比珠江-西江经济带最高分低0.803分，比平均分低0.514分；2015年，企业利润比重增量得分比珠江-西江经济带最高分低0.560分，比平均分高0.147分。这说明整体上广州市企业利润比重增量得分与珠江-西江经济带最高分的差距波动减小，与珠江-西江经济带平均分的差距波动减小。

2010年，广州市企业利润枢纽度得分比珠江-西江经济带最高分低2.718分，比平均分低1.547分；2011年，企业利润枢纽度得分比珠江-西江经济带最高分低2.677分，比平均分低1.654分；2012年，企业利润枢纽度得分比珠江-西江经济带最高分低3.353分，比平均分低1.931分；2013年，企业利润枢纽度得分比珠江-西江经济带最高分低3.672分，比平均分低2.046分；2014年，企业利润枢纽度得分比珠江-西江经济带最高分低3.793分，比平均分低2.104分；2015年，企业利润枢纽度得分比珠江-西江经济带最高分低5.110分，比平均分低2.535分。这说明整体上广州市企业利润枢纽度得分与珠江-西江经济带最高分的差距先减后增，与珠江-西江经济带平均分的差距持续增加。

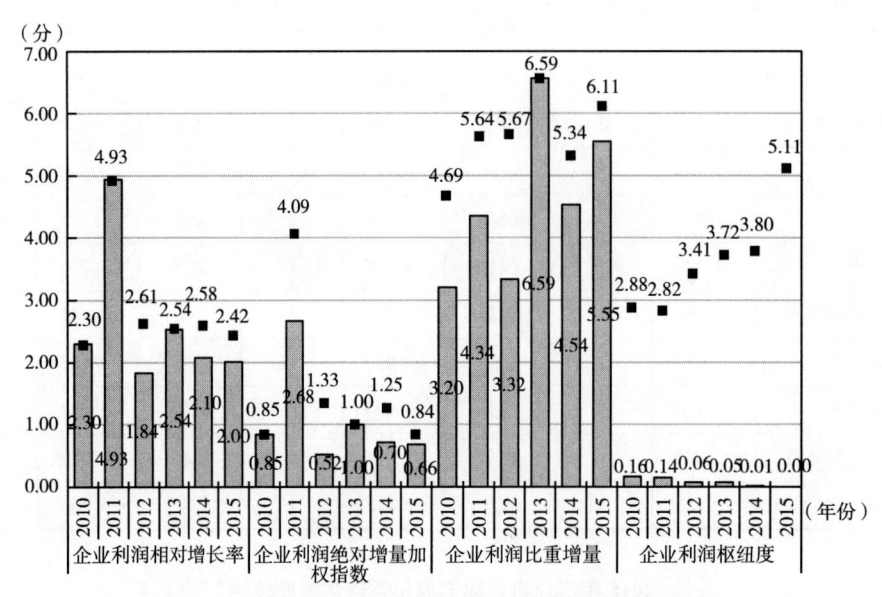

图9-25　2010~2015年广州市企业发展指标得分比较1

由图9-26可知，2010年，广州市企业利润平均增长指数得分比珠江-西江经济带最高分低1.696分，比平均分低0.189分；2011年，企业利润平均增长指数得分比珠江-西江经济带最高分低0.967分，比平均分低0.267分；2012年，企业利润平均增长指数得分比珠江-西江经济带最高分低0.622分，比平均分低0.127分；2013年，企业利润平均增长指数得分比珠江-西江经济带最高分低0.767分，比平均分高0.297分；2014年，企业利润平均增长指数得分比珠江-西江经济带最高分低1.452分，比平均分低0.133分；2015年，企业利润平均增长指数得分比珠江-西江经济带最高分低1.268分，比平均分高0.165分。这说明整体上广州市企业利润平均增长指数得分与珠江-西江经济带最高分的差距波动减小，与珠江-西江经济带平均分的差距波动减小。

2010年，广州市企业产值流强度得分与珠江-西江经济带最高分不存在差异，比平均分高1.764分；2011年，企业产值流强度得分与珠江-西江经济带最高分不存在差异，比平均分高2.096分；2012年，企业产值流强度得分与珠江-西江经济带最高分不存在差异，比平均分高1.963分；2013年，企业产值流强度得分与珠江-西江经济带最高分不存在差异，比平均分高2.617分；2014年，企业产值流强度得分与珠江-西江经济带最高分不存在差异，比平均分高2.903分；2015年，企业产值流强度得分与珠江-西江经济带最高分不存在差异，比平均分高3.191分。这说明整体上广州市企业产值流强度得分与珠江-西江经济带最高分不存在差异，与珠江-西江经济带平均分的差距波动增加。

2010年，广州市企业产值倾向度得分与珠江-西江经济带最高分不存在差异，比平均分高1.313分；2011年，企业产值倾向度得分比珠江-西江经济带最高分低0.812分，比平均分高1.021分；2012年，企业产值倾向度得分比珠江-西江经济带最高分低1.516分，比平均分高0.690分；2013年企业产值倾向度得分比珠江-西江经济带最高分低0.810分，比平均分高1.087分；2014年，企业产值倾向度得分比珠江－西江经济带最高分低 1.898 分，比平均分高 1.085 分；2015 年，企业产值倾向度得分比珠江－西江经济带最高分低 1.319 分，比平均分高 1.051 分。这说明整体上广州市企业产值倾向度得分与珠江－西江经济带最高分的差距波动增加，与珠江－西江经济带平均分的差距波动减小。

2010 年，广州市内资企业产值职能规模得分与珠江－西江经济带最高分不存在差异，比平均分高 1.957 分；2011 年，内资企业产值职能规模得分与珠江－西江经济带最高分不存在差异，比平均分高 2.298 分；2012 年，内资企业产值职能规模得分与珠江－西江经济带最高分不存在差异，比平均分高 2.439 分；2013 年内资企业产值职能规模得分与珠江－西江经济带最高分不存在差异，比平均分高 2.727 分；2014 年，内资企业产值职能规模得分与珠江－西江经济带最高分不存在差异，比平均分高 3.006 分；2015 年，内资企业产值职能规模得分与珠江－西江经济带最高分不存在差异，比平均分高 3.131 分。这说明整体上广州市内资企业产值职能规模得分与珠江－西江经济带最高分不存在差异，与珠江－西江经济带平均分的差距持续增加。

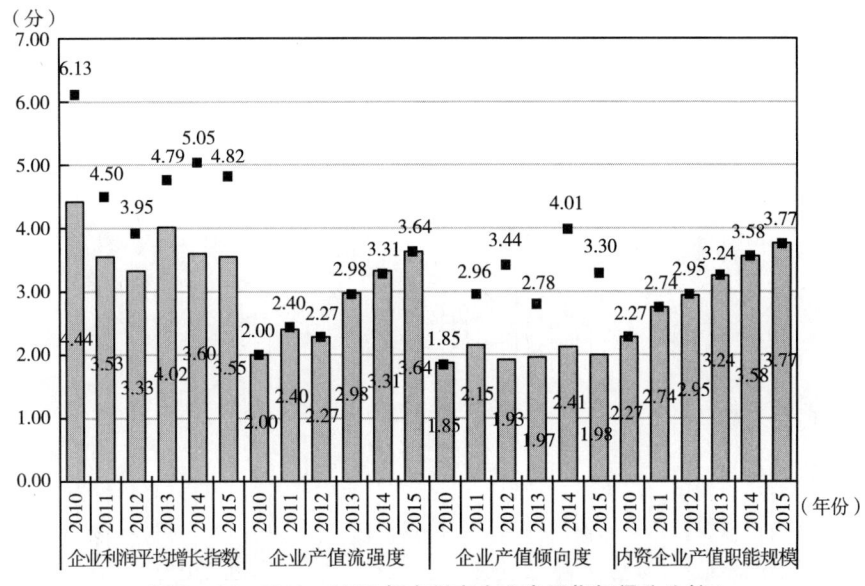

图 9-26 2010~2015 年广州市企业发展指标得分比较 2

由图 9-27 可知，2010 年，广州市港澳台投资企业产值职能规模得分与珠江－西江经济带最高分不存在差异，比平均分高 2.733 分；2011 年，港澳台投资企业产值职能规模得分与珠江－西江经济带最高分不存在差异，比平均分高 2.614 分；2012 年，港澳台投资企业产值职能规模得分比珠江－西江经济带最高分低 0.370 分，比平均分高 2.006 分；2013 年，港澳台投资企业产值职能规模得分与珠江－西江经济带最高分不存在差异，比平均分高 2.738 分；2014 年，港澳台投资企业产值职能规模得分比珠江－西江经济带最高分低 0.381 分，比平均分高 2.812 分；2015 年，港澳台投资企业产值职能规模得分比珠江－西江经济带最高分低 0.685 分，比平均分高 1.907 分。这说明整体上广州市港澳台投资企业产值职能规模得分与珠江－西江经济带最高分的差距波动增加，与珠江－西江经济带平均分的差距波动减小。

2010 年，广州市外商投资企业产值职能规模得分与珠江－西江经济带最高分不存在差异，比平均分高 1.575 分；2011 年，外商投资企业产值职能规模得分与珠江－西江经济带最高分不存在差异，比平均分高 2.106 分；2012 年，外商投资企业产值职能规模得分与珠江－西江经济带最高分不存在差异，比平均分高 1.780 分；2013 年，外商投资企业产值职能规模得分与珠江－西江经济带最高分不存在差异，比平均分高 2.398 分；2014 年，外商投资企业产值职能规模得分与珠江－西江经济带最高分不存在差异，比平均分高 2.754 分；2015 年，外商投资企业产值职能规模得分与珠江－西江经济带最高分不存在差异，比平均分高 3.237 分。这说明整体上广州市外商投资企业产值职能规模得分与珠江－西江经济带最高分不存在差异，与珠江－西江经济带平均分的差距波动增加。

2010 年，广州市内资企业产值职能地位得分与珠江－西江经济带最高分不存在差异，比平均分高 3.132 分；2011 年，内资企业产值职能地位得分与珠江－西江经济带最高分不存在差异，比平均分高 2.522 分；2012 年，内资企业产值职能地位得分与珠江－西江经济带最高分不存在差异，比平均分高 2.369 分；2013 年内资企业产值职能地位得分与珠江－西江经济带最高分不存在差异，比平均分高 2.630 分；2014 年，内资企业产值职能地位得分与珠江－西江经济带最高分不存在差异，比平均分高 2.601 分；2015 年，内资企业产值职能地位得分与珠江－西江经济带最高分不存在差异，比平均分高 2.414 分。这说明整体上广州市内资企业产值职能地位得分与珠江－西江经济带最高分不存在差异，与珠江－西江经济带平均分的差距波动减小。

2010 年，广州市港澳台投资企业产值职能地位得分与珠江－西江经济带最高分不存在差异，比平均分高 3.263 分；2011 年，港澳台投资企业产值职能地位得分与珠江－

西江经济带最高分不存在差异，比平均分高2.361分；2012年，港澳台投资企业产值职能地位得分与珠江－西江经济带最高分不存在差异，比平均分高1.998分；2013年港澳台投资企业产值职能地位得分与珠江－西江经济带最高分不存在差异，比平均分高2.249分；2014年，港澳台投资企业产值职能地位得分比珠江－西江经济带最高分低0.137分，比平均分高2.132分；2015年，港澳台投资企业产值职能地位得分比珠江－西江经济带最高分低0.224分，比平均分高1.847分。这说明整体上广州市港澳台投资企业产值职能地位得分与珠江－西江经济带最高分的差距波动增加，与珠江－西江经济带平均分的差距波动减小。

2010年，广州市外商投资企业产值职能地位得分与珠江－西江经济带最高分不存在差异，比平均分高3.117分；2011年，外商投资企业产值职能地位得分与珠江－西江经济带最高分不存在差异，比平均分高2.523分；2012年，外商投资企业产值职能地位得分与珠江－西江经济带最高分不存在差异，比平均分高2.601分；2013年外商投资企业产值职能地位得分与珠江－西江经济带最高分不存在差异，比平均分高2.781分；2014年，外商投资企业产值职能地位得分与珠江－西江经济带最高分不存在差异，比平均分高2.776分；2015年，外商投资企业产值职能地位得分与珠江－西江经济带最高分不存在差异，比平均分高2.583分。这说明整体上广州市外商投资企业产值职能地位得分与珠江－西江经济带最高分不存在差异，与珠江－西江经济带平均分的差距波动减小。

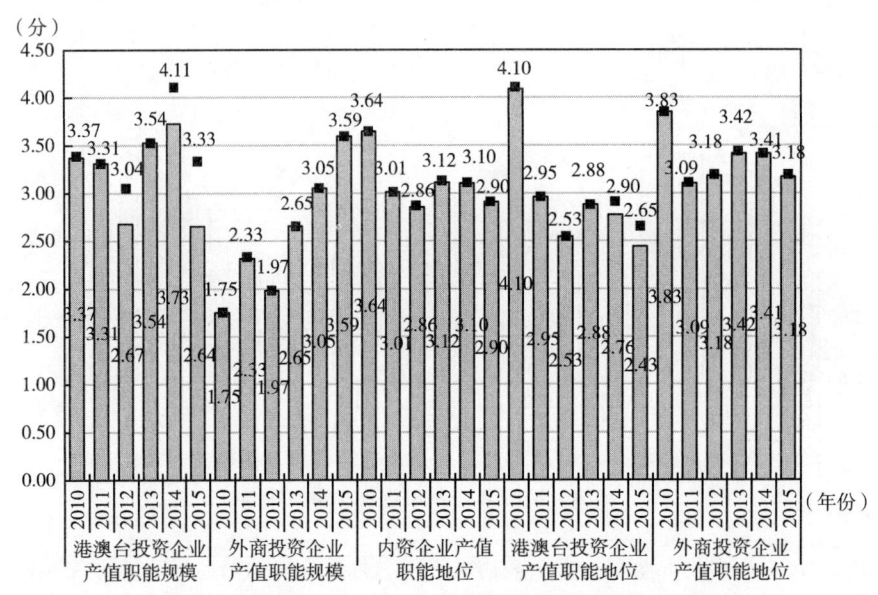

图9-27　2010~2015年广州市企业发展指标得分比较3

三、广州市城市工业企业发展水平综合评估与比较

从对广州市工业企业发展水平评估及其2个二级指标在珠江－西江经济带的排名变化和指标结构的综合分析来看，2010~2015年工业企业板块中上升指标的数量等于下降指标的数量，上升的动力等于下降的拉力，使得2015年广州市工业企业发展水平的排名呈波动保持，在珠江－西江经济带城市位居第1名。

（一）广州市城市工业企业发展水平概要分析

广州市工业企业发展水平在珠江－西江经济带所处的位置及变化如表9-7所示，2个二级指标的得分和排名变化如表9-8所示。

（1）从指标排名变化趋势看，2015年广州市工业企业发展水平评估排名在珠江－西江经济带处于第1名，表明其在珠江－西江经济带处于强势地位，与2010年相比，排名没有变化。总的来看，评价期内广州市工业企业发展水平呈现波动保持趋势。

在2个二级指标中，有1个指标排名持续保持，为企业发展；有1个指标波动下降，为工业发展。这是广州市工业企业发展水平处于波动保持的原因所在。受指标排名升降的综合影响，评价期内广州市工业企业的综合排名呈波动保持，在珠江－西江经济带城市排名第1名。

（2）从指标所处区位来看，2015年广州市工业企业发展水平处在上游区，其中，工业发展和企业发展均为强势指标。

（3）从指标得分来看，2015年广州市工业企业得分为62.985分，比珠江－西江经济带最高分低0.649分，比珠江－西江经济带平均分高12.216分；与2010年相比，广州市工业企业发展水平得分下降2.391分，与当年最高分的差距减小，也与珠江－西江经济带平均分的差距减小。

2015年，广州市工业企业发展水平二级指标的得分均高于27分，与2010年相比，得分上升最多的为企业发展，上升2.151分；得分下降最多的为工业发展，下降4.543分。

表9-7　2010~2015年广州市工业企业一级指标比较

项目	2010年	2011年	2012年	2013年	2014年	2015年
排名	1	1	2	1	1	1
所属区位	上游	上游	上游	上游	上游	上游
得分	65.376	68.368	59.947	68.257	65.111	62.985
全国最高分	64.061	66.285	62.112	64.361	61.849	62.336
全国平均分	51.465	53.838	53.598	51.944	50.910	50.770
与最高分的差距	1.316	2.083	-2.165	3.896	3.262	0.649
与平均分的差距	13.911	14.531	6.349	16.313	14.201	12.216
优劣度	强势	强势	强势	强势	强势	强势
波动趋势	—	持续	下降	上升	持续	持续

表9-8　2010~2015年广州市工业企业二级指标比较

年份	工业发展 得分	工业发展 排名	企业发展 得分	企业发展 排名
2010	31.629	3	33.747	1
2011	30.765	2	37.603	1
2012	30.533	2	29.415	1
2013	30.258	2	37.999	1
2014	29.098	2	36.013	1
2015	27.086	4	35.899	1
得分变化	-4.543	—	2.151	—
排名变化	—	-1	—	0
优劣度	强势	强势	强势	强势

（二）广州市城市工业企业发展水平指标动态变化分析

2010~2015年广州市工业企业发展水平评估各级指标的动态变化及其结构，如图9-28和表9-9所示。

从图9-28可以看出，广州市工业企业发展水平评估的三级指标中下降指标的比例大于上升指标，表明下降指标居于主导地位。表9-9中的数据说明，广州市工业企业发展水平评估的22个三级指标中，上升的指标有5个，占指标总数的22.727%；保持的指标有10个，占指标总数的45.455%；下降的指标有7个，占指标总数的31.818%。由于下降指标的数量大于上升指标的数量，且受变动幅度与外部因素的综合影响，评价期内广州市工业企业排名呈现波动保持，在珠江-西江经济带城市居第1名。

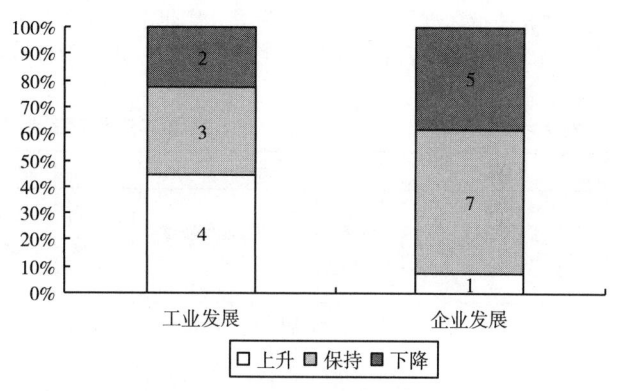

图9-28　2010~2015年广州市工业企业发展水平动态变化结构

表9-9　2010~2015年广州市工业企业各级指标排名变化态势比较

二级指标	三级指标数	上升指标 个数	上升指标 比重（%）	保持指标 个数	保持指标 比重（%）	下降指标 个数	下降指标 比重（%）
工业发展	9	4	44.444	3	33.333	2	22.222
企业发展	13	1	7.692	7	53.846	5	38.462
合计	22	5	22.727	10	45.455	7	31.818

（三）广州市城市工业企业发展水平指标变化动因分析

2015年广州市工业企业板块各级指标的优劣势变化及其结构，如图9-29和表9-10所示。

从图9-29可以看出，2015年广州市工业企业发展水平评估的三级指标中强势和优势指标的比例大于中势和劣势指标的比例，表明强势和优势指标居于主导地位。表9-10中的数据说明，2015年广州市工业企业的22个三级指标中，强势指标有10个，占指标总数的45.455%；优势指标为4个，占指标总数的18.182%；中势指标2个，占指标总数的9.091%；劣势指标为6个，占指标总数的27.273%；强势指标和优势指标之和占指标总数的63.637%，数量与比重均大于劣势指标。从二级指标来看，其中，工业发展的强势指标有2个，占指标总数的22.222%；优势指标为3个，占指标总数的33.333%；不存

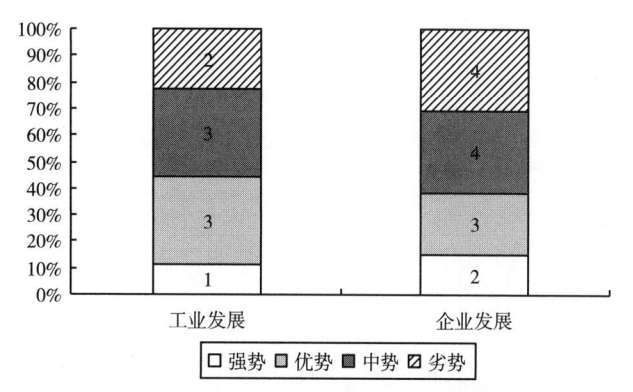

图9-29　2015年广州市工业企业优劣度结构

在中势指标；劣势指标为4个，占指标总数的44.444%；强势指标和优势指标之和占指标总数的55.555%，说明工业发展的强、优势指标居于主导地位。企业发展的强势指标为8个，占指标总数的61.538%；优势指标为1个，占指标总数的7.692%；中势指标2个，占指标总数的15.385%；劣势指标2个，占指标总数的15.385%；强势指标和优势指标之和占指标总数的69.230%，说明企业发展的强、优势指标处于主导地位。由于强、优势指标比重较大，广州市工业企业发展水平处于强势地位，在珠江-西江经济带城市居第1名，处于上游区。

表9-10　　　　　　　　　2015年广州市工业企业各级指标优劣度比较

二级指标	三级指标数	强势指标 个数	强势指标 比重（%）	优势指标 个数	优势指标 比重（%）	中势指标 个数	中势指标 比重（%）	劣势指标 个数	劣势指标 比重（%）	优劣度
工业发展	9	2	22.222	3	33.333	0	0.000	4	44.444	优势
企业发展	13	8	61.538	1	7.692	2	15.385	2	15.385	强势
合计	22	10	45.455	4	18.182	2	9.091	6	27.273	强势

为进一步明确影响广州市工业企业变化的具体因素，以便对相关指标进行深入分析，为提升广州市工业企业水平提供决策参考，表9-11列出工业企业指标体系中直接影响广州市工业企业发展水平升降的强势指标、优势指标、中势指标和劣势指标。

表9-11　　　　　　　　　2012年广州市工业企业三级指标优劣度统计

指标	强势指标	优势指标	中势指标	劣势指标
工业发展（9个）	工业结构、工业发展强度（2个）	Moore工业结构、工业不协调度、工业偏离系数（3个）	（0个）	企业弹性扩张系数、工业密度、税收贡献率、工业弧弹性（4个）
企业发展（13个）	企业产值流强度、内资企业产值职能规模、内资企业产值职能规模、港澳台投资企业产值职能规模、外商投资企业产值职能规模、内资企业产值职能地位、港澳台投资企业产值职能地位、外商投资企业产值职能地位（8个）	企业利润比重增量（1个）	企业利润相对增长率、企业利润平均增长指数（2个）	企业利润绝对增量加权指数、企业利润枢纽度（2个）

第十章 佛山市城市工业企业发展水平综合评估

一、佛山市城市工业企业发展实力综合评估与比较

(一) 佛山市城市工业发展实力评估指标变化趋势评析

1. 工业结构

根据图10-1分析可知，2010~2015年佛山市工业结构总体上呈现波动保持的状态。波动保持型指标意味着城市在该项指标上虽然呈现波动状态，在评价末期和评价初期的数值基本保持一致，由该图可知佛山市工业结构数值保持在97.753~98.118。即使佛山市工业结构存在过最低值，其数值为97.753，但佛山市在工业结构上总体表现也是相对平稳，说明该地区工业发展能力及活力持续又稳定。

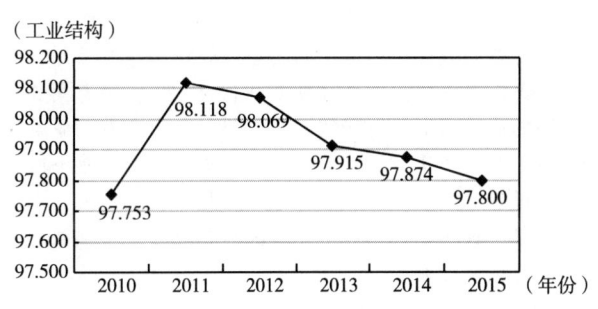

图10-1 2010~2015年佛山市工业结构变化趋势

2. 企业扩张弹性系数

根据图10-2分析可知，2010~2015年佛山市企业扩张弹性系数总体上呈现波动下降的状态。这种状态表现为2010~2015年城市在该项指标上总体呈现下降趋势，但在此期间存在上下波动的情况，并非连续性下降状态。这就意味着在评估的时间段内，虽然指标数据存在较大的波动，但是其评价末期数据值低于评价初期数据值。佛山市的企业扩张弹性系数末期低于初期的数据，降低2个单位左右，并且在2013~2015年间存在明显下降的变化，这说明佛山市工业发展情况处于不太稳定的下降状态。

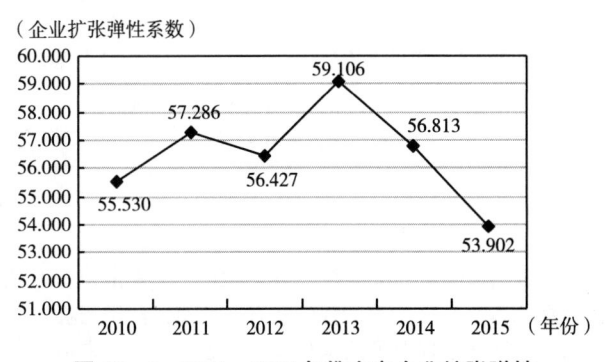

3. 工业发展强度

根据图10-3分析可知，2010~2015年佛山市的工业发展强度总体上呈现波动下降的状态。这一类型的指标为2010~2015年间城市在该项指标上总体呈现下降趋势，但在评估期间存在上下波动的情况，指标并非连续性下降状态。波动下降型指标意味着在评估期间，虽然指标数据存在较大波动变化，但是其评价末期数据值低于评价初期数据值。如图所示，佛山市工业发展强度指标处于不断下降的状态中，2010年此指标数值最高，是100.000，到2015年时，下降至85.261。分析这种变化趋势，可以得出佛山市工业发展强度有待增强，城市工业的发展活力不足。

图10-2 2010~2015年佛山市企业扩张弹性系数变化趋势

图10-3 2010~2015年佛山市工业发展强度变化趋势

4. 工业密度

根据图10-4分析可知，2010~2015年佛山市的工业密度总体上呈现波动下降的状态。这一类型的指标为2010~2015年间城市在该项指标上总体呈现下降趋势，但在评估期间存在上下波动的情况，指标并非连续性下降状态。波动下降型指标意味着在评估期间，虽然指标数据存在较大波动变化，但是其评价末期数据值低于评价初期数据值。如图所示，佛山市工业密度指标处于不断下降的状态中，2010年此指标数值最高，是100.000，到2015年时，下降至69.675。分析这种变化趋势，可以得出佛山市工业密度发展的水平处于劣势，城市工业的发展活力不足。

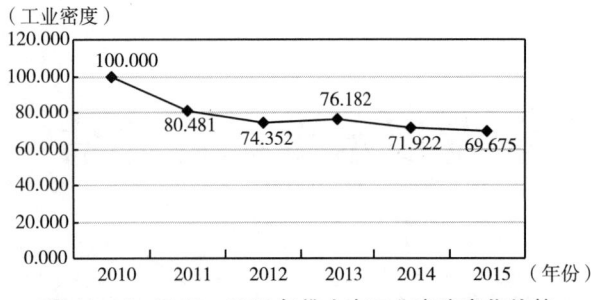

[图 10-4 2010~2015年佛山市工业密度变化趋势]

5. 税收贡献率

根据图10-5分析可知，2010~2015年佛山市税收贡献率总体上呈现波动保持的状态。波动保持型指标意味着城市在该项指标上虽然呈现波动状态，在评价末期和评价初期的数值基本保持一致，由该图可知佛山市税收贡献率数值保持在35.613~45.453。即使佛山市税收贡献率存在过最低值，其数值为35.613，但佛山市在税收贡献率上总体表现的也是相对平稳，说明该地区工业发展能力及活力持续又稳定。

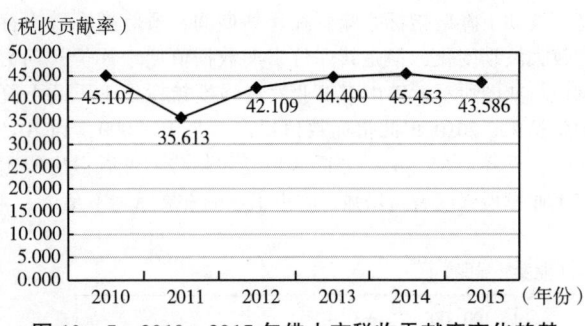

[图 10-5 2010~2015年佛山市税收贡献率变化趋势]

6. 工业弧弹性

根据图10-6分析可知，2010~2015年佛山市工业弧弹性总体上呈现波动保持的状态。波动保持型指标意味着城市在该项指标上虽然呈现波动状态，在评价末期和评价初期的数值基本保持一致，由该图可知佛山市工业弧弹性数值保持在86.535~92.237。即使佛山市工业弧弹性存在过最低值，其数值为86.535，但佛山市在工业弧弹性上总体表现也是相对平稳；说明该地区工业发展能力及活力持续又稳定。

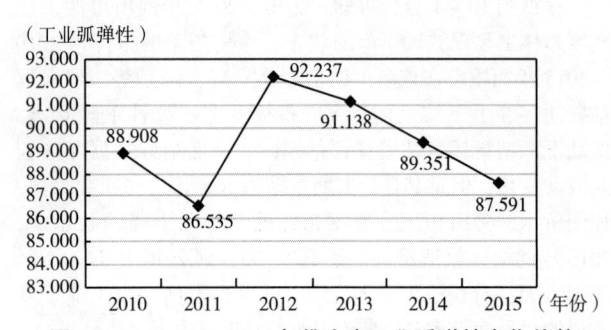

[图 10-6 2010~2015年佛山市工业弧弹性变化趋势]

7. Moore 工业结构

根据图10-7分析可知，2010~2015年佛山市城市的Moore工业结构总体上呈现持续下降的状态。持续下降型的指标意味着城市在该指标上不断处于劣势状态，并且这一状况并未得到改善。如图所示，佛山市Moore工业结构指标处于不断下降的状态中，2010年此指标数值最高，为85.507，到2015年时，下降至67.118。分析这种变化趋势，可以得出佛山市Moore工业结构发展的水平处于劣势，城市工业的发展活力不足。

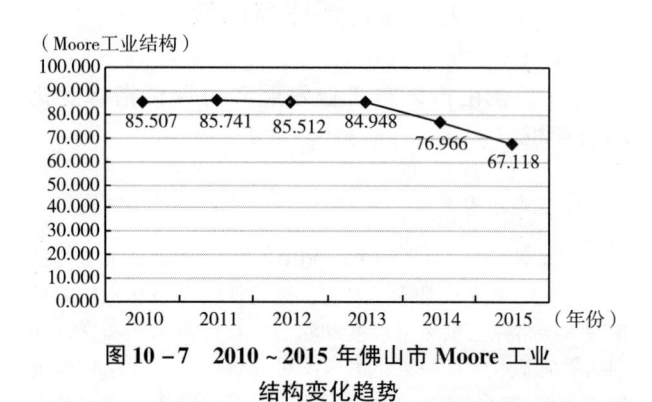

[图 10-7 2010~2015年佛山市Moore工业结构变化趋势]

8. 工业不协调度

根据图10-8分析可知，2010~2015年佛山市工业不协调度总体上呈现波动保持的状态。波动保持型指标意味着城市在该项指标上虽然呈现波动状态，在评价末期和评价初期的数值基本保持一致，由该图可知佛山市工业不协调度数值保持在81.378~82.177。即使佛山市工业不协调度存在过最低值，其数值为81.378，但佛山市在工业不协调度上总体表现也是相对平稳；说明该地区工业发展能力及活力持续又稳定。

[图 10-8 2010~2015年佛山市工业不协调度变化趋势]

9. 工业偏离系数

根据图10-9分析可知，2010~2015年佛山市工业偏离系数总体上呈现波动保持的状态。波动保持型指标意味着城市在该项指标上虽然呈现波动状态，在评价末期和评价初期的数值基本保持一致，由该图可知佛山市工业偏离系数数值保持在6.912~7.883。即使佛山市工业偏离系数存在过最低值,其数值为 6.912,但佛山市在工业偏离系数上总体表现也是相对平稳;说明该地区工业发展能力及活力持续又稳定。

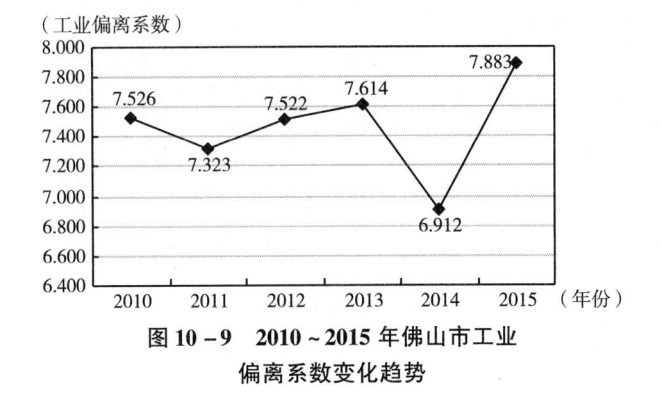

图 10－9　2010～2015 年佛山市工业偏离系数变化趋势

(二) 佛山市城市工业发展实力评估结果

根据表 10－1,对 2010～2012 年佛山市工业发展得分、排名、优劣度进行分析。可以看到 2010～2012 年佛山市工业发展排名始终保持在珠江－西江经济带第 1 名,其工业发展在珠江－西江经济带中处于强势地位,发展水平较高。对佛山市的工业发展得分情况进行分析,发现佛山市的工业发展综合得分 2010～2012 年先上升后下降,说明佛山市工业发展有所波动,需要进一步稳定。

对佛山市工业发展的三级指标进行分析,其中工业结构得分排名呈现持续保持的发展趋势。对佛山市的工业结构的得分情况进行分析,发现佛山市的工业结构的得分呈现持续上升的趋势,说明佛山市工业结构发展水平在提高,工业结构存在较大程度地偏离 1,说明佛山市出现显著的工业结构不协调,将对城市经济社会稳定发展将造成长远的影响,不利于城市的活力提升和发展的可持续性。

企业扩张弹性系数的排名呈现先上升后下降的发展趋势。对佛山市的企业扩张弹性系数的得分情况进行分析,发现佛山市的企业扩张弹性系数的得分先下降后上升,整体呈下降趋势,说明佛山市的企业扩张弹性系数有所减小,城市的企业数量扩张幅度增大,城市城镇化与工业发展之间呈现不协调发展的关系,城镇企业数量的增加可能会导致城市的过度拥挤及承载力压力问题的出现。

工业发展强度的排名呈现先下降后保持的发展趋势。2010 年佛山市的工业强度处在珠江－西江经济带第 1 名,2011 年下降至第 2 名,2012 年保持在第 2 名。一方面说明佛山市的工业发展强度处于经济带上游,具备一定的竞争力,另一方面说明佛山市工业发展强度稳定性良好。对佛山市的工业发展强度的得分情况进行分析,发现佛山市工业发展强度的得分持续下降,说明佛山市的工业发展强度有所减弱,佛山市的工业产值发展能力逐渐减弱,城市活力也有所减弱。

工业密度的排名呈现持续保持的发展趋势。对佛山市工业密度的得分情况进行分析,发现佛山市的工业密度的得分先上升后下降,整体呈下降趋势,说明佛山市的工业密度逐渐减小,城市的工业承载力减小。

税收贡献率的排名呈现先下降后保持的发展趋势。对佛山市的税收贡献率的得分情况进行分析,发现佛山市的税收贡献率的得分先下降后上升,整体呈下降趋势,说明佛山市的经济发展有所下降,税收程度在降低,市场发展活力也有所减弱。

工业弧弹性的排名呈现先下降后上升的趋势。对佛山市的工业弧弹性的得分情况进行分析,发现佛山市的工业弧弹性的得分呈现波动上升的趋势,说明佛山市的工业产值增长速率快于其经济的变化增长速率,城市呈现出工业的扩张发展趋势。

Moore 工业结构的排名呈现先下降后上升的发展趋势。对佛山市的 Moore 工业结构的得分情况进行分析,发现佛山市的 Moore 工业结构的得分处于波动下降的趋势,说明佛山市的 Moore 产业结构指数有所下降,城市企业结构的变化程度在减小。

工业不协调度的排名呈现先上升后下降的发展趋势。对佛山市的工业不协调度的得分情况进行分析,发现佛山市的工业不协调度的得分持续下降,说明佛山市的企业不协调度持续减小,企业在城市中的发展结构趋于协调。

工业偏离系数的排名呈现先保持后下降的发展趋势。对佛山市的工业偏离系数的得分情况进行分析,发现佛山市的工业偏离系数的得分呈现出波动下降的发展趋势,说明佛山市的工业结构偏离系数波动减小,城市的就业结构协调程度有所提高,城市的劳动生产率提升。

表 10－1　2010～2012 年佛山市工业发展各级指标的得分、排名及优劣度分析

指标	2010 年 得分	排名	优劣度	2011 年 得分	排名	优劣度	2012 年 得分	排名	优劣度
工业发展	36.742	1	强势	34.355	1	强势	34.997	1	强势
工业结构	7.578	3	优势	7.708	3	优势	7.765	3	优势
企业扩张弹性系数	2.831	11	劣势	2.661	3	优势	2.826	7	中势
工业发展强度	3.978	1	强势	3.420	2	强势	3.338	2	强势
工业密度	3.742	1	强势	2.776	1	强势	2.569	1	强势
税收贡献率	1.781	4	优势	1.385	5	优势	1.734	5	优势
工业弧弹性	6.554	9	劣势	6.332	11	劣势	6.947	1	强势

续表

指　　标	2010 年			2011 年			2012 年		
	得分	排名	优劣度	得分	排名	优劣度	得分	排名	优劣度
Moore 工业结构	5.078	3	优势	5.196	4	优势	5.062	3	优势
工业不协调度	4.920	4	优势	4.608	3	优势	4.483	4	优势
工业偏离系数	0.279	9	劣势	0.268	9	劣势	0.272	10	劣势

根据表10-2，对2013~2015年佛山市工业发展得分、排名、优劣度进行分析。可以看到2013~2015年佛山市工业发展排名始终保持在珠江-西江经济带第1名，其工业发展从珠江-西江经济带中处于强势地位，发展水平较高。对佛山市的工业发展得分情况进行分析，发现佛山市的工业发展综合得分2013~2015年持续下降，说明佛山市工业发展逐渐下降。

对佛山市工业发展的三级指标进行分析，其中工业结构得分排名呈现持续保持的发展趋势。对佛山市的工业结构的得分情况进行分析，发现佛山市的工业结构的得分呈现持续下降的趋势，说明佛山市工业结构发展水平在提高，工业结构存在较大程度地偏离，说明地区出现显著的工业结构不协调，对城市经济社会稳定发展将造成长远的影响，不利于城市的活力提升和发展的可持续性。

企业扩张弹性系数的排名呈现先保持后下降的发展趋势。对佛山市的企业扩张弹性系数的得分情况进行分析，发现佛山市的企业扩张弹性系数的得分先下降后上升，整体呈下降趋势，说明佛山市的企业扩张弹性系数波动减小，城市的企业数量扩张幅度增大，城市城镇化与工业发展之间呈现不协调发展的关系，城镇企业数量的增加可能导致城市的过度拥挤及承载力压力问题的出现。

工业发展强度的排名呈现先上升后保持的发展趋势。对佛山市的工业发展强度的得分情况进行分析，发现佛山市工业发展强度的得分波动下降，说明佛山市的工业发展强度有所减弱，说明城市的工业产值发展能力逐渐降低，城市活力减弱。

工业密度的排名呈现持续保持的发展趋势。对佛山市工业密度的得分情况进行分析，发现佛山市的工业密度的得分呈现持续下降的趋势，说明佛山市的工业密度逐渐减小，城市的工业承载力逐渐减弱。

税收贡献率的排名呈现先下降后上升的发展趋势。对佛山市的税收贡献率的得分情况进行分析，发现佛山市的税收贡献率的得分先上升后下降，整体呈下降趋势，说明佛山市的经济发展波动下降，税收程度有所降低，市场发展活力减弱。

工业弧弹性的排名呈现先保持后下降的发展趋势。对佛山市的工业弧弹性的得分情况进行分析，发现佛山市的工业弧弹性的得分呈现波动上升的趋势，说明佛山市的工业产值增长速率快于其经济的变化增长速率，城市呈现出工业的扩张发展趋势。

Moore工业结构的排名呈现先保持后下降的发展趋势。对佛山市的Moore工业结构的得分情况进行分析，发现佛山市的Moore工业结构的得分处于持续下降的趋势，说明佛山市的Moore产业结构指数有所减小，城市企业结构的变化程度逐渐减小。

工业不协调度的排名呈现持续保持的发展趋势。对佛山市的工业不协调度的得分情况进行分析，发现佛山市的工业不协调度的得分先下降后上升，整体呈下降趋势，说明佛山市的企业不协调度波动减小，企业在城市中的发展结构逐渐趋于协调，企业对城市经济发展起的促进作用增大。

其中工业偏离系数的排名呈现先下降后保持的发展趋势。对佛山市的工业偏离系数的得分情况进行分析，发现佛山市的工业偏离系数的得分呈现出波动上升的发展趋势，说明佛山市的工业结构偏离系数波动增大，城市的就业结构协调程度下降，城市的劳动生产率有所降低。

对2010~2015年佛山市工业发展及各三级指标的得分、排名和优劣度进行分析。2010~2015年佛山市工业发展的综合得分排名一直处在珠江-西江经济带第1名，处于珠江-西江经济带上游区，2010~2015年佛山市工业发展的综合得分排名呈现持续保持的发展趋势，2010~2015年其工业发展排名一直处于在珠江-西江经济带上游区，工业发展水平一直处在珠江-西江经济带强势位置，说明城市的工业发展较珠江-西江经济带的其他城市竞争优势大，佛山市在提高工业发展方面的优势较为稳定，同时也说明佛山市在工业发展方面控制和发展的稳定性较强。对佛山市的工业发展得分情况进行分析，发现佛山市的工业发展综合得分呈现波动下降的发展趋势。

从工业发展基础指标的优劣度结构来看，在9个基础指标中，指标的优劣度结构为22.2∶44.4∶11.1∶22.2，见表10-3。

表10-3　　　　2013~2015年佛山市工业发展各级指标的得分、排名及优劣度分析

指标	2013 年			2014 年			2015 年		
	得分	排名	优劣度	得分	排名	优劣度	得分	排名	优劣度
工业发展	34.517	1	强势	33.235	1	强势	32.182	1	强势
工业结构	7.599	3	优势	7.539	3	优势	7.426	3	优势

续表

指标	2013年 得分	排名	优劣度	2014年 得分	排名	优劣度	2015年 得分	排名	优劣度
企业扩张弹性系数	3.076	7	中势	2.666	7	中势	2.867	8	中势
工业发展强度	3.291	2	强势	3.318	1	强势	3.271	1	强势
工业密度	2.623	1	强势	2.447	1	强势	2.351	1	强势
税收贡献率	1.814	3	优势	1.858	4	优势	1.644	3	优势
工业弧弹性	6.455	2	强势	6.600	2	强势	6.575	9	劣势
Moore工业结构	4.934	3	优势	4.172	3	优势	3.327	5	优势
工业不协调度	4.454	3	优势	4.381	3	优势	4.416	3	优势
工业偏离系数	0.271	8	中势	0.255	9	劣势	0.304	9	劣势

表10-3　　　　　　　　　　2015年佛山市工业发展指标的优劣度结构

二级指标	三级指标数	强势指标 个数	比重(%)	优势指标 个数	比重(%)	中势指标 个数	比重(%)	劣势指标 个数	比重(%)	优劣度
工业发展	9	2	22.222	4	44.444	1	11.111	2	22.222	强势

(三) 佛山市城市工业发展实力比较分析

图10-10和图10-11将2010~2015年佛山市工业发展与珠江-西江经济带最高水平和平均水平进行比较。从工业发展的要素得分比较来看，由图10-8可知，2010年，佛山市工业结构得分比珠江-西江经济带最高分低0.164分，比平均分高0.776分；2011年，工业结构得分比珠江-西江经济带最高分低0.144分，比平均分高0.623分；2012年，工业结构得分比珠江-西江经济带最高分低0.153分，比平均分高0.719分；2013年，工业结构得分比珠江-西江经济带最高分低0.148分，比平均分高0.783分；2014年，工业结构得分比珠江-西江经济带最高分低0.143分，比平均分高0.838分；2015年，工业结构得分比珠江-西江经济带最高分低0.143分，比平均分高0.988分。这说明整体上佛山市工业结构得分与珠江-西江经济带最高分的差距持续缩小，与珠江-西江经济带平均分的差距先减小后增大。

2010年，佛山市企业扩张弹性系数得分比珠江-西江经济带最高分低1.359分，比平均分低0.296分；2011年，企业扩张弹性系数得分比珠江-西江经济带最高分低0.008分，比平均分高0.214分；2012年，企业扩张弹性系数得分比珠江-西江经济带最高分低1.150分，比平均分低0.032分；2013年，企业扩张弹性系数得分比珠江-西江经济带最高分低1.223分，比平均分低0.173分；2014年，企业扩张弹性系数得分比珠江-西江经济带最高分低0.282分，比平均分高0.263分；2015年，企业扩张弹性系数得分比珠江-西江经济带最高分低2.452分，比平均分低0.314分。这说明整体上佛山市企业扩张弹性系数得分与珠江-西江经济带最高分的差距先减小后增大，与珠江-西江经济带平均分的差距先减小后增大。

2010年，佛山市工业发展强度得分与珠江-西江经济带最高分不存在差距，比平均分高3.150分；2011年，工业发展强度得分与珠江-西江经济带最高分低0.313分，比平均分高2.602分；2012年，工业发展强度得分比珠江-西江经济带最高分低0.047分，比平均分高2.525分；2013年，工业发展强度得分比珠江-西江经济带最高分低

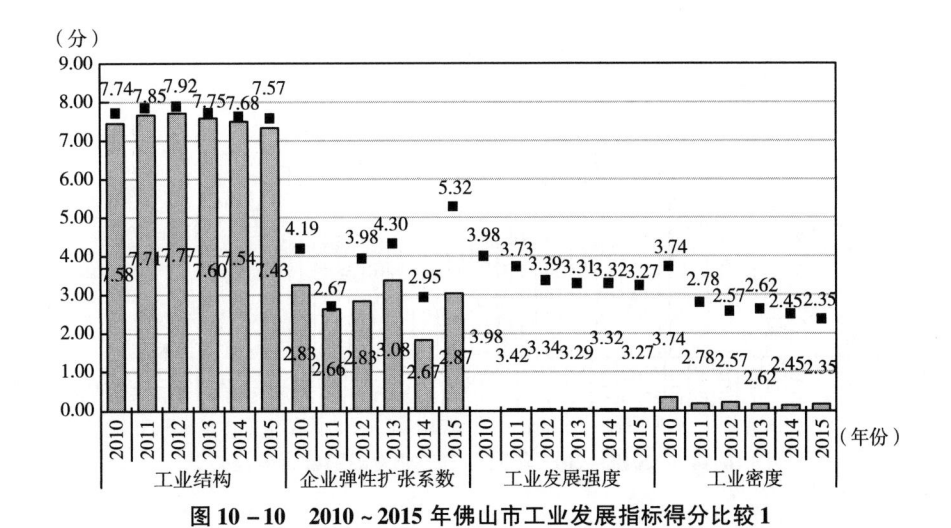

图10-10　2010~2015年佛山市工业发展指标得分比较1

0.014分，比平均分高2.488分；2014年，工业发展强度得分与珠江-西江经济带最高分不存在差距，比平均分高2.516分；2015年，工业发展强度得分与珠江-西江经济带最高分不存在差距，比平均分高2.473分。这说明整体上佛山市工业发展强度得分与珠江-西江经济带最高分的差距先增大后缩小，与珠江-西江经济带平均分的差距波动缩小。

2010年，佛山市工业密度得分与珠江-西江经济带最高分不存在差距，比平均分高3.044分；2011年，工业密度得分与珠江-西江经济带最高分不存在差距，比平均分高2.303分；2012年，工业密度得分与珠江-西江经济带最高分不存在差距，比平均分高2.119分；2013年，工业密度得分与珠江-西江经济带最高分不存在差距，比平均分高2.155分；2014年，工业密度得分与珠江-西江经济带最高分不存在差距，比平均分高2.023分；2015年，工业密度得分与珠江-西江经济带最高分不存在差距，比平均分高1.959分。这说明整体上佛山市工业密度得分与珠江-西江经济带最高分不存在差距，与珠江-西江经济带平均分的差距持续缩小。

由图10-11可知，2010年，佛山市税收贡献率得分比珠江-西江经济带最高分低0.792分，比平均分高0.467分；2011年，税收贡献率得分比珠江-西江经济带最高分低1.415分，比平均分高0.180分；2012年，税收贡献率得分比珠江-西江经济带最高分低1.104分，比平均分高0.304分；2013年，税收贡献率得分比珠江-西江经济带最高分低2.271分，比平均分高0.624分；2014年，税收贡献率得分比珠江-西江经济带最高分低1.430分，比平均分高0.492分；2015年，税收贡献率得分比珠江-西江经济带最高分低0.580分，比平均分高0.629分。这说明整体上佛山市税收贡献率得分与珠江-西江经济带最高分的差距波动增大，与珠江-西江经济带平均分的差距先减小后增大。

2010年，佛山市工业弧弹性得分比珠江-西江经济带最高分低0.115分，比平均分低0.018分；2011年，工业弧弹性得分比珠江-西江经济带最高分低0.218分，比平均分低0.150分；2012年，工业弧弹性得分与珠江-西江经济带最高分不存在差距，比平均分高0.221分；2013年，工业弧弹性得分比珠江-西江经济带最高分低0.062分，比平均分高0.686分；2014年，工业弧弹性得分比珠江-西江经济带最高分低0.069分，比平均分高0.053分；2015年，工业弧弹性得分比珠江-西江经济带最高分低0.931分，比平均分低0.129分。这说明整体上佛山市工业弧弹性得分与珠江-西江经济带最高分的差距先减小后增大，与珠江-西江经济带平均分的差距先增大后减小。

2010年，佛山市Moore工业结构得分比珠江-西江经济带最高分低0.861分，比平均分高0.970分；2011年，Moore工业结构得分比珠江-西江经济带最高分低0.864分，比平均分高0.899分；2012年，Moore工业结构得分比珠江-西江经济带最高分低0.301分，比平均分高0.986分；2013年，Moore工业结构得分比珠江-西江经济带最高分低0.289分，比平均分高0.975分；2014年，Moore工业结构得分比珠江-西江经济带最高分低0.089分，比平均分高0.721分；2015年，Moore工业结构得分比珠江-西江经济带最高分低0.118分，比平均分高0.584分。这说明整体上佛山市Moore工业结构得分与珠江-西江经济带最高分的差距呈波动缩小的趋势，与珠江-西江经济带平均分的差距先增大后减小，整体高于平均分。

2010年，佛山市工业不协调度得分比珠江-西江经济带最高分低1.103分，比平均分高0.721分；2011年，工业不协调度得分比珠江-西江经济带最高分低0.293分，比平均分高0.883分；2012年，工业不协调度得分比珠江-西江经济带最高分低0.135分，比平均分高1.026分；2013年，工业不协调度得分比珠江-西江经济带最高分低0.167分，比平均分高0.994分；2014年，工业不协调度得分比珠江-西江经济带最高分低0.164分，比平均分高1.183分；2015年，工业不协调度得分比珠江-西江经济带最高分低0.625分，比平均分高1.134分。这说明整体上佛山市工业不协调度得分与珠江-西江经济带最高分的差距先减小后增大，与珠江-西江经济带平均分的差距呈波动增大的趋势。

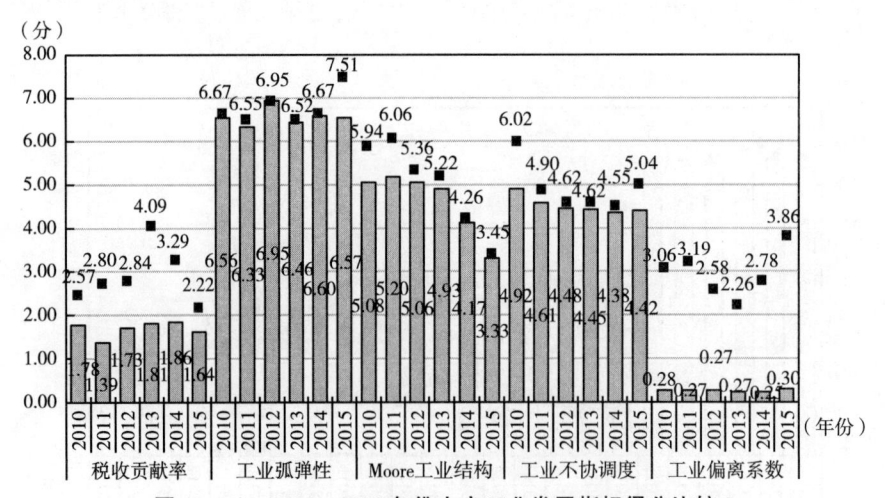

图10-11　2010~2015年佛山市工业发展指标得分比较2

2010年，佛山市工业偏离系数得分比珠江-西江经济带最高分低2.779分，比平均分低0.591分；2011年，工业偏离系数得分比珠江-西江经济带最高分低2.923分，比平均分低0.479分；2012年，工业偏离系数得分比珠江-西江经济带最高分低2.310分，比平均分低0.467分；2013年，工业偏离系数得分比珠江-西江经济带最高分低1.985分，比平均分低0.454分；2014年，工业偏离系数得分比珠江-西江经济带最高分低2.530分，比平均分低0.585分；2015年，工业偏离系数得分比珠江-西江经济带最高分低3.553分，比平均分低0.525分。这说明整体上佛山市工业偏离系数得分与珠江-西江经济带最高分的差距先减小后增大，与珠江-西江经济带平均分的差距呈波动减小的趋势。

二、佛山市城市企业发展实力综合评估与比较

（一）佛山市城市企业发展实力评估指标变化趋势评析

1. 企业利润相对增长率

根据图10-12分析可知，2010~2015年佛山市企业利润相对增长率总体上呈现波动保持的状态。波动保持型指标意味着城市在该项指标上虽然呈现波动状态，在评价末期和评价初期的数值基本保持一致，由该图可知佛山市企业利润相对增长率数值保持在35.942~95.712。即使佛山市企业利润相对增长率存在过最低值，其数值为35.942，但佛山市在企业利润相对增长率上总体表现也是相对平稳；说明该地区企业发展能力及活力持续又稳定。

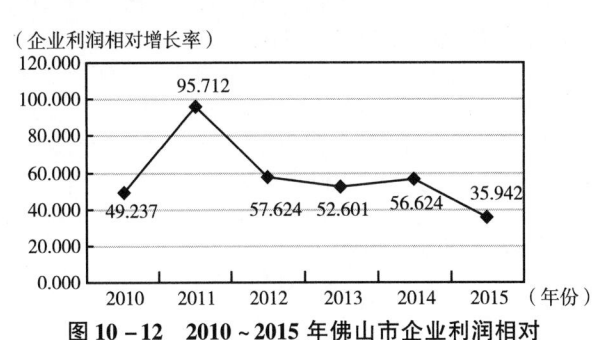

（企业利润相对增长率）

图10-12　2010~2015年佛山市企业利润相对增长率变化趋势

2. 企业利润绝对增量加权指数

根据图10-13分析可知，2010~2015年佛山市企业利润绝对增量加权指数总体上呈现波动下降的状态。这种状态表现为2010~2015年城市在该项指标上总体呈现下降趋势，但在此期间存在上下波动的情况，并非连续性下降状态。这就意味着在评估的时间段内，虽然指标数据存在较大的波动，但是其评价末期数据值低于评价初期数据值。佛山市的企业利润绝对增量加权指数末期低于初期的数据，降低22个单位左右，并且在2011~2012年间存在明显下降

的变化，这说明佛山市企业发展情况处于不太稳定的下降状态。

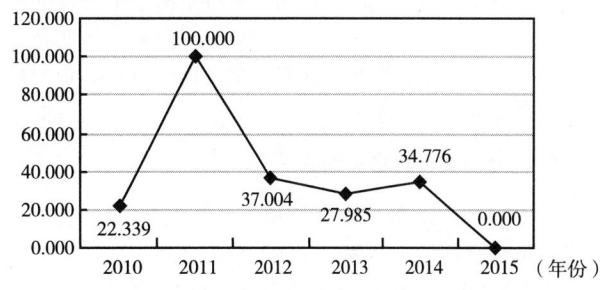

（企业利润绝对增量加权指数）

图10-13　2010~2015年佛山市企业利润绝对增量加权指数变化趋势

3. 企业利润比重增量

根据图10-14分析可知，2010~2015年佛山市企业利润比重增量总体上呈现波动上升的状态。这一类型的指标表现为2010~2015年城市存在一定的波动变化，总体趋势上为上升趋势，但在个别年份出现下降的情况，指标并非连续性上升状态。波动上升型指标意味着在评价的时间段内，虽然指标数据存在较大的波动变化，但是其评价末期数据值高于评价初期数据值，最终稳定在92.013。城市的企业利润比重增量越大，对于佛山市来说，其城市企业发展潜力也越来越大。

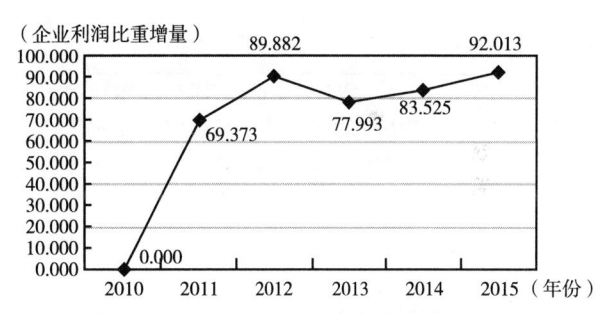

（企业利润比重增量）

图10-14　2010~2015年佛山市企业利润比重增量变化趋势

4. 企业利润枢纽度

根据图10-15分析可知，2010~2015年佛山市企业利

（企业利润枢纽度）

图10-15　2010~2015年佛山市企业利润枢纽度变化趋势

润枢纽度总体上呈现波动保持的状态。波动保持型指标意味着城市在该项指标上虽然呈现波动状态,在评价末期和评价初期的数值基本保持一致,该图可知佛山市企业利润枢纽度数值保持在 35.560～44.417。即使佛山市企业利润枢纽度存在过最低值,其数值为 35.560,但佛山市在企业利润枢纽度上总体表现也是相对平稳,说明该地区企业发展能力及活力持续又稳定。

5. 企业利润平均增长指数

根据图 10-16 分析可知,2010～2015 年佛山市企业利润平均增长指数总体上呈现波动上升的状态。这一类型的指标表现为 2010～2015 年城市存在一定的波动变化,总体趋势上为上升趋势,但在个别年份出现下降的情况,指标并非连续性上升状态。波动上升型指标意味着在评价的时间段内,虽然指标数据存在较大的波动变化,但是其评价末期数值高于评价初期数据值。佛山市在 2012～2015 年虽然出现下降的状况,2015 年为 66.529,但是总体上还是呈现上升的态势。城市的企业利润平均增长指数越大,对于佛山市来说,其城市企业发展潜力也越来越大。

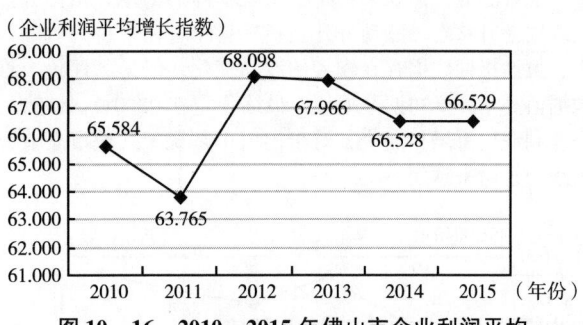

(企业利润平均增长指数)

图 10-16 2010～2015 年佛山市企业利润平均增长指数变化趋势

6. 企业产值流强度

根据图 10-17 分析可知,2010～2015 年佛山市的企业产值流强度总体上呈现波动上升的状态。这一类型的指标为 2010～2015 年间城市在该项指标上存在较多波动变化,总体趋势为上升趋势,但在个别年份出现下降的情况,指标并非连续性上升。波动上升型指标意味着在评估期间,虽然指标数据存在较大波动变化,但是其评价末期数据值高于评价初期数据值。通过折线图可以看出,佛山市的企业产值流强度指标不断提高,在 2015 年达到 10.206,相较于 2010 年上升 3 个单位左右;说明佛山市企业产值流强度的整体发展水平较高。

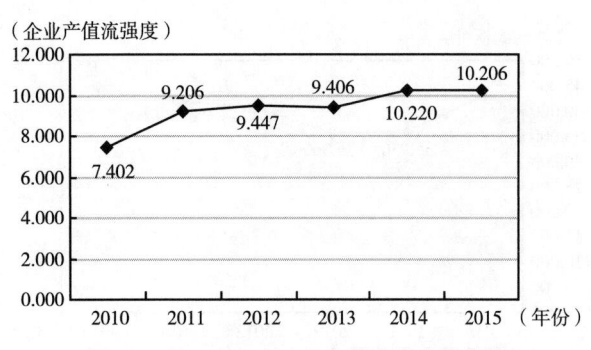

7. 企业产值倾向度

根据图 10-18 分析可知,2010～2015 年佛山市企业产值倾向度总体上呈现波动保持的状态。波动保持型指标意味着城市在该项指标上虽然呈现波动状态,在评价末期和评价初期的数值基本保持一致,由该图可知佛山市企业产值倾向度数值保持在 8.892～10.509。即使佛山市企业产值倾向度存在过最低值,其数值为 8.892,但佛山市在企业产值倾向度上总体表现也是相对平稳;说明该地区企业发展能力及活力持续又稳定。

(企业产值倾向度)

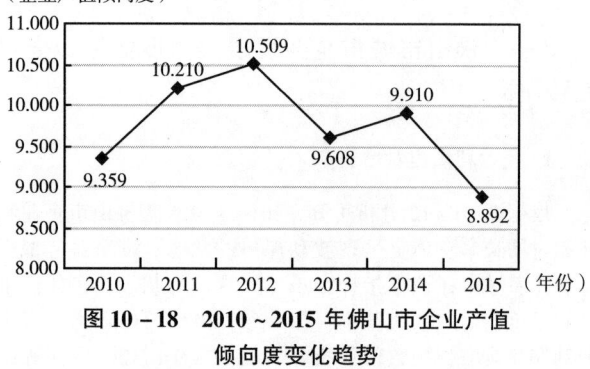

图 10-18 2010～2015 年佛山市企业产值倾向度变化趋势

8. 内资企业产值职能规模

根据图 10-19 分析可知,2010～2015 年佛山市的内资企业产值职能规模总体上呈现持续上升的状态。持续上升型的指标不仅意味着城市在各项指标数据上的不断增长,更意味着城市在该项指标以及工业企业实力整体上的竞争力优势不断扩大。通过折线图可以看出,佛山市的内资企业产值职能规模指标数值不断提高,在 2015 年达到 41.830,相较于 2010 年上升 25 个单位左右,说明佛山市内资企业产值职能规模的整体发展水平较高。

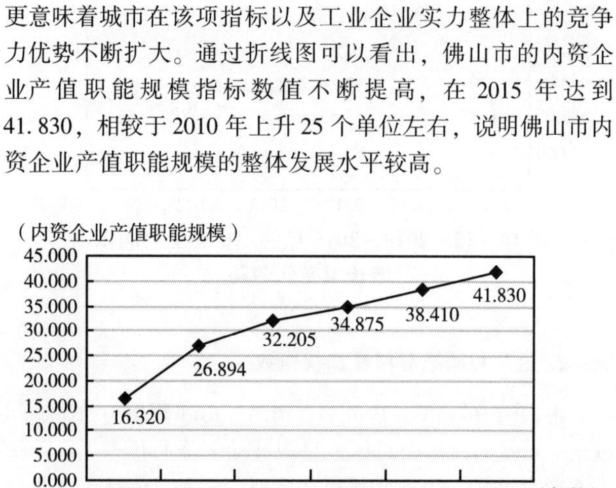

(企业产值流强度)

图 10-17 2010～2015 年佛山市企业产值流强度变化趋势

(内资企业产值职能规模)

图 10-19 2010～2015 年佛山市内资企业产值职能规模变化趋势

9. 港澳台投资企业产值职能规模

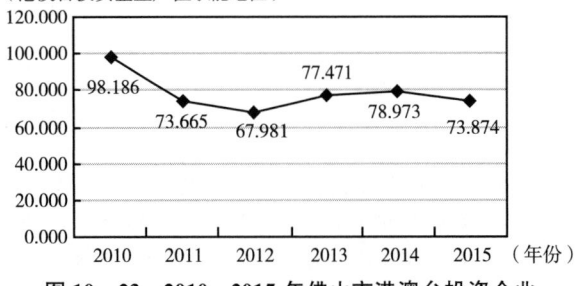

根据图10-20分析可知，2010~2015年佛山市的港澳台投资企业产值职能规模总体上呈现波动上升的状态。这一类型的指标为2010~2015年间城市在该项指标上存在较多波动变化，总体趋势为上升趋势，但在个别年份出现下降的情况，指标并非连续性上升。波动上升型指标意味着在评估期间，虽然指标数据存在较大波动变化，但是其评价末期数据值高于评价初期数据值。通过折线图可以看出，佛山市的港澳台投资企业产值职能规模指标数值不断提高，在2015年达到88.067，相较于2010年上升19个单位左右；说明佛山市的港澳台投资企业产值职能规模的整体水平较高。

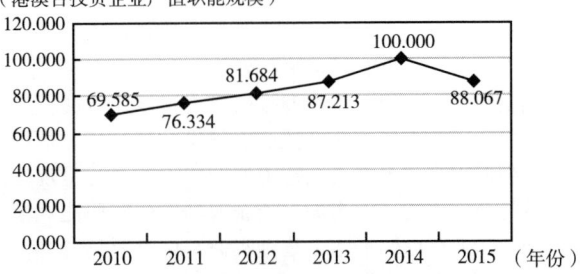

图10-20 2010~2015年佛山市港澳台投资企业产值职能规模变化趋势

10. 外商投资企业产值职能规模

根据图10-21分析可知，2010~2015年佛山市城市的外商投资企业产值职能规模总体上呈现波动下降的状态。这一类的指标为2010~2015年间城市在该项指标上总体呈现下降趋势，但在评估期间存在上下波动的情况，指标并非连续性下降状态。波动下降型指标意味着在评估期间，虽然指标数据存在较大波动变化，但是其评价末期数据值低于评价初期数据值。如图所示，佛山市外商投资企业产值职能规模指标处于不断下降的状态中，2010年此指标数值最高，为2.908，到2015年时，下降至0.241。分析这种变化趋势，可以得出佛山市外商投资企业产值职能规模发展的水平有待提升，城市企业的发展活力不足。

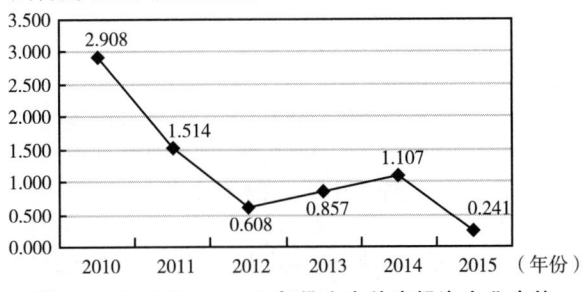

图10-21 2010~2015年佛山市外商投资企业产值职能规模变化趋势

11. 内资企业产值职能地位

根据图10-22分析可知，2010~2015年佛山市的内资企业产值职能地位总体上呈现持续上升的状态。持续上升型的指标不仅意味着城市在各项指标数据上的不断增长，更意味着城市在该项指标以及工业企业实力整体上的竞争力优势不断扩大。通过折线图可以看出，佛山市的内资企业产值职能地位指标数值不断提高，在2015年达到34.567，相较于2010年上升11个单位左右；说明佛山市内资企业产值职能地位的整体水平较高。

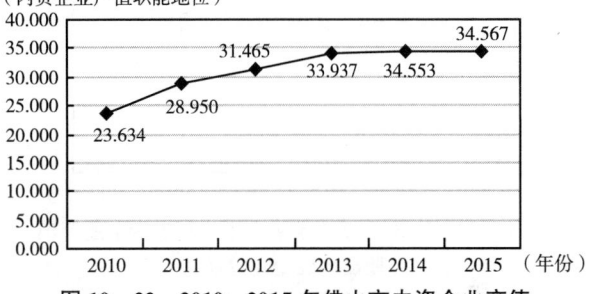

图10-22 2010~2015年佛山市内资企业产值职能地位变化趋势

12. 港澳台投资企业产值职能地位

根据图10-23分析可知，2010~2015年佛山市城市的港澳台投资企业产值职能地位总体上呈现波动下降的状态。这一类的指标为2010~2015年间城市在该项指标上总体呈现下降趋势，但在评估期间存在上下波动的情况，指标并非连续性下降状态。波动下降型指标意味着在评估期间，虽然指标数据存在较大波动变化，但是其评价末期数据值低于评价初期数据值。如图10-23所示，佛山市港澳台投资企业产值职能地位指标处于不断下降的状态中，2010年此指标数值最高，为98.186，到2015年时，下降至73.874。分析这种变化趋势，可以得出佛山市港澳台投资企业产值职能地位发展水平处于劣势，城市企业的发展活力不足。

图10-23 2010~2015年佛山市港澳台投资企业产值职能地位变化趋势

13. 外商投资企业产值职能地位

根据图10-24分析可知，2010~2015年佛山市外商投资企业产值职能地位总体上呈现波动保持的状态。波动保持型指标意味着城市在该项指标上虽然呈现波动状态，在评价末期和评价初期的数值基本保持一致，该图可知佛山市外商投资企业产值职能地位数值保持在50.771~68.336。即使佛山市外商投资企业产值职能地位存在过最低值，其数值为50.771，但佛山市在外商投资企业产值职能地位上总体表现的也是相对平稳；说明该地区企业发展能力及活力持续又稳定。

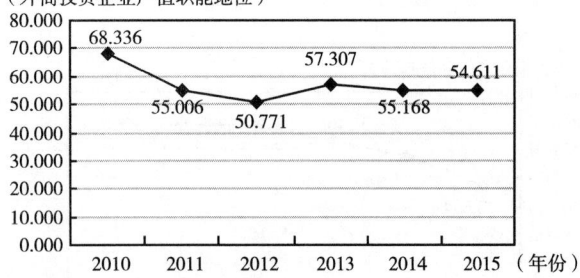

图10-24 2010~2015年佛山市外商投资企业产值职能地位变化趋势

（二）佛山市城市企业发展实力评估结果

根据表10-4，对2010~2012年佛山市企业发展得分、排名、优劣度进行分析。可以看到2010~2012年佛山市企业发展排名始终处在珠江-西江经济带第2名，其企业发展处于珠江-西江经济带上游，说明佛山市企业发展的发展水平较高，在经济带中具备明显的竞争优势。对佛山市的企业发展得分情况进行分析，发现佛山市的企业发展综合得分先上升后下降，整体呈上升趋势，说明佛山市的企业发展处于上升的状态。

对佛山市的企业利润相对增长率的得分情况进行分析，发现佛山市的企业利润相对增长率的得分先上升后下降，整体呈上升趋势，说明佛山市的企业利润相对增长率波动上升，企业获取利润的增长速率加快，呈现出地区企业集聚能力及活力有所增强。

企业利润绝对增量加权指数的排名呈现先上升后保持的发展趋势。对佛山市的企业利润绝对增量加权指数的得分情况进行分析，发现佛山市的企业利润绝对增量加权指数的得分先上升后下降，整体呈上升趋势，说明佛山市的企业利润绝对增量加权指数波动上升，说明城市的企业要素集中度有所提高，城市企业获取利润的变化增长趋向于中高速发展。

企业利润比重增量的排名呈现持续上升的发展趋势。对佛山市的企业利润比重增量的得分情况进行分析，发现佛山市企业利润比重增量的得分呈现持续上升的趋势，说明佛山市的企业利润比重增长在增高，整体企业利润水平逐渐具备优势。

企业利润枢纽度的排名呈现持续保持的发展趋势。对佛山市企业利润枢纽度的得分情况进行分析，发现佛山市的企业利润枢纽度得分先下降后上升，整体呈现下降趋势，说明2010~2012年佛山市的企业利润枢纽度降低，企业利润能力有所减弱，在经济社会发展中的地位有所降低。

企业利润平均增长指数的排名呈现持续上升的发展趋势。对佛山市的企业利润平均增长指数的得分情况进行分析，发现佛山市的企业利润平均增长指数的得分波动下降，说明佛山市的企业利润平均增长指数降低，佛山市在评估时间段内的企业获取利润在降低，整体城市企业利润水平有所下降。

企业产值流强度的排名呈现持续保持的趋势。对佛山市的企业产值流强度的得分情况进行分析，发现佛山市的企业产值流强度的得分持续上升，说明佛山市的企业产值流强度增强，城市之间发生的经济集聚和扩散所产生的企业要素流动强度增强，城市经济影响力也在逐渐提高。

企业产值倾向度的排名呈现持续保持的发展趋势。对佛山市的企业产值倾向度的得分情况进行分析，发现佛山市的企业产值倾向度的得分处于持续上升的状态，说明佛山市的城市总功能量的外向强度增强。

内资企业产值职能规模的排名呈现持续保持的发展趋势。对佛山市的内资企业产值职能规模的得分情况进行分析，发现佛山市的内资企业产值职能规模的得分呈现持续上升的趋势，说明佛山市的内资企业利润相对职能规模增强，内资企业获取利润水平逐渐提高，城市所具备的内资企业获取利润能力增强。

港澳台投资企业产值职能规模的排名处于先保持后上升的发展趋势。对佛山市的港澳台投资企业产值职能规模的得分情况进行分析，发现佛山市港澳台投资企业产值职能规模得分持续上升，说明佛山市的港澳台投资企业利润相对职能规模增大，港澳台投资企业获取利润水平逐渐提高，城市所具备的港澳台投资企业获取利润能力增强。

外商投资企业产值职能规模的排名呈现先保持后下降的发展趋势。对佛山市的外商投资企业产值职能规模的得分情况进行分析，发现佛山市的外商投资企业产值职能规模的得分持续下降，说明佛山市的外商投资企业利润相对职能规模减小，城市所具备的外商投资企业获取利润能力逐渐降低。

内资企业产值职能地位的排名呈现持续保持的发展趋势。对佛山市的内资企业产值职能地位的得分情况进行分析，发现佛山市内资企业产值职能地位的得分呈现持续上升，说明佛山市的内资企业产值职能地位增强，城市的内资企业产值获取能力在地区内的水平具备明显的优势，城市对内资企业的吸引集聚能力在不断提高，城市就业及劳动力的发展潜力较大。

港澳台投资企业产值职能地位的排名呈现持续保持的发展趋势。对佛山市港澳台投资企业产值职能地位的得分情况进行分析，发现佛山市的港澳台投资企业产值职能地位得分持续下降，说明2010~2012年佛山市的港澳台投资企业产值职能地位在减弱，城市对港澳台投资企业的吸引集聚能力也有所减弱，城市发展具备的就业及劳动力发展的潜力较小。

外商投资企业产值职能地位的排名呈现持续保持的发展趋势。对佛山市的外商投资企业产值职能地位的得分情况进行分析，发现佛山市的外商投资企业产值职能地位的得分持续下降，说明 2010~2012 年佛山市的外商投资企业产值职能地位有所降低，城市对外商投资企业的吸引集聚能力也在逐渐下降。

表 10-4　　2010~2012 年佛山市企业发展各级指标的得分、排名及优劣度分析

指标	2010 年			2011 年			2012 年		
	得分	排名	优劣度	得分	排名	优劣度	得分	排名	优劣度
企业发展	20.091	2	强势	28.492	2	强势	25.217	2	强势
企业利润相对增长率	2.195	5	优势	4.714	2	强势	2.614	1	强势
企业利润绝对增量加权指数	0.784	2	强势	4.091	1	强势	1.330	1	强势
企业利润比重增量	0.000	11	劣势	4.402	10	劣势	5.672	1	强势
企业利润枢纽度	1.822	7	中势	1.550	7	中势	1.609	7	中势
企业利润平均增长指数	4.022	11	劣势	3.542	7	中势	3.650	4	优势
企业产值流强度	0.238	2	强势	0.304	2	强势	0.316	2	强势
企业产值倾向度	0.317	8	中势	0.397	8	中势	0.433	8	中势
内资企业产值职能规模	0.537	2	强势	0.923	2	强势	1.142	2	强势
港澳台投资企业产值职能规模	2.579	2	强势	2.860	2	强势	3.040	1	强势
外商投资企业产值职能规模	0.092	2	强势	0.049	2	强势	0.020	4	优势
内资企业产值职能地位	0.860	2	强势	1.013	2	强势	1.109	2	强势
港澳台投资企业产值职能地位	4.024	2	强势	2.672	2	强势	2.431	2	强势
外商投资企业产值职能地位	2.619	2	强势	1.973	2	强势	1.851	2	强势

根据表 10-5，对 2013~2015 年佛山市企业发展得分、排名、优劣度进行分析。可以看到 2013~2015 年佛山市企业发展排名始终处在珠江－西江经济带第 2 名，其企业发展处于珠江－西江经济带上游，说明佛山市企业发展的发展水平较高，在经济带中具备明显的竞争优势。对佛山市的企业发展得分情况进行分析，发现佛山市的企业发展综合得分先上升后下降，整体上呈下降趋势，说明佛山市的企业发展处于下降的状态。

对佛山市的企业利润相对增长率的得分情况进行分析，发现佛山市的企业利润相对增长率的得分先上升后下降，整体呈下降趋势，说明佛山市的企业利润相对增长率波动下降，企业获取利润的增长速率变慢，呈现出地区企业集聚能力及活力有所减弱。

企业利润绝对增量加权指数的排名呈现先保持后下降的发展趋势。对佛山市的企业利润绝对增量加权指数的得分情况进行分析，发现佛山市的企业利润绝对增量加权指数的得分先上升后下降，整体呈下降趋势，说明佛山市的企业利润绝对增量加权指数波动下降，说明城市的企业要素集中度有所降低，城市企业获取利润的变化增长趋向于低速发展。

企业利润比重增量的排名呈现先上升后保持的发展趋势。对佛山市的企业利润比重增量的得分情况进行分析，发现佛山市企业利润比重增量的得分呈现持续上升的趋势，说明佛山市的企业利润比重增长在增高，整体企业利润水平逐渐具备优势。

企业利润枢纽度的排名呈现持续保持的发展趋势。对佛山市企业利润枢纽度的得分情况进行分析，发现佛山市的企业利润枢纽度得分持续上升，说明 2013~2015 年佛山市的企业利润枢纽度提高，企业利润能力有所增强，在经济社会发展中的地位有所上升。

企业利润平均增长指数的排名呈现先下降后上升的发展趋势。对佛山市的企业利润平均增长指数的得分情况进行分析，发现佛山市的企业利润平均增长指数的得分持续下降，说明佛山市的企业利润平均增长指数降低，佛山市在评估时间段内的企业获取利润在降低，整体城市企业利润水平有所下降。

企业产值流强度的排名呈现持续保持的趋势。对佛山市的企业产值流强度的得分情况进行分析，发现佛山市的企业产值流强度的得分持续上升，说明佛山市的企业产值流强度增强，城市之间发生的经济集聚和扩散所产生的企业要素流动强度增强，城市经济影响力也在逐渐提高。

企业产值倾向度的排名呈现先上升后下降的发展趋势。对佛山市的企业产值倾向度的得分情况进行分析，发现佛山市的企业产值倾向度的得分处于持续下降的状态，说明佛山市的城市总功能量的外向强度减弱。

内资企业产值职能规模的排名呈现持续保持的发展趋势。对佛山市的内资企业产值职能规模的得分情况进行分析，发现佛山市的内资企业产值职能规模的得分呈现持续

上升的趋势，说明佛山市的内资企业利润相对职能规模增强，内资企业获取利润水平逐渐提高，城市的内资企业获取利润能力增强。

港澳台投资企业产值职能规模的排名处于先上升后保持的发展趋势。对佛山市的港澳台投资企业产值职能规模的得分情况进行分析，发现佛山市港澳台投资企业产值职能规模得分先上升后下降，整体呈下降趋势，说明佛山市的港澳台投资企业利润相对职能规模有所减小，港澳台投资企业获取利润水平有所下降，城市所具备的港澳台投资企业获取利润能力减弱。

外商投资企业产值职能规模的排名呈现持续下降的发展趋势。对佛山市的外商投资企业产值职能规模的得分情况进行分析，发现佛山市的外商投资企业产值职能规模的得分波动下降，说明佛山市的外商投资企业利润相对职能规模减小，城市所具备的外商投资企业获取利润能力逐渐降低。

内资企业产值职能地位的排名呈现持续保持的发展趋势。对佛山市的内资企业产值职能地位的得分情况进行分析，发现佛山市内资企业产值职能地位的得分呈现波动上升的趋势，说明佛山市的内资企业产值职能地位有所增强，城市的内资企业产值获取能力在地区内的水平具备明显的优势，城市对内资企业的吸引集聚能力在不断提高，城市就业及劳动力的发展潜力较大。

港澳台投资企业产值职能地位的排名呈现先上升后保持的发展趋势。对佛山市港澳台投资企业产值职能地位的得分情况进行分析，发现佛山市的港澳台投资企业产值职能地位得分波动下降，说明2013~2015年佛山市的港澳台投资企业产值职能地位在减弱，城市对港澳台投资企业的吸引集聚能力也有所减弱，城市发展具备就业及劳动力发展的潜力较小。

外商投资企业产值职能地位的排名呈现持续保持的发展趋势。对佛山市的外商投资企业产值职能地位的得分情况进行分析，发现佛山市的外商投资企业产值职能地位的得分持续下降，说明2013~2015年佛山市的外商投资企业产值职能地位有所降低，城市对外商投资企业的吸引集聚能力也在逐渐下降。

对2010~2015年佛山市企业发展及各三级指标的得分、排名和优劣度进行分析。2010~2015年佛山市企业发展的综合得分排名均处于珠江－西江经济带第2名，处于珠江－西江经济带上游区。2010~2015年其企业发展排名一直在珠江－西江经济带上游区，企业发展水平一直在处于强势位置，说明城市的企业发展水平较珠江－西江经济带的其他城市更具竞争优势，处于珠江－西江经济带中较为领先的位置，对佛山市2010~2015年的企业发展的得分情况进行分析，发现佛山市的企业发展综合得分呈现波动上升的发展趋势，2010~2015年佛山市的企业发展得分呈频繁升降的发展趋势。

从企业发展基础指标的优劣度结构来看，在13个基础指标中，指标的优劣度结构为53.8∶0.0∶23.1∶23.1，见表10-6。

表10-5　2013~2015年佛山市企业发展各级指标的得分、排名及优劣度分析

指标	2013年 得分	排名	优劣度	2014年 得分	排名	优劣度	2015年 得分	排名	优劣度
企业发展	25.688	2	强势	27.308	2	强势	25.029	2	强势
企业利润相对增长率	2.385	2	强势	2.575	1	强势	1.575	11	劣势
企业利润绝对增量加权指数	0.999	1	强势	1.246	1	强势	0.000	11	劣势
企业利润比重增量	5.137	7	中势	5.343	7	中势	6.107	1	强势
企业利润枢纽度	1.861	7	中势	1.944	7	中势	2.270	7	中势
企业利润平均增长指数	3.762	6	中势	3.705	7	中势	3.602	6	中势
企业产值流强度	0.324	2	强势	0.362	2	强势	0.372	2	强势
企业产值倾向度	0.359	8	中势	0.398	7	中势	0.340	9	劣势
内资企业产值职能规模	1.248	2	强势	1.416	2	强势	1.575	2	强势
港澳台投资企业产值职能规模	3.413	2	强势	4.111	1	强势	3.325	1	强势
外商投资企业产值职能规模	0.029	3	优势	0.038	4	优势	0.009	6	中势
内资企业产值职能地位	1.203	2	强势	1.226	2	强势	1.214	2	强势
港澳台投资企业产值职能地位	2.846	2	强势	2.901	1	强势	2.651	1	强势
外商投资企业产值职能地位	2.123	2	强势	2.043	2	强势	1.990	2	强势

表10-6　2015年佛山市企业发展指标的优劣度结构

二级指标	三级指标数	强势指标 个数	比重（%）	优势指标 个数	比重（%）	中势指标 个数	比重（%）	劣势指标 个数	比重（%）	优劣度
企业发展	13	7	53.846	0	0.000	3	23.077	3	23.077	强势

（三）佛山市城市企业发展实力比较分析

图 10-25、图 10-26 以及图 10-27 将 2010~2015 年佛山市企业发展与珠江-西江经济带最高水平和平均水平进行比较。从企业发展的要素得分比较来看，由图 10-25 可知，2010 年，佛山市企业利润相对增长率得分比珠江-西江经济带最高分低 0.101 分，比平均分低 0.008 分；2011 年，企业利润相对增长率得分比珠江-西江经济带最高分低 0.211 分，比平均分高 2.309 分；2012 年，企业利润相对增长率得分与珠江-西江经济带最高分不存在差距，比平均分高 0.386 分；2013 年，企业利润相对增长率得分比珠江-西江经济带最高分低 0.151 分，比平均分高 0.109 分；2014 年，企业利润相对增长率得分与珠江-西江经济带最高分不存在差距，比平均分高 0.289 分；2015 年，企业利润相对增长率得分比珠江-西江经济带最高分低 0.846 分，比平均分低 0.454 分。这说明整体上佛山市企业利润相对增长率得分与珠江-西江经济带最高分的差距波动增大，与珠江-西江经济带平均分的差距波动增大。

2010 年，佛山市企业利润绝对增量加权指数得分比珠江-西江经济带最高分低 0.061 分，比平均分高 0.002 分；2011 年，企业利润绝对增量加权指数得分与珠江-西江经济带最高分不存在差距，比平均分高 2.878 分；2012 年，企业利润绝对增量加权指数得分与珠江-西江经济带最高分不存在差距，比平均分高 0.515 分；2013 年，企业利润绝对增量加权指数得分与珠江-西江经济带最高分不存在差距，比平均分高 0.171 分；2014 年，企业利润绝对增量加权指数得分与珠江-西江经济带最高分不存在差距，比平均分高 0.410 分；2015 年，企业利润绝对增量加权指数得分比珠江-西江经济带最高分低 0.839 分，比平均分低 0.671 分。这说明整体上佛山市企业利润绝对增量加权指数得分与珠江-西江经济带最高分的差距先减小后增大，与珠江-西江经济带平均分的差距波动增大。

2010 年，佛山市企业利润比重增量得分比珠江-西江经济带最高分低 4.695 分，比平均分低 3.951 分；2011 年，企业利润比重增量得分比珠江-西江经济带最高分低 1.243 分，比平均分低 0.593 分；2012 年，企业利润比重增量得分与珠江-西江经济带最高分不存在差距，比平均分高 0.831 分；2013 年，企业利润比重增量得分比珠江-西江经济带最高分低 1.450 分，比平均分低 0.165 分；2014 年，企业利润比重增量得分与珠江-西江经济带最高分不存在差距，比平均分高 0.289 分；2015 年，企业利润比重增量得分与珠江-西江经济带最高分不存在差距，比平均分高 0.707 分。这说明整体上佛山市企业利润比重增量得分与珠江-西江经济带最高分的差距波动减小，与珠江-西江经济带平均分的差距波动减小。

2010 年，佛山市企业利润枢纽度得分比珠江-西江经济带最高分低 1.656 分，比平均分高 0.115 分；2011 年，企业利润枢纽度得分比珠江-西江经济带最高分低 1.268 分，比平均分低 0.246 分；2012 年，企业利润枢纽度得分比珠江-西江经济带最高分低 1.801 分，比平均分低 0.379 分；2013 年，企业利润枢纽度得分比珠江-西江经济带最高分低 1.860 分，比平均分低 0.234 分；2014 年，企业利润枢纽度得分比珠江-西江经济带最高分低 1.860 分，比平均分低 0.170 分；2015 年，企业利润枢纽度得分比珠江-西江经济带最高分低 2.840 分，比平均分低 0.265 分。这说明整体上佛山市企业利润枢纽度得分与珠江-西江经济带最高分的差距先减小后增大，与珠江-西江经济带平均分的差距波动减小。

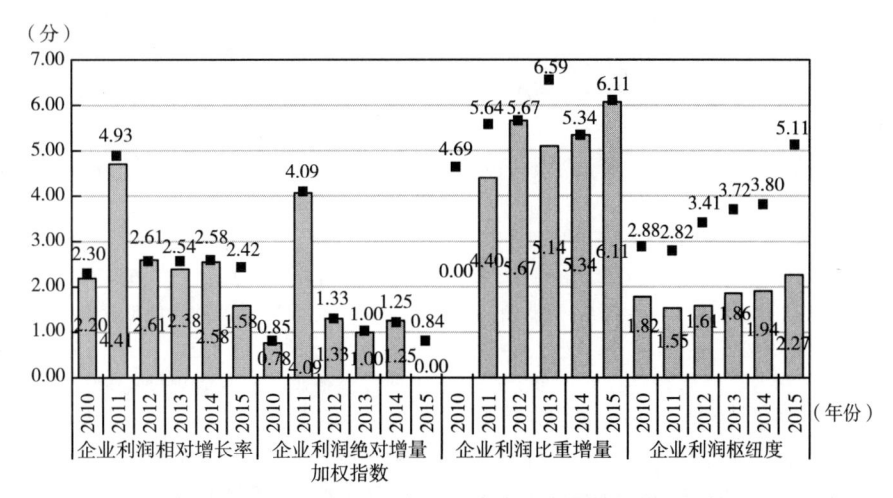

图 10-25　2010~2015 年佛山市企业发展指标得分比较 1

由图 10-26 可知，2010 年，佛山市企业利润平均增长指数得分比珠江-西江经济带最高分低 2.111 分，比平均分低 0.603 分；2011 年，企业利润平均增长指数得分比珠江-西江经济带最高分低 0.957 分，比平均分低 0.257 分；2012 年，企业利润平均增长指数得分比珠江-西江经济带最高分低 0.299 分，比平均分高 0.197 分；2013 年，企业利润平均增长指数得分比珠江-西江经济带最高分低 1.028 分，比平均分高 0.035 分；2014 年，企业利润平均增长指数得分比珠江-西江经济带最高分低 1.342 分，比平均分低 0.024 分；2015 年，企业利润平均增长指数得分比珠江-西江经济带最高分低 1.217 分，比平均分高 0.216 分。这说明整体上佛山市企业利润平均增长指数得分与珠江-

西江经济带最高分的差距先减小后增大,与珠江-西江经济带平均分的差距先减小后增大。

2010年,佛山市企业产值流强度得分比珠江-西江经济带最高分低1.759分,比平均分高0.006分;2011年,企业产值流强度得分比珠江-西江经济带最高分低2.009分,比平均分低0.003分;2012年,企业产值流强度得分比珠江-西江经济带最高分低1.956分,比平均分高0.008分;2013年,企业产值流强度得分比珠江-西江经济带最高分低2.665分,比平均分低0.038分;2014年,企业产值流强度得分比珠江-西江经济带最高分低2.953分,比平均分低0.04分;2015年,企业产值流强度得分比珠江-西江经济带最高分低3.271分,比平均分低0.080分。这说明整体上佛山市企业产值流强度得分与珠江-西江经济带最高分的差距波动增大,与珠江-西江经济带平均分的差距波动增大。

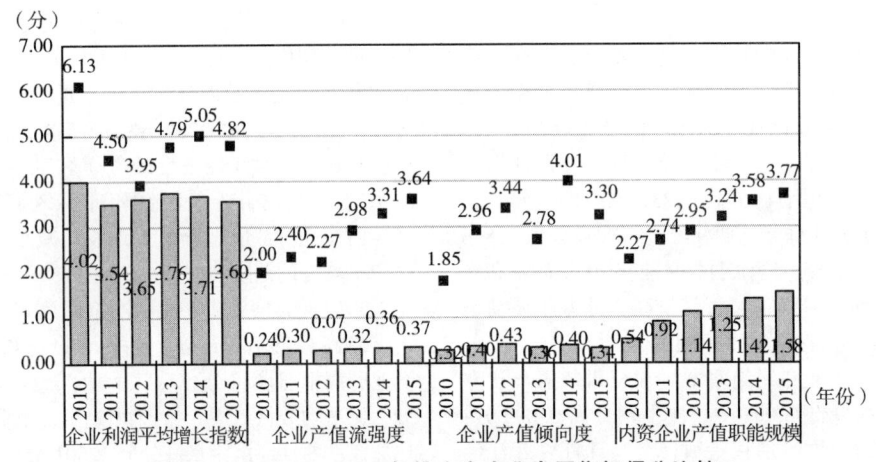

图 10-26 2010~2015年佛山市企业发展指标得分比较2

2010年,佛山市企业产值倾向度得分比珠江-西江经济带最高分低1.530分,比平均分低0.218分;2011年,企业产值倾向度得分比珠江-西江经济带最高分低2.563分,比平均分低0.730分;2012年,企业产值倾向度得分比珠江-西江经济带最高分低3.010分,比平均分低0.804分;2013年,企业产值倾向度得分比珠江-西江经济带最高分低2.424分,比平均分低0.527分;2014年,企业产值倾向度得分比珠江-西江经济带最高分低3.614分,比平均分低0.631分;2015年,企业产值倾向度得分比珠江-西江经济带最高分低2.962分,比平均分低0.592分。这说明整体上佛山市企业产值倾向度得分与珠江-西江经济带最高分的差距波动增大,与珠江-西江经济带平均分的差距波动增大。

2010年,佛山市内资企业产值职能规模得分比珠江-西江经济带最高分低1.736分,比平均分高0.220分;2011年,内资企业产值职能规模得分比珠江-西江经济带最高分低1.819分,比平均分高0.479分;2012年,内资企业产值职能规模得分比珠江-西江经济带最高分低1.803分,比平均分高0.636分;2013年,内资企业产值职能规模得分比珠江-西江经济带最高分低1.992分,比平均分高0.735分;2014年,内资企业产值职能规模得分比珠江-西江经济带最高分低2.160分,比平均分高0.845分;2015年,内资企业产值职能规模得分比珠江-西江经济带最高分低2.191分,比平均分高0.940分。这说明整体上佛山市内资企业产值职能规模得分与珠江-西江经济带最高分的差距波动增大,与珠江-西江经济带平均分的差距持续增大。

由图10-27可知,2010年,佛山市港澳台投资企业产值职能规模得分比珠江-西江经济带最高分低0.796分,比平均分高1.937分;2011年,港澳台投资企业产值职能规模得分比珠江-西江经济带最高分低0.446分,比平均分高2.168分;2012年,港澳台投资企业产值职能规模得分与珠江-西江经济带最高分不存在差距,比平均分高2.376分;2013年,港澳台投资企业产值职能规模得分比珠江-西江经济带最高分低0.125分,比平均分高2.163分;2014年,港澳台投资企业产值职能规模得分与珠江-西江经济带最高分不存在差距,比平均分高3.193分;2015年,港澳台投资企业产值职能规模得分与珠江-西江经济带最高分不存在差距,比平均分高2.592分。这说明整体上佛山市港澳台投资企业产值职能规模得分与珠江-西江经济带最高分的差距波动减小,与珠江-西江经济带平均分的差距先增大后减小。

2010年,佛山市外商投资企业产值职能规模得分比珠江-西江经济带最高分低1.657分,比平均分低0.082分;2011年,外商投资企业产值职能规模得分比珠江-西江经济带最高分低2.279分,比平均分低0.173分;2012年,外商投资企业产值职能规模得分比珠江-西江经济带最高分低1.949分,比平均分低0.170分;2013年,外商投资企业产值职能规模得分比珠江-西江经济带最高分低2.624分,比平均分低0.226分;2014年,外商投资企业产值职能规模得分比珠江-西江经济带最高分低3.012分,比平均分低0.258分;2015年,外商投资企业产值职能规模得分比珠江-西江经济带最高分低3.579分,比平均分低0.343分。这说明整体上佛山市外商投资企业产值职能规模得分与珠江-西江经济带最高分的差距波动增大,与珠江-西江经济带平均分的差距呈波动增大的趋势。

2010年,佛山市内资企业产值职能地位得分比珠江-西江经济带最高分低2.780分,比平均分高0.353分;2011

年，内资企业产值职能地位得分比珠江-西江经济带最高分低 1.996 分，比平均分高 0.525 分；2012 年，内资企业产值职能地位得分比珠江-西江经济带最高分低 1.751 分，比平均分高 0.618 分；2013 年内资企业产值职能地位得分比珠江-西江经济带最高分低 1.921 分，比平均分高 0.709 分；2014 年，内资企业产值职能地位得分比珠江-西江经济带最高分低 1.869 分，比平均分高 0.731 分；2015 年，内资企业产值职能地位得分比珠江-西江经济带最高分低 1.689 分，比平均分高 0.725 分。这说明整体上佛山市内资企业产值职能地位得分与珠江-西江经济带最高分的差距波动减小，与珠江-西江经济带平均分的差距在波动增大。

2010 年，佛山市港澳台投资企业产值职能地位得分比珠江-西江经济带最高分低 0.074 分，比平均分高 3.188 分；2011 年，港澳台投资企业产值职能地位得分比珠江-西江经济带最高分低 0.279 分，比平均分高 2.082 分；2012 年，港澳台投资企业产值职能地位得分比珠江-西江经济带最高分低 0.104 分，比平均分高 1.894 分；2013 年，港澳台投资企业产值职能地位得分比珠江-西江经济带最高分低 0.034 分，比平均分高 2.215 分；2014 年，港澳台投资企业产值职能地位得分与珠江-西江经济带最高分不存在差距，比平均分低 2.269 分；2015 年，港澳台投资企业产值职能地位得分与珠江-西江经济带最高分不存在差距，比平均分高 2.071 分。这说明整体上佛山市港澳台投资企业产值职能地位得分与珠江-西江经济带最高分的差距先增大后减小，与珠江-西江经济带平均分的差距波动减小。

2010 年，佛山市外商投资企业产值职能地位得分比珠江-西江经济带最高分低 1.214 分，比平均分高 1.904 分；2011 年，外商投资企业产值职能地位得分比珠江-西江经济带最高分低 1.121 分，比平均分高 1.402 分；2012 年，外商投资企业产值职能地位得分比珠江-西江经济带最高分低 1.328 分，比平均分高 1.272 分；2013 年，外商投资企业产值职能地位得分比珠江-西江经济带最高分低 1.299 分，比平均分高 1.482 分；2014 年，外商投资企业产值职能地位得分比珠江-西江经济带最高分低 1.370 分，比平均分高 1.406 分；2015 年，外商投资企业产值职能地位得分比珠江-西江经济带最高分低 1.194 分，比平均分高 1.389 分。这说明整体上佛山市外商投资企业产值职能地位得分与珠江-西江经济带最高分的差距波动增大，与珠江-西江经济带平均分的差距呈波动减小的趋势。

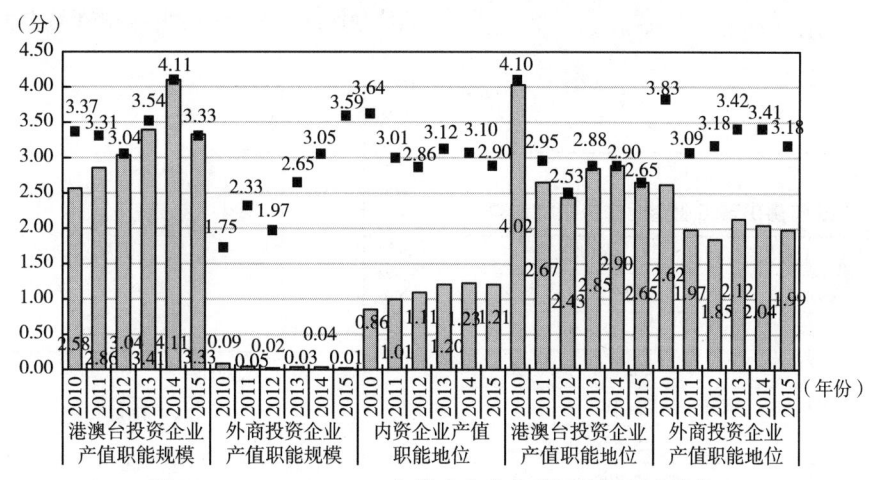

图 10-27　2010~2015 年佛山市企业发展指标得分比较 3

三、佛山市城市工业企业发展水平综合评估与比较

从对佛山市工业企业发展水平评估及其两个二级指标在珠江-西江经济带的排名变化和指标结构的综合分析来看，2010~2015 年工业企业板块中上升指标的数量等于下降指标的数量，上升的动力等于下降的拉力，使得 2015 年佛山市工业企业发展水平的排名呈波动保持的趋势，在珠江-西江经济带城市位居第 2 名。

（一）佛山市城市工业企业发展水平概要分析

佛山市工业企业发展水平在珠江-西江经济带所处的位置及变化如表 10-7 所示，2 个二级指标的得分和排名变化如表 10-8 所示。

（1）从指标排名变化趋势看，2015 年佛山市工业企业发展水平评估排名在珠江-西江经济带处于第 2 名，表明其在珠江-西江经济带处于强势地位，与 2010 年相比，排名没有变化。总的来看，评价期内佛山市工业企业发展水平呈现波动保持趋势。

在 2 个二级指标中，工业发展指标和企业发展指标均处于持续保持的状态，这是佛山市工业企业发展水平处于持续保持的原因所在。受指标排名升降的综合影响，评价期内佛山市工业企业的综合排名呈波动保持的趋势，在珠江-西江经济带城市排名第 2 名。

（2）从指标所处区位来看，2015 年佛山市工业企业发展水平处在上游区，其中，工业发展为强势指标企业发展也为强势指标。

（3）从指标得分来看，2015 年佛山市工业企业得分为 57.211 分，比珠江-西江经济带最高分低 5.125 分，比珠江-西江经济带平均分高 6.441 分；与 2010 年相比，佛山市工业企业发展水平得分上升 0.739 分，与当年最高分的差距波动减小，也与珠江-西江经济带平均分的差距波动增大。

2015 年，佛山市工业企业发展水平二级指标的得分均高于 20 分，与 2010 年相比，得分上升最多的为企业发展，上升 4.938 分；得分下降最多的为工业发展，下降 4.560 分。

表 10-7 2010~2015 年佛山市工业企业一级指标比较

项目	2010 年	2011 年	2012 年	2013 年	2014 年	2015 年
排名	2	2	1	2	2	2
所属区位	上游	上游	上游	上游	上游	上游
得分	56.832	62.847	60.214	60.205	60.542	57.211
全国最高分	64.061	66.285	62.112	64.361	61.849	62.336
全国平均分	51.465	53.838	53.598	51.944	50.910	50.770
与最高分的差距	-7.228	-3.438	-1.898	-4.156	-1.307	-5.125
与平均分的差距	5.367	9.009	6.616	8.262	9.632	6.441
优劣度	强势	强势	强势	强势	强势	强势
波动趋势	—	持续	上升	下降	持续	持续

表 10-8 2010~2015 年佛山市工业企业二级指标比较

年份	工业发展 得分	工业发展 排名	企业发展 得分	企业发展 排名
2010	36.742	1	20.091	2
2011	34.355	1	28.492	2
2012	34.997	1	25.217	2
2013	34.517	1	25.688	2
2014	33.235	1	27.308	2

续表

年份	工业发展 得分	工业发展 排名	企业发展 得分	企业发展 排名
2015	32.182	1	25.029	2
得分变化	-4.560	—	4.938	—
排名变化	—	0	—	0
优劣度	强势	强势	强势	强势

（二）佛山市城市工业企业发展水平指标动态变化分析

2010~2015 年佛山市工业企业发展水平评估各级指标的动态变化及其结构，如图 10-28 和表 10-9 所示。

从图 10-28 可以看出，佛山市工业企业发展水平评估的三级指标中上升指标的比例大于下降指标，表明上升指标居于主导地位。表 10-9 中的数据说明，佛山市工业企业发展水平评估的 22 个三级指标中，上升的指标有 7 个，占指标总数的 31.818%；保持的指标有 10 个，占指标总数的 45.455%；下降的指标有 5 个，占指标总数的 22.727%。由于上升指标的数量大于下降指标的数量，且受变动幅度与外部因素的综合影响，评价期内佛山市工业企业排名呈现波动保持，在珠江-西江经济带城市居第 2 名。

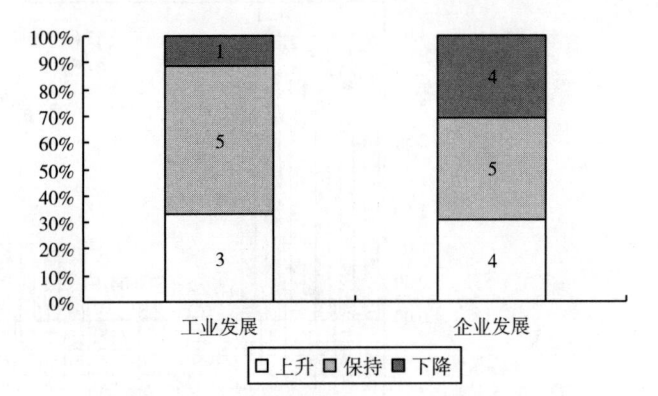

图 10-28 2010~2015 年佛山市工业企业发展水平动态变化结构

表 10-9 2010~2015 年佛山市工业企业各级指标排名变化态势比较

二级指标	三级指标数	上升指标 个数	上升指标 比重（%）	保持指标 个数	保持指标 比重（%）	下降指标 个数	下降指标 比重（%）
工业发展	9	3	33.333	5	55.556	1	11.111
企业发展	13	4	30.769	5	38.462	4	30.769
合计	22	7	31.818	10	45.455	5	22.727

（三）佛山市城市工业企业发展水平指标变化动因分析

2015 年佛山市工业企业板块各级指标的优劣势变化及其结构，如图 10-29 和表 10-10 所示。

从图 10-29 可以看出，2015 年佛山市工业企业发展水平评估的三级指标中强势和优势指标的比例大于中势和劣势指标的比例，表明强势和优势指标居于主导地位。表 10-10 中的数据说明，2015 年佛山市工业企业的 22 个三级指标中，强势指标有 9 个，占指标总数的 40.909%；优势指标为 4 个，占指标总数的 18.182%；中势指标 4 个，占指标总数的 18.182%；劣势指标为 5 个，占指标总数的 22.727%；强势指标和优势指标之和占指标总数的 59.091%，数量与比重均大于劣势指标。从二级指标来看，其中，工业发展的强势指标有 2 个，占指标总数的 22.222%；优势指标为 4 个，占指标总数的 44.444%；中势指标为1个，占指标总数的11.111%；劣势指标为2个，占指标总数的22.222%；强势指标和优势指标之和占指标总数的66.666%，说明工业发展的强、优势指标居于主导地位。企业发展的强势指标为7个，占指标总数的53.846%；不存在优势指标；中势指标3个，占指标总数的23.077%；劣势指标3个，占指标总数的23.077%；强势指标和优势指标之和占指标总数的53.846%，说明企业发展的强、优势指标处于主导地位。由于强、优势指标比重较大，佛山市工业企业发展水平处于强势地位，在珠江-西江经济带城市居第2名，处于上游区。

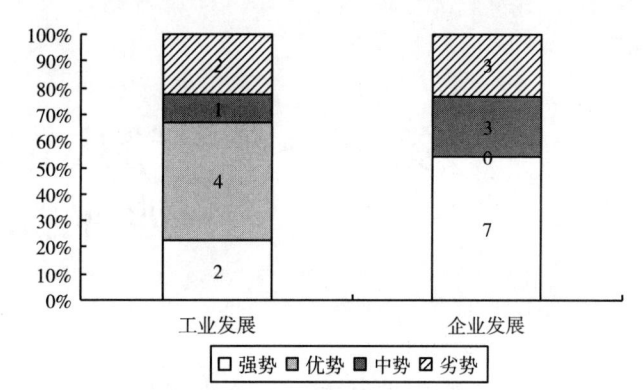

图10-29 2015年佛山市工业企业优劣度结构

表10-10　　　　　　　　2015年佛山市工业企业各级指标优劣度比较

二级指标	三级指标数	强势指标 个数	比重（%）	优势指标 个数	比重（%）	中势指标 个数	比重（%）	劣势指标 个数	比重（%）	优劣度
工业发展	9	2	22.222	4	44.444	1	11.111	2	22.222	强势
企业发展	13	7	53.846	0	0.000	3	23.077	3	23.077	强势
合计	22	9	40.909	4	18.182	4	18.182	5	22.727	强势

为进一步明确影响佛山市工业企业变化的具体因素，以便对相关指标进行深入分析，为提升佛山市工业企业发展水平提供决策参考，表10-11列出工业企业指标体系中直接影响佛山市工业企业发展水平升降的强势指标、优势指标、中势指标和劣势指标。

表10-11　　　　　　　　2015年佛山市工业企业三级指标优劣度统计

指标	强势指标	优势指标	中势指标	劣势指标
工业发展（9个）	工业发展强度、工业密度（2个）	工业结构、税收贡献率、Moore工业结构、工业不协调度（4个）	企业弹性扩张系数（1个）	工业弧弹性、工业偏离系数（2个）
企业发展（13个）	企业利润比重增量、企业产值流强度、内资企业产值职能规模、港澳台投资企业产值职能规模、内资企业产值职能地位、港澳台投资企业产值职能地位、外商投资企业产值职能地位（7个）	（0个）	企业利润枢纽度、企业利润平均增长指数、外商投资企业产值职能规模（3个）	企业利润相对增长率、企业利润绝对增量加权指数、内资企业产值职能规模（3个）

第十一章 肇庆市城市工业企业发展水平综合评估

一、肇庆市城市工业企业发展实力综合评估与比较

(一) 肇庆市城市工业发展实力评估指标变化趋势评析

1. 工业结构

根据图11-1分析可知,2010~2015年肇庆市工业结构总体上呈现波动保持的状态。波动保持型指标意味着城市在该项指标上虽然呈现波动状态,在评价末期和评价初期的数值基本保持一致,该图可知肇庆市工业结构数值保持在98.130~98.441。即使肇庆市工业结构存在过最低值,其数值为98.130,但肇庆市在工业结构上总体表现也是相对平稳;说明该地区工业发展能力及活力持续又稳定。

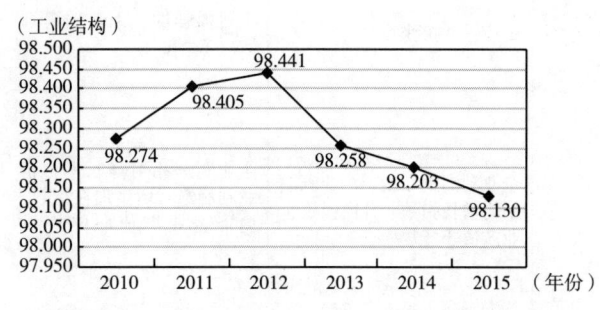

图11-1 2010~2015年肇庆市工业结构变化趋势

2. 企业扩张弹性系数

根据图11-2分析可知,2010~2015年肇庆市企业扩张弹性系数总体上呈现波动上升的状态。这一类型的指标说明2010~2015年城市在该项指标存在一定的波动变化,总体趋势为上升趋势,但在个别年份出现下降的情况,指标并非连续性上升状态。波动上升型指标意味着在评价的时间段内,虽然指标数据存在较大的波动变化,但是其评价末期数据值高于评价初期数据值。肇庆市2010~2011年虽然出现下降的状况,2011年是27.657,但是总体上还是呈现上升的态势,最终稳定在100.000。城市的企业扩张弹性系数越大,对于肇庆市来说,其城市企业发展潜力也越来越大。

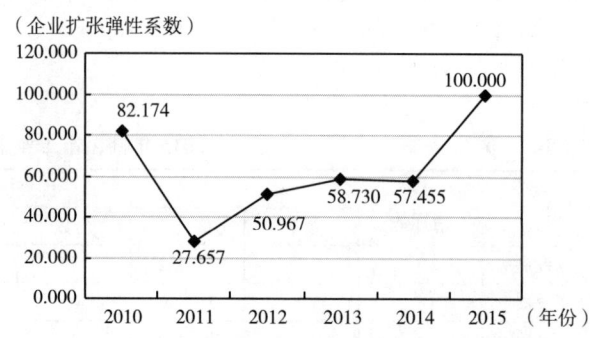

图11-2 2010~2015年肇庆市企业扩张弹性系数变化趋势

3. 工业发展强度

根据图11-3分析可知,2010~2015年肇庆市的工业发展强度总体上呈现波动上升的状态。这一类型的指标为2010~2015年间城市在该项指标上存在较多波动变化,总体趋势为上升趋势,但在个别年份出现下降的情况,指标并非连续性上升。波动上升型指标意味着在评估期间,虽然指标数据存在较大波动变化,但是其评价末期数据值高于评价初期数据值。通过折线图可以看出,肇庆市的工业发展强度指标不断提高,在2015年达到15.888,相较于2010年上升1个单位左右;说明肇庆市工业发展强度的整体水平较高。

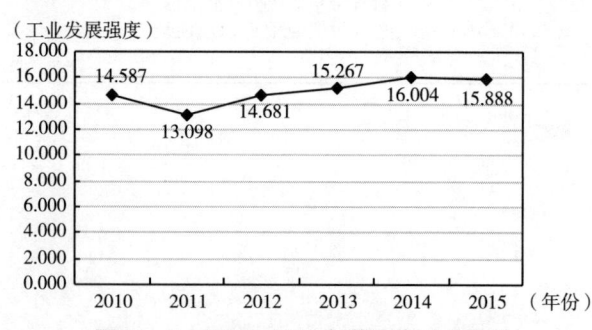

图11-3 2010~2015年肇庆市工业发展强度变化趋势

4. 工业密度

根据图11-4分析可知,2010~2015年肇庆市工业密度总体上呈现波动下降的状态。这一类型的指标为2010~2015年间城市在该项指标上总体呈现下降趋势,但在评估期间存在上下波动的情况,指标并非连续性下降状态。波

动下降型指标意味着在评估期间,虽然指标数据存在较大波动变化,但是其评价末期数据值低于评价初期数据值。如图所示,肇庆市工业密度指标处于不断下降的状态中,2010年此指标数值最高,为19.276,到2015年时,下降至13.425。分析这种变化趋势,可以得出肇庆市工业密度发展的水平有待提升,城市工业的发展活力不足。

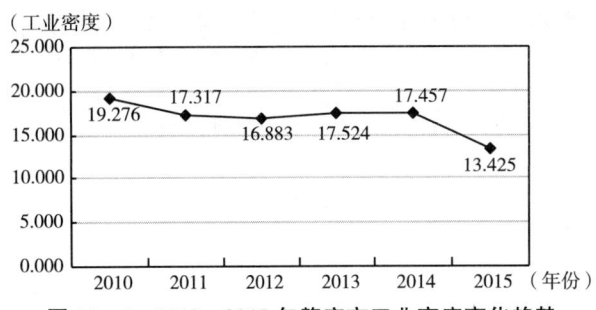

图11-4 2010~2015年肇庆市工业密度变化趋势

5. 税收贡献率

根据图11-5分析可知,2010~2015年肇庆市的税收贡献率总体上呈现波动上升的状态。这一类型的指标为2010~2015年间城市在该项指标上存在较多波动变化,总体趋势为上升趋势,但在个别年份出现下降的情况,指标并非连续性上升。波动上升型指标意味着在评估期间,虽然指标数据存在较大波动变化,但是其评价末期数据值高于评价初期数据值。通过折线图可以看出,肇庆市的税收贡献率指标不断提高,在2015年达到52.121,相较于2010年上升8个单位左右;说明肇庆市税收贡献率的整体水平较高。

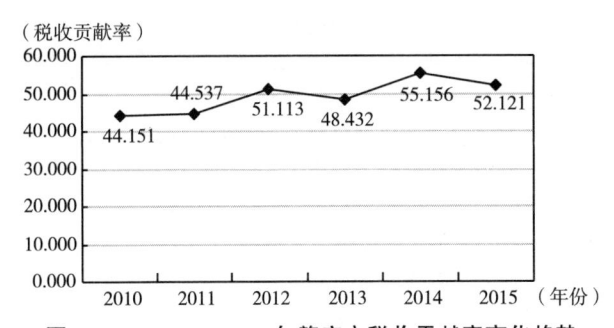

图11-5 2010~2015年肇庆市税收贡献率变化趋势

6. 工业弧弹性

根据图11-6分析可知,2010~2015年肇庆市工业弧弹性总体上呈现波动下降的状态。这一类型的指标为2010~2015年间城市在该项指标上总体呈现下降趋势,但在评估期间存在上下波动的情况,指标并非连续性下降状态。波动下降型指标意味着在评估期间,虽然指标数据存在较大波动变化,但是其评价末期数据值低于评价初期数据值。如图所示,肇庆市工业弧弹性指标处于不断下降的状态中,2010年此指标数值最高,为89.413,到2015年时,下降至87.809。分析这种变化趋势,可以得出肇庆市工业弧弹性发展的水平有待提升,城市工业的发展活力不足。

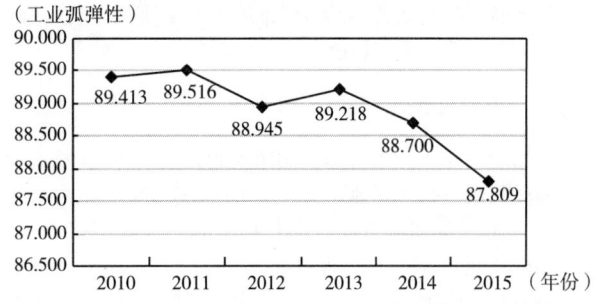

图11-6 2010~2015年肇庆市工业弧弹性变化趋势

7. Moore工业结构

根据图11-7分析可知,2010~2015年肇庆市的Moore工业结构总体上呈现持续下降的状态。持续下降型的指标意味着城市在该项指标上不断处在劣势状态,并且这一状况并未得到改善。如图所示,肇庆市Moore工业结构指标处于不断下降的状态中,2010年此指标数值最高,为100.000,到2015年时,下降至57.957。分析这种变化趋势,可以得出肇庆市Moore工业结构发展的水平有待提升,城市工业的发展活力不足。

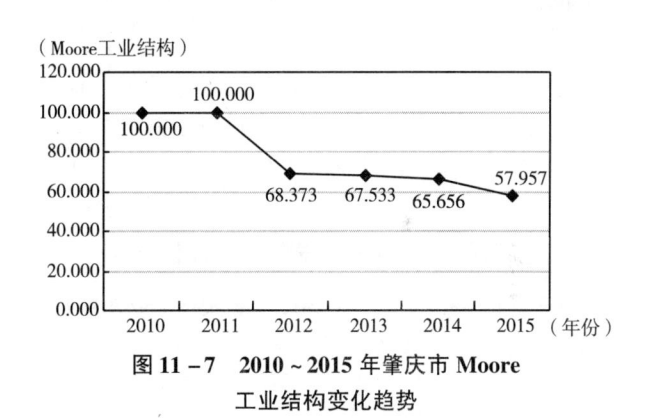

图11-7 2010~2015年肇庆市Moore
工业结构变化趋势

8. 工业不协调度

根据图11-8分析可知,2010~2015年肇庆市工业不协调度总体上呈现波动下降的状态,由2010年的86.657下

图11-8 2010~2015年肇庆市工业
不协调度变化趋势

降至 2015 年的 82.316，并且肇庆市的工业不协调度相较于其他城市的数据指标偏低，这反映出肇庆市的工业不协调度处于不断下降的状态；说明城市的工业不协调度在下降，城市的工业结构发展日趋协调。

9. 工业偏离系数

根据图 11-9 分析可知，2010~2015 年肇庆市城市的工业偏离系数总体上呈现波动下降的状态。这一类的指标为 2010~2015 年间城市在该项指标上总体呈现下降趋势，但在评估期间存在上下波动的情况，指标并非连续性下降状态。波动下降型指标意味着在评估期间，虽然指标数据存在较大波动变化，但是其评价末期数据值低于评价初期数据值。如图所示，肇庆市工业偏离系数指标处于不断下降的状态中，2010 年此指标数值最高，为 9.179，到 2015 年时，下降至 7.117。分析这种变化趋势，可以得出肇庆市的整体工业发展有待转型升级。

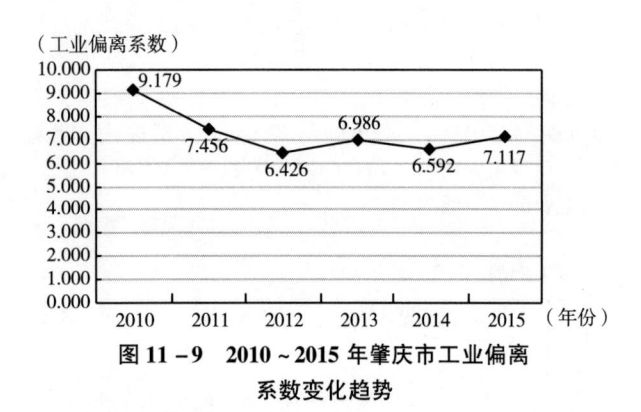

图 11-9 2010~2015 年肇庆市工业偏离系数变化趋势

（二）肇庆市城市工业发展实力评估结果

根据表 11-1，对 2010~2012 年肇庆市工业发展及各三级指标的得分、排名、优劣度进行分析，可以看到 2010~2011 年肇庆市工业发展的综合排名处于珠江-西江经济带优势位置，2010~2012 年其工业发展排名先下降后保持，2010~2011 年其工业发展排名由第 2 名下降至珠江-西江经济带第 3 名位置，到 2012 年其排名保持第 3 名位置不变，其工业发展处于上游区。对肇庆市的工业发展得分情况进行分析，发现肇庆市的工业发展综合得分呈现持续下降趋势，说明城市的工业发展有所缓慢。

对肇庆市工业发展的三级指标进行分析，其中工业结构的排名呈现持续保持的发展趋势。对肇庆市的工业结构的得分情况进行分析，发现肇庆市的工业结构的得分持续上升，说明肇庆市地区工业结构发展日趋协调，对城市经济社会稳定发展具有积极的影响，有利于城市的活力提升和发展的可持续性。

企业扩张弹性系数的排名呈现先下降后上升的发展趋势。对肇庆市的企业扩张弹性系数的得分情况进行分析，发现肇庆市的企业扩张弹性系数的得分先下降后上升，说明肇庆市的城市城镇化与工业发展之间呈现不协调发展的关系，城镇企业数量的增加导致城市的过度拥挤及承载力压力问题的出现。

工业发展强度的排名呈现持续保持的发展趋势。对肇庆市的工业发展强度的得分情况进行分析，发现肇庆市工业发展强度的得分持续下降后上升，但工业发展强度小于 1，说明肇庆市的工业产值发展水平低于地区的平均水平。

工业密度的排名呈现先上升后保持的发展趋势。对肇庆市的工业密度的得分情况进行分析，发现肇庆市工业密度的得分持续下降，说明肇庆市的城市的工业承载力有所减小。

税收贡献率的排名呈现先上升后下降的发展趋势。对肇庆市的税收贡献率得分情况进行分析，发现肇庆市的税收贡献率的得分处于先下降后上升的发展趋势，说明肇庆市经济发展良好，税收程度增强，市场发展活力提高。

工业弧弹性的排名呈现先上升后下降的发展趋势。对肇庆市的工业弧弹性得分情况进行分析，发现肇庆市的工业弧弹性的得分处于先下降后上升的发展趋势，说明肇庆市的工业产值增长速率快于其经济的变化增长速率，城市呈现出工业的扩张发展趋势。

Moore 工业结构的排名呈现先保持后下降的发展趋势。对肇庆市的 Moore 工业结构的得分情况进行分析，发现肇庆市的 Moore 工业结构的得分处于先上升后下降的趋势，说明城市的企业结构的变化程度小。

工业不协调度的排名呈现持续保持的发展趋势。对肇庆市的工业不协调度得分情况进行分析，发现肇庆市的工业不协调度的得分处于持续下降的发展趋势，说明肇庆市的企业在城市中的发展结构趋于协调。

工业偏离系数的排名呈现先保持后下降的发展趋势。对肇庆市的工业偏离系数的得分情况进行分析，发现肇庆市的工业偏离系数的得分处于持续下降的趋势，说明城市的工业结构、产业结构呈现协调、稳定状态。

表 11-1　2010~2012 年肇庆市工业发展各级指标的得分、排名及优劣度分析

指标	2010 年 得分	排名	优劣度	2011 年 得分	排名	优劣度	2012 年 得分	排名	优劣度
工业发展	32.943	2	强势	29.373	3	优势	29.134	3	优势
工业结构	7.618	2	强势	7.731	2	强势	7.795	2	强势

续表

指　　标	2010 年			2011 年			2012 年		
	得分	排名	优劣度	得分	排名	优劣度	得分	排名	优劣度
企业扩张弹性系数	4.190	1	强势	1.285	11	劣势	2.553	9	劣势
工业发展强度	0.580	4	优势	0.515	4	优势	0.573	4	优势
工业密度	0.721	3	优势	0.597	2	强势	0.583	2	强势
税收贡献率	1.743	5	优势	1.732	3	优势	2.105	4	优势
工业弧弹性	6.591	3	优势	6.551	1	强势	6.699	8	中势
Moore 工业结构	5.938	1	强势	6.060	1	强势	4.048	8	中势
工业不协调度	5.220	2	强势	4.628	2	强势	4.545	2	强势
工业偏离系数	0.340	8	中势	0.273	8	中势	0.233	11	劣势

根据表 11-2，对 2013~2015 年肇庆市工业发展及各三级指标的得分、排名、优劣度进行分析，可以看到 2013~2015 年，肇庆市工业发展的综合排名处于强势，2013~2015 年其工业发展排名持续上升，2013~2014 年其工业发展排名由第 4 名上升至珠江-西江经济带第 3 名，到 2015 年其工业发展又上升到第 2 名，说明城市的工业发展的稳定性有待提高。对肇庆市的工业发展得分情况进行分析，发现肇庆市的工业发展综合得分呈现先下降后上升的发展趋势，说明城市的工业发展增强。

对肇庆市工业发展的三级指标进行分析，其中工业结构的排名呈现持续保持的发展趋势。对肇庆市的工业结构的得分情况进行分析，发现肇庆市的工业结构的得分持续下降，说明肇庆市的工业结构较为协调，有利于城市的活力提升和发展的可持续性。

企业扩张弹性系数的排名呈现持续上升的发展趋势。对肇庆市的企业扩张弹性系数的得分情况进行分析，发现肇庆市的企业扩张弹性系数的得分先下降后上升，说明肇庆市的城市城镇化与工业发展之间呈现协调发展的关系，城镇企业数量的增加并未导致城市的过度拥挤及承载力压力问题的出现。

工业发展强度的排名呈现持续保持的发展趋势。对肇庆市的工业发展强度的得分情况进行分析，发现肇庆市工业发展强度的得分先上升后下降，但工业发展强度小于 1，说明肇庆市的工业产值发展低于地区的平均水平。

工业密度的排名呈现持续保持的发展趋势。对肇庆市的工业密度的得分情况进行分析，发现肇庆市工业密度的得分持续下降，说明肇庆市的城市的工业承载力有所减小。

税收贡献率的排名呈现先下降后上升的发展趋势。对肇庆市的税收贡献率得分情况进行分析，发现肇庆市的税收贡献率的得分处于先上升后下降的发展趋势，说明肇庆市经济发展减慢，税收程度降低，市场发展活力降低。

工业弧弹性的排名呈现先上升后下降的发展趋势。对肇庆市的工业弧弹性得分情况进行分析，发现肇庆市的工业弧弹性的得分处于持续上升的发展趋势，说明肇庆市的工业产值增长速率要快于其经济的变化增长速率，城市呈现出工业的扩张发展趋势。

Moore 工业结构的排名呈现持续保持的发展趋势。对肇庆市的 Moore 工业结构的得分情况进行分析，发现肇庆市的 Moore 工业结构的得分处于持续下降的趋势，说明城市的企业结构的变化程度减小。

工业不协调度的排名呈现持续保持的发展趋势。对肇庆市的工业不协调度得分情况进行分析，发现肇庆市的工业不协调度的得分处于先下降后上升的发展趋势，说明肇庆市的企业在城市中的发展结构良好，企业对城市经济发展起促进作用。

工业偏离系数的排名呈现先下降后保持的发展趋势。对肇庆市的工业偏离系数的得分情况进行分析，发现肇庆市的工业偏离系数的得分处于先下降后上升的趋势，说明城市的工业结构、产业结构处于不协调、不稳定的状态。

对 2010~2015 年肇庆市工业发展及各三级指标的得分、排名和优劣度进行分析。2010 年肇庆市工业发展的综合得分排名处在珠江-西江经济带第 2 名，2011~2012 年排名降至珠江-西江经济带第 3 名，2013 年排名降至第 4 名，2014 年排名升至第 3 名，2015 年排名升至第 2 名，处于珠江-西江经济带上游区。2010~2015 年肇庆市工业发展的综合得分排名呈现波动保持的发展趋势，2010~2015 年其工业发展排名一直在珠江-西江经济带上游区和中游区之间波动，工业发展水平一直在珠江-西江经济带强势位置和优势位置波动，说明城市的工业发展较之于珠江-西江经济带的其他城市竞争优势大，肇庆市在提高工业发展方面的优势较为稳定，同时也说明肇庆市在工业发展方面控制和发展的稳定性较弱。对肇庆市的工业发展得分情况进行分析，发现肇庆市的工业发展综合得分呈现波动下降的发展趋势，2010~2014 年间肇庆市的工业发展得分持续下降，在 2014 年后呈持续上升的发展趋势，但总的来说是下降的。

从表 11-3 来看，在 9 个基础指标中，指标的优劣度结构为 55.6 : 11.1 : 22.2 : 11.1。

表11-2 2013~2015年肇庆市工业发展各级指标的得分、排名及优劣度分析

指标	2013年 得分	2013年 排名	2013年 优劣度	2014年 得分	2014年 排名	2014年 优劣度	2015年 得分	2015年 排名	2015年 优劣度
工业发展	28.834	4	优势	28.480	3	优势	30.004	2	强势
工业结构	7.626	2	强势	7.564	2	强势	7.452	2	强势
企业扩张弹性系数	3.056	8	中势	2.696	4	优势	5.319	1	强势
工业发展强度	0.589	4	优势	0.616	4	优势	0.610	4	优势
工业密度	0.603	2	强势	0.594	2	强势	0.453	2	强势
税收贡献率	1.979	2	强势	2.254	3	优势	1.966	2	强势
工业弧弹性	6.319	7	中势	6.552	4	优势	6.591	8	中势
Moore工业结构	3.922	8	中势	3.559	8	中势	2.873	8	中势
工业不协调度	4.491	2	强势	4.402	2	强势	4.467	2	强势
工业偏离系数	0.249	9	劣势	0.243	10	劣势	0.275	10	劣势

表11-3 2015年肇庆市工业发展指标的优劣度结构

二级指标	三级指标数	强势指标 个数	强势指标 比重(%)	优势指标 个数	优势指标 比重(%)	中势指标 个数	中势指标 比重(%)	劣势指标 个数	劣势指标 比重(%)	优劣度
工业发展	9	5	55.556	1	11.111	2	22.222	1	11.111	强势

(三) 肇庆市城市工业发展实力比较分析

图11-10、图11-11将2010~2015年肇庆市工业发展与珠江-西江经济带最高水平和平均水平进行比较。从工业发展的要素得分比较来看，由图11-10可知，2010年，肇庆市工业结构得分比珠江-西江经济带最高分低0.124分，比平均分高0.817分；2011年，工业结构得分比珠江-西江经济带最高分低0.121分，比平均分高0.645分；2012年，工业结构得分比珠江-西江经济带最高分低0.123分，比平均分高0.748分；2013年，工业结构得分比珠江-西江经济带最高分低0.121分，比平均分高0.810分；2014年，工业结构得分比珠江-西江经济带最高分低0.117分，比平均分高0.863分；2015年，工业结构得分比珠江-西江经济带最高分低0.117分，比平均分高1.013分。这说明整体上肇庆市工业结构得分与珠江-西江经济带最高分的差距波动减小，与珠江-西江经济带平均分的差距先减后增。

2010年，肇庆市企业扩张弹性系数得分与珠江-西江经济带最高分不存在差异，比平均高1.063分；2011年，企业扩张弹性系数得分比珠江-西江经济带最高分低1.384分，比平均分低1.162分；2012年，企业扩张弹性系数得分比珠江-西江经济带最高分低1.424分，比平均分低0.305分；2013年，企业扩张弹性系数得分比珠江-西江经济带最高分低1.243分，比平均分低0.193分；2014年，企业扩张弹性系数得分比珠江-西江经济带最高分低0.252分，比平均分高0.293分；2015年，企业扩张弹性系数得分与珠江-西江经济带最高分不存在差异，比平均分高2.137分。这说明整体上肇庆市企业扩张弹性系数得分与珠江-西江经济带最高分的差距波动保持，与珠江-西江经济带平均分的差距波动增加。

2010年，肇庆市工业发展强度得分比珠江-西江经济带最高分低3.398分，比平均分低0.248分；2011年，工业发展强度得分比珠江-西江经济带最高分低3.218分，比平均分低0.304分；2012年，工业发展强度得分比珠江-西江经济带最高分低2.812分，比平均分低0.240分；2013年，工业发展强度得分比珠江-西江经济带最高分低2.716分，比平均分低0.214分；2014年，工业发展强度得分比珠江-西江经济带最高分低2.702分，比平均分低0.185分；2015年，工业发展强度得分比珠江-西江经济带最高分低2.662分，比平均分低0.189分。这说明整体上肇庆市工业发展强度得分与珠江-西江经济带最高分的差距持续减小，与珠江-西江经济带平均分的差距波动减小。

2010年，肇庆市工业密度得分比珠江-西江经济带最高分低3.021分，比平均分高0.023分；2011年，工业密度得分比珠江-西江经济带最高分低2.179分，比平均分高0.124分；2012年，工业密度得分比珠江-西江经济带最高分低1.986分，比平均分高0.133分；2013年，工业密度得分比珠江-西江经济带最高分低2.019分，比平均分高0.136分；2014年，工业密度得分比珠江-西江经济带最高分低1.853分，比平均分高0.170分；2015年，工业密度得分比珠江-西江经济带最高分低1.898分，比平均分高0.061分。这说明整体上肇庆市工业密度得分与珠江-西江经济带最高分的差距有波动减小的趋势，与珠江-西江经济带平均分的差距波动增加。

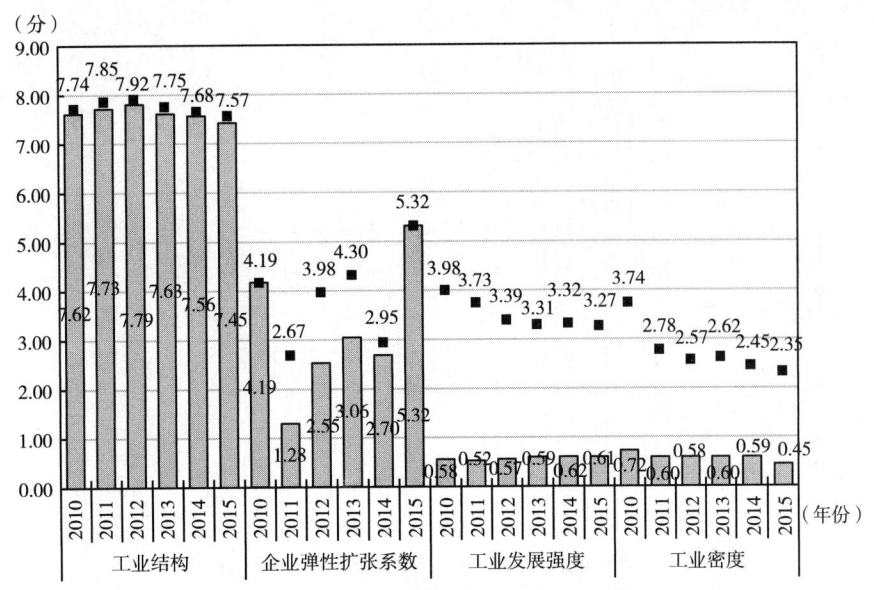

图 11-10　2010~2015 年肇庆市工业发展指标得分比较 1

由图 11-11 可知，2010 年，肇庆市税收贡献率得分比珠江-西江经济带最高分低 0.830 分，比平均分高 0.429 分；2011 年，税收贡献率得分比珠江-西江经济带最高分低 1.068 分，比平均分高 0.527 分；2012 年，税收贡献率得分比珠江-西江经济带最高分低 0.734 分，比平均分高 0.674 分；2013 年，税收贡献率得分比珠江-西江经济带最高分低 2.107 分，比平均分高 0.789 分；2014 年，税收贡献率得分比珠江-西江经济带最高分低 1.034 分，比平均分高 0.889 分；2015 年，税收贡献率得分比珠江-西江经济带最高分低 0.258 分，比平均分高 0.950 分。这说明整体上肇庆市税收贡献率得分与珠江-西江经济带最高分的差距波动减小，与珠江-西江经济带平均分的差距有持续增加趋势。

2010 年，肇庆市工业弧弹性得分比珠江-西江经济带最高分低 0.077 分，比平均分高 0.019 分；2011 年，工业弧弹性得分与珠江-西江经济带最高分不存在差异，比平均分高 0.068 分；2012 年，工业弧弹性得分比珠江-西江经济带最高分低 0.248 分，比平均分低 0.027 分；2013 年，工业弧弹性得分比珠江-西江经济带最高分低 0.198 分，比平均分高 0.550 分；2014 年，工业弧弹性得分比珠江-西江经济带最高分低 0.117 分，比平均分高 0.005 分；2015 年，工业弧弹性得分比珠江-西江经济带最高分低 0.915 分，比平均分低 0.112 分。这说明整体上肇庆市工业弧弹性得分与珠江-西江经济带最高分的差距波动增加，与珠江-西江经济带平均分的差距呈波动增加。

2010 年，肇庆市 Moore 工业结构得分与珠江-西江经济带最高分不存在差异，比平均分高 1.831 分；2011 年，Moore 工业结构得分与珠江-西江经济带最高分不存在差异，比平均分高 1.763 分；2012 年，Moore 工业结构得分比珠江-西江经济带最高分低 1.316 分，比平均分低 0.028 分；2013 年，Moore 工业结构得分比珠江-西江经济带最高分低 1.300 分，比平均分低 0.037 分；2014 年，Moore 工业结构得分比珠江-西江经济带最高分低 0.702 分，比平均分高 0.108 分；2015 年，Moore 工业结构得分比珠江-西江经济带最高分低 0.572 分，比平均分高 0.130 分。这说明整体上肇庆市 Moore 工业结构得分与珠江-西江经济带最高分的差距波动增加，与珠江-西江经济带平均分的差距波动减小。

2010 年，肇庆市工业不协调度得分比珠江-西江经济带最高分低 0.804 分，比平均分高 1.021 分；2011 年，工业不协调度得分比珠江-西江经济带最高分低 0.273 分，比平均分高 0.904 分；2012 年，工业不协调度得分比珠江-西江经济带最高分低 0.073 分，比平均分高 1.088 分；2013 年，工业不协调度得分比珠江-西江经济带最高分低 0.130 分，比平均分高 1.031 分；2014 年，工业不协调度得分比珠江-西江经济带最高分低 0.144 分，比平均分高 1.203 分；2015 年，工业不协调度得分比珠江-西江经济带最高分低 0.574 分，比平均分高 1.185 分。这说明整体上肇庆市工业不协调度得分与珠江-西江经济带最高分的差距波动减小，与珠江-西江经济带平均分的差距波动增加。

2010 年，肇庆市工业偏离系数得分比珠江-西江经济带最高分低 2.718 分，比平均分低 0.530 分；2011 年，工业偏离系数得分比珠江-西江经济带最高分低 2.918 分，比平均分低 0.474 分；2012 年，工业偏离系数得分比珠江-西江经济带最高分低 2.350 分，比平均分低 0.507 分；2013 年，工业偏离系数得分比珠江-西江经济带最高分低 2.007 分，比平均分低 0.477 分；2014 年，工业偏离系数得分比珠江-西江经济带最高分低 2.542 分，比平均分低 0.597 分；2015 年，工业偏离系数得分比珠江-西江经济带最高分低 3.583 分，比平均分低 0.554 分。这说明整体上肇庆市工业偏离系数得分与珠江-西江经济带最高分差距波动增加，与珠江-西江经济带平均分的差距波动增加。

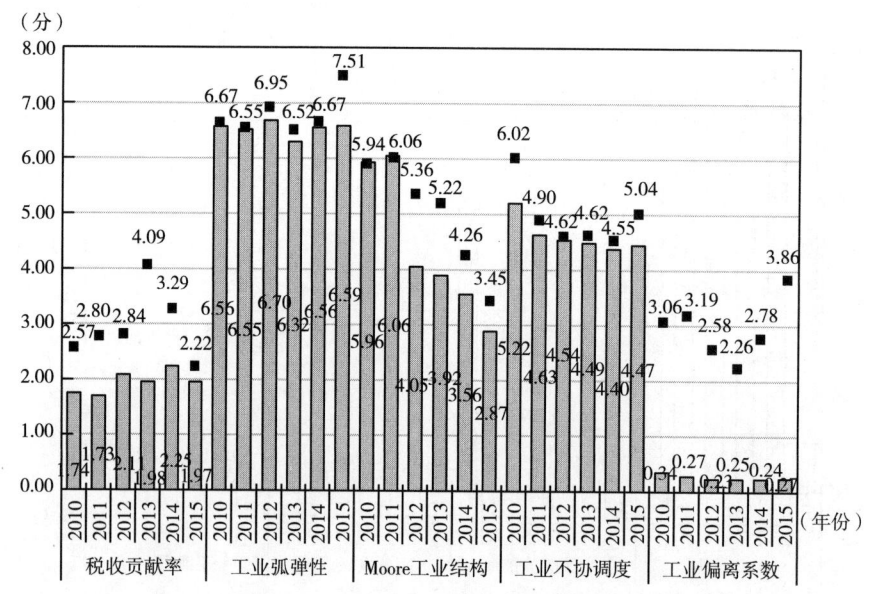

图 11-11　2010~2015 年肇庆市工业发展指标得分比较 2

二、肇庆市城市企业发展实力综合评估与比较

(一) 肇庆市城市企业发展实力评估指标变化趋势评析

1. 企业利润相对增长率

根据图 11-12 分析可知，2010~2015 年肇庆市企业利润相对增长率总体上呈现波动保持的状态。波动保持型指标意味着城市在该项指标上虽然呈现波动状态，在评价末期和评价初期的数值基本保持一致，该图可知肇庆市企业利润相对增长率数值保持在 46.075~50.577。即使肇庆市企业利润相对增长率存在过最低值，其数值为 0.000，但肇庆市在企业利润相对增长率上总体表现也是相对平稳，说明该地区企业发展能力及活力持续又稳定。

图 11-12　2010~2015 年肇庆市企业利润相对增长率变化趋势

2. 企业利润绝对增量加权指数

根据图 11-13 分析可知，2010~2015 年肇庆市企业利润绝对增量加权指数总体上呈现波动保持的状态。波动保持型指标意味着城市在该项指标上虽然呈现波动状态，在评价末期和评价初期的数值基本保持一致，该图可知肇庆市企业利润绝对增量加权指数数值保持在 20.734~22.690。即使肇庆市企业利润绝对增量加权指数存在过最低值，其数值为 1.880，但肇庆市在企业利润绝对增量加权指数上总体表现也是相对平稳，说明该地区企业发展能力及活力持续又稳定。

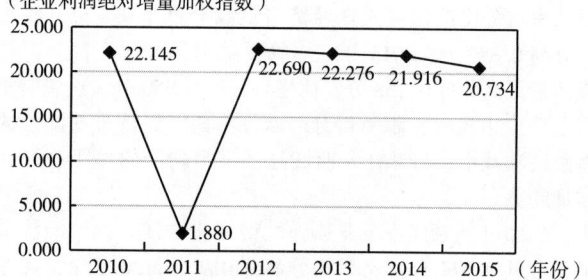

图 11-13　2010~2015 年肇庆市企业利润绝对增量加权指数变化趋势

3. 企业利润比重增量

根据图 11-14 分析可知，2010~2015 年肇庆市企业利润比重增量总体上呈现波动上升的状态。这一类型的指标

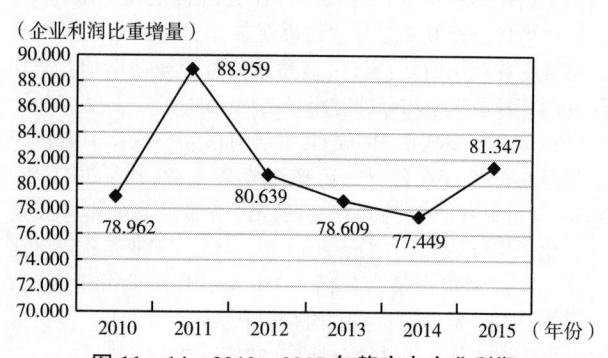

图 11-14　2010~2015 年肇庆市企业利润比重增量变化趋势

表现为 2010~2015 年城市存在一定的波动变化，总体趋势为上升趋势，但在个别年份出现下降的情况，指标并非连续性上升状态。波动上升型指标意味着在评价的时间段内，虽然指标数据存在较大的波动变化，但是其评价末期数据值要高于评价初期数据值。肇庆市 2011~2012 年虽然出现下降的状况，但是总体上还是呈现上升的态势，最终稳定在 81.347。城市的企业利润比重增量越高，对于肇庆市来说，其城市工业发展潜力也越来越大。

4. 企业利润枢纽度

根据图 11-15 分析可知，2010~2015 年肇庆市的企业利润枢纽度总体上呈现持续上升的状态。持续上升型的指标不仅意味着城市在各项指标数据上的不断增长，更意味着城市在该项指标以及工业企业实力整体上的竞争力优势不断扩大。通过折线图可以看出，肇庆市的企业利润枢纽度指标不断提高，在 2015 年达到 77.558，相较于 2010 年上升 25 个单位左右，说明肇庆市企业利润枢纽度的整体水平较高。

图 11-15 2010~2015 年肇庆市企业利润枢纽度变化趋势

5. 企业利润平均增长指数

根据图 11-16 分析可知，2010~2015 年肇庆市企业利润平均增长指数总体上呈现波动下降的状态。这一类的指标为 2010~2015 年间城市在该项指标上总体呈现下降趋势，但在评估期间存在上下波动的情况，指标并非连续性下降状态。波动下降型指标意味着在评估期间，虽然指标数据存在较大波动变化，但是其评价末期数据值低于评价初期数据值。通过折线图可以看出，肇庆市企业利润平均增长指数指标从 2010 年的 77.922 下降至 2015 年 67.122；说明肇庆市的企业发展能力有所下降。

图 11-16 2010~2015 年肇庆市企业利润平均增长指数变化趋势

6. 企业产值流强度

根据图 11-17 分析可知，2010~2015 年肇庆市的企业产值流强度总体上呈现持续上升的状态。持续上升型的指标不仅意味着城市在各项指标数据上的不断增长，更意味着城市在该项指标以及工业企业实力整体上的竞争力优势不断扩大。通过折线图可以看出，肇庆市的企业产值流强度指标不断提高，在 2015 年达到 3.676，相较于 2010 年上升 1 个单位左右，说明肇庆市企业产值流强度的整体水平较高。

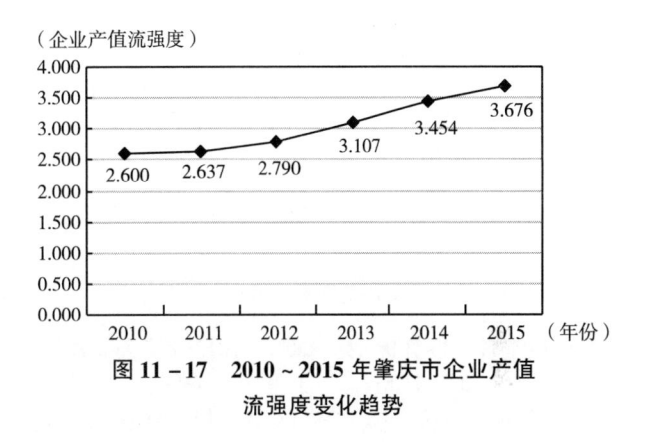

图 11-17 2010~2015 年肇庆市企业产值流强度变化趋势

7. 企业产值倾向度

根据图 11-18 分析可知，2010~2015 年肇庆市城市的企业产值倾向度总体上呈现持续下降的状态。持续下降型的指标意味着城市在该项指标上不断处在劣势状态，并且这一状况并未得到改善。如图所示，肇庆市企业产值倾向度指标处于不断下降的状态中，2010 年此指标数值最高，为 22.043，到 2015 年时，下降至 15.751。分析这种变化趋势，可以得出肇庆市企业产值倾向度发展的水平处于劣势，城市企业的发展活力不足。

图 11-18 2010~2015 年肇庆市企业产值倾向度变化趋势

8. 内资企业产值职能规模

根据图 11-19 分析可知，2010~2015 年肇庆市的内资企业产值职能规模总体上呈现持续上升的状态。持续上升型的指标不仅意味着城市在各项指标数据上的不断增长，更意味着城市在该项指标以及工业企业实力整体上的竞争力优势不断扩大。通过折线图可以看出，肇庆市的内资企业产值职能规模指标不断提高，在2015年达到12.247，相较于2010年上升7个单位左右，说明肇庆市内资企业产值职能规模的整体水平较高。

（内资企业产值职能规模）

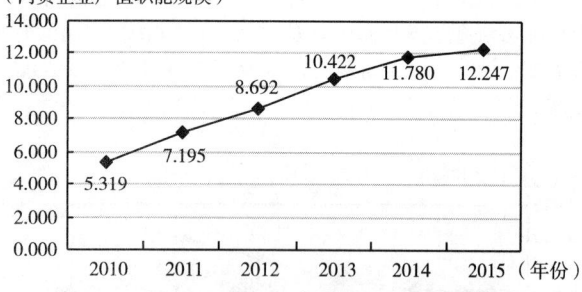

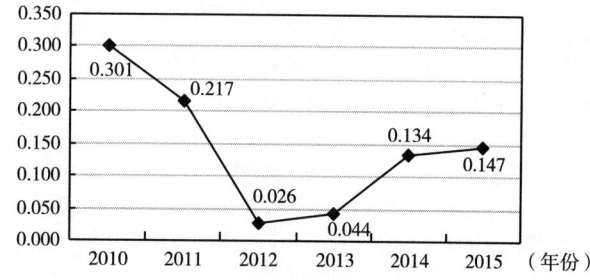

图 11-19　2010~2015 年肇庆市内资企业产值职能规模变化趋势

9. 港澳台投资企业产值职能规模

根据图 11-20 分析可知，2010~2015 年肇庆市的港澳台投资企业产值职能规模总体上呈现持续上升的状态。持续上升型的指标不仅意味着城市在各项指标数据上的不断增长，更意味着城市在该项指标以及工业企业实力整体上的竞争力优势不断扩大。通过折线图可以看出，肇庆市的港澳台投资企业产值职能规模指标不断提高，在2015年达到33.267，相较于2010年上升10个单位左右；说明肇庆市港澳台投资企业产值职能规模的整体水平较高。

（港澳台投资企业产值职能规模）

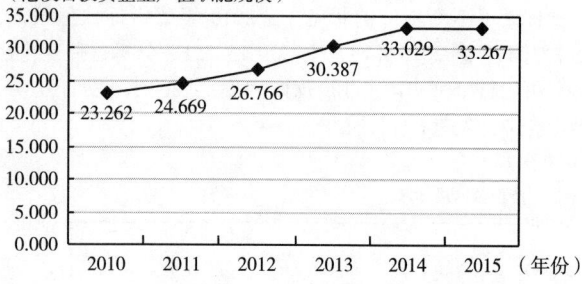

图 11-20　2010~2015 年肇庆市港澳台投资企业产值职能规模变化趋势

10. 外商投资企业产值职能规模

根据图 11-21 分析可知，2010~2015 年肇庆市外商投资企业产值职能规模总体上呈现波动保持的状态。波动保持型指标意味着城市在该项指标上虽然呈现波动状态，在评价末期和评价初期的数值基本保持一致，该图可知肇庆市外商投资企业产值职能规模数值保持在 0.026~0.301。即使肇庆市外商投资企业产值职能规模存在过最低值，其数值为 0.026，但肇庆市在外商投资企业产值职能规模上总体表现也是相对平稳；说明该地区企业发展能力及活力持续又稳定。

（外商投资企业产值职能规模）

图 11-21　2010~2015 年肇庆市外商投资企业产值职能规模变化趋势

11. 内资企业产值职能地位

根据图 11-22 分析可知，2010~2015 年肇庆市的内资企业产值职能地位总体上呈现持续上升的状态。持续上升型的指标不仅意味着城市在各项指标数据上的不断增长，更意味着城市在该项指标以及工业企业实力整体上的竞争力优势不断扩大。通过折线图可以看出，肇庆市的内资企业产值职能地位指标不断提高，在2015年达到10.121，相较 2010 年上升 3 个单位左右；说明肇庆市内资企业产值职能地位的整体水平较高。

（内资企业产值职能地位）

图 11-22　2010~2015 年肇庆市内资企业产值职能地位变化趋势

12. 港澳台投资企业产值职能地位

根据图 11-23 分析可知，2010~2015 年肇庆市的港澳台投资企业产值职能地位总体上呈现持续上升的状态。持续上升型的指标不仅意味着城市在各项指标数据上的不断增长，更意味着城市在该项指标以及工业企业实力整体

（港澳台投资企业产值职能地位）

图 11-23　2010~2015 年肇庆市港澳台投资企业产值职能地位变化趋势

上的竞争力优势不断扩大。通过折线图可以看出，肇庆市的港澳台投资企业产值职能地位指标不断提高，在2015年达到16.938，相较于2010年上升3个单位左右；说明肇庆市港澳台投资企业产值职能地位的整体水平较高。

13. 外商投资企业产值职能地位

根据图11-24分析可知，2010~2015年肇庆市的外商投资企业产值职能地位总体上呈现持续上升的状态。持续上升型的指标不仅意味着城市在各项指标数据上的不断增长，更意味着城市在该项指标以及工业企业实力整体上的竞争力优势不断扩大。通过折线图可以看出，肇庆市的外商投资企业产值职能地位指标不断提高，在2015年达到11.519，相较于2010年上升4个单位左右；说明肇庆市外商投资企业产值职能地位的整体水平较高。

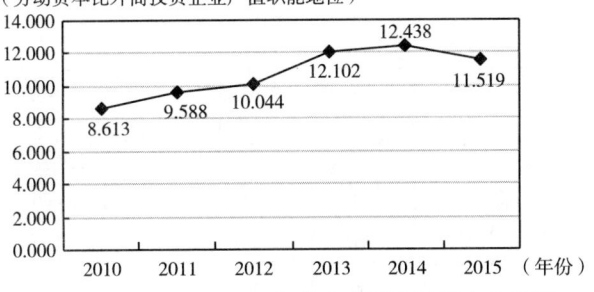

图11-24 2010~2015年肇庆市外商投资企业产值职能地位变化趋势

（二）肇庆市城市企业发展实力评估结果

根据表11-4，对2010~2012年肇庆市企业发展及各三级指标的得分、排名、优劣度进行分析，可以看到2010~2012年肇庆市企业发展的综合排名处于中势的状态，2010~2012年经济发展排名先下降后上升，2010~2011年其经济发展排名由第3名下降至第6名，到2012年又上升至珠江-西江经济带中第4名，说明肇庆市的企业发展领先于珠江-西江经济带的其他城市。对肇庆市的企业发展得分情况进行分析，发现肇庆市的企业发展综合得分呈现先下降后上升的发展趋势，说明城市的企业发展迅速。

企业利润相对增长率的排名呈现先下降后上升的发展趋势。对肇庆市企业利润相对增长率的得分情况进行分析，发现肇庆市的企业利润相对增长率的得分先下降后上升的趋势，说明在2010~2012年间肇庆市企业获取利润的增长速率快，呈现出地区企业集聚能力及活力的不断扩大。

企业利润绝对增量加权指数的排名呈现先下降后上升的发展趋势。对肇庆市企业利润绝对增量加权指数的得分情况进行分析，发现肇庆市的企业利润绝对增量加权指数的得分呈先下降后上升的趋势，说明2010~2012年城市的企业要素集中度越高，城市企业获取利润的变化增长趋向于高速发展。

企业利润比重增量的排名呈现先上升后下降的发展趋势。对肇庆市企业利润比重增量的得分情况进行分析，发现肇庆市的企业利润比重增量的得分呈持续上升的趋势，说明2010~2012年城市整体企业利润水平更具备优势。

企业利润枢纽度的排名呈现先上升后保持的发展趋势。对肇庆市的企业利润枢纽度的得分情况进行分析，发现肇庆市的企业利润枢纽度的得分呈持续上升的趋势，说明2010~2012年肇庆市的说明城市的企业利润能力有所提高，在经济社会发展中的地位有所提高。

企业利润平均增长指数的排名呈现先上升后下降的发展趋势。对肇庆市企业利润平均增长指数的得分情况进行分析，发现肇庆市的企业利润平均增长指数的得分处于持续下降的趋势，说明2010~2012年肇庆市在评估时间段内的企业获取利润降低，整体城市企业利润水平降低。

企业产值流强度的排名呈现先下降后保持的发展趋势。对肇庆市企业产值流强度的得分情况进行分析，发现肇庆市的企业产值流强度的得分处于持续上升的趋势，说明2010~2012年肇庆市之间发生的经济集聚和扩散所产生的企业要素流动强度增强，城市经济影响力增强。

企业产值倾向度的排名呈现先下降后上升的发展趋势。对肇庆市企业产值倾向度的得分情况进行分析，发现肇庆市的企业产值倾向度的得分处于持续下降的趋势，说明2010~2012年肇庆市的总功能量的外向强度减弱。

内资企业产值职能规模的排名呈现先下降后保持的发展趋势。对肇庆市内资企业产值职能规模的得分情况进行分析，发现肇庆市的内资企业产值职能规模的得分处于持续上升的趋势，说明2010~2012年肇庆市的内资企业获取利润水平提高，内资企业获取利润能力提高。

港澳台投资企业产值职能规模的排名呈现持续保持的发展趋势。对肇庆市港澳台投资企业产值职能规模的得分情况进行分析，发现肇庆市的港澳台投资企业产值职能规模的得分处于持续上升的趋势，说明2010~2012年肇庆市的港澳台投资企业获取利润水平有所提高，港澳台投资企业获取利润能力增强。

外商投资企业产值职能规模的排名呈现持续下降的发展趋势。对肇庆市的外商投资企业产值职能规模的得分情况进行分析，发现肇庆市的外商投资企业产值职能规模的得分持续下降的趋势，说明城市的外商投资企业获取利润水平降低，外商投资企业获取利润能力降低。

内资企业产值职能地位的排名呈现先下降后保持的发展趋势。对肇庆市内资企业产值职能地位的得分情况进行分析，发现肇庆市的内资企业产值职能地位的得分处于先下降后上升的趋势，说明2010~2012年肇庆市的内资企业产值获取能力在地区内的水平具备优势，城市对企业的吸引集聚能力增强，城市发展具备就业及劳动力发展的潜力。

港澳台投资企业产值职能地位的排名呈现持续保持的发展趋势。对肇庆市的港澳台投资企业产值职能地位的得分情况进行分析，发现肇庆市港澳台投资企业产值职能地位的得分先下降后上升，说明肇庆市的港澳台投资企业产值获取能力在地区内的水平不具备优势，城市对企业的吸引集聚能力减弱，城市发展具备就业及劳动力发展的潜力减弱。

外商投资企业产值职能地位的排名呈现持续保持的发

展趋势。对肇庆市的外商投资企业产值职能地位的得分情况进行分析，发现肇庆市的外商投资企业产值职能地位的得分呈先持续上升的趋势，说明 2010～2012 年肇庆市外商投资企业产值获取能力在地区内的水平具备优势，城市对企业的吸引集聚能力增强，城市发展具备就业及劳动力发展的潜力增强。

表 11-4　　　　2010～2012 年肇庆市企业发展各级指标的得分、排名及优劣度分析

指标	2010 年 得分	2010 年 排名	2010 年 优劣度	2011 年 得分	2011 年 排名	2011 年 优劣度	2012 年 得分	2012 年 排名	2012 年 优劣度
企业发展	17.603	3	优势	15.980	6	中势	18.085	4	优势
企业利润相对增长率	2.202	3	优势	0.000	11	劣势	2.294	2	强势
企业利润绝对增量加权指数	0.778	5	优势	0.077	11	劣势	0.816	3	优势
企业利润比重增量	4.558	4	优势	5.644	1	强势	5.089	3	优势
企业利润枢纽度	2.235	5	优势	2.695	3	优势	2.973	3	优势
企业利润平均增长指数	4.779	4	优势	4.499	1	强势	3.662	3	优势
企业产值流强度	0.084	4	优势	0.087	5	优势	0.093	5	优势
企业产值倾向度	0.746	2	强势	0.683	7	中势	0.682	6	中势
内资企业产值职能规模	0.175	4	优势	0.247	5	优势	0.308	5	优势
港澳台投资企业产值职能规模	0.862	3	优势	0.924	3	优势	0.996	3	优势
外商投资企业产值职能规模	0.010	5	优势	0.007	6	中势	0.001	10	劣势
内资企业产值职能地位	0.280	4	优势	0.271	5	优势	0.299	5	优势
港澳台投资企业产值职能地位	0.564	3	优势	0.501	3	优势	0.505	3	优势
外商投资企业产值职能地位	0.330	4	优势	0.344	4	优势	0.366	4	优势

根据表 11-5，对 2013～2015 年肇庆市企业发展及各三级指标的得分、排名、优劣度进行分析，可以看到 2013～2015 年肇庆市企业发展的综合排名处于优势的状态，2013～2015 年其企业发展排名持续保持，2013～2015 年一直保持在珠江-西江经济带第 3 名，说明肇庆市的企业发展领先于珠江-西江经济带的其他城市。对肇庆市的企业发展得分情况进行分析，发现肇庆市的企业发展综合得分呈现持续上升的发展趋势，说明城市的企业有所发展。

企业利润相对增长率的排名呈现先下降后上升的发展趋势。对肇庆市企业利润相对增长率的得分情况进行分析，发现肇庆市的企业利润相对增长率的得分处于持续下降的趋势，说明 2013～2015 年间肇庆市企业获取利润的增长速率减慢，呈现出地区企业集聚能力及活力的不断减小。

企业利润绝对增量加权指数的排名呈现先下降后上升的发展趋势。对肇庆市企业利润绝对增量加权指数的得分情况进行分析，发现肇庆市的企业利润绝对增量加权指数的得分处于持续下降的趋势，说明 2013～2015 年间城市的企业要素集中度减弱，城市企业获取利润的变化增长减慢。

企业利润比重增量的排名呈现先下降后上升的发展趋势。对肇庆市企业利润比重增量的得分情况进行分析，发现肇庆市的企业利润比重增量的得分处于先下降后上升的趋势，说明在 2013～2015 年间城市整体企业利润水平具备优势。

企业利润枢纽度的排名呈现持续保持的发展趋势。对肇庆市的企业利润枢纽度的得分情况进行分析，发现肇庆市的企业利润枢纽度的得分呈持续上升的趋势，说明在 2013～2015 年间肇庆市的企业利润能力增强，在经济社会发展中的地位提高。

企业利润平均增长指数的排名呈现先下降后上升的发展趋势。对肇庆市企业利润平均增长指数的得分情况进行分析，发现肇庆市的企业利润平均增长指数的得分处于先下降后上升的趋势，说明 2013～2015 年间肇庆市在评估时间段内的企业获取利润减小，整体城市企业利润水平减小。

企业产值流强度的排名呈现先保持后下降的发展趋势。对肇庆市企业产值流强度的得分情况进行分析，发现肇庆市的企业产值流强度的得分处于持续上升的趋势，说明 2013～2015 年间肇庆市之间发生的经济集聚和扩散所产生的企业要素流动强度强，城市经济影响力强。

企业产值倾向度的排名呈现先上升后保持的发展趋势。对肇庆市企业产值倾向度的得分情况进行分析，发现肇庆市的企业产值倾向度的得分处于先上升后下降的趋势，说明 2013～2015 年间肇庆市的总功能量的外向强度增强。

内资企业产值职能规模的排名呈现先下降后保持的发展趋势。对肇庆市内资企业产值职能规模的得分情况进行分析，发现肇庆市的内资企业产值职能规模的得分处于持续上升的趋势，说明 2013~2015 年间肇庆市的内资企业获取利润水平提高，内资企业获取利润能力增强。

港澳台投资企业产值职能规模的排名呈现持续保持的发展趋势。对肇庆市港澳台投资企业产值职能规模的得分情况进行分析，发现肇庆市的港澳台投资企业产值职能规模的得分处于先上升后下降的趋势，说明 2013~2015 年间肇庆市的港澳台投资企业获取利润水平有所提高，港澳台投资企业获取利润能力增强。

外商投资企业产值职能规模的排名呈现先上升后保持的发展趋势。对肇庆市的外商投资企业产值职能规模的得分情况进行分析，发现肇庆市的外商投资企业产值职能规模的得分呈先上升后保持的趋势，说明城市的外商投资企业获取利润水平有所提高，外商投资企业获取利润能力增强。

内资企业产值职能地位的排名呈现先下降保持的发展趋势。对肇庆市内资企业产值职能地位的得分情况进行分析，发现肇庆市的内资企业产值职能地位的得分处于先上升后下降的趋势，说明 2013~2015 年肇庆市的内资企业产值获取能力在地区内的水平不具备优势，城市对企业的吸引集聚能力降低，城市发展具备就业及劳动力发展的潜力降低。

港澳台投资企业产值职能地位的排名呈持续保持的发展趋势。对肇庆市的港澳台投资企业产值职能地位的得分情况进行分析，发现肇庆市港澳台投资企业产值职能地位的得分先上升后下降，说明肇庆市的港澳台投资企业产值获取能力在地区内的水平具备优势，城市对企业的吸引集聚能力增强，城市发展具备就业及劳动力发展的潜力。

外商投资企业产值职能地位的排名呈现持续保持的发展趋势。对肇庆市的外商投资企业产值职能地位的得分情况进行分析，发现肇庆市的外商投资企业产值职能地位的得分呈先上升后下降的趋势，说明 2013~2015 年肇庆市外商投资企业产值获取能力在地区内的水平不具备优势，城市对企业的吸引集聚能力减弱，城市发展具备就业及劳动力发展的潜力降低。

对 2010~2015 年肇庆市企业发展及各三级指标的得分、排名和优劣度进行分析。2010 年肇庆市企业发展的综合得分排名处于珠江-西江经济带第 3 名，2011 年排名降至第 6 名，2012 年排名升至第 4 名，2013~2015 年排名升至第 3 名，处于珠江-西江经济带上游区。2010~2015 年其企业发展排名一直在珠江-西江经济带上游区和中游区之间波动，企业发展水平一直在优势位置和中势位置波动，说明城市的企业发展较珠江-西江经济带的其他城市更具竞争优势，处于珠江-西江经济带中较为领先的位置。对肇庆市 2010~2015 年的企业发展的得分情况进行分析，发现肇庆市的企业发展综合得分呈现波动上升的发展趋势，2010~2011 年肇庆市的企业发展得分呈持续下降的发展趋势，之后到 2015 年肇庆市的企业发展得分呈持续上升的发展趋势。

从表 11-6 来看，在 13 个基础指标中，指标的优劣度结构为 0.0 : 69.2 : 30.8 : 0.0。

表 11-5 2013~2015 年肇庆市企业发展各级指标的得分、排名及优劣度分析

指标	2013 年 得分	排名	优劣度	2014 年 得分	排名	优劣度	2015 年 得分	排名	优劣度
企业发展	18.855	3	优势	18.874	3	优势	19.577	3	优势
企业利润相对增长率	2.252	4	优势	2.221	9	劣势	2.019	6	中势
企业利润绝对增量加权指数	0.795	4	优势	0.785	9	劣势	0.721	7	中势
企业利润比重增量	5.178	6	中势	4.954	9	劣势	5.399	6	中势
企业利润枢纽度	3.159	3	优势	3.260	3	优势	3.963	3	优势
企业利润平均增长指数	3.772	5	优势	3.616	9	劣势	3.634	5	优势
企业产值流强度	0.107	4	优势	0.122	4	优势	0.134	5	优势
企业产值倾向度	0.599	6	中势	0.637	5	优势	0.602	5	优势
内资企业产值职能规模	0.373	3	优势	0.434	4	优势	0.461	4	优势
港澳台投资企业产值职能规模	1.189	3	优势	1.358	3	优势	1.256	3	优势
外商投资企业产值职能规模	0.001	9	劣势	0.005	8	中势	0.005	8	中势
内资企业产值职能地位	0.360	3	优势	0.376	4	优势	0.356	4	优势
港澳台投资企业产值职能地位	0.622	3	优势	0.645	3	优势	0.608	3	优势
外商投资企业产值职能地位	0.448	4	优势	0.461	4	优势	0.420	4	优势

二级指标	三级指标数	强势指标 个数	强势指标 比重（%）	优势指标 个数	优势指标 比重（%）	中势指标 个数	中势指标 比重（%）	劣势指标 个数	劣势指标 比重（%）	优劣度
企业发展	13	0	0.000	9	69.231	4	30.769	0	0.000	优势

表 11-6　2015 年肇庆市企业发展指标的优劣度结构

（三）肇庆市城市企业发展实力比较分析

图 11-25、图 11-26 和图 11-27 将 2010~2015 年肇庆市企业发展与珠江-西江经济带最高水平和平均水平进行比较。从肇庆市城市企业发展的要素得分比较来看，由图 11-25 可知，2010 年，肇庆市企业利润相对增长率得分比珠江-西江经济带最高分低 0.094 分，比平均分低 0.002 分；2011 年，企业利润相对增长率得分比珠江-西江经济带最高分低 4.926 分，比平均分低 2.405 分；2012 年，企业利润相对增长率得分比珠江-西江经济带最高分低 0.320 分，比平均分高 0.066 分；2013 年，企业利润相对增长率得分比珠江-西江经济带最高分低 0.284 分，比平均分低 0.024 分；2014 年，企业利润相对增长率得分比珠江-西江经济带最高分低 0.354 分，比平均分低 0.066 分；2015 年，企业利润相对增长率得分比珠江-西江经济带最高分低 0.401 分，比平均分低 0.010 分。这说明整体上肇庆市企业利润相对增长率得分与珠江-西江经济带最高分的差距波动增加，与珠江-西江经济带平均分的差距波动增大。

2010 年，肇庆市企业利润绝对增量加权指数得分比珠江-西江经济带最高分低 0.068 分，比平均分低 0.005 分；2011 年，企业利润绝对增量加权指数得分比珠江-西江经济带最高分低 4.014 分，比平均分低 1.136 分；2012 年，企业利润绝对增量加权指数得分比珠江-西江经济带最高分低 0.515 分，与平均分不存在差异；2013 年，企业利润绝对增量加权指数得分比珠江-西江经济带最高分低 0.204 分，比平均分低 0.033 分；2014 年，企业利润绝对增量加权指数得分比珠江-西江经济带最高分低 0.461 分，比平均分低 0.051 分；2015 年，企业利润绝对增量加权指数得分比珠江-西江经济带最高分低 0.118 分，比平均分高 0.050 分。这说明整体上肇庆市企业利润绝对增量加权指数得分与珠江-西江经济带最高分差距波动增加，与珠江-西江经济带平均分的差距波动增加。

2010 年，肇庆市企业利润比重增量得分比珠江-西江经济带最高分低 0.137 分，比平均分高 0.607 分；2011 年，企业利润比重增量得分与珠江-西江经济带最高分不存在差异，比平均分低 0.650 分；2012 年，企业利润比重增量得分比珠江-西江经济带最高分低 0.583 分，比平均分高 0.248 分；2013 年，企业利润比重增量得分比珠江-西江经济带最高分低 1.409 分，比平均分低 0.124 分；2014 年，企业利润比重增量得分比珠江-西江经济带最高分低 0.389 分，比平均分高 0.100 分；2015 年，企业利润比重增量得分比珠江-西江经济带最高分低 0.708 分，比平均分低 0.001 分。这说明整体上肇庆市企业利润比重增量得分与珠江-西江经济带最高分的差距波动增加，与珠江-西江经济带平均分的差距先增后减。

2010 年，肇庆市企业利润枢纽度得分比珠江-西江经济带最高分低 0.644 分，比平均分高 0.528 分；2011 年，企业利润枢纽度得分比珠江-西江经济带最高分低 0.123 分，比平均分高 0.900 分；2012 年，企业利润枢纽度得分比珠江-西江经济带最高分低 0.437 分，比平均分高 0.985 分；2013 年，企业利润枢纽度得分比珠江-西江经济带最高分低 0.563 分，比平均分高 1.064 分；2014 年，企业利润枢纽度得分比珠江-西江经济带最高分低 0.544 分，比平均分高 1.146 分；2015 年，企业利润枢纽度得分比珠江-西江经济带最高分低 1.147 分，比平均分高 1.428 分。这说明整体上肇庆市企业利润枢纽度得分与珠江-西江经济带最高分的差距波动增加，与珠江-西江经济带平均分的差距持续增加。

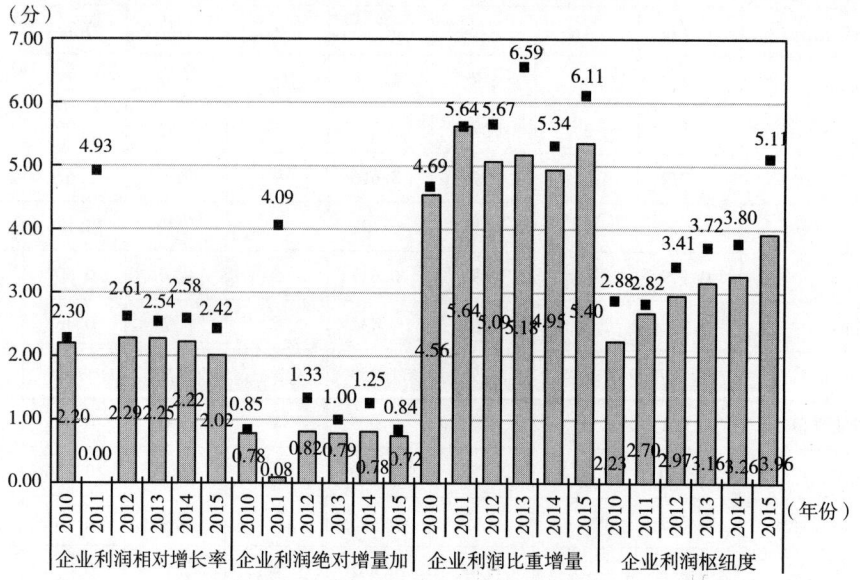

图 11-25　2010~2015 年肇庆市企业发展指标得分比较 1

由图 11-26 可知，2010 年，肇庆市企业利润平均增长指数得分比珠江-西江经济带最高分低 1.354 分，比平均分高 0.154 分；2011 年，企业利润平均增长指数得分与珠江-西江经济带最高分不存在差异，比平均分高 0.700 分；2012 年，企业利润平均增长指数得分比珠江-西江经济带最高分低 0.287 分，比平均分高 0.209 分；2013 年，企业利润平均增长指数得分比珠江-西江经济带最高分低 1.018 分，比平均分高 0.046 分；2014 年，企业利润平均增长指数得分比珠江-西江经济带最高分低 1.431 分，比平均分低 0.113 分；2015 年，企业利润平均增长指数得分比珠江-西江经济带最高分低 1.185 分，比平均分高 0.248 分。这说明整体上肇庆市企业利润平均增长指数得分与珠江-西江经济带最高分的差距波动减小，与珠江-西江经济带平均分的差距波动增加。

2010 年，肇庆市企业产值流强度得分比珠江-西江经济带最高分低 1.913 分，比平均分低 0.149 分；2011 年，企业产值流强度得分比珠江-西江经济带最高分低 2.316 分，比平均分低 0.220 分；2012 年，企业产值流强度得分比珠江-西江经济带最高分低 2.178 分，比平均分低 0.215 分；2013 年，企业产值流强度得分比珠江-西江经济带最高分低 2.872 分，比平均分低 0.255 分；2014 年，企业产值流强度得分比珠江-西江经济带最高分低 3.192 分，比平均分低 0.289 分；2015 年，企业产值流强度得分比珠江-西江经济带最高分低 3.509 分，比平均分低 0.317 分。这说明整体上肇庆市企业产值流强度得分与珠江-西江经济带最高分的差距波动增加，与珠江-西江经济带平均分的差距波动增加。

2010 年，肇庆市企业产值倾向度得分比珠江-西江经济带最高分低 1.101 分，比平均分高 0.211 分；2011 年，企业产值倾向度得分比珠江-西江经济带最高分低 2.277 分，比平均分低 0.444 分；2012 年，企业产值倾向度得分比珠江-西江经济带最高分低 2.761 分，比平均分低 0.554 分；2013 年企业产值倾向度得分比珠江-西江经济带最高分低 2.184 分，比平均分低 0.288 分；2014 年，企业产值倾向度得分比珠江-西江经济带最高分低 3.374 分，比平均分低 0.391 分；2015 年，企业产值倾向度得分比珠江-西江经济带最高分低 2.700 分，比平均分低 0.330 分。这说明整体上肇庆市企业产值倾向度得分与珠江-西江经济带最高分的差距波动增加，与珠江-西江经济带平均分的差距波动增加。

2010 年，肇庆市内资企业产值职能规模得分比珠江-西江经济带最高分低 2.099 分，比平均分低 0.142 分；2011 年，内资企业产值职能规模得分比珠江-西江经济带最高分低 2.495 分，比平均分低 0.198 分；2012 年，内资企业产值职能规模得分比珠江-西江经济带最高分低 2.637 分，比平均分低 0.198 分；2013 年内资企业产值职能规模得分比珠江-西江经济带最高分低 2.867 分，比平均分低 0.140 分；2014 年，内资企业产值职能规模得分比珠江-西江经济带最高分低 3.143 分，比平均分低 0.137 分；2015 年，内资企业产值职能规模得分比珠江-西江经济带最高分低 3.305 分，比平均分低 0.174 分。这说明整体上肇庆市内资企业产值职能规模得分与珠江-西江经济带最高分的差距持续增加，与珠江-西江经济带平均分的差距波动增加。

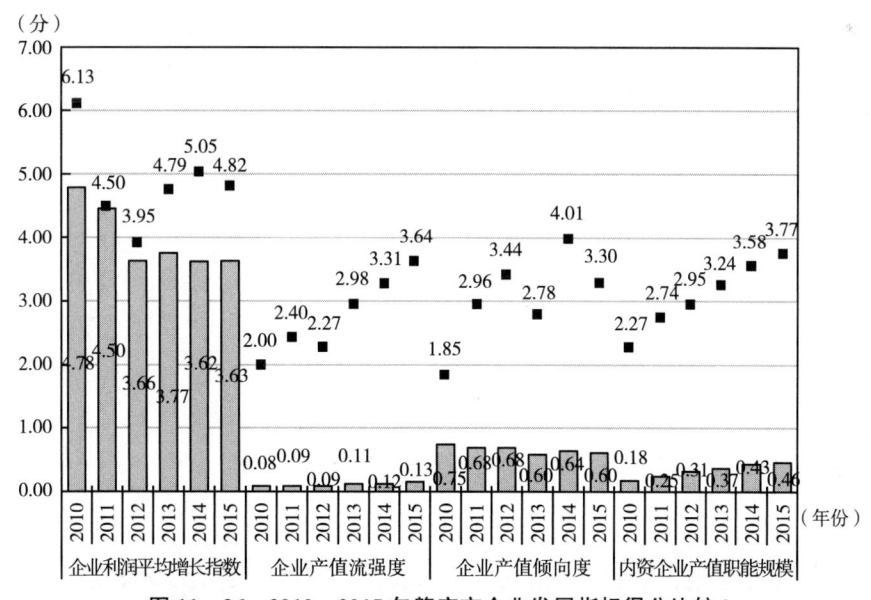

图 11-26　2010~2015 年肇庆市企业发展指标得分比较 2

由图 11-27 可知，2010 年，肇庆市港澳台投资企业产值职能规模得分比珠江-西江经济带最高分低 2.513 分，比平均分高 0.220 分；2011 年，港澳台投资企业产值职能规模得分比珠江-西江经济带最高分低 2.381 分，比平均分高 0.233 分；2012 年，港澳台投资企业产值职能规模得分比珠江-西江经济带最高分低 2.044 分，比平均分高 0.332 分；2013 年，港澳台投资企业产值职能规模得分比珠江-西江经济带最高分低 2.349 分，比平均分高 0.389 分；2014 年，港澳台投资企业产值职能规模得分比珠江-西江经济带最高分低 2.753 分，比平均分高 0.439 分；2015

年，港澳台投资企业产值职能规模得分比珠江－西江经济带最高分低 2.069 分，比平均分高 0.523 分。这说明整体上肇庆市港澳台投资企业产值职能规模得分与珠江－西江经济带最高分的差距波动减小，与珠江－西江经济带平均分的差距持续增加。

2010 年，肇庆市外商投资企业产值职能规模得分比珠江－西江经济带最高分低 1.740 分，比平均分低 0.164 分；2011 年，外商投资企业产值职能规模得分比珠江－西江经济带最高分低 2.321 分，比平均分低 0.215 分；2012 年，外商投资企业产值职能规模得分比珠江－西江经济带最高分低 1.968 分，比平均分低 0.189 分；2013 年，外商投资企业产值职能规模得分比珠江－西江经济带最高分低 2.651 分，比平均分低 0.253 分；2014 年，外商投资企业产值职能规模得分比珠江－西江经济带最高分低 3.046 分，比平均分低 0.292 分；2015 年，外商投资企业产值职能规模得分比珠江－西江经济带最高分低 3.583 分，比平均分低 0.346 分。这说明整体上肇庆市外商投资企业产值职能规模得分与珠江－西江经济带最高分的差距波动增加，与珠江－西江经济带平均分的差距波动增加。

2010 年，肇庆市内资企业产值职能地位得分比珠江－西江经济带最高分低 3.359 分，比平均分低 0.227 分；2011 年，内资企业产值职能地位得分比珠江－西江经济带最高分低 2.738 分，比平均分低 0.217 分；2012 年，内资企业产值职能地位得分与珠江－西江经济带最高分低 2.561 分，比平均分低 0.192 分；2013 年内资企业产值职能地位得分比珠江－西江经济带最高分低 2.765 分，比平均分低 0.135 分；2014 年，内资企业产值职能地位得分比珠江－西江经济带最高分低 2.719 分，比平均分低 0.119 分；2015 年，内资企业产值职能地位得分比珠江－西江经济带最高分低 2.548 分，比平均分低 0.134 分。这说明整体上肇庆市内资企业产值职能地位得分与珠江－西江经济带最高分的差距波动减小，与珠江－西江经济带平均分的差距波动减小。

2010 年，肇庆市港澳台投资企业产值职能地位得分比珠江－西江经济带最高分低 3.534 分，比平均分低 0.272 分；2011 年，港澳台投资企业产值职能地位得分比珠江－西江经济带最高分低 2.451 分，比平均分低 0.089 分；2012 年，港澳台投资企业产值职能地位得分比珠江－西江经济带最高分低 2.030 分，比平均分低 0.031 分；2013 年港澳台投资企业产值职能地位得分与珠江－西江经济带最高分低 2.257 分，比平均分低 0.009 分；2014 年，港澳台投资企业产值职能地位得分比珠江－西江经济带最高分低 2.257 分，比平均分高 0.012 分；2015 年，港澳台投资企业产值职能地位得分比珠江－西江经济带最高分低 2.043 分，比平均分高 0.027 分。这说明整体上肇庆市港澳台投资企业产值职能地位得分与珠江－西江经济带最高分的差距波动减小，与珠江－西江经济带平均分的差距波动减小。

2010 年，肇庆市外商投资企业产值职能地位得分比珠江－西江经济带最高分低 3.502 分，比平均分低 0.385 分；2011 年，外商投资企业产值职能地位得分比珠江－西江经济带最高分低 2.750 分，比平均分低 0.227 分；2012 年，外商投资企业产值职能地位得分比珠江－西江经济带最高分低 2.813 分，比平均分低 0.212 分；2013 年，外商投资企业产值职能地位得分比珠江－西江经济带最高分低 2.973 分，比平均分低 0.192 分；2014 年，外商投资企业产值职能地位得分比珠江－西江经济带最高分低 2.953 分，比平均分低 0.177 分；2015 年，外商投资企业产值职能地位得分比珠江－西江经济带最高分低 2.764 分，比平均分低 0.181 分。这说明整体上肇庆市外商投资企业产值职能地位得分与珠江－西江经济带最高分的差距波动减小，与珠江－西江经济带平均分的差距波动减小。

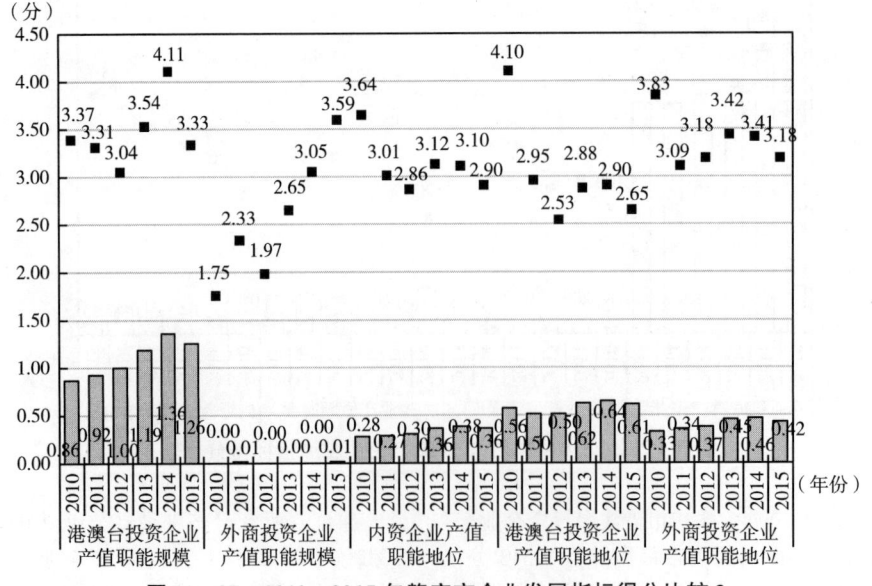

图 11-27　2010~2015 年肇庆市企业发展指标得分比较 3

三、肇庆市城市工业企业发展水平综合评估与比较

从对肇庆市工业企业发展水平评估及其2个二级指标在珠江-西江经济带的排名变化和指标结构的综合分析来看,2010~2015年间,工业企业板块中上升指标的数量等于下降指标的数量,上升的动力等于下降的拉力,使得2015年肇庆市工业企业发展水平的排名呈波动保持趋势,在珠江-西江经济带城市位居第3名。

(一)肇庆市城市工业企业发展水平概要分析

肇庆市工业企业发展水平在珠江-西江经济带所处的位置及变化如表11-7所示,2个二级指标的得分和排名变化如表11-8所示。

(1)从指标排名变化趋势看,2015年肇庆市工业企业发展水平评估排名在珠江-西江经济带处于第3名,表明其在珠江-西江经济带处于优势地位,与2010年相比,排名没有变化。总的来看,评价期内肇庆市工业企业发展水平呈现波动保持趋势。

在2个二级指标中,2个指标排名波动保持,为工业发展和企业发展。这是肇庆市工业企业发展水平处于波动保持的原因所在。受指标排名升降的综合影响,评价期内肇庆市工业企业的综合排名呈波动保持,在珠江-西江经济带城市排名第3名。

(2)从指标所处区位来看,2015年肇庆市工业企业发展水平处在上游区,其中,工业发展和企业发展均为优势指标。

(3)从指标得分来看,2015年肇庆市工业企业得分为49.581分,比珠江-西江经济带最高分低12.755分,比珠江-西江经济带平均分低1.188分;与2010年相比,肇庆市工业企业发展水平得分下降0.964分,与当年最高分的差距减小,也与珠江-西江经济带平均分的差距增加。

2015年,肇庆市工业企业发展水平二级指标的得分均高于19分,与2010年相比,得分上升最多的为企业发展,上升1.975分;得分下降最多的为工业发展,下降2.939分。

表11-7 2010~2015年肇庆市工业企业一级指标比较

项目	2010年	2011年	2012年	2013年	2014年	2015年
排名	3	3	4	3	3	3
所属区位	上游	上游	中游	上游	上游	上游
得分	50.545	45.352	47.219	47.689	47.353	49.581
全国最高分	64.061	66.285	62.112	64.361	61.849	62.336
全国平均分	51.465	53.838	53.598	51.944	50.910	50.770
与最高分的差距	-13.515	-20.932	-14.893	-16.672	-14.496	-12.755

续表

项目	2010年	2011年	2012年	2013年	2014年	2015年
与平均分的差距	-0.920	-8.485	-6.379	-4.255	-3.557	-1.188
优劣度	优势	优势	优势	优势	优势	优势
波动趋势	—	持续	下降	上升	持续	持续

表11-8 2010~2015年肇庆市工业企业二级指标比较表

年份	工业发展 得分	工业发展 排名	企业发展 得分	企业发展 排名
2010	32.943	2	17.603	3
2011	29.373	3	15.980	6
2012	29.134	3	18.085	4
2013	28.834	4	18.855	3
2014	28.480	3	18.874	3
2015	30.004	2	19.577	3
得分变化	-2.939	—	1.975	—
排名变化	—	0	—	0
优劣度	优势	优势	优势	优势

(二)肇庆市城市工业企业发展水平指标动态变化分析

2010~2015年肇庆市工业企业发展水平评估各级指标的动态变化及其结构,如图11-28和表11-9所示。

从图11-28可以看出,肇庆市工业企业发展水平评估的三级指标中下降指标的比例大于上升指标,表明下降指标居于主导地位。表11-9中的数据说明,肇庆市工业企业发展水平评估的22个三级指标中,上升的指标有3个,占指标总数的13.636%;保持的指标有9个,占指标总数的40.909%;下降的指标有10个,占指标总数的45.455%。由于下降指标的数量大于上升指标的数量,且受变动幅度与外部因素的综合影响,评价期内肇庆市工业企业排名呈现波动保持,在珠江-西江经济带城市居第3名。

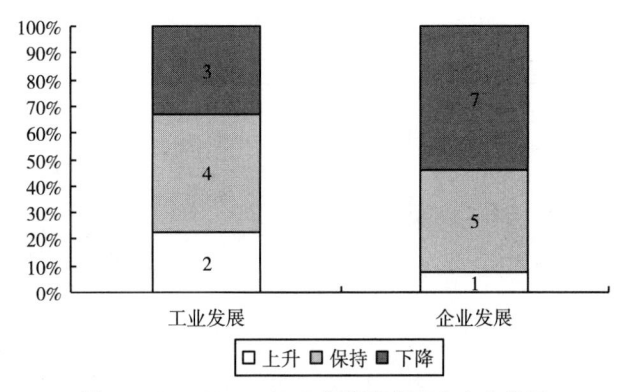

图11-28 2010~2015年肇庆市工业企业发展水平动态变化结构

表 11-9　　　　　　　2010~2015 年肇庆市工业企业各级指标排名变化态势比较

二级指标	三级指标数	上升指标 个数	上升指标 比重（%）	保持指标 个数	保持指标 比重（%）	下降指标 个数	下降指标 比重（%）
工业发展	9	2	22.222	4	44.444	3	33.333
企业发展	13	1	7.692	5	38.462	7	53.846
合计	22	3	13.636	9	40.909	10	45.455

（三）肇庆市城市工业企业发展水平指标变化动因分析

2015 年肇庆市工业企业板块各级指标的优劣势变化及其结构，如图 11-29 和表 11-10 所示。

从图 11-29 可以看出，2015 年肇庆市工业企业发展水平评估的三级指标中强势和优势指标的比例大于中势和劣势指标的比例，表明强势和优势指标居于主导地位。表 11-10 中的数据说明，2015 年肇庆市工业企业的 22 个三级指标中，强势指标有 5 个，占指标总数的 22.727%；优势指标为 10 个，占指标总数的 45.455%；中势指标 6 个，占指标总数的 27.273%；劣势指标为 1 个，占指标总数的 4.545%；强势指标和优势指标之和占指标总数的 68.182%，数量与比重均大于劣势指标。从二级指标来看，其中，工业发展的强势指标有 5 个，占指标总数的 55.556%；优势指标为 1 个，占指标总数的 11.111%；中势指标 2 个，占指标总数的 22.222%；劣势指标为 1 个，占指标总数的 11.111%；优势指标和中势指标之和占指标总数的 66.667%，说明工业发展的强、优势指标居于主导地位。企业发展不存在强势指标；优势指标为 9 个，占指标总数的 69.231%；中势指标 4 个，占指标总数的 30.769%；不存在劣势指标；强势指标和优势指标之和占指标总数的 69.231%，说明企业发展的强、优势指标处于主导地位。由于强、优势指标比重较大，肇庆市工业企业发展水平处于优势地位，在珠江-西江经济带城市居第 3 名，处于上游区。

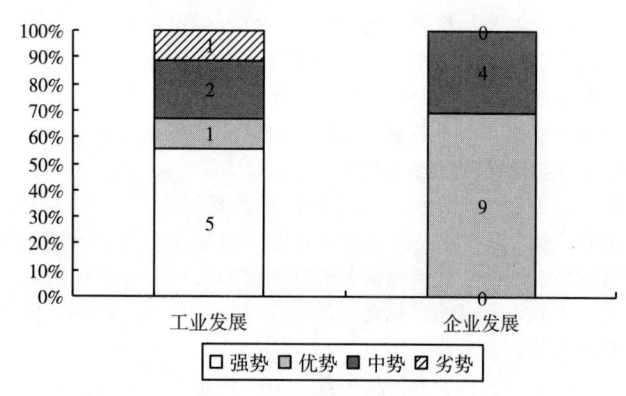

图 11-29　2015 年肇庆市工业企业优劣度结构

表 11-10　　　　　　　2015 年肇庆市工业企业各级指标优劣度比较

二级指标	三级指标数	强势指标 个数	强势指标 比重（%）	优势指标 个数	优势指标 比重（%）	中势指标 个数	中势指标 比重（%）	劣势指标 个数	劣势指标 比重（%）	优劣度
工业发展	9	5	55.556	1	11.111	2	22.222	1	11.111	强势
企业发展	13	0	0.000	9	69.231	4	30.769	0	0.000	优势
合计	22	5	22.727	10	45.455	6	27.273	1	4.545	优势

为进一步明确影响肇庆市工业企业变化的具体因素，以便对相关指标进行深入分析，为提升肇庆市工业企业发展水平提供决策参考，表 11-11 列出工业企业指标体系中直接影响肇庆市工业企业发展水平升降的强势指标、优势指标、中势指标和劣势指标。

表 11-11　　　　　　　2012 年肇庆市工业企业三级指标优劣度统计

指标	强势指标	优势指标	中势指标	劣势指标
工业发展（9 个）	工业结构、企业弹性扩张系数、工业密度、税收贡献率、工业不协调度（5 个）	工业发展强度（1 个）	工业弧弹性、Moore 工业结构（2 个）	工业偏离系数（1 个）
企业发展（13 个）	（0 个）	企业利润枢纽度、企业利润平均增长指数、企业产值流强度、内资企业产值职能规模、内资企业产值职能规模、港澳台投资企业产值职能规模、内资企业产值职能地位、港澳台投资企业产值职能地位、外商投资企业产值职能地位（9 个）	企业利润相对增长率、企业利润绝对增量加权指数、企业利润比重增量、外商投资企业产值职能规模（4 个）	（0 个）

第十二章 云浮市城市工业企业发展水平综合评估

一、云浮市城市工业企业发展实力综合评估与比较

(一) 云浮市城市工业发展实力评估指标变化趋势评析

1. 工业结构

根据图12-1分析可知，2010~2015年云浮市工业结构总体上呈现波动下降的状态。这一类的指标为2010~2015年间城市在该项指标上总体呈现下降趋势，但在评估期间存在上下波动的情况，指标并非连续性下降状态。波动下降型指标意味着在评估期间，虽然指标数据存在较大波动变化，但是其评价末期数据值低于评价初期数据值。云浮市的工业结构末期低于初期的数据降低10个单位左右；说明云浮市的工业结构发展有所下降。

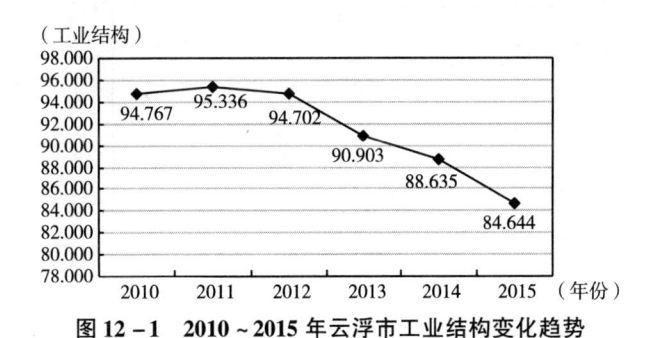

图12-1 2010~2015年云浮市工业结构变化趋势

2. 企业扩张弹性系数

根据图12-2分析可知，2010~2015年云浮市企业扩张弹性系数总体上呈现波动上升状态。这一类型的指标为2010~2015年间城市在该项指标上存在较多波动变化，总体趋势为上升趋势，但在个别年份出现下降的情况，指标并非连续性上升。波动上升型指标意味着在评估期间，虽然指标数据存在较大波动变化，但是其评价末期数据值高于评价初期数据值。通过折线图可以看出，云浮市企业扩张弹性系数指标有所提高，在2015年达到65.484，相较于2010年上升9个单位左右；说明云浮市工业发展水平持续提高。

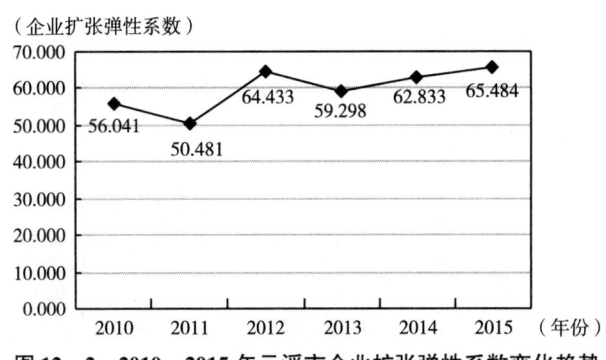

3. 工业发展强度

根据图12-3分析可知，2010~2015年云浮市的工业发展强度总体上呈现持续上升的状态。持续上升型的指标不仅意味着城市在各项指标数据上的不断增长，更意味着城市在该项指标以及工业企业实力整体上的竞争力优势不断扩大。通过折线图可以看出，云浮市的工业发展强度指标不断提高，在2015年达到2.762，相较于2010年上升1个单位左右；说明云浮市工业发展强度的整体水平较高。

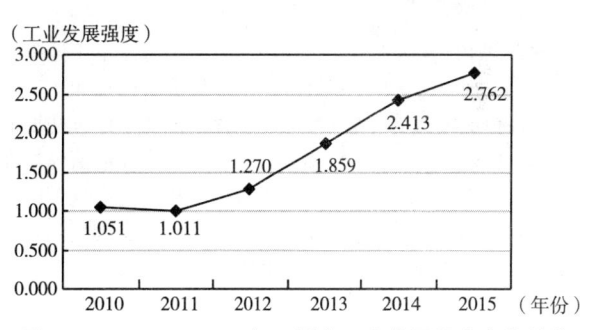

图12-3 2010~2015年云浮市工业发展强度变化趋势

4. 工业密度

根据图12-4分析可知，2010~2015年云浮市工业密

图12-2 2010~2015年云浮市企业扩张弹性系数变化趋势

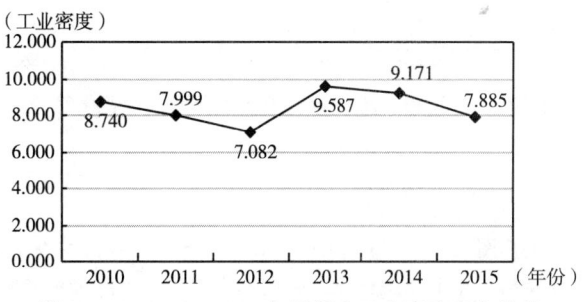

图12-4 2010~2015年云浮市工业密度变化趋势

度总体上呈现波动保持的状态。波动保持型指标意味着城市在该项指标上虽然呈现波动状态，在评价末期和评价初期的数值基本保持一致，该图可知云浮市工业密度数值保持在 7.082~9.587。即使云浮市工业密度存在过最低值，其数值为 7.082，但云浮市在工业密度上总体表现也是相对平稳；说明该地区工业发展能力及活力持续又稳定。

5. 税收贡献率

根据图 12-5 分析可知，2010~2015 年云浮市税收贡献率总体上呈现波动保持的状态。波动保持型指标意味着城市在该项指标上虽然呈现波动状态，在评价末期和评价初期的数值基本保持一致，该图可知云浮市税收贡献率数值保持在 16.149~25.180。即使云浮市税收贡献率存在过最低值，其数值为 13.826，但云浮市在税收贡献率上总体表现也是相对平稳；说明该地区工业发展能力及活力持续又稳定。

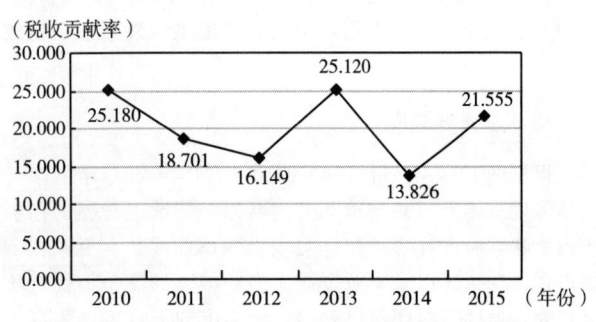

图 12-5 2010~2015 年云浮市税收贡献率变化趋势

6. 工业弧弹性

根据图 12-6 分析可知，2010~2015 年云浮市工业弧弹性总体上呈现波动保持的状态。波动保持型指标意味着城市在该项指标上虽然呈现波动状态，在评价末期和评价初期的数值基本保持一致，该图可知云浮市工业弧弹性数值保持在 86.760~92.017。即使云浮市工业弧弹性存在过最低值，其数值为 86.760，但云浮市在工业弧弹性上总体表现也是相对平稳；说明该地区工业发展能力及活力持续又稳定。

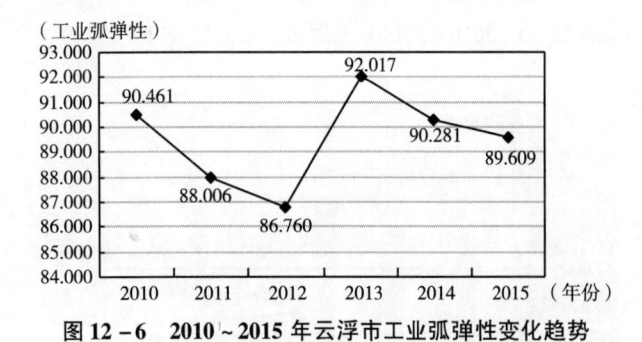

图 12-6 2010~2015 年云浮市工业弧弹性变化趋势

7. Moore 工业结构

根据图 12-7 分析可知，2010~2015 年云浮市的 Moore 工业结构总体上呈现持续下降的状态。持续下降型的指标意味着城市在该项指标上不断处在劣势状态，并且这一状况并未得到改善。如图所示，云浮市 Moore 工业结构指标处于不断下降的状态中，2010 年此指标数值最高，为 82.924，到 2015 年时，下降至 68.607。分析这种变化趋势，可以得出云浮市 Moore 工业结构发展的水平处于劣势，城市工业的发展活力不足。

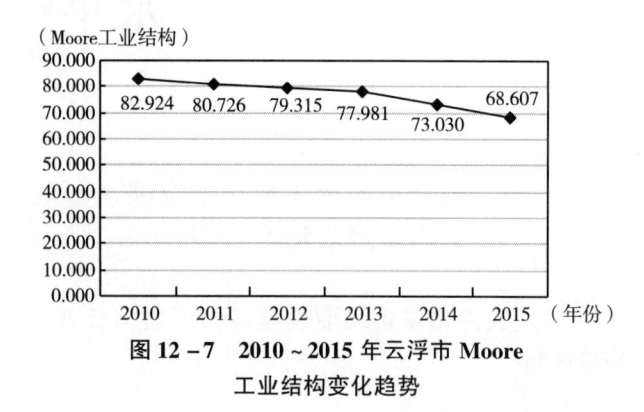

图 12-7 2010~2015 年云浮市 Moore 工业结构变化趋势

8. 工业不协调度

根据图 12-8 分析可知，2010~2015 年云浮市的工业不协调度总体上呈现持续下降的状态，由 2010 年的 100.000 下降至 2015 年的 73.177。云浮市的工业不协调度相较于其他城市的数据指标偏低，这反映出云浮市的工业不协调度处于不断下降的状态；说明城市的工业不协调度在下降，城市的工业发展趋于协调。

图 12-8 2010~2015 年云浮市工业不协调度变化趋势

9. 工业偏离系数

根据图 12-9 分析可知，2010~2015 年云浮市工业偏

图 12-9 2010~2015 年云浮市工业偏离系数变化趋势

离系数总体上呈现波动下降的状态。这种状态表现为在 2010~2015 年间城市在该项指标上总体呈现下降趋势,但在此期间存在上下波动的情况,并非连续性下降状态。这就意味着在评估的时间段内,虽然指标数据存在较大的波动化,但是其评价末期数据值低于评价初期数据值。云浮市的工业偏离系数末期低于初期的数据,降低 16 个单位左右,并且 2010~2011 年存在明显下降的变化,这说明云浮市工业发展情况处于相对稳定的良好状态。

(二) 云浮市城市工业发展实力评估结果

根据表 12-1,对 2010~2012 年云浮市工业发展得分、排名、优劣度进行分析,可以看到 2010 年云浮市工业发展排名处在珠江-西江经济带第 4 名,2011 年下降至第 5 名,2012 年保持在第 5 名,其工业发展从珠江-西江经济带中处于优势地位,发展水平较高。对云浮市的工业发展得分情况进行分析,发现云浮市的工业发展综合得分 2010~2012 年先下降后上升,整体呈下降趋势,说明的云浮市工业发展有所下降。

对云浮市工业发展的三级指标进行分析,其中工业结构得分排名呈现持续保持的发展趋势。对云浮市的工业结构的得分情况进行分析,发现云浮市的工业结构的得分呈现持续上升的趋势,说明云浮市工业结构发展水平在提高,并且工业结构较大程度地偏离 1,说明地区出现显著的工业结构不协调,对城市经济社会稳定发展将造成长远的影响,不利于城市的活力提升和发展的可持续性。

企业扩张弹性系数的排名呈现先保持后上升的发展趋势。对云浮市的企业扩张弹性系数的得分情况进行分析,发现云浮市的企业扩张弹性系数的得分先下降后上升,整体呈上升趋势,说明云浮市的企业扩张弹性系数有所增大,城市的企业数量扩张幅度减小,城市城镇化与工业发展之间呈现协调发展的关系,城镇企业数量的增加未会导致城市的过度拥挤及承载力压力问题的出现。

工业发展强度的排名呈现持续保持的发展趋势。对云浮市的工业发展强度的得分情况进行分析,发现云浮市工业发展强度的得分先下降后上升,整体呈上升趋势,说明云浮市的工业发展强度波动增强,云浮市的工业产值发展能力有所增强,城市活力也有所增强。

工业密度的排名呈现先上升后保持的发展趋势。对云浮市工业密度的得分情况进行分析,发现云浮市的工业密度的得分持续下降,说明云浮市的工业密度逐渐减小,城市的工业承载力在减小。

税收贡献率的排名呈现先下降后保持的发展趋势。对云浮市的税收贡献率的得分情况进行分析,发现云浮市的税收贡献率的得分呈持续下降趋势,说明云浮市的经济发展逐渐下降,税收程度在降低,市场发展活力也有所减弱。

工业弧弹性的排名呈现持续下降的趋势。对云浮市的工业弧弹性的得分情况进行分析,发现云浮市的工业弧弹性的得分呈现波动下降的趋势,说明云浮市的工业产值增长速率慢于其经济的变化增长速率,城市呈现出工业的收缩发展趋势。

Moore 工业结构的排名呈现先保持后上升的发展趋势。对云浮市的 Moore 工业结构的得分情况进行分析,发现云浮市的 Moore 工业结构的得分处于持续下降的趋势,说明云浮市的 Moore 产业结构指数逐渐下降,城市企业结构的变化程度在减小。

工业不协调度的排名呈现持续保持的发展趋势。对云浮市的工业不协调度的得分情况进行分析,发现云浮市的工业不协调度的得分持续下降,说明云浮市的企业不协调度持续减小,企业在城市中的发展结构趋于协调。

工业偏离系数的排名呈现先下降后上升的发展趋势。对云浮市的工业偏离系数的得分情况进行分析,发现云浮市的工业偏离系数的得分呈现出波动下降的发展趋势,说明云浮市的工业结构偏离系数波动减小,城市的就业结构协调程度有所下降,城市的劳动生产率不断提升。

表 12-1　　　　2010~2012 年云浮市工业发展各级指标的得分、排名及优劣度分析

指标	2010 年 得分	排名	优劣度	2011 年 得分	排名	优劣度	2012 年 得分	排名	优劣度
工业发展	30.396	4	优势	27.128	5	优势	27.863	5	优势
工业结构	7.346	6	中势	7.490	6	中势	7.499	6	中势
企业扩张弹性系数	2.858	10	劣势	2.345	10	劣势	3.227	4	优势
工业发展强度	0.042	9	劣势	0.040	9	劣势	0.050	9	劣势
工业密度	0.327	7	中势	0.276	4	优势	0.245	4	优势
税收贡献率	0.994	7	中势	0.727	8	中势	0.665	8	中势
工业弧弹性	6.668	1	强势	6.440	10	劣势	6.535	11	劣势
Moore 工业结构	4.924	5	优势	4.892	5	优势	4.695	4	优势
工业不协调度	6.024	1	强势	4.901	1	强势	4.617	1	强势
工业偏离系数	1.213	3	优势	0.016	11	劣势	0.331	8	中势

根据表12-2，对2013~2015年云浮市工业发展得分、排名、优劣度进行分析，可以看到2013年云浮市工业发展排名处于珠江-西江经济带第6名，2014年上升至第4名，2015下降至第5名，其工业发展处于珠江-西江经济带中游，发展潜力较大。对云浮市的工业发展得分情况进行分析，发现云浮市的工业发展综合得分2013~2015年持续下降，说明的云浮市工业发展水平逐渐下降。

对云浮市工业发展的三级指标进行分析，其中工业结构得分排名呈现先下降后保持的发展趋势。对云浮市的工业结构的得分情况进行分析，发现云浮市的工业结构的得分呈现持续下降的趋势，说明云浮市工业结构发展水平在提高，并且工业结构较大程度的偏离，说明地区出现显著的工业结构不协调，对城市经济社会稳定发展将造成长远的影响，不利于城市的活力提升和发展的可持续性。

企业扩张弹性系数的排名呈现先上升后下降的发展趋势。对云浮市的企业扩张弹性系数的得分情况进行分析，发现云浮市的企业扩张弹性系数的得分先下降后上升，整体呈上升趋势，说明云浮市的企业扩张弹性系数波动增大，城市的企业数量扩张幅度减小，城市城镇化与工业发展之间呈现协调发展的关系，城镇企业数量的增加未导致城市的过度拥挤及承载力压力问题的出现。

工业发展强度的排名呈现持续保持的发展趋势。2013~2015年云浮市的工业强度始终处在珠江-西江经济带第8名。一方面，说明云浮市的工业发展强度处于经济带中游，在经济带中上升空间较大，另一方面云浮市工业发展强度稳定性良好。对云浮市的工业发展强度的得分情况进行分析，发现云浮市工业发展强度的得分持续上升，说明云浮市的工业发展强度逐渐增强，说明城市的工业产值发展能力逐渐提高，城市活力增强。

其中工业密度的排名呈现持续保持的发展趋势。对云浮市工业密度的得分情况进行分析，发现云浮市的工业密度的得分呈现持续下降的趋势，说明云浮市的工业密度逐渐减小，城市的工业承载力逐渐减弱。

税收贡献率的排名呈现持续下降的发展趋势。对云浮市的税收贡献率的得分情况进行分析，发现云浮市的税收贡献率的得分呈下降趋势，说明云浮市的经济发展逐渐下降，税收程度有所降低，市场发展活力减弱。

工业弧弹性的排名呈现先保持后下降的趋势。对云浮市的工业弧弹性的得分情况进行分析，发现云浮市的工业弧弹性的得分呈现持续上升的趋势，说明云浮市的工业产值增长速率快于其经济的变化增长速率，城市呈现出工业的扩张发展趋势。

Moore工业结构的排名呈现先保持后上升的发展趋势。对云浮市的Moore工业结构的得分情况进行分析，发现云浮市的Moore工业结构的得分处于持续下降的趋势，说明云浮市的Moore产业结构指数有所减小，城市企业结构的变化程度逐渐减小。

工业不协调度的排名呈现先保持后下降的发展趋势。对云浮市的工业不协调度的得分情况进行分析，发现云浮市的工业不协调度的得分呈下降趋势，说明云浮市的企业不协调度逐渐减小，企业在城市中的发展结构逐渐趋于协调，企业对城市经济发展起的促进作用增大。

工业偏离系数的排名呈现持续上升的发展趋势。对云浮市的工业偏离系数的得分情况进行分析，发现云浮市的工业偏离系数的得分呈现出持续上升的发展趋势，说明云浮市的工业结构偏离系数持续增大，城市的就业结构协调程度下降，城市的劳动生产率有所降低。

对2010~2015年云浮市工业发展及各三级指标的得分、排名和优劣度进行分析。2010年、2014年云浮市工业发展的综合得分排名处在珠江-西江经济带第4名，2011~2012年降至第5名，2013年降至第6名，2015年降至第5名，处于珠江-西江经济带中游区。2010~2015年云浮市工业发展的综合得分排名呈现波动下降的发展趋势，2010~2015年其工业发展排名一直在珠江-西江经济带中游区之间波动，工业发展水平一直在珠江-西江经济带优势位置和中势位置之间波动，2015年处于优势位置，说明城市的工业发展较珠江-西江经济带的其他城市竞争优势大，云浮市在提高工业发展方面的优势较为稳定，同时也说明云浮市在工业发展方面控制和发展的稳定性较弱。对云浮市的工业发展得分情况进行分析，发现云浮市的工业发展综合得分呈现波动下降的发展趋势。

从工业发展基础指标的优劣度结构来看，在9个基础指标中，指标的优劣度结构为11.1:55.6:22.2:11.1，见表12-3。

表12-2　　2013~2015年云浮市工业发展各级指标的得分、排名及优劣度分析

指标	2013年			2014年			2015年		
	得分	排名	优劣度	得分	排名	优劣度	得分	排名	优劣度
工业发展	27.098	6	中势	26.358	4	优势	25.844	5	优势
工业结构	7.055	9	劣势	6.827	10	劣势	6.427	10	劣势
企业扩张弹性系数	3.086	6	中势	2.948	1	强势	3.483	3	优势
工业发展强度	0.072	8	中势	0.093	8	中势	0.106	8	中势
工业密度	0.330	4	优势	0.312	4	优势	0.266	4	优势
税收贡献率	1.026	5	优势	0.974	6	中势	0.813	7	中势
工业弧弹性	6.517	1	强势	6.669	1	强势	6.726	4	优势

续表

指标	2013年 得分	2013年 排名	2013年 优劣度	2014年 得分	2014年 排名	2014年 优劣度	2015年 得分	2015年 排名	2015年 优劣度
Moore工业结构	4.529	5	优势	3.958	5	优势	3.401	2	强势
工业不协调度	4.286	4	优势	4.137	4	优势	3.971	5	优势
工业偏离系数	0.197	10	劣势	0.440	8	中势	0.651	5	优势

表12-3　　2015年云浮市工业发展指标的优劣度结构

二级指标	三级指标数	强势指标 个数	强势指标 比重（%）	优势指标 个数	优势指标 比重（%）	中势指标 个数	中势指标 比重（%）	劣势指标 个数	劣势指标 比重（%）	优劣度
工业发展	9	1	11.111	5	55.556	2	22.222	1	11.111	优势

（三）云浮市城市工业发展实力比较分析

图12-10和图12-11将2010~2015年云浮市工业发展与珠江-西江经济带最高水平和平均水平进行比较。从工业发展的要素得分比较来看，由图12-10可知，2010年，云浮市工业结构得分比珠江-西江经济带最高分低0.395分，比平均分高0.545分；2011年，工业结构得分比珠江-西江经济带最高分低0.362分，比平均分高0.404分；2012年，工业结构得分比珠江-西江经济带最高分低0.419分，比平均分高0.452分；2013年，工业结构得分与珠江-西江经济带最高分低0.692分，比平均分高0.239分；2014年，工业结构得分比珠江-西江经济带最高分低0.854分，比平均分高0.126分；2015年，工业结构得分比珠江-西江经济带最高分低1.142分，比平均分低0.011分。这说明整体上云浮市工业结构得分与珠江-西江经济带最高分的差距持续增大，与珠江-西江经济带平均分的差距波动减小。

2010年，云浮市企业扩张弹性系数得分比珠江-西江经济带最高分低1.333分，比平均分低0.270分；2011年，企业扩张弹性系数得分比珠江-西江经济带最高分低0.324分，比平均分低0.102分；2012年，企业扩张弹性系数得分比珠江-西江经济带最高分低0.749分，比平均分高0.369分；2013年，企业扩张弹性系数得分比珠江-西江经济带最高分低1.213分，比平均分低0.163分；2014年，企业扩张弹性系数得分与珠江-西江经济带最高分不存在差距，比平均分高0.545分；2015年，企业扩张弹性系数得分比珠江-西江经济带最高分低1.836分，比平均分高0.302分。这说明整体上云浮市企业扩张弹性系数得分与珠江-西江经济带最高分的差距呈波动增大趋势，与珠江-西江经济带平均分的差距波动增大。

2010年，云浮市工业发展强度得分比珠江-西江经济带最高分低3.936分，比平均分低0.786分；2011年，工业发展强度得分比珠江-西江经济带最高分低3.693分，比平均分低0.779分；2012年，工业发展强度得分比珠江-西江经济带最高分低3.336分，比平均分低0.763分；2013年，工业发展强度得分比珠江-西江经济带最高分低3.233分，比平均分低0.731分；2014年，工业发展强度得分比珠江-西江经济带最高分低3.225分，比平均分低0.708分；2015年，工业发展强度得分比珠江-西江经济带最高分低3.166分，比平均分低0.693分。这说明整体上云浮市工业发展强度得分与珠江-西江经济带最高分的差距持续缩小，与珠江-西江经济带平均分的差距持续缩小。

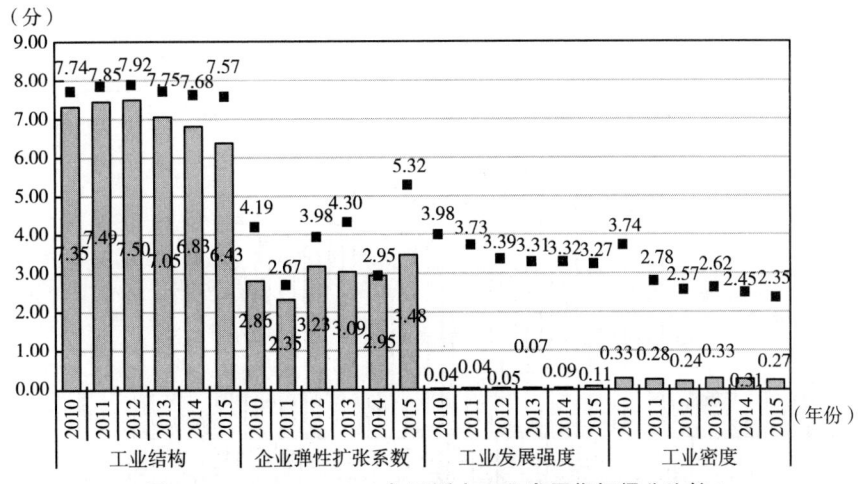

图12-10　2010~2015年云浮市工业发展指标得分比较1

2010年，云浮市工业密度得分比珠江－西江经济带最高分低3.415分，比平均分低0.371分；2011年，工业密度得分比珠江－西江经济带最高分低2.500分，比平均分低0.197分；2012年，工业密度得分比珠江－西江经济带最高分低2.324分，比平均分低0.205分；2013年，工业密度得分比珠江－西江经济带最高分低2.293分，比平均分低0.138分；2014年，工业密度得分比珠江－西江经济带最高分低2.135分，比平均分低0.112分；2015年，工业密度得分比珠江－西江经济带最高分低2.085分，比平均分低0.126分。这说明整体上云浮市工业密度得分与珠江－西江经济带最高分的差距持续缩小，与珠江－西江经济带平均分的差距在波动缩小。

由图12-11可知，2010年，云浮市税收贡献率得分比珠江－西江经济带最高分低1.579分，比平均分低0.320分；2011年，税收贡献率得分比珠江－西江经济带最高分低2.073分，比平均分低0.478分；2012年，税收贡献率得分比珠江－西江经济带最高分低2.174分，比平均分低0.766分；2013年，税收贡献率得分比珠江－西江经济带最高分低3.059分，比平均分低0.164分；2014年，税收贡献率得分比珠江－西江经济带最高分低2.314分，比平均分低0.392分；2015年，税收贡献率得分比珠江－西江经济带最高分低1.411分，比平均分低0.202分。这说明整体上云浮市税收贡献率得分与珠江－西江经济带最高分的差距先增大后减小，与珠江－西江经济带平均分的差距先增大后减小。

2010年，云浮市工业弧弹性得分与珠江－西江经济带最高分不存在差距，比平均分高0.096分；2011年，工业弧弹性得分比珠江－西江经济带最高分低0.111分，比平均分低0.042分；2012年，工业弧弹性得分比珠江－西江经济带最高分低0.413分，比平均分低0.191分；2013年，工业弧弹性得分与珠江－西江经济带最高分不存在差距，比平均分高0.749分；2014年，工业弧弹性得分与珠江－西江经济带最高分不存在差距，比平均分高0.122分；2015年，工业弧弹性得分比珠江－西江经济带最高分低0.280分，比平均分高0.023分。这说明整体上云浮市工业弧弹性得分与珠江－西江经济带最高分的差距波动增大，与珠江－西江经济带平均分的差距持续减小。

2010年，云浮市Moore工业结构得分比珠江－西江经济带最高分低1.014分，比平均分高0.817分；2011年，Moore工业结构得分比珠江－西江经济带最高分低1.168分，比平均分高0.595分；2012年，Moore工业结构得分比珠江－西江经济带最高分低0.668分，比平均分高0.619分；2013年，Moore工业结构得分比珠江－西江经济带最高分低0.693分，比平均分高0.570分；2014年，Moore工业结构得分比珠江－西江经济带最高分低0.302分，比平均分高0.507分；2015年，Moore工业结构得分比珠江－西江经济带最高分低0.045分，比平均分高0.658分。这说明整体上云浮市Moore工业结构得分与珠江－西江经济带最高分的差距呈波动缩小的趋势，与珠江－西江经济带平均分的差距呈波动缩小趋势，整体高于平均分。

2010年，云浮市工业不协调度得分与珠江－西江经济带最高分不存在差距，比平均分高1.824分；2011年，工业不协调度得分与珠江－西江经济带最高分不存在差距，比平均分高1.176分；2012年，工业不协调度得分与珠江－西江经济带最高分不存在差距，比平均分高1.161分；2013年，工业不协调度得分比珠江－西江经济带最高分低0.335分，比平均分高0.826分；2014年，工业不协调度得分比珠江－西江经济带最高分低0.409分，比平均分高0.938分；2015年，工业不协调度得分比珠江－西江经济带最高分低1.070分，比平均分高0.689分。这说明整体上云浮市工业不协调度得分与珠江－西江经济带最高分的差距持续扩大，与珠江－西江经济带平均分的差距呈波动缩小的趋势。

2010年，云浮市工业偏离系数得分比珠江－西江经济带最高分低1.845分，比平均分高0.343分；2011年，工业偏离系数得分比珠江－西江经济带最高分低3.175分，比平均分低0.730分；2012年，工业偏离系数得分比珠江－西江经济带最高分低2.252分，比平均分低0.409分；2013年，工业偏离系数得分比珠江－西江经济带最高分低2.059分，比平均分低0.528分；2014年，工业偏离系数得分比珠江－西江经济带最高分低2.345分，比平均分低0.400分；2015年，工业偏离系数得分比珠江－西江经济带最高分低3.207分，比平均分低0.178分。这说明整体上云浮市工业偏离系数得分与珠江－西江经济带最高分的差距波动增大，与珠江－西江经济带平均分的差距呈波动增大的趋势。

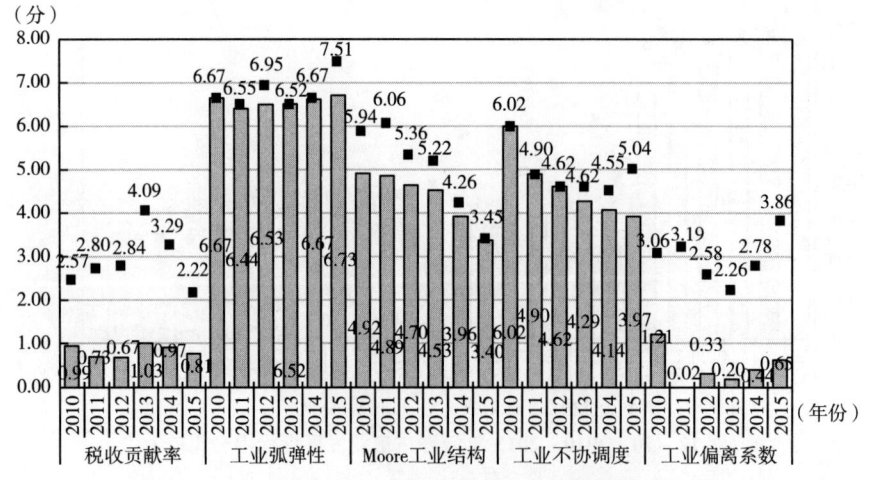

图12-11　2010~2015年云浮市工业发展指标得分比较2

二、云浮市城市企业发展实力综合评估与比较

(一) 云浮市城市企业发展实力评估指标变化趋势评析

1. 企业利润相对增长率

根据图12-12分析可知，2010~2015年云浮市企业利润相对增长率总体上呈现波动保持的状态。波动保持型指标意味着城市在该项指标上虽然呈现波动状态，在评价末期和评价初期的数值基本保持一致，该图可知云浮市企业利润相对增长率数值保持在49.294~57.133。即使云浮市企业利润相对增长率存在过最低值，其数值为49.294，但云浮市在企业利润相对增长率上总体表现也是相对平稳；说明该地区企业发展能力及活力持续又稳定。

图12-12 2010~2015年云浮市企业利润相对增长率变化趋势

2. 企业利润绝对增量加权指数

根据图12-13分析可知，2010~2015年云浮市企业利润绝对增量加权指数总体上呈现波动保持的状态。波动保持型指标意味着城市在该项指标上虽然呈现波动状态，在评价末期和评价初期的数值基本保持一致，该图可知云浮市企业利润绝对增量加权指数数值保持在22.225~28.610。即使云浮市企业利润绝对增量加权指数存在过最低值，其数值为22.225，但云浮市在企业利润绝对增量加权指数上总体表现也是相对平稳；说明该地区企业发展能力及活力持续又稳定。

图12-13 2010~2015年云浮市企业利润绝对增量加权指数变化趋势

3. 企业利润比重增量

根据图12-14分析可知，2010~2015年云浮市企业利润比重增量总体上呈现波动保持的状态。波动保持型指标意味着城市在该项指标上虽然呈现波动状态，在评价末期和评价初期的数值基本保持一致，该图可知云浮市企业利润比重增量数值保持在76.816~81.335。即使云浮市企业利润比重增量存在过最低值，其数值为76.816，但云浮市在企业利润比重增量上总体表现也是相对平稳；说明该地区企业发展能力及活力持续又稳定。

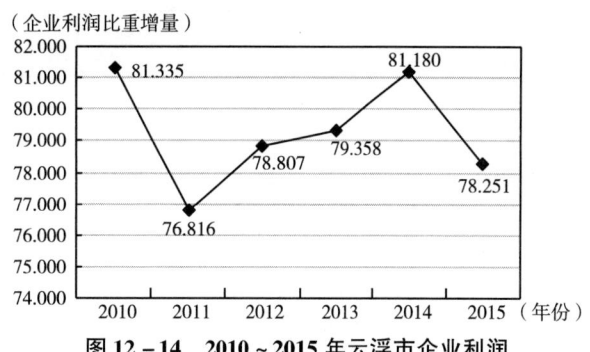

图12-14 2010~2015年云浮市企业利润比重增量变化趋势

4. 企业利润枢纽度

根据图12-15分析可知，2010~2015年云浮市的企业利润枢纽度总体上呈现持续上升的状态。持续上升型的指标不仅意味着城市在各项指标数据上的不断增长，更意味着城市在该项指标以及工业企业实力整体上的竞争力优势不断扩大。通过折线图可以看出，云浮市的企业利润枢纽度指标不断提高，在2015年达到100.000，相较于2010年上升36个单位左右；说明云浮市企业利润枢纽度的整体水平较高。

图12-15 2010~2015年云浮市企业利润枢纽度变化趋势

5. 企业利润平均增长指数

根据图12-16分析可知，2010~2015年云浮市企业利润平均增长指数总体上呈现持续下降的状态。这一类指标为2010~2015年间城市在该指标上保持持续的下降状态。处于持续下降型的指标，不仅意味着城市在该项指标数据

上的不断下降，更意味着城市在该项指标整体竞争力优势不断缩小。通过折线图可以看出，云浮市企业利润平均增长指数从 2010 年的 100.000 下降至 2015 年 64.155，说明云浮市企业发展活力有所下降。

图 12-16　2010~2015 年云浮市企业利润平均增长指数变化趋势

6. 企业产值流强度

根据图 12-17 分析可知，2010~2015 年云浮市企业产值流强度总体上呈现波动上升的状态。这一类型的指标表现为 2010~2015 年城市存在一定的波动变化，总体趋势上为上升趋势，但在个别年份出现下降的情况，指标并非连续性上升状态。波动上升型指标意味着在评价的时间段内，虽然指标数据存在较大的波动变化，但是其评价末期数据值高于评价初期数据值，最终稳定在 1.015。折线图反映出云浮市的企业产值流强度虽然处于上升的阶段，但是个别年份又会出现波动幅度较大的问题。

图 12-17　2010~2015 年云浮市企业产值流强度变化趋势

7. 企业产值倾向度

根据图 12-18 分析可知，2010~2015 年云浮市企业产值倾向度总体上呈现波动保持的状态。波动保持型指标意味着城市在该项指标上虽然呈现波动状态，在评价末期和评价初期的数值基本保持一致，该图可知云浮市企业产值倾向度数值保持在 13.261~18.665。即使云浮市企业产值倾向度存在过最低值，其数值为 13.261，但云浮市在企业产值倾向度上总体表现也是相对平稳；说明该地区企业发展能力及活力持续又稳定。

图 12-18　2010~2015 年云浮市企业产值倾向度变化趋势

8. 内资企业产值职能规模

根据图 12-19 分析可知，2010~2015 年云浮市内资企业产值职能规模总体上呈现波动下降的状态。这种状态表现为 2010~2015 年城市在该项指标上总体呈现下降趋势，但在此期间存在上下波动的情况，并非连续性下降状态。这就意味着在评估的时间段内，虽然指标数据存在较大的波动，但是其评价末期数据值低于评价初期数据值。云浮市的内资企业产值职能规模末期低于初期的数据，降低 0.7 个单位左右，并且 2010~2011 年存在明显下降的变化，这说明云浮市企业发展情况处于不太稳定的下降状态。

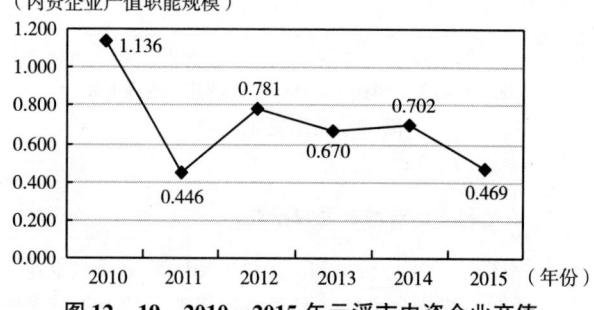

图 12-19　2010~2015 年云浮市内资企业产值职能规模变化趋势

9. 港澳台投资企业产值职能规模

根据图 12-20 分析可知，2010~2015 年云浮市的港澳台投资企业产值职能规模总体上呈现波动上升的状态。这一类型的指标为 2010~2015 年间城市在该项指标上存在较

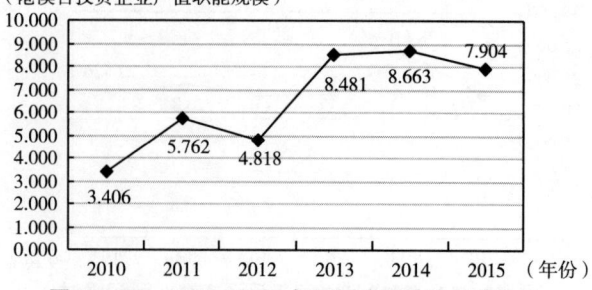

图 12-20　2010~2015 年云浮市港澳台投资企业产值职能规模变化趋势

多波动变化,总体趋势为上升趋势,但在个别年份出现下降的情况,指标并非连续性上升。波动上升型指标意味着在评估期间,虽然指标数据存在较大波动变化,但是其评价末期数据值高于评价初期数据值。通过折线图可以看出,云浮市的港澳台投资企业产值职能规模指标不断提高,在2015年达到7.904,相较于2010年上升4个单位左右;说明云浮市港澳台投资企业产值职能规模的整体水平较高。

10. 外商投资企业产值职能规模

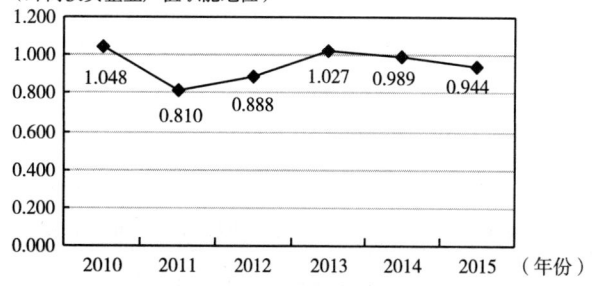

根据图12-21分析可知,2010~2015年云浮市的外商投资企业产值职能规模总体上呈现持续上升的状态。持续上升型的指标不仅意味着城市在各项指标数据上的不断增长,更意味着城市在该项指标以及工业企业实力整体上的竞争力优势不断扩大。通过折线图可以看出,云浮市的外商投资企业产值职能规模指标不断提高,在2015年达到0.170;说明云浮市的外商投资企业产值职能规模整体发展水平较高。

(外商投资企业产值职能规模)

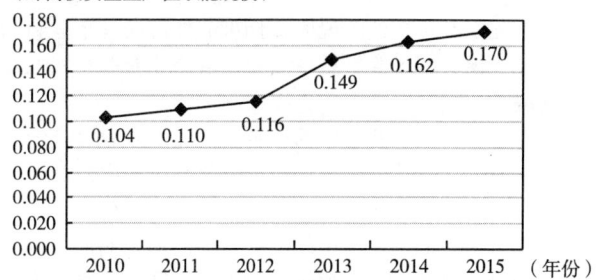

图12-21 2010~2015年云浮市外商投资企业产值职能规模变化趋势

11. 内资企业产值职能地位

根据图12-22分析可知,2010~2015年云浮市内资企业产值职能地位总体上呈现波动下降的状态。这种状态表现为2010~2015年城市在该项指标上总体呈现下降趋势,但在此期间存在上下波动的情况,并非连续性下降状态。这就意味着在评估的时间段内,虽然指标数据存在较大的波动化,但是其评价末期数据值低于评价初期数据值。云浮市的内资企业产值职能地位末期低于初期的数据,降低1个单位左右,并且2010~2011年存在明显下降的变化;这说明云浮市企业发展情况处于不太稳定的下降状态。

(内资企业产值职能地位)

图12-22 2010~2015年云浮市内资企业产值职能地位变化趋势

12. 港澳台投资企业产值职能地位

根据图12-23分析可知,2010~2015年云浮市的港澳台投资企业产值职能地位总体上呈现波动上升的状态。这一类型的指标为2010~2015年间城市在该项指标上存在较多波动变化,总体趋势为上升趋势,但在个别年份出现下降的情况,指标并非连续性上升。波动上升型指标意味着在评估期间,虽然指标数据存在较大波动变化,但是其评价末期数据值高于评价初期数据值。通过折线图可以看出,云浮市的港澳台投资企业产值职能地位指标不断提高,在2015年达到3.918,相较于2010年上升1个单位左右;说明云浮市港澳台投资企业产值职能地位的整体水平较高。

(港澳台投资企业产值职能地位)

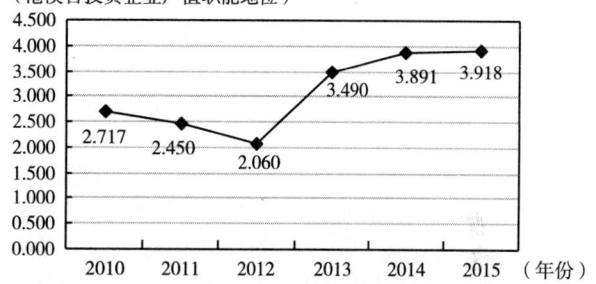

图12-23 2010~2015年云浮市港澳台投资企业产值职能地位变化趋势

13. 外商投资企业产值职能地位

根据图12-24分析可知,2010~2015年云浮市外商投资企业产值职能地位总体上呈现波动保持的状态。波动保持型指标意味着城市在该项指标上虽然呈现波动状态,在评价末期和评价初期的数值基本保持一致,该图可知云浮市外商投资企业产值职能地位数值保持在0.810~1.048。即使云浮市外商投资企业产值职能地位存在过最低值,其数值为0.810,但云浮市在外商投资企业产值职能地位上总体表现的也是相对平稳;说明该地区企业发展能力及活力持续又稳定。

(外商投资企业产值职能地位)

图12-24 2010~2015年云浮市外商投资企业产值职能地位变化趋势

(二)云浮市城市企业发展实力评估结果

根据表12-4,对2010~2012年云浮企业发展得分、排名、优劣度进行分析。可以看到2010年云浮市企业发展排名处在珠江-西江经济带第4名,2011年下降至第7名,2012年下降至第8名,其企业发展处于珠江-西江经济带中游,说明云浮市企业发展在经济带中上升空间较大。对云浮市的企业发展得分情况进行分析,发现云浮市的企业发展综合得分持续下降,说明云浮市的企业发展处于下降的状态。

对云浮市的企业利润相对增长率的得分情况进行分析,发现云浮市的企业利润相对增长率的得分先上升后下降,整体呈上升趋势,说明云浮市的企业利润相对增长率波动上升,企业获取利润的增长速率加快,呈现出地区企业集聚能力及活力有所增强。

企业利润绝对增量加权指数的排名呈现先保持后下降的发展趋势。对云浮市的企业利润绝对增量加权指数的得分情况进行分析,发现云浮市的企业利润绝对增量加权指数的得分先上升后下降,整体呈上升趋势,说明云浮市的企业利润绝对增量加权指数波动上升,说明城市的企业要素集中度有所提高,城市企业获取利润的变化增长趋向于中高速发展。

企业利润比重增量的排名呈现先下降后上升的发展趋势。对云浮市的企业利润比重增量的得分情况进行分析,发现云浮市企业利润比重增量的得分呈现持续上升的趋势,说明云浮市的企业利润比重增长在增高,整体企业利润水平逐渐具备优势。

企业利润枢纽度的排名呈现先下降后保持的发展趋势。对云浮市企业利润枢纽度的得分情况进行分析,发现云浮市的企业利润枢纽度得分先下降后上升,整体呈现下降趋势,说明在2010~2012年间云浮市的企业利润枢纽度降低,企业利润能力有所减弱,在经济社会发展中的地位有所降低。

企业利润平均增长指数的排名呈现先下降后上升的发展趋势。对云浮市的企业利润平均增长指数的得分情况进行分析,发现云浮市的企业利润平均增长指数的得分波动下降,说明云浮市的企业利润平均增长指数降低,云浮市在评估时间段内的企业获取利润在降低,整体城市企业利润水平有所下降。

企业产值流强度的排名呈现先下降后保持的趋势。对云浮市的企业产值流强度的得分情况进行分析,发现云浮市的企业产值流强度的得分波动上升,说明云浮市的企业产值流强度增强,城市之间发生的经济集聚和扩散所产生的企业要素流动强度增强,城市经济影响力也在逐渐提高。

企业产值倾向度的排名呈现先保持后下降的发展趋势。对云浮市的企业产值倾向度的得分情况进行分析,发现云浮市的企业产值倾向度的得分处于波动上升的状态,说明云浮市的城市倾向度有所提高,城市的总功能量的外向强度增强。

内资企业产值职能规模的排名呈现先下降后上升的发展趋势。对云浮市的内资企业产值职能规模的得分情况进行分析,发现云浮市的内资企业产值职能规模的得分呈现波动下降的趋势,说明云浮市的内资企业利润相对职能规模有所减小,内资企业获取利润水平有所降低,城市内资企业获取利润能力减弱。

港澳台投资企业产值职能规模的排名处于先保持后下降的发展趋势。对云浮市的港澳台投资企业产值职能规模的得分情况进行分析,发现云浮市港澳台投资企业产值职能规模得分波动上升,说明云浮市的港澳台投资企业利润相对职能规模有所增大,港澳台投资企业获取利润水平提高,城市港澳台投资企业获取利润能力增强。

外商投资企业产值职能规模的排名呈现先保持后上升的发展趋势。对云浮市的外商投资企业产值职能规模的得分情况进行分析,发现云浮市的外商投资企业产值职能规模的得分先上升后持续,说明云浮市的外商投资企业利润相对职能规模有所增大,城市外商投资企业获取利润能力有所提高。

内资企业产值职能地位的排名呈现先下降后上升的发展趋势。对云浮市的内资企业产值职能地位的得分情况进行分析,发现云浮市内资企业产值职能地位的得分呈现波动下降的趋势,说明云浮市的内资企业产值职能地位有所下降,城市的内资企业产值获取能力在地区内的水平不具备明显的优势,城市对内资企业的吸引集聚能力有所减弱,城市就业及劳动力的发展潜力较小。

港澳台投资企业产值职能地位的排名呈现持续保持的发展趋势。对云浮市港澳台投资企业产值职能地位的得分情况进行分析,发现云浮市港澳台投资企业产值职能地位得分持续下降,说明2010~2012年云浮市的港澳台投资企业产值职能地位在减弱,城市对港澳台投资企业的吸引集聚能力也有所减弱,城市的就业及劳动力发展方面的潜力较小。

外商投资企业产值职能地位的排名呈现持续保持的发展趋势。对云浮市的外商投资企业产值职能地位的得分情况进行分析,发现云浮市的外商投资企业产值职能地位的得分波动下降,说明2010~2012年云浮市的外商投资企业产值职能地位有所降低,城市对外商投资企业的吸引集聚能力也有所下降。

表12-4　　　　2010~2012年云浮市企业发展各级指标的得分、排名及优劣度分析

指标	2010年 得分	2010年 排名	2010年 优劣度	2011年 得分	2011年 排名	2011年 优劣度	2012年 得分	2012年 排名	2012年 优劣度
企业发展	17.377	4	优势	15.805	7	中势	15.294	8	中势
企业利润相对增长率	2.199	4	优势	2.814	3	优势	2.236	6	中势
企业利润绝对增量加权指数	0.781	3	优势	1.170	3	优势	0.799	5	优势

续表

指标	2010年 得分	2010年 排名	2010年 优劣度	2011年 得分	2011年 排名	2011年 优劣度	2012年 得分	2012年 排名	2012年 优劣度
企业利润比重增量	4.695	1	强势	4.874	9	劣势	4.974	5	优势
企业利润枢纽度	2.706	2	强势	2.507	5	优势	2.634	5	优势
企业利润平均增长指数	6.133	1	强势	3.317	10	劣势	3.628	5	优势
企业产值流强度	0.016	9	劣势	0.029	10	劣势	0.028	10	劣势
企业产值倾向度	0.469	6	中势	0.725	6	中势	0.651	7	中势
内资企业产值职能规模	0.037	10	劣势	0.015	11	劣势	0.028	9	劣势
港澳台投资企业产值职能规模	0.126	4	优势	0.216	4	优势	0.179	5	优势
外商投资企业产值职能规模	0.003	8	中势	0.004	8	中势	0.004	7	中势
内资企业产值职能地位	0.060	10	劣势	0.017	11	劣势	0.027	10	劣势
港澳台投资企业产值职能地位	0.111	6	中势	0.089	6	中势	0.074	6	中势
外商投资企业产值职能地位	0.040	10	劣势	0.029	10	劣势	0.032	10	劣势

根据表12-5，对2013~2015年云浮市企业发展得分、排名、优劣度进行分析。可以看到2013~2015年云浮市企业发展排名始终处在珠江-西江经济带第5名，其企业发展处于珠江-西江经济带优势地位，说明云浮市企业发展的水平较高。对云浮市的企业发展得分情况进行分析，发现云浮市的企业发展综合得分持续上升，说明云浮市的企业发展处于上升的状态。

对云浮市企业发展的三级指标进行分析。对云浮市的企业利润相对增长率的得分情况进行分析，发现云浮市的企业利润相对增长率的得分先上升后下降，整体呈下降趋势，说明云浮市的企业利润相对增长率波动下降，企业获取利润的增长速率变慢，呈现出地区企业集聚能力及活力有所减弱。

企业利润绝对增量加权指数的排名呈现先上升后下降的发展趋势。对云浮市的企业利润绝对增量加权指数的得分情况进行分析，发现云浮市的企业利润绝对增量加权指数的得分先上升后下降，整体呈下降趋势，说明云浮市的企业利润绝对增量加权指数波动下降，说明城市的企业要素集中度有所降低，城市企业获取利润的变化增长趋于低速发展。

企业利润比重增量的排名呈现先保持后下降的发展趋势。对云浮市的企业利润比重增量的得分情况进行分析，发现云浮市企业利润比重增量的得分先下降后上升，整体呈现下降的趋势，说明云浮市的企业利润比重增长在下降，整体企业利润水平有所降低。

企业利润枢纽度的排名呈现先保持后上升的发展趋势。对云浮市企业利润枢纽度的得分情况进行分析，发现云浮市的企业利润枢纽度得分持续上升，说明2013~2015年云浮市的企业利润枢纽度提高，企业利润能力有所增强，在经济社会发展中的地位有所上升。

企业利润平均增长指数的排名呈现先上升后下降的发展趋势。对云浮市的企业利润平均增长指数的得分情况进行分析，发现云浮市的企业利润平均增长指数的得分波动下降，说明云浮市的企业利润平均增长指数降低，云浮市在评估时间段内的企业获取利润在降低，整体城市企业利润水平有所下降。

企业产值流强度的排名呈现持续保持的趋势。对云浮市的企业产值流强度的得分情况进行分析，发现云浮市的企业产值流强度的得分持续下降，说明云浮市的企业产值流强度减弱，城市之间发生的经济集聚和扩散所产生的企业要素流动强度减弱，城市经济影响力也在逐渐降低。

企业产值倾向度的排名呈现持续下降的发展趋势。对云浮市的企业产值倾向度的得分情况进行分析，发现云浮市的企业产值倾向度的得分处于持续下降的状态，说明云浮市的城市倾向度有所下降，城市的总功能量的外向强度减弱。

内资企业产值职能规模的排名呈现先上升后下降的发展趋势。对云浮市的内资企业产值职能规模的得分情况进行分析，发现云浮市的内资企业产值职能规模的得分呈现波动下降的趋势，说明云浮市的内资企业利润相对职能规模有所减小，内资企业获取利润水平下降，城市内资企业获取利润能力减弱。

港澳台投资企业产值职能规模的排名处于持续保持的发展趋势。对云浮市的港澳台投资企业产值职能规模的得分情况进行分析，发现云浮市港澳台投资企业产值职能规模得分先上升后下降，整体呈下降趋势，说明云浮市的港澳台投资企业利润相对职能规模有所减小，港澳台投资企业获取利润水平有所下降，城市港澳台投资企业获取利润能力减弱。

外商投资企业产值职能规模的排名呈现持续保持的发展趋势。对云浮市的外商投资企业产值职能规模的得分情况进行分析，发现云浮市的外商投资企业产值职能规模的得分先上升后持续，说明云浮市的外商投资企业利润相对职能规模有所增大，城市外商投资企业获取利润能力有所提升。

内资企业产值职能地位的排名呈现先上升后下降的发

展趋势。对云浮市的内资企业产值职能地位的得分情况进行分析，发现云浮市内资企业产值职能地位的得分呈现波动下降的趋势，说明云浮市的内资企业产值职能地位有所减弱，城市的内资企业产值获取能力在地区内的水平不具备明显的优势，城市对内资企业的吸引集聚能力在不断降低，城市就业及劳动力的发展潜力较小。

港澳台投资企业产值职能地位的排名呈现持续保持的发展趋势。对云浮市港澳台投资企业产值职能地位的得分情况进行分析，发现云浮市的港澳台投资企业产值职能地位得分波动上升，说明2013~2015年云浮市的港澳台投资企业产值职能地位有所增强，城市对港澳台投资企业的吸引集聚能力也有所增强，城市发展具备就业及劳动力发展的潜力较大。

外商投资企业产值职能地位的排名呈现持续保持的发展趋势。对云浮市的外商投资企业产值职能地位的得分情况进行分析，发现云浮市的外商投资企业产值职能地位的得分持续下降，说明2013~2015年云浮市的外商投资企业产值职能地位有所降低，城市对外商投资企业的吸引集聚能力也在逐渐下降。

对2010~2015年云浮市企业发展及各三级指标的得分、排名和优劣度进行分析。2010年云浮市企业发展的综合得分排名处于珠江－西江经济带第4名，2011年降至第7名，2012年降至第8名，2013~2015年升至第5名，处于珠江－西江经济带上游区。2010~2015年其企业发展排名一直在珠江－西江经济带中游区之间波动，企业发展水平一直在优势位置和中势位置波动，说明城市的企业发展较珠江－西江经济带的其他城市更具竞争优势，处于珠江－西江经济带中较为领先的位置。对云浮市2010~2015年的企业发展的得分情况进行分析，发现云浮市的企业发展综合得分呈现波动上升的发展趋势，2010~2011年云浮市的企业发展得分呈持续下降的发展趋势，之后到2015年云浮市的企业发展得分呈持续上升的发展趋势，总体呈上升趋势。

从企业发展基础指标的优劣度结构来看，在13个基础指标中，指标的优劣度结构为7.7：30.8：23.0：38.5，见表12-6。

表12-5　　2013~2015年云浮市企业发展各级指标的得分、排名及优劣度分析

指标	2013年 得分	排名	优劣度	2014年 得分	排名	优劣度	2015年 得分	排名	优劣度
企业发展	16.808	5	优势	17.611	5	优势	17.782	5	优势
企业利润相对增长率	2.237	6	中势	2.332	4	优势	2.172	3	优势
企业利润绝对增量加权指数	0.794	5	优势	0.854	2	强势	0.780	3	优势
企业利润比重增量	5.227	4	优势	5.193	4	优势	5.194	9	劣势
企业利润枢纽度	3.299	2	强势	3.786	2	强势	5.110	1	强势
企业利润平均增长指数	3.980	3	优势	4.194	2	强势	3.473	8	中势
企业产值流强度	0.039	10	劣势	0.038	10	劣势	0.037	10	劣势
企业产值倾向度	0.682	5	优势	0.624	6	中势	0.506	7	中势
内资企业产值职能规模	0.024	9	劣势	0.026	8	中势	0.018	10	劣势
港澳台投资企业产值职能规模	0.332	5	优势	0.356	5	优势	0.298	4	优势
外商投资企业产值职能规模	0.005	7	中势	0.006	7	中势	0.006	7	中势
内资企业产值职能地位	0.023	9	劣势	0.022	8	中势	0.014	10	劣势
港澳台投资企业产值职能地位	0.128	5	优势	0.143	5	优势	0.141	5	优势
外商投资企业产值职能地位	0.038	9	劣势	0.037	9	劣势	0.034	9	劣势

表12-6　　2015年云浮市企业发展指标的优劣度结构

二级指标	三级指标数	强势指标 个数	比重（%）	优势指标 个数	比重（%）	中势指标 个数	比重（%）	劣势指标 个数	比重（%）	优劣度
企业发展	13	1	7.692	4	30.769	3	23.077	5	38.462	优势

（三）云浮市城市企业发展实力比较分析

图12-25、图12-26及图12-27将2010~2015年云浮市企业发展与珠江－西江经济带最高水平和平均水平进行比较。从企业发展的要素得分比较来看，由图12-25可知，2010年，云浮市企业利润相对增长率得分比珠江－西江经济带最高分低0.098分，比平均分低0.005分；2011年，企业利润相对增长率得分比珠江－西江经济带最高分低2.111分，比平均分高0.409分；2012年，企业利润相对增长率得分比珠江－西江经济带最高分低0.378分，比平均分高0.008分；2013年，企业利润相对增长率得分比珠江－西江经济带最高分低0.299分，比平均分低0.039分；2014年，企业利润相对增长率得分比珠江－西江经济带最高分低0.243分，比平均分高0.046分；2015年，企业利润相对增长率得分比珠江－西江经济带最高分低0.249分，比平均分高0.142分。这说明整体上云浮市企业利润

相对增长率得分与珠江-西江经济带最高分的差距波动增大，与珠江-西江经济带平均分的差距波动增大。

2010年，云浮市企业利润绝对增量加权指数得分比珠江-西江经济带最高分低0.065分，比平均分低0.002分；2011年，企业利润绝对增量加权指数得分比珠江-西江经济带最高分低2.921分，比平均分低0.043分；2012年，企业利润绝对增量加权指数得分比珠江-西江经济带最高分低0.531分，比平均分低0.017分；2013年，企业利润绝对增量加权指数得分比珠江-西江经济带最高分低0.205分，比平均分低0.034分；2014年，企业利润绝对增量加权指数得分比珠江-西江经济带最高分低0.391分，比平均分高0.018分；2015年，企业利润绝对增量加权指数得分比珠江-西江经济带最高分低0.059分，比平均分高0.108分。这说明整体上云浮市企业利润绝对增量加权指数得分与珠江-西江经济带最高分的差距在波动增大，与珠江-西江经济带平均分的差距波动增大。

2010年，云浮市企业利润比重增量得分与珠江-西江经济带最高分不存在差距，比平均分高0.744分；2011年，企业利润比重增量得分比珠江-西江经济带最高分低0.770分，比平均分低0.121分；2012年，企业利润比重增量得分比珠江-西江经济带最高分低0.669分，比平均分高0.132分；2013年，企业利润比重增量得分比珠江-西江经济带最高分低1.360分，比平均分低0.075分；2014年，企业利润比重增量得分比珠江-西江经济带最高分低0.150分，比平均分高0.139分；2015年，企业利润比重增量得分比珠江-西江经济带最高分低0.913分，比平均分低0.207分。这说明整体上云浮市企业利润比重增量得分与珠江-西江经济带最高分的差距波动增大，与珠江-西江经济带平均分的差距波动减小。

2010年，云浮市企业利润枢纽度得分比珠江-西江经济带最高分低0.172分，比平均分高0.999分；2011年，企业利润枢纽度得分比珠江-西江经济带最高分低0.311分，比平均分高0.711分；2012年，企业利润枢纽度得分比珠江-西江经济带最高分低0.776分，比平均分高0.647分；2013年，企业利润枢纽度得分比珠江-西江经济带最高分低0.422分，比平均分高1.204分；2014年，企业利润枢纽度得分比珠江-西江经济带最高分低0.018分，比平均分高1.672分；2015年，企业利润枢纽度得分与珠江-西江经济带最高分不存在差距，比平均分高2.575分。这说明整体上云浮市企业利润枢纽度得分与珠江-西江经济带最高分的差距先增大后减小，与珠江-西江经济带平均分的差距先减小后增大，整体高于平均分。

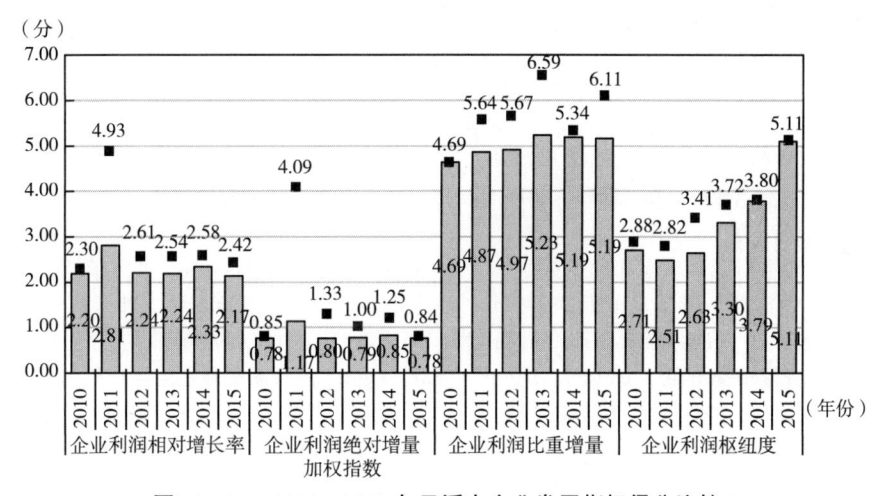

图12-25　2010~2015年云浮市企业发展指标得分比较1

由图12-26可知，2010年，云浮市企业利润平均增长指数得分与珠江-西江经济带最高分不存在差距，比平均分高1.508分；2011年，企业利润平均增长指数得分比珠江-西江经济带最高分低1.182分，比平均分低0.482分；2012年，企业利润平均增长指数得分比珠江-西江经济带最高分低0.321分，比平均分高0.174分；2013年，企业利润平均增长指数得分比珠江-西江经济带最高分低0.810分，比平均分高0.253分；2014年，企业利润平均增长指数得分比珠江-西江经济带最高分低0.854分，比平均分高0.465分；2015年，企业利润平均增长指数得分比珠江-西江经济带最高分低1.346分，比平均分高0.087分。这说明整体上云浮市企业利润平均增长指数得分与珠江-西江经济带最高分的差距波动增大，与珠江-西江经济带平均分的差距波动缩小。

2010年，云浮市企业产值流强度得分比珠江-西江经济带最高分低1.981分，比平均分低0.216分；2011年，企业产值流强度得分比珠江-西江经济带最高分低2.374分，比平均分低0.279分；2012年，企业产值流强度得分比珠江-西江经济带最高分低2.243分，比平均分低0.279分；2013年，企业产值流强度得分比珠江-西江经济带最高分低2.940分，比平均分低0.323分；2014年，企业产值流强度得分比珠江-西江经济带最高分低3.276分，比平均分低0.373分；2015年，企业产值流强度得分比珠江-西江经济带最高分低3.606分，比平均分低0.414分。这说明整体上云浮市企业产值流强度得分与珠江-西江经济带最高分的差距波动增大，与珠江-西江经济带平均分的差距持续增大。

2010年，云浮市企业产值倾向度得分比珠江-西江经济带最高分低 1.378 分，比平均分低 0.065 分；2011 年，企业产值倾向度得分比珠江-西江经济带最高分低 2.234 分，比平均分低 0.402 分；2012 年，企业产值倾向度得分比珠江-西江经济带最高分低 2.791 分，比平均分低 0.585 分；2013 年，企业产值倾向度得分比珠江-西江经济带低 2.101 分，比平均分低 0.204 分；2014 年，企业产值倾向度得分比珠江-西江经济带最高分低 3.388 分，比平均分低 0.405 分；2015 年，企业产值倾向度得分比珠江-西江经济带最高分低 2.795 分，比平均分低 0.425 分。这说明整体上云浮市企业产值倾向度得分与珠江-西江经济带最高分的差距波动增大，与珠江-西江经济带平均分的差距波动减小。

2010 年，云浮市内资企业产值职能规模得分比珠江-西江经济带最高分低 2.236 分，比平均分低 0.280 分；2011 年，内资企业产值职能规模得分比珠江-西江经济带最高分低 2.727 分，比平均分低 0.429 分；2012 年，内资企业产值职能规模得分比珠江-西江经济带最高分低 2.917 分，比平均分低 0.478 分；2013 年，内资企业产值职能规模得分比珠江-西江经济带最高分低 3.216 分，比平均分低 0.488 分；2014 年，内资企业产值职能规模得分比珠江-西江经济带最高分低 3.551 分，比平均分低 0.546 分；2015 年，内资企业产值职能规模得分比珠江-西江经济带最高分低 3.748 分，比平均分低 0.617 分。这说明整体上云浮市内资企业产值职能规模得分与珠江-西江经济带最高分的差距持续增大，与珠江-西江经济带平均分的差距波动增大。

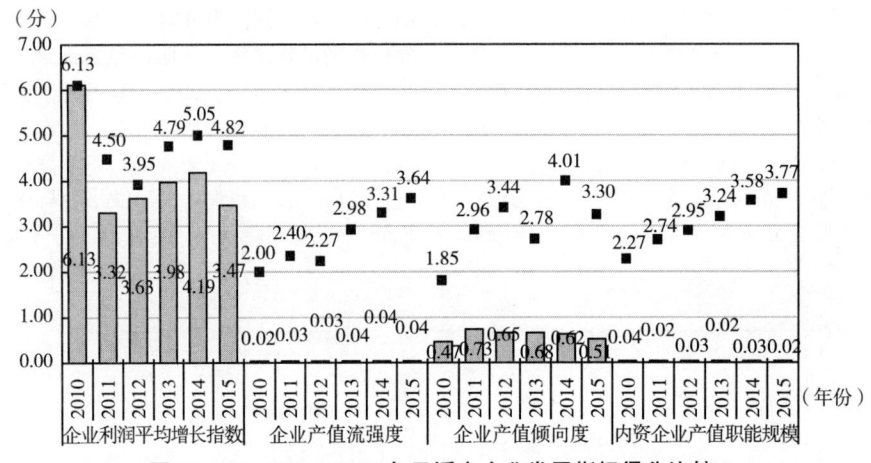

图 12-26 2010~2015 年云浮市企业发展指标得分比较 2

由图 12-27 可知，2010 年，云浮市港澳台投资企业产值职能规模得分比珠江-西江经济带最高分低 3.249 分，比平均分低 0.516 分；2011 年，港澳台投资企业产值职能规模得分比珠江-西江经济带最高分低 3.089 分，比平均分低 0.475 分；2012 年，港澳台投资企业产值职能规模得分比珠江-西江经济带最高分低 2.861 分，比平均分低 0.485 分；2013 年，港澳台投资企业产值职能规模得分比珠江-西江经济带最高分低 3.206 分，比平均分低 0.468 分；2014 年，港澳台投资企业产值职能规模得分比珠江-西江经济带最高分低 3.755 分，比平均分低 0.563 分；2015 年，港澳台投资企业产值职能规模得分比珠江-西江经济带最高分低 3.027 分，比平均分低 0.435 分。这说明整体上云浮市港澳台投资企业产值职能规模得分与珠江-西江经济带最高分的差距先减小后增大，与珠江-西江经济带平均分的差距波动减小。

2010 年，云浮市外商投资企业产值职能规模得分比珠江-西江经济带最高分低 1.746 分，比平均分低 0.171 分；2011 年，外商投资企业产值职能规模得分比珠江-西江经济带最高分低 2.324 分，比平均分低 0.219 分；2012 年，外商投资企业产值职能规模得分比珠江-西江经济带最高分低 1.965 分，比平均分低 0.186 分；2013 年，外商投资企业产值职能规模得分比珠江-西江经济带最高分低 2.647 分，比平均分低 0.249 分；2014 年，外商投资企业产值职能规模得分比珠江-西江经济带最高分低 3.045 分，比平均分低 0.291 分；2015 年，外商投资企业产值职能规模得分比珠江-西江经济带最高分低 3.582 分，比平均分低 0.345 分。这说明整体上云浮市外商投资企业产值职能规模得分与珠江-西江经济带最高分的差距波动增大，与珠江-西江经济带平均分的差距呈波动增大的趋势。

2010 年，云浮市内资企业产值职能地位得分比珠江-西江经济带最高分低 3.580 分，比平均分低 0.447 分；2011 年，内资企业产值职能地位得分与珠江-西江经济带最高分低 2.992 分，比平均分低 0.471 分；2012 年，内资企业产值职能地位得分比珠江-西江经济带最高分低 2.883 分，比平均分低 0.465 分；2013 年内资企业产值职能地位得分比珠江-西江经济带最高分低 3.101 分，比平均分低 0.471 分；2014 年，内资企业产值职能地位得分比珠江-西江经济带最高分低 3.073 分，比平均分低 0.472 分；2015 年，内资企业产值职能地位得分比珠江-西江经济带最高分低 2.890 分，比平均分低 0.476 分。这说明整体上云浮市内资企业产值职能地位得分与珠江-西江经济带最高分的差距波动增大，与珠江-西江经济带平均分的差距波动增大。

2010 年，云浮市港澳台投资企业产值职能地位得分比珠江-西江经济带最高分低 3.987 分，比平均分低 0.725 分；2011 年，港澳台投资企业产值职能地位得分比珠江-西江经济带最高分低 2.863 分，比平均分低 0.502 分；2012

年，港澳台投资企业产值职能地位得分比珠江－西江经济带最高分低2.461分，比平均分低0.462分；2013年，港澳台投资企业产值职能地位得分比珠江－西江经济带最高分低2.751分，比平均分低0.502分；2014年，港澳台投资企业产值职能地位得分比珠江－西江经济带最高分低2.758分，比平均分低0.490分；2015年，港澳台投资企业产值职能地位得分比珠江－西江经济带最高分低2.510分，比平均分低0.440分。这说明整体上云浮市港澳台投资企业产值职能地位得分与珠江－西江经济带最高分的差距呈波动减小的趋势，与珠江－西江经济带平均分的差距波动减小。

2010年，云浮市外商投资企业产值职能地位得分比珠江－西江经济带最高分低3.792分，比平均分低0.675分；2011年，外商投资企业产值职能地位得分比珠江－西江经济带最高分低3.065分，比平均分低0.542分；2012年，外商投资企业产值职能地位得分比珠江－西江经济带最高分低3.147分，比平均分低0.546分；2013年，外商投资企业产值职能地位得分比珠江－西江经济带最高分低3.384分，比平均分低0.602分；2014年，外商投资企业产值职能地位得分比珠江－西江经济带最高分低3.377分，比平均分低0.601分；2015年，外商投资企业产值职能地位得分比珠江－西江经济带最高分低3.150分，比平均分低0.566分。这说明整体上云浮市外商投资企业产值职能地位得分与珠江－西江经济带最高分的差距波动减小，与珠江－西江经济带平均分的差距呈波动减小的趋势。

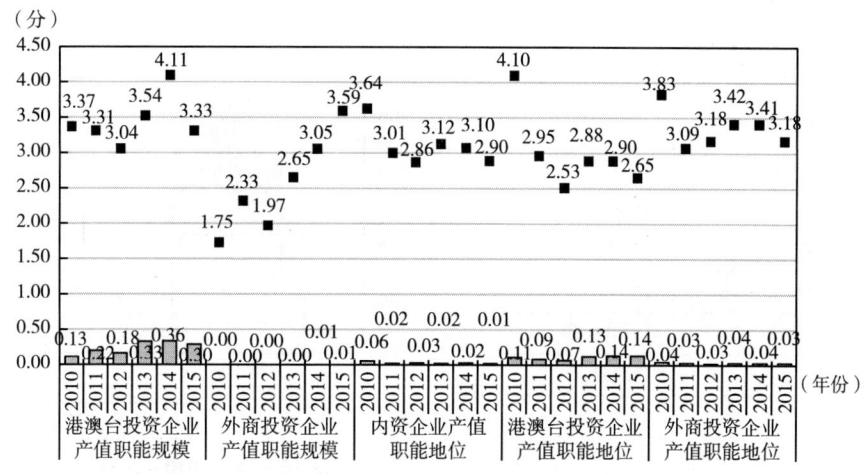

图12-27　2010~2015年云浮市企业发展指标得分比较3

三、云浮市城市工业企业发展水平综合评估与比较

从对云浮市工业企业发展水平评估及其2个二级指标在珠江－西江经济带的排名变化和指标结构的综合分析来看，2010~2015年，工业企业板块中上升指标的数量等于下降指标的数量，上升的动力等于下降的拉力，使得2015年云浮市工业企业发展水平的排名呈波动下降，在水平排名中位居第5名。

（一）云浮市城市工业企业发展水平概要分析

云浮市工业企业发展水平在珠江－西江经济带所处的位置及变化如表12-7所示，2个二级指标的得分和排名变化如表12-8所示。

（1）从指标排名变化趋势看，2015年云浮市工业企业发展水平评估排名在珠江－西江经济带处于第5名，表明其在珠江－西江经济带处于优势地位，与2010年相比，排名下降1名。总的来看，评价期内云浮市工业企业发展水平呈现波动下降趋势。

在2个二级指标中，工业发展和企业发展均呈波动下降。这是云浮市工业企业发展水平处于波动下降趋势的原因所在。受指标排名升降的综合影响，评价期内云浮市工业企业的综合排名呈波动下降，在珠江－西江经济带城市排名第5名。

（2）从指标所处区位来看，2015年云浮市工业企业发展水平处在中游区，其中，工业发展和企业发展均为优势指标。

（3）从指标得分来看，2015年云浮市工业企业得分为43.626分，比珠江－西江经济带最高分低18.710分，比珠江－西江经济带平均分低7.144分；与2010年相比，云浮市工业企业发展水平得分下降4.147分，与当年最高分的差距波动增大，也与珠江－西江经济带平均分的差距波动增大。

2015年，云浮市工业企业发展水平二级指标的得分均高于15分，与2010年相比，得分上升最多的为企业发展，上升0.405分；得分下降最多的为工业发展，下降4.553分。

表12-7　2010~2015年云浮市工业企业一级指标比较

项目	2010年	2011年	2012年	2013年	2014年	2015年
排名	4	6	6	5	4	5
所属区位	中游	中游	中游	中游	中游	中游
得分	47.773	42.933	43.158	43.906	43.969	43.626
全国最高分	64.061	66.285	62.112	64.361	61.849	62.336

续表

项目	2010年	2011年	2012年	2013年	2014年	2015年
全国平均分	51.465	53.838	53.598	51.944	50.910	50.770
与最高分的差距		-16.287	-23.352	-18.954	-20.455	-17.879	-18.710
与平均分的差距		-3.692	-10.904	-10.441	-8.038	-6.941	-7.144
优劣度	优势	中势	中势	优势	优势	优势
波动趋势	—	下降	持续	上升	上升	下降

表12-8　2010~2015年云浮市工业企业二级指标比较

年份	工业发展 得分	工业发展 排名	企业发展 得分	企业发展 排名
2010	30.396	4	17.377	4
2011	27.128	5	15.805	7
2012	27.863	5	15.294	8
2013	27.098	6	16.808	5
2014	26.358	4	17.611	4
2015	25.844	5	17.782	5
得分变化	-4.553	—	0.405	—
排名变化	—	-1	—	-1
优劣度	优势	优势	优势	优势

（二）云浮市城市工业企业发展水平指标动态变化分析

2010~2015年云浮市工业企业发展水平评估各级指标的动态变化及其结构，如图12-28和表12-9所示。

从图12-28可以看出，云浮市工业企业发展水平评估的三级指标中上升指标的比例大于下降指标，表明上升指标居于主导地位。表12-9中的数据说明，云浮市工业企业发展水平评估的22个三级指标中，上升的指标有9个，占指标总数的40.909%；保持的指标有5个，占指标总数的22.727%；下降的指标有8个，占指标总数的36.364%。由于下降指标的数量小于上升指标的数量，且受变动幅度与外部因素的综合影响，评价期内云浮市工业企业排名呈现波动下降，在珠江-西江经济带城市居第5名。

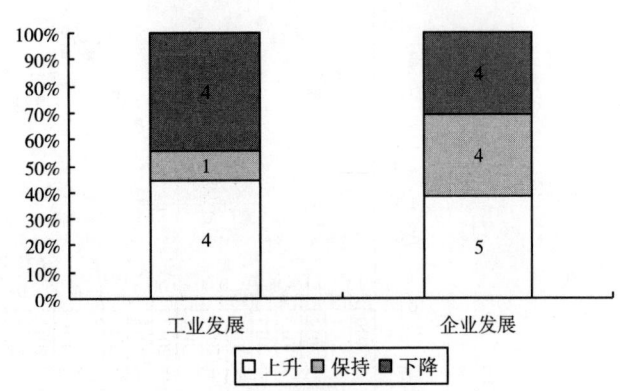

图12-28　2010~2015年云浮市工业企业发展水平动态变化结构

表12-9　2010~2015年云浮市工业企业各级指标排名变化态势比较

二级指标	三级指标数	上升指标 个数	上升指标 比重（%）	保持指标 个数	保持指标 比重（%）	下降指标 个数	下降指标 比重（%）
工业发展	9	4	44.444	1	11.111	4	44.444
企业发展	13	5	38.462	4	30.769	4	30.769
合计	22	9	40.909	5	22.727	8	36.364

（三）云浮市城市工业企业发展水平指标变化动因分析

2015年云浮市工业企业板块各级指标的优劣势变化及其结构，如图12-29和表12-10所示。

从图12-29可以看出，2015年云浮市工业企业发展水平评估的三级指标中强势和优势指标的比例大于中势和劣势指标的比例，表明强势和优势指标居于主导地位。表12-10中的数据说明，2015年云浮市工业企业的22个三级指标中，强势指标有2个，占指标总数的9.091%；优势指标为9个，占指标总数的40.909%；中势指标5个，占指标总数的27.273%；劣势指标为6个，占指标总数的27.273%；强势指标和优势指标之和占指标总数的50.000%，数量与比重均等于中势指标和劣势指标。从二级指标来看，其中，工业发展的强势指标有1个，占指标总数的11.111%；优势指标为5个，占指标总数的55.556%；中势指标2个，占指标总数的2.222%；劣势指标为1个，占

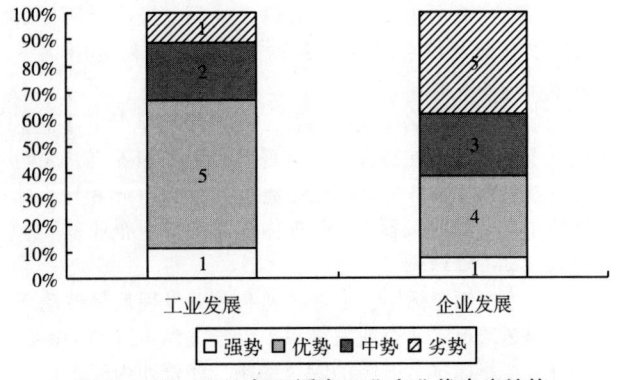

图12-29　2015年云浮市工业企业优劣度结构

指标总数的 11.111%；优势指标和中势指标之和占指标总数的 66.667%，说明工业发展的强、优势指标居于主导地位。企业发展的强势指标有 1 个，占指标总数的 7.692%；优势指标为 4 个，占指标总数的 30.769%；中势指标 3 个，占指标总数的 23.077%；劣势指标有 6 个，占指标总数的 38.462%；强势指标和优势指标之和占指标总数的 38.481%，说明企业发展的强、优势指标不占主导地位。由于强、优势指标比重等于中、劣势指标比重，云浮市工业企业发展水平处于优势地位，在珠江-西江经济带城市居第 5 名，处于中游区。

为进一步明确影响云浮市工业企业变化的具体因素，以便于对相关指标进行深入分析，为提升云浮市工业企业发展水平提供决策参考，表 12-11 列出工业企业指标体系中直接影响云浮市工业企业发展水平升降的强势指标、优势指标、中势指标和劣势指标。

表 12-10　　　　　　　　2015 年云浮市工业企业各级指标优劣度比较

二级指标	三级指标数	强势指标 个数	比重（%）	优势指标 个数	比重（%）	中势指标 个数	比重（%）	劣势指标 个数	比重（%）	优劣度
工业发展	9	1	11.111	5	55.556	2	22.222	1	11.111	优
企业发展	13	1	7.692	4	30.769	3	23.077	5	38.462	优
合计	22	2	9.091	9	40.909	5	22.727	6	27.273	优

表 12-11　　　　　　　　2015 年云浮市工业企业三级指标优劣度统计

指标	强势指标	优势指标	中势指标	劣势指标
工业发展（9 个）	Moore 工业结构（1 个）	企业弹性扩张系数、工业密度、工业弧弹性、工业不协调度、工业偏离系数（5 个）	工业发展强度、税收贡献率（2 个）	工业结构（1 个）
企业发展（13 个）	企业利润枢纽度（1 个）	企业利润相对增长率、企业利润绝对增量加权指数、港澳台投资企业产值职能规模、港澳台投资企业产值职能地位（4 个）	企业利润平均增长指数、内资企业产值职能规模、外商投资企业产值职能规模（3 个）	企业利润比重增量、企业产值流强度、内资企业产值职能规模、内资企业产值职能地位、外商投资企业产值职能地位（5 个）

第十三章 珠江－西江经济带城市工业企业发展水平的现实研判和发展路径

工业企业发展水平的评价指标体系是由1个一级指标、2个二级指标、22个三级指标构成，包括工业发展、企业发展两个方面的内容，是一个综合性的评价体系。在工业企业发展水平的体系中，每部分内容之间均不是独立的、不相关的，而是紧密联系、互相渗透、互相制约的，具有内在独特性。而工业企业综合竞争力的评价结果也综合反映每一个珠江－西江经济带城市在工业发展、企业发展两个方面的实力，及其发展水平在珠江－西江经济带的竞争地位。每一个方面的发展又共同促进、共同影响城市工业企业发展水平的排名和变化趋势，并且反映出一定的变化特征和发展规律。既有珠江－西江经济带中每个城市发展普遍存在的变化特征和发展规律，也有每个城市各自的特殊变化特征和发展规律。

通过对珠江－西江经济带中11个城市的工业企业发展水平的评价，全面、客观的根据数据分析说明珠江－西江经济带城市工业企业的发展水平，各城市工业企业变化趋势以及各城市农业实力之间的差距。通过认识和把握各城市工业生产过程中的变化特征和发展规律，认清变化的实质和内在特性，有利于制定正确发展路径、方法和对策，促进工业企业发展水平的提升，对于指导珠江－西江经济带中各城市有效提升工业企业发展水平，并根据具体情况采取相应对策具有重要意义。

一、提升工业企业发展能力和效率，确保衡量指标协调发展

表13－1列出2010～2015年珠江－西江经济带中各城市工业企业发展水平的排名及变化情况。从表中可以看到，2010～2015年，珠江－西江经济带中各城市工业企业发展水平（一级指标）的排名变化波动幅度较小，只有部分城市变化较大，排名处于中上游的8个城市当中，有3个城市2010～2015年始终处于上游区。中游区变化情况较小，5个中游区城市有3个城市始终处于同一个区段。这在一程度上说明，一个城市的工业企业发展水平受到多方面因素长期综合影响。因此，工业企业发展水平排名在短时间内不会出现较大幅度的变化。

表13－1 珠江－西江经济带城市工业企业排名变化分析

地区	2010年	2015年	区段	地区	2010年	2015年	区段	地区	2010年	2015年	区段
广州	1	1	上游区	梧州	6	4	中游区	柳州	7	9	下游区
佛山	2	2		云浮	4	5		来宾	8	10	
肇庆	3	3		贵港	10	6		百色	11	11	
				崇左	5	7					
				南宁	9	8					

2010～2015年，工业企业综合竞争力整体排名变化幅度较小，有5个城市排名变化超过2名，其中排名变化最大的城市是贵港，排名上升4名。贵港市的二级指标变化幅度也较大，如贵港市企业发展得分评定排名变化较大，排名上升8名；工业发展得分评定排名变化最大的柳州，排名下降2名。再如，2010～2015年，梧州的工业企业发展排名从第6名上升到第5名，随后又升至第4名，从二级指标来看，梧州的工业发展得分评定、企业发展得分评定的排名分别上升1名、下降1名，使其整体排名处于上升趋势，进而梧州最终工业企业发展水平波动上升。以上数据说明，工业企业发展水平是工业发展、企业发展这两个二级指标共同作用的结果。因此，应重视各个方面的发展，如果其中一个二级指标出现较大幅度的变化，那么它也会给一级指标带来一定程度的影响，有可能是比较大的影响，也有可能影响效果不显著。如果一个二级指标的实力下降，它在很大程度上会阻碍一级指标整体竞争力的提升，从而导致工业企业综合竞争力的下降。因此，如果每一个二级指标发展势头良好，将提高工业企业发展水平，使城市处于珠江－西江经济带优势地位。这也说明分析二级、三级指标有助于正确分析工业企业发展水平的影响因素和内在特征，如果只对一级指标进行分析，就很难对工业企业的影响因素和内在特征做出全面分析，只能了解到表面现象，而没有掌握工业企业发展的本质。此外，对二级、三级指标进行深入研究和分析，能更深层次探究工业企业发展过程中的变化特征和发展规律。在今后工业企业发展过程中，珠江－西江经济带城市应重视工业企业的各个方面，促进各方面协调发展，从而提高工业企业的发展水平。应特别重视下降幅度较大的指标，这有助于保持和提升城市的工业企业发展水平。

通过以上数据评析可以说明，工业企业发展水平排名

的提高不是一次偶然的机会,而是长期发展和积累的结果。通过长时间的努力和积累,城市的工业企业表现出不断上升的趋势,才能使工业企业发展水平提高。因此,当城市在某一年因为一些因素导致工业企业发展水平下降以及排名的下滑,但在以后发展中实力也会慢慢恢复正常及提升。所以,每个城市将提高工业企业综合水平,处于上游区的城市保持发展趋势,再接再厉提高综合竞争力;处于中下游区的城市,全面协调工业企业各个方面发展,提升工业企业综合竞争力;有下降趋势或已经下降的城市,找出影响工业企业发展的关键因素,积极采取措施扭转下降趋势,保持和提升工业企业综合优势。

二、发展与稳定并重,深化工业企业发展层次

2010~2015年,珠江-西江经济带城市工业企业发展水平整体平均得分分别为45.746、45.929、45.431、45.248、44.740和44.180,呈逐年波动下降趋势,但均值在45.000分左右波动。如果将工业企业发展水平最高值100分视为理想标准的话,可以发现珠江-西江经济带城市工业企业发展水平与理想标准仍有较大差距,整体发展水平还非常低,想要提升工业企业发展水平还需要不断努力。珠江-西江经济带城市工业企业发展水平整体水平较低是由工业发展实力和企业发展实力水平低造成的。由表13-2可知,整个"十二五"中期,珠江-西江经济带广西地区工业企业平均得分部未超过45.000。相对而言,广东地区工业企业发展水平得分较高,实力平均得分均超过50.000。

广东地区工业企业发展水平得分变化比较稳定,变化波动较大的是广西地区。工业企业发展水平大多数年份处于下降趋势。珠江-西江经济带城市工业企业实力整体水平保持相对稳定的是广东地区,"十二五"中期,平均分基本均维持在50.000以上。这说明广东地区各城市在工业发展和企业发展方面表现比较好,工业企业方面相对稳定,城市工业企业较为和谐,工业企业发展水平有较大提升空间。各地区各市将充分保持工业企业稳定地发展,避免工业企业发展水平得分出现下滑或者较大幅度波动。

表13-2　　　珠江-西江两个省份板块工业企业平均得分及上游区城市个数

	平均得分(分)						上游区城市个数(个)					
	2010年	2011年	2012年	2013年	2014年	2015年	2010年	2011年	2012年	2013年	2014年	2015年
广西	40.383	40.818	41.315	39.667	39.309	38.939	0	0	1	0	0	0
广东	55.132	54.875	52.635	55.014	54.244	53.351	3	3	2	3	3	3

三、破除地域壁垒,缩小区域工业发展区域

将珠江-西江经济带城市工业企业发展水平置于区域层面看,从东往西成阶梯状分布,工业企业发展水平依次下降,广西地区工业企业发展水平相对广东地区来说较低,差距仍十分明显。表13-3列出珠江-西江经济带城市工业企业发展水平的平均得分及其处于上游区城市的个数。从该列表可以看出,2010~2015年,广东地区工业企业发展水平平均得分均高于广西地区10分左右,2013年广东地区高于广西地区16分左右,从2010~2015年的总体情况来看,广东地区的工业企业发展水平得分增长速度较快,大部分城市处于中、上游区,2010~2015年,上游区的3个城市均属于广东地区,说明广东地区工业企业发展水平较强;广西地区工业企业发展水平平均得分相对广东地区较低,2010~2015年平均分在40.000左右,且7个城市中未有城市进入上游区,而广东地区4个城市每年均处于上游区,说明广东地区工业企业发展水平水平较高。

在发展过程中,广东地区各城市继续保持和巩固工业企业在珠江-西江经济带的优势地位;广西地区加强工业企业建设投入力度和发展力度,提高工业企业效益和发展水平;有效提升城市的工业企业发展水平;争取有更多城市进入中游区或上游区,逐渐缩小与广东地区在工业企业发展水平方面的差距。

表13-3列出2015年珠江-西江经济带三级指标优劣度结构,用来直观反映工业企业发展水平指标优劣度及其结构对工业企业发展水平排名的影响。由表可知,上游区各城市的强势和优势指标所占比重相比中游区和下游区较高,综合排名前2名的城市平均比重达到61.350%,上游区平均比重为63.633%,而中游区平均比重为45.460%,下游区平均比重为27.267%。对数据进行分析可知,上游区、中游区和下游区各自所拥有的强势指标和优势指标的差距较大。通常情况下,如果一个城市拥有较高比重强势和优势指标,那么这个城市工业企业发展水平也可能处于强势地位或优势地位。当然,也存在特殊情况,例如南宁,其强势和优势指标所占比重为54.500%,这在下游区城市中算较高的城市,但南宁劣势指标比重同样较高,高达18.200%,因此极大地拉低南宁的综合排名。贵港的情况和南宁的情况比较类似,贵港的强势和优势指标所占比重以及其劣势指标比重均较高,分别为36.400%和31.800%。因此,一个城市工业企业发展水平的发展,需全面分析强势指标、优势指标、中势指标以及劣势指标的比重。在以后的发展过程中,珠江-西江经济带城市充分考虑自身工业企业综合情况,采取针对性的有效措施促进工业企业发展水平提高,保障工业企业发展水平的优势地位。

表13-3　　2015年珠江-西江各城市三级指标优劣度结构

地区	强势指标个数及其比重	优势指标个数及其比重	中势指标个数及其比重	劣势指标个数及其比重	强势和优势指标个数及其比重	综合排名	所属区位
广州市	10 0.455	4 0.182	2 0.091	6 0.273	14 0.636	1	上游区
佛山市	9 0.409	4 0.182	4 0.182	5 0.227	13 0.591	2	上游区
肇庆市	5 0.227	10 0.455	6 0.273	1 0.045	15 0.682	3	上游区
梧州市	4 0.182	6 0.273	7 0.318	5 0.227	10 0.455	4	中游区
云浮市	2 0.091	9 0.409	5 0.227	6 0.273	11 0.500	5	中游区
贵港市	4 0.182	4 0.182	7 0.318	7 0.318	8 0.364	6	中游区
崇左市	3 0.136	6 0.273	7 0.318	6 0.273	9 0.409	7	中游区
南宁市	2 0.091	10 0.455	6 0.273	4 0.182	12 0.545	8	中游区
柳州市	4 0.182	3 0.136	8 0.364	7 0.318	7 0.318	9	下游区
来宾市	0 0.000	4 0.182	7 0.318	11 0.500	4 0.182	10	下游区
百色市	1 0.045	6 0.273	7 0.318	8 0.364	7 0.318	11	下游区

四、整合各方资源，拓展工业企业发展多元化渠道

工业企业发展水平由多种因素共同影响，多种因素变化也是工业企业发展水平的直接体现。图13-1和图13-2分别显示2010年和2015年珠江-西江经济带各工业发展得分评定和企业发展得分评定的对比情况。从图中可以看出，各工业发展得分评定和企业发展得分评定排名差距均较大，只有少数的城市得分排名相同，如广东地区的云浮；也有一些城市的得分排名差距较大，如南宁、柳州、贵港、崇左以及广州等。这充分说明工业发展得分评定并不能完全替代企业发展得分评定，只是工业企业发展水平的基础部分之一。

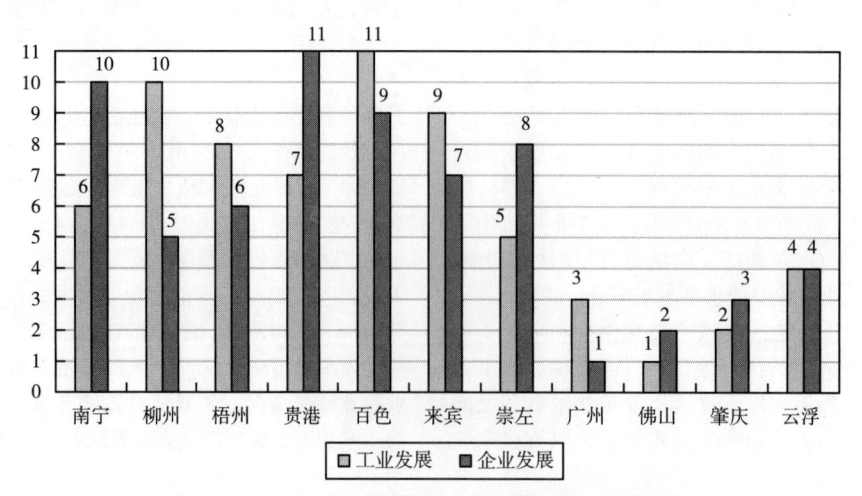

图13-1　2010年工业发展和企业发展得分排名对比

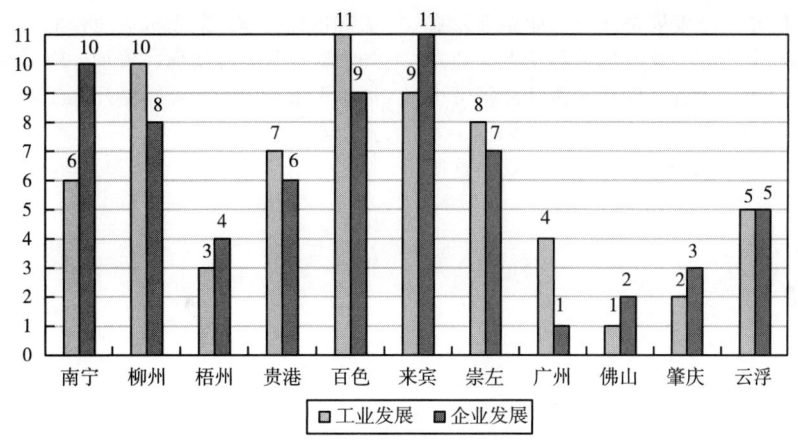

图 13-2 2015 年工业发展和企业发展得分排名对比

总之，工业企业发展水平受多种因素的综合作用影响，反映工业发展与企业发展的复杂关系。而珠江－西江经济带城市居民的生活、就业对工业企业产生的综合影响，均通过工业发展和企业发展表现出来，所以工业发展得分评定和企业发展得分评定是工业企业发展水平的基础内容，也是工业企业发展水平的直接体现。

图 13-3 和图 13-4 分别显示 2010 年和 2015 年珠江－西江经济带各工业发展得分和企业发展得分变化关系。

可以看出，珠江－西江经济带城市工业发展得分和企业发展得分基本表现为同方向变化，两者之间具有一定的线性相关关系。其中可以看到大部分城市的位置均处于趋势线附近，即工业发展得分较高的城市，企业发展的得分也相对较高。此外，可以看到 2010 年和 2015 年的发展趋势类似，其中处于不同位置的工业发展得分评定排名升降与企业发展得分评定排名升降基本同方向变动，两者关系密切，而且可以发现工业发展得分评定以及企业发展得分评定处于上游区的城市，它的工业企业综合竞争力排名也大多处于上游区；工业发展得分评定和企业发展得分评定处于中游区的城市，其工业企业发展水平排名也大多处于中游区；下游区情况也类似。当然，也有部分比较特殊的城市，如南宁市、肇庆市、佛山市等显著地偏离趋势线，说明也存在着不一致性。这说明工业发展得分对企业发展得分有一定影响，但同时也受到其他因素影响。

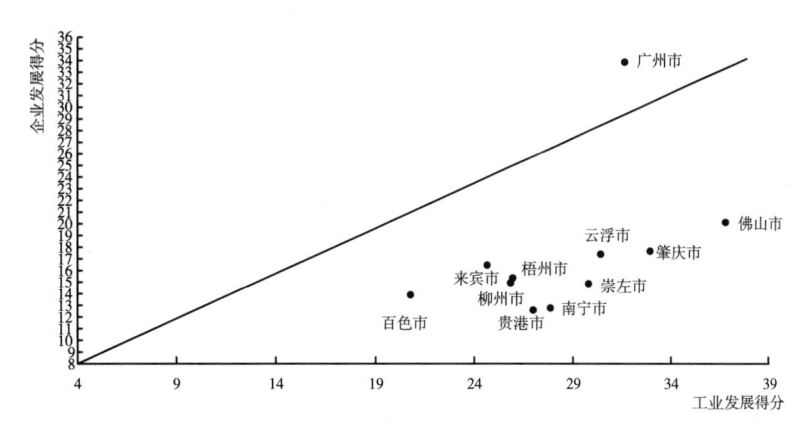

图 13-3 2010 年珠江－西江经济带城市工业发展得分和企业发展得分关系

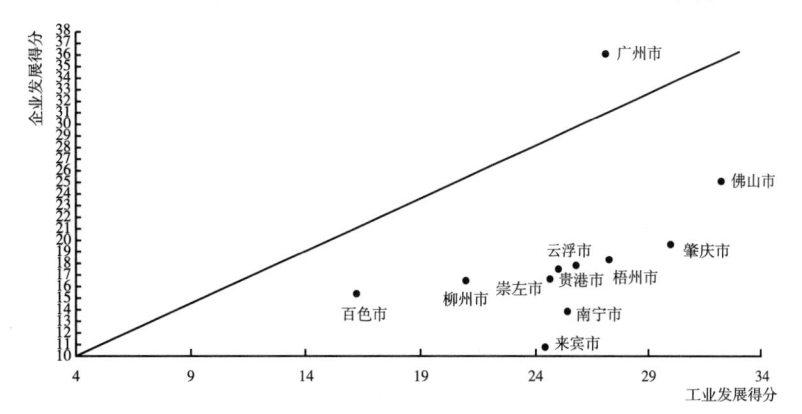

图 13-4 2015 年珠江－西江经济带城市工业发展得分和企业发展得分关系

综合来看，工业发展和企业发展是促进工业企业发展水平提升的主要因素和中坚力量，这些因素对工业企业发展水平变化的影响作用显著。因此，珠江－西江经济带中每一个城市将大力提升工业企业发展水平的主要因素，紧紧抓住工业发展、企业发展这两个关键指标。特别是这些关键指标竞争力处于劣势地位的一些城市，更需要进一步加强对这些关键指标的管理，降低关键指标对工业企业发展水平不利影响，有效提升珠江－西江经济带城市整体工业企业发展水平。

第十四章　提升珠江－西江经济带城市工业企业发展水平的对策建议

一、工业结构

（一）促进工业结构调整和产业升级

第一，发挥市场在资源配置中的决定性作用，更好发挥政府在工业结构和产业升级过程中的引导作用。通过面向服务于深入实施创新驱动发展战略以及有效支撑供给侧的结构性改革，加快促进工业经济的结构调整、转型升级以及动能转换；对工业实施优惠政策，促使生产要素集中，逐渐向现代产业部门靠拢；对地区工业发展做出全面考察，充分了解地区工业的优势和短板，发挥地区优势并补齐短板，促进工业现代化；明确地区的主导产业和支柱产业，引导相关产业发挥带头作用，带领其他产业共同发展；实施系列切实有效的产业政策，助推工业完成结构调整和产业升级；及时了解市场变化，根据不同阶段的发展变化确定工业政策重心，有效解决不同时段工业面临的发展制约问题，促进产业深化发展。

第二，在工业结构调整过程中，全面了解地区工业发展实际情况，对实际情况进行分析并深入研究，以提高决策的科学性和可行性。产业政策的制定充分结合新时代发展要求，以提高产业竞争力和产业素质为目的，制定相关政策推动产业发展升级；努力创造和维护良好的市场经济环境，保证市场平稳运行；为工业发展提供信息、技术等方面的帮助，完善工业发展领域的基础设施建设；政府采取一系列措施推动产业政策的顺利实施，促使产业结构优化升级，提升经济增长质量。

第三，推进行政管理体制、市场体系、土地管理制度等综合配套改革。通过推行政管理体制等措施，为工业企业发展提供动力机制和制度保障；加快投融资体制改革进程，全面改革现有投资融资平台，规范投资融资程序，组建和创新投资融资平台；建立统筹城乡基础设施的规划、建设、运营和管理体制机制。

（二）重视产业培育和产业扶持

第一，推进优势产业发展为龙头示范企业。针对珠江－西江经济带城市工业企业呈现分布不均、规模经济小、竞争力较弱的特征，关注工业企业规模经济，消除工业发展过程中资源优化配置和产业要素集中等问题，明确地区优势产业；帮助工业企业扩大优势，将产业资源侧重于优势产业；帮助具有较大竞争力的企业进行产品品牌升级，形成品牌核心优势；改进企业的生产方式，优化生产要素资源的合理配置，推进产业链建设以及供应链管理；大力发展工业产业园区，推动企业集群发展，构建工业企业的协同发展体系；引导品牌企业扶持中小微企业发展，提高产业市场竞争力。

第二，树立科学的产业发展观念。在产业培育机制的顶层设计过程中，全面了解和深入研究地区产业发展实际情况，明确主导产业和支柱产业以及其他产业，掌握产业之间的发展关系；合理评估和分配产业资源，实现高效的产业培育机制以及管理制度。在设计产业培育机制时，改变产业规划过程中的弊病及传统思维，实现产业资源利用最优化；促进稳定产业政策，实现产业规划目标。

第三，制定强有力的政策支持。由于地区经济总体发展水平存在非平衡性，引致部分产业存在资金短缺和资本不足问题，进而制约产业的健康持续发展。在政策制定和资金效率方面，考虑区域产业实际发展情况，掌握现阶段产业发展所面临的重点和难点问题，制定相关优惠政策支持产业发展；积极筹措社会各方面力量，吸引金融资本和社会资本参与地区产业发展；贴息支持优势产品和品牌产品；为工业发展提供良好的创新环境，引入技术人才帮助培育和扶持产业发展。在技术开发与利用方面，充分了解技术来源，针对不同来源实施不同的政策引导；大力支持和保护企业新技术，实施奖励政策，激励企业继续进行技术开发和创新；推进科研机构、高等院校与企业的协同创新发展，提高工业发展创新能力；推进技术创新与保护知识产权，加快技术创新成果的应用和推广，从而促进产业结构优化和升级。

第四，全面把握主导产业、支柱产业和其他产业的关系，并充分发挥其关联效应。通过充分了解市场供给需求，预测市场的变化趋势，明确需要生产的中间产品和最终产品；对产业项目进行规划，促进产业结构优化和升级；建立科学高效的专业团队，对产业重大项目进行前期考察和评估，促进工业园区的建设和发展；提升产业资本的投资效能。

（三）推进产业转型升级和集群化发展

通过调整工业园区结构，提升工业园区整体品质，全面提升工业园区的质量和竞争力；建立一批重点工业园区，与专业市场有效衔接，形成具有特色的工业园区；发展优势产业，以优势产业带动园区内其他产业共同发展，提升工业园区整体市场竞争力；引导重点工业园区帮助有条件的区县建立和工业园区调整，实现基础设施共享，发展具有特色的工业园区，从而完成现有工业园区品质提升；加快推进产业转移，调整和优化工业布局，提高经济欠发达地区工业化发展水平；增强就业结构与工业结构的相互适应性，引导劳动力向工业经济和现代服务业的合理转移，发挥劳动密集型产业的就业效应；兼顾经济发展与生态文明建设的协同共进发展，促进工业发展和生态环境保护的和谐发展。

（四）促进工业用地集约利用

第一，推进集约化、高效化的工业用地，引导人口和产业向资源环境承载能力较强的区域集聚。在珠江-西江经济带城市工业发展过程中，工业土地利用因素尤为重要，但仍然存在如土地利用率不高、市场化配置程度低等问题。通过坚持工业土地利用等国土开发与资源环境承载能力的相互匹配原则，以资源环境承载能力为基础，针对不同地区的资源禀赋、生态条件和环境容量，明晰工业土地利用等国土开发的限制性和适宜性，科学确定工业土地利用的规模、结构以及布局和时序；坚持节约优先与高效利用的相互统一原则，健全工业用地节约集约使用长效机制，加强和实行全过程节约管理，完善市场调节、标准管控以及考核监管，形成节约资源的空间格局、产业结构以及生产方式，实现工业土地利用的绿色发展、循环发展以及低碳发展。

第二，发挥市场配置资源的决定性作用，大力推进供给侧结构性改革，更好发挥政府在工业土地利用等国土空间开发利用与保护中的作用，提升资源配置以及国土空间开发效率。通过面向服务于新型城镇化发展需要，立足区域产业发展基础和比较优势，分类分区引导重点产业结构调整和布局优化，形成区域间分工合理、优势互补、联动发展的产业格局；完善自然资源资产用途管制制度，强化工业土地利用等国土空间的用途管制。

二、企业发展

（一）完善要素市场发展

第一，培养和完善技术市场。通过面向服务于协调推进新型工业化建设需要，完善以市场导向的技术创新机制，实现技术、人才、资本、知识等创新资源要素在区域间的流动以及优化组合；加速推进国内外高端创新资源的有效集聚，充分发挥高新技术产业开发区等创新创业重要载体的功能作用，促进区域创新发展的分类规划与梯次布局；健全和完善区域协同创新的发展机制，完善科技创新成果的转移与转化机制，系统提升企业、科研院所、高等院校以及新型研发机构等创新主体的发展能力；以技术市场为重要纽带，通过产业链发展引导创新链发展，构建开放、协同与合作的创新发展网络。

第二，培育和完善劳动力市场，合理优化和配置劳动力资源。通过培育和集聚技能型人才、科技创业人员、科技研发人员等各类创新型人才队伍，支撑重点发展产业、战略性新兴产业以及企业的发展；健全多元层次的人才评价机制和激励机制，为不同层次和类型的创新型人才制定相应管理政策、发展空间以及服务保障措施；探索创新型人才和智库智力的流动长效服务机制，为创新型人才的跨地区和跨行业的有序流动提供便利条件。

第三，培育和完善金融市场。政府、企业和个人的货币资金管理，在一定程度上依赖于金融市场的完善。通过明确政策性金融机构和商业性金融机构的定位，充分发挥各类金融机构的职能与作用；充分发挥普惠金融服务实体经济的作用，帮助资金短缺的中小微企业提供资金支持和能力建设支撑，研发符合创新需求的金融产品以及服务；推进科技与金融相结合的发展机制，有效发挥国家新兴产业创业投资引导基金以及国家中小企业发展基金的作用，引导创业投资和多层次资本市场积极参与高新技术产业发展。

（二）创造公平竞争的市场环境

第一，营造企业发展的良好市场竞争环境。通过引导同类型企业联合发展，共享信息资源，形成良性竞争，从而提高整个行业的发展水平，增强行业在国际市场竞争力；把握市场发展规律，科学评价自身企业发展状况，制定战略规划及发展目标；修订与反垄断相关的法律法规，通过法律手段维护企业发展的良好竞争环境。

第二，努力维护企业竞争市场的公平性。通过完善信息披露制度，确保信息公开和自由流动，运用先进技术建立完整的信息传输系统，为企业和个人提供信息服务；制定规范市场的相关法律法规，建立健全市场信用和道德规范，合理调整市场参与主体利益，明确其主体地位和合作关系，营造形成良好的公平竞争环境；推进国家治理体系和治理能力现代化，坚持有法可依、有法必依、执法必严、违法必究的法制原则，切实维护市场秩序。

（三）改善金融生态环境

第一，完善金融政策的传导机制。通过充分发挥金融政策的作用，帮助企业进行合理投资，推动企业经济持续增长；建立完善的金融政策体系，规范市场主体行为，优化金融政策运行环境；针对企业发展过程中的资金问题，采用金融政策予以支持；增强中央银行对货币市场直接或间接的调控能力，充分发挥金融政策工具作用，大力发展公开市场和业务，提高货币政策的高效性和灵活性。

第二，全面提高企业融资能力。通过措施引导银行资金和大型企业资金流入，为企业发展增添新动力；为企业信用建立系统的评估体系，根据信用评估结果对企业贷款实行分等级发放，为符合贷款条件的企业发放授信认证，有利于加快贷款发放速度；增加企业在技术研发、扩大生产规模中的自主性和灵活性；提升优势企业的融资比例，增加融资额度；组建专业的企业贷款担保公司，为企业贷款提供全面服务，促使企业快速获得资金并投入生产；引导和鼓励社会资本以股份制形式进入农村信用社，帮助农村信用社扩大规模，共同建立贷款规范机制，降低中小型企业的贷款门槛。

第三，发展多层次资本市场。通过打通多层次资本市场，加强各类不同层次资本市场在促进工业企业创新发展融资领域的有机衔接；拓展和延伸产业链金融的服务领域和范围，支持保险公司根据工业企业发展需求研发保险产品和服务；吸引外商直接投资，将先进技术应用引入产业发展的生产和应用领域，提高生产效率并推动产业升级；

把握国际经济所提供的发展机会,与外商建立合作共赢发展关系,提高企业的生产效率,提升国际市场竞争力;充分发挥对国民经济的宏观调节与控制,促进政府政策支持与市场价值规律调节的融合发展,重视货币的供求均衡,关注货币利率与汇率的合理水平。

(四) 创新企业自我管理能力

第一,创新人力资源管理。通过创新人力资源管理,根据企业发展要求和员工个人需求,加强对员工各方面的培训;重视人力资源的优化配置,取消原有的终身雇佣制,提高职工的竞争意识,增强人力资源的流动性;建立完善而合理的激励机制,对原有报酬机制进行改革,将短期激励和长期激励相结合、物质激励和精神激励相结合,从而激励员工提高工作效率;努力改善工作环境,提高企业文化层次,让职工对企业产生认同感和归属感,从而提高职工的敬业精神及对企业的忠诚度。

第二,创新知识管理。通过将企业员工的创新能力和信息资源结合管理,最大限度地实现知识和信息共享,促使企业及时获取信息,提高制定决策的正确性和科学性;实现企业内部知识共享,推动内部知识管理进程,调动企业职工的积极性,提高获取信息、应用和分析信息的能力,提高知识在企业内部的流通性,帮助企业全面深入地了解市场需求;提高企业对外部信息的运用能力,完善对信息收集和使用的规范性,提高对企业外部信息的处理能力;依靠收集的信息合理安排生产,引导企业生产适应市场需要的产品,降低生产成本;建立企业知识网络体系,高效地从众多信息中提取有效信息,充分利用知识促进企业发展,建立完善的知识网络体系;建立知识和信息处理部门,专门负责分析知识和信息价值,为企业制定政策提供参考;充分发挥企业员工在知识管理中的作用;尊重知识,重视人才引进和培养,鼓励企业内部知识共享,鼓励员工积极参与知识创新,发挥在知识管理过程中的作用,从而全面提升企业创新能力。

第三,创新战略管理,提高市场适应能力和可持续发展能力。通过提高战略管理创新意识,积极参与市场竞争,培养与市场经济相适应的经营管理创新思想;选拔和培训高级具有战略创新意识的管理者,适时调整战略和创新发展方式,帮助企业提高发展效益。

(五) 加强企业创新机制研究

第一,建立创新决策机制。在企业提高技术水平过程中,企业根据实际情况和发展要求,制定短期和中长期发展规划。通过提高企业决策者对技术创新的认识,了解新时代企业竞争的本质是技术创新;推进技术和产品的迭代升级或者研发新的产品,满足消费者日益增加的新需求;在进行产品研发或产品升级时充分把握市场需求,以满足市场需求为前提,如消费者需求、企业发展需要、政府投资需要等;建立数据库,进行市场调研,准确预测市场需求和技术发展趋势,不断提高技术发展水平以适应市场变化,适时调整企业发展方向。

第二,建立信息反馈机制,理顺企业技术信息传播和扩散的渠道;加强企业对技术信息的吸纳和转化能力,提升对技术创新的分析和预测能力。通过提高企业研发部门的研发能力和研发水平,特别是提高技术创新和产品研发在企业发展中的地位;加强企业和科研机构之间的联系,提高企业技术创新的吸纳和转换能力,促进技术成果转化为生产力;采取相关措施帮助企业提高其技术创新能力和水平,提高企业生产效率和生产质量。

第三,建立企业技术研发中心,提高企业技术研发能力。通过建立健全科技创新机制,促进企业建立完整的技术创新体系,提高企业研发中心的技术创新能力,引导企业加大对科研创新的投入;推进企业转型升级,建立现代企业制度,提高企业技术研发能力,增强企业的市场竞争力;促进高新技术产业化、经营运作国际化和高效化、产业结构合理化和高级化的发展。

第四,培养企业家和企业家精神,推动技术创新。通过培育企业家精神,推动企业技术创新的发展进程,提高企业的技术创新氛围,将被动创新转化为主动创新;有效促进企业积极寻找创新机会,主动进行创新活动,从而促进企业技术创新能力提升。

参 考 文 献

[1] 程惠芳、陆嘉俊：《知识资本对工业企业全要素生产率影响的实证分析》，载《经济研究》2014年第5期。

[2] 戴翔、刘梦、任志成：《劳动力演化如何影响中国工业发展：转移还是转型》，载《中国工业经济》2016年第9期。

[3] 邓洲：《新工业革命与中国工业发展——"第二届中国工业发展论坛暨〈中国工业发展报告2013〉发布会"综述》，载《中国工业经济》2014年第3期。

[4] 丁俊、王开泳：《珠江三角洲城市群工业生产空间格局、形态特征及影响因素》，载《地理科学进展》2016年第5期。

[5] 董晓庆、赵坚、袁朋伟：《国有企业创新效率损失研究》，载《中国工业经济》2014年第2期。

[6] 杜志威、吕拉昌、黄茹：《中国地级以上城市工业创新效率空间格局研究》，载《地理科学》2016年第3期。

[7] 段姗、蒋泰维、张洁音、王镓利：《区域企业技术创新发展评价研究——浙江省、11个设区市及各行业企业技术创新评价指标体系分析》，载《中国软科学》2014年第5期。

[8] 范剑勇、莫家伟：《地方债务、土地市场与地区工业增长》，载《经济研究》2014年第1期。

[9] 郭润萍、蔡莉：《转型经济背景下战略试验、创业能力与新企业竞争优势关系的实证研究》，载《外国经济与管理》2014年第12期。

[10] 郝颖、辛清泉、刘星：《地区差异、企业投资与经济增长质量》，载《经济研究》2014年第3期。

[11] 洪俊杰、刘志强、黄薇：《区域振兴战略与中国工业空间结构变动——对中国工业企业调查数据的实证分析》，载《经济研究》2014年第8期。

[12] 侯晓辉、王青、冯宗宪：《金融生态与中国工业企业的技术创新能力》，载《产业经济研究》2012年第3期。

[13] 胡伟、张玉杰：《中国工业发展的空间格局演变》，载《经济地理》2015年第7期。

[14] 黄群慧、余菁：《新时期的新思路：国有企业分类改革与治理》，载《中国工业经济》2013年第11期。

[15] 黄群慧：《"新常态"、工业化后期与工业增长新动力》，载《中国工业经济》2014年第10期。

[16] 黄祖辉、邵峰、朋文欢：《推进工业化、城镇化和农业现代化协调发展》，载《中国农村经济》2013年第1期。

[17] 江飞涛、武鹏、李晓萍：《中国工业经济增长动力机制转换》，载《中国工业经济》2014年第5期。

[18] 蒋冠宏、蒋殿春：《中国工业企业对外直接投资与企业生产率进步》，载《世界经济》2014年第9期。

[19] 金碚、吕铁、邓洲：《中国工业结构转型升级：进展、问题与趋势》，载《中国工业经济》2011年第2期。

[20] 金碚：《工业的使命和价值——中国产业转型升级的理论逻辑》，载《中国工业经济》2014年第9期。

[21] 孔宪丽、米美玲、高铁梅：《技术进步适宜性与创新驱动工业结构调整——基于技术进步偏向性视角的实证研究》，载《中国工业经济》2015年第11期。

[22] 李建军、张丹俊：《中小企业金融排斥程度的省域差异》，载《经济理论与经济管理》2015年第8期。

[23] 李晓萍、李平、吕大国、江飞涛：《经济集聚、选择效应与企业生产率》，载《管理世界》2015年第4期。

[24] 李煜华、王月明、胡瑶瑛：《基于结构方程模型的战略性新兴产业技术创新影响因素分析》，载《科研管理》2015年第8期。

[25] 林海芬、苏敬勤：《中国企业管理创新理论研究视角与方法综述》，载《研究与发展管理》2014年第2期。

[26] 林海芬、苏敬勤：《中国企业管理情境的形成根源、构成及内化机理》，载《管理学报》2017年第2期。

[27] 刘楷：《我国地区工业结构变化和工业增长分析——兼论经济新常态下我国地区工业发展》，载《经济管理》2015年第6期。

[28] 刘娜、郄玉娟、景涛：《基于知识基的企业创新能力研究》，载《图书情报工作》2017年第17期。

[29] 罗文、徐光瑞：《中国工业发展质量研究》，载《中国软科学》2013年第1期。

[30] 吕劲松：《关于中小企业融资难、融资贵问题的思考》，载《金融研究》2015年第11期。

[31] 牛占文、荆树伟、杨福东：《基于精益管理的制造型企业管理创新驱动因素分析——四家企业的案例研究》，载《科学学与科学技术管理》2015年第7期。

[32] 潘楚林、田虹：《经济新常态下绿色智力资本怎样成为企业的竞争优势》，载《上海财经大学学报》2016年第2期。

[33] 潘雄锋、刘凤朝：《中国区域工业企业技术创新效率变动及其收敛性研究》，载《管理评论》2010年第2期。

[34] 戚依南、沈玲、黄河、王娇：《中国企业发展与职能战略创新研究——第三届中国企业管理创新案例研究前沿论坛观点综述》，载《中国工业经济》2014年第1期。

[35] 曲婉、冯海红、李铭禄：《中国企业发展的范式转换——基于中国高新技术企业的事实证据》，载《科学学与科学技术管理》2016年第12期。

[36] 任建兰、徐成龙、陈延斌、张晓青、程钰：《黄河三角洲高效生态经济区工业结构调整与碳减排对策研究》，载《中国人口·资源与环境》2015年第4期。

[37] 邵宁：《经济新常态下的企业管理创新——在"2015年全国企业管理创新大会"上的讲话》，载《企业管理》2015年第5期。

[38] 苏红键、赵坚：《相关多样化、不相关多样化与区域工业发展——基于中国省级工业面板数据》，载《产业经济研究》2012年第2期。

[39] 唐未兵、傅元海、王展祥：《技术创新、技术引进与经济增长方式转变》，载《经济研究》2014年第7期。

[40] 王成金、杨威、许旭、刘鹤：《工业经济发展的资源环境效率评价方法与实证——以广东和广西为例》，载《自然资源学报》2011年第1期。

[41] 魏志华、曾爱民、李博：《金融生态环境与企业融资约束——基于中国上市公司的实证研究》，载《会计研究》2014年第5期。

[42] 吴超鹏、唐菂：《知识产权保护执法力度、技术创新与企业绩效——来自中国上市公司的证据》，载《经济研究》2016年第11期。

[43] 吴延兵：《不同所有制企业技术创新能力考察》，载《产业经济研究》2014年第2期。

[44] 席强敏、陈曦、李国平：《中国城市生产性服务业模式选择研究——以工业效率提升为导向》，载《中国工业经济》2015年第2期。

[45] 肖彬、郭颖：《两化融合背景下企业管理创新的理论框架研究》，载《科研管理》2015年专刊。

[46] 肖兴志、姜晓婧：《战略性新兴产业政府创新基金投向：传统转型企业还是新生企业》，载《中国工业经济》2013年第1期。

[47] 肖尧、杨校美：《劳动力成本与工业结构调整的统计检验》，载《统计研究》2016年第11期。

[48] 谢花林、王伟、姚冠荣、刘志飞：《中国主要经济区城市工业用地效率的时空差异和收敛性分析》，载《地理学报》2015年第8期。

[49] 徐佳宾、刘勇凤：《中国工业增长的动力分析：规模还是结构》，载《经济理论与经济管理》2017年第6期。

[50] 谢东明、王平：《生态经济发展模式下我国企业环境成本的战略控制研究》，载《会计研究》2013年第3期。

[51] 杨汝岱：《中国制造业企业全要素生产率研究》，载《经济研究》2015年第2期。

[52] 杨智峰、汪伟、吴化斌：《技术进步与中国工业结构升级》，载《财经研究》2016年第11期。

[53] 曾萍、邓腾智、宋铁波：《社会资本、动态能力与企业创新关系的实证研究》，载《科研管理》2013年第4期。

[54] 曾萍、邬绮虹：《政府支持与企业创新：研究述评与未来展望》，载《研究与发展管理》2014年第2期。

[55] 查建平、唐方方：《中国工业经济增长方式转变及其影响因素研究》，载《当代经济科学》2014年第5期。

[56] 张公一、孙晓欧：《科技资源整合对企业创新绩效影响机制实证研究》，载《中国软科学》2013年第5期。

[57] 张璐、景维民：《技术、国际贸易与中国工业发展方式的绿色转变》，载《财经研究》2015年第9期。

[58] 张彦博、潘培尧、鲁伟、梁婷婷：《中国工业企业环境技术创新的政策效应》，载《中国人口·资源与环境》2015年第9期。

[59] 张嵎喆、罗晓军：《我国工业发展面临要素供给挑战及应对之策》，载《经济纵横》2014年第8期。

[60] 中国企业家调查系统、仲为国、李兰、路江涌、彭泗清、潘建成、郝大海：《企业进入创新活跃期：来自中国企业创新动向指数的报告——2016·中国企业家成长与发展专题调查报告》，载《管理世界》2016年第6期。

[61] 中国社会科学院工业经济研究所课题组、李平：《"十二五"时期工业结构调整和优化升级研究》，载《中国工业经济》2010年第1期。

[62] 周亚虹、贺小丹、沈瑶：《中国工业企业自主创新的影响因素和产出绩效研究》，载《经济研究》2012年第5期。

[63] 朱笑仪、戚依南：《中国企业治理与发展战略模式创新研究——第四届"中国企业管理创新案例研究前沿论坛"观点综述》，载《中国工业经济》2015年第2期。

[64] 左小德、张进财、陈振炜：《中国企业管理创新的驱动力——兼与西方企业的比较》，载《管理世界》2015年第1期。

[65] Jing Ai, Brockett, Patrick L., Tianyang Wang, Optimal Enterprise Risk Management and Decision Making With Shared and Dependent Risks. *Journal of risk and insurance*, Vol. 84, Issue: 4, 2017, pp. 1127-1169.

[66] Andy W. Mullineux, Victor Murinde, Financial Sector Policies for Enterprise Development in Africa. *Review of Development Finance*, Vol. 4, Issue 2, December 2014, pp. 66-72.

[67] Atis Eglins-Eglitis, Inese Lusena-Ezera, From Industrial City to the Creative City: Development Policy Challenges and Liepaja Case. *Procedia Economics and Finance*, Vol. 39, 2016, pp. 122 – 130.

[68] Destyariani Liana Putri, Mutiara Annisa, Linda Purba Ningrum, Mahirul Mursid, Murdjito, Agro Industrial Cluster Development Strategy Coastal Region District Banyuwangi. *Procedia Earth and Planetary Science*, Vol. 14, 2015, pp. 136 – 143.

[69] Elżbieta Krawczyk-Dembicka, Analysis of Technology Management Using the Example of the Production Enterprise from the SME Sector. *Procedia Engineering*, Vol. 182, 2017, pp. 359 – 365.

[70] Engstrom, Pontus; McKelvie, Alexander, Financial Literacy, Role Models, and Micro-Enterprise Performance in the Informal Economy. *International Small Business Journal-Researching Entrepreneurship*, Vol. 35, Issue: 7, Special Issue: SI, 2017, pp. 855 – 875.

[71] Fei Hu, Shangmei Zhao, Tao Bing, Yiming Chang. Hierarchy in Industrial Structure: The Cases of China and the USA. *Physica A: Statistical Mechanics and its Applications*, Vol. 469, 1 March 2017, pp. 871 – 882.

[72] Jaroslava Kádárová, Radoslav Bajus, Rastislav Rajnoha, Optimal Financing of the Industrial Enterprise. *Procedia Economics and Finance*, Vol. 23, 2015, pp. 953 – 958.

[73] Jaroslava Ďurišová, Miloš Čambál, Impact of Multiculturalism on the Industrial Enterprises Management. *Procedia Economics and Finance*, Volume 34, 2015, pp. 663 – 669.

[74] John R. S. Fraser, Betty J. Simkins, The challenges of and solutions for implementing enterprise risk management. *Business Horizons*, Vol. 59, Issue 6, November-December 2016, pp. 689 – 698.

[75] Ladislav Mura, Ján Buleca, Evaluation of Financing Possibilities of Small and Medium Industrial Enterprises. *Procedia Economics and Finance*, Vol. 3, 2012, pp. 217 – 222.

[76] Liang Dong, Hanwei Liang, Liguo Zhang, Zhaowen Liu, Mingming Hu, Highlighting Regional Eco-Industrial Development: Life Cycle Benefits of an Urban Industrial Symbiosis and Implications in China. *Ecological Modelling*, Vol. 361, 10 October 2017, pp. 164 – 176.

[77] Lilia Dvořáková, Jitka Zborková, Integration of Sustainable Development at Enterprise Level. *Procedia Engineering*, Vol. 69, 2014, pp. 686 – 695.

[78] Livio Romano, Fabrizio Traù, The Nature of Industrial Development and the Speed of Structural Change. *Structural Change and Economic Dynamics*, Vol. 42, September 2017, pp. 26 – 37.

[79] Luciana Carvalho, Ana Paula Macedo de Avellar, Innovation and productivity: empirical evidence for Brazilian industrial enterprises. *Revista de Administracão*, Vol. 52, Issue 2, April-June 2017, pp. 134 – 147.

[80] Luminita Chivu, Constantin Ciutacu, About Industrial Structures Decomposition and Recomposition. *Procedia Economics and Finance*, Vol. 8, 2014, pp. 157 – 166.

[81] Malin Song, Hongshan Ai, Xie Li, Political connections, financing constraints, and the optimization of innovation efficiency among China's private enterprises. *Technological Forecasting and Social Change*, Vol. 92, March 2015, pp. 290 – 299.

[82] Matthew P. Johnson, Knowledge Acquisition and Development in Sustainability-Oriented Small and Medium-Sized Enterprises: Exploring the Practices, Capabilities and Cooperation. *Journal of Cleaner Production*, Vol. 142, Part 4, 20 January 2017, pp. 3769 – 3781.

[83] Michael Mbate, Structural Change and Industrial Policy: A Case Study of Ethiopia's Leather Sector. *Journal of African Trade*, Vol. 3, Issues 1 – 2, December 2016, pp. 85 – 100.

[84] Nikpay, Fatemeh; Ahmad, Rodina Binti; Rouhani, Babak Darvish; et al, An effective Enterprise Architecture Implementation Methodology. *Information Systems And E-Business Management*, Vol. 15, Issue: 4, Special Issue: SI, 2017, pp. 927 – 962.

[85] Panagiotis Piperopoulos, Jie Wu, Chengqi Wang, Outward FDI, location choices and innovation performance of emerging market enterprises. *Research Policy*, Vol. 47, Issue 1, February 2018, pp. 232 – 240.

[86] Shamil M. Valitov, Almaz Kh. Khakimov, Innovative Potential as a Framework of Innovative Strategy for Enterprise Development. *Procedia Economics and Finance*, Vol. 24, 2015, pp. 716 – 721.

[87] T N Krishnan, Hugh Scullion, Talent management and dynamic view of talent in small and medium enterprises. *Human Resource Management Review*, Vol. 27, Issue 3, September 2017, pp. 431 – 441.

[88] Tove Brink, SME Routes for Innovation Collaboration with Larger Enterprises. *Industrial Marketing Management*, Vol. 64, July 2017, pp. 122 – 134.

[89] Uwe Dombrowski, Philipp Krenkel, Thomas Richter, Dynamic Coordination within a Lean Enterprise. *Procedia Manufacturing*, Vol. 11, 2017, pp. 2147 – 2155.

[90] Vladimir Shatrevich, Industrial Structures as Competitive Factor in Organization Development. *Procedia-Social and Behavioral Sciences*, Vol. 110, 24 January 2014, pp. 871 – 878.

[91] Lan Vickers, Fergus Lyon, Leandro Sepulveda, et al, Public Service Innovation and Multiple Institutional Logics: The

Case of Hybrid Social Enterprise Providers of Health and Wellbeing. Reaearch Policy, Vol. 46, Issue: 10, pp. 1755 – 1768.

[92] Wouter Spekkink, Building Capacity for Sustainable Regional Industrial Systems: An Event Sequence Analysis of Developments in the Sloe Area and Canal Zone. *Journal of Cleaner Production*, Vol. 98, 1 July 2015, pp. 133 – 144.

[93] Xing Liu, Shuiquan Jiang, Bank equity connections, intellectual property protection and enterprise innovation-A bank ownership perspective. *China Journal of Accounting Research*, Vol. 9, Issue 3, September 2016, pp. 207 – 233.

[94] Yong Geng, Tsuyoshi Fujita, Hung-suck Park, Anthony S. F. Chiu, Donald Huisingh, Recent Progress on Innovative Eco-Industrial Development. *Journal of Cleaner Production*, Vol. 114, 15 February 2016, pp. 1 – 10.

[95] Yulia Vertakova, Vladimir Plotnikov, Mihail Culicov, The Key Factors, Determining the Industrial Development of Russia under the Conditions of Membership in the WTO. *Procedia Economics and Finance*, Vol. 24, 2015, pp. 743 – 749.

[96] Yunna Wu, Xinli Xiao, Zongyun Song, Competitiveness analysis of coal industry in China: A diamond model study. *Resources Policy*, Vol. 52, June 2017, pp. 39 – 53.

[97] Yuval Cohen, Maurizio Faccio, Francesco Gabriele Galizia, Cristina Mora, Francesco Pilati, Assembly system configuration through Industry 4.0 principles: the expected change in the actual paradigms. *IFAC-PapersOnLine*, Vol. 50, Issue 1, July 2017, pp. 14958 – 14963.

[98] Zhang Qing, The Research on Influence of Industrial Clusters on Regional Economic Development. *IERI Procedia*, Vol. 3, 2012, pp. 206 – 212.

[99] Zhongju Liao, Temporal cognition, environmental innovation, and the competitive advantage of enterprises. *Journal of Cleaner Production*, Vol. 135, 1 November 2016, pp. 1045 – 1053.

后　记

　　近 1000 万字的《珠江－西江经济带城市发展研究（2010~2015）》（10 卷本）经过我们研究团队一年多时间的通力合作最终完成了。

　　呈现给读者的这 10 卷本著作是课题组多年来对珠江－西江经济带城市研究的全面整合和更进一步地深入探讨。既从理论上探讨了城市综合发展水平的内涵和内在机制，也对珠江－西江经济带城市综合发展现状进行了全面评估。其中既包括课题组的独特思考和创新，也传承了前人在珠江－西江经济带各方面研究所奠定的基础。由于珠江－西江经济带发展规划从真正实施至今已有三年多，而规划实施之后经济带各城市发展得如何？规划实施效果是否明显？城市各方面发展成效还有很多内容值得挖掘，研究永无止境，课题组也将持续关注珠江－西江经济带城市综合发展水平，追踪珠江－西江经济带城市发展规划的实施成效。

　　回首这 10 卷本著作的创作过程，我的内心五味杂陈，心中充满了感谢。

　　首先要感谢广西师范大学副校长林春逸教授对这 10 卷本著作的大力支持，没有您的帮助我们的课题研究走不到今天。

　　其次要感谢广西师范大学珠江－西江经济带发展研究院对这 10 卷本著作的立项，并从前期构思、数据收集到成果完成给予大力支持。感谢广西师范大学的徐毅教授在此之中为我们做的大量无私的工作。

　　再次要感谢经济科学出版社的李晓杰编辑及其编辑团队，是你们在出版过程中的辛勤工作以及给我们的帮助与支持才让这 10 卷本著作能够按时付梓。

　　最后要感谢研究团队的每一位成员，在我们一起经历的三百多个日日夜夜中，我们利用暑假和寒假之时，以及平时工作学习之余全身心的投入才取得了如此的成果，这 10 卷本著作凝结了我们研究团队的每一位成员的智慧和劳动。

　　感谢每一位帮助过我们的人。

　　由于我们的学识有限，在这 10 卷本著作中难免存在疏漏与不足，我们真诚地希望读者能够提出批评指正，以使我们能够完善自身研究的缺陷与不足，在学术道路上能有进一步提升。